普通高等院校会计系列规划教材

政府与非营利组织会计

主编：陈平　　副主编：蔡军　邹婷婷

广东高等教育出版社
Guangdong Higher Education Press
·广州·

图书在版编目（CIP）数据

政府与非营利组织会计/陈平主编. —广州：广东高等教育出版社，2024.9
ISBN 978-7-5361-7697-3
Ⅰ. F810.6
中国国家版本馆 CIP 数据核字第 20247N1D46 号

ZHENGFU YU FEIYINGLI ZUZHI KUAIJI

出版发行	广东高等教育出版社 地址：广州市天河区林和西横路 邮编：510500　营销电话：（020）87551597 http://www.gdgjs.com.cn
印　刷	广州小明数码印刷有限公司
开　本	787 毫米×1092 毫米　1/16
印　张	34
字　数	780 千
版　次	2024 年 9 月第 1 版
印　次	2024 年 9 月第 1 次印刷
定　价	99.00 元

前　言

政府与非营利组织会计作为现代会计学领域中的一个重要分支，在我国会计学科体系中具有重要地位，广泛应用于我国各级政府财政部门、行政事业单位和各类民间非营利组织。2014 年以来，财政部相继制定和颁布了系列政府会计准则和会计制度，主要包括：《政府会计准则——基本准则》和《财政总预算会计制度》，以及存货、投资、固定资产、无形资产、公共基础设施、政府储备物资、会计调整、负债、财务报表编制和列报、政府和社会资本合作项目合同、文物资源 11 项具体准则。2022 年 11 月 18 日，财政部重新制定和颁布了《财政总会计制度》，于 2023 年 1 月 1 日起施行，2015 年制定的《财政总预算会计制度》（财库〔2015〕192 号）同时废止。除了会计准则和会计制度，财政部还于 2017 年颁布了《政府会计制度——行政事业单位会计科目和报表》（财会〔2017〕25 号），该制度于 2019 年 1 月 1 日起施行，同时也制定和颁布了《〈政府会计制度——行政事业单位会计科目和报表〉与〈行政单位会计制度〉有关衔接问题的处理规定》《政府综合财务报告编制操作指南（试行）》《政府部门财务报告编制操作指南（试行）》《民间非营利组织会计制度解释第 1 号（征求意见稿）》，还发布了《政府会计准则制度解释》第 1～6 号等。新的政府会计准则体系注重规范性，对于促进我国政府与非营利组织会计水平的提高具有积极的作用，将有助于各级政府和行政事业单位更好地监督和管理公共资源，提高财务管理的效率和效益，同时也为政府决策提供了更加准确和可靠的信息支持。

本教材分为四篇：第一篇为政府与非营利组织会计导论，主要阐述政府与非营利组织会计的总体框架和组成体系，以及会计基本理论和核算方法；第二篇为政府财政总会计，主要阐述财政总会计中财务会计要素和预算会计要素的会计核算实务和会计报表编制方法；第三篇为行政事业单位会计，系统介绍行政事业单位会计各要素的会计核算实务和财务报表的编制方法；第四篇为民间非营利组织会计，简要阐述民间非营利组织会计各要素的核算实务和财务报表的编制方法。本教材共 18 章，各章在内容上注重理论与实务相结合，重点引用了财政部发布的应用案例与指南，有助于读者加深对政府会计准则的理解，提高会计实践能力。

本教材具有如下主要特点。

第一，紧跟政府会计制度改革步伐，时效性强。本教材内容根据我国最新的政府与非营利组织会计相关制度文件编写。比如2023年1月1日起施行的《财政总会计制度》和《〈财政总会计制度〉与〈财政总预算会计制度〉有关衔接问题的处理规定》，2023年10月20日财政部发布的《政府会计准则第11号——文物资源》和《政府会计准则制度解释第6号》，2022年10月9日发布的《关于印发〈行政事业单位划转撤并相关会计处理规定〉的通知》（财会〔2022〕29号）等文件。另外，也融入了《〈民间非营利组织会计制度〉若干问题的解释》和《中华人民共和国预算法实施条例》，能够体现改革的最新变化，通过突出政府与非营利组织会计改革的最新成果，并介绍最新的会计准则和会计制度要求，来体现改革的最新变化，并与政府会计的改革方向保持一致，有助于读者及时了解和适应政府与非营利组织会计改革的最新动态，并能够做出相应的调整。

第二，注重理论与实务相结合。本教材根据全新的政府与非营利组织会计准则和制度，在阐述会计基本理论、会计核算方法和内容的基础上，为各章节所涉及会计核算内容都匹配了相应的应用案例，通过理论介绍与会计实务相结合的方式，帮助学生培养实际操作能力，以便更好地理解和应用会计核算的方法和原则，提高综合素质。

第三，引入课程思政和思维导图。本教材最大的亮点在于为每一章开头设计了课前案例与课程思政和思维导图，通过引用财政部官网发布的有关财政新闻和政策解读，以及人民网、新华社、《中国财经报》等权威新闻媒体的财经视点，充分融入课程思政元素，帮助学生了解我国政府会计领域的国家战略、法律法规和相关政策，引导学生深入社会实践，关注财政收支预决算信息与民生等相关的现实问题，培养学生经世济民、诚信服务、德法兼修等各种职业素养，以及爱国为民的家国情怀。思维导图框架为学生提供整体概览，帮助学生梳理章节内容的逻辑关系和层次结构，力求清晰简洁，突出重点，便于学生快速掌握本章的核心要点。

第四，讲解内容覆盖全面。本教材覆盖了政府与非营利组织会计的各个方面，其中主要包括：财政总会计、行政事业单位会计和民间非营利组织会计。在阐述各部分内容时，注重规范性、系统性、实务性和政策性。撰写本教材时，编者参考和借鉴了一些学者的相关教材和研究成果，力求将政府与非营利组织会计最前沿的理论研究和改革实践体现出来，有助于学生把握学科的改革方向。

本教材可作为高等院校会计学、公共管理专业和其他财经类专业本科生、专科生教材，可作为会计专业硕士（MPAcc）、工商管理硕士（MBA）、公共管理硕士（MPA）等专业的教学参考用书，也可作为政府财政部门、行政事业单位、社会团体组织和民间非营利组织相关人员学习和继续教育的参考用书。

本教材由广东技术师范大学财经学院陈平老师主编，并对整本教材进行修改定稿，蔡军和邹婷婷担任副主编。

由于我国目前正处于政府与非营利组织会计改革发展的关键时期，相应的会计准则和制度仍处于不断完善阶段，编者水平亦有限，本教材中难免存在疏漏和不足之处，敬请读者和同仁不吝指正。

陈平

广东技术师范大学财经学院

主编简介：

陈平，广东技术师范大学财经学院副教授，硕士生导师，会计专硕教育中心副主任，中国注册税务师，经济师，广东省财政厅综合评标评审专家和财政绩效评价专家，研究方向为财政税收与政府会计。近年来，主持或参与完成国家级和省部级课题8项，在《税务研究》《地方财政研究》等中文核心期刊发表论文近20篇。2023年撰写2篇教学案例成功入选全国会计专业学位研究生教育优秀教学案例库。主讲“政府与非营利组织会计”“税法与税务会计”等课程。联系邮箱：chenping@gpnu.edu.cn。

目 录

第一篇 政府与非营利组织会计导论

第二篇 政府财政总会计

第三篇　行政事业单位会计

第四篇　民间非营利组织会计

第一篇
政府与非营利组织会计导论

第一章 政府与非营利组织会计概述

学习目标

通过本章的学习，能够了解政府与非营利组织的分类，理解政府与非营利组织会计的概念、会计目标和组成体系，掌握政府与非营利组织会计的特点和内涵，以及信息披露要求。

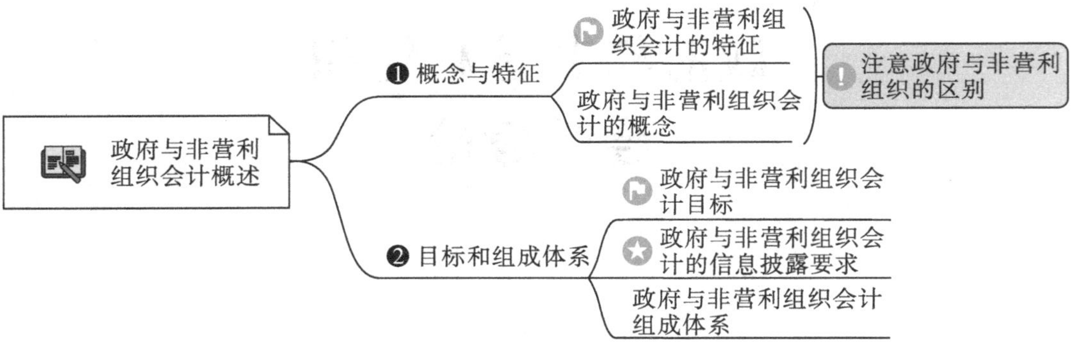

注：为学习重点　为学习难点　为学习提示

课前案例与思政

政府精打细算过紧日子，全力保障百姓过好日子

“习近平总书记反复强调要坚持艰苦奋斗、勤俭节约的思想，对政府过紧日子提出明确要求。特别是在当前受疫情冲击，财政收支形势严峻程度前所未有，过紧日子具有更为重要的现实意义。重庆按照中央的要求，坚持把政府的日子过紧，还要把政府的紧日子过好。”重庆市财政局局长封毅对记者说。据介绍，2020 年 1 月重庆就出台了“紧日子十条措施”，其中明确要求严控一般性支出、严控年度中增支、严控单位资金账户。按照这个要求，重庆制定预算时对部门课题经费、规划经费、培训经费统一压减 30%，涵盖 200 多个市级部门，共压减经费 1.1 亿元。2020 年全国两会上，李克强总理在《政府

工作报告》中进一步强调“政府过紧日子”后，重庆在落实“紧日子十条措施”的基础上，又出台了确保公共预算平稳运行系列措施，以更加严格的标准，更大力度的压减，调整支出结构，打造政府过紧日子的“升级版”。“比如市档案馆布展经费中的委托业务费，年初按照‘紧日子十条措施’压减后预算是339万元，两会后档案馆又压减了241万元，压减比例超过了2/3。”重庆市财政局预算处处长王银川介绍道。

如何过好紧日子，同样是湖南各级财政部门的工作重点。“我们做好打持久战的准备，把‘紧’的理念作为各项工作开展前提，把‘紧’的要求贯穿各项工作始终。”湖南省财政厅厅长石建辉说。湖南要求省直部门带头过紧日子，提请省委、省政府专门下发通知，出台“过紧日子”十条严律，包括切实压减无实质意义的公务活动，人大、政协等副省级领导干部带头实行省外公务活动每年不超过2次，全省机关事业单位出国（境）人次力争减少10%；推动节庆、晚会、论坛、赛事等活动市场化运作，设定三年培育期，培育期内财政补助逐步退坡，培育期满重新评估；部门会议培训等一般性支出随同部门预决算公开，切实接受社会公众监督。大力压减一般性支出，坚持“零基预算”理念，调整优化支出结构，压减非刚性、非重点、非亟须支出，压减进度慢、绩效低的支出。并且在具体执行时，对部门支出基数形成的既得利益“较真碰硬”，实打实地扣减、收回。今年以来，省级非刚性、非重点支出压减30%以上，执行进度慢的支出压减10%以上，绩效不高的支出压减10%以上，共计从部门收回资金近40亿元。

较为“富裕”的深圳市，政府“花钱”同样精打细算。“2020年预算编制中，市财政部门压减非刚性、非重点项目经费39%，减少新增项目经费安排78亿元。预算执行中，根据疫情防控需要进一步加大结构调整力度，再组织压减预算资金34.3亿元，为保障重大政策落地和民生事业发展腾出了更多财力空间。”深圳市财政局局长汤暑葵对记者说。据介绍，深圳市编制2020年预算时，除刚性支出外，基数项目一律按10%幅度进行压减，“三公”经费压减5%，严控新增课题、调研、会议、差旅、培训等履职类经费，除机构改革新设立单位外，原则上不安排新增规模；对维修维护、物业管理、装饰装修、办公设备采购等一般性支出需求，要求在部门内部调剂解决。2020年深圳市预算新增项目核减率超过50%。预算执行中，继续精打细算，按5%比例组织压减各单位预算准备金、公用经费以及对上年预算执行情况不理想单位的履职类项目经费共计3.5亿元，统筹预计当年难以全部形成支出的专项资金预算30.8亿元，并将上述资金全部用于补贴受疫情影响严重的中小微企业贷款贴息、电费、污水处理费等生产成本。

（资料来源：中国财政，2020年9月11日）

第一节 政府与非营利组织会计的概念与特征

一、政府与非营利组织会计的概念与分类

（一）政府与非营利组织会计的概念

政府与非营利组织会计是会计学领域中的一个重要分支，它是将会计学的一般原理应用于政府和非营利组织的特殊经济活动和会计事项，以货币作为主要计量单位，在预算约束下，对政府和非营利组织的经济活动进行记录、核算、反映和监督。

按照经济活动的目的不同，社会组织可以分成营利性组织和非营利性组织两大类。其中，营利性组织通常也称为营利性企业或事业单位，其主要目标是通过准确、及时地记录和报告财务信息，为决策者提供有关企业经营状况和财务状况的可靠信息，以促进企业的发展和盈利。其运行的目的是赚取利润并使利润最大化或者企业价值最大化。非营利性组织可以包括政府组织和民间非营利组织，其运行目的是追求公益，而不是盈利。非营利组织通过社会服务、慈善、社区发展和社会倡导与改革等方式，为弱势群体提供援助和支持，解决社会问题和不平等现象。无论是教育、医疗、环保还是文化等领域，非营利组织都以服务社会公众利益为核心目标，致力于推动社会的进步和变革。

会计学作为一种专门的技术方法和专门的管理活动，运用在营利性组织中为实现运行目的服务，即形成营利性组织会计或营利性企业会计；运用在非营利性组织中为实现运行目的服务，即形成非营利性组织会计或政府与非营利性组织会计。非营利性组织会计则更注重追踪和传达组织的社会效益和公益性质。它的目标是确保非营利组织有效、透明地管理和使用资源，使其能实现其公益使命。与营利性组织会计相比，非营利性组织会计更加复杂，因为它需要考虑到公益性质、捐赠和资金来源的特殊性。无论是营利性组织还是非营利性组织，会计学都提供了一套方法和原则，帮助组织管理者监控和评估组织的财务状况，并确保财务报告的准确性和可靠性。通过合理的财务规划和决策，会计学帮助组织实现其运行目标，并确保资源的合理分配和利用。

（二）政府与非营利组织的分类

非营利组织是指不以营利为目的，不从事物质产品生产且不具备行政管理职能，主要是通过向社会提供各类公益服务来履行其社会公益职能的组织。非营利组织按所有制形式可分为公立非营利组织和民间非营利组织。

我国以公有制为主体，公立非营利组织占主导地位，传统上被称为行政事业单位，主要从事教育、科学、文化、卫生、传媒、福利等活动。因其具有政府服务职能的延伸功能，而且以政府提供资源为主，在资源投入、人力资源管理、监督评价以及设立与解散等方面，均由政府主导，所以行政事业单位在我国被纳入政府单位序列，其财务会计被统一在政府会计体系中。

民间非营利组织是指非公立的，不以营利为目的的，主要从事民办教育、文化、医疗卫生、慈善、宗教等活动的社会公益性组织。它主要包括社会团体、基金会和民办非企业单位。民间非营利组织的资源主要来自社会捐赠、会费、服务收入、政府补助等。资源提供者不谋求任何形式的经济回报。我国大力发展民间非营利组织，是因为它们在提供公益服务、促进社会稳定与和谐发展等方面发挥着积极作用，是国家公益与社会服务事业的重要补充力量。

我国常见的民间非营利组织包括慈善组织、教育组织、文化与艺术组织、环保与动物保护组织以及社区服务组织。其中代表性的慈善组织有中国红十字会、中国妇女发展基金会、中国社会福利基金会等，它们致力于资助和支持弱势群体、社会救助和慈善事业的发展；教育组织如中国青年志愿者协会、中国青少年发展基金会等，促进教育公益事业的发展；文化与艺术组织如中国文化艺术发展促进会、中国文化与艺术教育基金会等，致力于推广中华优秀传统文化、艺术教育的普及和支持；环保与动物保护组织如中国绿化基金会等，推进环境保护、动物福利的维护；社区服务组织如中国社区发展协会、中国儿童少年基金会等，为社区提供各种服务。除了以上所提及的类型，中国还有很多涉及卫生健康、社会创新、扶贫等领域的非营利组织，它们也在社会发展和公益事业中发挥着重要作用。

西方国家的非营利组织主要有教育机构，如高校、中小学、幼儿园等；医疗与福利机构，如医院、健康服务中心、疗养机构、社区卫生组织等；还有慈善机构、宗教组织、基金会以及其他非营利组织等。非营利组织一般分为公立非营利组织和私立非营利组织，西方国家以私立非营利组织为主。

二、政府与非营利组织的特征

营利组织、政府与非营利组织所处的社会经济环境相同，都是经济体系中的重要成员，使用相同或相似的经济资源，通过提供产品或服务来满足社会需求。同营利组织相比，政府与非营利组织具有如下特征。

（一）公权性

公权性为政府的特点。国家立法机关代表国民意志，依法进行公权设计，并以法律形式颁行。国家司法机关通过侦查、检察与审判，依法执法并监督执法，是对公权的执行与监督。国家行政机关则对因公权产生的行政管理与行政服务事项进行具体执行。

（二）公益性与服务性

公益性与服务性是其最主要的特征之一。政府与非营利组织承担着社会责任，旨在为公众或特定的受众群体提供服务，满足社会的需求和福利，具有公共利益性。通过宣传、教育和信息传播等方式，提高公众的意识和关注，引导社会舆论，推动公益事业的发展。非营利组织的服务对象范围广泛，可以是弱势群体，也可以是特定的社会问题或领域，通过提供教育、医疗、援助、培训等服务，改善人们的生活条件和福利。为了实现可持续发展，非营利组织需要合理利用资源、建立合作伙伴关系、组织筹款活动等，以确保运作的延续和效果的持续性。此外，非营利组织也鼓励创新思维和实践，寻找解决社会问题的新途径和方法，推动社会变革和进步。

（三）非营利性

政府与非营利组织的宗旨在于维护国家安全，维护政治、经济与文化等的稳定与发展，维护社会和谐，而不是为了谋求经济利益或任何其他形式的回报。

（四）受托责任的多层次性

政府因其权力与收入均来自人民及其代表机关，所以受托责任也来自人民，政府有义务为人民提供公共服务，保障人民的权益和福祉。政府通过税收等方式从人民那里获取收入，同时也承担了管理和分配资源的责任；非营利组织因其取得资源的方式与渠道的多样性，其受托责任则来自政府、社会单位、自然人等。政府对非营利组织的扶持和监管，使其对政府有一定的受托责任。政府会通过法律、政策和资金支持等方式来确保非营利组织履行其社会服务职责。社会单位和自然人也可以通过捐款、赞助、合作等方式向非营利组织提供资源和支持，这使得非营利组织对他们也有一定的受托责任。此外，非营利组织还对社会公众负有宣传教育、信息披露和社会责任的责任，这也构成了非营利组织的受托责任。

（五）资源获得的无偿性

政府的收入主要来自国家税收收入，税收的强制性和无偿性决定了政府获得资源的无偿性特征。由于非营利组织不以营利为目的，不为获取收入而提供相应对价，主要为行政服务事务和社会公益服务事务提供服务，因而资源提供者并不追求与所提供资源相对应的经济利益，非营利组织在获得这些资源时也就无须偿还。

（六）资源使用的限定性

资源使用的限定性取决于政府与非营利组织的非营利性以及资源获得的无偿性。政府与非营利组织获得的资源，被限制用于国家事务管理、公益与社会服务等非营利性活动。政府和非营利组织作为公益性的组织，资源的限定性确保了其在使用资源时与商业企业有所区别。政府和非营利组织以人民和社会的利益为基础，遵循公益原则，为社会提供必要的公共产品和公共服务，促进社会的公平、公正和可持续发展。

第二节　政府与非营利组织会计目标和组成体系

一、政府与非营利组织会计目标

一般而言，会计目标是为会计信息使用者提供真实且对决策有用的会计信息。因此，政府与非营利组织会计目标主要涉及两个方面的问题：一个是需要提供哪些会计信息，另一个是需要向哪些使用者提供会计信息。因为政府与非营利组织会计包括：财政总会计、行政事业单位会计、社会保险基金会计和民间非营利组织会计。根据《政府会计准则——基本准则》，政府会计主体应当编制决算报告和财务报告；根据《民间非营利组织会计制度》，民间非营利组织应当编制财务会计报告。

（一）政府决算报告目标

根据《政府会计准则——基本准则》，决算报告的目标是向决算报告使用者提供与政府预算执行情况有关的信息，综合反映政府会计主体预算收支的年度执行结果，有助于决算报告使用者进行监督和管理，并为编制后续年度预算提供参考和依据。

政府决算报告使用者包括各级人民代表大会及其常务委员会、各级政府及其有关部门、政府会计主体自身、社会公众和其他利益相关者。根据《中华人民共和国预算法》（以下简称《预算法》），人民代表大会审查本级预算草案及预算执行情况的报告。经人民代表大会或者本级人民代表大会常务委员会批准的预算、预算调整、决算、预算执行情况的报告及报表，应当向社会公开。因此，人民代表大会及其常务委员会是政府会计信息的最主要使用者。《预算法》还规定，政府各部门编制本部门预算、决算草案；组织和监督本部门预算的执行；定期向本级政府财政部门报告预算的执行情况。各单位编制本单位预算、决算草案；按照国家规定上缴预算收入，安排预算支出，并接受国家有关部门的监督。因此，政府各部门及各单位是政府会计信息的关键使用者。政府会计主体自身是政府会计核算者和预算、决算报告的编制者，当然也是信息使用者。其他利益相关者包括政府债券投资者、有关企业和单位、国际货币基金组织等。

（二）政府财务报告目标

根据《政府会计准则——基本准则》，财务报告的目标是向财务报告使用者提供与政府的财务状况、运行情况（含运行成本，下同）和现金流量等有关信息，反映政府会计主体公共受托责任履行情况，有助于财务报告使用者做出决策或者进行监督和管理。

政府财务报告使用者包括各级人民代表大会常务委员会、债权人、各级政府及其有关部门、政府会计主体自身和其他利益相关者。

政府财务会计与政府预算会计一样，因其资源获得的公开性、政府预算安排的统一性、公共服务的透明性以及业务运营的非营利性，其财务具有相当程度的公开性。较之于财政总会计和行政事业单位会计，其经济资源的核算更具宽泛性，经济业务活动更具多样性，尤其因资源获得渠道的多样化，其财务会计信息使用者也相对多样化。

（三）民间非营利组织会计目标

《民间非营利组织会计制度》规定，民间非营利组织提供的会计信息应当能够真实、完整地反映其财务状况、收支结余和现金流量，以满足会计信息使用者的需要。民间非营利组织会计的信息使用者至少包括各级政府、民间非营利组织的政府相关管理部门、政府财政部门、民间非营利组织的业务主管部门（如对民间慈善组织、基金会提供业务指导和管理的中国红十字基金会）、相关国际组织、民间非营利组织行业协会或类似组织、社会相关中介机构、民间非营利组织会计主体自身、国内外捐赠组织和捐赠个人、受赠方、社会公众、会员等。向这些会计信息使用者提供真实可靠和能够完整及时地反映财务状况、业务活动情况和现金流量信息的财务会计报告，是民间非营利组织会计的目标。

总之，政府与非营利组织会计目标可以概括如下：为会计信息使用者提供同政府预算执行情况，政府与非营利组织会计主体财务状况、运行情况、现金流量和公共受托责任履行情况等有关的决算报告、财务报告或财务会计报告，有助于报告使用者进行决策、监督和管理。

二、政府与非营利组织会计组成体系

从组成关系看，政府与非营利组织会计包括政府会计与非营利组织会计，其中广义上政府会计包括财政总会计和行政事业单位会计。财政总会计的会计主体是一级政府，比如中央政府，省、自治区或者直辖市政府，地级市政府，区县政府和镇政府；行政事业单位会计的会计主体是行政事业单位。非营利组织会计主要指民间非营利组织会计。

（一）政府会计

政府会计是政府会计主体进行核算并反映政府及政府各部门、各单位的财务状况、运行情况、现金流量、公共受托责任履行情况以及预算执行情况的专业会计。政府会计由政府预算会计和政府财务会计构成。政府预算会计是指以收付实现制为基础对政府会计主体预算执行过程中发生的全部收入和全部支出进行会计核算，主要反映和监督预算收支执行情况的专业会计。政府预算会计包括财政总会计和行政事业单位预算会计。政府财务会计即行政事业单位财务会计。

财政总会计是各级政府财政核算、反映、监督政府一般公共预算资金、政府性基金预算资金、国有资本经营预算资金、社会保险基金预算资金以及财政专户管理资金、专用基金和地方债券等资金活动的专业会计。行政事业单位预算会计是行政事业单位核算与反映预算执行情况的专业会计。

行政事业单位财务会计是行政事业单位进行核算并反映单位财务状况、运行情况和现金流量等的专业会计。行政事业单位会计采用“双基础、双功能、双报告”的方式，其中“双基础”指的是会计核算基础采用首付实现制和权责发生制；“双功能”指的是具有财务会计和预算会计核算功能；“双报告”指的是行政事业单位需要按照政府会计信息披露要求，既要反映本单位的财务会计报告，又要反映预算执行报告。

财政总会计对行政事业单位会计具有统驭作用。对于行政单位和大部分事业单位而言，其收入基本上源自政府财政拨款，财政总会计通过安排预算资金，形成一般公共预算支出、政府性基金预算支出、国有资本经营预算支出等，将财政资金按照预算规定拨付至各预算单位，行政事业取得的收入为财政拨款收入。因此，需要财政总会计做好财政资金统筹分配，促进经济社会的可持续发展。

（二）非营利组织会计

非营利组织会计是非营利组织进行核算并反映其财务状况、收支结余和现金流量的专业会计。因为公立非营利组织以事业单位身份纳入政府会计范畴，所以，我国非营利组织会计实际上主要指民间非营利组织会计，由社会团体会计、基金会会计、民办非企业单位会计等组成。

在西方国家，公立非营利组织的收入主要来自政府拨款，其会计核算亦纳入政府会计体系。如美国的公立非营利组织会计就采用政府会计准则委员会发布的准则和公告，而私立非营利组织会计则一般采用财务会计准则委员会和美国注册会计师协会发布的准则和公告。

西方国家的非营利组织会计大多采用基金会计模式，如美国医院会计就采用基金会计模式，根据资金来源的限定性，又分为医院普通基金会计、医院限定性基金会计等。其会计报表包括资产负债表、业务运营情况表、现金流量表、基金变动表及报表附注等。

本章小结

政府与非营利组织会计是以政府或者非营利组织为会计主体，进行核算并反映政府及政府各部门预算单位，以及民间非营利组织的财务状况、运行成本、现金流量、公共受托责任履行情况以及预算执行情况的专业会计。从组成体系和构成看，主要有财政总会计、行政事业单位会计和民间非营利组织会计。政府与非营利组织的主要特征有公权性、公益性与服务性、非营利性、受托责任的多层次性、资源获得的无偿性、资源使用的限定性等。政府与非营利组织会计的目标可以分为财务会计目标、预决算会计目标，以及非营利组织的受托履约责任完成情况目标等。

课后习题

一、简答题

1. 简述政府与非营利组织会计的目标，与企业会计相比存在哪些异同点？

2. 列举政府会计的主要组成部分，并解释财政总会计和行政事业单位会计的会计主体。

3. 阐述非营利组织会计与民间非营利组织会计的关系，并举例说明民间非营利组织会计的主要组成部分。

二、论述题

1. 论述政府会计中“双基础、双功能、双报告”的含义，并说明其在行政事业单位会计中的应用。

2. 分析政府会计与民间非营利组织会计在核算基础、报告体系及信息披露要求上的主要差异。

3. 讨论政府会计主体在预算执行过程中，如何确保财政资金的合理使用和高效分配。

4. 结合具体案例，分析政府会计在促进经济社会可持续发展中的作用。

5. 论述我国政府会计信息披露的现状及存在哪些问题，并提出改进建议。

第二章　政府与非营利组织会计基本理论和核算方法

学习目标

通过本章的学习，能掌握政府与非营利组织会计的核算基础和核算方法，其中要求重点掌握政府会计要素、会计恒等式和会计科目。了解政府会计的信息要求，理解政府会计财务报告和预算执行情况报告。

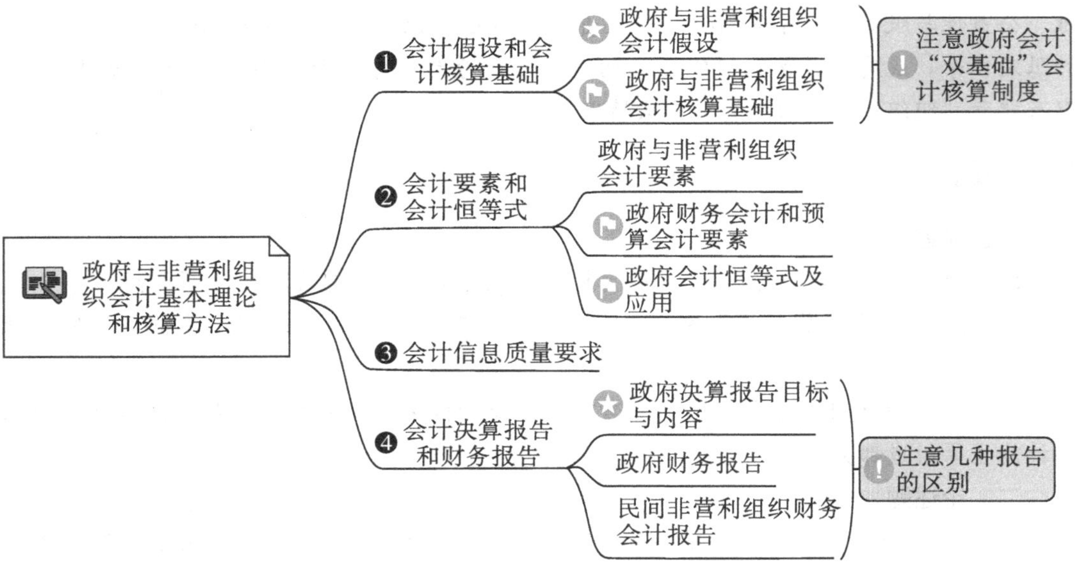

注：为学习重点　　为学习难点　　为学习提示

课前案例与思政

统筹实施双推进全面布局开新篇
——中央财政总会计制度改革试点工作情况综述

2022 年 4 月，财政部发布《〈财政总预算会计制度〉改革试点方案》（以下简称《试点方案》），中央财政本级与 6 个试点省份在 2022 年开展改革试点工作。作为本次制度修订的起草主体与试点组织执行主体，财政部克服疫情影响，改革试点组织与执行工作“两手抓”，高效推进各项工作，力求在实践中验证新制度可行性，为试点省份和其他省份财政总会计制度改革积累可推广、可复制的实践经验。

先行先试，中央财政积极开展改革试点工作。在修订现行制度的过程中，财政部与系统开发人员积极合作，全面梳理和设置业务场景及各场景各要素组合下的财务会计和预算会计的会计分录，并制定新系统开发需求，向技术人员提供。在新系统开发期间，与开发人员定期进行交流，根据新制度调整内容及时修改新系统开发需求。新系统开发期间，恰逢“预算管理一体化”建设持续推进中，财政总会计改革工作小组（以下简称“工作小组”）成员与“一体化工作小组”成员及时进行沟通，为两个系统后续顺利融合开展工作做好准备。在《试点方案》发布之前，新系统基础核算模块已基本开发完成，奠定了系统支撑，为其他试点省份开发核算系统提供了可参考、可依据的模板。

财政部进一步全面梳理新制度报表体系，重点对“现金流量表”和“本年预算结余与本期盈余调节表”业务规则进行查验，细化新系统报表生成需求，验证报表生成规则，督促系统开发人员及时将报表模块开发上线。拟以1—6月中央本级财政数据进行报表模块测试，确保在《试点方案》要求时间点前及时准确生成2022年报表，为其他试点省份提供参考。

此外，新制度进一步强化了资产负债的核算，在新制度起草期间，工作小组多次开展调研，与股权、债务管理部门、各省国库骨干人员共同召开座谈会、电话会议等探讨现行制度股权债务核算存在的问题及解决途径等。改革试点推进过程中，组织工作小组成员根据新制度要求、前期沟通资料和以往“双分录”核算资产负债的经验，组织编写股权投资、负债内部核算规程等，进一步细化资产负债核算相关部门职责、业务核算依据、材料获取过程等，确保实现“双基础、双功能、双报告”。

在制度修订过程中，财政部抽调部分地方国库业务骨干，共同编写《财政总会计主要业务和事项账务处理举例》，梳理新制度下主要业务和事项的账务处理及主要报表编制依据，整理成册，并发送至试点省份作为参考；根据新制度编写《财政总会计核算系统业务处理规范》，为新制度总会计核算系统的开发提供业务标准，方便各试点省份开展核算系统开发。试点期间，将继续完善新制度运行、系统操作、内部核算等指南材料，在制度改革全面推进时，发送至地方各级财政作为制度执行参考，方便各级总会计高效迅速开展改革工作。

在改革试点期间，与试点省份建立组织协调机制，组织中央本级和试点省份加强改革试点动态跟踪分析，定期开展试点效果评估，并及时总结。全面梳理各项业务核算规则，深入研究预算收支面临的突出问题，有针对性地关注股权、债务核算流程机制问题，理顺政府财政资产负债核算管理路径，为进一步修订完善新制度提供依据。

此外，加大中央本级及各试点省份前期工作成就的宣传，推动其他非试点省份做好制度改革准备，提高各级财政对总会计制度改革的重视，增强社会各界对财政总会计工作重要性的认识，为后续在全国推行总会计改革打下坚实基础。

（资料来源：中国财经报，2022年7月7日，财政部国库司）

第一节　政府与非营利组织会计假设和会计核算基础

一、政府与非营利组织会计假设

会计假设是对会计核算的对象和环境所做的一些基本设定，也是会计核算的基本前提，包括时间、空间、计量单位等。政府与非营利组织会计假设包括会计主体、持续运行、会计分期、货币计量。

（一）会计主体

会计主体是指会计工作为之服务的特定对象，是会计工作的特定空间范围。政府会计的会计主体是各级政府、各部门、各单位。这里的各部门、各单位是指与本级政府财政部门直接或者间接发生预算拨款关系的国家机关、军队、政党组织、社会团体、事业单位和其他单位。具体来说，各级政府是各级财政总会计的会计主体。各级行政事业单位是行政事业单位会计的会计主体。已纳入企业财务管理体系的单位和执行《民间非营利组织会计制度》的社会团体，不是政府会计的会计主体。民间非营利组织会计的会计主体是社会团体、基金会和民办非企业单位等。

（二）持续运行

持续运行指政府与非营利组织会计主体的业务活动将无限期地延续下去，在可预见的未来，不会被解散或清算。政府与非营利组织会计主体的持续运行前提，可以使会计核算保持稳定性和连续性，能够正常使用其拥有的各种资源，按以往的偿还条件偿还承担的各种债务，按以前年度的财务报告和决算报告模式编制和报送有关报告，从而保证会计信息的可靠性和可比性。正是因为存在持续运行假设，政府与非营利组织会计才可以对资产采用历史成本计量，而不是采用清算价格等。基于持续运行假设，才有了会计分期，行政事业单位财务会计和民间非营利组织会计才可能使用权责发生制。若持续运行假设不成立，政府与非营利组织会计的计量属性、核算基础、会计方法和信息披露等都将发生重大变化。

（三）会计分期

会计分期指将政府与非营利组织会计主体的持续不断的业务活动划分为一定的期间，并据以分期结算账目和结转，按规定分期编制决算报告和财务报告，在规定时间内对外进行信息披露。政府与非营利组织会计的会计期间有年度、半年度、季度和月度。其中，会计季度和会计月度又称为会计中期。会计期间的起讫日期采用公历日期。会计分期在政府会计中具有多个作用，首先，它有利于政府会计主体进行时间跨度管理，分解政府活动为不同的会计期间，有助于追踪预算执行情况和财务状况。其次，会计分期方便了财务报告的编制和决策支持，政府可以根据不同期间的财务报表评估政策执行效果，并为制定未来预算和政策提供依据。此外，会计分期还能够用于预算执行和监控，及时发现和纠正预算偏差和财务风险，保证公共资源的有效利用。最后，会计分期也有助于进行财务分析和绩效评价，通过比较不同期间的财务和预算指标，政府能够评估财务状况和预算执行情况，判断财政可持续性，并为改进财务管理提供依据。

（四）货币计量

货币计量是指政府与非营利组织会计在核算过程中统一采用货币作为计量单位，用以核算、反映其业务活动。根据《政府会计准则——基本准则》和《民间非营利组织会计制度》，政府与非营利组织会计核算统一以人民币作为记账本位币。发生外币业务时，应当将有关外币金额折算为人民币金额计量，同时登记外币金额。货币计量在政府会计中扮演着关键的角色。它确保了政府会计信息的一致性和可比性，为组织决策、预算控制和财务监督提供了支持。通过将公共资源和财务活动转化为货币金额，政府能够更好地理解和比较各种经济活动，从而为政策制定和资源配置提供准确、可靠的数据。此外，货币计量还有助于政府预算和财务控制，帮助政府制定和执行预算，并对收入和支出进行监督。在财务监督和审计方面，货币计量提供了基础，确保政府财务信息的真实性和准确性。

二、政府与非营利组织会计核算基础

会计核算基础是指会计确认、计量和报告的基础，主要有收付实现制和权责发生制两种。政府与非营利组织会计同时采用这两种核算基础。

《政府会计准则——基本准则》所称的收付实现制，是指以现金的实际收付为标志来确定本期收入和支出的会计核算基础。凡在当期实际收到的现金收入和支出，均应作为当期的收入和支出；凡是不属于当期实际发生的现金收入和支出，均不应当作为当期的收入和支出。权责发生制是指以取得收取款项的权利或支付款项的义务为标志来确定本期收入和费用的会计核算基础。凡是当期已经实现的收入和已经发生的或应当负担的费用，不论款项是否收付，都应当作为当期的收入和费用；凡是不属于当期的收入和费用，即使款项已在当期收付，也不应当作为当期的收入和费用。

政府与非营利组织会计中同时使用收付实现制和权责发生制有着重要作用。收付实现制是指在收入或支出实际发生时进行会计核算。这种制度强调了现金流量的重要性。它使政府能够及时了解和监督财政资金的收入和支出，为预算控制和财务管理提供了支持。通过收付实现制，政府能够及时掌握可支配财政资金的情况，从而更好地满足公共服务的需求。而权责发生制是指在责任发生时进行会计核算，无论是否已收到或支付相关款项。这种制度强调了责任和债务的重要性。它使政府能够全面、准确地记录和报告债务和责任，为决策和财务监督提供了基础。通过权责发生制，政府能够清晰地了解债务和责任的规模和情况，从而更好地管理和控制财务风险。

第二节　政府与非营利组织会计要素和会计恒等式

一、政府与非营利组织会计要素

会计要素是会计报表的重要构成单元，由于政府会计由财务会计和预算会计组成，因此，可以将政府会计要素分为财务会计要素和预算会计要素两大类，政府财务会计和预算会计的目标不同，因而，政府财务会计要素和预算会计要素需要采用不同的确认和计量原则。

（一）财务会计要素的确认和计量

财务会计要素包括资产、负债、净资产、收入和费用。

1. 资产

资产是政府会计主体拥有的可以产生服务潜力或经济利益流入的经济资源。服务潜力是指政府利用资产提供公共产品和服务的潜在能力，而经济利益流入则表现为现金或现金等价物的流入。确定为资产的经济资源必须同时满足两个条件：与经济资源相关的服务潜力或经济利益实现的可能性很高，并且该经济资源的成本或价值能够可靠计量。

资产的计量属性主要包括历史成本、重置成本、现值、公允价值和名义金额。历史成本计量是指以取得时支付的现金金额或支付对价的公允价值来计量资产。重置成本计量是根据现在购买相同或相似资产所需支付的现金金额来计量资产。现值计量是根据预计资产持续使用和最终处置所产生的未来净现金流量的折现金额来计量资产。公允价值计量则是根据市场上有序交易中能够出售资产所能获得的价格来计量资产。如果无法按上述计量属性计量资产，则采用名义金额（即人民币 1 元）进行计量。政府会计主体在计量资产时一般采用历史成本，而采用重置成本、现值、公允价值计量时，要确保计量金额的持续性和可靠性。

2. 负债

负债是指政府会计主体承担的现时义务，预计会导致经济资源流出。确认为负债需要同时满足以下条件：①履行该义务可能导致资源流出，包含服务潜力或经济利益；②该义务的金额可以可靠地计量。

负债可以采用历史成本、现值或公允价值进行计量。采用历史成本计量时，负债的金额是按实际收到的款项或资产金额，或承担义务的合同金额，或预计需要支付的现金来计量。采用现值计量时，负债的金额是预计期限内需要偿还的未来现金流量的折现金额。采用公允价值计量时，负债的金额是在市场参与者有序交易中转移负债所需支付的价格。在计量负债时，政府会计主体通常采用历史成本方法。若采用现值或公允价值计量，则需要确保负债金额能够持续且可靠地计量。

3. 净资产

净资产是指本级政府财政总会计核算的资产扣除负债后的净额。净资产可以反映政府的财务状况和财政稳健程度。政府会计中的净资产可以用来评估政府的财务状况，并为决策者提供有关财政政策制定和资源分配的信息，这一指标在财政规划、预算编制和财政风险评估中起着重要的作用。

4. 收入

收入是指在报告期内流入政府会计主体的经济资源，这些经济资源不仅可以带来服务潜力或经济利益，而且会导致政府会计主体的净资产增加。为确认收入，需要满足三个条件：①与收入相关的经济资源很可能流入政府会计主体并具有服务潜力或经济利益；②经济资源的流入会导致政府会计主体的资产增加或负债减少；③流入金额能够可靠地计量。

5. 费用

费用是指在报告期内流出政府会计主体的经济资源，这些经济资源具有服务潜力或经济利益，且导致政府会计主体的净资产减少。为确认费用，以下条件应同时满足：①与费用相关的经济资源很可能流出政府会计主体并具有服务潜力或经济利益；②经济资源的流出会导致政府会计主体的资产减少或负债增加；③流出金额能够可靠地计量。

（二）预算会计要素的确认和计量

根据《政府会计准则——基本准则》，预算会计要素包括预算收入、预算支出和预算结余。

1. 预算收入

预算收入是指政府会计主体在预算年度内依法取得的并纳入预算管理的现金流入。预算收入一般在实际收到时予以确认，以实际收到的金额计量。

2. 预算支出

预算支出是指政府会计主体在预算年度内依法发生并纳入预算管理的现金流出。预算支出一般在实际支付时予以确认，以实际支付的金额计量。

3. 预算结余

预算结余是指政府会计主体预算年度内预算收入扣除预算支出后的资金余额，以及历年滚存的库款和专户资金余额。

（三）民间非营利组织会计要素的确认和计量

按照《民间非营利组织会计制度》，民间非营利组织会计要素包括资产、负债、净资产、收入、费用。资产是指过去的交易或者事项形成并由民间非营利组织拥有或者控制的资源，该资源预期会给民间非营利组织带来经济利益或者服务潜力。负债是指过去的交易或者事项形成的现时义务，履行该义务预期会导致含有经济利益或者服务潜力的资源流出民间非营利组织。净资产是指资产减去负债后的余额。收入是指民间非营利组织开展业务活动取得的、导致本期净资产增加的经济利益或者服务潜力的流入。费用是指民间非营利组织为开展业务活动所发生的、导致本期净资产减少的经济利益或者服务潜力的流出。民间非营利组织会计要素的确认和计量，与行政事业单位财务会计要素的确认和计量相同。

二、会计恒等式

（一）财务会计恒等式

财务会计的资产、负债、净资产、收入、费用五个会计要素，形成两个会计等式。

资产 = 负债 + 净资产

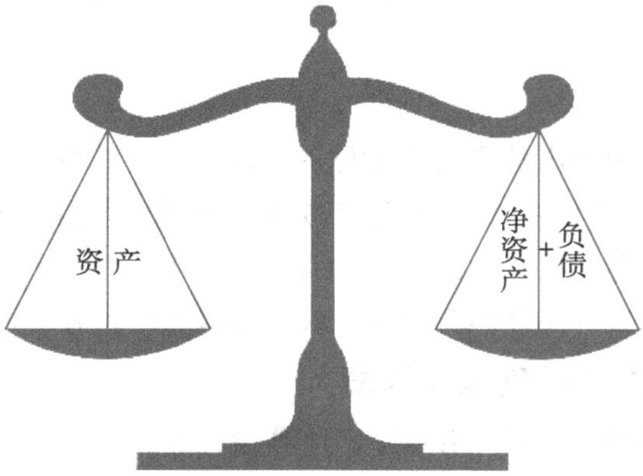

图 2－1

这一等式表明了资产、负债和净资产等主要要素之间的基本数量关系，是进行复式记账和编报资产负债表的理论依据。

在每一会计年度末，考察政府单位的业务活动情况，又会得到下面的等式：

收入 － 费用 = 本期盈余

这一等式是编制收入费用表的理论依据。政府单位在年末进行结转时，可将以上两个会计等式合并为：

资产 = 负债 + 净资产 + 收入 － 费用

（二）预算会计恒等式

在每一会计年度末，考察政府单位纳入预算管理的现金流入流出的预算执行情况，会得到下面的等式：

预算收入 － 预算支出 = 预算结余

第三节　政府与非营利组织会计信息质量要求

一、可靠性

政府会计主体应当以实际发生的经济业务或者事项为依据进行会计核算，如实反映各项会计要素的情况和结果，保证会计信息真实可靠。

二、完整性

政府会计主体应当将发生的各项经济业务或者事项统一纳入会计核算，确保会计信息能够全面反映政府会计主体预算执行情况和财务状况、运行情况、现金流量等。

三、相关性

政府会计主体提供的会计信息，应当与反映政府会计主体公共受托责任履行情况以及报告使用者决策或者监督、管理的需要相关，有助于报告使用者对政府会计主体过去、现在或者未来的情况做出评价或者预测。

四、及时性

政府会计主体对已经发生的经济业务或者事项，应当及时进行会计核算，不得提前或者延后。根据我国《预算法》第十四条规定，经本级政府财政部门批复的部门预算、决算及报表，应当在批复后 20 日内由各部门向社会公开，并对部门预算和决算中行政事业单位运行经费的安排、使用情况等重要事项做出说明。

五、可比性

政府会计主体提供的会计信息应当具有可比性。同一政府会计主体不同时期发生的相同或者相似的经济业务或者事项，应当采用一致的会计政策，不得随意变更。确需变更的，应当将变更的内容、理由及其影响在附注中予以说明。不同政府会计主体发生的相同或者相似的经济业务或者事项，应当采用一致的会计政策，确保政府会计信息口径一致，相互可比。

六、明晰性

政府会计主体提供的会计信息应当具有清晰明了的特点，以便报告使用者能够理解和使用。会计信息应当明确公开会计政策的选择和估计的假设，帮助报告使用者了解其编制基础和依据。此外，会计信息应当具有逻辑结构的合理性，各个信息项目之间应当有联系和关联，以便报告使用者更好地理解信息之间的关系与整体财务状况和预算执行情况。同时要求披露说明应当清晰准确，避免使用专业术语或复杂的会计技术术语，以便报告使用者理解和使用。

七、实质重于形式

政府会计主体应当按照经济业务或者事项的经济实质进行会计核算，不限于以经济业务或者事项的法律形式为依据。

八、谨慎性

在进行会计核算时，应当遵循谨慎性原则。谨慎性原则是指面对不确定的环境因素，会计人员应当尽可能选择低估资产和收入，进而尽可能充分预计费用和损失并将预计的费用和损失计入当期损益的会计处理。或者说，在资产计价时从低，而负债计量时从高；收入确认时从低，费用计量时从高，这样可以使本期的资产和收益以最低的状态反映。但谨慎性原则不能作为调节盈余的手段。

第四节　政府与非营利组织会计决算报告和财务报告

一、政府决算报告目标与内容

（一）政府决算体系

政府决算是国家经济活动在财政上的集中反映，它反映年度政府预算收支的最终结果，是政府预算执行的总结。根据《预算法》规定，各级政府、各部门、各单位在每一预算年度后，应按国务院规定的时间编制预算，以便及时对预算执行情况进行总结。政府决算包括财政总会计的决算和行政事业单位会计的决算。根据《中华人民共和国宪法》和国家预算管理体系的具体规定，一级政府应建立一级预算，凡是纳入预算管理的地区、部门和单位都要编制预算。行政单位由执行单位预算的国家机关编制，事业单位由执行单位预算的事业单位编制。

（二）政府决算报告

政府决算报告是综合反映政府会计主体年度预算收支执行结果的文件，也称之为政府预算执行情况报告。政府决算报告使用者包括各级人民代表大会及其常务委员会、各级政府及其有关部门、政府会计主体自身、社会公众和其他利益相关者。

决算报告的目标是向决算报告使用者提供与政府预算执行情况有关的信息，综合反映政府会计主体预算收支的年度执行结果，有助于决算报告使用者进行监督和管理，并为编制后续年度预算提供参考和依据。政府决算报告应当包括决算报表和其他应当在决算报告中反映的相关信息和资料，通常按照中国统一的决算体系汇编而成。

以广州市政府为例，2022、2023 年广州市政府的部分决算报告如表 2－1 所示。

表 2－1 广州市政府 2022、2023 年的部分决算报告

序号	决算报告名称
1	2022 年全市一般公共预算收入执行情况表
2	2022 年全市一般公共预算支出执行情况表
3	2022 年全市政府性基金预算收入执行情况表
4	2022 年全市政府性基金预算支出执行情况表
5	2022 年全市国有资本经营预算收入执行情况表
6	2022 年全市国有资本经营预算支出执行情况表
7	2022—2023 年全市社会保险基金收入预算表
8	2022—2023 年全市社会保险基金支出预算表
9	2022—2023 年全市社会保险基金结余预算表
10	2022 年全市地方政府一般债务余额情况表
11	2022 年全市地方政府专项债务余额情况表
12	2022 年全市财政专户资金预算收支总表
13	2022 年市级重点支出执行情况表
14	2023 年全市财政专户资金预算收支总表
15	2023 年市级重点支出安排情况表
16	2023 年市级财政专项资金预算表

（三）政府决算报表的内容

政府决算报告的编制主要以收付实现制为基础，以预算会计核算生成的数据为准。政府决算报告的具体内容及编制要求等，由财政部规定。以广州市政府为例，市政府 2022 年一般公共预算收入决算报表如表 2－2 所示，市政府 2022 年一般公共预算支出决算报表如表 2－3 所示。

表 2－2 广州市 2022 年一般公共预算收入决算报表

单位：万元

项目	2022 年执行数	2022 年（调整）预算数	2021 年决算数
一、收入合计	18 100 000	18 370 706	18 420 000
（一）税收收入	12 450 300	13 472 446	13 940 000
增值税	3 084 000	3 726 896	4 295 000
企业所得税	2 192 000	2 381 602	2 300 000
个人所得税	1 016 000	986 314	900 000
城建税	1 390 000	1 485 087	1 450 000
房产税	1 220 000	1 084 006	1 100 000

续上表

项目	2022 年执行数	2022 年（调整）预算数	2021 年决算数
耕地占用税	135 000	104 631	55 000
契税	1 480 000	1 830 539	1 950 000
土地增值税	1 080 000	1 027 008	1 060 000
城镇土地使用税	121 600	118 432	138 000
印花税	556 000	551 387	487 700
车船税	159 000	161 467	189 000
资源税	7 200	7 023	5 800
环境保护税等其他税收收入	9 500	8 055	9 500
（二）非税收入	5 649 700	4 898 260	4 480 000
专项收入	1 690 000	2 349 772	2 168 000
行政事业性收费收入	372 600	388 706	380 000
罚没收入	1 840 000	423 387	430 000
国有资本经营收入	225 100	109 950	86 000
国有资源（资产）有偿使用收入	580 000	613 231	550 000
政府住房基金收入	162 000	307 098	306 000
其他收入	780 000	706 116	560 000
二、转移性收入	15 265 649	12 913 395	16 274 937
（一）上级补助收入	6 522 302	3 806 927	5 200 000
返还性收入	2 840 696	2 878 061	2 900 000
一般性转移支付收入	2 931 606	885 636	1 670 000
专项转移支付收入	750 000	43 230	630 000
（二）调入资金	5 912 027	—	8 432 045
（三）动用预算稳定调节基金	2 831 320	2 831 152	2 642 892
（四）债务转贷收入	—	—	—
三、债务（转贷）收入	1 003 670	793 179	955 018
地方政府新增一般债券（转贷）收入	90 000	90 000	150 471
地方政府再融资债券（转贷）收入	913 670	703 179	804 547

续上表

项目	2022年执行数	2022年（调整）预算数	2021年决算数
地方政府向外国政府和国际组织借款（转贷）收入	—	—	—
四、上年结转收入	529 640	543 872	396 757
收入总计	34 898 959	32 621 151	36 046 712

表2-3　广州市2022年一般公共预算支出决算报表

单位：万元

项目	2022年执行数	2022年（调整）预算数	2021年决算数
一、一般公共预算支出合计	30 630 688	30 793 325	29 891 321
（一）一般公共服务	2 989 150	3 147 864	3 039 714
（二）外交支出	614	667	—
（三）国防支出	29 002	30 969	24 985
（四）公共安全支出	2 293 984	2 410 375	2 200 802
（五）教育支出	6 153 951	6 349 869	5 671 876
（六）科学技术支出	1 940 216	2 011 013	2 097 525
（七）文化旅游体育与传媒支出	502 113	538 446	452 409
（八）社会保障和就业支出	3 752 553	3 838 843	3 664 461
（九）卫生健康支出	3 856 970	3 274 876	3 024 103
（十）节能环保支出	719 281	443 328	617 982
（十一）城乡社区支出	2 903 767	2 998 899	3 251 711
（十二）农林水支出	827 274	889 913	843 326
（十三）交通运输支出	520 603	415 559	455 363
（十四）资源勘探工业信息等支出	874 343	844 542	974 838
（十五）商业服务业等支出	245 192	205 167	209 107
（十六）金融支出	278 104	198 029	360 600
（十七）援助其他地区支出	44 284	42 456	166 237
（十八）自然资源海洋气象等支出	237 899	260 403	245 188
（十九）住房保障支出	1 434 276	1 423 182	1 503 110
（二十）粮油物资储备支出	118 436	128 213	125 687

续上表

项目	2022 年执行数	2022 年（调整）预算数	2021 年决算数
（二十一）灾害防治及应急管理支出	212 856	228 241	224 032
（二十二）预备费	—	261 293	50 865
（二十三）债务付息支出	347 084	380 262	356 543
（二十四）债务发行费用支出	1 730	1 338	1 184
（二十五）其他支出	347 109	469 578	329 673
二、转移性支出	—	917 826	5 027 048
（一）上解支出	—	917 826	2 650 000
（二）调出资金	—	—	—
（三）安排预算稳定调节基金	1 685 236	—	2 377 048
（四）补充预算周转金	—	—	—
（五）区域间转移性支出	29 647	—	—
三、债务还本支出	916 408	910 000	819 078
四、结转下年支出	569 380	—	309 265
支出总计	34 898 959	32 621 151	36 046 712

数据来源：广州市财政局官网。

二、政府综合财务报告和政府部门财务报告

会计实现其目标的主要方式是按规定以报告形式提供财务会计信息和其他相关信息。根据《政府会计准则——基本准则》和《政府财务报告编制办法（试行）》，政府会计主体应编制和提供决算报告和财务报告。其中，政府决算报告的具体内容及编制要求等，由财政部另行规定。限于篇幅，本教材主要介绍政府财务报告及其会计报表。

政府财务报告包括政府综合财务报告和政府部门财务报告，含财务报表和其他应当在财务报告中披露的相关信息和资料。财务报表是对政府会计主体财务状况、运行情况和现金流量等信息的结构性表述。财务报表包括会计报表和报表附注。

政府综合财务报告是指由政府财政部门编制的，反映各级政府整体财务状况、运行情况和财政中长期可持续性的报告。

（一）政府综合财务报告

政府综合财务报告应当包括财务报表、财政经济分析和财政财务管理情况等。

1. 财务报表

财务报表包括会计报表和报表附注。会计报表主要包括资产负债表和收入费用表等。资产负债表重点反映政府整体年末财务状况。资产负债表应当按照资产、负债和净资产

分类分项列示。其中，资产应当按照流动性分类分项列示，包括流动资产、非流动资产等；负债应当按照流动性分类分项列示，包括流动负债、非流动负债等。收入费用表重点反映政府整体年度运行情况，按照收入、费用和盈余分类分项列示。

2. 政府财政经济分析

政府财政经济分析应当包括财务状况分析、运行情况分析、财政中长期可持续性分析等。

（1）财务状况分析主要包括：资产方面，重点分析政府资产的构成及分布，对于货币资金、长期投资、固定资产、在建工程、公共基础设施、政府储备物资、保障性住房等重要项目，分析各资产比重变化趋势以及对于政府偿债能力和公共服务能力的影响。负债方面，重点分析政府债务规模大小、债务结构以及发展趋势。通过政府资产负债率等指标，分析政府当期债务风险情况。

（2）运行情况分析主要包括：收入方面，重点分析政府收入规模、结构及来源分布、重点收入项目的比重及变化趋势，特别是宏观经济运行、相关行业发展、税收政策、非税收入政策等对政府收入变动的影响。费用方面，重点按照经济分类分析政府费用规模及构成、重点费用项目的比重及变化趋势，特别是政府投融资情况对政府费用变动的影响。通过收入费用率等指标，分析政府运行效率。

（3）财政中长期可持续性分析主要包括：基于当前政府财政财务状况和运行情况，结合本地区经济形势、重点产业发展趋势、财政体制、财税政策、社会保障政策、相关负债占 GDP 比重等，预测财政收支缺口，全面分析政府未来中长期收入支出等变化趋势。

3. 政府财政财务管理情况

政府财政财务管理情况主要反映政府财政财务管理的政策要求、主要措施和取得成效等。政府财政部门应当对本级财政总预算会计报表、部门财务报表、土地储备资金财务报表、物资储备资金会计报表等进行合并，编制本级政府综合财务报表。编制本级政府综合财务报表时，应对上述被合并报表之间经济业务或事项进行确认后抵销，并编制抵销分录，在此基础上分项生成合并财务报表项目。县级以上政府财政部门要合并本级政府综合财务报表和下级政府综合财务报表，编制本行政区政府综合财务报表。

（二）政府部门财务报告

政府部门财务报告是指政府各部门、各单位按规定编制的财务报告。政府部门财务报告应当包括财务报表和财务分析。

1. 财务报表

财务报表包括会计报表和报表附注。会计报表主要包括资产负债表和收入费用表等。资产负债表重点反映政府部门年末财务状况，应按照资产、负债和净资产分类分项列示。收入费用表重点反映政府部门年度运行情况，按照收入、费用和盈余分类分项列示。

2. 财务分析

财务分析主要包括财务状况分析、运行情况分析、财务管理情况分析等。政府各部门应当对所属各单位财务报表进行合并编制本部门财务报表。编制合并财务报表时，对部门内部单位之间发生的经济业务或事项应当经过确认后抵销，并编制抵销分录，在此基础上分项生成合并财务报表项目。比如“上级补助收入”与“对附属单位补助支出”之间存在抵销关系，抵销分录为：借记“上级补助收入”，贷记“对附属单位补助支出”。

政府会计的现金流量表（选编）是反映政府会计主体在一定会计期间内现金及现金等价物流入和流出情况的报表。会计报表附注是对在资产负债表、收入费用表、现金流量表等报表中列示项目所做的进一步说明，以及对未能在这些报表中列示项目的说明。

三、民间非营利组织财务会计报告

民间非营利组织的财务会计报告是反映民间非营利组织财务状况、业务活动情况和现金流量等的书面文件，包括会计报表、会计报表附注和财务情况说明书等。会计报表包括资产负债表、业务活动表、现金流量表。民间非营利组织的财务会计报告按报告期分为年度和中期（半年度、季度、月度）财务会计报告。

本章小结

本章主要介绍了政府与非营利组织会计核算的基本理论和方法，主要涉及政府与非营利组织会计的目标、会计基本假设前提、会计要素、会计恒等式、会计确认计量的基础和方法，以及会计决算报告和财务报告等方面知识。相对于营利性组织来说，政府与非营利组织的会计信息使用者使用会计信息的主要目的不是进行经济决策，而是评价政府与非营利组织绩效状况及其受托责任履行情况。

课后习题

一、单选题

1. 政府与非营利组织会计组成体系中不包括（　　）。

A. 行政单位会计　　B. 事业单位会计

C. 民间非营利组织会计　　D. 企业会计

2. 政府财务会计要素不包括（　　）。

A. 收入　　B. 费用

C. 净资产　　D. 预算收入

3. 政府预算会计要素不包括（　　）。

A. 预算收入　　B. 预算支出

C. 费用　　D. 预算结余

4. 民间非营利组织会计要素不包括（　　）。

A. 收入　　B. 费用

C. 净资产　　D. 支出

5.（　　）不采用收付实现制基础。

A. 行政单位会计　　B. 民间非营利组织会计

C. 财政总预算会计　　D. 事业单位会计

二、多选题

1. 构成政府会计组成体系的部分主要有（　　）。

A. 企业会计　　B. 行政单位会计

C. 事业单位会计　　D. 民间非营利组织会计

E. 财政总会计

2. 政府的财务资源通常不主要来源于（　　）。

A. 税收收入　　B. 行政事业性收费收入

C. 接受捐赠收入　　D. 销售商品收入

E. 提供劳务收入

3. 民间非营利组织会计的财务资源通常不主要来源于（　　）。

A. 税收收入　　B. 行政事业性收费收入

C. 销售商品收入　　D. 接受捐赠收入

E. 会费收入

4. 政府会计信息的使用者包括（　　）。

A. 人民代表大会　　B. 政府及其有关部门

C. 政府债券的投资者　　D. 政府公共产品的受益人

E. 相关信用评级机构

5. 政府会计信息质量要求通常包括（　　）。

A. 可靠性　　B. 全面性

C. 相关性　　D. 可比性

E. 实质重于形式

三、判断题

1. 政府与非营利组织的运行目的是取得利润并使利润最大化。（　　）

2. 政府会计信息的使用者包括人民代表大会、政府及其有关部门和其他会计信息使用者。（　　）

3. 政府会计只需要提供政府预算执行情况的信息，不需要提供有关政府运行成本和财务状况的信息。（　　）

4. 政府会计同时采用权责发生制基础和收付实现制基础进行会计核算。（　　）

5. 政府财务会计要素包括预算收入、预算支出和预算结余三个。（　　）

四、问答题

1. 政府与非营利组织会计的组成体系及其关系是怎样的？

2. 政府与非营利组织会计与企业会计相比，具有哪些独有的特点？

3. 政府与非营利组织会计的目标和信息使用者主要是哪些？这些信息使用者关注的焦点是什么？

4. 政府与非营利组织会计应该提供怎样的会计信息来反映运行成本和财务状况？

第二篇

政府财政总会计

第三章 财政总会计概述

学习目标

通过本章的学习，了解财政总会计的概念、特征和会计目标，熟悉财政总会计的组成体系、会计核算基础和会计科目设置。

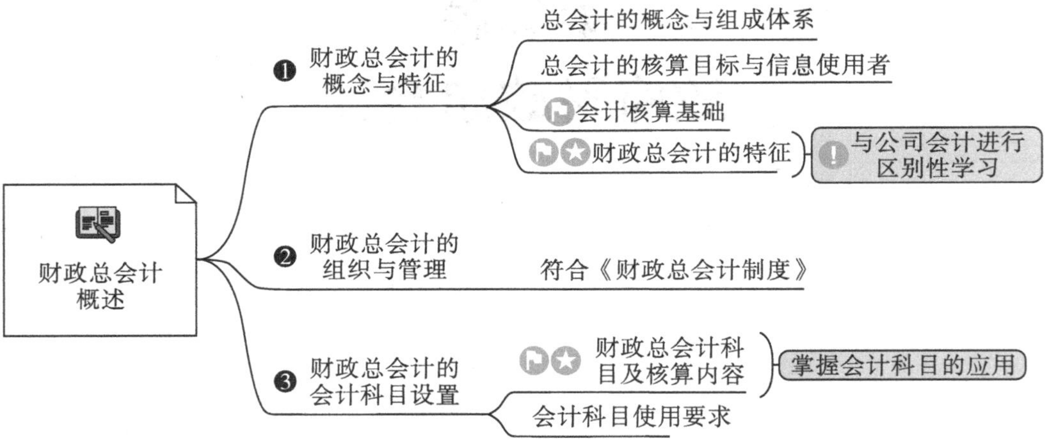

注：为学习重点　为学习难点　为学习提示

课前案例与思政

夯实财政管理基础　交出国家财政“明白账”

——财政部有关负责人详解2023年起实施的《财政总会计制度》

财政总会计制度是财政管理重要基础性制度，是加强财政预算管理、提升国家财政治理效能的坚实保障。近日，财政部制定印发《财政总会计制度》，自2023年1月1日起施行。

为什么要出台《财政总会计制度》？新制度的基本内容是什么？将发挥哪些功效？新华社记者采访了财政部有关负责人。

支撑现代财政制度建设 交出国家财政“明白账”

“财政总会计以国家预算实施为中心，是承接政府预算和执行的桥梁纽带，反映国家预算的执行情况、报告年度国家和地方决算。”这位负责人说。

他介绍，财政部对总会计的制度设计可以追溯到20世纪50年代。70年来，我国财政总会计制度一直沿用“预算会计”制度框架，会计核算基础采用收付实现制，聚焦预算收入、支出和结余等流量信息的核算管理，对政府财政资产、负债等存量信息核算不够规范科学，不能够准确完整地反映政府家底和运营成本。

党的二十大报告提出，“健全现代预算制度”。这位负责人说，总会计作为支撑现代财政制度建设的重要基础，一些体制机制障碍亟须破解，迫切需要对制度进行修订完善。财政总会计工作须对标新时代新征程目标任务，与现代预算制度相适应，同步强化发展。

这位负责人表示，新制度修订历时4年，坚守向人民交一本“明白账”的初心，始终坚持问题导向，秉持“开门修制度”原则，慎重稳妥推进各项工作，反复调查研究、深入研讨论证、多轮征求意见，确保了制度设计合理、内容适用。

在名称上，原《财政总预算会计制度》此次更名为《财政总会计制度》。

这位负责人说，修订后的新制度，夯实完善以收付实现制为基础的总会计的预算管理功能，建立健全以权责发生制为基础的总会计的财务管理功能，能够更加全面、准确反映政府财政财务情况，有效促进财政经济可持续发展。由“财政总预算会计”更名为“财政总会计”顺应了时代发展步伐。

建立“双功能”、采用“双基础”、支撑“双报告”开展总会计核算

新出台的《财政总会计制度》的基本内容是什么？

这位负责人介绍，《财政总会计制度》在一个制度下建立“预算会计”科目体系和“财务会计”科目体系，适度区分现行总会计制度的预算会计和财务会计功能，建立“双功能”（预算会计功能和财务会计功能）、采用“双基础”（收付实现制基础和权责发生制基础）、支撑“双报告”（决算报告和财务报告）开展总会计核算。

一是保持“预算会计”科目体系稳定，实行收付实现制核算基础，保留现行制度收入、支出，以及与预算结余相关的科目。在此基础上，新增了“资金结存”科目，建立预算结余与库款及专户资金对应关系。

二是增设“财务会计”科目体系，实行权责发生制核算基础，改造现行制度会计科目，以资产、负债、净资产、收入、费用为会计要素。在此基础上，进一步强化了股权投资、政府债券等资产负债事项核算。

三是对两套科目实行“平行记账”规则，即对纳入预算管理的现金收支业务，在进行预算会计核算的同时也应当进行财务会计核算。

四是重新设计了会计报表体系，以保证两套科目数据有效衔接，预算会计编制生成预算执行情况表，财务会计编制生成资产负债表、收入费用表、现金流量表、本年预算结余与本期盈余调节表。

据介绍，为验证制度设计的科学性和有效性，财政部遵循“先试点，后推广”的原则，先期在河北、海南、陕西、山西、广东、四川6个省份开展制度试点。

"试点运行顺畅，达到预期效果。"这位负责人说，试点地区均已实现常态化平行记账。试点地区反映，新制度全面支撑财政预算管理需要，夯实了财政财务管理基础，验证了预算会计与财务会计勾稽关系合理。

新制度将发挥四方面积极作用

这位负责人介绍，《财政总会计制度》实施坚持目标导向，着力健全财政收支、资产负债、净资产核算体系，完善内部控制机制，有效衔接部门和单位会计，助力预算管理一体化建设、政府综合财务报告编制、财政资源统筹等改革事项。

具体来看，新制度将发挥四方面积极作用。

一是推进政府会计标准体系统一。新制度施行后，除特殊领域外，政府财政和政府单位两个层面会计标准体系基本建成，将进一步夯实决算报告、财务报告等核算基础，为开展政府信用评级、加强资产负债管理、防范财政风险等提供有力支撑，有利于更好发挥财政在国家治理中的基础和重要支柱作用。

二是适应政府综合财务报告改革需要。新制度通过按照权责发生制原则确认政府财政股权投资、投资收益、利息费用、政府债务等事项。政府财务报告编制可以直接从总会计账提取相关数据，有利于实现账表数据衔接，提升报告编制质量。

三是适应预算管理一体化管理要求。预算一体化管理全面运行实施后，全国各级财政总会计要素统一，相关会计报表数据可实现自动提取，总会计的预算会计和财务会计功能得到充分发挥，进一步提升政府财政资产负债、收入费用信息核算质量，有力支撑财政预算、执行、决算、负债、资产管理各环节贯通。

四是进一步理顺资产、负债科目。财务会计的资产或负债，是政府财政作为会计主体开展财政经济活动产生的经济事项，不包含政府部门和单位以及各类国有企业的资产或负债。新制度进一步清晰界定了资产和负债种类。

"颁布实施《财政总会计制度》，建立健全具有现代财政制度特色的总会计制度体系，有利于强化新时代财政核算、预算监督、风险防范，促进财政经济可持续发展，向人民交一本'明白账'。"

（资料来源：新华网，2022 年 12 月 21 日）

第一节　财政总会计的概念与特征

一、财政总会计的概念与组成体系

财政总会计简称总预算会计或总会计，是各级政府财政核算、反映、监督一般公共预算资金、政府性基金预算资金、国有资本经营预算资金、社会保险基金预算资金以及财政专户管理资金、专用基金和代管资金等有关的经济活动或事项的专业会计（社会保险基金预算资金会计核算不适用本制度，由财政部另行规定）。财政总会计的会计主体是各级人民政府，不是纳入各级政府预算管理的行政事业单位，也不是政府财政部门，各级政府财政部门是财政总会计的执行机构和经办人，我国实行一级政府一级预算的制度，共设五级政府，根据政府层级产生的各级财政总会计如下：

（1）中央人民政府（国务院）财政部门设立中央财政总会计。

（2）省、自治区、直辖市人民政府财政部门及新疆生产建设兵团设立省（自治区、直辖市）财政总会计。

（3）设区的市、自治州政府财政部门设立市（自治州）财政总会计。

（4）县、自治县、不设区的市、市辖区政府财政部门设立县（区）财政总会计。

（5）乡、民族乡、镇政府财政部门设立乡（镇）财政总会计。

其中，省以及省以下各级人民政府财政总会计统称为地方财政总会计，它和中央财政总会计共同构成国家财政总会计。

二、财政总会计的核算目标与信息使用者

财政总会计的核算目标是向会计信息使用者提供政府财政预算执行情况、财务状况、运行情况和现金流量等会计信息，反映政府财政受托责任履行情况。这里的会计信息使用者包括人民代表大会、政府及其有关部门和其他会计信息使用者。

三、会计核算基础

财政总会计的会计核算应当以本级政府财政业务活动持续运行为前提。财政总会计具备财务会计与预算会计双重功能，部分经济业务或者事项的确认和计量应当按照规定采用权责发生制核算，对于预算收入和预算支出业务按照收付实现制确认和计量，适度区分了财务会计与预算会计，以全面清晰反映政府财政财务状况和预算执行情况，因此财务会计实行权责发生制，预算会计实行收付实现制。

四、财政总会计的特征

（一）以一级政府为会计主体，主要核算预算执行情况及其结果

根据《预算法》规定，国家预算按预算收支范围分为中央预算和地方预算，按预算编制主体可分为财政总预算和各部门、各单位预算。各部门预算由本部门及其所属各单位预算组成，各部门编制本部门预算，各单位编制本单位预算。政府各部门负责监督检查所属各单位的预算执行，各部门汇总所属单位预算后，报本级政府财政部门，经本级财政部门汇总后即形成本级政府财政总预算。一级政府的预算收入和预算支出包括一般公共预算收支、政府性基金预算收支、国有资本经营预算收支、社会保险基金预算收支、财政专户管理资金预算收支等。《财政总会计制度》暂不包含社会保险基金预算收支的核算内容。

（二）财政总会计要核算反映各级政府财务状况

一级政府作为会计主体，同样具有会计主体的一般特征，即在该会计主体确定的空间范围内，除了有收入、支出和结余外，还有资产和负债、收入和费用以及净资产等，

这些资产和负债的形成主要由财政资金的运动变化所导致，并非因为常见的实物资产流动与商品销售或劳务提供。有了资产和负债以及由此形成的净资产，客观上也就形成了一级政府会计主体的财务状况基础。因此，财政总会计除了要反映各级人民政府财政总预算的执行情况外，还要核算与反映政府的资产、负债和净资产等财务状况，以综合反映政府公共受托责任履行情况。可见，财政总会计核算与反映的内容，超过了财政总预算本身的内容。

（三）财政总会计的核算对象是财政资金运动

财政总会计主要是对政府本级的财政收入、支出和结余等进行核算，以预算资金的运动变化及其结果为内容。具体来说，收入方面包括一般公共预算收入、政府性基金预算收入、国有资本经营预算收入等收入项目；支出方面包括一般公共预算支出、政府性基金预算支出、国有资本经营预算支出等支出项目；结余方面包括一般公共预算结转结余、政府性基金预算结转结余、国有资本经营预算结转结余等。这些核算对象主要是政府的财政资金运动，不包括固定资产、存货、无形资产等行政事业单位的财务会计核算对象，因为从本质上看，财政总会计将取得财政资金在预算安排下，分配至各级政府所属预算单位，各预算单位是财政资金的主要使用者，可以按照规定采购实物资产等。

（四）财政总会计的编制形式和收支分类是会计核算的主要依据

财政总会计是根据财政总预算的编制形式和收支分类进行会计核算的。目前我国政府财政总预算采用复式预算的编制形式，分成一般公共预算、政府性基金预算、国有资本经营预算和社会保险基金预算四个种类，各种类预算相对独立完整。财政总会计根据财政总预算的要求，设置相应的收支科目，用于记录和核算具体的收入和支出情况，其中收入科目按照来源渠道设置，分设“类”“款”“项”“目”四级，各级科目在内容上逐级细化，支出科目同时按照功能和经济用途设置。支出的功能分类科目分设“类”“款”“项”三级，各级科目在内容上逐级细化和具体。支出的经济分类科目分设“类”“款”二级，二级科目在内容上逐级细化。在资金调剂和使用时，财政总会计需严格核算每个种类预算的收支情况，确保预算的独立完整性得到真实准确反映。财政总会计依附于政府财政总预算，其形式和内容受政府财政总预算的影响，确保了财政总会计与政府财政总预算的一致性和统一性。财政总会计的特点包括编制形式和分类清晰、收支科目明确、资金调剂核算严格、依附于政府财政总预算等，为预算的执行情况提供准确的记录和核算依据。

（五）财政总会计对部分经济业务采用“双分录”的会计记录方法

在财政总会计中，“双轨制”或“双分录”会计记录方法广泛应用于政府债券发行、政府债券转贷、政府债券还本、政府股权投资、应收股利、政府借入主权外债、借入主权外债转贷款、政府偿还主权外债等业务。“双轨制”或“双分录”会计记录方法可以同时提供政府财政资产、负债、收入、支出和净资产等多层次的会计信息，从而有利于加强政府财政管理，满足相关各方的信息需求。根据新制度，财政总会计无须对原制度中“资产基金”“待偿债净资产”科目对应的内容进行核算。转账时，总会计应当根据股权管理部门提供的资料，将原账“资产基金”贷方科目余额中属于“股权投资——其他权益变动”的金额转入到新账“权益法调整”科目，其余科目贷方余额转入到新账“累计盈余——预算管理资金累计盈余”科目贷方；将原账“待偿债净资产”科目借方余额转入到新账“累计盈余——预算管理资金累计盈余”科目借方。

以政府发行地方政府债券为例，一方面要按照权责发生制确认政府的债务收入和负债，另一方面要按照收付实现制在预算会计中确认债务预算收入。涉及的会计处理过程如下：在财务会计核算方面，借记“国库存款”科目，贷记“债务收入”科目，同时借记“累计盈余——预算管理资金累计盈余”科目；在预算会计核算方面，借记“资金结存——库款资金结存”科目，贷记“债务预算收入”。

财政总会计的“双分录”处理方式，确保每一笔财政收支活动都被正确地记录在财务会计账簿中，保证了财务信息的准确性和完整性，提供了财务报表和财务分析的依据，支持财务控制和决策。同时对每一笔预算收入和支出进行明确的分类和记录，有助于控制和管理财政预算执行情况，确保执行与预算的一致性，并为预算执行和效果评估提供了相应的基础数据，帮助评估预算执行的效果和合理性，及时发现偏差并采取相应措施。

第二节 财政总会计的组织管理与职责

根据财政总会计制度，财政总会计的会计核算应当以本级政府财政业务活动持续正常地进行为前提，应当划分会计期间，分期结算账目，按规定编制会计报表和报告。会计期间至少分为年度和月度。会计年度、月度等会计期间的起讫日期采用公历日期。年度终了后，可根据工作需要设置一定期限的上年报告清理期。财政总会计应当以人民币作为记账本位币，以元为金额单位，元以下记至角、分。发生外币业务，在登记外币金额的同时，一般应当按照业务发生当日中国人民银行公布的汇率中间价，将有关外币金额折算为人民币金额记账。期末，各种以外币计价或结算的资产负债项目，应当按照期末中国人民银行公布的汇率中间价进行折算，因汇率变动产生的差额记入有关费用和支出科目。财政总会计采用借贷记账法记账，其会计记录应当使用中文，少数民族地区可以同时使用本民族文字。

各级财政总会计采用的会计信息管理系统必须符合《财政总会计制度》规定的核算方法，并与预算编制、预算执行等业务系统相衔接，不断提高账务处理的自动化程度。各级财政总会计不得直接在会计信息管理系统中更改登记有误的账簿信息，应当采取冲销法或补充登记法重新填制调账记账凭证，复核无误后登记会计账簿。信息系统储存的财政总会计原始数据应当由专人定期备份至专用存储设备。保存电子会计数据的存储介质应当纳入容灾备份体系妥善保管。

各级财政总会计应加强对各项财政业务的核算管理与会计监督。要严格依法办事，对于不合法的会计事项，应及时予以纠正或按程序反映。应加强对预算单位财政资金使用情况的管理，及时了解掌握有关单位的用款情况，发现问题及时按程序反映。各级财政总会计应自觉接受审计、监察部门，以及上级政府财政部门的监督，按规定向审计、监察部门，以及上级政府财政部门提供有关资料。

财政总会计的主要职责有：①进行会计核算。办理政府财政各项预算收支、资产负债以及财政运行的会计核算工作，反映政府财政预算执行情况、财务状况、运行情况和现金流量等。②严格财政资金收付调度管理。组织办理财政资金的收付、调拨，在确保资金安全性、规范性、流动性前提下，合理调度管理资金，提高资金使用效益。③规范账户管理。加强对国库单一账户、财政专户、零余额账户和预算单位银行账户等的管理。④实行会计监督，参与预算管理和财务管理。通过会计核算和反映，进行预算执行情况、财务状况、运行情况和现金流量情况分析，并对财政部门及其所属单位的预算执行和财务管理情况实行会计监督。⑤协调预算收入征收部门、国家金库、国库集中收付代理银行、财政专户开户银行和其他有关部门之间的业务关系。⑥组织本地区财政总决算、部门决算、政府财务报告编审和汇总工作。⑦组织和指导下级财政总会计工作。

第三节　财政总会计科目设置

本制度会计要素包括财务会计要素和预算会计要素。财务会计要素包括资产、负债、净资产、收入和费用；预算会计要素包括预算收入、预算支出和预算结余。

会计科目是对会计要素的进一步分类。它是设置账户、确定核算内容的依据。为了正确地核算各类会计事项，财政部统一规定了会计科目和会计核算办法。根据我国财政部颁发的《关于印发〈财政总会计制度〉的通知》（财库〔2022〕41 号），新制度自 2023 年 1 月 1 日起施行，2015 年制定的《财政总预算会计制度》（财库〔2015〕192 号）同时废止，新制度中的会计科目及核算内容如表 3－1 所示。

表 3－1　财政总会计科目及核算内容

序号	科目编号	会计科目名称	核算内容
一、财务会计科目			
（一）资产类			
1	1001	国库存款	核算政府财政存放在国库单一账户的款项
2	1002	其他财政存款	核算政府财政未列入“国库存款”科目反映的各项财政存款
3	1003	国库现金管理资产	核算政府财政将暂时闲置的国库存款存放商业银行或者投资于货币市场形成的资产
	100301	商业银行定期存款	
	100399	其他国库现金管理资产	
4	1011	有价证券	核算政府财政按照有关规定取得并持有的有价证券

续上表

序号	科目编号	会计科目名称	核算内容
5	1021	应收非税收入	核算政府财政应向缴款人收取但实际尚未缴入国库的非税收入款项。对于非税收入管理部门不能提供已开具非税收入缴款票据、尚未缴入本级国库的非税收入数据的地区，可暂不使用本科目核算
6	1022	应收股利	核算政府因持有股权投资应当收取的现金股利或应当分得的利润
7	1031	借出款项	本科目核算政府财政按照对外借款管理有关规定借给预算单位临时急需，并按期收回的款项
8	1032	与下级往来	核算本级政府财政与下级政府财政的往来待结算款项
9	1033	预拨经费	本科目核算政府财政按照预拨经费管理有关规定预拨给预算单位尚未列为费用的款项
10	1034	在途款	本科目核算报告清理期和库款报解整理期内发生的需要通过本科目过渡处理的属于上年度收入、费用等业务的款项
11	1035	其他应收款	本科目核算政府财政临时发生的其他应收、暂付、垫付款项。项目单位拖欠外国政府和国际金融组织贷款本息和有关费用导致有关政府财政履行担保责任，代偿的贷款本息费，也通过本科目核算
12	1041	应收地方政府债券转贷款	核算本级政府财政转贷给下级政府财政的地方政府债券资金的本金及利息
	104101	应收本金	
	104102	应收利息	
13	1042	应收主权外债转贷款	核算本级政府财政转贷给下级政府的外国政府、国际金融组织贷款等主权外债资金的本金及利息
	104201	应收本金	
	104202	应收利息	
14	1061	股权投资	核算政府持有的各类股权投资。包括国际金融组织股权投资、政府投资基金股权投资和企业股权投资
	106101	国际金融组织股权投资	
	106102	政府投资基金股权投资	
	106103	企业股权投资	

续上表

序号	科目编号	会计科目名称	核算内容
（二）负债类			
15	2001	应付短期政府债券	核算政府财政以政府名义发行的期限不超过1年（含1年）的国债和地方政府债券的应付本金，其中，国债包括中央政府财政发行的国内政府债券和境外发行的主权债券等
	200101	应付国债	
	200102	应付地方政府一般债券	
	200103	应付地方政府专项债券	
16	2011	应付国库集中支付结余	核算省级以上（含省级）政府财政国库集中支付中，应列为当年费用，但年末尚未支付需结转下一年度支付的款项
17	2012	与上级往来	核算本级政府财政与上级政府财政的往来待结算款项
18	2013	其他应付款	核算政府财政临时发生的暂收、应付、收到的不明性质款项和收回的结转结余资金等。税务机关代征入库的社会保险费，也通过本科目核算
19	2014	应付代管资金	核算政府财政代为管理的使用权属于被代管主体的资金
20	2015	应付利息	核算政府财政以政府名义发行的政府债券应支付的利息，以及以政府名义借入款项本期应承担的利息等
	201501	应付国债利息	
	201502	应付地方政府债券利息	
	201503	应付地方政府主权外债利息	
21	2021	应付长期政府债券	核算政府财政以政府名义发行的期限超过1年的国债和地方政府债券的应付本金。其中，国债包括中央政府财政发行的国内政府债券和境外发行的主权债券等
	202101	应付国债	
	202102	应付地方政府一般债券	
	202103	应付地方政府专项债券	
22	2022	借入款项	核算政府财政以政府名义向外国政府、国际金融组织等借入的款项，以及经国务院批准的其他方式借入的款项
23	2031	应付地方政府债券转贷款	核算地方政府财政从上级政府财政借入地方政府债券转贷款的本金和利息
	203101	应付本金	

续上表

序号	科目编号	会计科目名称	核算内容
	203102	应付利息	
24	2032	应付主权外债转贷款	核算本级政府财政从上级政府财政借入主权外债转贷款的本金和利息
	203201	应付本金	
	203202	应付利息	
25	2041	其他负债	核算政府财政因有关政策明确要求其承担支出责任的事项而形成的支付义务
		（三）净资产类	
26	3001	累计盈余	核算政府财政纳入一般公共预算、政府性基金预算、国有资本经营预算管理的预算资金，财政专户管理资金、专用基金历年实现的盈余滚存的金额
	300101	预算管理资金累计盈余	
	300102	财政专户管理资金累计盈余	
	300103	专用基金累计盈余	
27	3011	本期盈余	核算政府财政纳入一般公共预算、政府性基金预算、国有资本经营预算管理的预算资金，财政专户管理资金、专用基金本期各项收入、费用分别相抵后的余额。设置补充和动用预算稳定调节基金，设置补充预算周转金产生的盈余变动事项，也通过本科目核算
	301101	预算管理资金本期盈余	
	301102	财政专户管理资金本期盈余	
	301103	专用基金本期盈余	
28	3021	预算稳定调节基金	本科目核算本级政府财政为保持年度间预算的衔接和稳定而设置的储备性资金
29	3022	预算周转金	核算政府财政设置的用于调剂预算年度内季节性收支差额周转使用的资金
30	3041	权益法调整	核算政府财政按照持股比例计算应享有的被投资主体除净损益和利润分配以外的所有者权益变动的份额
31	3051	以前年度盈余调整	核算政府财政调整以前年度盈余的事项
	305101	预算管理资金以前年度盈余调整	

续上表

序号	科目编号	会计科目名称	核算内容
	305102	财政专户管理资金以前年度盈余调整	
	305103	专用基金以前年度盈余调整	
		（四）收入类	
32	4001	税收收入	核算政府财政筹集的纳入本级财政管理的税收收入
33	4002	非税收入	核算政府财政筹集的纳入本级财政管理的非税收入
34	4011	投资收益	核算政府股权投资所实现的收益或发生的损失
35	4021	补助收入	核算上级政府财政按照财政体制规定或专项需要补助给本级政府财政的款项，包括税收返还、转移支付等
36	4022	上解收入	核算按照财政体制规定或专项需要由下级政府财政上交给本级政府财政的款项
37	4023	地区间援助收入	核算受援方政府财政收到援助方政府财政转来的可统筹使用的各类援助、捐赠等资金收入。援助方政府已列“地区间援助费用”科目的援助、捐赠等资金，受援方通过本科目核算
38	4031	其他收入	核算政府财政除税收收入、非税收入、投资收益、补助收入、上解收入、地区间援助收入、财政专户管理资金收入、专用基金收入以外的各项收入，包括从其他渠道调入资金、豁免主权外债偿还责任以及无偿取得股权投资等产生的收入
39	4041	财政专户管理资金收入	核算政府财政纳入财政专户管理的教育收费等资金收入
40	4042	专用基金收入	核算政府财政按照法律法规和国务院、财政部规定设置或取得的粮食风险基金等专用基金收入
		（五）费用类	
41	5001	政府机关商品和服务拨款费用	核算本级政府财政拨付给机关和参公事业单位购买商品和服务的各类费用，不包括用于购置固定资产、战略性和应急性物资储备等资本性拨款费用
42	5002	政府机关工资福利拨款费用	核算本级政府财政拨付给机关和参公事业单位在职职工和编制外长期聘用人员的各类劳动报酬及为上述人员缴纳的各项社会保险费等费用
43	5003	对事业单位补助拨款费用	核算本级政府财政拨付的对事业单位（不含参公事业单位）的经常性补助费用，不包括对事业单位的资本性拨款费用

续上表

序号	科目编号	会计科目名称	核算内容
44	5004	对企业补助拨款费用	核算本级政府财政拨付的对各类企业的补助费用，不包括对企业的资本金注入和资本性拨款费用
45	5005	对个人和家庭补助拨款费用	核算本级政府财政拨付的对个人和家庭的补助费用
46	5006	对社会保障基金补助拨款费用	核算本级政府财政拨付的对社会保险基金的补助费用，以及补充全国社会保障基金的费用
47	5007	资本性拨款费用	核算政府财政拨付给行政事业单位和企业的资本性拨款费用，不包括对企业的资本金注入
48	5008	其他拨款费用	核算本级政府财政拨付的经常性赠与、国家赔偿费用、对民间非营利组织和群众性自治组织补贴等拨款费用
49	5011	财务费用	核算本级政府财政用于偿还政府债务利息费用，政府债务发行、兑付、登记费用，以外币计算的政府资产及债务由于汇率变化产生的汇兑损益等
	501101	利息费用	
	501102	债务发行兑付费用	
	501103	汇兑损益	
50	5021	补助费用	核算本级政府财政按财政体制规定或专项需要补助给下级政府财政的款项，包括对下级的税收返还、一般性转移支付和专项转移支付等
51	5022	上解费用	核算本级政府财政按照财政体制规定或专项需要上解给上级政府财政的款项
52	5023	地区间援助费用	核算援助方政府财政安排用于受援方政府财政统筹使用的各类援助、补偿、捐赠等
53	5031	其他费用	核算本级政府财政无偿划出股权投资时产生的投资损失、政府财政承担支出责任的其他负债等
54	5041	财政专户管理资金支出	核算本级政府财政用纳入财政专户管理的教育收费等资金安排的支出
55	5042	专用基金支出	核算本级政府财政用专用基金收入安排的支出

续上表

序号	科目编号	会计科目名称	核算内容
			二、预算会计科目
			（一）预算收入类
56	6001	一般公共预算收入	核算政府财政筹集的纳入本级一般公共预算管理的税收收入和非税收入
57	6002	政府性基金预算收入	核算政府财政筹集的纳入本级政府性基金预算管理的非税收入
58	6003	国有资本经营预算收入	核算政府财政筹集的纳入本级国有资本经营预算管理的非税收入
59	6005	财政专户管理资金收入	核算政府财政纳入财政专户管理的教育收费等资金收入
60	6007	专用基金收入	核算本级政府财政按照法律法规和国务院、财政部规定设置或取得的粮食风险基金等专用基金收入
61	6011	补助预算收入	核算上级政府财政按照财政体制规定或专项需要补助给本级政府财政的款项，包括税收返还、一般性转移支付和专项转移支付等
	601101	一般公共预算补助收入	
	601102	政府性基金预算补助收入	
	601103	国有资本经营预算补助收入	
	601111	上级调拨	
62	6012	上解预算收入	核算按照财政体制规定或专项需要由下级政府财政上交给本级政府财政的款项
	601201	一般公共预算上解收入	
	601202	政府性基金预算上解收入	
	601203	国有资本经营预算上解收入	
63	6013	地区间援助预算收入	核算受援方政府财政收到援助方政府财政转来的可统筹使用的各类援助、捐赠等资金收入。援助方政府已列“地区间援助预算支出”的援助、捐赠等资金，受援方通过本科目核算
64	6021	调入预算资金	核算政府财政为平衡某类预算收支，从其他类型预算资金及其他渠道调入的资金
	602101	一般公共预算调入资金	

续上表

序号	科目编号	会计科目名称	核算内容
	602102	政府性基金预算调入资金	
65	6031	动用预算稳定调节基金	核算政府财政为弥补本年度预算资金不足，动用的预算稳定调节基金
66	6041	债务预算收入	核算政府财政根据法律法规等规定，通过发行债券、向外国政府和国际金融组织借款等方式筹集的纳入预算管理的债务收入
	604101	国债收入	
	604102	一般债务收入	
	604103	专项债务收入	
67	6042	债务转贷预算收入	核算省级以下（不含省级）政府财政收到上级政府财政转贷的债务收入
	604201	一般债务转贷收入	
	604202	专项债务转贷收入	
68	6051	待处理收入	核算本级政府财政收回的结转结余资金
	605101	库款资金待处理收入	
	605102	专户资金待处理收入	
		（二）预算支出类	
69	7001	一般公共预算支出	核算政府财政管理的由本级政府安排使用的列入一般公共预算的支出
70	7002	政府性基金预算支出	核算政府财政管理的由本级政府安排使用的列入政府性基金预算的支出
71	7003	国有资本经营预算支出	核算政府财政管理的由本级政府安排使用的列入国有资本经营预算的支出
72	7005	财政专户管理资金支出	核算本级政府财政用纳入财政专户管理的教育收费等资金安排的支出
73	7007	专用基金支出	核算政府财政专用基金收入安排的支出
74	7011	补助预算支出	核算本级政府财政按照财政体制规定或专项需要补助给下级政府财政的款项，包括对下级的税收返还、一般性转移支付和专项转移支付等
	701101	一般公共预算补助支出	
	701102	政府性基金预算补助支出	

续上表

序号	科目编号	会计科目名称	核算内容
	701103	国有资本经营预算补助支出	
	701111	调拨下级	
75	7012	上解预算支出	核算本级政府财政按照财政体制规定或专项需要上交给上级政府财政的款项
	701201	一般公共预算上解支出	
	701202	政府性基金预算上解支出	
	701203	国有资本经营预算上解支出	
76	7013	地区间援助预算支出	核算援助方政府财政安排用于受援方政府财政统筹使用的各类援助、捐赠等资金支出
77	7021	调出预算资金	核算政府财政为平衡某类预算收支，在不同类型预算资金之间的调出支出
	702101	一般公共预算调出资金	
	702102	政府性基金预算调出资金	
	702103	国有资本经营预算调出资金	
78	7031	安排预算稳定调节基金	核算政府财政安排用于弥补以后年度预算资金不足的储备资金
79	7041	债务还本预算支出	核算政府财政偿还本级政府财政承担的纳入预算管理的债务本金支出
	704101	国债还本支出	
	704102	一般债务还本预算支出	
	704103	专项债务还本预算支出	
80	7042	债务转贷预算支出	核算本级政府财政向下级政府财政转贷的债务支出
	704201	一般债务转贷预算支出	
	704202	专项债务转贷预算支出	
81	7051	待处理支出	核算政府财政按照预拨经费管理有关规定预拨给预算单位尚未列为预算支出的款项
		（三）预算结余类	
82	8001	一般公共预算结转结余	核算本级政府财政一般公共预算收支的执行结果
83	8002	政府性基金预算结转结余	核算本级政府财政政府性基金预算收支的执行结果

续上表

序号	科目编号	会计科目名称	核算内容
84	8003	国有资本经营预算结转结余	核算本级政府财政国有资本经营预算收支的执行结果
85	8005	财政专户管理资金结余	核算本级政府财政纳入财政专户管理的教育收费等资金收支的执行结果
86	8007	专用基金结余	核算本级政府财政专用基金收支的执行结果
87	8031	预算稳定调节基金	核算本级政府财政为保持年度间预算的衔接和稳定，在一般公共预算中设置的储备性资金
88	8033	预算周转金	核算政府财政设置的用于调剂预算年度内季节性收支差额周转使用的资金
89	8041	资金结存	核算政府财政纳入预算管理的资金流入、流出、调整和滚存的情况
	804101	库款资金结存	
	804102	专户资金结存	
	804103	在途资金结存	
	804104	集中支付结余结存	
	804105	上下级调拨结存	
	804106	待发国债结存	
	804107	零余额账户结存	
	804108	已结报支出*	
	804109	待处理结存	

注：有*标记“已结报支出”科目适用于财政国库支付执行机构。在会计实务中，一些地方财政部门将财政总会计和财政国库支付执行机构会计合并，可以不单独设置该两个会计科目。

财政总会计应当按照下列规定运用会计科目：

（1）总会计应当对有关法律、法规允许进行的经济活动，按照本制度的规定使用会计科目进行核算；不得以本制度规定的会计科目及使用说明作为进行有关经济活动的依据。

（2）总会计应当按照本制度的规定设置和使用会计科目，不需使用的总账科目可以不使用；在不影响会计处理和编报会计报表的前提下，各级总会计可以根据实际情况在本套科目体系下自行增设下级明细科目。

（3）总会计应当执行本制度统一规定的会计科目编号，不得随意打乱重编，以便于填制会计凭证、登记账簿、查阅账目，实行会计信息化管理。

（4）总会计在填制会计凭证、登记会计账簿时，应同时填列会计科目的名称及编号。

（5）总会计设置明细科目或进行明细核算，除遵循本制度规定外，还应当满足政府财政预算管理和财务管理的需要。

本章小结

本章介绍了我国财政总会计的概念和特点。财政总会计简称总预算会计或总会计，是各级政府财政核算、反映、监督一般公共预算资金、政府性基金预算资金、国有资本经营预算资金、社会保险基金预算资金以及财政专户管理资金、专用基金和代管资金等有关的经济活动或事项的专业会计。财政总会计的核算目标是向会计信息使用者提供政府财政预算执行情况、财务状况、运行情况和现金流量等会计信息，反映政府财政受托责任履行情况。财政总会计通常采用权责发生制核算财务会计，采用收付实现制核算预算会计。财政总会计的主要特征体现在：以一级政府为会计主体，主要核算预算执行情况及其结果；要全面核算和反映一级政府的财务状况；核算对象是财政资金运动；其编制形式和收支分类是会计核算的主要依据；采用“双分录”的记录方式对财务会计和预算会计进行账务处理。

财政总会计的组织管理要依照《中华人民共和国会计法》《中华人民共和国预算法》《中华人民共和国预算法实施条例》及政府会计准则等法律、行政法规和规章，加强财政预算管理，提升国家财政治理效能，规范各级政府财政总会计核算，保证会计信息质量，充分发挥总会计的职能作用。另外，本章也重点介绍了财政总会计财务会计要素和预算会计要素，列明了财政总会计的科目及其核算内容。

课后习题

一、单选题

1. 财政总会计核算的内容中不包括（　　）。

A. 收入　　B. 支出　　C. 国库存款　　D. 库存现金

2. 在财政总会计管理的有关银行账户中，属于非实存资金的账户是（　　）。

A. 国库单一账户　　B. 零余额账户

C. 财政专户　　D. 预算单位银行账户

3. 各级财政总会计不负责核算的事项是（　　）。

A. 固定资产　　B. 各类财政资金收支

C. 财政债权债务的发生和结算　　D. 上下级财政间的结算

4. 财政总会计科目的类别中不包括（　　）。

A. 资产　　B. 负债　　C. 净资产　　D. 费用

5. 属于上下级财政间转移性收支的科目不包括（　　）。

A. 一般公共预算本级收入　　B. 补助收入

C. 补助支出　　D. 上解支出

二、多选题

1. 财政总预算编制的主体包括（ ）。

A. 省政府　　B. 市政府

C. 区政府　　D. 省教育厅

E. 市审计局

2. 我国各级政府的财政总预算分为（ ）四个种类。

A. 一般公共预算　　B. 政府性基金预算

C. 国有资本经营预算　　D. 社会保险基金预算

E. 行政事业单位预算

3. 参与政府预算执行的机构有（ ）。

A. 财政部门　　B. 税务部门

C. 海关　　D. 人民银行

E. 商业银行

4. 在财政总会计中，“双轨制”或“双分录”会计记录方法广泛应用于（ ）。

A. 取得税收收入　　B. 政府债券发行

C. 政府债券还本　　D. 政府股权投资

E. 政府债券转贷

5. 以下（ ）属于一级政府的转移性收入。

A. 一般公共预算本级收入　　B. 政府性基金预算本级收入

C. 财政专户管理资金收入　　D. 补助收入

E. 上解收入

三、判断题

1. 财政总预算是以行政事业单位作为预算主体来编制的政府预算。（ ）

2. 各级政府的财政总预算经过逐级汇总，最后至国家层面，形成整个国家的预算。（ ）

3. 我国政府财政总预算采用单式预算的编制形式，即将政府全部预算收入和预算支出汇集编入单一的总预算内，不区分各类预算收支的经济性质。（ ）

4. 在我国现行政府复式预算的种类中，国有资本经营预算是最基本的一种预算，它涉及政府活动的各个领域，并且在政府财政资金总额中也占据最大的份额。（ ）

5. 社会保险基金预算中的资金实际上是政府受托管理的资金，它归参加社会保险的公民所有，用于向参加社会保险的公民支付养老金、医疗费等社会保险领域，不可以用于其他由政府安排的公共支出领域，如国防、外交、义务教育、公安、城乡建设等领域。（ ）

第四章　财政总会计资产和负债

学习目标

通过本章的学习，了解一级政府各类资产和负债的概念、特点，熟悉资产类和负债类会计科目，掌握资产和负债的核算方法，能够准确运用会计科目进行会计核算。

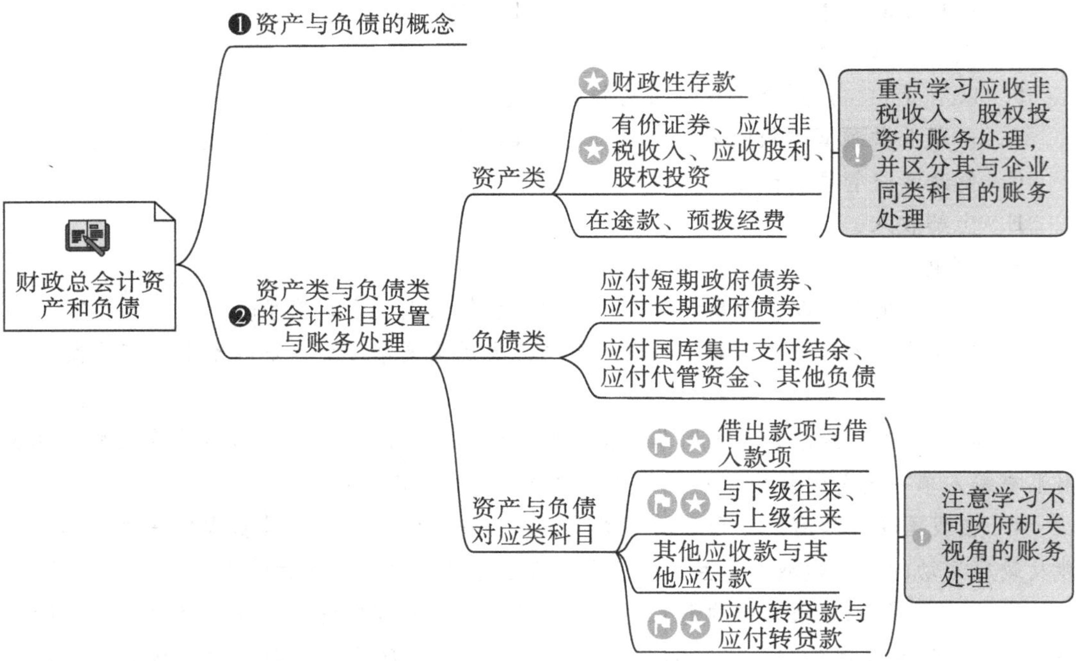

注：为学习重点　为学习难点　为学习提示

课前案例与思政

调查：地方政府专项债资金用在“刀刃”上了吗？

8 月的重庆，气温接近 40 ℃。顶着烈日，经济日报—中国经济网记者来到重庆高新区内的重庆大学产业技术研究院一期项目工程现场。

高耸的塔吊下，一个被蓝色膜布包裹的约 10 层楼高的建筑已拔地而起。“7 月中旬，1.2 亿元专项债资金到位后，我们进度明显加快，一天工程量是原来的 3 倍。”作为该项目的业主单位负责人，重庆金凤电子信息产业有限公司副总经理周俊峰不住地夸赞这笔专项债资金解了燃眉之急。

像这样在建的专项债项目还有很多。今年，我国安排地方政府专项债券 3.75 万亿元，比上年增加 1.6 万亿元。截至 7 月 31 日，新增地方政府专项债券已发行 22 661 亿元，完成全年计划的 60.4%，剩余的专项债有望在 10 月底前发行完毕。

不少人对“专项债”有些陌生，但它却与百姓的日常生活紧密相关。“地方政府专项债券是地方政府规范举债的一种重要类别。自 2015 年起，依据新预算法，地方政府依法拥有举债权，主要采取债券发行方式举债。地方政府债券种类有一般债券和专项债券。”中国财政科学研究院金融研究中心主任赵全厚告诉记者，发行专项债券主要投向有一定收益的公益性项目，以对应的政府性基金科目和专项债券融资项目收入作为偿还。

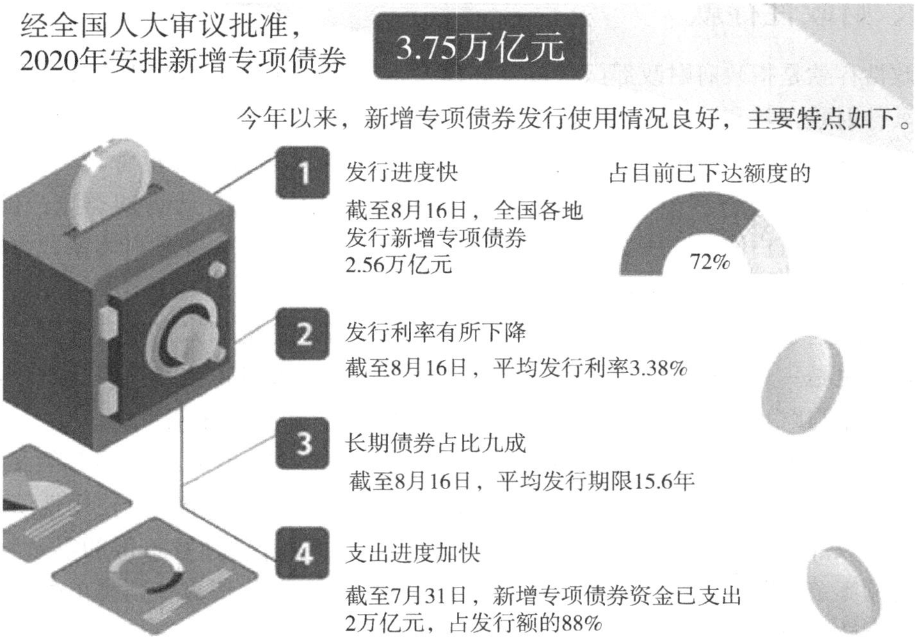

图 4－1 我国 2020 年新增专项债券发行特点

（资料来源：经济日报—中国经济网，2020 年 9 月 14 日）

第一节　财政总会计资产与负债概述

一、财政总会计资产的概念

财政总会计资产是一级政府财政占有或控制的，能以货币计量的经济资源。总会计核算的资产主要包括财政存款、国库现金管理资产、有价证券、应收非税收入、应收股利、应收及暂付款项、借出款项、预拨经费、在途款、应收转贷款、股权投资等。

二、财政总会计负债的概念

财政总会计负债是指一级政府财政承担的能以货币计量、需以资产偿付的债务，包括应付国库集中支付结余、暂收及应付款项、应付政府债券、借入款项、应付转贷款、其他负债、应付代管资金等。

第二节　财政总会计资产类与负债类会计科目设置

一、财政性存款

财政性存款是指政府财政部门存放于国库及规定的金融机构的财政资金，包括国库存款、其他财政存款和国库现金管理资产等。

财政存款的支配权属于同级政府财政部门，并由财政总会计负责管理，统一收付。根据《财政国库管理制度改革试点方案》，我国财政国库账户设置为四类账户的集合，统称为国库单一账户体系，所有财政性资金收入和支出都要纳入该账户体系，由国库实行集中收付。国库单一账户体系包括：

（1）国库存款账户。该账户由财政部门代表本级政府在中国人民银行开设，是国库单一账户，也是一个实存账户，用于记录、核算和反映纳入财政预算管理的财政收支活动，主要用于与财政部门零余额账户和预算单位零余额账户的往来清算。

（2）零余额账户。零余额账户包括财政部门零余额账户、预算单位零余额账户和财政汇缴零余额账户，该三个零余额账户皆为虚存账户。财政部门按资金使用性质在商业银行开设财政部门的零余额账户，在商业银行为预算单位开设预算单位的零余额账户。财政部门的零余额账户，用于财政直接支付和与国库单一账户清算；预算单位的零余额账户用于财政授权支付和与国库单一账户支出清算。汇缴零余额账户反映预算单位作为执收单位收取应该汇缴国库或者财政专户的财政资金收入，当日汇缴国库后余额为零。

（3）财政专户。财政部门在商业银行开设财政专户，按收入和支出设置分类账。该账户用于记录、核算和反映财政专户管理的收入和支出活动，并用于财政专户的日常收支清算。

（4）特设专户。经国务院和省级人民政府批准或授权财政部门开设的特殊过渡性专户，用于记录、核算和反映预算单位的特殊专项支出活动，并与国库单一账户清算。

上述账户和专户要与财政部门及其支付执行机构、中国人民银行国库部门和预算单位的会计核算保持一致性，相互核对有关账务记录。

（一）国库存款

国库存款是指政府财政存放在国库单一账户的款项，是一级政府财政的主要存款。为核算一级政府存放于国库的款项，财政总会计设置“国库存款”科目。当财政总会计收到国库传来的预算收入报表等凭证，确认款项到库时，借记“国库存款”科目，贷记有关预算收入科目。当日收入数为负数时，以红字记入（采用计算机记账的，用负数反映）。“国库存款”科目为期末余额通常在借方，反映政府财政国库存款的结存数。“国库存款”账户，引起“国库存款”账户变动的主要业务如下：

收到国库存款利息收入或其他预算收入时：

借：国库存款

　贷：一般公共预算收入/政府性基金预算收入等账户

收到缴入国库的来源不清的款项时：

借：国库存款

　贷：其他应付款

国库存款减少时，按照实际支付的金额：

借：一般公共预算本级支出/政府性基金预算本级支出等账户

　贷：国库存款

【例4－1】某市财政总会计收到国库传来的预算收入日报表。其中，一般公共预算收入200 000元，政府性基金预算收入100 000元。

借：国库存款	300 000	
贷：一般公共预算收入		200 000
政府性基金预算收入		100 000

【例4－2】某市财政总会计通过国库为某预算单位支付一般公共预算资金180 000元。

借：一般公共预算本级支出	180 000	
贷：国库存款		180 000

（二）国库现金管理资产

国库现金管理资产是指政府财政在确保支付需要前提下，将暂时闲置的国库存款存放于商业银行或者投资于货币市场形成的资产，包括国库现金管理商业银行定期存款以及国库现金管理其他资产。为核算这类款项，财政总会计设置了“国库现金管理资产”科目，按照业务种类设置“商业银行定期存款”“其他国库现金管理资产”明细科目，并可根据管理需要进行明细核算。

财政总会计按照国库现金管理有关规定，将库款转存商业银行时，按照存入商业银行的金额。

借：国库现金管理资产

贷：国库存款

将国库现金管理存款收回国库时，按照实际收回的金额。

借：国库存款（实收款）

贷：国库现金管理存款（存款本金金额）

非税收入（差额）

期末，“国库现金管理资产”科目为借方余额，反映政府财政因国库现金管理业务持有的存款。

【例4-3】某市财政总会计收回原存放于某国有商业银行的国库现金管理存款，国库已收回本金500 000元。同时，收到利息10 000元。

借：国库存款	510 000	
贷：国库现金管理资产		500 000
非税收入		10 000

（三）其他财政存款

其他财政存款是指政府财政未列入“国库存款”“国库现金管理资产”科目的各项存款，包括未设国库的基层乡镇财政存放于商业银行的财政资金、政府财政存放于商业银行的专用基金存款、未纳入预算且实行财政专户管理的资金存款等。该类款项一般存放于财政国库以外，是地方财政性存款的重要组成部分。

为核算政府的其他财政性存款业务，财政总会计设置了“其他财政存款”科目并按照资金性质和存款银行等进行明细核算。当财政专户收到款项时，按照实际收到的金额借记“其他财政存款”科目，贷记有关科目。其他财政存款产生的利息收入，除规定作为专户资金收入外，其他利息收入都应缴入国库。取得其他财政存款利息收入时，按照实际获得的利息金额，根据以下情况分别处理。

（1）按规定作为专户资金收入的，借记“其他财政存款”科目，贷记“应付代管资金”或有关收入科目。

（2）按规定应缴入国库的，借记“其他财政存款”科目，贷记“其他应付款”科目。将其他财政存款利息收入缴入国库时，借记“其他应付款”科目，贷记“其他财政存款”科目；同时，借记“国库存款”科目，贷记“非税收入”科目。

其他财政存款减少时，按照实际支付的金额，借记有关科目，贷记“其他财政存款”科目。

期末，“其他财政存款”科目为借方余额，反映政府财政持有的其他财政存款。

【例4-4】某市财政总会计收到财政专户存款的季度利息入账清单，收到利息共计50 000元。按规定，该利息应全额缴存同级财政国库。

借：其他财政存款	50 000	
贷：其他应付款		50 000

【例 4－5】接上例。该市财政总会计将上述利息 50 000 元缴入财政国库存放。

借：其他应付款　　50 000

　贷：其他财政存款　　50 000

同时，

借：国库存款　　50 000

　贷：非税收入　　50 000

二、有价证券

有价证券是指政府财政按照有关规定取得并持有的对特定财产拥有所有权或债权的凭证，主要指中央政府或者地方政府发行的政府债券。有价证券作为财政资金的一种投资工具，有助于财政部门对闲置财政结余资金进行管理，在保证资金安全的情况下，增加财政收入，改善政府财政状况。

为核算有价证券的购入、持有和转让等业务，财政总会计设置了“有价证券”科目。本科目属于资产类科目，并按有价证券的种类和资金性质进行明细核算。

财政总会计购入有价证券时，按照实际支付的金额。

借：有价证券

　贷：国库存款/其他财政存款

转让或到期兑付有价证券时，按照实际收到的金额。

借：国库存款/其他财政存款（实收款）

　贷：有价证券（有价证券的账面余额）

　　有关收入或费用科目（差额）

期末，“有价证券”科目为借方余额，反映政府财政持有的有价证券金额。

【例 4－6】某市财政动用一般预算结余资金 500 000 元购买当年中央财政发行的政府 A 类债券。该债券已办妥相关确认手续。

借：有价证券　　500 000

　贷：国库存款　　500 000

【例 4－7】接上例。该市财政用一般预算结余资金购买的 500 000 元债券现到期兑付，收到本金及利息共计 550 000 元。该债券已办理相关交割手续。

借：国库存款　　550 000

　贷：有价证券　　500 000

　　一般公共预算收入　　50 000

政府财政购买有价证券，应注意以下几点：①在保证财政资金安全的前提下，只能用本级财政的结余资金购买符合规定的有价证券。②不能将购买有价证券的资金按列支处理。③当期有价证券兑付的利息或转让有价证券取得的收入与账面成本的差额，应计入当期收入。原用一般预算结余资金购买的，应计入一般公共预算收入，原用基金预算结余资金购买的，应计入政府性基金预算收入。④财政总会计购入的有价证券要视同货币资金进行管理。

三、应收非税收入

应收非税收入是指核算政府财政应向缴款人收取但实际尚未缴入国库的非税收入款项。对于非税收入管理部门不能提供已开具非税收入缴款票据、尚未缴入本级国库的非税收入数据的地区，可暂不使用本科目核算。本科目应参照《政府收支分类科目》中"非税收入"科目进行明细核算，同时可根据管理需要，参照实际情况，按执收部门（单位）进行明细核算。

确认取得非税收入时，按照非税收入管理部门提供的已开具缴款票据、尚未缴入本级国库的非税收入金额，借记"应收非税收入"科目，贷记"非税收入"科目。

实际收到非税收入款项时，按照实际收到的非税收入金额，借记"国库存款"科目，已列应收非税收入部分金额，贷记"应收非税收入"科目；未列入应收非税收入部分金额，贷记"非税收入"科目。

期末，非税收入管理部门应对未入库的应收非税收入进行全面核查，总会计根据核查结果对应收非税收入余额进行确认，确保应收非税收入核算准确。本科目期末借方余额反映政府财政尚未入库的应收非税收入。

四、应收股利

应收股利是指政府因持有股权投资而应当收取的现金股利或利润。本科目应根据管理需要，按照被投资主体进行明细核算。

（一）采用权益法核算

政府在持有股权投资期间，被投资主体宣告发放现金股利或利润的，根据股权管理部门提供的资料，按照应上缴政府财政的部分。

借：应收股利

　贷：股权投资（损益调整）

收到现金股利或利润时，按照实际收到的金额。

借：国库存款

　贷：应收股利

按照实际收到金额中未宣告发放的现金股利或利润。

借：应收股利

　贷：股权投资（损益调整）

（二）采用成本法核算

持有股权投资期间，被投资主体宣告发放现金股利或利润时，根据股权管理部门提供的资料，按照应上缴政府财政的部分。

借：应收股利

　贷：投资收益

收到现金股利或利润时，按照实际收到的金额。

借：国库存款

　　贷：应收股利

按照实际收到金额中未宣告发放的现金股利或利润。

借：应收股利

　　贷：投资收益

期末，“应收股利”科目为借方余额，反映政府尚未收回的现金股利或利润。

【例4-8】某市财政用政府性基金预算结余资金投资的某产业基金发布了股利分派公告。财政总会计对该项投资采用权益法核算，根据投资所占对方权益的份额，计算出应收股利85 000元。该项股利于次月收到。

计算应收股利时：

借：应收股利　　85 000

　　贷：股权投资（损益调整）　　85 000

次月收到上述股利时：

借：国库存款　　85 000

　　贷：应收股利　　85 000

五、在途款

在途款是指政府财政在决算清理期和库款报解整理期内发生的需要过渡处理的属于上年度收入、费用等的款项。政府财政在年度终了，会对年度财政收入与支出进行清理，该段时间称为决算清理期和库款报解整理期，在该期间，可能会收到属于上年度的收入或者收回上年度的支出。收到存款与确认收入，或收到存款与冲减支出，应分别记录在两个年度账上。为核算需要过渡处理的上年度收支款项，财政总会计设置了“在途款”科目，该科目属于资产类科目。

报告清理期和库款报解整理期内收到属于上年度收入等款项时，在上年度账务中，

借：在途款

　　贷：应收非税收入等有关收入科目

收回属于上年度费用等款项时，在上年度账务中，

借：在途款

　　贷：预拨经费等有关费用科目

冲转在途款时，在本年度账务中，

借：国库存款

　　贷：在途款

期末，“在途款”科目为借方余额，反映政府财政持有的在途款金额。

【例4-9】某市财政总会计在决算清理期内，收到国库报来的一般预算收入日报表，收到属于上年度的一般预算收入80 000元。

在上年度账上：

借：在途款　　80 000

贷：一般公共预算收入　　80 000

冲转在途款时，在本年度账上：

借：国库存款　　80 000

贷：在途款　　80 000

六、预拨经费

预拨经费是指核算政府财政按照预拨经费管理有关规定预拨给预算单位尚未列为费用的款项。对于未纳入国库集中支付体系的行政事业单位，政府财政在年度预算正式下达前，为保证单位正常运行，有时会预先下拨部分经费。

为核算已预拨但暂未列为支出的款项，财政总会计设置了“预拨经费”科目，本科目属于资产类科目，应按照预拨经费种类、预算单位等进行明细核算。

财政拨出款项时：

借：预拨经费

贷：国库存款

财政转列支出或收回预拨款项时：

借：国库存款

有关费用类科目

贷：预拨经费

期末，“预拨经费”科目为借方余额，反映政府财政年末尚未转列支出或尚待收回的预拨经费金额。

【例4－10】年终，某市财政预拨给所属行政单位次年第一季度经费200 000元，款项通过国库支付。

借：预拨经费　　200 000

贷：国库存款　　200 000

【例4－11】接上例。次年年初，该市财政将上年预拨给行政单位的经费200 000元列为一般公共预算支出。

借：一般公共预算支出　　200 000

贷：预拨经费　　200 000

七、股权投资

股权投资是指政府持有的各类股权性质的投资，包括国际金融组织股权投资、政府投资基金股权投资和企业股权投资等。股权投资在持有期间，通常采用权益法进行核算。政府无权决定被投资主体的财务和经营政策或无权参与被投资主体的财务和经营政策决策的，应当采用成本法进行核算。

为核算政府的股权性质投资业务，财政总会计设置了“股权投资”科目，本科目应当按照“国际金融组织股权投资”“政府投资基金股权投资”“企业股权投资”设置一级明细科目，在一级明细科目下，分别设置“投资成本”“损益调整”“其他权益变动”明细科目，同时应根据管理需要，按照被投资主体进行明细核算。

（一）采用权益法核算

1. 取得投资

政府财政以现金取得股权投资时，按照实际支付的金额：

借：股权投资——投资成本

　贷：国库存款

实际支付的金额中包含的已宣告但尚未发放的现金股利，应当单独确认为应收股利。

政府财政以现金以外其他资产置换取得股权投资时，按照股权管理部门确认的金额，借记“股权投资——投资成本”科目，贷记相关资产类科目。

通过清查发现以前年度取得、尚未纳入财政总会计核算的股权投资时，根据股权管理部门提供的资料，按照股权投资的投资成本，按照以前年度实现的损益中应享有的份额登记损益调整：

借：股权投资——投资成本

　　股权投资——损益调整

　贷：以前年度盈余调整（投资成本＋损益调整）

按照确定的其他权益变动金额：

借：股权投资——其他权益变动

　贷：权益法调整

已宣告但尚未发放的现金股利，应当单独确认为应收股利。

无偿划入股权投资时，根据股权管理部门提供的资料，按照股权投资的投资成本，按照以前年度实现的损益中应享有的份额登记损益调整：

借：股权投资——投资成本

　　股权投资——损益调整

　贷：其他收入

按照确定的其他权益变动金额

借：股权投资——其他权益变动

　贷：权益法调整

2. 持有投资

被投资主体实现净利润的，根据股权管理部门提供的资料，按照应享有的份额：

借：股权投资——损益调整

　贷：投资收益

被投资主体发生净亏损的，以“股权投资”的账面余额减记至零为限，根据股权管理部门提供的资料，按照应分担的份额：

借：投资收益

　贷：股权投资——损益调整

发生亏损的被投资主体以后年度又实现净利润的，按照收益分享额弥补未确认的亏损分担额等后的金额：

借：股权投资——损益调整

　贷：投资收益

收到现金股利或利润时，按照实际收到的金额，借记“国库存款”科目，贷记“应收股利”科目；按照实际收到金额中未宣告发放的现金股利或利润，借记“应收股利”科目，贷记“股权投资”（损益调整）。

被投资主体发生除净损益和利润分配以外的所有者权益变动的，根据股权管理部门提供的资料，按照应享有或应分担的份额，借记或贷记“股权投资”（其他权益变动），贷记或借记“权益法调整”科目。

股权投资持有期间，被投资主体以收益转增投资的，根据股权管理部门提供的资料，按照收益转增投资的金额：

借：股权投资——投资成本

　贷：股权投资——损益调整

3. 处置投资

处置股权投资时，根据股权管理部门提供的资料，按照被处置股权投资对应的“权益法调整”科目账面余额，借记或贷记“权益法调整”科目，贷记或借记“股权投资”（其他权益变动）。按照处置收回的金额，借记“国库存款”科目，按照已宣告尚未领取的现金股利或利润，贷记“应收股利”科目，按照被处置股权投资的账面余额，贷记“股权投资”（投资成本、损益调整），按照其差额，贷记或借记“投资收益”科目。

无偿划出股权投资时，根据股权管理部门提供的资料，按照被划出股权投资对应的“权益法调整”科目账面余额，借记或贷记“权益法调整”科目，贷记或借记“股权投资”（其他权益变动）；按照被划出股权投资的账面余额，借记“其他费用”科目，贷记“股权投资”（投资成本、损益调整）。

企业破产清算时，根据股权管理部门提供的资料，按照破产清算企业股权投资对应的“权益法调整”科目账面余额，借记或贷记“权益法调整”科目，贷记或借记“股权投资”（其他权益变动）；按照缴入国库清算收入的金额，借记“国库存款”科目，按照破产清算股权投资的账面余额，贷记“股权投资”（投资成本、损益调整），按照其差额，借记或贷记“投资收益”科目。

（二）采用成本法核算

1. 取得投资

政府财政以现金取得股权投资时，按照实际支付的金额，借记“股权投资”（投资成本），贷记“国库存款”科目。实际支付的金额中包含的已宣告但尚未发放的现金股利，应当单独确认为应收股利。

政府财政以现金以外其他资产置换取得股权投资时，按照股权管理部门确认的金额，借记“股权投资”（投资成本），贷记相关资产类科目。

通过清查发现以前年度取得、尚未纳入财政总会计核算的股权投资时，根据股权管理部门提供的资料，按照其确定的投资成本，借记“股权投资”（投资成本），贷记“以前年度盈余调整”科目。已宣告但尚未发放的现金股利，应当单独确认为应收股利。

无偿划入股权投资时，根据股权管理部门提供的资料，按照其确定的投资成本，借记“股权投资”（投资成本），贷记“其他收入”科目。

2. 处置投资

处置股权投资时，按照收回的金额，借记“国库存款”科目，按照已宣告但尚未领取的现金股利或利润，贷记“应收股利”科目，按照被处置股权投资账面余额，贷记“股权投资”（投资成本），按照其差额，贷记或借记“投资收益”科目。

无偿划出股权投资时，按照被划出股权投资的账面余额，借记“其他费用”科目，贷记“股权投资”（投资成本）。

企业破产清算时，根据股权管理部门提供的资料，按照缴入国库清算收入的金额，借记“国库存款”科目，按照破产清算股权投资的账面余额，贷记“股权投资”（投资成本），按照其差额，借记或贷记“投资收益”科目。

（三）成本法与权益法的转换

1. 成本法改为权益法

对股权投资的核算从成本法改为权益法的，应按照成本法下“股权投资”（投资成本）账面余额与追加投资成本的合计金额，借记“股权投资”（投资成本），按照成本法下“股权投资”（投资成本）账面余额，贷记“股权投资”（投资成本），按照追加投资的金额，贷记“国库存款”科目。

2. 权益法改为成本法

对股权投资的核算从权益法改为成本法的，按照“权益法调整”科目账面余额，借记或贷记“权益法调整”科目，贷记或借记“股权投资”（其他权益变动）；按照权益法下“股权投资”（投资成本、损益调整）账面余额作为成本法下投资成本账面余额，借记“股权投资”（投资成本），贷记“股权投资”（投资成本、损益调整）。

当被投资单位宣告分派现金股利或利润时，属于已记入投资成本账面余额的部分，按照应分得的现金股利或利润份额，借记“应收股利”科目，贷记“股权投资”（投资成本）。

本科目期末借方余额反映政府持有的各类股权投资的价值。

【例 4－12】中央财政 20×3 年发生如下经济业务：

代表国家用一般公共预算资金认缴 A 国际金融组织股本 60 000 000 元。账务处理如下：

借：股权投资——国际金融组织股权投资　　60 000 000
　贷：国库存款　　60 000 000

同时，

借：一般公共预算支出　　60 000 000
　贷：资金结存——库款资金结存　　60 000 000

【例4－13】某省财政发生的股权投资经济业务如下：

(1) 20×2年1月3日，政府使用国有资本预算资金30 000 000元购买某产业投资基金35%的股权，采用权益法核算，该投资基金当日净资产为100 000 000元。账务处理如下：

借：股权投资——投资基金股权投资——投资成本　　30 000 000
　　　　　　　　　　　　　　　　——其他权益变动　　5 000 000
　贷：国库存款　　35 000 000

同时，

借：国有资产经营预算支出　　30 000 000
　贷：资金结存——库款资金结存　　30 000 000

(2) 20×2年12月，投资基金实现净利润30 000 000元，净损益以外的其他权益增加20 000 000元。账务处理如下：

借：股权投资——政府投资基金股权投资——损益调整　　10 500 000
　贷：投资收益　　10 500 000

借：股权投资——政府投资基金股权投资——其他权益变动　　7 000 000
　贷：权益法调整　　7 000 000

(3) 20×3年3月1日投资基金宣告发放现金股利10 000 000元。账务处理如下：

借：应收股利　　3 500 000
　贷：股权投资——投资基金股权投资——损益调整　　3 500 000

(4) 20×3年3月10日收到现金股利3 500 000元。账务处理如下：

借：国库存款　　3 500 000
　贷：应收股利　　3 500 000

同时，

借：资金结存——库款资金结存　　3 500 000
　贷：一般公共预算收入　　3 500 000

(5) 20×3年5月将归属财政的净利润500 000元转增投资。账务处理如下：

借：股权投资——投资基金股权投资——投资成本　　500 000
　贷：股权投资——投资基金股权投资——损益调整　　500 000

八、应付利息

应付利息是指政府财政以政府名义发行的政府债券应支付的利息，以及以政府名义借入款项本期应承担的利息等。

为了核算政府债券应付的利息，财政总会计应设置“应付利息”，本科目属于负债类科目，根据管理需要可设置“应付国债利息”“应付地方政府债券利息”“应付地方政府主权外债利息”明细科目。本科目应根据债务管理部门计算并提供的政府债券及借入款项的应付利息情况，按期进行核算。

（一）计提利息

根据债务管理部门计算确定的本期应付未付利息金额：

借：财务费用——利息费用

　贷：应付利息

（二）支付利息

实际支付利息时，支付金额中已计提的部分：

借：应付利息

　　财务费用——利息费用（未计提的部分）

　贷：国库存款/其他财政存款等科目

（三）豁免利息

提前赎回已发行的政府债券、豁免政府财政承担的主权外债应付利息时，按照减少的当年已计提应付利息金额：

借：应付利息

　贷：财务费用——利息费用

减少以前年度已计提但尚未支付的利息金额：

借：应付利息

　贷：以前年度盈余调整

（四）利息折算

期末，政府发行的以外币计价的政府债券及借入款项由于汇率变化产生的应付利息折算差额，借记或贷记“财务费用——汇兑损益”科目，贷记或借记“应付利息”。

本科目期末贷方余额反映政府财政应付未付的利息金额。

九、应付短期政府债券

应付短期政府债券是指政府财政以政府名义发行的期限不超过 1 年（含 1 年）的国债和地方政府债券的应付本金，其中，国债包括中央政府财政发行的国内政府债券和境外发行的主权债券等。

为了核算短期政府债券应付本金，财政总会计应设置“应付国债”“应付地方政府一般债券”“应付地方政府专项债券”明细科目。债务管理部门设置辅助明细账，主要包括政府债券金额、种类、期限、发行日、到期日、票面利率、偿还本金及付息情况等内容，并按期计算债券存续期应付利息情况。

贷方余额反映政府财政尚未偿还的短期政府债券本金和利息。

（一）发行债券

实际收到短期政府债券发行收入时，按实际收到的金额及短期政府债券实际发行额。

借：国库存款（实收额）

　　有关费用科目（差额）

贷：应付短期政府债券（实际发行额）

中央财政发生国债随卖业务时，根据国债随卖确认文件等相关债券管理资料及实际收到的金额，

借：国库存款（实收额）

财务费用——利息费用（差额）

贷：应付短期政府债券（实际发行额）

中央财政发生国债随买业务时，根据国债随买确认文件等相关债券管理资料，按照国债随买面值，

借：应付短期政府债券/应付长期政府债券（实际发行额）

财务费用——利息费用（差额）

贷：国库存款（实支额）

（二）偿还本金

实际偿还本级政府财政承担的短期政府债券本金时，

借：应付短期政府债券

贷：国库存款等科目

本科目期末贷方余额反映政府财政尚未偿还的短期政府债券本金。

【例4-14】中央财政发行一年期国债500 000 000元，支付发行费用30 000 000元，实际收到470 000 000元。票面利率为3%，到期一次还本付息。账务处理如下：

（1）收到发行款时。

借：国库存款	470 000 000	
财务费用——债券发行兑付费用	30 000 000	
贷：应付短期政府债券——应付国债——应付本金		500 000 000

同时，

借：资金结存——库款资金结存	470 000 000	
贷：债务预算收入——一般债务收入		470 000 000

（2）每月末计提利息时。

借：财务费用——利息费用	1 250 000	
贷：应付短期政府债券——应付国债利息		1 250 000

（3）到期偿还本息时。

借：应付短期政府债券——应付国债——应付本金	500 000 000	
——应付国债——应付利息	15 000 000	
贷：国库存款		515 000 000

同时，

借：一般公共预算支出	15 000 000	
债务还本预算支出——一般债务还本预算支出	500 000 000	
贷：资金结存——库款资金结存		515 000 000

【例 4-15】某省财政采用定向承销方式发行短期政府专项债券置换存量债务，置换本级政府存量债务的额度为 100 000 000 元。账务处理如下：

借：国库存款　　100 000 000

　贷：应付短期政府债券——应付地方政府专项债券——应付本金　　100 000 000

同时，

借：债务还本预算支出——专项债务还本预算支出　　100 000 000

　贷：债务预算收入——专项债务收入　　100 000 000

十、应付长期政府债券

应付长期政府债券是指政府财政以政府名义发行的期限超过 1 年的国债和地方政府债券的应付本金。其中，国债包括中央政府财政发行的国内政府债券和境外发行的主权债券等。

为了核算长期政府债券的应付本金和利息，财政总会计设置了“应付长期政府债券”科目。本科目属于负债类科目，应当设置“应付国债”“应付地方政府一般债券”“应付地方政府专项债券”明细科目。债务管理部门应当设置相应的辅助账，详细记录每期政府债券金额、种类、期限、发行日、到期日、票面利率、偿还本金及付息情况等，并按期计算债券存续期应负担的利息金额。

贷方余额反映政府财政尚未偿还的长期政府债券本金和利息。

（一）发行债券

实际收到长期政府债券发行收入时，按实际收到的金额及长期政府债券实际发行额：

借：国库存款/其他财政存款（实收额）

　　有关费用科目（差额）

　贷：应付长期政府债券（实际发行额）

中央财政发生国债随卖业务时，账务处理参照“应付短期政府债券”科目使用说明中国债随卖业务的账务处理。

中央财政发生国债随买业务时，账务处理参照“应付短期政府债券”科目使用说明中国债随买业务的账务处理。

政府财政以定向承销方式发行长期政府债券时，根据债务管理部门转来的债券发行文件等有关资料，

借：以前年度盈余调整/应收地方政府债券转贷款

　　有关费用科目（差额）

　贷：应付长期政府债券（实际发行额）

（二）偿还本金

实际偿还长期政府债券本金时，借记“应付长期政府债券”，贷记“国库存款”“其他财政存款”等科目。

【例4-16】某省财政采用定向承销方式发行3年期地方政府专项债券置换下级政府存量债务100 000 000元。账务处理如下：

借：应收地方政府债券转贷款——应收本金　　100 000 000

　贷：应付长期政府债券——应付地方政府一般债券　　100 000 000

借：债务转贷预算支出——地方政府专项债务转贷预算支出　　100 000 000

　贷：债务预算收入——专项债务收入　　100 000 000

十一、应付国库集中支付结余

应付国库集中支付结余是指政府财政采用权责发生制列支，预算单位尚未使用的国库集中支付结余资金。预算单位的国库集中支付指标数在预算年度结束时尚未用完的，财政总会计年末须按规定采用权责发生制予以确认支出，并结转到下年由预算单位继续使用。这些已确认为支出但实际未安排使用的国库集中支付结余，构成了财政总会计对预算单位的负债，这些负债在次年由预算单位经批准使用时，方告偿清。

为核算按权责发生制确认的应付国库集中支付结余，财政总会计设置了“应付国库集中支付结余”科目，财政部门可根据管理需要，参照《政府收支分类科目》中支出经济分类科目进行明细核算。

年末，对当年形成的国库集中支付结余采用权责发生制列支时：

借：有关支出科目

　贷：应付国库集中支付结余

实际支付应付国库集中支付结余资金时：

借：应付国库集中支付结余

　贷：国库存款

收回尚未支付的应付国库集中支付结余时：

借：应付国库集中支付结余

　贷：以前年度盈余调整

期末，“应付国库集中支付结余”科目为贷方余额，反映政府财政尚未支付的国库集中支付结余资金。

【例4-17】某市财政总会计在年终决算时，发现某预算单位当年国库集中支付指标结余800 000元，财政总会计按规定结转并列入一般公共预算支出。次年，该预算单位使用上述结余时，财政总预算会计根据批复的预算调整方案，将上年该结余的支出预算科目调整为政府性基金预算支出。

年末，财政总会计确认应付国库集中支付结余时：

借：一般公共预算支出　　800 000

　贷：应付国库集中支付结余　　800 000

次年，该预算单位实际使用上年结余，财政总会计调整支出科目时：

借：应付国库集中支付结余　　800 000

　贷：国库存款　　800 000

借：政府性基金预算支出　　　　800 000
　贷：一般公共预算结转结余　　　　800 000

十二、应付代管资金

应付代管资金是指政府财政代为管理的，使用权属于被代管主体的资金。如：乡镇财政所对乡镇政府所属单位及村级财务和资金在一个平台上统一管理、统一运行，包括预算单位资金、村级资金、保证金、工会经费等。

为核算由政府财政代为管理的款项，财政总会计设置了“应付代管资金”科目，本科目属于负债类科目，该科目应当根据管理需要进行相关明细核算。

财政总会计收到代管资金时：

借：其他财政存款
　贷：应付代管资金

支付代管资金时：

借：应付代管资金
　贷：其他财政存款

代管资金产生的利息收入按照相关规定仍属于代管资金的：

借：其他财政存款
　贷：应付代管资金

期末，“应付代管资金”科目的贷方余额反映政府财政尚未支付的代管资金。

【例4－18】某市财政收到为所属预算单位代为管理的资金7 000 000元，款项已存入财政指定的某商业银行。

借：其他财政存款　　　　7 000 000
　贷：应付代管资金　　　　7 000 000

十三、其他负债

其他负债是指政府财政因有关政策明确要求其承担支出责任的事项而形成的支付义务。为了核算其他负债，财政总会计应设置“其他负债”科目，该科目属于负债类科目，应当按照债权单位和项目等进行明细核算。贷方余额反映政府财政承担的尚未偿还的其他负债。有关政策已明确政府财政承担的支出责任，按照确定应承担的负债金额。

借：其他费用
　贷：其他负债

期末，根据债务管理部门转来的其他负债期末余额与账面余额的差额，借记或贷记本科目，贷记或借记“其他费用”科目。

本科目贷方余额反映政府财政承担的尚未支付的其他负债余额。

【例4－19】某市政府根据本级人大规定，下半年内，市本级财政应承担追加的公共卫生与疾控专项支出2 800 000元，财政总会计根据该项政策确认相应的支出责任。

借：其他费用　　　　　　　　　　　　　　　　　　　　2 800 000
　贷：其他负债　　　　　　　　　　　　　　　　　　　　2 800 000

【例 4－20】接上例。期末，该市财政应承担追加的公共卫生与疾控专项支出的期末余额为 2 000 000 元。

借：其他负债　　　　　　　　　　　　　　　　　　　　800 000
　贷：其他费用　　　　　　　　　　　　　　　　　　　　800 000

十四、借出款项与借入款项

借出款项是指政府财政按照对外借款管理的相关规定，借给预算单位临时急需的应按期收回的款项。

为核算已借出待收回的财政资金，财政总会计设置了“借出款项”科目，本科目属于资产类科目，并按照借款单位等进行明细核算。期末，“借出款项”科目为借方余额，反映政府财政借给预算单位的尚未收回的款项。

借入款项是指政府财政部门以政府名义向外国政府、国际金融组织等借入的款项，以及通过经国务院批准的其他方式借款形成的负债。

为了核算借入款项的本金和利息，财政总会计应设置“借入款项”科目。本科目属于负债类科目，应当设置“应付本金”“应付利息”明细科目，分别对借入款项的应付本金和利息进行明细核算，还应当按照债权人进行明细核算。债务管理部门应当设置相应的辅助账，详细记录每笔借入款项的期限、借入日期、偿还及付息情况等。贷方余额反映政府财政尚未偿还的借入款项本金和利息。

借入款项的账务处理包括借入主权外债的账务处理和其他借入款项的账务处理，其他借入款项的账务处理参照借入主权外债的账务处理。

表 4－1　借出款项与借入款项

借出款项	借入款项
（本级政府债权）资产类科目	（本级政府债务）负债类科目
1. 本级政府收到借入资金	1. 本级政府收到借入的主权外债资金
财政总会计将款项借出时， 借：借出款项 　贷：国库存款等	收到借入的主权外债资金，根据债务管理部门转来的相关资料，按照实际收到的金额与承担的债务之间的差额，借记或贷记有关费用科目。 借：国库存款/其他财政存款 　　有关费用科目（差额） 　贷：借入款项

续上表

借出款项	借入款项
2. 本级政府偿还借入资金	2. 外方将贷款资金直接支付给用款单位或供应商
收回借款时， 借：国库存款等 　贷：借出款项	(1) 本级政府财政承担还款责任，本级政府财政部门根据实际承担的债务金额。 借：有关费用科目（本级政府同级部门使用） 　　补助费用/与下级往来（下级政府同级部门使用） 　贷：借入款项 (2) 下级政府财政使用并承担还款责任，本级政府财政部门根据实际承担的债务金额。 借：应收主权外债转贷款 　贷：借入款项
	3. 偿还主权外债本金
—	(1) 偿还主权外债本金时，按照实际支付的金额。 借：借入款项 　贷：国库存款/其他财政存款 (2) 债权人豁免本级政府财政承担偿还责任的借入主权外债本金时，根据债务管理部门转来的有关资料，按照被豁免的本金。 借：借入款项 　贷：其他收入 (3) 债权人豁免下级政府财政承担偿还责任的借入主权外债本金时，根据债务管理部门转来的有关资料，按照被豁免的本金。 借：借入款项 　贷：应收主权外债转贷款

年末，根据债务管理部门提供借入款项因汇率变动产生的期末人民币余额与账面余额之间的差额资料，借记或贷记“财务费用——汇兑损益”科目，贷记或借记“借入款项”。

其他借入款项账务处理参照本科目使用说明中借入主权外债业务的账务处理。

【例4－21】某省财政向世界银行借入一笔5 000 000元的贷款，贷款期限为2年，利率为3%，到期一次还本付息。到期后收到豁免借款本息的通知。同时，该省政府应某预算单位的要求，借给下属市政府500 000元，规定用于日常业务活动。款项已通过其他财政存款账户支付。

到期利息＝5 000 000×3%×2＝300 000（元）

省财政总会计账务处理如下：

(1) 若省财政承担还款责任。

借：其他财政存款　　5 000 000

　　财务费用——利息费用　　300 000

　贷：借入款项　　5 300 000

(2) 若该笔贷款转贷给市政府，由市政府财政同级部门使用，市财政承担还款责任。

借：应收主权外债转贷款　　5 300 000

　贷：借入款项　　5 300 000

(3) 借出款项给其下属市政府，款项已通过其他财政存款账户支付。

借：借出款项　　500 000

　贷：其他财政存款　　500 000

(4) 到期后收到豁免借款本息的通知时，若该款项原本由省级政府承担。

借：借入款项　　5 300 000

　贷：其他收入　　5 300 000

十五、与下级往来和与上级往来

与下级往来和与上级往来分别是指本级政府财政与下级政府财政、上级政府财政之间的往来待结算款项，前者是资产类科目，后者是负债类科目。财政总会计本级财政的与上级往来和上级财政的与下级往来相对应。因财政收入体制结算制度，上下级政府财政之间会产生下级财政按规定需上解上级财政的资金，以及上级财政按规定需补助下级财政的款项。另外，还存在上级财政临时借垫款项给下级财政周转使用的情况等。这些上下级财政之间发生的往来，对上级政府财政而言，是应予收回的款项，是一种财政资产；对于下级政府财政而言，是应予偿付的款项，是一种财政负债。

对上级政府财政而言，为核算上下级政府财政之间的这类往来待结算款项，财政总会计设置了“与下级往来”科目，本科目属于资产类科目，并按照下级政府、资金性质等进行明细核算。期末，“与下级往来”科目既可能出现借方余额，也可能出现贷方余额，是双重性质的科目。期末借方余额反映本级政府财政应收下级政府财政的款项，期末贷方余额反映本级政府财政应付下级政府财政的款项。

对于下级政府财政而言，为核算本级政府财政与上级政府财政的往来待结算业务，财政总会计设置了“与上级往来”科目，该科目应当按照往来款项的类别和项目等进行明细核算。期末，“与上级往来”科目余额在贷方或借方，是双重性质结构科目。该科目贷方余额反映本级政府财政应付上级政府财政的款项，借方余额反映本级政府财政应收上级政府财政的款项。

表 4－2　与上下级的往来

与下级往来	与上级往来
（对上级政府财政而言）资产类科目	（对于下级政府财政而言）负债类科目
1．拨付款项	1．收到款项
（1）拨付下级政府财政款项时。 借：与下级往来 　贷：国库存款 （2）有主权外债业务的财政部门，贷款资金由下级政府财政同级部门（单位）使用，且贷款的最终还款责任由本级政府财政承担的，本级政府财政部门支付贷款资金时。 借：与下级往来/补助费用 　贷：国库存款/其他财政存款 （3）外方将贷款资金直接支付给供应商或用款单位时。 借：与下级往来/补助费用 　贷：借入款项/应付主权外债转贷款	（1）收到上级政府财政拨付的款项时。 借：国库存款/其他财政存款 　贷：与上级往来 （2）有主权外债业务的财政部门，贷款资金由本级政府财政同级部门使用，且贷款的最终还款责任由上级政府财政承担的，本级政府财政收到贷款资金时。 借：国库存款/其他财政存款 　贷：与上级往来/补助收入 （3）外方或上级政府财政将贷款资金直接支付给供应商或用款单位时。 借：有关费用类科目 　贷：与上级往来 　　　补助收入等
2．年终结算	2．年终结算
（1）两级财政年终结算时，确认应当由下级政府财政上交的收入数。 借：与下级往来 　贷：上解收入 （2）两级财政年终结算时，确认应补助下级政府财政的费用数。 借：补助费用 　贷：与下级往来	（1）两级财政年终结算中确认的应当上交上级政府财政的款项。 借：上解费用 　贷：与上级往来 （2）两级财政年终结算中确认的应当由上级政府财政补助的款项。 借：与上级往来 　贷：补助收入
3．收回款项	3．归还款项
（1）收到下级政府财政缴入国库的往来待结算款项时。 借：国库存款 　贷：与下级往来 （2）扣缴下级政府财政资金时。 借：与下级往来 　贷：其他应付款等科目	归还上级政府财政的往来性款项时，按照实际归还的金额， 借：与上级往来 　贷：国库存款/其他财政存款

【例 4 – 22】某市财政补助下级政府财政预算资金 900 000 元，年底时补助款项尚未完成划付；根据年末财政结算，该市政府应向省政府上解一般预算款项 170 000 元，年底时尚未完成上缴。

市财政总会计账务处理如下：

借：补助费用　　900 000

　贷：与下级往来　　900 000

借：上解费用　　170 000

　贷：与上级往来　　170 000

【例 4 – 23】接上例。该市财政借给下级财政的 900 000 元预算资金收回 600 000 元，其余 300 000 元转作对下级财政的补助。同时，市财政预算因周转困难，向上级省财政借款 8 300 000 元。款项已存入国库。

（1）市财政收回下级政府财政预算资金，与下级往来减少。

借：国库存款　　600 000

　　补助费用　　300 000

　贷：与下级往来　　900 000

（2）市政府向上级省财政借款，与上级往来增加。

借：国库存款　　8 300 000

　贷：与上级往来　　8 300 000

【例 4 – 24】接上例。在年终结算中，根据财政收入体制结算规定，该市财政总会计计算并确认下级政府财政应上解本市财政款项 230 000 元；同时，省财政将转贷给该市财政的 8 300 000 元转作对该市财政的补助时，市财政总会计应做如下账务处理。

（1）市财政收到下级政府财政的上解资金，与下级往来增加。

借：与下级往来　　230 000

　贷：上解收入　　230 000

（2）市政府取得上级省财政补助收入，与上级往来增加。

借：与上级往来　　8 300 000

　贷：补助收入　　8 300 000

十六、其他应收款与其他应付款

其他应收款是指政府财政临时发生的其他应收、暂付、垫付款项，以及项目单位拖欠外国政府和国际金融组织贷款本息和相关费用导致相关政府财政为项目单位履行担保责任，代偿的贷款本息。

为核算临时发生的该类款项，财政总会计设置了“其他应收款”科目，本科目属于资产类科目，并按照资金性质、债务单位等进行明细核算。财政总会计应及时清理结算其他应收款。年终，“其他应收款”科目原则上应无余额。

其他应付款是指政府财政临时发生的暂收、应付、收到的不明性质款项和收回的结转结余资金等，包括税务机关代征入库的社会保险费。

为了核算其他应付款，财政总会计应设置“其他应付款”科目。本科目属于负债类科目，应当按照债权单位或资金来源等进行明细核算。本科目应当及时清理结算，期末贷方余额反映政府财政尚未结清的其他应付款项。

表4－3 其他应收、应付款

其他应收款	其他应付款
资产类科目	负债类科目
1. 确认其他应收款	1. 确认其他应付款
（1）发生其他应收款项时。 借：其他应收款 　贷：国库存款/其他财政存款 （2）政府财政对使用外国政府和国际金融组织贷款资金的项目单位履行担保责任，代偿贷款本息和相关费用时。 借：其他应收款 　贷：国库存款/其他财政存款	（1）收到不明性质款项及收回结转结余资金时。 借：国库存款/其他财政存款 　贷：其他应付款 （2）社会保险费代征入库时。 借：国库存款 　贷：其他应付款
2. 收回其他应收款	2. 转作收入
（1）收回其他应收款项时。 借：国库存款/其他财政存款 　贷：其他应收款 （2）政府财政行使追索权，收回项目单位贷款本息和相关费用时。 借：国库存款/其他财政存款等科目 　贷：其他应收款	（1）入库的社会保险费划转社保基金专户时。 借：其他应付款 　贷：国库存款 （2）将有关款项清理退还、划转、转作收入时。 借：其他应付款 　贷：国库存款/其他财政存款/有关收入科目 （3）收回的结转结余资金，财政部门按原预算科目使用的，实际安排支出时。 借：其他应付款 　贷：国库存款/其他财政存款等科目 （4）收回的结转结余资金，财政部门调整预算科目使用的，实际安排支出时。 借：其他应付款 　贷：以前年度盈余调整——预算管理资金以前年度盈余调整等科目 同时， 借：有关费用科目 　贷：国库存款

续上表

其他应收款	其他应付款
资产类科目	负债类科目
3．转列费用	3．冲减费用
（1）其他应收款项转列费用时。 借：有关费用类科目 　贷：其他应收款 （2）政府财政对使用外国政府和国际金融组织贷款资金的项目单位履行担保责任代偿贷款本息，最终未收回项目单位贷款本息和相关费用，经核准转列费用时。 借：有关费用类科目 　贷：其他应收款	（1）有关款项确认冲减当年费用时。 借：其他应付款 　贷：有关费用类科目 （2）有关款项确认冲减以前年度有关费用事项的。 借：其他应付款 　贷：以前年度盈余调整——预算管理资金以前年度盈余调整等科目

【例 4－25】某市税务机关代征一笔 600 000 元的社会保险费，该款项已入财政国库存款户。该市政府账务处理如下：

借：国库存款　　600 000

　贷：其他应付款　　600 000

【例 4－26】经批准，上例中入库的社会保险费 600 000 元划转社保基金专户，其余列支。

借：其他应付款　　600 000

　贷：国库存款　　600 000

【例 4－27】接上例。市财政为 B 项目单位拖欠的世界银行无息贷款资金 2 000 000 元承担担保责任，最终收回 B 项目单位贷款本息 1 500 000 元，余下款项经核准转列为补助费用。

（1）代偿贷款本息和相关费用。

借：其他应收款——B 单位　　2 000 000

　贷：其他财政存款　　2 000 000

（2）收回项目单位贷款部分本息和相关费用时。

借：其他财政存款　　1 500 000

　贷：其他应收款——B 单位　　1 500 000

（3）经核准转列补助费用时。

借：补助费用　　500 000

　贷：其他应收款——B 单位　　500 000

十七、应收转贷款和应付转贷款

应收转贷款是指本级政府财政将借入的资金或者发行债券募集的资金转贷给下级政府财政的款项，包括应收地方政府债券转贷款、应收主权外债转贷款等。

应付转贷款是指地方政府从上级财政取得的转贷资金而形成的债务，包括应付地方政府债券转贷款和应付主权外债转贷款。

（一）应收地方政府债券转贷款和应付地方政府债券转贷款

应收地方政府债券转贷款是指本级政府财政转贷给下级政府财政的地方政府债券资金的本金及利息。因地方政府的债券发行资质限制或转移支付的需要等，上级政府财政通过发行债券募集资金，转贷给下级政府财政使用，形成应收地方政府债券转贷款，下级政府财政相应地形成应付地方政府债券转贷款。上下级政府财政间的应收/应付地方政府债券转贷款业务，属于地方政府之间的转移性收支业务。

为核算上级政府财政转贷给下级政府财政的地方政府债券资金的本金及利息，财政总会计设置了“应收地方政府债券转贷款”科目，该科目下应设置“应收本金”和“应收利息”明细科目，并按照转贷对象进行明细核算，其下应根据管理规定设置“一般债券”“专项债券”等明细科目。其中，“应收利息”科目通常应根据债务管理部门计算并提供的政府债券转贷款的应收利息情况，按期进行核算。期末，“应收地方政府债券转贷款”科目为借方余额，反映政府财政应收未收的地方政府债券转贷款本金和利息。

应付地方政府债券转贷款是指地方政府财政从上级政府财政借入的地方政府债券转贷款的本金和利息。本级政府财政的应付地方政府债券转贷款与上级政府财政的应收地方政府债券转贷款有业务对应关系。

为了核算下级政府财政从上级政府财政借入的地方政府债券转贷款的本金和利息，财政总会计应设置“应付地方政府债券转贷款”科目。本科目属于负债类科目，该科目下应设置“应付本金”和“应付利息”明细科目，其下可根据管理规定设置“地方政府一般债券”“地方政府专项债券”等明细科目。其中，“应付利息”科目通常应根据债务管理部门计算并提供的政府债券转贷款的应付利息情况，按期进行核算。

表 4-4 应收/应付地方政府债券转贷款

应收地方政府债券转贷款	应付地方政府债券转贷款
资产类科目	负债类科目
1．拨付转贷资金	1．收到转贷资金
向下级政府财政转贷地方政府债券资金时，按照转贷本金金额、实际拨付的金额及二者间的差额， 借：应收地方政府债券转贷款 　　有关费用类科目 　贷：国库存款/与下级往来	上级政府财政转贷地方政府债券资金时，按照实际收到的金额、转贷本金金额及二者间的差额， 借：国库存款/与上级往来等 　贷：应付地方政府债券 　　　有关费用类科目

续上表

应收地方政府债券转贷款	应付地方政府债券转贷款
资产类科目	负债类科目
2. 期末计息	2. 期末计息
按期确认地方政府债券转贷款的应收利息时，根据债务管理部门计算确认的转贷款本期应收未收利息金额， 借：应收地方政府债券转贷款 　贷：财务费用——利息费用	按期确认地方政府债券转贷款的应付利息时，根据债务管理部门计算确定的本期应付未付利息金额， 借：财务费用——利息费用 　贷：应付地方政府债券转贷款
3. 收回本息	3. 偿还本息
收到下级政府财政偿还的地方政府债券转贷款本息时， 借：国库存款/其他财政款 　贷：应收地方政府债券转贷款	偿还本级政府财政承担的地方政府债券转贷款本息时， 借：应付地方政府债券转贷款 　贷：国库存款等
4. 扣缴本息	4. 被扣缴本息
扣缴下级政府财政应偿还的地方政府债券转贷款本息时，按照扣缴的金额， 借：与下级往来等科目 　贷：应收地方政府债券转贷款	上级政府财政扣缴地方政府债券转贷款本息时， 借：应付地方政府债券转贷款 　贷：与上级往来等科目
5. 豁免本息	5. 被豁免本息
豁免下级政府财政应偿还的地方政府债券转贷款本息时，根据债务管理部门转来的有关资料及有关预算文件，按照豁免金额， 借：补助费用/与下级往来等科目 　贷：应收地方政府债券转贷款	上级政府财政豁免转贷款本息时，根据债务管理部门转来的有关资料及有关预算文件，按照豁免金额， 借：应付地方政府债券转贷款 　贷：补助收入/与上级往来等科目

【例4-28】某省财政通过国库向下级某市财政转贷3年期地方政府一般债券资金，金额为1 000 000元，该转贷债券按年计息，每年利息60 000元。债券到期时，市财政一次性还本付息，再由省财政偿还给债权人。年末，该省财政核算应从下级市财政收取债券利息60 000元。该3年期地方政府一般债券转贷款到期，省财政总会计已累计确认应收转贷债券利息180 000元。省财政现收回全部本息1 180 000元，款项存入国库。

省财政的账务处理如下：

（1）拨付转贷资金时。

借：应收地方政府债券转贷款——一般债券（应收本金）　　1 000 000

　贷：国库存款　　1 000 000

（2）年末计提利息时。

借：应收地方政府债券转贷款——一般债券（应收利息）　　60 000

　贷：财务费用——利息费用　　60 000

（3）到期还本付息时。

借：国库存款　　1 180 000

　贷：应收地方政府债券转贷款——一般债券（应收本金）　　1 000 000

　　　应收地方政府债券转贷款——一般债券（应收利息）　　180 000

【例 4－29】某省财政发行 2 年期地方政府一般债券，票面利率为 3%，收到发行金额 80 000 000 元。该债券每年付息一次，到期一次还本，省财政向所属市财政转贷该债券资金。

市财政总会计账务处理如下：

每月利息 = 80 000 000 × 3% ÷ 12 = 200 000（元）

（1）收到转贷资金时。

借：国库存款　　80 000 000

　贷：应付地方政府债券转贷款——一般债券（应付本金）　　80 000 000

（2）每月末计提利息时。

借：财务费用——利息费用　　200 000

　贷：应付地方政府债券转贷款——一般债券（应付利息）　　200 000

（3）第一年偿还利息时。

借：应付地方政府债券转贷款——一般债券（应付利息）　　2 400 000

　贷：国库存款　　2 400 000

（4）转贷债券到期。

①若市财政如期偿还本金和第二年利息。

借：应付地方政府债券转贷款——一般债券（应收本金）　　80 000 000

　　应付地方政府债券转贷款——一般债券（应收利息）　　2 400 000

　贷：国库存款　　82 400 000

②若市财政未按期偿还本金和第二年利息，被省财政扣缴本息时。

借：应付地方政府债券转贷款——一般债券（应收本金）　　80 000 000

　　应付地方政府债券转贷款——一般债券（应收利息）　　2 400 000

　贷：与上级往来　　82 400 000

财政总会计的应收地方政府债券转贷款和应付地方政府转贷款核算同时，用到了收付实现制和权责发生制。收回的转贷债券本息应兑付给债券投资者，不构成本级财政收入。

（二）应收主权外债转贷款和应付主权外债转贷款

应收主权外债转贷款是指本级政府财政转贷给下级政府财政的外国政府和国际金融组织贷款等主权外债资金的本金及利息。该项业务常因下级政府财政的外债举借资质、用款需要或转移收支问题产生。

为核算本级政府财政转贷给下级政府财政的主权外债业务，财政总会计设置了“应收主权外债转贷款”科目。本科目属于资产类科目，该科目下应设置“应收本金”和“应收利息”明细科目，并按照转贷对象进行明细核算。其中，“应收利息”科目通常应根据债务管理部门计算并提供的主权外债转贷款的应收利息情况，按期进行核算。本级政府财政向下级政府财政转贷主权外债资金，且主权外债最终还款责任由下级政府财政承担的，期末，“应收主权外债转贷款”科目为借方余额，反映政府财政应收未收的主权外债转贷款本金和利息。

应付主权外债转贷款是指本级政府财政从上级政府财政借入的主权外债转贷款的本金和利息。本级政府财政的应付主权外债转贷款和上级政府财政的应收主权外债转贷款有业务对应关系。

为了核算本级政府财政从上级政府财政借入的主权外债转贷款的本金和利息，财政总会计应设置“应付主权外债转贷款”科目。本科目属于负债类科目，应设置“应付本金”和“应付利息”明细科目。债务管理部门应当设置辅助明细账，主要包括应付主权外债对应的项目、期限、借入日期、实际偿还及付息情况等内容，并按期计算外债存续期应负担的利息金额。贷方余额反映政府财政尚未偿还的主权外债转贷款本金和利息。

表 4－5　应收/应付主权外债转贷款

<table>
<tr><th>应收主权外债转贷款</th><th>应付主权外债转贷款</th></tr>
<tr><td>资产类科目</td><td>负债类科目</td></tr>
<tr><td>1. 拨付转贷资金</td><td>1. 收到转贷资金</td></tr>
<tr><td>向下级政府财政转贷主权外债资金，且主权外债最终还款责任由下级政府财政承担的，应当分别按照以下情况处理：
①本级政府财政支付转贷资金时。
借：应收主权外债转贷款
　贷：国库存款/其他财政存款
②外方或上级政府财政将贷款资金直接拨付给用款单位或供应商时，根据债务管理部门转来的有关资料，按照实际拨付的金额。
借：应收主权外债转贷款
　贷：借入款项/应付主权外债转贷款</td><td>（1）收到上级政府财政转贷的主权外债资金时，按实际收到的金额、转贷金额及二者间的差额。
借：国库存款/其他财政存款
　贷：应付主权外债转贷款
　　有关费用类科目
（2）从上级政府财政借入主权外债转贷款，且由外方或上级政府财政将贷款资金直接支付给用款单位或供应商时，应根据以下情况分别处理：
①本级政府财政承担还款责任，贷款资金由本级政府财政同级部门使用的。
借：有关费用类科目
　贷：应付主权外债转贷款
②本级政府财政承担还款责任，贷款资金由下级政府财政同级部门使用的。
借：补助费用/与下级往来等科目
　贷：应付主权外债转贷款
③下级政府财政承担还款责任，贷款资金由下级政府财政同级部门使用的。
借：应收主权外债转贷款
　贷：应付主权外债转贷款</td></tr>
</table>

续上表

应收主权外债转贷款	应付主权外债转贷款
资产类科目	负债类科目
2. 期末计息	2. 期末计息
按期确认主权外债转贷款的应收利息时，根据债务管理部门计算确认的转贷款本期应收未收利息金额， 借：应收主权外债转贷款 　贷：财务费用——利息费用	按期确认主权外债转贷款的应付利息时，根据债务管理部门计算确认的转贷款本期应付未付利息金额， 借：财务费用——利息费用 　贷：应付主权外债转贷款
3. 收回本息	3. 偿还本息
收回下级政府财政偿还的主权外债转贷款本息时，按照收回的金额， 借：国库存款/其他财政存款 　贷：应收主权外债转贷款	偿还主权外债转贷款的本息时， 借：应付主权外债转贷款 　贷：国库存款/其他财政存款等
4. 扣缴本息	4. 被扣缴本息
扣缴下级政府财政应偿还的主权外债转贷款本息时，按照扣缴的金额， 借：与下级往来 　贷：应收主权外债转贷款	上级政府财政扣缴借入主权外债转贷款的本息， 借：应付主权外债转贷款 　贷：与上级往来
5. 被豁免本息	5. 被豁免本息
（1）债权人豁免下级政府财政应偿还的主权外债转贷款本息时，按照豁免转贷款的金额。 借：应收主权外债转贷款/借入款项/应付利息 　贷：应收主权外债转贷款 （2）本级政府财政豁免下级政府财政应偿还的主权外债转贷款本息时，按照豁免金额。 借：补助费用/与下级往来 　贷：应收主权外债转贷款	（1）豁免本级政府财政承担偿还责任的主权外债转贷款本息时，按照豁免转贷款的金额。 借：应付主权外债转贷款 　贷：补助收入/与上级往来 （2）豁免下级政府财政承担偿还责任的主权外债转贷款本息时，按照豁免转贷款的金额。 借：应付主权外债转贷款 　贷：应收主权外债转贷款 同时， 借：补助费用/与下级往来 　贷：补助收入/与上级往来

续上表

应收主权外债转贷款	应付主权外债转贷款
资产类科目	负债类科目
6. 年末结算	6. 年末结算
(1) 年末，根据债务管理部门提供的应收主权外债转贷款因汇率变动产生的期末人民币余额与账面余额之间的差额资料，借记或贷记“财务费用——汇兑损益”科目。 借：财务费用——汇兑损益 贷：应收主权外债转贷款 (2) 本级政府财政首次确认以前年度转贷给下级政府财政的主权外债时，按照转贷主权外债本息余额。 借：应收主权外债转贷款 贷：以前年度盈余调整	(1) 年末，根据债务管理部门提供的应付主权外债转贷款因汇率变动产生的期末人民币余额与账面余额之间的差额资料，借记或贷记“财务费用——汇兑损益”科目。 借：应付主权外债转贷款 贷：财务费用——汇兑损益 (2) 本级政府财政首次确认以前年度转贷的主权外债时，按照转贷主权外债本息余额。 借：以前年度盈余调整 贷：应付主权外债转贷款

【例 4-30】某省财政向世界银行借入一笔 50 000 000 元的贷款，贷款期限为 10 年，利率为 3%，到期一次还本付息，收付款项均通过工商银行转账。

省财政总会计账务处理如下：

1. 收到贷款资金时

借：其他财政存款 50 000 000

贷：借入款项 50 000 000

2. 转贷时

(1) 如果贷款资金支付给市财政局。

借：应收主权外债转贷款——应收本金 50 000 000

贷：其他财政存款 50 000 000

(2) 如果贷款资金由外方直接支付给所属市民政局使用。

借：应收主权外债转贷款——应收本金 50 000 000

贷：借入款项 50 000 000

3. 每月末计提利息时

每月利息 = 50 000 000 × 3% ÷ 12 = 125 000 (元)

借：应收主权外债转贷款——应收利息 125 000

贷：财务费用——利息费用 125 000

4. 转贷款到期，收回本息时

(1) 如果转贷款到期，市财政按期偿还本息。

借：其他财政存款 65 000 000

贷：应收主权外债转贷款——应收本金 50 000 000

——应收利息 15 000 000

(2) 如果转贷款到期，市财政未按期偿还本息，被省财政扣缴时。

借：与下级往来　　65 000 000

　贷：应收主权外债转贷款——应收本金　　50 000 000

　　　　　　　　　　　——应收利息　　15 000 000

5. 省政府偿还本息时

借：借入款项——应付本金　　50 000 000

　　　　　　——应付利息　　15 000 000

　贷：其他财政存款　　65 000 000

市财政总会计账务处理如下：

1. 收到上级政府财政转贷的主权外债资金时

借：其他财政存款　　50 000 000

　贷：应付主权外债转贷款——应付本金　　50 000 000

2. 每月末计提利息时

每月利息 $=50\,000\,000\times3\%\div12=125\,000$（元）

借：财务费用——利息费用　　125 000

　贷：应付主权外债转贷款——应付利息　　125 000

3. 贷款到期

(1) 如期偿还本息。

①若市财政承担还款责任，贷款资金由市级政府财政同级部门使用。

借：政府机关工资福利拨款费用　　65 000 000

　贷：应付主权外债转贷款——应付本金　　50 000 000

　　　　　　　　　　　——应付利息　　15 000 000

②若市财政将该笔贷款转贷给县财政，县财政承担还款责任。

借：应收主权外债转贷款——应付本金　　50 000 000

　　　　　　　　　　　——应付利息　　15 000 000

　贷：应付主权外债转贷款——应付本金　　50 000 000

　　　　　　　　　　　——应付利息　　15 000 000

③若市财政将该笔贷款转贷给县财政，县财政承担还款责任。

借：补助费用　　65 000 000

　贷：应付主权外债转贷款——应付本金　　50 000 000

　　　　　　　　　　　——应付利息　　15 000 000

(2) 市财政到期未偿还本息。

①被省财政扣缴时。

借：应付主权外债转贷款——应付本金　　50 000 000

　　　　　　　　　　　——应付利息　　15 000 000

　贷：与上级往来　　65 000 000

②豁免本级（市级）财政承担偿还责任的主权外债转贷款利息时。

借：应付主权外债转贷款——应付本金　　50 000 000

　　　　　　　　　　——应付利息　　15 000 000

　贷：补助收入　　65 000 000

③豁免转贷给县级财政承担偿还责任的主权外债转贷款利息时。

借：应付主权外债转贷款——应付本金　　50 000 000

　　　　　　　　　　——应付利息　　15 000 000

　贷：应收主权外债转贷款——应付本金　　50 000 000

　　　　　　　　　　　——应付利息　　15 000 000

同时，

借：补助费用　　65 000 000

　贷：与上级往来　　65 000 000

本章小结

财政总会计核算的资产分为流动资产和非流动资产，具体包括财政存款、有价证券、应收股利、借出款项、与下级往来、预拨经费、应收非税收入、应收转贷款和股权投资等。财政总会计的资产应当在取得其相关权利，并且能够可靠地进行货币计量时确认，并应当按照取得或发生时实际金额进行计量。财政总会计负债应当按照其承担偿还责任，按照实际发生额进行确认和计量，按照流动负债和非流动负债进行分类，具体包括应付政府债券、应付国库集中支付结余、应付及暂收款项、应付代管资金、应付利息、借入款项、应付转贷款、其他负债等。

在核算财政总会计的资产和负债时，要重点明确会计主体。比如“与上级往来”是负债类科目，会计主体是下级政府；而“与下级往来”是资产类科目，其会计主体是上级政府，应收转贷款和应付转贷款的会计处理也是站在不同会计主体进行会计核算。另外，财政总会计的部分业务需要进行“双分录”会计处理，一方面按照权责发生制核算财务会计内容，另一方面按照收付实现制核算预算会计内容。

课后习题

一、单选题

1. 财务总会计的资产不包括（　　）。

A. 存货　　B. 国库存款

C. 与下级往来　　D. 其他财政存款

2. 在国库单一账户体系中，财政部门开设的银行账户不包括（　　）。

A. 国库存款账户　　B. 财政部门零余额账户

C. 预算单位零余额账户　　D. 财政专户

3. 在国库单一账户体系中，属于实存财政资金的银行账户是（　　）。

A. 国库存款账户　　B. 财政部门零余额账户

C. 预算单位零余额账户　　D. 财政汇缴零余额账户

4. 与预算单位零余额账户进行清算的银行账户是（　　）。

A. 财政部门零余额账户　　B. 国库存款账户

C. 财政汇缴零余额账户　　D. 预算单位自行开设的银行存款账户

5. 财政总会计贷记“国库存款”科目时，借记的不会是（　　）科目。

A. “一般公共预算本级支出”　　B. “政府性基金预算本级支出”

C. “债务还本支出”　　D. “无形资产”

6. “应付短期政府债券”总账科目下应当设置的一级明细科目不包括（　　）。

A. “应付国债”　　B. “应付地方政府一般债券”

C. “应付地方政府专项债券”　　D. “应付本金”

7. 本级政府财政承担的政府一般债券利息支出，计入（　　）科目。

A. “一般公共预算本级支出”　　B. “政府性基金预算本级支出”

C. “国有资本经营预算本级支出”　　D. “债务还本支出”

8. 短期政府债券是指偿还期限为（　　）的政府债券。

A. 超过 1 年　　B. 不超过 1 年

C. 1 年或者不超过 1 年　　D. 3 年、5 年、7 年或 10 年

9. 年末，对当年形成的国库集中支付结余采用权责发生制列支时，可以借记（　　）科目，贷记“应付国库集中支付结余”科目。

A. “一般公共预算本级支出”　　B. “政府性基金预算本级支出”

C. “国有资本经营预算本级支出”　　D. 以上都是

10. 本级政府财政归还借款、转作上级补助收入或体制结算中应由上级补给款项时，借记（　　）科目，贷记“国库存款”“补助收入”等科目。

A. “与上级往来”　　B. “与下级往来”

C. “其他应收款”　　D. “其他应付款”

二、多选题

1. 在财政总预算会计中，流动资产包括（　　）。

A. 国库存款　　B. 其他财政存款

C. 与下级往来　　D. 其他应收款

E. 应收地方政府债券转贷款

2. 国库单一账户体系中的银行账户包括（　　）。

A. 国库存款账户　　B. 财政部门零余额账户

C. 财政专户　　D. 预算单位银行存款账户

E. 预算单位零余额账户

3. 本级财政国库存款增加的业务主要有（　　）。

A. 办理库款拨付　　B. 收到本级财政预算收入

C. 收到上级财政补助收入　　D. 收到下级财政上解收入

E. 对下级财政补助

4. 相关被投资主体宣告发放现金股利或利润时，对于政府财政应分得的部分，财政总预算会计不作为（　　）核算。

A. 有价证券　　B. 在途款
C. 应收股利　　D. 应收利息
E. 其他应收款

5. 本级政府财政转贷给下级政府财政的地方政府债券资金不作为（　　）。

A. 预拨经费　　B. 借出款项
C. 与下级往来　　D. 股权投资
E. 应收地方政府债券转贷款

6. 以下负债中，（　　）属于流动负债。

A. 应付短期政府债券　　B. 与上级往来
C. 其他应付款　　D. 应付长期政府债券
E. 应付地方政府债券转贷款

7. 发行政府债券的业务不通过（　　）科目核算。

A. “一般公共预算本级收入”　　B. “政府性基金预算本级收入”
C. “应付短期政府债券”　　D. “债务收入”
E. “应付长期政府债券”

8. “应付长期政府债券”总账科目的核算内容包括（　　）。

A. 应付利息　　B. 应付国债
C. 应付地方政府一般债券　　D. 应付地方政府专项债券
E. 应付本金

9. 借记有关支出科目，贷记的对应科目可以有（　　）科目。

A. “与下级往来”　　B. “应付国库集中支付结余”
C. “与上级往来”　　D. “应付代管资金”
E. “国库存款”

10. 地方政府债券转贷业务中可能使用的会计核算科目有（　　）科目。

A. “债务转贷收入”　　B. “国库存款”
C. “应收股利”　　D. “待偿债净资产”
E. “应付地方政府债券转贷款”

三、判断题

1. 财政总会计管理的财政存款既可以办理转账，也可以提取现金。（　　）

2. 在国库单一账户制度下，所有财政资金都纳入国库单一账户体系管理，收入直接缴入国库或财政专户，支出通过国库单一账户体系支付到商品或劳务供应者或用款单位。（　　）

3. 目前，国库单一账户体系由财政部门开设的银行账户、预算单位自行开设的银行账户以及特设银行账户组成。（　　）

4. 财政部门零余额账户在中国人民银行开设，用于财政直接支付以及与国库单一账户进行清算。（　）

5. 预算单位零余额账户是财政部门为预算单位在商业银行开设的零余额账户。该账户用于财政授权支付，以及与国库单一账户进行清算。（　）

6. 与上级往来是指政府财政临时发生的暂收、应付和收到的不明性质款项。（　）

7. 在财政体制结算中，省财政应对所属市财政做一般公共预算补助的业务，省财政应通过“与上级往来”科目核算。（　）

8. 月末，对当年形成的国库集中支付结余采用权责发生制列支时，借记有关支出科目，贷记“应付国库集中支付结余”科目。（　）

9. 地方政府专项债券是指省、自治区、直辖市政府为没有收益的公益性项目发行的、约定一定期限内主要以一般公共预算收入还本付息的政府债券。（　）

10. 省财政收到所属市财政缴来的转贷省政府债券按年付息资金，省财政作为一般公共预算本级收入核算。（　）

第五章　财政总会计收入、费用和净资产

学习目标

通过本章的学习，要求学生理解财政总会计各类收入、费用和净资产的概念、特点，熟悉收入类、费用类和净资产类会计科目，能够运用会计科目进行会计核算。

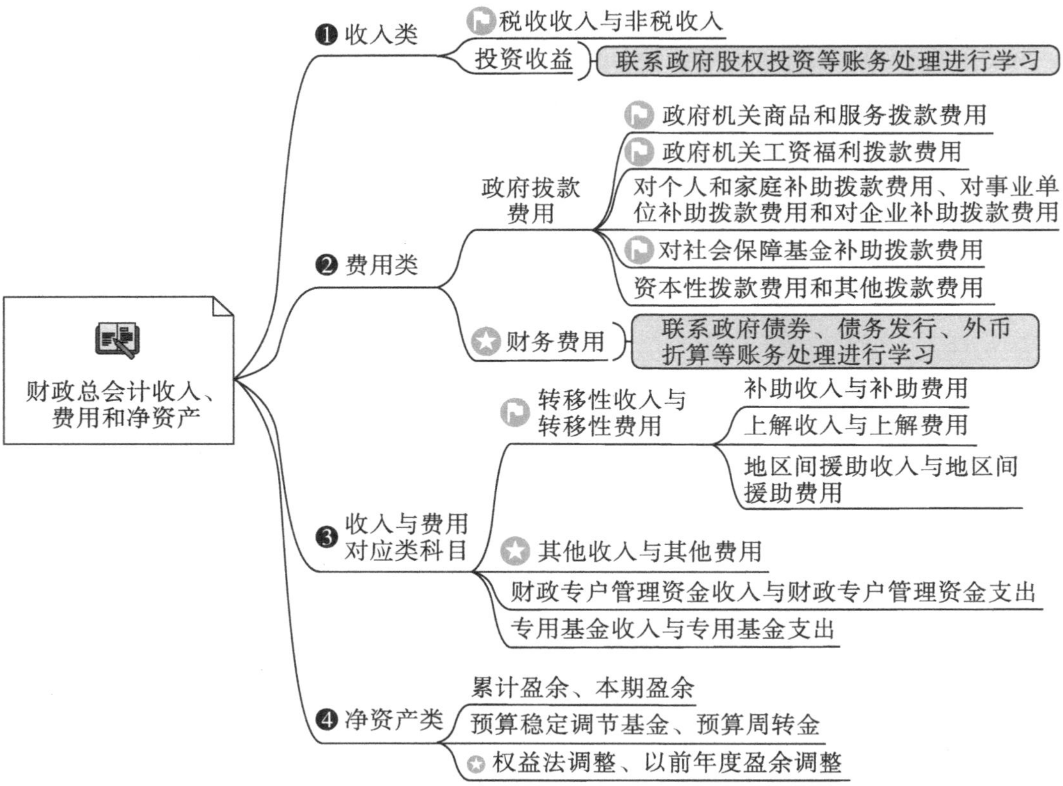

注：为学习重点　为学习难点　为学习提示

课前案例与思政

2022 年度财政收支账单出炉　稳经济政策成效显著

1 月 30 日，财政部召开 2022 年度财政收支情况新闻发布会，介绍了 2022 年度财政收支情况。数据显示，2022 年全国一般公共预算收入 203 703 亿元，比上年增长 0.6%，扣除留抵退税因素后增长 9.1%。其中，中央一般公共预算收入 94 885 亿元，比上年增长 3.8%，扣除留抵退税因素后增长 13.1%；地方一般公共预算本级收入 108 818 亿元，比上年下降 2.1%，扣除留抵退税因素后增长 5.9%。全国一般公共预算支出260 609 亿元，比上年增长 6.1%。其中，中央一般公共预算本级支出 35 570 亿元，比上年增长 3.9%；地方一般公共预算支出 225 039 亿元，比上年增长 6.4%。

“2022 年各级财政部门扎实推进稳经济一揽子政策和接续措施落地见效，推动经济总体回稳向好。”财政部相关负责人表示。

从税收收入看，2022 年全国税收收入 166 614 亿元，比上年下降 3.5%，扣除留抵退税因素后增长 6.6%。该负责人分析指出，受国内外错综复杂因素影响，2022 年二季度经济下行压力加大，叠加实施大规模增值税留抵退税政策，税收收入一度大幅下滑，下半年随着稳经济一揽子政策和接续措施逐步落地见效，工业服务业生产经营等经济活动总体上有所恢复，全年相关税种实现不同程度增长。具体来看，国内增值税扣除留抵退税因素后增长 4.5%，国内消费税增长 20.3%，企业所得税增长 3.9%，个人所得税增长 6.6%，进口货物增值税、消费税增长 15.4%。车辆购置税下降 31.9%，主要是由于 2022 年 6 月 1 日起对部分乘用车减半征收车辆购置税。出口退税 16 258 亿元，考虑动用以前年度结转资金等因素后，全年实际办理出口退税 18 678 亿元，有力促进外贸出口稳定增长。

从非税收入看，2022 年全国非税收入 37 089 亿元，比上年增长 24.4%。其中，中央非税收入增长 96.5%，主要是特定国有金融机构和专营机构上缴利润入库、原油价格上涨带动石油特别收益金专项收入增加等特殊因素拉动，扣除上述特殊因素后，中央非税收入增长 3% 左右。地方非税收入增长 17.8%，主要是地方多渠道盘活闲置资产，以及与矿产资源有关的收入增加，拉高地方非税收入增幅 14.3 个百分点。各级财政部门坚决执行各项降费缓费政策，持续整治涉企收费，防止乱收费、乱罚款、乱摊派，地方行政事业性收费收入下降 4.1%。

从财政支出情况看，2022 年各级财政部门加强财政资源统筹，保持必要支出强度，大力优化支出结构，为统筹疫情防控和经济社会发展提供必要财力支撑，民生等重点领域支出得到有力保障。从主要支出科目来看，教育支出 39 455 亿元，比上年增长 5.5%；科学技术支出 10 023 亿元，比上年增长 3.8%；社会保障和就业支出 36 603 亿元，比上年增长 8.1%；卫生健康支出 22 542 亿元，比上年增长 17.8%；交通运输支出 12 025 亿元，比上年增长 5.3%。

2023 年积极的财政政策如何加力提效?

（资料来源：中国财政部官网）

第一节 财政总会计收入与费用

政府收入是指政府财政为实现政府职能，根据法律法规等所筹集的资金。财政总会计核算的收入，是指在报告期内会导致政府会计主体净资产增加的、含有服务潜力或者经济利益的经济资源流入，应当按照开具票据金额或实际取得金额进行计量。总会计核算的收入包括税收收入、非税收入、投资收益、转移性收入、其他收入、财政专户管理资金收入和专用基金收入等。

财政总会计核算的费用，指在报告期内会导致政府会计主体净资产减少的、含有服务潜力或者经济利益的经济资源流出，应当按照承担支付义务金额或实际发生金额进行计量。总会计核算的费用包括政府机关商品和服务拨款费用、政府机关工资福利拨款费用、对事业单位补助拨款费用、对企业补助拨款费用、对个人和家庭补助拨款费用、对社会保障基金补助拨款费用、资本性拨款费用、其他拨款费用、财务费用、转移性费用、其他费用、财政专户管理资金支出、专用基金支出等。

一、税收收入与非税收入

税收收入是核算政府财政筹集的纳入本级财政管理的税收收入。根据《政府收支分类科目》，税收收入类级科目下设共20个款级科目，包含增值税、消费税、企业所得税、企业所得税退税、个人所得税、资源税、城市维护建设税、房产税、印花税、城镇土地使用税、土地增值税、车船税、船舶吨税、车辆购置税、关税、耕地占用税、契税、烟叶税、环境保护税和其他税收收入。

为核算政府财政筹集的税收收入，财政总会计应设置“税收收入”科目。本科目属于收入类科目，应根据《政府收支分类科目》中的规定进行明细核算。贷方登记已收到的款项，借方登记年终转出数。平时贷方余额反映本级政府财政税收收入的累计数。

收到款项时，根据当日国库部门报送的收入日报表所列本级税收收入数：

借：国库存款

　贷：税收收入

年终结转时，本科目贷方余额转入本期盈余，

借：税收收入

　贷：本期盈余——预算管理资金本期盈余

期末结转后，本科目应无余额。

非税收入是核算政府财政筹集的纳入本级财政管理的非税收入。根据《政府收支分类科目》，非税收入类级科目下设共10个款级科目，包含政府性基金收入、专项收入、行政事业性收费收入、罚没收入、国有资本经营收入、国有资源（资产）有偿使用收入、捐赠收入、政府性住房基金收入、专项债券对应项目专项收入和其他收入。

为核算政府财政筹集的非税收入，财政总会计应设置“非税收入”科目。本科目属

于收入类科目，应根据《政府收支分类科目》中的规定进行明细核算。贷方登记已收到的款项，借方登记年终转出数。平时贷方余额反映本级政府财政非税收入的累计数。

确认取得非税收入时，按照实际收到的非税收入金额。

借：国库存款

　贷：非税收入

对全部实行非税收入电子化管理，非税收入管理部门具备条件提供已开具缴款票据、尚未缴入本级国库的非税收入数据的地区，按照本级应收的非税收入金额，

借：应收非税收入

　贷：非税收入

期末，非税收入管理部门应提供已列应收非税收入中确认不能缴库的金额。

借：非税收入

　贷：应收非税收入

年终结转时，本科目贷方余额转入本期盈余，

借：非税收入

　贷：本期盈余——预算管理资金本期盈余

期末结转后，本科目应无余额。

【例 5－1】某市财政收到国库报来的收入日报表，其中，“税收收入——增值税——进口货物退增值税” －2 350 000 元，“税收收入——企业所得税——国有冶金工业所得税”16 000 000 元，“税收收入——个人所得税——储蓄存款利息所得税”75 000 元，“非税收入——专项收入——教育费附加收入”680 000 元，“非税收入——行政事业性收费收入——公安行政事业性收费收入——居民身份证工本费”100 000 元。

该市财政总会计分录为：

借：国库存款	14 505 000	
贷：税收收入		13 725 000
非税收入		780 000

同时，登记明细账如下：

税收收入——增值税——进口货物退增值税	－2 350 000
——企业所得税——国有冶金工业所得税	16 000 000
——个人所得税——储蓄存款利息所得税	75 000
非税收入——专项收入——教育费附加收入	680 000
——行政事业性收费收入——公安行政事业性收费收入	
——居民身份证工本费	100 000

二、投资收益

投资收益是核算政府股权投资所实现的收益或发生的损失。本科目属于收入类科目，可根据管理需要，按照被投资主体进行明细核算。

详细账务处理请参照第二章中的“股权投资”会计科目的账务处理。

三、政府拨款费用

（一）政府机关商品和服务拨款费用

政府机关商品和服务拨款费用是指核算本级政府财政拨付给机关和参公事业单位购买商品和服务的各类费用，不包括用于购置固定资产、战略性和应急性物资储备等资本性拨款费用。参照《政府收支分类科目》中支出经济分类科目，政府机关商品和服务支出共有1个类级科目，下设10个款级科目，分别为办公经费、会议费、培训费、专用材料购置费、委托业务费、公务接待费、因公出国（境）费用、公务用车运行维护费、维修（护）费、其他商品和服务支出。本科目可根据管理需要，按照预算单位和项目等进行明细核算。

为核算本级政府财政拨付给机关和参公事业单位购买商品和服务的各类费用，财政总会计应设置“政府机关商品和服务拨款费用”科目。本科目属于费用类科目，平时借方余额反映本级政府机关商品和服务拨款费用的累计数。

实际发生政府机关商品和服务拨款费用时，

借：政府机关商品和服务拨款费用

　贷：国库存款

当年政府机关商品和服务拨款费用发生退回时，按照实际收到的退回金额，

借：国库存款

　贷：政府机关商品和服务拨款费用

年终结转时，本科目借方余额转入本期盈余，

借：本期盈余——预算管理资金本期盈余

　贷：政府机关商品和服务拨款费用

期末结转后，本科目应无余额。

（二）政府机关工资福利拨款费用

政府机关工资福利拨款费用是指核算本级政府财政拨付给机关和参公事业单位在职职工和编制外长期聘用人员的各类劳动报酬及为上述人员缴纳的各项社会保险费等费用。参照《政府收支分类科目》中支出经济分类科目，政府机关工资福利支出共有1个类级科目，下设4个款级科目，分别为工资奖金津补贴、社会保障缴费、住房公积金、其他工资福利支出。本科目可根据管理需要，按照预算单位和项目等进行明细核算。

为核算本级政府财政拨付给机关和参公事业单位的各类工资福利费用，财政总会计应设置“政府机关工资福利拨款费用”科目。本科目属于费用类科目，平时借方余额反映本级政府机关工资福利拨款费用的累计数。

实际发生政府机关工资福利拨款费用时，

借：政府机关工资福利拨款费用

　贷：国库存款

当年政府机关工资福利拨款费用发生退回时，按照实际收到的退回金额，

借：国库存款

　贷：政府机关工资福利拨款费用

年终结转时，本科目借方余额转入本期盈余，

借：本期盈余——预算管理资金本期盈余

　贷：政府机关工资福利拨款费用

期末结转后，本科目应无余额。

（三）对事业单位补助拨款费用

对事业单位补助拨款费用是指核算本级政府财政拨付的对事业单位（不含参公事业单位）的经常性补助费用，不包括对事业单位的资本性拨款费用。参照《政府收支分类科目》中支出经济分类科目，对事业单位补助支出有 1 个类级科目，下设 3 个款级科目，包含工资福利支出、商品和服务支出、其他对事业单位补助。本科目可根据管理需要，按照预算单位和项目等进行明细核算。

为核算本级政府财政拨付给事业单位（不含参公事业单位）的经常性补助费用，财政总会计应设置“对事业单位补助拨款费用”科目。本科目属于费用类科目，平时借方余额反映本级政府对事业单位补助拨款费用的累计数。

实际发生对事业单位补助拨款费用时，

借：对事业单位补助拨款费用

　贷：国库存款

当年对事业单位补助拨款费用发生退回时，按照实际收到的退回金额，

借：国库存款

　贷：对事业单位补助拨款费用

年终结转时，本科目借方余额转入本期盈余，

借：本期盈余——预算管理资金本期盈余

　贷：对事业单位补助拨款费用

期末结转后，本科目应无余额。

（四）对企业补助拨款费用

对企业补助拨款费用是指核算本级政府财政拨付的对各类企业的补助费用，不包括对企业的资本金注入和资本性拨款费用。参照《政府收支分类科目》中支出经济分类科目，对企业补助支出有 1 个类级科目，下设 3 个款级科目，包含费用补贴、利息补贴、其他对企业补助。本科目可根据管理需要，按照预算单位和项目等进行明细核算。

为核算本级政府财政拨付给企业（不含参公事业单位）的补助费用，财政总会计应设置“对企业补助拨款费用”科目。本科目属于费用类科目，平时借方余额反映本级政府对企业补助拨款费用的累计数。

实际发生对企业补助拨款费用时，

借：对企业补助拨款费用

　贷：国库存款

当年对企业补助拨款费用发生退回时，按照实际收到的退回金额，

借：国库存款

  贷：对企业补助拨款费用

年终结转时，本科目借方余额转入本期盈余，

借：本期盈余——预算管理资金本期盈余

  贷：对企业补助拨款费用

期末结转后，本科目应无余额。

（五）对个人和家庭补助拨款费用

对个人和家庭补助拨款费用是指核算本级政府财政拨付的对个人和家庭的补助费用。参照《政府收支分类科目》中支出经济分类科目，对个人和家庭补助支出共有1个类级科目，下设5个款级科目，包含社会福利和激励、助学金、对个人农业生产补贴、离退休费、其他对个人和家庭补助拨款费用。本科目可根据管理需要，按照预算单位和项目等进行明细核算。

为核算本级政府财政拨付给个人和家庭的补助费用，财政总会计应设置“对个人和家庭补助拨款费用”科目。本科目属于费用类科目，平时借方余额反映本级政府对个人和家庭补助拨款费用的累计数。

实际发生对个人和家庭补助拨款费用时，

借：对个人和家庭补助拨款费用

  贷：国库存款

当年对个人和家庭补助拨款费用发生退回时，按照实际收到的退回金额，

借：国库存款

  贷：对个人和家庭补助拨款费用

年终结转时，本科目借方余额转入本期盈余，

借：本期盈余——预算管理资金本期盈余

  贷：对个人和家庭补助拨款费用

期末结转后，本科目应无余额。

（六）对社会保障基金补助拨款费用

对社会保障基金补助拨款费用是指核算本级政府财政拨付的对社会保险基金的补助费用，以及补充全国社会保障基金的费用。参照《政府收支分类科目》中支出经济分类科目，对社会保障基金补助支出共有1个类级科目，下设3个款级科目，包含社会保险基金补助、补充全国社会保险基金、对机关事业单位职业年金的补助。本科目可根据管理需要，按照预算单位和项目等进行明细核算。

为核算本级政府财政拨付给社会保障基金的补助费用，财政总会计应设置“对社会保障基金补助拨款费用”科目。本科目属于费用类科目，平时借方余额反映本级政府对社会保障基金补助拨款费用的累计数。

实际发生对社会保障基金补助拨款费用时，

借：对社会保障基金补助拨款费用

　贷：国库存款

当年对社会保障基金补助拨款费用发生退回时，按照实际收到的退回金额，

借：国库存款

　贷：对社会保障基金补助拨款费用

年终结转时，本科目借方余额转入本期盈余，

借：本期盈余——预算管理资金本期盈余

　贷：对社会保障基金补助拨款费用

期末结转后，本科目应无余额。

（七）资本性拨款费用

资本性拨款费用是指核算本级政府财政拨付给行政事业单位和企业的资本性拨款费用，不包括对企业的资本金注入。参照《政府收支分类科目》中支出经济分类科目，机关资本性补助支出共有 2 个类级科目，分别为机关资本性支出和机关资本性补助，其中机关资本性支出下设 7 个款级科目，包含房屋建筑构建、基础设施建设、公务用车购置、土地征迁补偿和安置支出、设备购置、大型修缮、其他资本性支出；机关资本性补助下设 6 个款级科目，包含房屋建筑构建、基础设施建设、公务用车购置、设备购置、大型修缮、其他资本性支出。本科目可根据管理需要，按照预算单位和项目等进行明细核算。

为核算本级政府财政拨付给行政事业单位和企业的资本性补助费用，财政总会计应设置“资本性拨款费用”科目。本科目属于费用类科目，平时借方余额反映本级政府资本性拨款费用的累计数。

实际发生资本性拨款费用时，

借：资本性拨款费用

　贷：国库存款

当年资本性拨款费用发生退回时，按照实际收到的退回金额，

借：国库存款

　贷：资本性拨款费用

年终结转时，本科目借方余额转入本期盈余，

借：本期盈余——预算管理资金本期盈余

　贷：资本性拨款费用

期末结转后，本科目应无余额。

（八）其他拨款费用

其他拨款费用是指核算本级政府财政拨付的经常性赠与、国家赔偿费用、对民间非营利组织和群众性自治组织补贴等拨款费用。参照《政府收支分类科目》中支出经济分类科目，其他支出共有 1 个类级科目即其他补助，下设 5 个款级科目，包含国家赔偿费用支出、对民间非营利组织和群众性自治组织补贴、经常性赠与、资本性赠与、其他支出。本科目可根据管理需要，按照预算单位和项目等进行明细核算。

为核算本级政府财政拨付的经常性赠与、国家赔偿费用、对民间非营利组织和群众性自治组织补贴等拨款费用，财政总会计应设置“其他拨款费用”科目。本科目属于费用类科目，平时借方余额反映本级政府其他拨款费用的累计数。

实际发生其他拨款费用时，

借：其他拨款费用

　贷：国库存款

当年其他拨款费用发生退回时，按照实际收到的退回金额，

借：国库存款

　贷：其他拨款费用

年终结转时，本科目借方余额转入本期盈余，

借：本期盈余——预算管理资金本期盈余

　贷：其他拨款费用

期末结转后，本科目应无余额。

【例5-2】某市财政收到财政支付执行机构报来的预算支出结算清单，财政国库支付执行机构以财政直接支付的方式，通过财政零余额账户支付属于政府拨款费用的款项共计。其中，“机关工资福利支出——住房公积金”6 300 000元，“机关商品和服务支出——办公经费”1 070 000元，“机关资本性支出（一）——土地征迁补偿和安置支出”100 000 000元，“对事业单位经常性补助——工资福利支出”27 500 000元，“对企业补助——费用补贴”210 000元，“对个人和家庭补助——社会福利和救助”990 000元，“对社会保障基金补助——补充全国社会保障基金”1 260 000元，“其他支出——经常性赠与”530 000元。

该市财政总会计分录为：

借：政府机关工资福利拨款费用	6 300 000	
政府机关商品和服务拨款费用	1 070 000	
资本性拨款费用	100 000 000	
对事业单位补助拨款费用	27 500 000	
对企业补助拨款费用	210 000	
对个人和家庭补助拨款费用	990 000	
对社会保障基金补助拨款费用	1 260 000	
其他拨款费用	530 000	
贷：国库存款		137 860 000

四、财务费用

财务费用是指核算本级政府财政用于偿还政府债务利息费用，包括政府债务发行、兑付、登记费用，以外币计算的政府资产及债务由于汇率变化产生的汇兑损益等。本科目可根据管理需要，按照预算单位和项目等进行明细核算。本科目应设置“利息费用”“债务发行兑付费用”“汇兑损益”明细科目。

为核算本级政府财政发生的利息费用，财政总会计应设置“利息费用”科目。本科目属于费用类科目，平时借方余额反映本级政府财政财务费用的累计数。

（一）利息费用的主要账务处理

按期计提利息费用时，根据债务管理部门计算确定的本期应支付利息金额，

借：财务费用——利息费用

贷：应付利息/应付地方政府债券转贷款——应付利息/应付主权外债转贷款——应付利息等科目

提前赎回已发行的政府债券、债权人豁免政府财政承担的主权外债应付利息时，按照减少的当年已计提应付利息金额，

借：应付利息/应付地方政府债券转贷款——应付利息/应付主权外债转贷款——应付利息等科目

贷：财务费用——利息费用

中央财政发生国债随卖业务时，账务处理参照“应付短期政府债券”科目使用说明中国债随卖业务的账务处理。

中央财政发生国债随买业务时，账务处理参照“应付短期政府债券”科目使用说明中国债随买业务的账务处理。

（二）债务发行兑付费用的主要账务处理

支付政府债务发行、兑付、登记款项时，按照实际支付的金额，

借：财务费用——债券发行兑付费用

贷：国库存款

收到或扣缴下级政府财政应承担的政府债务发行、兑付、登记款项时，按照实际收到或扣缴的金额，

借：国库存款/其他财政存款/与下级往来等科目

贷：财务费用——债券发行兑付费用

（三）汇兑损益的主要账务处理

期末，将所有以外币计算的政府资产按期末汇率折算为人民币金额，折算后的金额小于账面余额时，按照折算差额，

借：财务费用——汇兑损益

贷：其他财政存款/应收主权外债转贷款等科目

折算后的金额大于账面余额时，按照折算差额，

借：其他财政存款/应收主权外债转贷款等科目

贷：财务费用——汇兑损益

期末，将所有以外币计算的借入款项、政府债券、主权外债转贷款、应付利息等政府负债按期末汇率折算为人民币金额，折算后的金额小于账面余额时，按照折算差额，

借：借入款项/应付长期政府债券/应付主权外债转贷款/应付利息等科目

贷：财务费用——汇兑损益

折算后的金额大于账面余额时，按照折算差额，

借：财务费用——汇兑损益

　贷：借入款项/应付长期政府债券/应付主权外债转贷款/应付利息等科目

年终结转时，本科目借方或贷方余额转入本期盈余，借记或贷记“本期盈余——预算管理资金本期盈余”科目，贷记或借记“利息费用”。

【例 5－3】某省财政部门发行 2 年期地方政府一般债券，票面利率为 3%，收到发行金额 80 000 000 元。该债券每年付息一次，到期一次还本。

省财政总会计账务处理如下：

每月利息＝80 000 000×3%÷12＝200 000（元）

（1）收到债券资金时。

借：国库存款　　80 000 000

　贷：应付长期政府债券——应付地方政府一般债券　　80 000 000

（2）每月末计提利息时。

借：财务费用——利息费用　　200 000

　贷：应付利息——应付地方政府债券利息　　200 000

（3）第一年偿还利息时。

借：应付利息——应付地方政府债券利息　　2 400 000

　贷：国库存款　　2 400 000

（4）第二年债券到期。

若省、市财政如期偿还本金和第二年利息。

借：应付长期政府债券——应付地方政府一般债券　　80 000 000

　　应付利息——应付地方政府债券利息　　2 200 000

　　财务费用——利息费用　　200 000

　贷：国库存款　　82 400 000

五、转移性收入与转移性费用

（一）补助收入与补助费用

补助收入是指核算上级政府财政按照财政体制规定或专项需要补助给本级政府财政的款项，包括税收返还、转移支付等。为核算本级政府财政取得的补助收入，财政总会计应设置“补助收入”科目。本科目属于收入类科目，平时贷方余额反映本级政府财政取得补助收入的累计数。

补助费用是指核算本级政府财政按财政体制规定或专项需要补助给下级政府财政的款项，包括对下级的税收返还、一般性转移支付和专项转移支付等。本科目可根据管理需要，按照补助地区进行明细核算。为核算本级政府财政发生的补助费用，财政总会计应设置“补助费用”科目，平时借方余额反映本级政府财政对下级补助费用的累计数。期末结转后，本科目应无余额。

表5－1 补助收入与补助费用

补助收入	补助费用
收入类科目	费用类科目
1. 年终结算确认	1. 年终结算确认
(1) 年终与上级政府财政结算时，按照结算确认的应当由上级政府补助的收入数。 借：与上级往来 　贷：补助收入 (2) 退还或核减补助收入时。 借：补助收入 　贷：与上级往来	(1) 年终与下级政府财政结算时，按照结算确认的应当补助下级政府的费用数。 借：补助费用 　贷：与下级往来 (2) 退还或核减补助费用时。 借：与下级往来 　贷：补助费用 (3) 专项转移支付资金实行特设专户管理的，根据有关支出管理部门下达的预算文件和拨款依据确认费用，资金由本级政府财政拨付给下级政府财政的。 借：补助费用/与下级往来 　贷：其他财政存款等科目 (4) 资金由上级政府财政直接拨给下级政府财政的。 借：补助费用/与下级往来 　贷：与上级往来
2. 年终结转	2. 年终结转
年终结转时，本科目贷方余额转入本期盈余， 借：补助收入 　贷：本期盈余——预算管理资金本期盈余	年终结转时，本科目借方余额转入本期盈余， 借：本期盈余——预算管理资金本期盈余 　贷：补助费用

(二) 上解收入与上解费用

上解收入是指按照财政体制规定或专项需要由下级政府财政上交给本级政府财政的款项。为核算本级政府财政取得的上解收入，财政总会计应设置“上解收入”科目。本科目属于收入类科目，平时贷方余额反映本级政府财政取得上解收入的累计数。本科目可根据管理需要，按照上解地区进行明细核算。

上解费用是指本级政府财政按照财政体制规定或专项需要上解给上级政府财政的款项。本科目可根据管理需要按照项目等进行明细核算。为核算本级政府财政发生的上解费用，财政总会计应设置“上解费用”科目，本科目平时借方余额反映本级政府财政上解费用的累计数。期末结转后，本科目应无余额。

表 5－2　上解收入与上解费用

上解收入	上解费用
收入类科目	费用类科目
1．年终结算确认	1．年终结算确认
（1）年终与上级政府财政结算时，按照结算确认的应上解金额。 借：与下级往来 　贷：上解收入 （2）退还或核减上解收入时。 借：上解收入 　贷：与下级往来	（1）年终与上级政府财政结算时，按照结算确认的应上解费用数。 借：上解费用 　贷：与上级往来 （2）退还或核减上解费用时。 借：与上级往来 　贷：上解费用
2．年终结转	2．年终结转
年终结转时，本科目贷方余额转入本期盈余， 借：上解收入 　贷：本期盈余——预算管理资金本期盈余	年终结转时，本科目借方余额转入本期盈余， 借：本期盈余——预算管理资金本期盈余 　贷：上解费用

（三）地区间援助收入与地区间援助费用

地区间援助收入是指核算受援方政府财政收到援助方政府财政转来的可统筹使用的各类援助、捐赠等资金收入。援助方政府已列“地区间援助费用”科目的援助、捐赠等资金，受援方通过本科目核算。

为核算本级政府财政取得的地区间援助收入，财政总会计应设置“地区间援助收入”科目。本科目属于收入类科目，平时贷方余额反映地区间援助收入的累计数。本科目可根据管理需要，按照援助地区等进行明细核算。

地区间援助费用是指核算援助方政府财政安排用于受援方政府财政统筹使用的各类援助、补偿、捐赠等。本科目可根据管理需要，按照受援地区等进行明细核算。

为核算本级政府财政发生的地区间援助费用，财政总会计应设置“地区间援助费用”科目，本科目属于费用类科目，本科目平时借方余额反映本级政府财政地区间援助费用的累计数。期末结转后，本科目应无余额。

表 5－3　地区间援助收入与费用

地区间援助收入	地区间援助费用
收入类科目	费用类科目
1．收到援助资金	1．发生援助费用
收到援助方政府财政转来的资金时， 借：国库存款 　贷：地区间援助收入	发生地区间援助费用时， 借：地区间援助费用 　贷：国库存款

续上表

地区间援助收入	地区间援助费用
2. 年终结转	2. 年终结转
年终结转时，本科目贷方余额转入本期盈余， 借：地区间援助收入 　贷：本期盈余——预算管理资金本期盈余	年终结转时，本科目借方余额转入本期盈余， 借：本期盈余——预算管理资金本期盈余 　贷：地区间援助费用

【例5－4】某省财政发生如下业务：（1）收到中国人民银行国库部门报来的收入日报表，当日收到中央财政一般性转移支付收入80 000 000元，省财政当日将其中款项60 000 000元下拨至所属市政府财政；（2）年终结算时，省财政发生应上解中央政府财政资金30 000 000元，当年年末尚未上解；（3）对我国西部地区某省财政对口帮扶，发生横向财政转移支付资金5 000 000元，款项通过国库支付；（4）年末将上述收入和费用类账户进行结转。

省财政总会计账务处理如下：

（1）收到转移支付资金，并将部分款项拨付至下级政府财政时。

借：国库存款　　80 000 000

　贷：补助收入　　80 000 000

借：补助费用　　60 000 000

　贷：国库存款　　60 000 000

（2）年末确认应上缴中央政府财政款项。

借：上解费用　　30 000 000

　贷：与上级往来　　30 000 000

（3）发生横向财政资金转移支付时。

借：地区间援助费用　　5 000 000

　贷：国库存款　　5 000 000

（4）年末结转时。

借：补助收入　　80 000 000

　贷：本期盈余——预算管理资金本期盈余　　80 000 000

借：本期盈余——预算管理资金本期盈余　　95 000 000

　贷：补助费用　　60 000 000

　　　上解费用　　30 000 000

　　　地区间援助费用　　5 000 000

六、其他收入与其他费用

其他收入是指核算政府财政除税收收入、非税收入、投资收益、补助收入、上解收入、地区间援助收入、财政专户管理资金收入、专用基金收入以外的各项收入，包括从其他渠道调入资金、豁免主权外债偿还责任以及无偿取得股权投资等产生的收入。

为核算本级政府财政取得的其他收入，财政总会计应设置“其他收入”科目。本科目属于收入类科目，平时贷方余额反映本级政府财政其他收入的累计数。本科目可根据管理需要，按照其他收入类别等进行明细核算。

其他费用是指核算本级政府财政无偿划出股权投资时产生的投资损失、政府财政承担支出责任的其他负债等。

为核算本级政府财政发生的其他费用，财政总会计应设置“其他费用”科目，本科目属于费用类科目，平时借方余额反映本级政府财政其他费用的累计数。期末结转后，本科目应无余额。

表5－4　其他收入与其他费用

其他收入	其他费用
收入类科目	费用类科目
1. 收到其他收入	1. 发生其他费用
(1) 从其他渠道调入资金时，按照调入的金额。 借：国库存款 　贷：其他收入 (2) 债权人豁免政府财政承担的主权外债时，政府财政按照减少的债务金额。 借：借入款项 　贷：其他收入 (3) 无偿划入股权投资时，账务处理参照“股权投资”科目使用说明中权益法和成本法下对应业务的账务处理	(1) 政府财政无偿划出股权投资时，根据股权管理部门提供的资料，按照被划出股权投资对应的“权益法调整”科目账面余额，借记或贷记“权益法调整”科目，贷记或借记“股权投资（其他权益变动）”科目。同时， 借：其他费用 　贷：股权投资（投资成本、损益调整） (2) 政府财政承担支出责任的其他负债。 借：其他费用 　贷：其他负债 (3) 无偿划出股权投资时，账务处理参照“股权投资”科目使用说明中权益法和成本法下对应业务的账务处理
2. 年终结转	2. 年终结转
年终结转时，本科目贷方余额转入本期盈余， 借：其他收入 　贷：本期盈余——预算管理资金本期盈余	年终结转时，本科目借方余额转入本期盈余， 借：本期盈余——预算管理资金本期盈余 　贷：其他费用

【例5－5】20×3年12月，世界银行豁免了某省财政承担的主权外债利息部分，共计金额6 800 000元，因本级政府部门与某房地产开发商联合建设拆迁安置项目，由于受新冠疫情影响，某房地产开发商资金链断裂，难以支持项目后续建设，省政府财政决定帮助承担部分支出责任8 000 000元。

省财政总会计账务处理如下：

（1）利息豁免时。

借：借入款项　　6 800 000

　贷：其他收入　　6 800 000

（2）按照应承担的负债。

借：其他费用　　8 000 000

　贷：其他负债　　8 000 000

七、财政专户管理资金收入与财政专户管理资金支出

财政专户管理资金收入是指核算政府财政纳入财政专户管理的教育收费等资金收入。为核算本级政府财政取得的财政专户管理资金收入，财政总会计应设置“财政专户管理资金收入”科目。本科目属于收入类科目，可根据管理需要，按照预算单位等进行明细核算。本科目平时贷方余额反映财政专户管理资金收入的累计数。期末结转后，本科目应无余额。

财政专户管理资金支出是指核算本级政府财政用纳入财政专户管理的教育收费等资金安排的支出。为核算本级政府财政发生的财政专户管理资金支出，财政总会计应设置“财政专户管理资金支出”科目，本科目属于费用类科目，可根据管理需要，按照预算单位等进行明细核算。本科目平时借方余额反映财政专户管理资金支出的累计数。期末结转后，本科目应无余额。

表 5－5　财政专户管理资金收入与支出

财政专户管理资金收入	财政专户管理资金支出
收入类科目	费用类科目
1. 收到专户资金	1. 发生专户资金支出
收到财政专户管理资金时， 借：其他财政存款 　贷：财政专户管理资金收入	（1）发生财政专户管理资金支出。 借：财政专户管理资金支出 　贷：其他财政存款 （2）当年记入的财政专户管理资金支出发生退回时，按照实际退回的金额。 借：其他财政存款 　贷：财政专户管理资金支出 （3）以前年度财政专户管理资金支出发生退回时，按照实际退回的金额。 借：其他财政存款 　贷：以前年度盈余调整——财政专户管理资金以前年度盈余调整

续上表

财政专户管理资金收入	财政专户管理资金支出
2. 年终结转	2. 年终结转
年终结转时，本科目贷方余额转入本期盈余， 借：财政专户管理资金收入 　贷：本期盈余——预算管理资金本期盈余	年终结转时，本科目借方余额转入本期盈余， 借：本期盈余——财政专户管理资金本期盈余 　贷：财政专户管理资金支出

【例5－6】某市政府财政专户收到本市教育系统教育性收费4 800 000元。从财政专户管理的资金存款支付4 500 000元用于“教育支出——普通教育——小学教育”，支付5 200 000元用于“教育支出——职业教育——中等职业教育”。年终结转“财政专户管理资金收入”贷方余额为80 000 000元，“财政专户管理资金支出”借方余额为47 000 000元。

该市财政总会计分录如下：

（1）收到财政专户管理资金时。

借：其他财政存款　　4 800 000

　贷：财政专户管理资金收入——教育系统教育性收费　　4 800 000

（2）发生财政专户管理资金支出时。

借：财政专户管理资金支出——教育支出

　——普通教育——小学教育　　4 500 000

　——职业教育——中等职业教育　　5 200 000

　贷：其他财政存款　　9 700 000

（3）年终结转时。

借：财政专户管理资金收入　　80 000 000

　贷：本期盈余——预算管理资金本期盈余　　80 000 000

借：本期盈余——预算管理资金本期盈余　　47 000 000

　贷：财政专户管理资金支出　　47 000 000

八、专用基金收入与专用基金支出

专用基金收入是指核算政府财政按照法律法规和国务院、财政部规定设置或取得的粮食风险基金等专用基金收入，一般从政府的一般公共预算收入中提取，需要按照专款专用的资金管理方式设置财政专户进行管理。为核算本级政府财政取得的专用基金收入，财政总会计应设置“专用基金收入”科目。本科目属于收入类科目，可根据管理需要，按照专用基金的种类进行明细核算。本科目平时贷方余额反映本级政府财政专用基金收入的累计数。期末结转后，本科目应无余额。

专用基金支出是指核算本级政府财政用专用基金收入安排的支出，主要包括用于保障粮食安全，维护粮价稳定，以及储粮设施维护等有关支出。为核算本级政府财政发生的财政专用管理资金支出，财政总会计应设置“财政专用管理资金支出”科目，本科目属于费用类科目，可根据管理需要，按照专用基金种类、预算单位等进行明细核算。本科目平时借方余额反映专用基金支出的累计数。期末结转后，本科目应无余额。

表5－6　专用基金收入与支出

专用基金收入	专用基金支出
收入类科目	费用类科目
1. 取得专用基金收入	1. 发生专用基金支出
（1）取得专用基金收入转入财政专户时。 借：其他财政存款 　贷：专用基金收入 （2）退回取得的专用基金收入时。 借：专用基金收入/以前年度盈余调整——专用基金以前年度盈余调整 　贷：其他财政存款 （3）通过费用安排取得专用基金收入仍留存国库的。 借：有关费用科目 　贷：专用基金收入	（1）发生专用基金支出。 借：专用基金支出 　贷：其他财政存款 （2）当年专用基金支出发生退回时，按照实际退回的金额。 借：其他财政存款 　贷：专用基金支出 （3）以前年度专用基金支出发生退回时，按照实际退回的金额。 借：其他财政存款 　贷：以前年度盈余调整——专用基金以前年度盈余调整
2. 年终结转	2. 年终结转
年终结转时，本科目贷方余额转入本期盈余。 借：专用基金收入 　贷：本期盈余——预算管理资金本期盈余	年终结转时，本科目借方余额转入本期盈余。 借：本期盈余——财政专用管理资金本期盈余 　贷：专用基金支出

【例5－7】某市政府财政通过预算支出安排粮食风险基金490 000元，并将资金拨入该市农发行“粮食风险基金”专户，其中，省级财政厅通过财政直接支付拨入400 000元，市级财政局安排90 000元。按规定从专户向粮食部门拨付油品储备风险基金370 000元。年终结转“专用基金收入——粮食风险基金收入”科目贷方余额为3 000 000元，“专用基金支出——粮食风险基金”科目借方余额为1 550 000元。

该市财政总会计分录如下：

（1）安排预算时。

借：其他财政存款　　　　　　　　　　　　　　490 000

　贷：专用基金收入——粮食风险基金收入　　　　　　490 000

（2）实际拨付时。

借：专用基金支出———粮食风险基金收入　　　　370 000

贷：国库存款　　　　370 000

（3）年终转账时

借：专用基金收入　　　　3 000 000

贷：本期盈余——预算管理资金本期盈余　　　　3 000 000

借：本期盈余——预算管理资金本期盈余　　　　1 550 000

贷：专用基金支出　　　　1 550 000

第二节　财政总会计净资产

一、累计盈余

累计盈余是指核算政府财政纳入一般公共预算、政府性基金预算、国有资本经营预算管理的预算资金，财政专户管理资金、专用基金历年实现的盈余滚存的金额。本科目可根据管理需要，按照预算单位和项目等进行明细核算。

为核算本级政府财政预算资金历年实现的盈余滚存的资金，财政总会计应设置“累计盈余”科目，并设置“预算管理资金累计盈余”“财政专户管理资金累计盈余”“专用基金累计盈余”明细科目。本科目属于净资产类科目，期末余额反映累计盈余的累计数。期末结转后，本科目应无余额。

（一）“预算管理资金累计盈余”科目的主要账务处理

年终结转时，将“本期盈余——预算管理资金本期盈余”科目余额转入本科目，借记或贷记“预算管理资金本期盈余”科目，贷记或借记本科目。

年终结转时，将“以前年度盈余调整——预算管理资金以前年度盈余调整”科目余额转入本科目，借记或贷记“以前年度盈余调整——预算管理资金以前年度盈余调整”科目，贷记或借记本科目。

本科目期末余额反映预算管理资金累计盈余的累计数。

（二）“财政专户管理资金累计盈余”科目的主要账务处理

年终结转时，将“本期盈余——财政专户管理资金本期盈余”科目余额转入本科目，借记或贷记“财政专户管理资金本期盈余”科目，贷记或借记本科目。

年终结转时，将“以前年度盈余调整——财政专户管理资金以前年度盈余调整”科目余额转入本科目，借记或贷记“以前年度盈余调整——财政专户管理资金以前年度盈余调整”科目，贷记或借记本科目。

本科目期末余额反映财政专户管理资金累计盈余的累计数。

（三）“专用基金累计盈余”科目的主要账务处理

年终结转时，将“本期盈余——专用基金本期盈余”科目的余额转入本科目，借记或贷记“专用基金本期盈余”科目，贷记或借记本科目。

年终结转时，将“以前年度盈余调整——专用基金以前年度盈余调整”科目的余额转入本科目，借记或贷记“以前年度盈余调整——专用基金以前年度盈余调整”科目，贷记或借记本科目。

本科目期末余额反映专用基金累计盈余的累计数。

【例 5-8】年初，某市财政退还上一年度已取得的专用基金收入 500 000 元。年终时，“本期盈余——预算管理资金本期盈余”科目贷方余额为 4 200 000 元，“本期盈余——财政专户管理资金本期盈余”科目贷方余额为 1 000 000 元，“本期盈余——专用基金本期盈余”科目借方余额为 580 000 元，政府财政将本年实现的盈余留作基金滚存使用。

该市财政总会计分录如下：

（1）退回上一年度取得的专用基金收入时。

借：以前年度盈余调整——专用基金以前年度盈余调整　　500 000

　贷：其他财政存款　　500 000

（2）年终结转时。

借：本期盈余——预算管理资金本期盈余　　4 200 000

　　　　　——财政专户管理资金本期盈余　　1 000 000

　　专用基金累计盈余　　1 080 000

　贷：累计盈余——预算管理资金累计盈余　　4 200 000

　　　　　　——财政专户管理资金累计盈余　　1 000 000

　　本期盈余——专用基金本期盈余　　580 000

　　以前年度盈余调整——专用基金以前年度盈余调整　　500 000

二、本期盈余

本期盈余是指核算政府财政纳入一般公共预算、政府性基金预算、国有资本经营预算管理的预算资金，财政专户管理资金，专用基金本期各项收入、费用分别相抵后的余额。设置补充和动用预算稳定调节基金，设置补充预算周转金产生的盈余变动事项，也通过本科目核算。

为核算本级政府财政预算资金本年实现的盈余滚存的资金，财政总会计应设置“本期盈余”科目，并设置“预算管理资金本期盈余”“财政专户管理资金本期盈余”“专用基金本期盈余”明细科目。本科目属于净资产类科目，期末余额反映本期盈余的累计数。期末结转后，本科目应无余额。

（一）“预算管理资金本期盈余”科目的主要账务处理

年终转账时，将纳入一般公共预算、政府性基金预算、国有资本经营预算管理的各类收入科目本年发生额转入本科目的贷方。

借：税收收入/非税收入/投资收益/补助收入/上解收入/地区间援助收入/其他收入

　贷：本期盈余——预算管理资金本期盈余

将纳入一般公共预算、政府性基金预算、国有资本经营预算管理的各类费用科目本年发生额转入本科目的借方。

借：本期盈余——预算管理资金本期盈余

　贷：政府机关商品和服务拨款费用/政府机关工资福利拨款费用/对事业单位补助拨款费用/对企业补助拨款费用/对个人和家庭补助拨款费用/对社会保障基金补助拨款费用/资本性拨款费用/其他拨款费用/财务费用/补助费用/上解费用/地区间援助费用/其他费用

设置或补充预算稳定调节基金时，

借：本期盈余——预算管理资金本期盈余

　贷：预算稳定调节基金

动用预算稳定调节基金时，

借：预算稳定调节基金

　贷：本期盈余——预算管理资金本期盈余

设置或补充预算周转金时，

借：本期盈余——预算管理资金本期盈余

　贷：预算周转金

完成上述结转后，将本科目余额转入累计盈余。

表 5－7

如为借方余额	如为贷方余额
借：累计盈余——预算管理资金累计盈余 　贷：预算管理资金本期盈余	借：预算管理资金本期盈余 　贷：累计盈余——预算管理资金累计盈余

（二）“财政专户管理资金本期盈余”科目的主要账务处理

年终结转时，将财政专户管理资金收入的本年发生额转入本科目的贷方。

借：财政专户管理资金收入

　贷：本期盈余——财政专户管理资金本期盈余

将财政专户管理资金支出的本年发生额转入本科目的借方。

借：本期盈余——财政专户管理资金本期盈余

　贷：财政专户管理资金支出

完成上述结转后，将本科目余额转入累计盈余。借记或贷记本科目，贷记或借记“累计盈余——财政专户管理资金累计盈余”科目。

（三）“专用基金本期盈余”科目的主要账务处理

年终结转时，将专用基金收入的本年发生额转入本科目的贷方。

借：专用基金收入

　贷：本期盈余——专用基金本期盈余

将专用基金支出的本年发生额转入本科目的借方。

借：本期盈余——专用基金本期盈余

　贷：专用基金支出

完成上述结转后，将本科目余额转入累计盈余。借记或贷记本科目，贷记或借记“累计盈余——专用基金累计盈余”科目。

【例5－9】20×3年12月31日结账时，某市财政有关收入与支出科目余额表如表5－8所示：

表5－8　相关收入与支出科目年终余额表

单位：元

科目	借方余额	贷方余额
税收收入		200 000 000
非税收入		140 000 000
补助收入		3 800 000
上解收入		840 000
地区间援助收入		770 000
其他收入		400 000
财政专户管理资金收入		5 200 000
专用基金收入		1 620 000
预算稳定调节基金		900 000
预算周转金	650 000	
政府机关商品和服务拨款费用	112 000 000	
政府机关工资福利拨款费用	53 000 000	
对企业补助拨款费用	2 099 000	
对社会保障基金补助拨款费用	2 400 000	
财务费用	2 750 000	
上解费用	1 860 000	
地区间援助费用	5 800 000	
财政专户管理资金支出	2 600 000	
专用基金支出	830 000	

该市财政总会计分录如下：

（1）结转收入。

借：税收收入　　200 000 000

　　非税收入　　140 000 000

　　补助收入　　3 800 000

　　上解收入　　840 000

地区间援助收入　770 000
其他收入　400 000
财政专户管理资金收入　5 200 000
专用基金收入　1 620 000
预算稳定调节基金　900 000
贷：本期盈余——预算管理资金本期盈余　346 710 000
——财政专户管理资金本期盈余　5 200 000
——专用基金本期盈余　1 620 000

（2）结转支出。

借：本期盈余——预算管理资金本期盈余　180 559 000
——财政专户管理资金本期盈余　2 600 000
——专用基金本期盈余　830 000
贷：预算周转金　650 000
政府机关商品和服务拨款费用　112 000 000
政府机关工资福利拨款费用　53 000 000
对企业补助拨款费用　2 099 000
对社会保障基金补助拨款费用　2 400 000
财务费用　2 750 000
上解费用　1 860 000
地区间援助费用　5 800 000
财政专户管理资金支出　2 600 000
专用基金支出　830 000

（3）结转入“累计盈余”。

借：预算管理资金本期盈余　166 151 000
财政专户管理资金本期盈余　2 600 000
专用基金本期盈余　790 000
贷：累计盈余——预算管理资金累计盈余　166 151 000
——财政专户管理资金累计盈余　2 600 000
——专用基金累计盈余　790 000

三、预算稳定调节基金

预算稳定调节基金是指核算本级政府财政为保持年度间预算的衔接和稳定而设置的储备性资金。是政府应对经济波动和财政压力的重要工具。其作用包括平衡财政收支，通过调整转移性收支来实现预算平衡；缓解经济波动，通过提供财政刺激来促进经济增长和就业；防范风险，建立稳定调节基金以应对突发事件和财政危机；提高财政的可持续性，通过积累储备来应对未来的财政需求；以及维护经济稳定，通过调整财政收支保持宏观经济的稳定。

为核算本级政府财政的储备性资金，财政总会计应设置“预算稳定调节基金”科目，本科目属于净资产类科目，期末贷方余额反映预算稳定调节基金的累计规模。

设置或补充预算稳定调节基金时，

借：本期盈余——预算管理资金本期盈余

　贷：预算稳定调节基金

将预算周转金调入预算稳定调节基金时，

借：预算周转金

　贷：预算稳定调节基金

动用预算稳定调节基金时，

借：预算稳定调节基金

　贷：本期盈余——预算管理资金本期盈余

四、预算周转金

预算周转金是指核算政府财政设置的用于调剂预算年度内季节性收支差额周转使用的资金。预算周转金的作用是确保政府正常运转和公共服务提供的连续性，应对紧急情况和突发事件，促进经济发展和民生改善。它是政府财政管理的重要工具，主要用于填补预算执行过程中的财政收支缺口，确保政府能够按时履行各项财政承诺，避免因资金不足而影响正常运转。

为核算本级政府财政周转使用的资金，财政总会计应设置“预算周转金”科目，本科目属于净资产类科目，期末贷方余额反映预算周转金的累计规模。

设置或补充预算周转金时，

借：本期盈余——预算管理资金本期盈余

　贷：预算周转金

将预算周转金调入预算稳定调节基金时，

借：预算周转金

　贷：预算稳定调节基金

【例 5－10】20×3 年 12 月 31 日，某市财政将本年度的结余资金 4 600 000 元用于补充预算稳定调节基金，补充预算周转金 7 400 000 元，本年度动用 20×2 年度预算稳定调节基金 3 000 000 元。假设 20×4 年 12 月 31 日将本年预算周转金 2 800 000 元作为预算稳定调节基金。

（1）补充预算稳定调节基金和预算周转金时。

借：本期盈余——预算管理资金本期盈余	12 000 000	
贷：预算稳定调节基金		4 600 000
预算周转金		7 400 000

（2）动用预算稳定调节基金时。

借：预算稳定调节基金	3 000 000	
贷：本期盈余——预算管理资金本期盈余		3 000 000

(3) 将预算周转金调入预算稳定调节基金时。

借：预算周转金　　2 800 000

　贷：预算稳定调节基金　　2 800 000

五、权益法调整

权益法调整是指核算政府财政按照持股比例计算应享有的被投资主体除净损益和利润分配以外的所有者权益变动的份额。

为核算本级政府财政股权投资享有除净损益和利润分配以外的所有者权益变动的份额，财政总会计应设置“权益法调整”科目，本科目属于净资产类科目，期末余额反映政府财政在被投资主体除净损益和利润分配以外的所有者权益变动中累计享有（或分担）的份额。

被投资主体发生除净损益和利润分配以外的其他权益变动时，按照政府财政持股比例计算应享有的部分，借记或贷记“股权投资（其他权益变动）”科目，贷记或借记“权益法调整”。

处置股权投资或因企业破产清算导致股权投资减少时，按照相应的“权益法调整”账面余额，借记或贷记“权益法调整”，贷记或借记“股权投资（其他权益变动）”科目。

无偿划出股权投资时，根据股权管理部门提供的资料，按照被划出股权投资对应的“权益法调整”科目账面余额，借记或贷记“权益法调整”，贷记或借记“股权投资（其他权益变动）”科目；按照被划出股权投资的账面余额，借记“其他费用”科目，贷记“股权投资（投资成本、损益调整）”科目。

由于管理需要，股权投资的核算由权益法改为成本法的，按照“权益法调整”科目账面余额，借记或贷记“权益法调整”，贷记或借记“股权投资（其他权益变动）”科目；按照权益法下“股权投资（投资成本、损益调整）”科目账面余额作为成本法下“股权投资（投资成本）”账面余额，借记“股权投资（投资成本）”科目，贷记“股权投资（投资成本、损益调整）”科目。

【例 5－11】20×2 年 7 月末，某市财政投入财政资金 12 000 000 元，持有某企业 60% 的股权，采用权益法核算。20×2 年年末，该企业盈利 660 000 元，并且当年该企业发生其他权益变动 420 000 元。20×3 年 1 月 1 日，由于管理需要，市财政将股权投资的核算从权益法改为成本法核算。

该市财政总会计分录如下：

(1) 取得股权投资时。

借：股权投资（投资成本）　　12 000 000

　贷：国库存款　　12 000 000

(2) 20×2 年年末实现净利润时。

投资收益 = 660 000 × 60% = 396 000（元）

借：股权投资（损益调整）　　396 000

　贷：投资收益　　396 000

（3）确认其他权益变动。

其他权益变动 = 420 000 × 60% = 252 000（元）

借：股权投资（其他权益变动）　　252 000

　贷：权益法调整　　252 000

（4）权益法转换成本法时。

借：权益法调整　　252 000

　贷：股权投资（其他权益变动）　　252 000

借：股权投资（投资成本）　　12 396 000

　贷：股权投资（投资成本）　　12 000 000

　　　股权投资（损益调整）　　396 000

六、以前年度盈余调整

以前年度盈余调整是指核算政府财政调整以前年度盈余的事项。

为核算本级政府财政调整以前年度盈余的事项，财政总会计应设置“以前年度盈余调整”科目，并设置“预算管理资金以前年度盈余调整”“财政专户管理资金以前年度盈余调整”“专用基金以前年度盈余调整”明细科目，本科目属于净资产类科目，期末结转后，应无余额。

调整增加以前年度收入时，按照调整增加的金额，借记有关科目，贷记“以前年度盈余调整”；调整减少的，做相反会计分录。

调整增加以前年度费用时，按照调整增加的金额，借记“以前年度盈余调整”，贷记有关科目；调整减少的，做相反会计分录。

对于政府以前年度取得的资产或承担的负债，在本年初次确认时，借记有关资产科目或贷记有关负债科目，贷记或借记“以前年度盈余调整”。

年终结转时，将本科目余额转入累计盈余，借记或贷记“累计盈余”科目，贷记或借记“以前年度盈余调整”。

本章小结

本章主要讲解了财政总会计收入、费用和净资产三个财务会计要素所涉及的会计科目，以及这些会计科目核算与运用情况。其中总会计收入类总账科目包括税收收入、非税收入、投资收益、补助收入、上解收入、地区间援助收入、其他收入、财政专户管理资金收入、专用基金收入等科目，用于记录一级政府各种收入来源的情况。费用类包括政府机关商品和服务拨款费用、政府机关工资福利拨款费用、对事业单位补助拨款费用、对企业补助拨款费用、对个人和家庭补助拨款费用、对社会保障基金补助拨款费用、资本性拨款费用、其他拨款费用、财务费用、补助费用、上解费用、地区间援助费用、其他费用、财政专户管理资金支出、专用基金支出等科目，用于记录一级政府发生的各种费用支出的情况。净资产类包括累计盈余、本期盈余、预算稳定调节基金、预算周转金、权益法调整、以前年度盈余调整等科目，用于记录和反映财政总会计资产扣除负债后的净额，以及收入扣除费用之后的净额。总之，通过核算财政总会计的收入、费用和净资产，可以为政府财务管理和决策提供准确的财务信息，同时也为外界评价政府的财务状况和绩效提供重要依据。

课后习题

一、单选题

1. “一般公共预算本级收入”总账科目不反映（　　）收入。

A. 增值税　　B. 消费税

C. 城市维护建设税　　D. 债券发行收入

2. 罚没收入一般属于（　　）。

A. 一般公共预算本级收入　　B. 政府性基金预算本级收入

C. 国有资本经营预算本级收入　　D. 财政专户管理资金收入

3. “一般公共预算本级收入”总账科目中的非税收入不包括（　　）。

A. 行政事业性收费收入　　B. 罚没收入

C. 国有资本经营收入　　D. 上级补助收入

4. 税收收入是（　　）总账科目反映的内容。

A. “国有资本经营预算本级收入”　　B. “政府性基金预算本级收入”

C. “一般公共预算本级收入”　　D. “财政专户管理资金收入”

5. 年终结转时，“债务收入”科目贷方余额转入（　　）科目。

A. “一般公共预算结转结余”　　B. “政府性基金预算结转结余”

C. “国有资本经营预算结转结余”　　D. 以上都是

二、多选题

1. 财政总预算会计核算的收入包括（　　）。

A. 一般公共预算本级收入　　B. 政府性基金预算本级收入

C. 国有资本经营预算本级收入　　D. 转移性收入

E. 债务收入

2. 财政总预算会计核算的一般公共预算本级收入不包括（　　）。

A. 税收收入　　B. 财政专户管理资金收入

C. 债务收入　　D. 债务转贷收入

E. 转移性收入

3. 一般公共预算本级收入核算的内容包括（　　）。

A. 行政事业性收费收入　　B. 罚没收入

C. 国有资源（资产）有偿使用收入　　D. 增值税收入

E. 彩票公益金收入

4. 财政专户管理资金收入核算的内容不包括（　　）。

A. 高等学校学费　　B. 高等学校住宿费

C. 股利股息收入　　D. 国有土地使用权出让收入

E. 企业所得税收入

5. 财政总预算会计核算的转移性收入不包括（　　）。

A. 一般公共预算本级收入　　B. 债务收入

C. 调入资金　　D. 上解收入

E. 补助收入

三、判断题

1. 税收收入反映政府通过征税取得的一般公共预算收入和政府性基金预算收入。（　　）

2. 政府非税收入应当纳入政府财政管理，实行收支脱钩的管理方法，即收支两条线的管理办法。（　　）

3. 财政总预算会计凭中国人民银行国库报来的预算收入日报表及其所附有关凭证，列报一般公共预算本级收入。（　　）

4. 政府性基金预算本级收入属于政府的非税财政收入。（　　）

5. 债务收入是指政府通过发行债券或借款等方式取得的资金收入，是政府的负债，不是政府的收入。（　　）

四、分录题

资料：某市财政局20×3年度发生的部分经济业务如下：

1. 收到同级国库报来的“预算收入日报表”“共享收入日报表”及其附表，列示：本级固定收入为59 000元，共享收入30 000元。

2. 收到同级国库报来的“基金预算收入日报表”及其附表，列示当日收到基金预算收入为100 000元。

3. 用基金预算结余120 000元购入年息5%的3年期国库券。

4. 3年前用专用基金结余购买的国库券到期，本金为200 000元，利息为36 000元，款项已存入指定银行。

5. 拨付市教育局当月经费150 000元，已收到国库预算拨款回单。

6. 3月5日，收到国库报来“预算收入日报表”及其附表，列示上年12月份预算收入43万元，收回上年度某单位的非包干专项经费80 000元。

7. 市卫生局向国外订购的医疗卫生设备集中到货，向市财政局紧急借款180 000元。市财政局预算会计按照批准文件借给款项。

经批准，发行地方性债券500万元。

8. 市机电局向市财政局申请临时借款50 000元，用于该局下属单位的技术改造项目，经批准予以借款。

9. 市卫生局归还前借款12万元，款项已存入国库存款户。

10. 将市卫生局借款余额6万元，转作当月卫生事业费。

11. 收到性质不清的预算缴款35 000元，列作暂存款。

12. 收到甲县财政局归还借款20万元，余款转作对该县的预算补助。

13. 根据批准的文件，年终预拨98万元给市科委，作为下年度的科研经费。

14. 向上级财政机关借入急需用款40万元，款项已存入国库存款户。

15. 按计划拨给市建行基本建设贷款资金850万元。

16. 收到市建行缴回多余的基建资金18万元。

收到上级财政机关文件，批准将上述借款中的28万元转作对本级的预算补助款，其余借款于当天电汇归还。

17. 根据年终决算单，所属乙县财政局欠解的预算款50万元和应拨付乙县的专项补助款30万元，转作往来款项予以入账。

要求：根据上述资料编制会计分录。

第六章 财政总会计预算收入、支出和预算结余

学习目标

通过本章的学习，要求学生理解财政总会计各类预算收入、支出和预算结余的概念、特点和内涵，熟悉各类预算会计科目，能够准确运用预算会计科目进行会计核算，并能理解和掌握政府决算报表的编制。

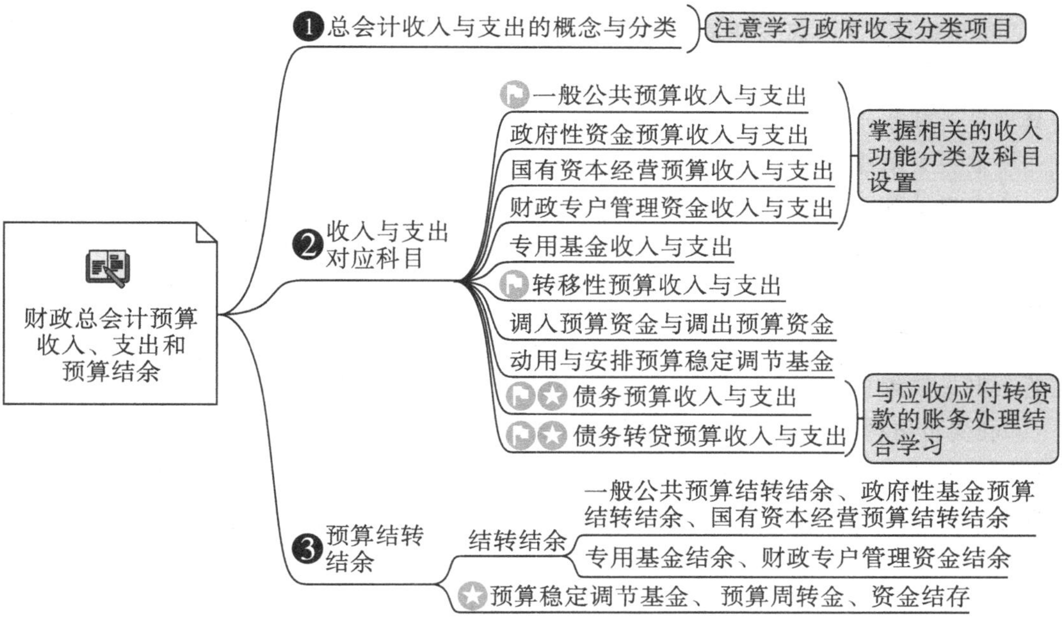

注：为学习重点 为学习难点 为学习提示

课前案例与思政

透视财政收支数据的变化：增减之间有深意

翻阅政府工作报告和预算报告，一项项收与支的安排，一个个数据的变化，增与减之间，传递出温暖人心的民生关怀，透露出经济发展的重要信息。

民生福祉“加法”显温度。根据政府工作报告，今年财政支出规模比去年扩大2万亿元以上，可用财力明显增加。新增财力要下沉基层，主要用于落实助企纾困、稳就业保民生政策，促进消费、扩大需求。

预算报告中，民生支出的比重占了“大头”。其中，教育支出、社会保障和就业支出在全国一般公共预算支出中占比分别达15.5%、14%，为最高比重。

和去年相比，今年民生支出的增加也清晰可见：强化就业优先导向，中央财政就业补助资金安排617.58亿元、增加51.68亿元；解决“入园难”，支持学前教育发展资金安排230亿元、增加30亿元；将基本公共卫生服务经费人均财政补助标准提高5元，达到每人每年84元；将城乡居民基本医疗保险人均财政补助标准提高30元，达到每人每年610元……

除了基本民生之外，“十四五”重点项目、科技攻关、生态环保、区域重大战略、乡村振兴等也是财力保障的重点。预算报告中，相关投入的“加法”也比比皆是。例如，中央财政衔接推进乡村振兴补助资金按照只增不减的原则安排1 650亿元、增加84.76亿元；发挥政府投资引导带动作用，中央预算内投资安排6 400亿元、增加300亿元。

“从预算报告的各项支出看，重点指向经济社会稳定、科技创新、乡村振兴、防范化解风险等方面。”粤开证券首席经济学家、研究院院长罗志恒说，“近年来财政支出结构持续向民生领域倾斜，这有利于提升人民生活幸福感，对教育、就业等领域的投入也有利于提高未来消费倾向，解决经济发展的后顾之忧。”

今年财政加大向基层倾斜力度。中央对地方转移支付增加约1.5万亿元、规模近9.8万亿元，增长18%，为多年来最大增幅。与此同时，中央财政将更多资金纳入“直达”范围。

“财力下沉将有效弥补减税降费带来的减收增支压力，保障基层稳健运行，使基层落实惠企利民政策更有能力、更有动力。”全国人大代表、广东省财政厅厅长戴运龙说。

“在支出结构上突出民生优先，在转移支付上体现基层为要。”全国人大代表、湖南湘西土家族苗族自治州州长龙晓华说，“今年湘西州将‘三保’支出放在财政支出的优先顺序，继续压减一般性支出、非刚性支出。同时，继续加大上级转移支付资金向县市基层倾斜，提升资金拨付效率，增强基层财政保障能力。”

政府支出和税费“减法”有力度。今年报告中，“减”税费力度为历年最大。根据政府工作报告，在去年新增减税降费超过1万亿元的基础上，今年将实施新的组合式税费支持政策。预计全年退税减税约2.5万亿元，比去年翻了一番多。其中仅增值税留抵退税一项，就将直接为市场主体提供现金流约1.5万亿元。

收入端，是税费的减法。支出端，是政府支出的减法。根据预算报告，2022年中央部门支出下降2.1%，地方各级政府也要从严从紧。

“一定要把宝贵资金用在发展紧要处、民生急需上。”政府工作报告要求，坚持政府过紧日子，更好节用裕民。大力优化支出结构，保障重点支出，严控一般性支出。

“中央部门支出连续三年负增长，与之形成鲜明对比的是，民生福利支出持续增加，党政机关特别是中央机关带头厉行节约，把钱省下来用于支持民生和市场主体。”罗志恒说。

有保有压把钱花在刀刃上。虽然可用财力明显增加，但预算报告也指出，总体来看，2022年财政收支形势依然严峻，必须加强财政资源统筹，有保有压、突出重点。

要做好“加法”和“减法”，把钱花在刀刃上、提高资金使用效率是关键。

“要处理好‘扩支’与‘增效’之间的关系。”国务院发展研究中心宏观经济研究部副部长冯俏彬分析称，扩大支出不是所有的支出都同步增加，财政支出结构同样有增有减、有保有压。突出财政支出的重点，主要支持国民经济和社会发展急需、对长远发展有益的方面。与此同时，要实施好全面预算绩效管理，将绩效要求落实到每一分钱上，推动绩效管理向纵深发展。

在北京国家会计学院教授、财税政策与应用研究所所长李旭红看来，要进一步优化财政支出管理及支出绩效的评估，把财政资金用在刀刃上，通过良好、科学的财政支出体制减轻减税降费带来的财政资金压力，助力财政可持续性发展。

“处理好‘雪中送炭’与‘锦上添花’的关系。”全国人大代表、湖南省财政厅厅长石建辉说，人民群众迫切需要什么，财政就全力以赴保障什么。多从人民群众需求和利益出发制定政策、安排资金，多做“雪中送炭”实事，不务“锦上添花”虚功，把宝贵的财政资金用在刀刃上，花在老百姓的心窝里。

（资料来源：经济参考报，2022年3月11日）

第一节 财政总会计预算收入与预算支出

政府预算收入是指政府财政为实现其职能，根据法律法规等所筹集的资金，主要包括税收收入、非税收入、债务收入和转移性收入等。政府预算收入由财政总会计负责核算。按《政府收支分类科目》，政府收入科目包含类、款、项、目四级，由类级至目级，层级逐渐降低。政府收入类级科目见表6－1。

表6－1 政府收入类级科目

类级科目代码	科目名称	类级科目代码	科目名称
101	税收收入	105	债务收入
102	社会保险基金收入	110	转移性收入
103	非税收入		

其中，除社会保险基金收入另置机构专门核算外，其他各大类收入均由财政总会计核算。按预算管理和会计核算要求的分类，财政总会计预算收入主要包括一般公共预算收入、政府性基金预算收入、国有资本经营预算收入、专用基金收入、债务预算收入、

转移性预算收入、补助预算收入、上解预算收入、调入预算资金、债务转贷预算收入、地区间援助预算收入、动用预算稳定调节基金和财政专户管理资金收入等。

财政总会计预算支出是指政府为实现其职能，在预算约束下，对财政预算收入进行分配和使用。按预算管理和会计核算要求的分类，财政总会计核算的支出包括一般公共预算支出、政府性基金预算支出、国有资本经营预算支出、财政专户管理资金支出、专用基金支出、转移性支出、债务还本预算支出、债务转贷预算支出等。

一、一般公共预算收入与支出

（一）一般公共预算收入的概念及分类

一般公共预算收入包括政府财政筹集的纳入本级一般公共预算管理收入，包括类级科目“税收收入”的全部内容和类级科目“非税收入”的部分内容，是一级政府的主要收入来源。按照《政府收支分类科目》，一般公共预算收入包括税收收入、非税收入、债务收入、转移性收入，并按照预算管理要求设置类、款、项、目四级明细科目。

政府预算收入科目四级分类的作用主要有：①通过对收入款项的详细分类和统计，可以清晰地展示不同来源的收入款项，为决策者提供完整的收入信息。②四级分类能够帮助政府进行更精细的财政控制和管理，准确了解各项收入的来源和变动情况，从而进行有针对性的财政管理和调控。③四级分类对政府预算的编制和执行起到重要作用，能够提供依据，确保预算的合理性和执行的有效性。④四级分类能够提高政府财务信息的透明度和披露水平，向公众和利益相关者展示收入来源和使用情况，增加财政信息的透明度，提高政府的信息公开和问责度。

现简要以一般公共预算收入分类四级科目的设置情况举例，见表6－2所示。

表6－2　一般公共预算收入分类（节选）

科目代码				科目名称
类	款	项	目	
101				税收收入
	01			增值税
		01		国内增值税
			01	国有企业增值税
			02	集体企业增值税
		02		进口货物增值税
	02			消费税
	03			个人所得税
	04			企业所得税

续上表

科目代码				科目名称
类	款	项	目	
103				非税收入
	02			专项收入
	04			行政事业性收费收入
105				债务收入
	03			中央政府债务收入
110				转移性收入
	01			返还性收入

1. 税收收入

税收收入全部通过“一般公共预算收入”科目核算。根据《政府收支分类科目》，税收收入类级科目下设共20个款级科目：增值税、消费税、企业所得税、企业所得税退税、个人所得税、资源税、城市维护建设税、房产税、印花税、城镇土地使用税、土地增值税、车船税、船舶吨税、车辆购置税、关税、耕地占用税、契税、烟叶税、环境保护税和其他税收收入。

除其他税收收入外，每个款级科目下均设项级科目，如增值税款级科目下设5个项级科目：国内增值税、进口货物增值税、出口货物退增值税、改征增值税和改征增值税出口退税。

项级科目下设目级科目，如国内增值税项级科目下设共23个目级科目：国有企业增值税、集体企业增值税、股份制企业增值税、联营企业增值税、港澳台和外商投资企业增值税、私营企业增值税、其他增值税、增值税税款滞纳金、罚款收入、残疾人就业增值税退税、软件增值税退税、宣传文化单位增值税退税、核电站增值税退税、资源综合利用增值税退税、黄金增值税退税、光伏发电增值税退税、风力发电增值税退税、管道运输增值税退税、融资租赁增值税退税、其他增值税退税、免抵调增增值税、成品油价格和税费改革增值税划出、成品油价格和税费改革增值税划入等。

2. 非税收入

根据《政府收支分类科目》，非税收入类级科目下设共8个款级科目：政府性基金收入、专项收入、行政事业性收费收入、罚没收入、国有资本经营收入、国有资源（资产）有偿使用收入、捐赠收入、政府性住房基金收入、专项债券对应项目专项收入和其他收入。

非税收入中，“一般公共预算收入”的核算范围不包括政府性基金收入、专项债券对应项目专项收入和国有资本经营收入，前两款收入通过“政府性基金预算收入”科目核算，第三款收入通过“国有资本经营预算收入”科目核算。

款级科目下再设项级科目，如“行政事业性收费收入”款级科目下设共57个项级科目：公安、法院、司法、外交、商贸、财政、税务、海关、审计、国管局、科技、保密、市场监管、新闻出版广电、安全生产、档案、港澳办、贸促会、宗教、人防办、中直管理局、其他缴入国库的中直管理局、文化、教育、科技、体育、发展与改革（物价）、统计、自然资源、建设、知识产权、生态环境、旅游、海洋、测绘、铁路、交通运输、工业和信息产业、农业、林业、水利、卫生健康、食品药品监管、民政、人力资源和社会保障、证监会、银监会、保监会、电力市场监管、仲裁委、编办、党校、监察、外文局、南水北调办、国资委和其他。

项级科目下再分设目级科目，如“公安行政事业性收费收入”项级科目下再设共16个目级科目：外国人签证费、外国人证件费、公民出入境证件费、中国国籍申请手续费、户籍管理证件工本费、居民身份证工本费、机动车号牌工本费、机动车行驶证工本费、机动车登记证书工本费、驾驶证工本费、驾驶许可考试费、临时入境机动车号牌和行驶证工本费、临时机动车驾驶证工本费、保安员资格考试费、消防职业技能鉴定考务考试费和其他缴入国库的公安行政事业性收费。

（二）一般公共预算收入的收缴方式和程序

一般公共预算收入是政府实现其职能的重要财力保证，各级总会计应加强各项收入的管理，严格会计核算手续。对于各项收入的账务处理必须以审核无误的国库入库凭证、预算收入日报表和其他合法的凭证为依据。一般公共预算收入的收缴方式有直接缴库、集中汇缴两种方式，各收缴方式的程序如下。

1．直接缴库

直接缴库是指缴款单位或缴款人按照法律和法规的规定，将应缴款项直接缴入财政国库。对于税收收入，纳税人或税务代理人需要提出纳税申报，经征收机关审核后，纳税人通过开户银行直接将税款缴纳到财政部门在中国人民银行开设的国库存款账户。其他收入也按照类似的程序缴入财政国库存款账户。

2．集中汇缴

集中汇缴是指征收机关按照法律和法规的规定，将所收取的应缴款项汇总缴入财政国库。对于小额零散税收和其他非税收入（如非税现金收入），征收机关在收到应缴款项当日将其汇总缴入财政部门在中国人民银行开设的国库存款账户。

无论是直接缴库还是集中汇缴，征收机关都不需要设立缴款项的过渡账户。收到的款项不必先存入征收机关的专门账户，然后再缴入财政国库存款账户。无论是采用直接缴库的方式、集中汇缴的方式，国库在收到税收收入后，都须按照财政管理体制的要求，将收入在中央财政与地方财政之间，以及在地方各级财政之间进行划分。按照现行有关规定，税收收入在中央财政与地方财政之间的划分情况为：①中央财政固定收入，包括国内消费税、车辆购置税、关税、船舶吨税、海关代征的增值税。②地方财政固定收入，包括城镇土地使用税、耕地占用税、土地增值税、房产税、车船税、契税、烟叶税。③中央财政与地方财政共享收入，包括增值税、企业所得税、个人所得税、资源税、城市维护建设税、印花税。这种制度规范了中央与地方的财力分配关系，保证了中央财政收入的稳定，也调动了地方财政组织收入收缴的积极性。

（三）一般公共预算收入会计核算

为了核算政府财政筹集的纳入本级一般公共预算管理的税收收入和非税收入，财政总会计应设置“一般公共预算收入”科目。本科目属于收入类科目，应根据《政府收支分类科目》中的规定进行明细核算。贷方登记已收到的款项，借方登记年终转出数。平时贷方余额反映一般公共预算收入的累计数。

收到款项时，根据当日预算收入日报表所列一般公共预算本级收入数，

借：资金结存——库款资金结存

　贷：一般公共预算收入

年终结转时，本科目贷方余额全数转入“一般公共预算结转结余”科目，

借：一般公共预算收入

　贷：一般公共预算结转结余

期末结转后，本科目应无余额。

（四）一般公共预算支出概念及分类

一般公共预算支出是指政府财政资金用于公共事务、公共服务和公共事业的支出，它包括政府在特定时期内为满足公共需求和履行公共职责将预算资金用于开展各项活动所发生的基本支出和项目支出。是对一般公共预算收入的安排和使用，是一级政府最主要的财政支出，在政府的预决算报告中占有举足轻重的地位。

按《政府收支分类科目》，我国一般公共预算支出有两大分类口径：一是功能分类，二是经济分类。功能分类是将预算支出按照不同的行政职能和公共服务目标进行分类，标明政府财政资源配置的方向和范围。通过功能分类可以清晰了解政府在各个领域的支出情况，方便进行财政政策评估、资源分配和决策制定。常见的功能分类包括教育、卫生、社会保障、交通、农业、环境等。功能分类能够帮助政府和公众更好地了解公共资源的分配情况，确保各个领域的公共服务得到适当的支持和发展。经济分类是将预算支出按照资金用途和支出对象进行分类，表明预算支出的性质和用途。经济分类主要分为工资性支出、商品和服务支出、对债务的支付、资本支出和转移支付等几个方面。经济分类能够帮助政府财政部门对预算单位关于财政资金使用的监督，确保公共资源的有效使用和管理。此外，经济分类还可以为决策者提供有关各类支出的分析和对比信息，帮助他们做出更合理的财政政策选择。以一般公共预算的功能分类为例，见表6－3所示。

表6－3　一般公共预算支出功能分类

代码	科目名称	代码	科目名称	代码	科目名称
201	一般公共服务支出	211	节能环保支出	221	住房保障支出
202	外交支出	212	城乡社区支出	222	粮油物资储备支出

续上表

代码	科目名称	代码	科目名称	代码	科目名称
203	国防支出	213	农林水支出	224	灾害防治及应急管理支出
204	公共安全支出	214	交通运输支出	227	预备费
205	教育支出	215	资源勘探工业信息等支出	229	其他支出
206	科学技术支出	216	商业服务业等支出	230	转移性支出
207	文化旅游体育与传媒支出	217	金融支出	231	债务还本支出
208	社会保障和就业支出	219	援助其他地区支出	232	债务付息支出
210	卫生健康支出	220	自然资源海洋气象等支出	233	债务发行费用支出

一般公共预算支出在功能分类的类级科目下再分为若干款级科目，各款级科目下再分为若干项级科目，即共分为类、款、项三级，与一般公共预算收入的类、款、项、目四级不同。以教育支出、公共安全支出科目分类为例，见表6-4。

表6-4　一般公共预算支出功能分类三级科目设置（节选）

科目代码			科目名称
类	款	项	
205			教育支出
	01		教育管理事务
		01	行政运行
		02	机关服务
	02		普通教育
		01	学前教育
		02	小学教育
		03	初中教育
		04	高中教育
		05	高等教育
204			公共安全支出
	01	01	武装警察部队
	02		公安
		01	行政运行
		20	执法办案

（五）一般公共预算支出的功能分类

（1）一般公共服务支出。反映政府提供一般公共服务的支出。一般公共服务支出包括人大事务、政协事务、政府办公厅（室）及相关机构事务、发展与改革事务、统计信息事务、财政事务、税收事务、审计事务、海关事务、人力资源事务、纪检监察事务、商贸事务、知识产权事务、民族事务、港澳台事务、档案事务、民主党派及工商联事务、群众团体事务、党委办公厅（室）及相关机构事务、组织事务、宣传事务、统战事务、对外联络事务、其他共产党事务支出等。

（2）外交支出。反映政府外交事务支出。外交支出包括外交管理事务、驻外机构、对外援助、国际组织、对外合作与交流、对外宣传、边界勘界联检、国际发展合作支出等。

（3）国防支出。反映政府用于国防方面的支出。国防支出包括军费、国防科研事业、专项工程、国防动员支出等。

（4）公共安全支出。反映政府在维护社会公共安全方面的支出。公共安全支出包括武装警察部队、公安、国家安全、检察、法院、司法、监狱、强制隔离戒毒、国家保密、缉私警察支出等。

（5）教育支出。反映政府教育事务支出。教育支出包括教育管理事务、普通教育、职业教育、成人教育、广播电视教育、留学教育、特殊教育、进修及培训、教育费附加安排的支出等。

（6）科学技术支出。反映科学技术方面的支出。科学技术支出包括科学技术管理事务、基础研究、应用研究、技术研究与开发、科技条件与服务、社会科学、科学技术普及、科技交流与合作、科技重大项目支出等。

（7）文化旅游体育与传媒支出。反映政府在文化、旅游、文物、体育、广播电视、电影、新闻出版等方面的支出。

（8）社会保障和就业支出。反映政府在社会保障与就业方面的支出。社会保障和就业支出包括人力资源和社会保障管理事务、民政管理事务、补充全国社会保障基金、行政事业单位离退休、企业改革补助、就业补助、抚恤、退役安置、社会福利、残疾人事业、红十字事业、最低生活保障、临时救助、特困人员救助供养、补充道路交通事故社会救助基金、其他生活救助、财政对基本养老保险基金的补助、财政对其他社会保险基金的补助、退役军人管理事务支出等。

（9）卫生健康支出。反映政府在卫生健康方面的支出。卫生健康支出包括卫生健康管理事务、公立医院、基层医疗卫生机构、公共卫生、中医药、计划生育事务、行政事业单位医疗、财政对基本医疗保险基金的补助、医疗救助、优抚对象医疗、医疗保障管理事务、老龄卫生健康事务支出等。

（10）节能环保支出。反映政府节能环保支出。节能环保支出包括环境保护管理事务、环境监测与监察、污染防治、自然生态保护、天然林保护、退耕还林、风沙荒漠治理、退牧还草、已垦草原退耕还草、能源节约利用、污染减排、可再生能源、循环经济、能源管理事务支出等。

（11）城乡社区支出。反映政府城乡社区事务支出。城乡社区支出包括城乡社区管理事务、城乡社区规划与管理、城乡社区公共设施、城乡社区环境卫生、建设市场管理与监督支出等。

（12）农林水支出。反映政府农林水事务支出。农林水支出包括农业、林业和草原、水利、南水北调、扶贫、农业综合开发、农村综合改革、普惠金融发展支出、目标价格补贴支出等。

（13）交通运输支出。反映交通运输和邮政业方面的支出。交通运输支出包括公路水路运输、铁路运输、民用航空运输、成品油价格改革对交通运输的补贴、邮政业支出、车辆购置税支出等。

（14）资源勘探工业信息等支出。反映政府用于资源勘探、制造业、建筑业、工业信息等方面的支出。

（15）商业服务业等支出。反映商业服务业等方面的支出。

（16）金融支出。反映金融方面的支出。金融支出包括金融部门行政支出、金融部门监管支出、金融发展支出、金融调控支出等。

（17）援助其他地区支出。反映援助方政府安排并管理的对其他地区各类援助、捐赠等资金支出。援助其他地区支出包括一般公共服务、教育、文化体育与传媒、医疗卫生、节能环保、农业、交通运输、住房保障支出等。

（18）自然资源海洋气象等支出。反映政府用于自然资源、海洋、测绘、气象等公益服务事业方面的支出。

（19）住房保障支出。集中反映政府用于住房方面的支出。住房保障支出包括保障性安居工程支出、住房改革支出、城乡社区住宅支出等。

（20）粮油物资储备支出。反映政府用于粮油物资储备方面的支出。粮油物资储备支出包括粮油事务、物资事务、能源储备、粮油储备、重要商品储备支出等。

（21）灾害防治及应急管理支出。反映政府用于自然灾害防治、安全生产监管及应急管理等方面的支出。灾害防治及应急管理支出包括应急管理事务、消防事务、森林消防事务、煤矿安全、地震事务、自然灾害防治、自然灾害救灾及恢复重建支出等。

（22）预备费。反映预算中安排的预备费。

（23）其他支出。反映不能划分到上述功能科目的其他政府支出。

（24）转移性支出。反映政府的转移支付以及不同性质资金之间的调拨支出。转移性支出包括返还性支出、一般性转移支付、专项转移支付、上解支出、调出资金、援助其他地区支出等。

（25）债务还本支出。反映政府归还债务本金所发生的支出。债务还本预算支出包括中央政府国内外债务还本预算支出、地方政府一般债务还本预算支出。

（26）债务付息支出。反映用于归还债务利息所发生的支出。债务付息支出包括中央政府国内外债务付息支出、地方政府一般债务付息支出。

（27）债务发行费用支出。反映用于债务发行兑付费用的支出。债务发行费用支出包括中央政府国内外债务发行费用支出、地方政府一般债务发行费用支出。

（六）一般公共预算支出的经济分类

与一般公共预算支出以支出的使用部门和公共事务类型为口径的功能分类不同，一般公共预算支出的经济分类则以预算支出的经济用途为分类口径。根据《政府收支分类科目》，一般公共预算支出的经济分类如下。

（1）机关工资福利支出。反映机关和参照《中华人民共和国公务员法》管理的事业单位（以下简称“参公事业单位”）在职职工和编制外长期聘用人员的各类劳动报酬，以及为上述人员缴纳的各项社会保险费等。该项支出包括工资奖金津补贴、社会保障缴费、住房公积金等。

（2）机关商品和服务支出。反映机关和参公事业单位购买商品和服务的各类支出，不包括用于购置固定资产、战略性应急性物资储备等的资本性支出。该项支出包括办公经费、会议费、培训费、专用材料购置费、委托业务费、公务接待费、因公出国（境）费用、公务用车运行维护费、维修（护）费等。

（3）机关资本性支出（一）。反映机关和参公事业单位的资本性支出。切块由发展改革部门安排的基本建设支出中机关和参公事业单位的资本性支出不包括在内。该项支出包括房屋建筑物购建、基础设施建设、公务用车购置、土地征迁补偿的安置支出、设备购置费、大型修缮支出等。

（4）机关资本性支出（二）。反映切块由发展改革部门安排的基本建设支出中机关和参公事业单位的资本性支出。该项支出包括房屋建筑物购建、基础设施建设、公务用车购置、设备购置、大型修缮和其他资本性支出等。

（5）对事业单位经常性补助。反映对事业单位（不含参公事业单位）的经常性补助支出。该项支出包括工资福利支出、商品和服务支出、其他对事业单位补助。

（6）对事业单位资本性补助。反映对事业单位（含参公事业单位）的资本性补助支出。

（7）对企业补助。反映政府对各类企业的补助支出，不含对企业的资本性支出。

（8）对企业资本性支出。反映政府对各类企业的资本性支出。

（9）对个人和家庭的补助。反映政府用于对个人和家庭的补助支出。该项支出包括社会福利和救助、助学金、个人农业生产补贴、离退休费、其他对个人和家庭的补助等。

（10）对社会保障基金补助。反映政府对社会保险基金的补助以及补充全国社会保障基金的支出。

（11）债务利息及费用支出。反映政府支付债务利息和债务发行费用的支出。

（12）债务还本支出。反映政府偿还债务本金的支出。该项支出包括国内和国外债务还本预算支出。

（13）转移性支出。反映政府间和政府本级不同性质预算间的转移性支出。

（14）预备费及预留。反映政府依法设置的预备费和政府预算专用预留。

（15）其他支出。反映不能划分到上述经济分类科目中的其他支出。该项支出包括对外援助、捐赠以及交纳国际组织会费等方面的赠与支出，国家赔偿费用支出，对民间非营利组织和群众性自治组织补贴等。

（七）一般公共预算支出的组织管理

财政总会计在管理和核算一般公共预算支出时需要认真遵守以下要求：①按预算拨款，严格执行《中华人民共和国预算法》，办理拨款支出必须以预算为准。②按时拨款，对主管部门提出的季度分月用款计划及分“款”“项”填制的“预算经费请拨单”认真审核。根据经审核批准的拨款申请，结合库款余存情况向用款单位拨款。③根据预算管理要求和拨款的实际情况，分“款”“项”核算，列报当期预算支出。④不得列报超预算的支出，不得任意调整预算支出科目；未拨付的经费确需在当年预留的支出，应严格控制，并按规定的审批程序办理。

一般公共预算支出的组织管理涉及政府财政各个层级和部门的协作和合作，以确保预算支出的合理、高效和准确执行。需要重视以下几个方面的管理：①预算编制和授权。政府负责编制年度预算，并经过立法程序进行审议和批准。预算编制需要考虑政府的政策目标、财政可行性、资源需求等因素，确保预算支出符合政府的战略方向。预算授权是指将编制完成的预算准确传达给各个部门和单位，确保预算支出的合法性和有效性。②预算执行和监控。预算执行是指各个部门和单位按照预算计划进行支出，并确保支出符合预算批复有关规定。预算监控是指对预算执行情况进行监督和审查，确保预算支出的合规性和透明性，包括预算执行的跟踪、监督预算用途和效果以及制定相应的调整措施等。③内部控制和风险管理。政府财政部门需要建立内部控制和风险管理制度，确保预算支出过程的规范性和风险可控性。内部控制包括制定预算执行的流程和制度、建立相应的审批和核算制度、加强内部审计等。风险管理是指识别和评估预算支出过程中可能面临的风险，并采取相应的措施进行防范和应对。④绩效评价和报告。政府财政部门需要建立绩效评价和报告机制，对一般预算支出的效果进行评估和监测。包括制定绩效评价的指标和方法、收集和分析绩效数据、向监督管理部门和公众报告预算支出绩效等。绩效评价和报告有助于提高预算支出的透明度、责任性和效益性。

（八）一般公共预算支出的支付方式和程序

目前我国建立了国库单一账户体系，所有财政资金的收到和拨出基本都要通过国库单一账户完成结算。按照不同的支付主体，对不同类型的支出，分别实行财政直接支付、财政授权支付和财政实拨资金三种支付方式。其中，财政直接支付方式和财政授权支付方式是财政国库单一账户制度下的两种财政资金支付方式。这两种财政资金支付方式可以合称为国库集中支付方式，所形成的支付制度称为财政国库集中支付制度。具体说明如下。

（1）财政直接支付。财政直接支付是指由财政部门开具支付令，通过国库单一账户体系，直接将财政资金支付到预算单位的供应商或收款人（用款单位）账户。财政直接支付适用于工资支出、购买支出、转移支出等。实行财政直接支付，是参照国际通行做法并结合我国国情的一种必然选择。财政直接支付有利于提高财政工作的公正性，最大限度地节约财政资金；有利于规范预算执行，硬化预算约束；有利于减少支付的中间环节，加快资金到账速度；有利于防止腐败行为的滋生和蔓延，促进和加强廉政建设，适应加强财政管理监督和提高支付效率的客观要求。

（2）财政授权支付。财政授权支付是国库集中支付的另一种方式，是指预算单位按照部门预算和用款计划确定资金用途，根据财政部门授权，自行开具支付令送代理银行，通过国库单一账户体系中的单位零余额账户或特设专户，将财政性资金支付给收款人或用款单位。财政授权支付的支出范围是未纳入财政直接支付的购买支出和零星支出。财政授权支付的具体支出项目由财政部门在确定部门预算和资金支付方式时予以确定。

财政直接支付方式和财政授权支付方式是财政国库单一账户制度下的两种财政资金支付方式，这两种支付方式可合称为财政国库集中支付方式，所形成的制度可称为财政国库集中支付制度。在国库单一账户制度下，财政资金的支付由财政国库支付执行机构负责具体办理。

（3）财政实拨资金。财政实拨资金支付方式是一种传统的财政资金支付方式，不同于财政国库单一账户制度下的财政直接支付方式和财政授权支付方式。在财政实拨资金方式下，预算单位在商业银行开设存款账户，财政部门按照预算，将资金直接拨付到预算单位在商业银行开设的银行存款账户上，供预算单位直接使用。尽管财政实拨资金制度在一定程度上灵活，但它也存在一些弊端，容易出现资金管理不规范和滥用的问题。因此，在财政管理的现代化进程中，国库集中支付体制改革被认为是一种更为先进和合理的管理模式。

（九）一般公共预算支出会计核算

为了核算政府财政管理的由本级政府使用的列入一般公共预算的支出，财政总会计应设置“一般公共预算支出”科目。本科目属于支出类科目，应当根据《政府收支分类科目》中支出功能分类科目设置明细科目；同时，根据管理需要，按照预算单位和项目等进行明细核算。借方登记列报口径发生的支出数，贷方登记收回数或年终转出数。平时借方余额反映一般公共预算支出的累计数。

实际发生一般公共预算支出时，

借：一般公共预算支出

　贷：资金结存——库款资金结存等科目

已支出事项发生退回时，则做相反分录。

年度终了，对纳入国库集中支付管理的、当年未支而需结转下一年度支付的款项（国库集中支付结余），采用权责发生制确认支出时，

借：一般公共预算支出

　贷：应付国库集中支付结余

年终结转时，本科目借方余额应全数转入“一般公共预算结转结余”科目，

借：一般公共预算结转结余

　贷：一般公共预算支出

期末结转后，本科目应无余额。

【例6－1】某市财政收到国库报来的“一般预算收入日报表”，其中，“税收收入——增值税——进口货物增值税——进口货物退增值税”－200 000元，“税收收入——企业所得税——国有电力工业所得税”385 000元，“税收收入——个人所得税——储蓄存款利息所得税”60 000元，“非税收入——行政事业性收费收入——工业和信息产业行政事业性收费收入——考试考务费”930 000元。收到财政国库支付执行机构报来的预算支出结算清单，财政国库支付执行机构以财政直接支付的方式，通过财政零余额账户支付属于一般预算支出的款项共计740 000元，其中：“一般公共服务支出——政协事务——政协会议”100 000元，“公共安全支出——公安——机关服务”340 000元。以财政授权支付的方式，通过预算单位零余额账户支付属于一般预算支出的“卫生健康支出——公共卫生——基本公共卫生服务”70 000元、“农林水支出——水利——水利工程运行与维护”230 000元。

（1）收到一般公共预算收入。

借：国库存款　　1 175 000

　贷：一般公共预算收入——税收收入　　245 000

　　　　　　　　　　　——非税收入　　930 000

同时，登记明细账如下：

税收收入——增值税——进口货物退增值税　　－200 000

　　　　——企业所得税——国有电力工业所得税　　385 000

　　　　——个人所得税——储蓄存款利息所得税　　60 000

非税收入——行政事业性收费收入——工业和信息行业事业性收费收入

　　　　　　　　　　　　　　　——考试劳务费　　930 000

（2）支付一般公共预算支出。

借：一般公共预算支出　　740 000

　贷：国库存款　　740 000

同时，登记明细账如下：

一般公共服务支出——政协事务——政协会议　　100 000

公共安全支出——公安——机关事务　　340 000

卫生健康支出——公共卫生——基本公共卫生服务　　70 000

农林水支出——水利——水利工程运行与维护　　230 000

【例6－2】该市财政年终结清“一般公共预算收入”科目贷方余额1 000 000元，“一般公共预算支出”科目借方余额860 000元。

借：一般公共预算收入　　1 000 000

　贷：一般公共预算结转结余　　1 000 000

同时，

借：一般公共预算结转结余　　860 000

　贷：一般公共预算支出　　860 000

同时，结清“一般公共预算收入”及“一般公共预算支出”的所有明细科目的余额。

二、政府性基金预算收入与支出

（一）政府性基金预算收入的概念及分类

政府性基金预算收入是指政府财政筹集的纳入本级政府性基金预算管理的非税收入、债务收入和转移性收入。根据我国《预算法》，政府性基金预算是对依照法律、行政法规的规定在一定期限内向特定对象征收、收取或者以其他方式筹集的资金，专项用于特定公共事业发展的收支预算。政府性基金预算应当根据基金项目收入情况和实际支出需要，按基金项目编制，做到以收定支。政府性基金预算收支范围，按照法律、行政法规和国务院的规定执行。2022 年《政府收支分类科目》将政府性基金预算收入科目划分为中央收入科目、地方收入科目、中央和地方共用收入科目。具体内容如下。

1. 中央财政固定收入

包括铁路建设基金收入、民航基础设施建设基金收入、旅游发展基金收入、大中型水库移民后期扶持基金收入、三峡水库库区基金收入、中央特别国债经营基金收入、中央特别国债经营基金财务收入、核电站乏燃料处置基金收入、可再生能源电价附加收入等。

2. 地方财政固定收入

包括海南省高等级公路车辆通行附加费收入、小型水库移民扶助基金收入、车辆通行费、福利彩票和体育彩票销售机构的业务费用、彩票市场调控资金收入等。

3. 中央与地方财政共享收入

包括港口建设费收入、国家电影事业发展专项资金收入、南水北调工程建设资金、福利和体育彩票公益金收入、国有土地使用权出让收入等。

（二）政府性基金预算收入的管理

政府性基金预算收入的报解与一般公共预算收入的报解一致，此处不再赘述。

（三）政府性基金预算收入的会计核算

为了核算政府财政筹集的纳入本级政府性基金预算管理的非税收入，财政总会计应设置“政府性基金预算收入”科目。“政府性基金预算收入”科目属于收入类科目，应根据《政府收支分类科目》中的规定进行明细核算。贷方登记收到的款项，借方登记年终转出数。

政府财政收到基金预算收入款项时，根据当日预算收入日报表所列收入数。

借：资金结存——库款资金结存

　贷：政府性基金预算收入

对于财政部门规定在指定银行存储的基金，应按规定办理转存手续。在指定银行的存款利息收入，作为基金预算收入处理。取得存款利息时，

借：其他财政存款

　贷：政府性基金预算收入

年终结转时，该科目贷方余额全数转入“政府性基金预算结转结余”科目。

借：政府性基金预算收入

　贷：政府性基金预算结转结余

该科目平时为贷方余额，反映政府性基金预算收入的累计数。年终结转后，该科目无余额。

（四）政府性基金预算支出概念及分类

政府性基金预算支出是政府财政管理的由本级政府安排使用的列入政府性基金预算的支出，是专项用于特定公共事业发展的政府支出。根据不同的领域和需求，政府性基金可以用于教育、医疗、社会保障、文化、农业、环保等各个领域的支出。根据《政府收支分类科目》，政府性基金预算支出按功能和经济进行分类。按功能分类见表6－5。

表6－5　政府性基金预算支出分类（节选）

科目代码			科目名称
类	款	项	
206			科学技术支出
	10	01	核电站乏燃料处理处置资金支出
		02	乏燃料运输
		03	乏燃料离堆贮存
		04	高放废物的处理处置
		99	其他乏燃料处理处置资金
207			文化旅游体育与传媒支出
	07		国家电影事业发展专项资金安排支出
		01	资助国产影片放映
		03	资助少数民族语电影译制
	09		旅游发展基金支出
		01	宣传促销

《政府收支分类科目》对政府性基金预算支出的类级科目分类如下：

（1）科学技术支出。反映科学技术方面的支出。

（2）文化旅游体育与传媒支出。该项支出包括国家电影事业发展专项资金安排的支出、旅游发展基金支出、国家电影事业发展专项资金对应专项债务收入安排的支出。

（3）社会保障和就业支出。该项支出包括大中型水库移民后期扶持基金支出、小型水库移民扶助基金安排的支出、小型水库移民扶助基金对应专项债务收入安排的支出。

（4）节能环保支出。该项支出包括可再生能源电价附加收入安排的支出、风力发电补助、废弃电器电子产品处理基金支出。

（5）城乡社区支出。该项支出包括国有土地使用权出让收入及对应专项债务收入安排的支出、国有土地收益基金及对应专项债务收入安排的支出、农业土地开发资金安排的支出、城市基础设施配套费安排的支出、污水处理费安排的支出、土地储备专项债券收入安排的支出、棚户区改造专项债券收入安排的支出、城市基础设施配套费对应专项债务收入安排的支出、污水处理费对应专项债务收入安排的支出。

（6）农林水支出。该项支出包括大中型水库库区基金安排的支出、三峡水库库区基金支出、国家重大水利工程建设基金安排的支出、大中型水库库区基金对应专项债务收入安排的支出、国家重大水利工程建设基金对应专项债务收入安排的支出。

（7）交通运输支出。该项支出包括海南省高等级公路车辆通行附加费安排的支出、车辆通行费安排的支出、港口建设费安排的支出、铁路建设基金支出、船舶油污损害赔偿基金支出、民航发展基金支出、海南省高等级公路车辆通行附加费对应专项债务收入安排的支出、政府收费公路专项债券收入安排的支出、车辆通行费对应专项债务收入安排的支出、港口建设费对应专项债务收入安排的支出。

（8）资源勘探信息等支出。反映用于资源勘探、制造业、建筑业、工业信息等方面的支出。该项支出包括按《农网还贷资金征收使用管理办法》安排用于农村电网改造贷款还本付息的农网还贷资金支出。

（9）金融支出。反映金融方面的支出。该项支出包含使用中央特别国债经营基金所形成的支出以及特别国债利息与有关费用支出。

（10）其他支出。反映不能划分到上述功能科目的其他政府支出。该项支出包括其他政府性基金及对应专项债务收入安排的支出、彩票发行销售机构业务费安排的支出、彩票公益金安排的支出。

（11）转移性支出。反映政府的转移支付以及不同性质资金之间的调拨支出。该项支出包括政府基金转移支付、调出资金、年终结余、债务转贷预算支出。

（12）债务还本预算支出。反映归还债务本金所发生的支出。

（13）债务付息支出。反映归还债务利息所发生的支出。

（14）债务发行费用支出。反映用于债务发行兑付费用的支出。

（五）政府性基金预算支出会计核算

为核算政府财政管理的由本级政府使用的列入政府性基金预算的支出，财政总会计设置了“政府性基金预算支出”科目，并按《政府收支分类科目》的功能分类和经济分类科目设置明细科目，进行明细分类核算。该科目平时为借方余额，反映政府性基金预算支出的累计数。

政府财政实际发生政府性基金预算支出时，

借：政府性基金预算支出

　贷：资金结存——库款资金结存

已支出事项发生退回时，则做相反分录。

年度终了，对纳入国库集中支付管理的，当年未支而须结转下一年度支付的款项

（国库集中支付结余），采用权责发生制确认支出时，

借：政府性基金预算支出

　贷：应付国库集中支付结余

年终结转时，该科目借方余额应全数转入“政府性基金预算结转结余”科目，

借：政府性基金预算结转结余

　贷：政府性基金预算支出

年终结转后，该科目无余额。

【例6-3】某市财政收到国库“基金预算收入日报表”，其中“政府性基金收入——国有土地使用权出让收入——土地出让价款收入”15 000 000元，“政府性基金收入——彩票公益金收入——福利彩票公益金收入”24 000 000元。国库报来的预算支出结算清单，其中财政直接支付属于基金预算支出的“其他支出——彩票公益金安排的支出——用于红十字事业的彩票公益金支出”6 000 000元，财政授权支付“城乡社区事务——棚户区改造专项债券收入安排的支出——土地开发支出”480 000元。

该市财政总会计分录为：

（1）收到政府性基金预算收入。

借：资金结存——库款资金结存　　39 000 000

　贷：政府性基金预算收入　　39 000 000

同时，登记明细账如下：

国有土地使用权出让收入——土地出让价款收入　　15 000 000

彩票公益金收入——福利彩票公益金收入　　24 000 000

（2）支付政府性基金预算支出。

借：政府性基金预算支出　　6 480 000

　贷：资金结存——库款资金结存　　6 480 000

同时，登记明细账如下：

其他支出——彩票公益金安排的支出——用于红十字事业的彩票公益金支出

6 000 000

城乡社区事务——棚户区改造专项债券收入安排的支出——土地开发支出

480 000

【例6-4】某市财政年终结算时，对纳入国库集中支付管理且当年未支而需结转下一年度支付的用于“交通运输支出——车辆通行费安排的支出——政府还贷公路养护”的国库集中支付结余款项为3 870 000元，结清“政府性基金预算收入”科目贷方余额3 200 000元，“政府性基金预算支出”科目借方余额2 940 000元。

该市财政总会计分录如下：

（1）支付政府性基金预算支出。

借：政府性基金预算支出　　3 870 000

　贷：应付国库集中支付结余　　3 870 000

同时，登记明细账如下：

交通运输支出——车辆通行费安排的支出——政府还贷公路养护　　3 870 000
借：政府性基金预算收入　　3 200 000
　贷：政府性基金预算结转结余　　3 200 000
同时，
借：政府性基金预算结转结余　　2 940 000
　贷：政府性基金预算支出　　2 940 000
同时，结转所有政府性基金预算收入与支出明细账的余额。

三、国有资本经营预算收入与支出

（一）国有资本经营预算收入的分类

国有资本经营预算收入是指政府财政筹集的纳入本级国有资本经营预算管理的非税收入，是政府财政预算收入的重要组成部分。执行国有资本经营预算制度，可增强政府的宏观调控能力，完善国有企业收入分配制度，推进国有经济布局和结构的战略性调整，集中解决国有企业发展中的体制性、机制性问题，具有重要的现实意义。

财政总会计核算的国有资本经营预算收入，属于《政府收支分类科目》中非税收入大类下的06款——国有资本经营收入，具体分类科目见表6－6。

表6－6　国有资本经营预算收入分类（节选）

科目代码				科目名称
类	款	项	目	
103				非税收入
	06			国有资本经营收入
		01		利润收入
			03	烟草企业利润收入
			04	石油石化企业利润收入
110				转移性收入
	05			国有资本经营预算转移支付收入
	06			上解收入

“国有资本经营收入”款级科目下包括如下项级科目。

（1）利润收入。反映中国人民银行、国有独资企业等按规定上缴国家的利润，主要包括烟草企业、石油石化企业、电力企业、电信企业、煤炭企业、有色冶金采掘企业、钢铁企业、化工企业、运输企业、电子企业、机械企业、投资服务企业、纺织轻工企业、贸易企业、建筑施工企业、房地产企业、建材企业、医药企业、军工企业等的利润收入。

（2）股利、股息收入。反映国有控股、参股企业国有股权（股份）上缴的股利、股息收入，包括国有控股公司股利、股息收入，国有参股公司股利、股息收入，金融企业股利、股息收入（国资预算）等。

（3）产权转让收入。反映国有资产（含国有股权）转让或出售收入，包括国有股权、股份转让收入，国有独资企业产权转让收入，金融企业产权转让收入等。

（4）清算收入。反映国有独资企业清算收入（扣除清算费用）以及国有控股、参股企业国有股权（股份）分享的公司清算收入（扣除清算费用），包括国有股权、股份清算收入，国有独资企业清算收入，其他国有资本经营预算企业清算收入。

（5）其他国有资本经营预算收入。政府一般公共预算、政府性基金预算以及国有资本经营预算共同构成我国政府财政预算的三大基本预算。国有资本经营预算收入的收缴方式和程序，以及划分报解方法等比照政府一般公共预算收入执行。

（二）国有资本经营预算收入的管理

国有资本经营预算收入应当按照国有资本经营预算支出的内容综合安排使用，我国自2007年开始实施国有资本经营预算制度。根据政府预算的统一性与完整性原则，作为政府复式预算的重要组成部分，国有资本经营预算的编制主体为国家财政部门，并纳入各级政府财政预算管理，同政府一般公共预算一并报请本级人民代表大会批准后执行。国有资本经营预算采取“统一领导、分级管理”的管理体制。国家统一制定国有资本经营预算的方针政策，统一规定预算收入和支出项目，统一规范预算的有关规章制度等。各预算编制与执行部门在总预算范围内安排本级国有资本经营预算。国有资本经营预算的管理，既要体现政府预算的完整性和统一性，又要保证不同预算的相对独立性，能够满足各类不同性质支出的需要。

财政部代表中央人民政府（国务院），委托授权国务院国有资产监督管理委员会作为国有资本经营预算的实际主体，负责编制中央国有资本经营预算草案，上报财政部审核，财政部连同政府一般公共预算汇编成政府总预算呈报全国人民代表大会批准。地方各级人民政府的国有资本经营预算由各地方人民政府财政厅（局）代表地方人民政府，委托授权地方国有资产监督管理部门编制并报各地方人民政府财政厅（局），由各地方人民政府财政厅（局）连同政府一般公共预算汇编成各地方人民政府预算呈报各级人民代表大会批准执行。国有资产营运机构或权属企业是基层国有资本经营预算的编制主体，负责制定本级次的预算并上报国有资产监督管理部门，组织预算收入的收缴和支出的管理，完成预算目标。经过审批的预算由本级国有资产管理部门组织执行，并下达给下一级单位具体实施。国有资本决算按有关规定和程序编报，汇入同级政府决算，报同级人民代表大会批准。

（三）国有资本经营预算收入的核算

为核算纳入本级财政国有资本经营预算管理的非税收入，财政总会计设置了“国有资本经营预算收入”科目，该科目应当根据《政府收支分类科目》中国有资本经营预算收入科目的规定进行明细核算。

政府财政收到国有资本经营预算收入款项时，根据当日预算收入日报表所列收入数，

借：资金结存——库款资金结存

贷：国有资本经营预算收入

年终结转时，该科目贷方余额全数转入“国有资本经营预算结转结余”科目，

借：国有资本经营预算收入

贷：国有资本经营预算结转结余

该科目平时为贷方余额，反映国有资本经营预算收入的累计数，年终结转后，该科目无余额。

（四）国有资本经营预算支出的概念及分类

国有资本经营预算支出是指政府财政管理的由本级政府使用的列入国有资本经营预算的支出，主要包括资本性支出、费用性支出和其他支出。其中，资本性支出是指根据产业发展规划、国有经济布局和结构调整、国有企业发展要求以及国家战略、安全等需要安排的支出。费用性支出是指用于弥补国有企业亏损的支出。政府根据国有资本经营预算收入安排国有资本经营预算支出。《政府收支分类科目》对国有资本经营预算支出的分类见表6－7。

表6－7 国有资本经营预算支出的分类（节选）

科目代码			科目名称
类	款	项	
208			社会保障和就业支出
223			国有资本经营预算支出
	01		解决历史遗留问题及改革成本支出
		05	国有企业退休技术人员社会化管理补助支出
		07	国有企业改革成本支出
		08	离休干部医药费补助支出
	02		国有企业资本金注入
		01	国有经济结构调整支出
230			转移性支出
	05		国有资本经营预算转移支付

国有资本经营预算支出的类级科目分类如下：

（1）社会保障和就业支出。该项支出包括国有资本经营预算补充社保基金支出。

（2）国有资本经营预算支出。反映用国有资本经营预算收入安排的支出。

（3）转移性支出。该项支出包括国有资本经营预算转移支付支出和国有资本经营预算调出资金。

（五）国有资本经营预算支出的会计核算

为核算国有资本经营预算支出，财政总会计设置了“国有资本经营预算支出”科目，该科目应当按照《政府收支分类科目》中支出功能分类科目设置明细科目。同时，根据管理需要，按照支出经济分类科目、部门等进行明细核算。

政府财政实际发生国有资本经营预算支出时，

借：国有资本经营预算支出

　贷：资金结存——库款资金结存等科目

已支出事项发生退回时，则做相反分录。

年度终了，对纳入国库集中支付管理的，当年未支而须结转下一年度支付的款项（国库集中支付结余），采用权责发生制确认支出时，

借：国有资本经营预算支出

　贷：应付国库集中支付结余

年终结转时，该科目借方余额应全数转入“国有资本经营预算结转结余”科目，

借：国有资本经营预算结转结余

　贷：国有资本经营预算支出

年终结转后，该科目无余额。该科目平时为借方余额，反映国有资本经营预算支出的累计数。

【例6－5】某市财政收到国库报来的“国有资本经营预算收入日报表”。其中，“利润收入——烟草企业利润收入”59 600 000元，“股利、股息收入——金融企业股利、股息收入（国资预算）”46 100 000元。根据批准的国有资本经营预算，直接向某国有资本经营预算资金使用单位拨付资金，预算经费请拨单及其他有关凭证载明：“国有资本金注入——支持科技进步支出”380 000元，“国有企业政策性补贴——国有经济结构调整支出”694 000元资金用于国有资本经营预算支出。

该市财政总会计分录如下：

（1）收到政府性基金预算收入。

借：资金结存——库款资金结存	105 700 000	
贷：国有资本经营预算收入		105 700 000

同时，登记明细账如下：

利润收入——烟草企业利润收入	59 600 000
股利、股息收入——金融企业股利、股息收入（国资预算）	46 100 000

（2）支付政府性基金预算支出。

借：国有资本经营预算支出	1 074 000	
贷：资金结存——库款资金结存		1 074 000

同时，登记明细账如下：

国有资本金注入——支持科技进步支出	380 000
国有企业政策性补贴——国有经济结构调整支出	694 000

【例 6－6】某市财政年终结算时，对纳入国库集中支付管理且当年未支而需结转下一年度支付的用于“解决历史遗留问题及改革成本支出——国有企业职教幼教补助支出”的国库集中支付结余款项为 325 000 元，结转“国有资本经营预算收入”科目贷方余额 4 700 000 元，“国有资本经营预算支出”科目借方余额 2 840 000 元，现予以结转。

（1）支付国有资本经营预算支出。

借：国有资本经营预算支出　　　　325 000

　贷：应付国库集中支付结余　　　　325 000

年终结转时，收支科目余额均全数转入“国有资本经营预算结转结余”科目。

（2）结转“国有资本经营预算收入”。

借：国有资本经营预算收入　　　　4 700 000

　贷：国有资本经营预算结转结余　　　　4 700 000

（3）结转“国有资本经营预算支出”。

借：国有资本经营预算结转结余　　　　2 840 000

　贷：国有资本经营预算支出　　　　2 840 000

同时，结清所有国有资本经营预算收入与支出明细账的余额。

四、财政专户管理资金收入与支出

财政专户管理资金收入是指政府财政纳入财政专户管理的教育收费等资金收入。为加强对预算单位收入的管理，对其取得的部分收入，要求按规定缴存至财政专户，实行专户管理制度。

为核算财政专户管理的收入，财政总会计设置了“财政专户管理资金收入”科目并按照《政府收支分类科目》中收入分类规定进行明细核算。同时，根据管理需要，该科目还应按部门（单位）等进行明细核算。

政府财政收到财政专户管理资金时，

借：资金结存——专户资金结存

　贷：财政专户管理资金收入

年终，该科目贷方余额全数转入“财政专户管理资金结余”科目，

借：财政专户管理资金收入

　贷：财政专户管理资金结余

该科目平时为贷方余额，反映财政专户管理资金收入的累计数。年终结转后，该科目无余额。

财政专户管理资金支出是指政府财政用纳入财政专户管理的教育收费等资金安排的支出。财政总会计对财政专户管理的资金严格按资金用途和用款计划安排使用。

为核算纳入财政专户管理的资金支出业务，财政总会计设置了“财政专户管理资金支出”科目，该科目应当按照《政府收支分类科目》中支出功能分类科目设置相应的明细科目。同时，根据管理需要，按照支出经济分类科目、部门（单位）等进行明细核算。

政府发生财政专户管理资金支出时，

借：财政专户管理资金支出

　贷：资金结存——专户资金结存

已支出事项发生退回时，则做相反分录。

年终结转时，该科目借方余额全数转入“财政专户管理资金结余”科目，

借：财政专户管理资金结余

　贷：财政专户管理资金支出

年终结转后，该科目无余额。该科目平时为借方余额，反映财政专户管理资金支出的累计数。

【例 6－7】某市财政专户收到本市卫健系统教育收费 620 000 元和教育系统教育收费 2 300 000 元。按规定从财政专户管理的资金存款支付 8 340 000 元用于“教育支出——普通教育——小学教育”。年终结转“财政专户管理资金收入”贷方余额540 000 000 元，“财政专户管理资金支出”借方余额 295 000 000 元。

该市财政总会计分录如下：

（1）收到财政专户管理资金。

借：资金结存——专户资金结存　　2 920 000

　贷：财政专户管理资金收入——卫健系统教育收费　　620 000

　　　　　　　　　　　　　——教育系统教育收费　　2 300 000

（2）发生财政专户管理资金支出。

借：财政专户管理资金支出——教育支出　　8 340 000

　贷：资金结存——专户资金结存　　8 340 000

年终结转时，财政专户管理资金收支科目余额全数转入“财政专户管理资金结余”科目。

（3）将“财政专户管理资金收入”余额转入“财政专户管理资金结余”科目。

借：财政专户管理资金收入　　540 000 000

　贷：财政专户管理资金结余　　540 000 000

（4）将“财政专户管理资金支出”余额转入“财政专户管理资金结余”科目。

借：财政专户管理资金结余　　295 000 000

　贷：财政专户管理资金支出　　295 000 000

同时，结清所有国有资本经营预算收入与支出明细账的余额。

五、专用基金收入与支出

专用基金收入是指政府财政按照法律法规和国务院、财政部规定设置或取得的粮食风险基金等专用基金收入。政府财政除了基金预算收入外，还设有包括类似粮食风险基金在内的其他专用基金，作为政府性基金收入的重要补充。

为核算政府管理的专用基金收入业务，财政总会计设置了“专用基金收入”科目，并按照专用基金的种类进行明细核算。

通过预算支出安排取得专用基金收入转入财政专户时。

借：资金结存——专户资金结存

　贷：专用基金收入

同时，

借：一般公共预算支出等科目

　贷：资金结存——专户资金结存等科目

退回专用基金收入时，则做相反分录。

通过预算支出安排取得专用基金收入仍存在国库时。

借：一般公共预算支出等科目

　贷：专用基金收入

年终，该科目贷方余额全数转入“专用基金结余”科目。

借：专用基金收入

　贷：专用基金结余

该科目平时为贷方余额，反映取得专用基金收入的累计数。年终结转后，该科目无余额。

专用基金收入与政府性基金预算收入的主要区别在于，基金预算收入来自按预算规定取得且纳入预算管理的基金，而专用基金收入是由财政部门按规定设置或取得并单独管理的资金。基金预算收入要按照预算级次解缴国库，而专用基金收入一般是开立专户储存，也可以存放在国库。

专用基金支出是指政府财政用专用基金收入安排的支出。政府在其常设的政府性基金预算项目之外组织取得其他专用基金收入，作为具有特定用途的资金。专用基金在管理与核算上必须遵循先收后支、量入为出的原则。专用基金支出实行计划管理，按照规定的用途和使用范围办理支出并单独结报。各项专用基金未经上级主管部门批准，不得挪作他用。

为核算专用基金支出业务，财政总会计设置了“专用基金支出”科目，该科目应当根据专用基金的种类设置明细科目。同时，根据管理需要，按部门等进行明细核算。

发生专用基金支出时，会计处理如下。

借：专用基金支出

　贷：资金结存——库款资金结存/专户资金结存等科目

已支出事项发生退回时，做相反的会计分录。

年终结转时，该科目借方余额全数转入“专用基金结余”科目。

借：专用基金结余

　贷：专用基金支出

年终结转后，该科目无余额。该科目平时为借方余额，反映专用基金支出的累计数。

需要注意的是，“粮食风险基金”是上级财政通过补助支出的形式拨付给下级财政的，不作为上级财政的预算支出处理，应由具体使用资金的下级财政列支。如果某项资金是上级财政通过预算支出补助给下级财政的，则下级财政不能再列支，否则会导致重复列支。如果安排“粮食风险基金”收入时没有发生财政资金的划拨，会计处理为：

借：一般公共预算支出

　贷：专用基金收入——粮食风险基金收入

【例6-8】某市财政局通过预算支出安排粮食风险基金340 000元，并将资金拨入该市农发行“粮食风险基金”专户，其中，省级财政厅通过财政直接支付拨入200 000元，市级财政局安排140 000元。按规定从专户向粮食部门拨付油品储备风险基金300 000元。年终，专用基金结账，其中，“专用基金收入——粮食风险基金收入”科目贷方余额20 000 000元，“专用基金支出——粮食风险基金”借方余额18 000 000元。

该市财政总会计分录为：

(1) 通过预算支出时。

借：资金结存——专户资金结存　340 000

　贷：专用基金收入　340 000

同时，

借：一般公共预算支出　340 000

　贷：资金结存——专户资金结存　340 000

(2) 向粮食部门拨付时。

借：专用基金支出——粮食风险基金　300 000

　贷：资金结存——专户资金结存　300 000

借：政府机关商品和服务拨款费用——粮食风险基金　300 000

　贷：其他财政存款　300 000

(3) 年末转账时。

借：专用基金收入——粮食风险基金收入　20 000 000

　贷：专用基金结余　20 000 000

同时，

借：专用基金结余　18 000 000

　贷：专用基金支出——粮食风险基金　18 000 000

六、转移性收入与支出

（一）转移性收入与支出概念和分类

转移性收入是指各级政府间的转移支付以及本级政府不同性质资金之间的调拨收入。在各级财政或本级财政的各项资金之间的调拨资金，是平衡各级预算收支、落实预算的管理体制的一种手段。它有三种情况：第一种是上下级财政之间预算资金调拨，这种调拨是通过上级补助和下级上解、债务转贷等形式实现的；第二种是同级财政内部因平衡本级预算收支而发生在一般公共预算资金、政府性基金预算资金以及国有资本经营预算资金之间的调剂，或动用预算稳定调节基金；第三种是地区间预算资金调拨，这种调拨是不同地区政府间资金调拨形成的，如地区间援助收入。

因此转移性收入包括补助收入、上解收入、调入资金、债务转贷收入、地区间援助收入和动用预算稳定调节基金。根据资金的性质和种类不同，转移性收入分别纳入了一般公共预算收入、政府性基金预算收入和国有资本经营预算收入科目中。

转移性支出是各级政府根据财政体制规定将预算资金在上下级财政之间以及本级政府不同资金之间进行转移所形成的支出。上下级财政之间以及本级政府的转移性支出与转移性收入有关明细内容应当相对应。如返还性收入与返还性支出对应，一般性转移收入与一般性转移支出对应，专项转移性收入与专项转移性支出对应等。

在政府收支分类科目中，转移性支出包括返还性支出、一般性转移支付、专项转移支付、政府性基金转移支付、调出资金、年终结余、债务转贷预算支出、援助其他地区支出。转移性支出的内容根据支出资金的性质和种类，分别纳入一般公共预算支出、政府性基金预算支出和国有资本经营预算支出科目中。

转移性收入和转移性支出与财政转移支付存在密切关系。财政转移支付是指中央政府或地方政府将一部分财政收入通过财政预算进行转移，提供给其他政府或者预算单位使用，包括纵向财政转移支付和横向财政转移支付两个层面，其目的是促进地区间的经济、社会和发展平衡，保障各级政府正常运行的基本财力，实现基本公共基础设施和基本公共服务均等化。

财政转移支付的主要作用表现在四个方面：①促进资源配置和经济增长。转移支付可以实现地区间资源的优化配置，通过向相对贫困或相对不发达地区提供财政补助，促进这些地区的经济发展，实现辖区范围内的经济增长。②促进公共服务均等化。通过转移支付，上级政府可以向相对贫困的地方提供财政支持，改善其基础设施建设、教育、医疗保健等公共服务水平，实现公共服务在地区间的均等化。③减轻地方政府财政压力。转移支付可以减轻地方政府的财政负担，特别是在经济相对落后的地区，财政转移支付可以帮助地方政府提供必要的公共服务和社会保障，维持地方经济社会稳定。④促进社会公平和缩小区域发展差距。通过财政转移支付，可以缩小地区间的贫富差距，减少区域发展不平衡。转移支付可以实现资源再分配，促进社会公平，提高贫困地区的生活水平。

（二）转移性收入与支出的有关会计核算

1．补助预算收入与支出

补助预算收入是指上级财政按财政管理体制规定或因专项需要而补助本级财政的款项。纳入财政总会计补助预算收入核算的包括三项收入内容：

（1）纳入一般公共预算科目中的转移性收入类的补助预算收入。主要包括转移性收入中的“返还性收入”（增值税和消费税税收返还收入、所得税基数返还收入、成品油价格和税费改革税收返还收入、其他税收返还收入）；“一般性转移支付收入”（体制补助预算收入、均衡性转移支付收入、民族地区转移支付补助预算收入、调整投资转移支付补助预算收入、农村税费改革补助预算收入、县级基本财力保障机制奖补资金收入等）；“专项转移支付补助预算收入”（一般公共服务、外交、国防、公共安全、教育、科学技术等）。这类补助预算收入年终应转入“一般公共预算结转结余”。

（2）纳入政府性基金预算科目中的转移性收入类的补助预算收入。主要包括政府性基金转移收入中的政府性基金补助预算收入。这类补助预算收入年终应转入“政府性基金预算结转结余”。

（3）纳入国有资本经营预算科目中的转移性收入类的补助预算收入。主要指下级政府收到上级政府的国有资本经营预算转移支付收入。这类补助预算收入年终应转入“国有资本经营预算结转结余”。

为了核算上级财政部门拨来的补助款，财政总会计应设置“补助预算收入”科目。本科目属于收入类科目，应按照不同的资金性质设置“一般公共预算补助预算收入”“政府性基金预算补助预算收入”等明细科目。贷方登记收到的补助款，借方登记退还数或年终转出数。平时贷方余额反映补助预算收入的累计数。

年终结转时，本科目贷方余额应根据不同资金性质分别转入相应的结转结余科目，借记本科目，贷记“一般公共预算结转结余”“政府性基金预算结转结余”等科目，结转后本科目无余额。

补助预算支出是指本级政府财政按财政体制规定或因专项需要补助给下级政府财政的款项，包括对下级的税收返还、转移支付等。

为了核算补助预算支出业务，财政总会计应设置“补助预算支出”科目。本科目属于支出类科目，应按照不同资金性质设置“一般公共预算补助支出”“政府性基金预算补助支出”“国有资本经营预算补助支出”和“调拨下级”明细科目。同时，可根据管理需要，按照补助地区和《政府收支分类科目》中支出功能分类科目进行明细核算。其中，“一般公共预算补助支出”科目核算本级政府财政对下级政府财政的一般性转移支付支出；“政府性基金预算补助支出”科目核算本级政府财政对下级政府财政的政府性基金预算转移支付支出；“国有资本经营预算补助支出”科目核算本级政府财政对下级政府财政的国有资本经营预算转移支付支出；“调拨下级”科目核算年度执行中，本级政府财政调拨给下级政府财政的尚未指定资金性质的资金或结算应确认事项金额。

年终结转时，本科目借方余额应根据不同资金性质分别转入对应的结转结余科目，结转后本科目无余额。

表6－8　补助预算收入与支出

补助预算收入	补助预算支出
预算收入类科目	预算支出类科目
1. 收到补助预算收入	1. 发生补助预算支出
(1) 年度执行中，收到上级政府财政调拨的资金时，按照实际收到的金额。 借：资金结存——库款资金结存 　贷：补助预算收入——上级调拨 (2) 专项转移支付资金实行特设专户管理的，收到资金时按照实际收到的金额。 借：资金结存——专户资金结存 　贷：补助预算收入——上级调拨 (3) 有主权外债业务的财政部门，贷款资金由本级政府财政同级预算单位使用，且贷款的最终还款责任由上级政府财政承担的。 ①本级政府财政部门收到贷款资金时。 借：资金结存——专户资金结存 　贷：补助预算收入——上级调拨 ②外方或上级政府财政将贷款资金直接支付给供应商或用款单位时。 借：一般公共预算支出 　贷：补助预算收入——上级调拨等科目 ③上级政府财政豁免本级政府财政主权外债，根据债务管理部门提供的有关资料和有关预算文件。 借：资金结存——上下级调拨结存 　贷：补助预算收入——上级调拨	(1) 年度执行中，调拨资金给下级政府财政，根据实际调拨的金额。 借：补助预算支出——调拨下级 　贷：资金结存——库款资金结存/专户资金结存 (2) 两级财政年终结算中应当由下级政府财政上交的款项。 借：补助预算支出——调拨下级 　贷：资金结存——库款资金结存/专户资金结存 (3) 专项转移支付资金实行特设专户管理的，根据有关支出管理部门下达的预算文件和拨款依据确认支出。 借：补助预算支出——调拨下级 　贷：资金结存——专户资金结存（本级政府拨付给下级） 　　补助预算收入——上级调拨（上级政府直接拨付给下级） (4) 本级政府财政借入或收到转贷的主权外债。 ①贷款资金由下级政府财政同级根部门使用，且贷款最终还款责任由本级政府财政承担的。 借：补助预算支出——调拨下级 　贷：资金结存——库款资金结存/专户资金结存 ②外方或上级政府财政将贷款资金直接支付给用款单位或供应商时。 借：补助预算支出——调拨下级 　贷：债务预算收入/债务转贷预算收入 ③本级政府财政豁免下级政府财政主权外债。 借：补助预算支出——调拨下级等科目 　贷：资金结存——上下级调拨结存

续上表

补助预算收入	补助预算支出
预算收入类科目	预算支出类科目
2. 归还资金	2. 收回资金
据预算管理需要，本级政府财政向上级政府财政归还资金时，按照实际转出金额。 借：补助预算收入——上级调拨 贷：资金结存——库款资金结存	（1）根据预算管理需要，收回已调拨下级政府财政资金时，按照实际收到的金额。 借：资金结存——库款资金结存/专户资金结存 贷：补助预算支出——调拨下级 （2）发生上解多交应退回的，按照应当退回的金额。 借：上解预算收入 贷：补助预算支出——调拨下级
3. 年终结转	3. 年终结转
（1）年终两级财政办理结算以后，根据预算管理部门提供的结算单确认上级补助预算收入。 借：补助预算收入——上级调拨 贷：补助预算收入——一般公共预算补助收入/政府性基金预算补助收入/国有资本经营预算补助收入等科目 （2）两级财政年终结算中发生应上交上级政府财政款项时。 借：上解预算支出等科目 贷：补助预算收入——上级调拨等科目 （3）完成上述结转以后，将本科目下各明细科目余额分别结转至相应的预算结余类科目。 借：补助预算收入 贷：一般公共预算结转结余/政府性基金预算结转结余/国有资本经营预算结转结余/资金结存——上下级调拨结存等科目	（1）年终两级财政办理结算以后，根据预算管理部门提供的结算单确认补助下级预算支出。 借：补助预算支出——一般公共预算补助支出/政府性基金预算补助支出/国有资本经营预算补助支出等 贷：补助预算支出——调拨下级 （2）完成上述结转以后，将本科目下各明细科目余额分别结转至相应的预算结余类科目。 借：资金结存——上下级调拨结存/一般公共预算结转结余/政府性基金预算结转结余/国有资本经营预算结转结余等科目 贷：补助预算支出

【例6－9】市财政收到国库报来“一般预算收入日报表”，具体为省财政厅拨入的转移性收入情况为：“转移性收入——返还性收入——所得税基数返还收入”636 000元，“转移性收入——一般性转移支付收入——体制补助预算收入”595 000元，“转移性收入——专项转移支付收入——社会保障和就业”832 000元。收到“政府性基金预算收入日报表”，具体为省财政厅拨入的转移性收入情况为：“转移性收入——政府性基金转移收入”45 900 000元。

该市财政总会计（预算会计）分录为：

收到上级转移性收入——补助预算收入，

借：资金结存——库款资金结存　　47 963 000

　贷：补助预算收入——一般公共预算补助预算收入　　636 000

　　　　　　　　　——一般性转移收入　　595 000

　　　　　　　　　——专项转移收入　　832 000

　　　　　　　　　——政府性基金预算补助预算收入　　45 900 000

该省财政总会计（预算会计）分录为：

借：补助预算支出——一般公共预算补助预算支出　　636 000

　　　　　　　　——一般性转移支出　　595 000

　　　　　　　　——专项转移支出　　832 000

　　　　　　　　——政府性基金预算补助预算支出　　45 900 000

　贷：资金结存——库款资金结存　　47 963 000

【例6－10】年终，某省财政一般公共预算补助预算支出全年累计数1 080 000元，政府性基金预算补助预算支出全年累计数490 000元。现予结转。

借：一般公共预算结转结余　　1 080 000

　　政府性基金预算结转结余　　490 000

　贷：补助预算支出——一般公共预算补助预算支出　　1 080 000

　　　　　　　　　——政府性基金预算补助预算支出　　490 000

2. 上解预算收入与支出

上解预算收入是指核算按照财政体制规定或专项需要由下级政府财政上交给本级政府财政的款项。财政总会计核算的上解预算收入包括以下两项内容。

（1）纳入一般公共预算科目的上解预算收入。主要包括转移性收入中的一般性转移支付上解预算收入（体制上解预算收入、出口退税专项上解预算收入、成品油价格和税费改革专项上解预算收入）、专项转移性支付收入（专项上解预算收入），这类上解预算收入年终应转入“一般公共预算结转结余”。

（2）纳入政府性基金预算科目的上解预算收入。主要包括转移性收入中的政府性基金转移上解预算收入（政府性基金上解预算收入），这类上解预算收入年终应转入“政府性基金预算结转结余”。

为了核算下级财政上交给本级政府财政的上解款，财政总会计应设置“上解预算收入”科目。本科目属于收入类科目，应按照不同的资金性质设置“一般公共预算上解预算收入”“政府性基金预算上解预算收入”等明细科目；同时，还应当按照上解地区进行明细核算。贷方登记收到的上解款，借方登记退还数或年终转出数。平时贷方余额反映上解预算收入的累计数。

上解预算支出是指核算本级政府财政按照财政体制规定或专项需要上交给上级政府财政的款项。上解预算支出体现上下级财政之间财政资金的再分配关系。

为了核算上解预算支出业务，财政总会计应设置“上解预算支出”科目。本科目属于支出类科目，按照不同资金性质设置“一般公共预算上解支出”“政府性基金预算上解支出”“国有资本经营预算上解支出”明细科目。借方登记发生的支出数，贷方登记退还数、核减数或年终转出数。平时借方余额反映上解预算支出的累计数。

年终结转时，本科目借方余额应根据不同资金性质分别转入对应的结转结余科目，结转后本科目无余额。

表6－9　上解预算收入与支出

上解预算收入	上解预算支出
预算收入类科目	预算支出类科目
1. 收到上解预算收入	1. 发生上解预算支出
年终与下级政府财政结算时，根据预算管理部门提供的有关资料，按照尚未收到的上解款金额， 借：补助预算支出——调拨下级 　贷：上解预算收入	发生上解预算支出时， 借：上解预算支出——调拨下级 　贷：资金结存——库款资金结存 　　　补助预算收入——上级调拨
2. 年终结转	2. 年终结转
年终结转时，本科目贷方余额应根据不同资金性质分别转入相应的结转结余科目， 借：上解预算收入 　贷：一般公共预算结转结余/政府性基金预算结转结余/国有资本经营预算结转结余	（1）年终与上级政府财政结算时，按照尚未支付的上解金额。 借：上解预算支出 　贷：补助预算收入——上级调拨 （2）退还或核减上解支出时。 借：资金结存——库款资金结存/补助预算收入——上级调拨等科目 　贷：上解预算支出

【例6－11】某市级财政按财政体制规定通过国库上解省级财政一般预算款项851 000元。年终结算时与下级A县政府财政结算，根据预算文件，尚未收到A县的“转移性收入——政府性基金上解预算收入”1 040 000元。按规定通过国库退还所属B县财政“转移性收入——专项转移支付收入——专项上解预算收入”460 000元。

该市财政总会计分录为：

借：上解费用—— 一般公共预算款项　　851 000
　贷：国库存款　　851 000
借：上解预算支出—— 一般公共预算上解预算支出　　851 000
　贷：资金结存——库款资金结存　　851 000
借：与下级往来　　1 040 000
　贷：上解收入——政府性基金预算上解预算收入　　1 040 000

借：补助费用——专项转移支付补助费用（B 县） 460 000
　贷：国库存款 460 000
借：补助预算支出——调拨下级（B 县） 460 000
　贷：资金结存——库款资金结存 460 000
该省财政总会计分录为：
借：国库存款 851 000
　贷：上解收入—— 一般公共预算上解收入 851 000
借：资金结存——库款资金结存 851 000
　贷：上解预算收入—— 一般公共预算上解预算收入 851 000
A 县财政总会计分录为：
借：上解费用——政府性基金预算款项 1 040 000
　贷：与上级往来 1 040 000
B 县财政总会计分录为：
借：国库存款 460 000
　贷：补助收入——转移支付补助收入 460 000
借：资金结存——库款资金结存 460 000
　贷：补助预算收入——转移支付补助预算收入 460 000

【例 6－12】年终，某市财政总会计的体制一般公共预算上解预算支出全年累计数为 180 000 元，政府性基金预算类资金上解预算支出的全年累计数为 67 000 元，现予结转。

借：一般公共预算结转结余 180 000
　　政府性基金预算结转结余 67 000
　贷：上解预算支出—— 一般公共预算上解预算支出 180 000
　　　　　　　　　—— 政府性基金预算上解预算支出 67 000

3. 地区间援助预算收入与支出

地区间援助预算收入是指核算受援方政府财政收到援助方政府财政转来的可统筹使用的各类援助、捐赠等资金收入。援助方政府已列“地区间援助预算支出”的援助、捐赠等资金，受援方通过本科目核算。地区间政府财政援助是充分利用财政资金，促进资源有序流动和地区间经济协同发展的重要财政手段，也是横向财政转移支付的重要表现形式。

为核算地区政府财政之间的援助业务，财政总会计设置了“地区间援助预算收入”科目，该科目应当按照援助地区及管理需要进行相应的明细核算。

地区间援助预算支出是指援助方政府财政安排用于受援方政府财政统筹使用的各类援助、捐赠等资金支出。地区间财政援助有利于缩小地区间经济发展差距，提高地区间经济发展的协同程度。

为了核算地区间援助预算支出，财政总会计应设置“地区间援助预算支出”科目。本科目属于支出类科目，应当按照受援地区及管理需要进行相应明细核算。借方登记发生的支出数，贷方登记年终转出数。平时借方余额反映地区间援助预算支出的累计数。

表 6－10　地区间援助预算收入与支出

地区间援助预算收入	地区间援助预算支出
预算收入类科目	预算支出类科目
1．收到援助资金	1．发生援助支出
收到援助方政府财政转来的资金时， 借：资金结存——库款资金结存 　贷：地区间援助预算收入	发生地区间援助预算支出时， 借：地区间援助预算支出 　贷：资金结存——库款资金结存
2．年终结转	2．年终结转
年终结转时，本科目贷方余额转入一般公共预算结转结余， 借：地区间援助预算收入 　贷：一般公共预算结转结余	年终结转时，本科目借方余额转入一般公共预算结转结余， 借：一般公共预算结转结余 　贷：地区间援助预算支出

【例 6－13】在支持中国西部大开发建设工程中，广东省 A 市负责支持贵州省 B 县级市建设 5A 级风景区。该县级市政府收到广东省 A 市政府转来可统筹使用的援助资金 20 000 000 元，用于加快该县级市景区四大核心景点的建设。

东部 A 市财政总会计分录为：

借：地区间援助费用　　　　　　　　20 000 000

　贷：国库存款　　　　　　　　　　　20 000 000

借：地区间援助预算支出　　　　　　20 000 000

　贷：资金结存——库款资金结存　　　20 000 000

年终时：

借：一般公共预算结转结余　　　　　20 000 000

　贷：地区间援助预算支出　　　　　　20 000 000

贵州省 B 县级市财政总会计分录为：

借：国库存款　　　　　　　　　　　20 000 000

　贷：地区间援助收入　　　　　　　　20 000 000

借：资金结存——库款资金结存　　　20 000 000

　贷：地区间援助预算收入　　　　　　20 000 000

年终结转时：

借：地区间援助预算收入　　　　　　20 000 000

　贷：一般公共预算结转结余　　　　　20 000 000

七、调入预算资金与调出预算资金

调入预算资金是指核算政府财政为平衡某类预算收支，从其他类型预算资金及其他渠道调入的资金。调入预算资金核算内容包括两项：①纳入一般公共预算科目的调入预算资金。主要指转移性收入中的一般公共预算调入预算资金。这类资金年终转入一般公共预算结转结余。②纳入政府性基金预算收入科目的调入预算资金。主要是转移性收入中的政府性基金预算调入预算资金。这类资金年终转入政府性基金预算结转结余。

为了核算调入预算资金，财政总会计应设置“调入预算资金”科目。本科目属于预算收入类科目，应按照不同资金性质设置“一般公共预算调入预算资金”“政府性基金预算调入预算资金”等明细科目。贷方登记收到的调入款，借方登记年终转出数。平时贷方余额反映调入预算资金的累计数。结转后本科目无余额。

调出预算资金是指政府财政为平衡预算收支，从某类预算向其他类预算调出的资金。调出预算资金发生在本级政府财政内部，不影响一级政府财政总预算收入。

为核算本级政府财政内部不同性质财政资金之间的调出业务，财政总会计设置了“调出预算资金”科目，该科目应设置“一般公共预算调出资金”“政府性基金预算调出资金”“国有资本经营预算调出资金”明细科目。

年终结转后，该科目无余额。该科目平时为借方余额，反映调出预算资金的累计数。

表 6－11　调入/调出预算资金

调入预算资金	调出预算资金
预算收入类科目	预算支出类科目
1. 调入预算资金	1. 调出预算资金
（1）从其他类型预算资金及其他渠道调入一般公共预算时，按照调入或实际收到的金额。 借：资金结存——库款资金结存/调出预算资金——政府性基金预算调出资金/国有资本经营预算调出资金 　贷：调入预算资金——一般公共预算调入资金 （2）从其他类型预算资金及其他渠道调入政府性基金预算时，按照调入或实际收到的金额。 借：资金结存——库款资金结存等科目 　贷：调入预算资金——政府性基金预算调入资金	从一般公共预算/政府性基金预算/国有资本经营预算调出资金时，按照调出的金额。 借：调出预算资金——一般公共预算调出资金/政府性基金预算调出资金/国有资本经营预算调出资金 　贷：调入预算资金——有关明细科目
2. 年终结转	2. 年终结转
年终结转时，本科目贷方余额按明细科目分别转入相应的结转结余科目。 借：调入预算资金 　贷：一般公共预算结转结余/政府性基金预算结转结余	年终结转时，本科目借方余额分别转入相应的结转结余科目。 借：一般公共预算结转结余/政府性基金预算结转结余/国有资本经营预算结转结余 　贷：调入预算资金

【例6-14】为平衡政府一般预算类收支，某市财政从本级政府性基金预算中调入230 000元，从国有资本经营预算中调入640 000元。

借：调出预算资金——政府性基金预算调出预算资金　　230 000
　　　　　　　——国有资本经营预算调出预算资金　　640 000
　贷：调入预算资金——一般公共预算调入预算资金　　870 000

【例6-15】年终，某市财政总会计“调入预算资金——一般公共预算调入预算资金”科目余额为690 000元，“调入预算资金——政府性基金预算调入预算资金”科目余额为380 000元，现予结转。

借：调入预算资金——一般公共预算调入预算资金　　380 000
　　　　　　　——政府性基金预算调入预算资金　　690 000
　贷：一般公共预算结转结余　　690 000
　　　政府性基金预算结转结余　　380 000

八、动用与安排预算稳定调节基金

动用预算稳定调节基金是指政府财政为弥补本年度预算资金的不足，调用的预算稳定调节基金。在财政短收年份，政府为平衡本级财政收支或缩小收支缺口，可按规定调用本级财政历年结转的预算调节基金。动用预算稳定调节基金会减少本级财政积累的预算稳定调节基金，形成一般公共预算性质的转移性收入，但这种内部调拨不会引起财政存款的变化。《预算法》规定各级政府应当建立跨年度预算平衡机制。具体做法是各级一般公共预算按照国务院的规定可以设置预算稳定调节基金，用于弥补以后年度预算资金的不足。补充预算稳定调节基金的资金来源于各级一般公共预算：年度执行超收收入、结余资金、预算周转金。

为核算政府财政预算稳定调节基金的动用业务，财政总会计设置了“动用预算稳定调节基金”科目。该科目平时为贷方余额，反映动用预算稳定调节基金的累计数。结转后，该科目无余额。

动用预算稳定调节基金实质上是把历年滚存的预算稳定调节基金调入以弥补一般公共预算资金结转结余。

安排预算稳定调节基金是指政府财政按照有关规定对预算稳定调节基金进行安排和使用。当政府当年一般公共预算财政充足时，经批准可以用来补充历年结存的预算稳定调节基金，可用以充盈、稳固财政，也可用于弥补短收年份的收支缺口。安排预算稳定调节基金，实际上是政府财政对本级一般预算结余的一种内部调用。

为核算本级财政对不同性质财政资金的内部调用，财政总会计设置了“安排预算稳定调节基金”科目。当政府财政补充预算稳定调节基金时结转后，该科目无余额。该科目平时为借方余额，反映安排预算稳定调节基金的累计数。

动用预算稳定调节基金的主要作用是平衡预算赤字，填补财政预算缺口，保持财政收支的平衡，并提供一定的保障资金支持经济稳定运行。它还可以作为长期财政规划和应急储备的工具，确保财政的可持续发展，应对突发事件，减轻财政风险，以及保障公共服务的持续性。安排预算稳定调节基金的作用主要是充盈和稳固本级财政资金，为弥补以后短收年份的财政收支缺口做好资金储备，通过调用本级政府财政历年结转结余的资金，用来补充预算稳定调节基金，在平衡预算方面发挥重要作用。

表6－12 动用/安排预算稳定调节基金

动用预算稳定调节基金	安排预算稳定调节基金
预算收入类科目	预算支出类科目
1. 动用预算稳定调节基金	1. 安排预算稳定调节基金
动用预算稳定调节基金时， 借：预算稳定调节基金 　贷：动用预算稳定调节基金	安排预算稳定调节基金时， 借：安排预算稳定调节基金 　贷：预算稳定调节基金
2. 年终结转	2. 年终结转
年终结转时，本科目贷方余额转入一般公共预算结转结余， 借：动用预算稳定调节基金 　贷：一般公共预算结转结余	年终结转时，本科目借方余额转入一般公共预算结转结余， 借：一般公共预算结转结余 　贷：安排预算稳定调节基金

【例6－16】某市财政根据政府长期预算平衡计划，经批准决定从当年一般公共预算超收收入中安排市本级预算稳定调节基金4 500 000元。年终，该市财政将“安排预算稳定调节基金”支出科目的当年发生数4 500 000元全部结转。

借：安排预算稳定调节基金　　4 500 000

　贷：预算稳定调节基金　　4 500 000

年终时：

借：一般公共预算结转结余　　4 500 000

　贷：安排预算稳定调节基金　　4 500 000

九、债务预算收入与支出

债务预算收入是指政府财政根据法律法规等规定，通过发行债券、向外国政府和国际金融组织借款等方式筹集的纳入预算管理的债务收入。其中，发行债券一般是指政府在国内发行债权性质的有价证券，按照发行主体不同，可以分为中央政府债券和地方政府债券，按照发行债券的性质不同，可以分为一般债务收入和专项债务收入。一般债务收入主要用于政府的一般公共预算支出，而专项债务收入主要用于特定项目支出，二者相辅相成，是我国政府财政收入重要补充力量和来源。债务预算收入是一级政府的重要预算收入。债务收入与税收收入、非税收入、转移性收入等构成政府的一般公共预算收入。《政府收支分类科目》中债务收入分类情况见表6－13。

表6-13　债务收入分类（节选）

科目代码				科目名称	备注
类	款	项	目		
105				债务收入	一般公共预算/政府性基金预算
	03			中央政府债务收入	一般公共预算
		01		中央政府国内债务收入	
		02		中央政府国外债务收入	
	04			地方政府债务收入	一般公共预算/政府性基金预算
		01		一般债务收入	一般公共预算
			01	地方政府一般债券收入	
		02		专项债务收入	政府性基金预算

《政府收支分类科目》中债务收入为第105大类，由中央政府债务收入和地方政府债务收入两款构成，其下再细分为若干项目。各项债务收入又分为一般公共预算收入和政府性基金预算收入。为核算一级政府的债务收入，财政总会计设置了“债务预算收入”科目，该科目应当按照《政府收支分类科目》中的规定进行明细核算。

债务还本预算支出是指政府财政偿还本级政府承担的纳入预算管理的债务本金支出。

为了核算政府财政偿还本级政府财政承担的纳入预算管理的债务本金支出，财政总会计应设置“债务还本预算支出”科目。本科目属于预算支出类科目，本科目应设置“国债还本支出”“一般债务还本支出”“专项债务还本支出”明细科目，并根据《政府收支分类科目》中“债务还本支出”科目进行明细核算。平时借方余额反映本级政府财政债务还本预算支出的累计数。

表 6－14 债务预算收入／支出

债务预算收入	债务预算支出
预算收入类科目	预算支出类科目
1. 收到债券预算收入	1. 发生债务还本预算支出
（1）省级以上（含省级）政府财政收到政府债券发行收入时，按照实际收到的金额。 借：资金结存——库款资金结存（实收额） 贷：债务预算收入（实际发行额） 有关支出科目（差额） （2）省中央财政发生国债随卖业务时， 借：资金结存——库款资金结存（实收额） 贷：债务预算收入（面值） 一般公共预算支出（差额） （3）按定向承销方式发行的政府债券，根据债务管理部门转来的债券发行文件等资料进行确认，由本级政府财政承担还款责任，贷款资金由本级政府财政同级部门使用或转贷下级政府财政的。 借：债务还本预算支出/债务转贷预算支出 贷：债务预算收入 （4）政府财政向外国政府、国际金融组织等机构借款时，按照实际提款的外币金额和即期汇率折算的人民币金额。 借：资金结存——库款资金结存/专户资金结存 贷：债务预算收入 （5）本级政府财政借入主权外债，且由外方或上级政府财政将贷款资金直接支付给用款单位或供应商时。 借：一般公共预算支出 （本级还款，资金由本级政府财政同级部门使用） 补助预算支出——调拨下级 （本级还款，资金由下级政府财政同级部门使用） 债务转贷预算支出 （下级还款，资金由下级政府财政同级部门使用） 贷：债务预算收入	（1）偿还本级政府财政承担的政府债券、主权外债等纳入预算管理的债务本金时。 借：债务预算支出 贷：资金结存——库款资金结存 补助预算收入——上级调拨等科目 （2）中央财政发生国债随买业务时，根据国债随买确认文件等相关债券管理资料。 借：债务预算支出（面值） 贷：资金结存——库款资金结存（实收额） 一般公共预算支出（差额）

续上表

债务预算收入	债务预算支出
预算收入类科目	预算支出类科目
2. 年终结转	2. 年终结转
(1) 年终结转时，本科目下“国债收入”“一般债务收入”的贷方余额转入一般公共预算结转结余。 借：债务预算收入——国债收入/一般债务收入 贷：一般公共预算结转结余 (2) 年终结转时，本科目下“专项债务收入”的贷方余额转入政府性基金预算结转结余。 借：债务预算收入——专项债务收入 贷：政府性基金预算结转结余	(1) 年终结转时，本科目下“国债还本支出”“一般债务还本支出”的借方余额转入一般公共预算结转结余。 借：一般公共预算结转结余 贷：债务还本预算支出——国债还本支出/一般债务还本支出 (2) 年终结转时，本科目下“专项债务还本支出”的借方余额转入政府性基金预算结转结余。 借：政府性基金预算结转结余 贷：债务预算支出——专项债务还本支出

【例 6－17】为响应加快基础设施建设的要求，某省政府 20×2 年发行 10 年期地方政府专项债券 100 000 000 元用于道路、桥梁等重要基础设施及其配套建设，并按债券发行面值的 1‰向承销团成员支付发行费，票面利率为 3.28%，按年付息，到期还本。发行取得圆满成功，债券款项及发行费按照收支两条线管理，分别通过国库直接收付。

该省财政总会计分录为：

(1) 发行时，应编制如下会计分录。

借：国库存款　99 900 000

　　财务费用　100 000

　贷：应付长期政府债券　100 000 000

借：资金结存——库款资金结存　99 900 000

　贷：债务预算收入——专项债务预算收入　99 900 000

同时，在债务收入明细账登记如下：

地方政府债务收入——专项债务收入——城市基础设施配套债务收入 99 900 000

(2) 期末根据债务管理部门计算出的本期应付未付利息金额 3 280 000 元。

计算应付未付利息：100 000 000 ×3.28% =3 280 000（元）

借：财务费用——利息费用　3 280 000

　贷：应付利息——应付地方政府债券利息　3 280 000

(3) 支付发行政府债券的利息时，应编制如下会计分录。

借：应付利息——应付地方政府债券利息　3 280 000

　贷：国库存款　3 280 000

借：政府性基金预算支出——债务利息支出　　3 280 000

　贷：资金结存——库款资金结存　　3 280 000

同时，在支出明细账登记如下：

债务付息支出——地方性政府专项债务付息支出——城市基础设施配套债务付息支出 3 280 000

（4）10 年后偿还本级政府财政承担的政府债券本金时，按照实际偿还的本金金额，应编制如下会计分录。

借：资本性拨款费用　　100 000 000

　贷：国库存款　　100 000 000

借：债务还本预算支出——地方政府债务还本预算支出　　100 000 000

　贷：资金结存——库款资金结存　　100 000 000

同时，在支出明细账登记如下：

地方政府债务还本预算支出——城市基础设施配套债务还本预算支出 100 000 000

【例 6－18】20×3 年年末，某市财政总会计“债务收入”“债务转贷收入”“债务还本预算支出”“债务转贷预算支出”科目余额如表 6－15 所示。

表 6－15　年末有关债务收支科目发生额汇总表

单位：百万元

会计科目	发生额	
	借	贷
债务收入——地方政府债务收入——一般债务收入		100
——专项债务收入		200
债务转贷收入——地方政府一般债务转贷收入		50
——地方政府专项债务转贷收入		150
债务还本预算支出——地方政府一般债务还本预算支出	20	
——地方政府专项债务还本预算支出	15	
债务转贷预算支出——地方政府一般债务转贷预算支出	16	
——地方政府专项债务转贷预算支出	30	

该市财政总会计分录为：

借：债务预算收入　　300 000 000

　　债务转贷预算收入　　200 000 000

　贷：政府性基金预算结转结余　　350 000 000

　　　一般公共预算结转结余　　150 000 000

同时，

借：政府性基金预算结转结余　　45 000 000

　　一般公共预算结转结余　　36 000 000

贷：债务还本预算支出　　35 000 000

　　债务转贷预算支出　　46 000 000

同时，登记"债务收入""债务转贷收入""债务还本预算支出""债务转贷预算支出"明细账，详处参照表6－15。

十、债务转贷预算收入与支出

债务转贷预算收入是指省级以下财政部门（不含省级）收到的来自上级财政部门转贷的债务收入。转贷款包括地方政府债券转贷款和主权外债转贷款，前者指省级以下（不含省级）政府财政向省级政府财政借入地方政府债券转贷资金而形成的转贷款，后者指地方政府财政向上级政府财政借入主权外债转贷款资金而形成的转贷款。

为了核算上级政府财政转贷的债务收入，省级以下（不含省级）的财政总会计应设置"债务转贷收入"科目。本科目属于收入类科目，应设置"一般债务转贷收入""专项债务转贷收入"明细科目，并根据《政府收支分类科目》中"债务转贷收入"科目进行明细核算。贷方登记收到的转贷款，借方登记年终转出数。平时贷方余额反映债务转贷收入的累计数，年终结转后，本科目无余额。

债务转贷预算支出是指核算本级政府财政向下级政府财政转贷的债务支出。为了核算债务转贷预算支出，财政总会计应设置"债务转贷预算支出"科目。本科目属于预算支出类科目，应设置"一般债务转贷支出""专项债务转贷支出"明细科目，并根据《政府收支分类科目》中"债务转贷支出"科目和转贷地区进行明细核算。借方登记债务转贷预算支出数，贷方登记年终转出数。平时借方余额反映债务转贷预算支出的累计数。年终结转后，本科目无余额。

根据《中华人民共和国预算法》《中共中央办公厅 国务院办公厅关于做好地方政府专项债券发行及项目配套融资工作的通知》和关于印发《地方政府债务信息公开办法（试行）》的通知（财预〔2018〕209号）等有关文件规定，我国省级行政级别以下政府一般没有发行地方政府债券的权限，目前只有中央政府和省、自治区、直辖市等可以发行政府债券。由于债券资金的使用主体主要是省级以下的市政府或者区、县政府，因此，省级以上政府发行债券后，通常需要将资金转贷下级政府，用于补充下级政府财政预算的不足，为了核算上下级政府之间的债券转贷行为，财政总会计设置了"债务转贷预算收入"和"债务转贷预算支出"总账会计科目。

地方政府债券是指省、自治区、直辖市和经省级人民政府批准自办债券发行的计划单列市人民政府（以下称地方政府）发行的、约定一定期限内还本付息的政府债券。地方政府债券包括一般债券和专项债券。一般债券是为没有收益的公益性项目发行，主要以一般公共预算收入作为还本付息资金来源的政府债券；专项债券是为有一定收益的公益性项目发行，以公益性项目对应的政府性基金收入或专项收入作为还本付息资金来源的政府债券。地方财政部门应当在国务院批准的分地区限额内发行地方政府债券。新增债券、再融资债券、置换债券发行规模不得超过财政部下达的当年本地区对应类别的债券限额或发行规模上限。地方财政部门应当切实履行偿债责任，及时支付债券本息，维护政府信誉。加强专项债券项目跟踪管理，严格落实项目收益与融资规模相平衡的有关要求，保障债券还本付息，防范专项债券偿付风险。

表 6－16 债务转贷预算收入/支出

债务转贷预算收入	债务转贷预算支出
预算收入类科目	预算支出类科目
1. 收到债券转贷资金收入	1. 发生债券转贷资金支出
（1）省级以上（含省级）政府财政收到政府债券转贷收入时，按照实际收到的金额。 借：资金结存——库款资金结存（实收额） 贷：债务转贷预算收入（实际发行额） 有关支出科目（差额） （2）实行定向承销方式转贷的地方政府债券，省级以下（不含省级）政府财政根据债务管理部门提供的有关资料进行确认。 借：债务还本预算支出 贷：债务转贷预算收入 （3）省级以下（不含省级）政府财政收到主权外债转贷收入的具体账务处理如下： ①本级财政收到主权外债转贷资金时。 借：资金结存——库款资金结存/专户资金结存 贷：债务转贷预算收入 ②从上级政府财政借入主权外债转贷款，且由外方或上级政府财政将贷款资金直接支付给用款单位或供应商时，应根据以下情况分别处理。 借：一般公共预算支出 （本级还款，资金由本级政府财政同级部门使用） 补助预算支出——调拨下级 （本级还款，资金由下级政府财政同级部门使用） 债务转贷预算支出 （下级还款，资金由下级政府财政同级部门使用） 贷：债务转贷预算收入	（1）本级政府财政向下级政府财政转贷地方政府债券资金时。 借：债务转贷预算支出 贷：资金结存——库款资金结存 补助预算收入——调拨下级等科目 （2）本级政府财政向下级政府财政转贷主权外债资金，且主权外债最终还款责任由下级政府财政承担的，具体账务处理如下： ①支付转贷资金时，根据外债管理部门提交的转贷业务有关资料。 借：债务转贷预算支出 贷：资金结存——库款资金结存/专户资金结存 ②外方或上级政府财政将贷款资金直接支付给用款单位或供应商时，根据外债管理部门提交的转贷业务有关资料。 借：债务转贷预算支出 贷：债务预算收入 债务转贷预算收入

续上表

债务转贷预算收入	债务转贷预算支出
预算收入类科目	预算支出类科目
2. 年终结转	2. 年终结转
（1）年终结转时，本科目下“一般债务转贷收入”的贷方余额转入一般公共预算结转结余。 借：债务转贷预算收入—— 一般债务转贷收入 　贷：一般公共预算结转结余 （2）年终结转时，本科目下“专项债务转贷收入”的贷方余额转入政府性基金预算结转结余。 借：债务预算收入——专项债务转贷收入 　贷：政府性基金预算结转结余	（1）年终结转时，本科目下“一般债务转贷支出”的借方余额转入一般公共预算结转结余。 借：一般公共预算结转结余 　贷：债务转贷预算支出—— 一般债务转贷支出 （2）年终结转时，本科目下“专项债务转贷支出”的借方余额转入政府性基金预算结转结余。 借：政府性基金预算结转结余 　贷：债务转贷预算支出——专项债务转贷支出

【例6－19】某市财政部门收到省财政转贷的地方政府一般债券发行款80 000 000元，票面利率为3%，期限2年。该市财政总会计账务处理如下：

借：国库存款　　80 000 000

　贷：应付地方政府债券转贷款　　80 000 000

借：资金结存——库款资金结存　　80 000 000

　贷：债务转贷预算收入——地方政府一般债务转贷收入　　80 000 000

【例6－20】某市财政收到省财政向世界银行借入一笔主权外债贷款，转贷资金466 500 000元，该资金存入财政专户，该市财政总会计账务处理如下：

借：其他财政存款　　466 500 000

　贷：应付主权外债转贷款　　466 500 000

借：资金结存——库款资金结存　　466 500 000

　贷：债务转贷预算收入——地方政府向国际组织借款转贷收入　　466 500 000

【例6－21】某省政府财政将发行的地方政府一般债券收入7 000 000元转贷给下级某市政府财政，该债务由省政府财政贴息。

借：应收地方政府债券转贷款　　7 000 000

　贷：国库存款　　7 000 000

借：债务转贷预算支出——地方政府一般债务转贷预算支出　　7 000 000

　贷：资金结存——库款资金结存　　7 000 000

【例6－22】接上例。年终，该省财政总会计将上述债务转贷预算支出7 000 000元全数结转。

借：一般公共预算结转结余　　7 000 000

　贷：债务转贷预算支出——地方政府一般债务转贷预算支出　　7 000 000

【例6－23】某省财政向世界银行借入一笔73 580 000元的贷款。省财政通过农业银行将该笔贷款转贷给市财政，资金已向市财政支付。该省财政总会计账务处理如下：

借：债务转贷预算支出——地方政府一般债务转贷预算支出　　73 580 000
　贷：资金结存——库款资金结存　　73 580 000
同时，
借：其他财政存款　　73 580 000
　贷：借入款项　　73 580 000

【例 6－24】某省财政部门向外国政府借款 73 580 000 元。省财政通过农业银行将该笔贷款转贷给市财政。款项直接支付给市民政局使用。

该省财政总会计账务处理如下：
借：债务转贷预算支出——地方政府一般债务转贷预算支出　　73 580 000
　贷：债务预算收入——地方政府债务收入—— 一般债务收入
　　——地方政府向外国政府借款收入　　73 580 000
借：应收主权外债转贷款　　73 580 000
　贷：借入款项　　73 580 000

【例 6－25】某省财政部门向某银行借款 73 580 000 元。省财政将该笔贷款转贷给市财政。市财政又转贷给县财政，由县财政承担还款责任，贷款资金直接支付给所属县民政局使用。

该市财政总会计账务处理如下：
借：债务转贷预算支出——地方政府一般债务转贷预算支出　　73 580 000
　贷：债务转贷预算收入——地方政府一般债务转贷收入
　　——地方政府向外国政府借款转贷收入　　73 580 000
同时，
借：应收主权外债转贷款　　73 580 000
　贷：应付主权外债转贷款　　73 580 000

第二节　财政总会计预算结余

财政总会计预算结余是指一级政府在预算年度内财政预算收入减去预算支出之后的资金余额，以及历年滚存的资金余额（反映某一时点预算资金来源状况的历年滚存预算结余）。财政总会计核算的预算结余包括一般公共预算结转结余、政府性基金预算结转结余、国有资本经营预算结转结余、财政专户管理资金结余、专用基金结余、预算稳定调节基金、预算周转金、资产结存，财政总会计的各项结转结余每年结算一次。

一、结转结余

结转结余是政府财政各种预算收支的执行结果，包括一般公共预算结转结余、政府性基金预算结转结余、国有资本经营预算结转结余、专用基金结余和财政专户管理资金结余。各项结转结余分别计算核算，不得混淆，而且每年年终分别结转一次，平时不结转。

（一）一般公共预算结转结余

一般公共预算结转结余是指政府财政纳入一般公共预算管理的收支相抵形成的结转结余。为了核算一般公共预算收支执行情况，财政总会计应设置“一般公共预算结转结余”科目。本科目属于预算结余类科目。

年终结转时，将一般公共预算的有关收入科目贷方发生额转入本科目的贷方，借记“一般公共预算收入”“补助预算收入——一般公共预算补助收入”“上解预算收入——一般公共预算上解收入”“地区间援助预算收入”“调入预算资金——一般公共预算调入资金”“债务预算收入——国债收入”“债务预算收入——一般债务收入”“债务转贷预算收入——一般债务转贷收入”“动用预算稳定调节基金”科目，贷记本科目；将一般公共预算的有关支出科目借方发生额转入本科目的借方，借记本科目，贷记“一般公共预算支出”“补助预算支出——一般公共预算补助支出”“上解预算支出——一般公共预算上解支出”“地区间援助预算支出”“调出预算资金——一般公共预算调出资金”“安排预算稳定调节基金”“债务还本预算支出——国债还本支出”“债务还本预算支出——一般债务还本支出”“债务转贷预算支出——一般债务转贷支出”科目。

设置或补充预算周转金时，借记本科目，贷记“预算周转金”科目。本科目期末贷方余额反映一般公共预算收支相抵后的滚存结转结余。

（二）政府性基金预算结转结余

政府性基金预算结转结余是指政府财政纳入政府性基金预算管理的收支相抵形成的结转结余。

为了核算政府性基金预算收支执行情况，财政总会计应设置“政府性基金预算结转结余”科目。本科目属于预算结余类科目，应当根据管理需要，按照政府性基金的项目进行明细核算。

年终结转时，将政府性基金预算的有关收入科目贷方发生额转入本科目的贷方，按照政府性基金项目分别转入本科目的贷方，借记“政府性基金预算收入”“补助预算收入——政府性基金预算补助收入”“上解预算收入——政府性基金预算上解收入”“调入预算资金——政府性基金预算调入资金”“债务预算收入——专项债务收入”“债务转贷预算收入——专项债务转贷收入”科目，贷记本科目；将政府性基金预算的有关支出科目借方发生额转入本科目的借方，借记本科目，贷记“政府性基金预算支出”“补助预算支出——政府性基金预算补助支出”“上解预算支出——政府性基金预算上解支出”“调出预算资金——政府性基金预算调出资金”“债务还本预算支出——专项债务还本支出”“债务转贷预算支出——专项债务转贷支出”科目。

本科目期末贷方余额反映政府性基金预算收支相抵后的滚存结转结余。

（三）国有资本经营预算结转结余

国有资本经营预算结转结余是指政府财政纳入国有资本经营预算管理的收支相抵形成的结转结余。

为了核算国有资本经营预算收支执行情况，财政总会计应设置“国有资本经营预算结转结余”科目。本科目属于预算结余类科目。

年终结转时，将国有资本经营预算的有关收入科目贷方发生额转入本科目的贷方，借记“国有资本经营预算收入”“补助预算收入——国有资本经营预算补助收入”“上解预算收入——国有资本经营预算上解收入”科目，贷记本科目；将国有资本经营预算的有关支出科目借方发生额转入本科目的借方，借记本科目，贷记“国有资本经营预算支出”“补助预算支出——国有资本经营预算补助支出”“上解预算支出——国有资本经营预算上解支出”“调出预算资金——国有资本经营预算调出资金”科目。

本科目期末贷方余额反映国有资本经营预算收支相抵后的滚存结转结余。

（四）专用基金结余

专用基金结余是指政府财政管理的专用基金收支相抵形成的结余，是专用基金收入减去专用基金支出后的余额。

为了核算专用基金收支情况，财政总会计应设置“专用基金结余”科目。本科目属于预算结余类科目，应按照专用基金的种类进行明细核算。

年终结转时，将专用基金的有关收入科目贷方发生额转入本科目的贷方，借记“专用基金收入”科目，贷记本科目；将专用基金的有关支出科目借方发生额转入本科目的借方，借记本科目，贷记“专用基金支出”科目。

本科目期末贷方余额反映政府财政管理的专用基金收支相抵后的滚存结余。

（五）财政专户管理资金结余

财政专户管理资金结余是指纳入财政专户管理的教育收费等资金收支相抵后形成的结余。为了核算财政专户管理资金收支结余情况，财政总会计应设置“财政专户管理资金结余”，本科目属于预算结余类科目，应根据管理需要，按照部门（单位）等进行明细核算。

年终结转时，将财政专户管理资金的有关收入科目贷方发生额转入本科目的贷方，借记“财政专户管理资金收入”科目，贷记本科目；将财政专户管理资金的有关支出科目借方发生额转入本科目的借方，借记本科目，贷记“财政专户管理资金支出”科目。

本科目期末贷方余额反映政府财政纳入财政专户管理的资金收支相抵后的滚存结余。

【例6－26】某市财政总会计20×3年度年终结转前财政收支各科目余额如表6－17所示。

表6－17 财政收支科目账户余额表

单位：百万元

收入科目	金额	支出科目	金额
一般公共预算收入	1 370	一般公共预算支出	1 280
政府性基金预算收入	165	政府性基金预算支出	143
国有资本经营预算收入	750	国有资本经营预算支出	610
专用基金收入	250	专用基金支出	248

续上表

收入科目	金额	支出科目	金额
财政专户管理资金收入	46.7	财政专户管理资金支出	45
补助收入——一般公共预算补助收入	32	补助支出——一般公共预算补助支出	80
补助收入——政府性基金预算补助收入	15.5	上解支出——政府性基金预算上解支出	6.4
上解收入——一般公共预算上解收入	60	调出资金——政府性基金预算调出资金	34
调入资金——一般公共预算调入资金	120	调出资金——国有资本经营预算调出资金	250
债务收入——一般债务收入	30	债务还本预算支出——一般债务还本预算支出	35
债务转贷收入——地方政府一般债务转贷收入	26.3	债务转贷预算支出——地方政府一般债务转贷预算支出	17.4
动用预算稳定调节基金	17	安排预算稳定调节基金	39
合计	2 882.5	合计	2 787.8

市政府财政总会计结转各项收支时，账务处理如下：

（1）将一般公共预算有关收入科目的贷方发生额转入“一般公共预算结转结余”科目。

借：一般公共预算收入　　13 700 000 000
　　补助收入——一般公共预算补助收入　　320 000 000
　　上解收入——一般公共预算上解收入　　600 000 000
　　调入资金——一般公共预算调入资金　　1 200 000 000
　　债务收入——一般债务收入　　300 000 000
　　债务转贷收入——地方政府一般债务转贷收入　　263 000 000
　　动用预算稳定调节基金　　170 000 000
　贷：一般公共预算结转结余　　16 553 000 000

（2）将一般公共预算有关支出科目的借方发生额转入“一般公共预算结转结余”科目。

借：一般公共预算结转结余　　14 514 000 000
　贷：一般公共预算支出　　12 800 000 000
　　补助支出——一般公共预算补助支出　　800 000 000
　　债务还本预算支出——一般债务还本预算支出　　350 000 000
　　债务转贷预算支出——地方政府一般债务转贷预算支出　　174 000 000
　　安排预算稳定调节基金　　390 000 000

（3）将政府性基金预算有关收入科目的贷方发生额转入“政府性基金预算结转结余”科目。

借：政府性基金预算收入　　1 650 000 000

　补助收入——政府性基金预算补助收入　　155 000 000

　贷：政府性基金预算结转结余　　1 805 000 000

（4）将政府性基金预算有关支出科目的借方发生额转入“政府性基金预算结转结余”科目。

借：政府性基金预算结转结余　　3 994 000 000

　贷：政府性基金预算支出　　1 430 000 000

　　上解支出——政府性基金预算补助支出　　64 000 000

　　调出资金——政府性基金预算调出资金　　2 500 000 000

（5）将国有资本经营预算有关收入科目的贷方发生额转入“国有资本经营预算结转结余”科目。

借：国有资本经营预算收入　　750 000 000

　贷：国有资本经营预算结转结余　　750 000 000

（6）将国有资本经营预算有关支出科目的借方发生额转入“国有资本经营预算结转结余”科目。

借：国有资本经营预算结转结余　　8 600 000 000

　贷：国有资本经营预算支出　　6 100 000 000

　　调出资金——国有资本经营预算调出资金　　2 500 000 000

（7）将专用基金收入科目的贷方发生额转入“专用基金结余”科目。

借：专用基金收入　　2 500 000 000

　贷：专用基金结余　　2 500 000 000

（8）将专用基金支出科目的借方发生额转入“专用基金结余”科目。

借：专用基金结余　　2 480 000 000

　贷：专用基金支出　　2 480 000 000

（9）将财政专户管理资金收入科目的贷方发生额转入“财政专户管理资金结余”科目。

借：财政专户管理资金收入　　467 000 000

　贷：财政专户管理资金结余　　467 000 000

（10）将财政专户管理资金支出科目的借方发生额转入“财政专户管理资金结余”科目。

借：财政专户管理资金结余　　450 000 000

　贷：财政专户管理资金支出　　450 000 000

二、预算稳定调节基金、预算周转金与资金结存

（一）预算稳定调节基金

预算稳定调节基金是政府指为实现宏观调控目标，保持年度间政府预算的衔接和稳定，各级一般公共预算设置的储备性资金。根据财政部关于印发《预算稳定调节基金管理暂行办法》的通知（财预〔2018〕35 号），各级政府性基金预算、国有资本经营预算和社会保险基金预算不得设置预算稳定调节基金。它是由一级政府设立的，从规定的范围内筹集用于弥补以后年度预算资金不足的储备资金。

在预算稳定调节基金的设置和补充方面：①一般公共预算的超收收入，除用于冲减赤字外，应当用于设置或补充预算稳定调节基金。②一般公共预算的结余资金应当用于设置或补充预算稳定调节基金，一般公共预算按照权责发生制核算的资金，不作为结余。一般公共预算连续结转两年仍未用完的资金，应当作为结余资金补充预算稳定调节基金。③政府性基金预算结转资金规模超过该项基金当年收入 30% 的部分，应当补充预算稳定调节基金。政府性基金预算连续结转两年仍未用完的资金，应当作为结余资金，可以调入一般公共预算，并应当用于补充预算稳定调节基金。④各级财政部门应当合理控制预算稳定调节基金规模。预算稳定调节基金规模能够满足跨年度预算平衡需要的，应当加大冲减赤字、化解政府债务的力度。

在预算稳定调节基金的动用方面：①编制一般公共预算草案时，可以动用预算稳定调节基金，弥补一般公共预算出现的收支缺口，动用的资金应当编入一般公共预算收入。②一般公共预算执行中，因短收、增支等导致收支缺口，确需通过动用预算稳定调节基金实现平衡的，各级财政部门应当具体编制本级预算的调整方案，按照预算法规定的程序执行。

为了核算预算稳定调节基金的增减变动情况，财政总会计应设置“预算稳定调节基金”科目。本科目属于预算结余类科目。一般公共预算资金补充预算稳定调节基金时，列一般公共预算支出的“补充预算稳定调节基金”科目；政府性基金预算调出资金补充预算稳定调节基金时，列政府性基金预算支出的“政府性基金预算调出资金”科目。动用预算稳定调节基金时，应当编入一般公共预算收入，列一般公共预算收入的“调入预算稳定调节基金”科目。各级一般公共预算的预算稳定调节基金应当在同级国库单一账户存储。

借：安排预算稳定调节基金

　贷：预算稳定调节基金

将预算周转金调入预算稳定调节基金时，

借：预算周转金

　贷：预算稳定调节基金

动用预算稳定调节基金时，

借：预算稳定调节基金

贷：动用预算稳定调节基金

本科目期末贷方余额反映预算稳定调节基金的累计规模。

（二）预算周转金

预算周转金是指各级财政为调剂预算年度内季节性收支差额，保证及时供应预算资金而设置的周转资金。

各级财政的预算收入和支出之间存在季节性差异。尽管整个预算年度的收支可以基本平衡，但在年度内的不同月份或季度，收入和支出往往是不平衡的，要么收入超过支出，要么支出超过收入。此外，由于收入是逐渐到账的，而支出拨款通常在月初集中发生，财政资金从征收、报解到划拨也需要一定的时间，因而各级财政为了实现平衡，需要在不同时间段内合理调配资金。因此，各级财政为了平衡预算收支的季节性差异，保证按计划及时供应预算资金，必须设置相应的预算周转金。

按照《中华人民共和国预算法实施条例》第四十九条规定，经本级政府批准，各级政府财政部门可以设置预算周转金，额度不得超过本级一般公共预算支出总额的1%，年度终了时，各级政府财政部门可以将预算周转金收回并用于补充预算稳定调节基金。

为了核算各级政府财政的预算周转金业务，财政总会计应设置“预算周转金”科目。本科目属于预算结余类科目。

设置和补充预算周转金时，

借：一般公共预算结转结余

　贷：预算周转金

将预算周转金调入预算稳定调节基金时，

借：预算周转金

　贷：预算稳定调节基金

本科目期末贷方余额反映预算周转金的规模。

另外，为了减少会计核算工作量，财政总会计一般不单独为预算周转金设置专门存款户，而是在“国库存款”中统一核算。由于预算周转金是供预算周转使用的，因此，它不能用来安排支出，也不能随意减少。当动用预算周转金时，表现为国库存款的减少。若“国库存款”账户的余额小于“预算周转金”账户的余额，则说明已经动用了预算周转金。

【例6－27】20×2年12月31日，某市财政补充预算周转金60 000 000元，将本年超收收入450 000 000元用于补充预算稳定调节基金，本年度调用上年度预算稳定调节基金96 000 000元。假设20×2年12月31日将本年预算周转金56 000 000元作为结余资金调入预算稳定调节基金。

该市政府财政总会计账务如下：

（1）20×2年12月31日，补充预算周转金60 000 000元。

借：一般公共预算结转结余　　60 000 000

　贷：预算周转金　　60 000 000

（2）本年超收收入4 500 000 000元补充预算稳定调节基金。

借：安排预算稳定调节基金　　　　450 000 000

　贷：预算稳定调节基金　　　　450 000 000

（3）本年度调用上年度预算稳定调节基金96 000 000元。

借：预算稳定调节基金　　　　96 000 000

　贷：动用预算稳定调节基金　　　　96 000 000

（4）20×2年12月31日将本年预算周转金56 000 000元作为结余资金调入预算稳定调节基金。

借：预算周转金　　　　56 000 000

　贷：预算稳定调节基金　　　　56 000 000

（三）资金结存

资金结存是核算政府财政纳入预算管理的资金流入、流出、调整和滚存的情况。

为核算政府财政纳入预算管理的资金变动情况，财政总会计设置了“资金结存”科目，并在该科目下设置“库款资金结存”“专户资金结存”“在途资金结存”“集中支付结余结存”“上下级调拨结存”“待发国债结存”“零余额账户结存”“已结报支出”“待处理结存”明细科目，进行明细分类核算。

1. 库款资金结存

“库款资金结存”科目核算政府财政以国库存款形态存在的资金。本科目期末应为借方余额。

收到预算收入时，根据当日预算收入日报表所列预算收入数，借记本科目，贷记有关预算收入科目。已入库款项发生退库（付）的，资金划出时，借记有关预算收入科目，贷记本科目。

发生预算支出时，按照实际支付的金额，借记有关预算支出科目，贷记本科目。预算支出发生退回的，资金划出时，借记本科目，贷记有关预算支出科目。

2. 专户资金结存

“专户资金结存”科目核算政府财政以财政专户存款形态存在的资金。本科目期末应为借方余额。

收到预算收入时，按照有关收入凭证，借记本科目，贷记有关预算收入科目。已收到款项发生退付的，资金划出时，借记有关预算收入科目，贷记本科目。

发生预算支出时，按照实际支付的金额，借记有关预算支出科目，贷记本科目。预算支出发生退回的，资金划出时，借记本科目，贷记有关预算支出科目。

3. 在途资金结存

“在途资金结存”科目核算报告清理期和库款报解整理期内发生的需要通过本科目过渡处理的属于上年度收入、支出等业务的款项。本科目期末余额反映政府财政持有的在途款金额。

报告清理期和库款报解整理期内收到属于上年度收入时，在上年度账务中，借记本科目，贷记有关收入科目；收回属于上年度支出时，在上年度账务中，借记本科目，贷记“预拨经费”或有关支出科目。冲转在途款时，在本年度账务中，借记“资金结存——库款资金结存”科目，贷记本科目。

4. 集中支付结余结存

“集中支付结余结存”科目核算省级以上（含省级）政府财政国库集中支付中，应列为当年支出，但年末尚未支付需结转下一年度支付的款项。本科目期末应为贷方余额，反映政府财政尚未支付的国库集中支付结余。

年末，对当年发生的应付国库集中支付结余，借记有关支出科目，贷记本科目。实际支付应付国库集中支付结余资金时，借记本科目，贷记“资金结存——库款资金结存”科目。收回尚未支付的应付国库集中支付结余时，借记本科目，贷记有关支出科目。

5. 上下级调拨结存

“上下级调拨结存”科目核算上下级政府财政之间资金调拨和资金结算等事项。本科目期末余额反映政府财政上下级往来款项的净额。

年终结转时，将“补助预算收入——上级调拨”科目贷方余额转入资金结存，借记“补助预算收入——上级调拨”科目，贷记本科目。年终结转时，将“补助预算支出——调拨下级”科目借方余额转入资金结存，借记本科目，贷记“补助预算支出——调拨下级”科目。

6. 待发国债结存

“待发国债结存”科目核算为弥补中央财政预算收支差额，中央财政预计发行国债与实际发行国债之间的差额。本科目期末应为借方余额，反映中央财政尚未使用的国债发行额度。

年度终了，实际发行国债收入用于债务还本支出后，小于为弥补中央财政预算收支差额中央财政预计发行国债时，按照其差额，借记本科目，贷记“债务预算收入”科目；实际发行国债收入用于债务还本支出后，大于为弥补中央财政预算收支差额中央财政预计发行国债时，按照其差额，借记“债务预算收入”科目，贷记本科目。

7. 零余额账户结存

“零余额账户结存”科目核算政府财政国库支付执行机构在代理银行开设的财政零余额账户发生的支付和清算业务。财政国库支付执行机构未单设的地区不使用本科目。本科目年末应无余额。

财政国库支付执行机构通过财政零余额账户支付款项时，借记有关预算支出科目，贷记本科目。根据每日清算的金额，借记本科目，贷记“资金结存——已结报支出”科目。

8. 已结报支出

“已结报支出”科目核算政府财政国库支付执行机构已清算的国库集中支付支出数额。财政国库支付执行机构未单设的地区不使用本科目。本科目年末应无余额。

财政国库集中支付执行机构根据每日清算的金额，借记“资金结存——零余额账户结存”科目，贷记本科目。

财政国库集中支付执行机构按照国库集中支付制度有关规定办理资金支付时，借记相关预算支出科目，贷记本科目。

年终财政国库集中支付执行机构按照累计结清的预算支出金额，与有关方面核对一致后转账，借记本科目，贷记有关预算支出科目。

9. 待处理结存

“待处理结存”科目核算结转下年度的待处理收入和待处理支出等。本科目期末余额反映尚未清理的以前年度待处理收支的金额。

年终结转时，将“待处理收入”科目贷方余额转入资金结存，借记“待处理收入”科目，贷记本科目。

年终结转时，将“待处理支出”科目借方余额转入资金结存，借记本科目，贷记“待处理支出”科目。

将以前年度结转的待处理收入转列预算收入或退回时，借记本科目，贷记有关预算收入、“资金结存——库款资金结存”等科目。

将以前年度结转的待处理支出转列预算支出或收回时，借记有关预算支出、“资金结存——库款资金结存”等科目，贷记本科目。

本章小结

本章内容讲述了财政总会计预算收入、预算支出、预算结余三个预算会计要素的具体核算内容。财政总会计核算的预算收入具体包括一般公共预算收入、政府性基金预算收入、国有资本经营预算收入、财政专户管理资金收入、专用基金收入、转移性预算收入、债务预算收入和债务转贷预算收入，以及待处理收入。财政总会计核算的预算支出具体包括一般公共预算支出、政府性基金预算支出、国有资本经营预算支出、财政专户管理资金支出、专用基金支出、转移性预算支出、债务转贷预算支出和债务还本预算支出，以及待处理支出等。财政总会计核算的预算结余包括一般公共预算结转结余、政府性基金预算结转结余、国有资本经营预算结转结余、财政专户管理资金结余、专用基金结余、预算稳定调节基金、预算周转金和资金结存等。

财政总会计中的预算会计制度，为各级财政预算执行和财政资金活动提供了专业的会计监督和管理，统一了预算会计核算标准和规范，确保财政总会计核算准确、完整和规范，保障了各级政府预算执行的真实性、合规性和有效性，提高了财政性资金的使用效益，为政府财政决策提供了可靠的数据支持。

课后习题

某市财政20×3年发生以下经济业务，请编写相关会计分录：

1. 从省财政厅收到粮食风险基金100万元，根据国家规定将基金存在指定的财政专户。

2. 退回省财政厅拨付的粮食风险基金30万元。

3. 经研究决定，将本级一般公共预算资金85万元安排粮食风险基金，将款项存入指定财政专户。

4. 将本级一般公共预算资金安排入粮食风险基金的34万元剩余资金退回国库。

5. 将粮食风险基金20万元用于粮食库存管理。

6. 收回粮食库存管理剩余费用资金15万元。

7. 财政国库支付执行机构为某预算单位直接支付发放工资73万元。

8. 收到省财政机关拨来的预算周转金56万元

9. 财政国库支付执行机构某日与财政总会计进行结算，预算支出结算清单上显示，本日本级预算单位直接支付支出共计97万元。其中，一般公共预算支出60万元，政府性基金预算支出37万元。

10. 国库支付执行机构，根据代理银行报来的“财政预算支出日报表”，列示当日授权支付额度为63万元，其中一般公共预算支出40万元，政府性基金预算支出23万元，与中国人民银行国库划款凭证核对无误后，列报当日授权支付支出。

11. 用当年形成的超收收入230万元补充本级政府预算稳定调节基金。

12. 将闲置的预算周转金42万元转入预算稳定调节基金。

13. 省财政机关抽回已拨付的预算周转金。

14. 为弥补本年度预算资金的不足，调用300万元预算稳定调节基金。

15. 年终结账时，有关账户余额如下：（单位：万元）

账户名称	年终余额
一般公共预算收入	158 700
政府性基金预算收入	8 800
专用基金收入	910
补助预算收入	7 300
上解预算收入	6 200
地区间援助预算收入	5 700
调入预算资金	450
动用预算稳定调节基金	900
债务预算收入	50 000
债务转贷预算收入	70 000
待处理收入	1 200 000
一般公共预算支出	84 000
政府性基金预算支出	35 000

续上表

账户名称	年终余额
债务还本预算支出	50 000
债务转贷预算支出	7 900
专用基金支出	4 800
调出预算资金	300
安排预算稳定调节基金	3 600
待处理支出	259 000
一般公共预算结余	4 300
专用基金结余	2 500
预算稳定调节基金	3 000
预算周转金	246 000
资金结存——已报结支出 ——待处理结存	110 000 4 000

第七章 财政总会计财务报告和预算执行情况报告

学习目标

通过本章的学习，要求学生理解政府会计报告的概念、分类和作用，熟悉会计报告的主要内容，掌握财务报告和预算执行情况报告的编制方法和原理，理解政府会计报告的信息披露。

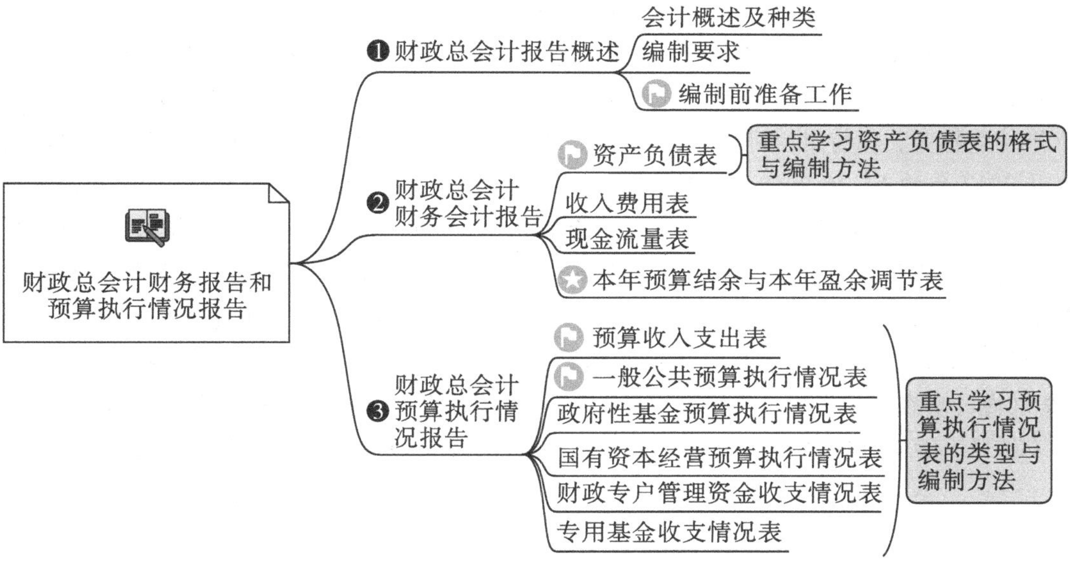

注：为学习重点 为学习难点 为学习提示

课前案例与思政

一本明明白白的“好账本”

预算报告充分反映财政保障党中央、国务院重大决策部署落实情况。“国家账本”对标对表中央经济工作会议、中央政治局会议、中央政治局常委会会议精神和政府工作报告要求，重点报告了去年积极的财政政策实施情况以及2023年的政策举措安排。

预算报告深入阐释了2023年积极财政政策加力提效的内涵和特点。“加力”方向主要包括：适当提高财政赤字率，适度增加地方政府专项债券的规模，加大中央对地方转移支付的力度；“提效”方向主要包括：持续优化财政支出结构，增强税费优惠政策的精准性、针对性，提高财政资金使用效益。同时，预算报告强调保障财政更可持续，更好统筹当前和长远，合理安排财政收支政策，厉行节约办好一切事业。比如，将财政赤字率从2.8%提高到3%，体现了实事求是的担当精神，有助于稳定并提振市场信心；将新增专项债规模提高到3.8万亿元，可以更好发挥稳增长促投资作用，有效对冲经济下行压力，促进经济运行整体好转。

“算明白账”，预算报告在总结工作部分突出年度特点，主动回应社会关切。比如，全力支持疫情防控，财政对医保基金负担的疫苗及接种费用按30%比例给予补助，其中中央财政对东、中、西部地区分别按30%、40%、50%的比例实行分档补助。再如，中央财政带头压减支出，加大财力下沉力度。落实党政机关过紧日子要求，中央部门支出下降3.5%，调整用于加大对地方的财力支持。全年中央对地方转移支付规模9.71万亿元，同比增长17.1%，为基层“三保”提供有力保障。预算报告在2023年的工作安排部分，对上述两方面工作进一步做出部署，把稳预期、强信心放在更加突出的位置。

“算质效账”，预算报告集中反映了过去五年财政改革发展成就，包括财政实力日益壮大、财政宏观调控不断完善、财政保障更加精准有效、财税改革纵深推进、财政管理水平持续提高、保持财政可持续等六个方面。数字是最好的证明：全国一般公共预算收入从2017年的17.26万亿元增至2022年的20.37万亿元，年均增长3.4%；全国一般公共预算支出从2017年的20.31万亿元增至2022年的26.06万亿元，年均增长5.1%，支出结构不断优化。近五年中央对地方转移支付规模累计40.66万亿元、年均增长8.4%，高于中央本级支出增幅4.8个百分点，中央一般公共预算支出中对地方转移支付占比提高到70%左右。五年累计减税5.4万亿元、降费2.8万亿元。五年总体赤字率控制在3%以内，政府负债率控制在50%左右……五年来，财政始终保持稳健运行、可持续性进一步增强，为全面建成小康社会、全面推进社会主义现代化建设贡献了财政力量。

图7－1　政府报告解读示意图

确保财政资金取之于民、用之于民，离不开人大预算审查监督。预算报告切实落实全国人大预算决议和审查意见的要求，认真梳理全国人大及其常委会有关决议和全国人大财经委审查意见，认真研究人大有关方面和人大代表的意见建议，进一步改进完善了2023年预算报告起草和预算编制工作。在2023年财政工作和预算执行中，对深入落实全国人大常委会关于加强中央预算审查监督的决定，主动接受人大预算审查监督等工作做出了部署。

此外，为了增强预算报告的可读性，方便代表委员审议讨论，今年的预算报告在内容和形式上做了一些新的探索。比如，附件部分更多地使用了图表，让数据更生动直观；名词解释部分增加了对财政预算基本概念的解释说明，更好地服务代表委员。

看得懂、说得清、能监督，"国家账本"的编制越来越规范，预算安排越来越科学，展现了在新时代新征程中财政的新作为、新担当。

（资料来源：中国财经报，2023年3月6日）

第一节 财政总会计报告概述

一、财政总会计报表的概念及种类

财政总会计报表包含了财务会计报表和预算会计报表，是反映政府财政预算执行结果和财务状况的书面文件，是各级政府和各级财政部门了解情况、掌握政策、指导预算执行工作的重要资料，也是编制下年度预算的基础。

财务会计报表包括资产负债表、收入费用表、现金流量表、本年预算结余与本期盈余调节表等会计报表和附注。

资产负债表是反映政府财政在某一特定日期财务状况的报表。

收入费用表是反映政府财政在一定会计期间运行情况的报表。

现金流量表是反映政府财政在一定会计期间现金流入和流出情况的报表。

本年预算结余与本期盈余调节表是反映政府财政在某一会计年度内预算结余与本期盈余差异调整情况的报表。

附注是指对在会计报表中列示项目的文字描述或明细资料，以及对未能在会计报表中列示项目的说明。

预算会计报表包括预算收入支出表、一般公共预算执行情况表、政府性基金预算执行情况表、国有资本经营预算执行情况表、财政专户管理资金收支情况表、专用基金收支情况表等会计报表和附注。

预算收入支出表是反映政府财政在某一会计期间各类财政资金收支余情况的报表。预算收入支出表根据资金性质按照收入、支出、结转结余的构成分类、分项列示。

一般公共预算执行情况表是反映政府财政在某一会计期间一般公共预算收支执行结果的报表，按照《政府收支分类科目》中一般公共预算收支科目列示。

政府性基金预算执行情况表是反映政府财政在某一会计期间政府性基金预算收支执行结果的报表，按照《政府收支分类科目》中政府性基金预算收支科目列示。国有资本经营预算执行情况表是反映政府财政在某一会计期间国有资本经营预算收支执行结果的报表，按照《政府收支分类科目》中国有资本经营预算收支科目列示。

财政专户管理资金收支情况表是反映政府财政在某一会计期间纳入财政专户管理的资金收支情况的报表，按照相关政府收支分类科目列示。

专用基金收支情况表是反映政府财政在某一会计期间专用基金收支情况的报表，按照专用基金类型分别列示。

附注是指对在会计报表中列示项目的文字描述或明细资料，以及对未能在会计报表中列示项目的说明。会计报表附注是对在会计报表中列示项目的文字描述或明细资料，以及对未能在会计报表中列示项目的说明。其中，附注是指对在会计报表中列示项目的文字描述或明细资料，以及对未能在会计报表中列示项目的说明。财政总会计报表附注应当至少披露下列内容。

（1）遵循《财政总会计制度》的声明。

（2）对本级政府财政财务状况的说明。

（3）对会计报表中列示的重要项目的进一步说明，包括其主要构成、增减变动情况等。

（4）对政府财政承担担保责任负债情况的说明。

（5）有助于理解和分析会计报表的其他需要说明的事项。

二、财政总会计报表的编制要求

财政总会计应当编制并提供真实、完整的会计报表，切实做到账表一致，不得估列代编，弄虚作假。

财政总会计要严格按照统一规定的种类、格式、内容、计算方法和编制口径填制会计报表，以保证全国统一汇总和分析。汇总报表的单位，要把所属单位的报表汇集齐全，防止漏报。

三、编制财政总会计报表前的准备工作

（一）年终清理结算

各级各预算会计，在会计年度结束前，应当对会计事项全面进行年终清理结算。年终清理结算的主要工作有以下内容。

1. 核对年度预算

年终前，财政总会计应配合预算管理部门将本级政府财政全年预算指标与上下级政府财政转移性收支预算和本级各部门预算进行核对，及时办理预算调整和转移支付事项。

本年预算调整和下达对下级政府财政转移支付预算指标一般截止到11月30日；各项预算拨款，一般截止到12月25日。

2. 清理本年收入

财政总会计应认真清理本年收入，与非税收入征收部门核对年末应收非税收入情况，并组织收入征收部门和国家金库进行年度对账，督促收入征收部门和国家金库年终前及时将本年税收收入和非税收入缴入国库或指定财政专户，确保准确核算本年收入。

3. 清理本年支出和费用

应在本年支领列报的款项，非特殊原因，应在年终前办理完毕。财政总会计对本级各单位的支出和费用应与单位的相应收入核对无误。属于应收回的拨款，应及时收回，并按收回数相应冲减支出和费用。

4. 核实股权、债权和债务

财政部门内部有关资产、债务管理部门应在有关业务发生时及时向财政总会计提供与股权、债权、债务等核算和反映有关的资料，确保财务会计资产负债信息确认的及时性。各级财政债务管理部门需定期提供上下级财政核对确认的本地区债权债务利息有关资料。财政部门内部涉及股权投资的相关管理部门应提供股权投资对应的股权证明材料及变动情况资料。

年末，财政总会计对股权投资、借出款项、应收股利、应收地方政府债券转贷款、应收主权外债转贷款、借入款项、应付短期政府债券、应付长期政府债券、应付地方政府债券转贷款、应付主权外债转贷款、应付利息、其他负债等余额应与相关管理部门进行核对，记录不一致的要及时查明原因，按规定调整账务，相关管理部门要及时提供有关资料，确保账实相符，账账相符。

5. 清理往来款项

政府财政要认真清理其他应收款、其他应付款等各种往来款项，在年度终了前予以收回或归还。应转作收入或支出、费用的各项款项，预算会计与财务会计要及时处理。

（二）年终结账

财政总会计对年终报告清理期内发生的会计事项，应当划清会计年度，及时进行结账。属于清理上年度的会计事项，记入上年度会计账；属于新年度的会计事项，记入新年度会计账，防止错记漏记。通常记入上年度的会计事项主要包括以下几方面。

1. 依据年终财政结算进行核算

财政预算管理部门要在年终清理的基础上，于次年元月底前结清上下级政府财政的转移性收支和往来款项。财政总会计要按照财政管理体制的规定和专项需要，根据预算结算单，与年度预算执行过程中已补助和已上解数额进行比较，结合往来款和借垫款情况，计算出全年最后应补或应退数额，填制“年终财政决算结算单”，经核对无误后，作为年终财政结算凭证，预算会计和财务会计据以入账。

2. 据企业决算数据进行核算

财政部门内部涉及股权投资的相关管理部门应及时取得纳入财政总会计核算范围的被投资主体经审计后的决算报表，并据此向财政总会计提供股权投资核算所需资料，财务会计对股权投资变动情况进行核算。

3. 依据人大审议意见进行核算

本级人民代表大会常务委员会（或人民代表大会）审查意见中，提出的需更正原报告有关事项，财政总会计应根据审查意见相应调整有关账目。

（三）年终结账的处理程序

财政总会计应对预算会计和财务会计分别办理年终结账。年终结账工作一般分为年终转账、结清旧账和记入新账三个步骤，依次做账。

1. 年终结转

计算出预算会计和财务会计各科目12月份合计数和全年累计数，结出年末余额。预算会计将预算收入和预算支出分别转入“一般公共预算结转结余”“政府性基金预算结转结余”“国有资本经营预算结转结余”“财政专户管理资金结余”“专用基金结余”等科目冲销。

财务会计将收入和费用分别转入相应的本期盈余科目冲销；再将本期盈余科目转入相应的累计盈余科目冲销。

2. 结清旧账

将各收入、支出和费用科目的借方、贷方结出全年总计数。对年终有余额的科目，在“摘要”栏内注明“结转下年”字样，表示转入新账。

3. 记入新账

根据年终结转后的总账和明细账余额，编制年终“资产负债表”和有关明细表（不需填制记账凭证），预算会计和财务会计将表列各科目余额分别记入新年度有关总账和明细账年初余额栏内，并在“摘要”栏注明“上年结转”字样，以区别新年度发生数。

第二节　财政总会计财务会计报告

一、资产负债表

资产负债表是反映政府财政在某一特定日期财务状况的报表。资产负债表可以揭示在某一特定日期政府财政财务会计的资产、负债和净资产的规模，资产和负债的内容构成以及各项预算结余、盈余调整情况。

资产负债表应当按照资产、负债和净资产分类、分项列示，按“年初余额”“期末余额”分别填列。资产负债表可分为月报和年报两种，遵循“资产 = 负债 + 净资产”的平衡等式。报表格式见表7－1。

表 7-1 资产负债表

总会财 01 表

编制单位：　　　　　　　　　　______年____月____日　　　　　　　　　　单位：元

资产	年初余额	期末余额	负债和净资产	年初余额	期末余额
流动资产：			流动负债：		
国库存款			应付短期政府债券		
其他财政存款			应付国库集中支付结余		
国库现金管理资产			与上级往来		
应收非税收入			其他应付款		
应收股利			应付代管资金		
借出款项			应付利息		
与下级往来			一年内到期的非流动负债		
预拨经费			流动负债合计		
在途款			非流动负债：		
其他应收款			应付长期政府债券		
应收利息			借入款项		
一年内到期的非流动资产			应付地方政府债券转贷款		
流动资产合计			应付主权外债转贷款		
非流动资产：			其他负债		
应收地方政府债券转贷款			非流动负债合计		
应收主权外债转贷款			负债合计		
股权投资			净资产：		
非流动资产合计			累计盈余		
			预算稳定调节基金		
			预算周转金		
			权益法调整		
			净资产合计		
资产合计			负债和净资产合计		

本表“年初余额”栏内各项数字，应当根据上年年末资产负债表“期末余额”栏内数字填列。如果本年度资产负债表规定的各个项目的名称和内容同上年度不一致，应对上年年末资产负债表各项目的名称和数字按照本年度的规定进行调整，填入本表“年初余额”栏内。各项目的内容和“期末余额”栏的填列方法如下。

（一）资产类项目

（1）“国库存款”项目，反映政府财政期末存放在国库单一账户的款项金额。本项目应当根据“国库存款”科目的期末余额填列。

（2）“其他财政存款”项目，反映政府财政期末持有的其他财政存款金额。本项目应当根据“其他财政存款”科目的期末余额填列。

（3）“国库现金管理资产”项目，反映政府财政期末实行国库现金管理业务等持有的资产金额。本项目应当根据“国库现金管理资产”科目的期末余额填列。

（4）“有价证券”项目，反映政府财政期末持有的有价证券金额。本项目应当根据“有价证券”科目的期末余额填列。

（5）“应收非税收入”项目，反映政府财政期末向缴款人收取但尚未缴入国库的非税收入。本项目应当根据“应收非税收入”科目的期末余额填列。

（6）“应收股利”项目，反映政府财政期末尚未收回的现金股利或利润金额。本项目应当根据“应收股利”科目的期末余额填列。

（7）“借出款项”项目，反映政府财政期末借给预算单位尚未收回的款项金额。本项目应当根据“借出款项”科目的期末余额填列。

（8）“与下级往来”项目，正数反映下级政府财政欠本级政府财政的款项金额；负数反映本级政府财政欠下级政府财政的款项金额。本项目应当根据“与下级往来”科目的期末余额填列，期末余额如为借方则以正数填列，如为贷方则以负数填列。

（9）“预拨经费”项目，反映政府财政期末尚未转列支出或尚待收回的预拨经费金额。本项目应当根据“预拨经费”科目的期末余额填列。

（10）“在途款”项目，反映政府财政期末持有的在途款金额。本项目应当根据“在途款”科目的期末余额填列。

（11）“其他应收款”项目，反映政府财政期末尚未收回的其他应收款的金额。本项目应当根据“其他应收款”科目的期末余额填列。

（12）“应收利息”项目，反映政府财政期末应收未收的转贷款利息金额。本项目应当根据“应收地方政府债券转贷款”“应收主权外债转贷款”科目下的“应收利息”明细科目期末余额填列。

（13）“一年内到期的非流动资产”项目，反映政府财政期末非流动资产项目中距离偿还本金日期1年以内（含1年）的转贷款本金。本项目应当根据“应收地方政府债券转贷款”“应收主权外债转贷款”科目下的“应收本金”明细科目期末余额及债务管理部门提供的资料分析填列。

（14）“流动资产合计”项目，反映政府财政期末流动资产的合计数。本项目应当根据本表中“国库存款”“其他财政存款”“国库现金管理资产”“有价证券”“应收非税收入”“应收股利”“借出款项”“与下级往来”“预拨经费”“在途款”“其他应收款”“应收利息”“一年内到期的非流动资产”项目金额的合计数填列。

（15）“应收地方政府债券转贷款”项目，反映政府财政期末尚未收回的距离偿还本金日期超过1年的地方政府债券转贷款的本金金额。本项目应当根据“应收地方政府债券转贷款”科目下的“应收本金”明细科目期末余额及债务管理部门提供的资料分析填列。

（16）“应收主权外债转贷款”项目，反映政府财政期末尚未收回的距离偿还本金日期超过1年的主权外债转贷款的本金金额。本项目应当根据“应收主权外债转贷款”科目下的“应收本金”明细科目期末余额及债务管理部门提供的资料分析填列。

（17）“股权投资”项目，反映政府期末持有股权投资的金额。本项目应当根据“股权投资”科目的期末余额填列。

（18）“非流动资产合计”项目，反映政府财政期末非流动资产的合计数。本项目应当根据本表中“应收地方政府债券转贷款”“应收主权外债转贷款”“股权投资”项目金额的合计数填列。

（19）“资产总计”项目，反映政府财政期末资产的合计数。本项目应当根据本表中“流动资产合计”“非流动资产合计”项目金额的合计数填列。

（二）负债类项目

（1）“应付短期政府债券”项目，反映政府财政期末尚未偿还的发行期不超过1年（含1年）的国债和地方政府债券本金金额。本项目应当根据“应付短期政府债券”科目的期末余额填列。

（2）“应付国库集中支付结余”项目，反映政府财政期末尚未支付的国库集中支付结余金额。本项目应当根据“应付国库集中支付结余”科目的期末余额填列。

（3）“与上级往来”项目，正数反映本级政府财政期末欠上级政府财政的款项金额；负数反映上级政府财政欠本级政府财政的款项金额。本项目应当根据“与上级往来”科目的期末余额填列，期末余额如为贷方则以正数填列，如为借方则以负数填列。

（4）“其他应付款”项目，反映政府财政期末尚未支付的其他应付款的金额。本项目应当根据“其他应付款”科目的期末余额填列。

（5）“应付代管资金”项目，反映政府财政期末尚未支付的代管资金金额。本项目应当根据“应付代管资金”科目的期末余额填列。

（6）“应付利息”项目，反映政府财政期末尚未支付的利息金额。省级以上（含省级）政府财政应当根据“应付利息”科目期末余额填列；市、县政府财政应当根据“应付地方政府债券转贷款”“应付主权外债转贷款”科目下的“应付利息”明细科目期末余额填列。

（7）“一年内到期的非流动负债”项目，反映政府财政期末承担的距离偿还本金日期1年以内（含1年）的非流动负债。省级以上（含省级）政府财政应当根据“应付长期政府债券”“借入款项”科目余额，市、县政府财政应当根据“应付地方政府债券转贷款”“应付主权外债转贷款”科目下的“应付本金”明细科目期末余额及债务管理部门提供的资料分析填列。

（8）“流动负债合计”项目，反映政府财政期末流动负债合计数。本项目应当根据本表“应付短期政府债券”“应付国库集中支付结余”“与上级往来”“其他应付款”“应付代管资金”“应付利息”“一年内到期的非流动负债”项目金额的合计数填列。

（9）“应付长期政府债券”项目，反映政府财政期末承担的距离偿还本金日期超过1年的国债和地方政府债券本金金额。本项目应当根据“应付长期政府债券”科目期末余额及债务管理部门提供的资料分析填列。

（10）“借入款项”项目，反映政府财政期末承担的距离偿还本金日期超过1年的借入款项的本金金额。省级以上（含省级）政府财政应当根据“借入款项”科目的期末余额及债务管理部门提供的资料分析填列。

（11）“应付地方政府债券转贷款”项目，反映政府财政期末承担的距离偿还本金日期超过1年的地方政府债券转贷款的本金金额。本项目应当根据“应付地方政府债券转贷款”科目下的“应付本金”明细科目期末余额及债务管理部门提供的资料分析填列。

（12）“应付主权外债转贷款”项目，反映政府财政期末承担的距离偿还本金日期超过1年的主权外债转贷款的本金金额。本项目应当根据“应付主权外债转贷款”科目下的“应付本金”明细科目期末余额及债务管理部门提供的资料分析填列。

（13）“其他负债”项目，反映中央政府财政期末承担的其他负债金额。本项目应当根据“其他负债”科目的期末余额填列。

（14）“非流动负债合计”项目，反映政府财政期末非流动负债合计数。本项目应当根据本表中“应付长期政府债券”“借入款项”“应付地方政府债券转贷款”“应付主权外债转贷款”“其他负债”项目金额的合计数填列。

（15）“负债合计”项目，反映政府财政期末负债的合计数。本项目应当根据本表中“流动负债合计”“非流动负债合计”项目金额的合计数填列。

（三）净资产类项目

（1）“累计盈余”项目，反映政府财政纳入一般公共预算、政府性基金预算、国有资本经营预算管理的预算资金，以及财政专户管理资金、专用基金历年实现的盈余滚存的金额。本项目应当根据“预算管理资金累计盈余”“财政专户管理资金累计盈余”“专用基金累计盈余”科目的期末余额填列。

（2）“预算稳定调节基金”项目，反映政府财政期末预算稳定调节基金的余额。本项目应当根据“预算稳定调节基金”科目的期末余额填列。

（3）“预算周转金”项目，反映政府财政期末预算周转金的余额。本项目应当根据“预算周转金”科目的期末余额填列。

（4）“权益法调整”项目，反映政府财政按照持股比例计算应享有的被投资主体除净损益和利润分配以外的其他权益变动的份额。本项目根据“权益法调整”科目的期末余额填列。

（5）“净资产合计”项目，反映政府财政期末净资产合计数。本项目应当根据本表中“累计盈余”“预算稳定调节基金”“预算周转金”“权益法调整”项目金额的合计数填列。

（6）“负债和净资产总计”项目，应当根据本表中“负债合计”“净资产合计”项目金额的合计数填列。

二、收入费用表

财政总会计的收入费用表是反映政府财政在某一会计期间内各类财政资金收入、支出和结余情况的报表。收入费用表根据财政资金性质，按照收入、支出、结转结余分类、分项列示。收入费用表格式见表7－2。

表7－2 收入费用表

总会财02表

编制单位：　　　　______年____月____日　　　　单位：元

项目	预算管理资金		财政专户管理资金		专用基金	
	本月数	本年累计数	本月数	本年累计数	本月数	本年累计数
收入合计						
税收收入			—	—	—	—
非税收入			—	—	—	—
投资收益			—	—	—	—
补助收入			—	—	—	—
上解收入			—	—	—	—
地区间援助收入			—	—	—	—
其他收入			—	—	—	—
财政专户管理资金收入	—	—			—	—
专用基金收入	—	—	—	—		
费用合计						
政府机关商品和服务拨款费用			—	—	—	—
政府机关工资福利拨款费用			—	—	—	—
对事业单位补助拨款费用			—	—	—	—
对企业补助拨款费用			—	—	—	—
对个人和家庭补助拨款费用			—	—	—	—
对社会保障基金补助拨款费用			—	—	—	—
资本性拨款费用			—	—	—	—
其他拨款费用			—	—	—	—
财务费用			—	—	—	—
补助费用			—	—	—	—

续上表

项目	预算管理资金		财政专户管理资金		专用基金	
	本月数	本年累计数	本月数	本年累计数	本月数	本年累计数
上解费用			—	—	—	—
地区间援助费用			—	—	—	—
其他费用			—	—	—	—
财政专户管理资金支出	—	—			—	—
专用基金支出	—	—	—	—		
本期盈余（本年收入与费用的差额）						

注：表中有“—”的部分不必填列。

（一）“本月数”栏反映各项目的本月实际发生数

在编制年度收入费用表时，应将本栏改为“上年数”栏，反映上年度各项目的实际发生数；如果本年度收入费用表规定的各个项目的名称和内容同上年度不一致，应对上年度收入费用表各项目的名称和数字按照本年度的规定进行调整，填入本年度收入费用表的“上年数”栏。

本表“本年累计数”栏反映各项目自年初起至报告期末止的累计实际发生数。编制年度收入费用表时，应当将本栏改为“本年数”。

（二）“本月数”栏各项目的内容和填列方法

（1）“收入合计”项目，反映政府财政本期取得的各项收入合计金额。其中，预算管理资金的“收入合计”应当根据属于预算管理资金的“税收收入”“非税收入”“投资收益”“补助收入”“上解收入”“地区间援助收入”“其他收入”项目金额的合计数填列；财政专户管理资金的“收入合计”应当根据“财政专户管理资金收入”项目的金额填列；专用基金的“收入合计”应当根据“专用基金收入”项目的金额填列。

（2）“税收收入”项目，反映政府财政本期取得的税收收入金额。本项目根据“税收收入”科目本期发生额填列。

（3）“非税收入”项目，反映政府财政本期取得的各项非税收入金额。本项目根据“非税收入”科目本期发生额填列。

（4）“投资收益”项目，反映政府财政本期取得的各项投资收益金额。本项目根据“投资收益”科目本期发生额填列。

（5）“补助收入”项目，反映政府财政本期取得的各类资金的补助收入金额。本项目根据“补助收入”科目本期发生额填列。

（6）“上解收入”项目，反映政府财政本期取得的各类资金的上解收入金额。本项目根据“上解收入”科目本期发生额填列。

（7）“地区间援助收入”项目，反映政府财政本期取得的地区间援助收入金额。本项目应当根据“地区间援助收入”科目的本期发生额填列。

（8）“其他收入”项目，反映政府财政本期取得的除“税收收入”“非税收入”“投资收益”“补助收入”“上解收入”“地区间援助收入”“财政专户管理资金收入”“专用基金收入”以外的收入金额。本项目应当根据“其他收入”科目本期发生额填列。

（9）“财政专户管理资金收入”项目，反映政府财政本期取得的教育收费等资金收入金额。本项目根据“财政专户管理资金收入”科目本期发生额填列。

（10）“专用基金收入”项目，反映政府财政本期取得的粮食风险基金等资金收入金额。本项目根据“专用基金收入”科目本期发生额填列。

（11）“费用合计”项目，反映政府财政本期发生的各类费用合计金额。其中，预算管理资金的“费用合计”应当根据属于预算管理资金的“政府机关商品和服务拨款费用”“政府机关工资福利拨款费用”“对事业单位补助拨款费用”“对企业补助拨款费用”“对个人和家庭补助拨款费用”“对社会保障基金补助拨款费用”“资本性拨款费用”“其他拨款费用”“财务费用”“补助费用”“上解费用”“地区间援助费用”“其他费用”项目金额的合计数填列；财政专户管理资金的“费用合计”应当根据“财政专户管理资金支出”项目的金额填列；专用基金的“费用合计”应当根据“专用基金支出”项目的金额填列。

（12）“政府机关商品和服务拨款费用”项目，反映政府财政本期发生的购买商品和服务的各类费用金额。本项目根据“政府机关商品和服务拨款费用”科目本期发生额填列。

（13）“政府机关工资福利拨款费用”项目，反映政府财政本期发生的支付给职工和长期聘用人员的各类劳动报酬及为上述人员缴纳的各项社会保险费等费用。本项目根据“政府机关工资福利拨款费用”科目本期发生额填列。

（14）“对事业单位补助拨款费用”项目，反映政府财政本期发生的对事业单位的经常性补助费用金额。本项目根据“对事业单位补助拨款费用”科目本期发生额填列。

（15）“对企业补助拨款费用”项目，反映政府财政本期发生的对企业补助拨款费用金额。本项目根据“对企业补助拨款费用”科目本期发生额填列。

（16）“对个人和家庭补助拨款费用”项目，反映政府财政本期发生的对个人和家庭补助拨款费用金额。本项目根据“对个人和家庭补助拨款费用”科目本期发生额填列。

（17）“对社会保障基金补助拨款费用”项目，反映政府财政本期发生的对社会保险基金的补助拨款以及补充全国社会保障基金费用的拨款金额。本项目根据“对社会保障基金补助拨款费用”科目本期发生额填列。

（18）“资本性拨款费用”项目，反映政府财政本期发生的对行政事业单位的房屋建筑物购建、基础设施建设、公务用车购置、设备购置、物资储备等方面资本性拨款费用金额。本项目根据“资本性拨款费用”科目本期发生额填列。

（19）“其他拨款费用”项目，反映政府财政未列入以上拨款费用项目的财政拨款费用金额。本项目根据“其他拨款费用”科目本期发生额填列。

（20）“财务费用”项目，反映政府财政本期发生的偿还政府债务利息及支付政府债务发行、兑付、登记相关费用及汇兑损益金额。本项目根据“财务费用”科目本期发生额填列。

（21）“补助费用”项目，反映政府财政本期发生的各类资金的补助费用金额。本项目根据“补助费用”科目本期发生额填列。

（22）“上解费用”项目，反映政府财政本期发生的上缴上级各类资金产生的费用金额。本项目根据“上解费用”科目本期发生额填列。

（23）“地区间援助费用”项目，反映政府财政本期发生的地区间援助费用金额。本项目根据“地区间援助费用”科目的本期发生额填列。

（24）“其他费用”项目，反映政府财政本期股权划出、其他负债变动形成的费用金额。本项目根据“其他费用”科目的本期发生额填列。

（25）“财政专户管理资金支出”项目，反映政府财政本期使用纳入财政专户管理的教育收费等资金产生的费用金额。本项目根据“财政专户管理资金支出”科目本期发生额填列。

（26）“专用基金支出”项目，反映政府财政本期使用专用基金产生的费用金额。本项目根据“专用基金支出”科目本期发生额填列。

（27）“本期盈余”项目，反映政府财政本年末收入减去费用的金额。本项目根据本表“收入合计”减去“费用合计”的差额填列。

三、现金流量表

财政总会计的现金流量表中的现金，是指政府财政的国库存款、其他财政存款及国库现金管理资产中的商业银行定期存款。本表中现金流量，是指现金的流入和流出，应当按照日常活动、投资活动、筹资活动的现金流量分别反映。现金流量表格式见表7－3。

表7－3　现金流量表

总会财03表

编制单位：　　　　______年____月____日　　　　单位：元

项目	本年金额	上年金额
（一）日常活动产生的现金流量		
组织税收收入收到的现金		
组织非税收入收到的现金		
组织财政专户管理资金收入收到的现金		
组织专用基金收入收到的现金		
上下级政府财政资金往来收到的现金		
收回暂付性款项相关的现金		
其他日常活动所收到的现金		

续上表

项目	本年金额	上年金额
现金流入小计		
政府机关商品和服务拨款所支付的现金		
政府机关工资福利拨款所支付的现金		
对事业单位补助拨款所支付的现金		
对企业补助拨款所支付的现金		
对个人和家庭补助拨款所支付的现金		
对社会保障基金补助拨款所支付的现金		
财政专户管理资金支出所支付的现金		
专用基金支出所支付的现金		
上下级政府财政资金往来所支付的现金		
资本性拨款所支付的现金		
暂付性款项所支付的现金		
其他日常活动所支付的现金		
现金流出小计		
日常活动产生的现金流量净额		
（二）投资活动产生的现金流量		
收回股权投资所收到的现金		
取得股权投资收益收到的现金		
收到其他与投资活动有关的现金		
现金流入小计		
取得股权投资所支出的现金		
支付其他与投资活动有关的现金		
现金流出小计		
投资活动产生的现金流量净额		
（三）筹资活动产生的现金流量		
发行政府债券收到的现金		
借入款项收到的现金		
取得政府债券转贷款收到的现金		

续上表

项目	本年金额	上年金额
取得主权外债转贷款收到的现金		
收回转贷款本金收到的现金		
收到下级上缴转贷款利息相关的现金		
其他筹资活动收到的现金		
现金流入小计		
转贷地方政府债券所支付的现金		
转贷主权外债所支付的现金		
支付债务本金相关的现金		
支付债务利息相关的现金		
其他筹资活动支付的现金		
现金流出小计		
筹资活动产生的现金流量净额		
（四）汇率变动对现金的影响额		
（五）现金净增加额		

本表“本年金额”栏反映各项目的本年实际发生数。本表“上年金额”栏反映各项目的上年实际发生数，应当根据上年现金流量表中“本年金额”栏内所列数字填列。

现金流量表各项目的内容和填列方法如下。

（一）日常活动产生的现金流量

1．现金流入项目

“组织税收收入收到的现金”项目，反映政府财政本年取得税收收入收到的现金。本项目应当根据会计账簿中“税收收入”“在途款”科目发生额分析填列。

“组织非税收入收到的现金”项目，反映政府财政本年取得非税收入收到的现金。本项目应当根据会计账簿中“非税收入”“应收非税收入”“在途款”科目发生额分析填列。

“组织财政专户管理资金收入收到的现金”项目，反映政府财政本年取得财政专户管理资金收入收到的现金。本项目根据会计账簿中“财政专户管理资金收入”科目发生额分析填列。

“组织专用基金收入收到的现金”项目，反映政府财政本年取得专用基金收入收到的现金。本项目根据会计账簿中“专用基金收入”科目发生额分析填列。

“上下级政府财政资金往来收到的现金”项目，反映政府财政本年收到上下级政府财政转移支付、清算欠款、临时调度款等相关的现金。本项目根据会计账簿中“补助收入”“上解收入”“与下级往来”“与上级往来”科目贷方发生额分析填列。

“收回暂付性款项相关的现金”项目，反映政府财政本年收回暂付性款项相关的现金。本项目根据会计账簿中“预拨经费”“借出款项”“其他应收款”科目贷方发生额分析填列。

“其他日常活动所收到的现金”项目，反映政府财政收到的除以上项目外与日常活动相关的现金。本项目根据会计账簿中“地区间援助收入”“其他收入”“其他应付款”“应付代管资金”“在途款”“以前年度盈余调整”等科目贷方发生额分析填列。

2. 现金流出项目

“政府机关商品和服务拨款所支付的现金”项目，反映政府财政本年在日常活动中用于购买商品、接受劳务支付的现金。本项目根据会计账簿中“政府机关商品和服务拨款费用”科目和“应付国库集中支付结余”科目借方发生额分析填列。

“政府机关工资福利拨款所支付的现金”项目，反映政府财政本年承担职工劳务报酬及社会保险费等支付的现金。本项目根据会计账簿中“政府机关工资福利拨款费用”科目和“应付国库集中支付结余”科目借方发生额分析填列。

“对事业单位补助拨款所支付的现金”项目，反映政府财政本年对事业单位经常性补助所支付的现金。本项目根据会计账簿中“对事业单位补助拨款费用”科目和“应付国库集中支付结余”科目借方发生额分析填列。

“对企业补助拨款所支付的现金”项目，反映政府财政本年对企业资本性投资外的其他补助所支付的现金。本项目根据会计账簿中“对企业补助拨款费用”科目和“应付国库集中支付结余”科目借方发生额分析填列。

“对个人和家庭补助拨款所支付的现金”项目，反映政府财政本年对个人和家庭的补助所支付的现金。本项目根据会计账簿中“对个人和家庭补助拨款费用”科目和“应付国库集中支付结余”科目借方发生额分析填列。

“对社会保障基金补助拨款所支付的现金”项目，反映政府财政本年对社会保险基金的补助，以及补充全国社会保障基金所支付的现金。本项目根据会计账簿中“对社会保障基金补助拨款费用”科目和“应付国库集中支付结余”科目借方发生额分析填列。

“财政专户管理资金支出所支付的现金”项目，反映政府财政本年从财政专户管理资金中安排各项支出所支付的现金。本项目根据会计账簿中“财政专户管理资金支出”科目借方发生额分析填列。

“专用基金支出所支付的现金”项目，反映政府财政用专用基金收入安排的支出所支付的现金。本项目根据会计账簿中“专用基金支出”科目借方发生额分析填列。

“上下级政府财政资金往来所支付的现金”项目，反映政府财政本年支付上下级政府财政转移支付、清算欠款、临时调度款等相关的现金。本项目根据会计账簿中“补助费用”“上解费用”“与下级往来”“与上级往来”科目借方发生额分析填列。

“资本性拨款所支付的现金”项目，反映政府财政本年支付行政事业单位和企业用于房屋建筑物构建、基础设施建设、公务用车购置、设备购置、物资储备等相关的现金。

本项目根据会计账簿中“资本性拨款费用”科目和“应付国库集中支付结余”科目借方发生额分析填列。

“暂付性款项所支付的现金”项目，反映政府财政本年安排暂付性款项所支付的现金。本项目根据会计账簿中“预拨经费”“借出款项”“其他应收款”科目借方发生额分析填列。

“其他日常活动所支付的现金”项目，反映政府财政本年支付除以上项目外与日常活动相关的现金。本项目根据会计账簿中“其他拨款费用”“地区间援助费用”“其他应付款”“应付代管资金”“应付国库集中支付结余”“在途款”“以前年度盈余调整”等科目借方发生额分析填列。

（二）投资活动产生的现金流量

1. 现金流入项目

“收回股权投资所收到的现金”项目，反映政府财政本年因出售、转让、处置股权等收回投资而收到的现金。本项目根据会计账簿中“股权投资”科目下“投资成本”“损益调整”明细科目贷方发生额分析填列。

“取得股权投资收益收到的现金”项目，反映政府财政本年因被投资单位分配股利、利润或处置股权、企业破产清算等产生收益而收到的现金。本项目根据会计账簿中“应收股利”“投资收益”科目贷方发生额分析填列。

“收到的其他与投资活动有关的现金”项目，反映政府财政本年收到除以上项目外与投资活动相关的现金。本项目根据会计账簿中“有价证券”“应收股利”等科目贷方发生额分析填列。

2. 现金流出项目

“取得股权投资所支出的现金”项目，反映政府财政本年为取得股权投资而支付的现金。本项目根据会计账簿中“股权投资”科目借方发生额分析填列。

“支付其他与投资活动有关的现金”项目，反映政府财政本年支付除以上项目外与投资活动相关的现金。本项目根据会计账簿中“有价证券”等科目借方发生额分析填列。

3. 投资活动产生的现金流量净额

本项目根据现金流入项目合计数减去现金流出项目合计数差额填列，差额小于零则以负数填列。

（三）筹资活动产生的现金流量

1. 现金流入项目

“发行政府债券收到的现金”项目，反映政府财政本年发行国债和地方政府债券收到的现金。本项目根据会计账簿中“应付短期政府债券”“应付长期政府债券”科目贷方发生额分析填列。

“借入款项收到的现金”项目，反映政府财政本年借入款项收到的现金。本项目根据会计账簿中“借入款项”科目贷方发生额分析填列。

“取得政府债券转贷款收到的现金”项目，反映政府财政本年取得政府债券转贷款收到的现金。本项目根据会计账簿中“应付地方政府债券转贷款”科目下“应付本金”明细科目贷方发生额分析填列。

“取得主权外债转贷款收到的现金”项目，反映政府财政本年取得主权外债转贷款收到的现金。本项目根据会计账簿中“应付主权外债转贷款”科目下“应付本金”明细科目贷方发生额分析填列。

“收回转贷款本金收到的现金”项目，反映政府财政本年收到下级政府财政归还政府债券转贷款及主权外债转贷款本金相关的现金。本项目根据会计账簿中“应收地方政府债券转贷款”“应收主权外债转贷款”科目下“应收本金”明细科目贷方发生额分析填列。

“收到下级上缴转贷款利息相关的现金”项目，反映政府财政本年收到下级政府财政上缴政府债券转贷款及主权外债转贷款利息相关的现金。本项目根据会计账簿中“应收地方政府债券转贷款”“应收主权外债转贷款”科目下“应收利息”明细科目贷方发生额分析填列。

“其他筹资活动收到的现金”项目，反映政府财政本年收到的其他与筹资活动相关的现金。本项目根据会计账簿中“其他应付款”“其他应收款”等科目贷方发生额分析填列。

2. 现金流出项目

“转贷地方政府债券所支付的现金”项目，反映政府财政本年对下级政府财政转贷地方政府债券所支付的现金。本项目根据会计账簿中“应收地方政府债券转贷款”科目下“应收本金”明细科目借方发生额分析填列。“转贷主权外债所支付的现金”项目，反映政府财政本年对下级政府财政转贷主权外债所支付的现金。本项目根据会计账簿中“应收主权外债转贷款”科目下“应收本金”明细科目借方发生额分析填列。

“支付债务本金相关的现金”项目，反映政府财政本年偿还政府债务本金所支付的现金。省级以上（含省级）政府财政根据会计账簿中“应付短期政府债券”“应付长期政府债券”“借入款项”科目借方发生额分析填列；市、县政府财政根据会计账簿中“应付地方政府债券转贷款”“应付主权外债转贷款”科目下“应付本金”明细科目借方发生额分析填列。

“支付债务利息相关的现金”项目，反映政府财政本年支付政府债务利息相关的现金。省级以上（含省级）政府财政根据会计账簿中“应付利息”科目借方发生额分析填列；市、县政府财政根据会计账簿中“应付地方政府债券转贷款”“应付主权外债转贷款”科目下“应付利息”明细科目、“财务费用”科目借方发生额分析填列。

“其他筹资活动支付的现金”项目，反映政府财政本年支付的政府债券发行、兑付、登记费用等其他与筹资活动相关的现金。本项目根据会计账簿中“财务费用”“其他应付款”“其他应收款”等科目借方发生额分析填列。

3. 筹资活动产生的现金流量净额

本项目根据现金流入项目合计数减去现金流出项目合计数差额填列，差额小于零则以负数填列。

（四）汇率变动对现金的影响额

反映政府财政外币现金流量折算为人民币时，所采用的即期汇率折算的人民币金额与期末汇率折算的人民币金额之间的差额。本项目根据“财务费用”科目下的“汇兑损益”明细科目发生额分析填列。

（五）现金净增加额

本项目反映政府财政本年现金变动的净额，根据本表中“日常活动产生的现金流量净额”“投资活动产生的现金流量净额”“筹资活动产生的现金流量净额”“汇率变动对现金的影响额”项目金额的合计数填列，金额小于零则以负数填列。

四、本年预算结余与本期盈余调节表

财政总会计的现金流量表中的现金，是指政府财政的国库存款、其他财政存款及国库现金管理资产中的商业银行定期存款。本表中现金流量，是指现金的流入和流出，应当按照日常活动、投资活动、筹资活动的现金流量分别反映。现金流量表格式见表7－4。

表7－4　本年预算结余与本期盈余调节表

总会财04表

编制单位：　　　　　　　　______年____月____日　　　　　　　　单位：元

项目	金额
本年预算结余（本年预算收入与支出差额）：	
日常活动产生的差异：	
加：1. 当期确认为收入但没有确认为预算收入	
当期应收未缴库非税收入	
减：2. 当期确认为预算收入但没有确认为收入	
当期收到上期应收未缴库非税收入	
3. 当期确认为预算支出收回但没有确认为费用收回	
（1）当期收到退回以前年度已列支资金	
（2）当期将以前年度国库集中支付结余收回预算	
投资活动产生的差异：	
加：1. 当期确认为收入但没有确认为预算收入	
（1）当期投资收益或损失	
（2）当期无偿划入股权投资	
2. 当期确认为预算支出但没有确认为费用	
（1）当期股权投资增支	
（2）当期股权投资减支	

续上表

项目	金额
减：3. 当期确认为预算收入但没有确认为收入	
（1）当期收到利润收入和股利股息收入	
（2）当期收到清算、处置股权投资的收入	
4. 当期确认为费用但没有确认为预算支出	
当期无偿划出股权投资费用	
筹资活动产生的差异：	
加：1. 当期确认为预算支出但没有确认为费用	
（1）当期转贷款支出	
（2）当期债务还本支出	
（3）拨付上年计提债务利息	
减：2. 当期确认为预算收入但没有确认为收入	
（1）当期债务收入	
（2）当期转贷款收入	
3. 当期确认为费用但没有确认为预算支出	
当期计提未拨付债务利息	
其他差异事项	
当期汇兑损益净额	
本期盈余（本年收入与费用的差额）	

本年预算结余与本期盈余调节表是反映政府财政在某一会计年度内预算结余与本期盈余差异调整情况的报表。

（一）本年预算结余

本项目根据本年预算收入与预算支出的差额填列。

（二）日常活动产生的差异

1.“当期确认为收入但没有确认为预算收入”项目

主要为“当期应收未缴库非税收入”项目。本项目反映政府财政本年已确认非税收入但缴款人尚未缴入国库的各项非税款项。根据会计账簿中“应收非税收入”以及“非税收入”科目发生额分析填列。

2.“当期确认为预算收入但没有确认为收入”项目

主要为“当期收到上期应收未缴库非税收入”项目。本项目反映政府财政本年收到的上年应收非税收入。根据会计账簿中“应收非税收入”科目贷方发生额以及“国库存款”科目借方发生额分析填列，不含以前年度盈余调整事项和新增确认的非税收入。

3. “当期确认为预算支出收回但没有确认为费用收回”项目

“当期收到退回以前年度已列支资金”项目。本项目反映政府财政收到退回的以前年度已列支资金而冲减预算支出的事项。根据会计账簿中“国库存款”“其他财政存款”科目借方发生额以及“以前年度盈余调整”科目贷方发生额分析填列。

“当期将以前年度国库集中支付结余收回预算”项目。本项目反映政府财政将以前年度应付国库集中支付结余资金收回预算而冲减预算支出的事项。根据会计账簿中“应付国库集中支付结余”科目借方发生额以及“以前年度盈余调整”科目贷方发生额分析填列。

（三）投资活动产生的差异

1. “当期确认为收入但没有确认为预算收入”项目

“当期投资收益或损失”项目。本项目反映政府财政本年确认的股权投资收益。根据会计账簿中“投资收益”科目发生额分析填列。其中，投资损失以负数填列；不含清算、处置股权投资增加的收益。

“当期无偿划入股权投资”项目。本项目反映政府财政本年接受无偿划入的股权投资。根据会计账簿中“股权投资”科目下“投资成本”明细科目借方发生额、“其他收入”科目贷方发生额分析填列。

2. “当期确认为预算支出但没有确认为费用”项目

“当期股权投资增支”项目。本项目反映政府财政本年新增股权投资增加的支出。根据会计账簿中“股权投资”科目下“投资成本”明细科目借方发生额以及“国库存款”科目贷方发生额分析填列，不含无偿划入或权益法调整增加的股权投资以及补记以前年度股权投资。

“当期股权投资减支”项目。本项目反映政府财政本年退出、清算、处置股权投资减少的支出。根据会计账簿中“股权投资”科目下“投资成本”明细科目贷方发生额以及“国库存款”科目借方发生额分析，以负数填列，不含无偿划出或权益法调整减少的股权投资额。

3. “当期确认为预算收入但没有确认为收入”项目

“当期收到利润收入和股利股息收入”项目。本项目反映政府财政本年收到被投资主体上缴以前年度利润和股利股息。根据会计账簿中“资金结存——库款资金结存”科目借方发生额以及“一般公共预算收入——利润收入、股利股息收入”“国有资本经营预算收入——利润收入、股利股息收入”贷方发生额分析填列，不含清算、处置股权投资增加的收益。

“当期收到清算、处置股权投资的收入”项目。本项目反映政府财政本年清算、处置股权投资发生的收入，需根据“投资收益”“国库存款”科目借方发生额、“股权投资”等科目贷方发生额分析填列。

4. “当期确认为费用但没有确认为预算支出”项目

主要为“当期无偿划出股权投资费用”项目。本项目反映政府财政本年无偿划出的股权投资。根据会计账簿中“股权投资”科目下“投资成本”明细科目贷方发生额、“其他费用”科目借方发生额分析填列。

（四）筹资活动产生的差异

1.“当期确认为预算支出但没有确认为费用”项目

“当期转贷款支出”项目。反映政府财政本年转贷下级政府财政的政府债券、主权外债资金。根据会计账簿中“债务转贷预算支出”科目借方发生额分析填列。

“当期债务还本支出”项目。反映本级政府财政本年偿还的债务本金。根据会计账簿中“债务还本预算支出”科目借方发生额分析填列。

“拨付上年计提债务利息”项目。反映政府财政本年偿还上年已计提的债务利息。根据会计账簿中“应付利息”科目年初贷方余额填列；市、县政府财政根据会计账簿中“应付地方政府债券转贷款”和“应付主权外债转贷款”科目下“应付利息”明细科目年初贷方余额填列。

2.“当期确认为预算收入但没有确认为收入”项目

“当期债务收入”项目。反映省级以上（含省级）政府财政本年发行政府债券、借入主权外债的收入。根据会计账簿中“债务预算收入”科目贷方发生额分析填列。

“当期转贷款收入”项目。反映市县政府财政本年收到的地方政府债券、主权外债转贷款收入。根据会计账簿中“债务转贷预算收入”贷方发生额分析填列。

3.“当期确认为费用但没有确认为预算支出”项目

主要为“当期计提未拨付债务利息”项目。本项目反映政府财政本年已计提需在下一年度支付的利息。省级以上（含省级）政府财政根据会计账簿中“应付利息”科目年末贷方余额填列；市、县政府财政根据会计账簿中“应付地方政府债券转贷款——应付利息”以及“应付主权外债转贷款——应付利息”科目年末贷方余额填列。

（五）其他差异事项

本项目反映政府财政其他活动事项产生的差异。其中，减少预算结余和增加本期盈余事项以正数反映，增加预算结余和减少本期盈余事项以负数反映。中央财政计提其他负债产生的费用也在本项目反映。

（六）当期汇兑损益净额

本项目根据“财务费用——汇兑损益”发生额分析填列，汇兑损失以负数反映，汇兑收益以正数反映。

（七）本期盈余（本年收入与费用的差额）

根据本表“本年预算结余”“投资活动产生的差异”“日常活动产生的差异”“筹资活动产生的差异”“其他差异事项”“当期汇兑损益净额”金额汇总填列。本项目与“收入费用表”本期盈余合计数一致。

第三节 财政总会计预算执行情况报告

财政总会计的预算执行情况表是各类预算执行情况的书面报告，预算会计报表包括预算收入支出表、一般公共预算执行情况表、政府性基金预算执行情况表、国有资本经营预算执行情况表、财政专户管理资金收支情况表、专用基金收支情况表等会计报表和附注。

预算收入支出表根据资金性质按照收入、支出、结转结余的构成分类、分项列示。预算收入支出表应当按月度和年度编制，一般公共预算执行情况表、政府性基金预算执行情况表、国有资本经营预算执行情况表应当按旬、月度和年度编制，财政专户管理资金收支情况表、专用基金收支情况表应当按月度和年度编制。旬报、月报的报送期限及编报内容应当根据上级政府财政具体要求和本行政区域预算管理的需要办理。

总会计应当根据本制度编制并提供真实、完整的会计报表，切实做到账表一致，不得估列代编，弄虚作假。财政总会计要严格按照统一规定的种类、格式、内容、计算方法和编制口径填制会计报表，以保证全国统一汇总和分析。汇总报表的单位，要把所属单位的报表汇集齐全，防止漏报。

一、预算收入支出表

预算收入支出表是反映政府财政在某一会计期间各类财政资金收支余情况的报表。预算收入支出表格式见表7－5。

表7－5 预算收入支出表

总会预01表

编制单位：　　　　______年____月____日　　　　单位：元

项目	一般公共预算		政府性基金预算		国有资本经营预算		财政专户管理资金		专用基金	
	本月数	本年累计数	本月数	本年累计数	本月数	本年累计数	本月数	本年累计数	本月数	本年累计数
年初结转结余										
收入合计										
本级收入										
其中：来自预算安排的收入	—	—	—	—	—	—	—	—		
补助预算收入							—	—	—	—
上解预算收入							—	—	—	—
地区间援助预算收入			—	—	—	—	—	—	—	—
债务预算收入					—	—	—	—	—	—

续上表

项目	一般公共预算		政府性基金预算		国有资本经营预算		财政专户管理资金		专用基金	
	本月数	本年累计数	本月数	本年累计数	本月数	本年累计数	本月数	本年累计数	本月数	本年累计数
债务转贷预算收入					—	—	—	—	—	—
动用预算稳定调节基金			—	—	—	—	—	—	—	—
调入预算资金					—	—	—	—	—	—
支出合计										
本级支出										
其中：权责发生制列支							—	—	—	—
预算安排专用基金的支出			—	—	—	—	—	—	—	—
补助预算支出							—	—	—	—
上解预算支出							—	—	—	—
地区间援助预算支出			—	—	—	—	—	—	—	—
债务还本预算支出					—	—	—	—	—	—
债务转贷预算支出					—	—	—	—	—	—
安排预算稳定调节基金			—	—	—	—	—	—	—	—
调出预算资金							—	—	—	—
结余转出			—	—	—	—	—	—	—	—
其中：增设预算周转金			—	—	—	—	—	—	—	—
年末结转结余										

注：表中有“—”的部分不必填列。

本年预算结余与本期盈余调节表是反映政府财政在某一会计年度内预算结余与本期盈余差异调整情况的报表。

（一）当期预算结余

本项目根据本年预算收入与预算支出的差额填列。

（二）本表“本月数”栏各项目的内容和填列方法

（1）“年初结转结余”项目，反映政府财政本年初各类资金结转结余金额。其中，一般公共预算的“年初结转结余”应当根据“一般公共预算结转结余”科目的年初余额填列；政府性基金预算的“年初结转结余”应当根据“政府性基金预算结转结余”科目的年初余额填列；国有资本经营预算的“年初结转结余”应当根据“国有资本经营预算结转结余”科目的年初余额填列；财政专户管理资金的“年初结转结余”应当根据“财政专户管理资金结余”科目的年初余额填列；专用基金的“年初结转结余”应当根据

“专用基金结余”科目的年初余额填列。

（2）“收入合计”项目，反映政府财政本期取得的各类资金的收入合计金额。其中，一般公共预算的“收入合计”应当根据属于一般公共预算的“本级收入”“补助预算收入”“上解预算收入”“地区间援助预算收入”“债务预算收入”“债务转贷预算收入”“动用预算稳定调节基金”和“调入预算资金”各行项目金额的合计填列；政府性基金预算的“收入合计”应当根据属于政府性基金预算的“本级收入”“补助预算收入”“上解预算收入”“债务预算收入”“债务转贷预算收入”和“调入预算资金”各行项目金额的合计填列；国有资本经营预算的“收入合计”应当根据属于国有资本经营预算的“本级收入”“补助预算收入”“上解预算收入”项目的金额填列；财政专户管理资金的“收入合计”应当根据属于财政专户管理资金的“本级收入”项目的金额填列；专用基金的“收入合计”应当根据属于专用基金的“本级收入”项目的金额填列。

（3）“本级收入”项目，反映政府财政本期取得的各类资金的本级收入金额。其中，一般公共预算的“本级收入”应当根据“一般公共预算收入”科目的本期发生额填列；政府性基金预算的“本级收入”应当根据“政府性基金预算收入”科目的本期发生额填列；国有资本经营预算的“本级收入”应当根据“国有资本经营预算收入”科目的本期发生额填列；财政专户管理资金的“本级收入”应当根据“财政专户管理资金收入”科目的本期发生额填列；专用基金的“本级收入”应当根据“专用基金收入”科目的本期发生额填列。

（4）“来自预算安排的收入”项目，反映政府财政本期通过预算安排取得专用基金收入的金额。本项目应当根据“专用基金收入”科目的本期发生额分析填列。

（5）“补助预算收入”项目，反映政府财政本期取得的各类资金的补助收入金额。其中，一般公共预算的“补助预算收入”应当根据“补助预算收入”科目下的“一般公共预算补助预算收入”明细科目的本期发生额填列；政府性基金预算的“补助预算收入”应当根据“补助预算收入”科目下的“政府性基金预算补助收入”明细科目的本期发生额填列；国有资本经营预算的“补助预算收入”应当根据“补助预算收入”科目下的“国有资本经营预算补助收入”明细科目的本期发生额填列。

（6）“上解预算收入”项目，反映政府财政本期取得的各类资金的上解预算收入金额。其中，一般公共预算的“上解预算收入”应当根据“上解预算收入”科目下的“一般公共预算上解收入”明细科目的本期发生额填列；政府性基金预算的“上解收入”应当根据“上解收入”科目下的“政府性基金预算上解收入”明细科目的本期发生额填列；国有资本经营预算的“上解收入”应当根据“上解预算收入”科目下的“国有资本经营预算上解收入”明细科目的本期发生额填列。

（7）“地区间援助预算收入”项目，反映政府财政本期取得的地区间援助预算收入金额。本项目应当根据“地区间援助预算收入”科目的本期发生额填列。

（8）“债务预算收入”项目，反映政府财政本期取得的债务预算收入金额。其中，一般公共预算的“债务预算收入”应当根据“债务预算收入”科目下除“专项债务收入”以外的其他明细科目的本期发生额填列；政府性基金预算的“债务预算收入”应当根据“债务预算收入”科目下的“专项债务收入”明细科目的本期发生额填列。

（9）“债务转贷预算收入”项目，反映政府财政本期取得的债务转贷预算收入金额。其中，一般公共预算的“债务转贷预算收入”应当根据“债务转贷预算收入”科目下的“一般债务转贷收入”明细科目的本期发生额填列；政府性基金预算的“债务转贷收入”应当根据“债务转贷预算收入”科目下的“专项债务转贷收入”明细科目的本期发生额填列。

（10）“动用预算稳定调节基金”项目，反映政府财政本期动用的预算稳定调节基金金额。本项目应当根据“动用预算稳定调节基金”科目的本期发生额填列。

（11）“调入预算资金”项目，反映政府财政本期取得的调入预算资金金额。其中，一般公共预算的“调入预算资金”应当根据“调入预算资金”科目下的“一般公共预算调入资金”明细科目的本期发生额填列；政府性基金预算的“调入预算资金”应当根据“调入预算资金”科目下的“政府性基金预算调入资金”明细科目的本期发生额填列。

（12）“支出合计”项目，反映政府财政本期发生的各类资金的支出合计金额。其中，一般公共预算的“支出合计”应当根据属于一般公共预算的“本级支出”“补助预算支出”“上解预算支出”“地区间援助预算支出”“债务还本预算支出”“债务转贷预算支出”“安排预算稳定调节基金”和“调出预算资金”各行项目金额的合计填列；政府性基金预算的“支出合计”应当根据属于政府性基金预算的“本级支出”“补助预算支出”“上解预算支出”“债务还本预算支出”“债务转贷预算支出”和“调出预算资金”各行项目金额的合计填列；国有资本经营预算的“支出合计”应当根据属于国有资本经营预算的“本级支出”“补助预算支出”“上解预算支出”和“调出预算资金”项目金额的合计填列；财政专户管理资金的“支出合计”应当根据属于财政专户管理资金的“本级支出”项目的金额填列；专用基金的“支出合计”应当根据属于专用基金的“本级支出”项目的金额填列。

（13）“本级支出”项目，反映政府财政本期发生的各类资金的本级支出金额。其中，一般公共预算的“本级支出”应当根据“一般公共预算支出”科目的本期发生额填列；政府性基金预算的“本级支出”应当根据“政府性基金预算支出”科目的本期发生额填列；国有资本经营预算的“本级支出”应当根据“国有资本经营预算支出”科目的本期发生额填列；财政专户管理资金的“本级支出”应当根据“财政专户管理资金支出”科目的本期发生额填列；专用基金的“本级支出”应当根据“专用基金支出”科目的本期发生额填列。

（14）“权责发生制列支”项目，反映省级以上（含省级）政府财政国库集中支付中，应列为当年费用，但年末尚未支付需结转下一年度支付的款项。其中，一般公共预算的“权责发生制列支项目”应当根据“一般公共预算支出”科目的本期发生额分析填列；政府性基金预算的“权责发生制列支项目”应当根据“政府性基金预算支出”科目的本期发生额分析填列；国有资本经营预算的“权责发生制列支项目”应当根据“国有资本经营预算支出”科目的本期发生额分析填列。

（15）“预算安排专用基金的支出”项目，反映政府财政本期通过预算安排取得专用基金收入的金额。本项目应当根据“一般公共预算支出”科目的本期发生额分析填列。

（16）“补助预算支出”项目，反映政府财政本期发生的各类资金的补助预算支出金额。其中，一般公共预算的“补助预算支出”应当根据“补助预算支出”科目下的“一般公共预算补助支出”明细科目的本期发生额填列；政府性基金预算的“补助预算支出”应当根据“补助预算支出”科目下的“政府性基金预算补助支出”明细科目的本期发生额填列；国有资本经营预算的“补助预算支出”应当根据“补助预算支出”科目下的“国有资本经营预算补助支出”明细科目的本期发生额填列。

（17）“上解预算支出”项目，反映政府财政本期发生的各类资金的上解预算支出金额。其中，一般公共预算的“上解预算支出”应当根据“上解预算支出”科目下的“一般公共预算上解支出”明细科目的本期发生额填列；政府性基金预算的“上解预算支出”应当根据“上解预算支出”科目下的“政府性基金预算上解支出”明细科目的本期发生额填列；国有资本经营预算的“上解预算支出”应当根据“上解预算支出”科目下的“国有资本经营预算上解支出”明细科目的本期发生额填列。

（18）“地区间援助预算支出”项目，反映政府财政本期发生的地区间援助预算支出金额。本项目应当根据“地区间援助预算支出”科目的本期发生额填列。

（19）“债务还本预算支出”项目，反映政府财政本期发生的债务还本预算支出金额。其中，一般公共预算的“债务还本预算支出”应当根据“债务还本预算支出”科目下除“专项债务还本支出”以外的其他明细科目的本期发生额填列；政府性基金预算的“债务还本预算支出”应当根据“债务还本预算支出”科目下的“专项债务还本支出”明细科目的本期发生额填列。

（20）“债务转贷预算支出”项目，反映政府财政本期发生的债务转贷预算支出金额。其中，一般公共预算的“债务转贷预算支出”应当根据“债务转贷预算支出”科目下的“一般债务转贷支出”明细科目的本期发生额填列；政府性基金预算的“债务转贷支出”应当根据“债务转贷支出”科目下的“专项债务转贷支出”明细科目的本期发生额填列。

（21）“安排预算稳定调节基金”项目，反映政府财政本期安排的预算稳定调节基金金额。本项目根据“安排预算稳定调节基金”科目的本期发生额填列。

（22）“调出预算资金”项目，反映政府财政本期发生的各类资金的调出资金金额。其中，一般公共预算的“调出预算资金”应当根据“调出预算资金”科目下的“一般公共预算调出资金”明细科目的本期发生额填列；政府性基金预算的“调出预算资金”应当根据“调出预算资金”科目下的“政府性基金预算调出资金”明细科目的本期发生额填列；国有资本经营预算的“调出预算资金”应当根据“调出预算资金”科目下的“国有资本经营预算调出资金”明细科目的本期发生额填列。

（23）“增设预算周转金”项目，反映政府财政本期设置或补充预算周转金的金额。本项目应当根据“预算周转金”科目的本期贷方发生额填列。

（24）“年末结转结余”项目，反映政府财政本年末的各类资金的结转结余金额。其中，一般公共预算的“年末结转结余”应当根据“一般公共预算结转结余”科目的年末余额填列；政府性基金预算的“年末结转结余”应当根据“政府性基金预算结转结余”科目的年末余额填列；国有资本经营预算的“年末结转结余”应当根据“国有资本经营预算结转结余”科目的年末余额填列；财政专户管理资金的“年末结转结余”应当根据“财政专户管理资金结余”科目的年末余额填列；专用基金的“年末结转结余”应当根据“专用基金结余”科目的年末余额填列。

二、一般公共预算执行情况表

一般公共预算执行情况表是反映政府财政在某一会计期间一般公共预算收支执行结果的报表，按照《政府收支分类科目》中一般公共预算收支科目列示，各项目再按“本月（旬）数”“本年（月）累计数”分别填列。一般公共预算执行情况表格式见表7－6。

表7－6　一般公共预算执行情况表

总会预02－1表

编制单位：　　　　　　　　＿＿＿年＿＿月＿＿日　　　　　　　　单位：元

项　目	本月（旬）数	本年（月）累计数
一般公共预算收入		
101 税收收入		
10101 增值税		
1010101 国内增值税		
……		
一般公共预算支出		
201 一般公共服务支出		
20101 人大事务		
2010101 行政运行		
……		

“一般公共预算收入”项目及所属各明细项目，应当根据“一般公共预算收入”科目及所属各明细科目的本期发生额填列。

“一般公共预算支出”项目及所属各明细项目，应当根据“一般公共预算支出”科目及所属各明细科目的本期发生额填列。

三、政府性基金预算执行情况表

政府性基金预算执行情况表是反映政府财政在某一会计期间政府性基金预算收支执行结果的报表，按照《政府收支分类科目》中政府性基金预算收支科目列示，各项目再按“本月（旬）数”“本年（月）累计数”分别填列。政府性基金预算执行情况表格式见表7－7。

表7－7　政府性基金预算执行情况表

总会预02－2表

编制单位：　　　　____年____月____日　　　　单位：元

项　目	本月（旬）数	本年（月）累计数
政府性基金预算收入		
10301 政府性基金收入		
1030102 农网还贷资金收入		
103010201 中央农网还贷资金收入		
……		
政府性基金预算支出		
206 科学技术支出		
20610 核电站乏燃料处理处置资金支出		
2061001 乏燃料运输		
……		

“政府性基金预算收入”项目及所属各明细项目，应当根据“政府性基金预算收入”科目及所属各明细科目的本期发生额填列。

“政府性基金预算支出”项目及所属各明细项目，应当根据“政府性基金预算支出”科目及所属各明细科目的本期发生额填列。

四、国有资本经营预算执行情况表

国有资本经营预算执行情况表是反映政府财政在某一会计期间国有资本经营预算收支执行结果的报表，按照《政府收支分类科目》中国有资本经营预算收支科目列示，各项目再按“本月（旬）数”“本年（月）累计数”分别填列。国有资本经营预算执行情况表格式见表7－8。

表7－8　国有资本经营预算执行情况表

总会预02－3表

编制单位：　　　　　　　　　　____年____月____日　　　　　　　　　　单位：元

项　目	本月（旬）数	本年（月）累计数
国有资本经营预算收入		
10306 国有资本经营收入		
1030601 利润收入		
103060103 烟草企业利润收入		
……		
国有资本经营预算支出		
208 社会保障和就业支出		
20804 补充全国社会保障基金		
2080451 国有资本经营预算补充社保基金支出		
……		

“国有资本经营预算收入”项目及所属各明细项目，应当根据“国有资本经营预算收入”科目及所属各明细科目的本期发生额填列。

“国有资本经营预算支出”项目及所属各明细项目，应当根据“国有资本经营预算支出”科目及所属各明细科目的本期发生额填列。

五、财政专户管理资金收支情况表

财政专户管理资金收支情况表是反映政府财政在某一会计期间纳入财政专户管理的财政专户管理资金的全部收支情况的报表，按照相关政府收支分类科目列示，各项目再按“本月（旬）数”和“本年（月）累计数”分别填列。财政专户管理资金收支情况表格式见表7－9。

表 7－9　财政专户管理资金收支情况表

总会预 03 表

编制单位：　　　　　　　　　　　　____年____月____日　　　　　　　　　　　　单位：元

项　目	本月（旬）数	本年（月）累计数
财政专户管理资金收入		
……		
财政专户管理资金支出		
……		

"财政专户管理资金收入"项目及所属各明细项目，应当根据"财政专户管理资金收入"科目及所属各明细科目的本期发生额填列。

"财政专户管理资金支出"项目及所属各明细项目，应当根据"财政专户管理资金支出"科目及所属各明细科目的本期发生额填列。

六、专用基金收支情况表

专用基金收支情况表是反映政府财政在某一会计期间专用基金全部收支情况的报表，按照不同类型的专用基金分别列示，各项目再按"本月（旬）数"和"本年（月）累计数"分别填列。专用基金收支情况表格式见表 7－10。

表 7－10　专用基金收支情况表

总会预 04 表

编制单位：　　　　　　　　　　　　____年____月____日　　　　　　　　　　　　单位：元

项　目	本月（旬）数	本年（月）累计数
专用基金收入		
粮食风险基金		
……		
专用基金支出		
粮食风险基金		
……		

"专用基金收入"项目及所属各明细项目，应当根据"专用基金收入"科目及所属各明细科目的本期发生额填列。

"专用基金支出"项目及所属各明细项目，应当根据"专用基金支出"科目及所属各明细科目的本期发生额填列。

本章小结

财政总会计报表是各级政府和各级财政部门了解情况、掌握政策、指导预算执行工作的重要资料，也是编制下年度预算的基础。财政总会计报表包括资产负债表、收入费用表、预算收入支出表，一般公共预算执行情况表、政府性基金预算执行情况表、国有资本经营预算执行情况表、财政专户管理资金收支情况表、专用基金收支情况表等会计报表和附注。财政总会计编制财政总会计报表前应做好准备工作，包括核对年度预算，清理本年预算收支，组织征收部门和国库进行年度对账，清理核对当年拨款支出，核实股权、债权和债务，清理往来款项，进行年终财政结算和年终结账。

课后习题

一、单选题

1. 以下纳入财政总会计资产负债表的项目是（　　）。

A. 动用预算稳定调节基金　　B. 安排预算稳定调节基金

C. 预算稳定调节基金　　D. 调入资金

2. 在一般公共预算执行情况表中，属于本级收入合计的线下项目是（　　）。

A. 税收收入　　B. 行政事业性收费收入

C. 罚没收入　　D. 动用预算稳定调节基金

3. 在资产负债表中，与资产基金项目在金额上存在内在联系的资产项目是（　　）。

A. 国库存款　　B. 其他财政存款

C. 应收股利　　D. 与下级往来

4. 在预算收入/支出表中，不减少本级政府一般公共预算财力总数的项目是（　　）。

A. 安排预算稳定调节基金　　B. 本级支出

C. 补助支出　　D. 债务还本支出

5. 财政专户管理资金分科目收支情况表中的科目通常没有（　　）。

A. 教育行政事业性收费收入　　B. 体育行政事业性收费收入

C. 普通教育　　D. 教育管理事务

二、多选题

1. 财政总会计报表包括（　　）。

A. 资产负债表　　B. 预算收入支出表

C. 一般公共预算执行情况表　　D. 政府性基金预算执行情况表

E. 国有资本经营预算执行情况表

2. 财政总会计编制的预算执行情况表包括（　　）。

A. 一般公共预算执行情况表　　B. 政府性基金预算执行情况表

C. 国有资本经营预算执行情况表　　D. 财政专户管理资金收支情况表

E. 资产负债表

3. 财政总会计预算收入/支出表中的项目包括（　　）。

A. 年初结转结余　　B. 收入合计

C. 支出合计　　D. 结余转出

E. 年末结转结余

4. 在财政总会计编制的预算收入/支出表中，“政府性基金预算”栏不必填列的项目包括（　　）。

A. 补助收入　　B. 地区间援助收入

C. 补助支出　　D. 结余转出

E. 安排预算稳定调节基金

5. 一般公共预算执行情况表不需要反映的内容包括（　　）。

A. 一般公共预算本级收入　　B. 补助收入

C. 债务收入　　D. 债务还本支出

E. 一般公共预算本级支出

三、判断题

1. 在财政总会计中，资产负债表是反映某一特定时日一级政府财务状况的会计报表。（　　）

2. 一般公共预算执行情况表示各级财政部门反映所有财政收入/支出预算执行情况的会计报表。（　　）

3. 在一般公共预算执行情况表中，上级补助收入不属于一般公共预算本级收入。（　　）

4. 一级政府的债务收入不列入一般公共预算执行情况表中。（　　）

5. 在一般公共预算执行情况表中，补助下级支出属于一般公共预算本级支出合计的组成项目。（　　）

第三篇
行政事业单位会计

第八章　行政事业单位会计概述

学习目标

通过本章学习，要求学生了解行政事业单位会计的概念和特点，理解会计核算方法和会计要素分类，掌握和熟练运用行政事业单位会计科目核算。

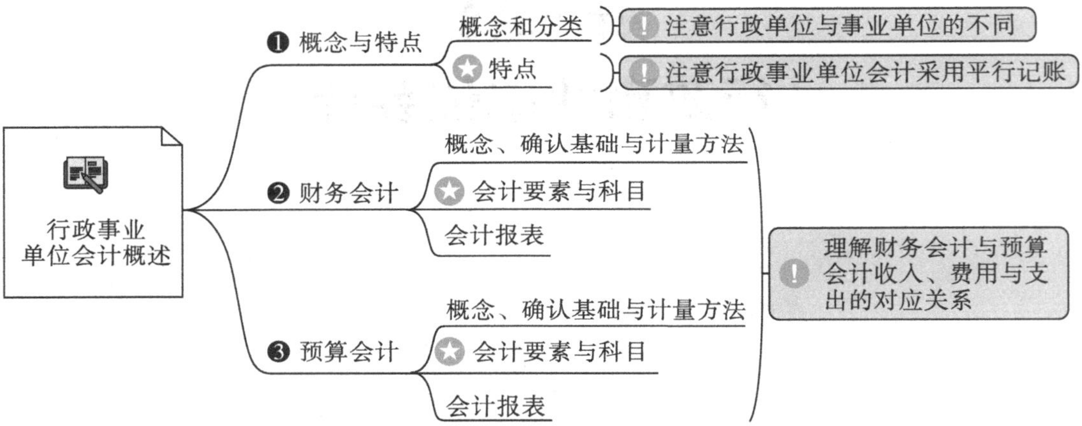

注：为学习重点　为学习难点　为学习提示

课前案例与思政

财政部会计司有关负责人就印发《行政事业单位划转撤并相关会计处理规定》答记者问（节选）

为进一步落实财务、资产管理有关要求，规范行政事业单位（以下简称“单位”）划转撤并的会计处理，更好地服务党和国家机构改革，近日，财政部制定印发了《行政事业单位划转撤并相关会计处理规定》（财会〔2022〕29 号，以下简称《规定》）。财政部会计司有关负责人就《规定》相关问题回答了记者的提问。

问：制定《规定》的背景是什么？

答：制定出台《规定》，主要基于以下考虑。

一是服务党和国家机构改革的需要。党的十九届三中全会审议通过的《中共中央关于深化党和国家机构改革的决定》（以下简称《决定》）强调，深化党和国家机构改革是推进国家治理体系和治理能力现代化的一场深刻变革，各地区各部门要严肃财经纪律，坚决防止国有资产流失。因此，为贯彻落实《决定》关于机构改革的有关纪律和国有资产管理要求，有必要对单位划转撤并相关会计处理规定予以明确，以全面、准确地反映机构改革前后的国有资产清算和划转情况。

二是落实财务和资产管理等有关规定的需要。在财务管理方面，《行政单位财务规则》《事业单位财务规则》和各项行政事业单位财务制度均单设一章对单位划转撤并的财务行为做出规范，要求单位进行清算，并做好在清算结束后资产和负债的移交和划转工作。在资产管理方面，《行政事业性国有资产管理条例》要求各部门及其所属单位发生重大资产调拨、划转以及分立、合并、改制、撤销、隶属关系改变等情形的，对行政事业性国有资产进行清查，《行政事业单位资产清查核实管理办法》等文件进一步对单位开展资产清查核实等相关工作做出规范。因此，为加强政府会计准则制度与相关财务、资产管理规定的协同配合，促进其有效实施，有必要制定相关规定，从单位账务处理和报表编制的角度落实有关管理要求。

三是解决单位会计核算实务问题的需要。实务中，单位划转撤并工作呈现出多样性和复杂性。一方面，单位划转撤并前后资产和负债的移交和划转工作量大、情况复杂，易造成相关资产的账实不一致。另一方面，各单位在实务中的会计处理方式不一，影响了会计信息的可比性，造成部门决算报告、政府财务报告等存在重复或遗漏的风险。因此，为解决单位划转撤并过程中的会计处理实务问题，有必要规范相关业务的会计处理，助力单位做好相关基础工作，夯实部门决算报告、政府财务报告、行政事业性国有资产报告的核算基础。

四是完善政府会计准则制度体系的需要。“十三五”时期，政府会计准则制度体系基本建成并全面有效实施。在系统梳理政府会计准则制度体系和收集准则制度执行问题的过程中发现，目前政府会计准则制度仅对单项资产划转的账务处理和单位撤销时的财务报表编制进行了规范，尚未对单位划转撤并过程中清算业务及资产和负债移交和划转的会计处理做出系统规范。因此，为健全完善政府会计准则制度体系，持续深入推进政府会计改革，有必要研究制定相关规定，填补现有政府会计准则制度在单位划转撤并方面的空白。

问：制定《规定》主要遵循了哪些原则？

答：制定《规定》主要遵循了以下原则。

一是依法依规制定。《规定》在遵循《行政事业性国有资产管理条例》《行政单位财务规则》和《事业单位财务规则》等有关财务、资产管理要求的基础上，对单位划转撤并过程中的会计问题予以规范。

二是与现行政府会计准则制度相衔接。《规定》主要规范单位划转撤并过程中相关业务的会计处理，属于政府会计准则制度体系的组成部分，与现行政府会计准则制度有效衔接，确保单位划转撤并前后信息可比、发生划转撤并的单位与其他单位之间信息可比。

三是服务政府财务报告、部门决算报告编制。划转撤并过程中涉及单位的设立和撤销，以及预算指标、资产、负债的移交和划转等业务和事项。《规定》注重做好划转撤并过程中不同单位主体之间决算报告和财务报告编制的协调，确保相关预算收支、资产负债、收入费用的列报不重不漏。

（资料来源：财政部官网，2022 年 10 月 18 日）

第一节　行政事业单位会计概念与特点

行政事业单位会计又称政府预算单位会计，是行政事业单位核算与反映单位财务状况、运行情况、现金流量以及预算执行情况的专业会计。行政事业单位会计和财政总会计共同构成政府会计体系。行政事业单位会计按会计目标不同分为财务会计和预算会计，按单位类型不同分为行政单位会计和事业单位会计。为了适应权责发生制政府综合财务报告制度改革需要，规范行政事业单位会计核算，提高会计信息质量，根据《中华人民共和国会计法》《中华人民共和国预算法》《政府会计准则——基本准则》等法律、行政法规和规章，我国财政部制定了《政府会计制度——行政事业单位会计科目和报表》，于 2019 年 1 月 1 日起正式施行。不再执行《行政单位会计制度》《事业单位会计准则》《事业单位会计制度》《医院会计制度》《基层医疗卫生机构会计制度》《高等学校会计制度》《中小学校会计制度》《科学事业单位会计制度》《彩票机构会计制度》《地质勘查单位会计制度》《测绘事业单位会计制度》《国有林场与苗圃会计制度（暂行）》《国有建设单位会计制度》等制度。

一、行政事业单位概念和分类

行政单位是国家进行行政管理、组织经济建设和文化建设、维护社会公共秩序的单位。主要包括国家权力机关、行政机关、司法机关、检察机关以及实行预算管理的其他机关、政党组织等。行政单位具体包括以下类别。

（1）各级人民代表大会及其常务委员会，包括全国人民代表大会及其常务委员会、地方各级人民代表大会及其常务委员会。

（2）各级人民政府及所属部门，包括中央和地方各级人民政府、国务院各部门及其地方各机构等。

（3）中国人民政治协商会议各级委员会，包括中国人民政治协商会议全国委员会和地方各级委员会。

（4）各级检察机关，包括最高人民检察院、地方各级人民检察院。

（5）各级审判机关，包括最高人民法院、地方各级人民法院。

（6）中国共产党所属各机关，包括中国共产党中央委员会和各级地方委员会。

（7）各民主党派和工商联的各级机关。

事业单位是指国家为了社会公益目的，由国家机关举办或者其他组织利用国有资产举办的，从事教育、科技、文化、卫生等活动的社会服务组织。事业单位是经济社会发展中提供公益服务的主要载体，是我国社会主义现代化建设的重要力量。事业单位按功能可分为行政支持类事业单位、社会公益服务类事业单位、经营开发服务类事业单位。

行政支持类事业单位是直接为政府行政服务或提供行政支持和保障的单位，由政府主办和拨款，经费与编制管理等参照行政单位执行，如政府开办的经济监督单位、质量技术监督单位、卫生监督单位等。

社会公益服务类事业单位是指以向社会提供公益服务为主的事业单位，是我国传统事业单位的主流。根据其功能与主要业务类型，可分为以下几类。

（1）教育事业单位，包括各类公立学校，如大学、中学、小学、幼儿园等。

（2）医疗卫生事业单位，包括各级各类公立医院，含综合性医院、中医院、专科医院、基层医疗卫生机构等。

（3）科学研究事业单位，如各级政府的科学院、研究院、研究所等。

（4）文化文物事业单位，如各级各类文化馆、美术馆、纪念馆、剧场、剧团、乐团、博物馆、博物院等。

（5）传媒事业单位，如广播电台、电视台、新媒体单位等。

（6）体育事业单位，如体育馆、体育场、运动中心等。

（7）社会福利事业单位，如福利院、养老院等。

（8）其他事业单位。

社会公益服务类事业单位按资源配置和财政拨款情况，分为公益一类事业单位和公益二类事业单位。其中，公益一类事业单位是指承担义务教育、基础性科研、公共文化、公共卫生及基层的基本医疗服务等基本公益服务的单位，这类单位所需的资源不宜由市场自由配置，所需经费基本由财政拨款。公益二类事业单位包括高等教育机构、非营利医疗机构等，这类单位可由市场配置部分资源，所需经费的一部分由财政拨款。

经营开发服务类事业单位是指从事生产经营、技术开发以及经济服务等业务的事业单位，这类单位所需的资源可由市场自主配置，自主经营、自负盈亏，往往有稳定的非财政拨款收入来源，一般实行企业化管理。

二、行政事业单位会计的特点

根据《政府会计准则——基本准则》建立政府预算会计和财务会计适度分离并相互衔接的核算模式，以全面反映政府会计主体的预算执行信息和财务信息的要求，行政事业单位会计具有“双功能”、“双基础”、“双报告”、采用“平行记账”的特点。

（一）“双功能”

政府会计核算体系实现了财务会计和预算会计双重功能，财务会计通过资产、负债、净资产、收入、费用五个要素对行政事业单位发生的各项业务或事项进行会计核算，主要反映和监督行政事业单位的财务状况、运行结果和现金流量等情况；预算会计通过预算收入、预算支出和预算结余三个要素对行政事业单位预算执行过程中发生的预算收入、预算支出和预算结余进行会计核算，主要反映和监督行政事业单位预算执行的情况。

（二）“双基础”

为了实现政府会计信息的“双功能”，行政事业单位在会计核算过程中，采用两种不同的会计记账基础，财务会计核算采用权责发生制，预算会计核算采用收付实现制。

（三）“双报告”

“双报告”指的是决算报告和财务报告，即通过预算会计核算形成决算报告，通过财务会计核算形成财务报告。决算报告和财务报告相互补充，共同反映行政事业单位的预算执行信息和财务信息。行政事业单位决算报告是综合反映部门年度预算收支执行结果的文件，目标是向决算报告使用者提供与部门预算执行情况有关的信息，综合反映部门预算收支的年度执行结果，用于监督和评价部门的预算执行情况，并为编制后续年度预算提供参考和依据。财务会计报告的作用是通过记录和报告政府财务活动提供财务信息，评价政府财务状况，监督资源配置和使用，为公众和政府决策者提供权威的财务信息支持。

（四）“平行记账”

“平行记账”是指行政事业单位在对涉及预算管理的现金收支业务进行处理时，将财务会计核算与政府预算会计核算同步进行的会计记账方式。也就是在同一会计账务系统、同一原始凭证、同一记账凭证号下，同时进行财务会计核算和政府预算会计核算；并通过在年底编制“本年盈余与预算结余的差异情况说明”，把财务会计报表的年度收入费用表和预算会计报表的预算收入支出表有机地衔接起来的会计记账核算方式。平行记账是政府会计特有的记账核算方法。为了实现财务会计与预算会计适度分离并相互衔接，完善政府预算会计功能，增强政府财务会计功能，“平行记账”核算方法应运而生。

第二节　行政事业单位财务会计

一、行政事业单位财务会计概念、确认基础与计量方法

行政事业单位财务会计是核算与反映行政事业单位财务状况、运行成本和公共受托责任履行情况的专业会计，和行政事业单位预算会计共同构成行政事业单位会计。行政事业单位财务会计采用权责发生制核算和提供财务会计报告，凡是当期已经实现的收入和已经发生的或应予确认的费用，无论款项是否收付，都应该作为当期的收入和费用；不属于当期的收入和费用，尽管款项已在当期收付，也不能作为当期的收入和费用。

行政事业单位财务会计要素包括资产、负债、净资产、收入、费用。核算时以“资产＝负债＋净资产”会计平衡公式为依据。各要素的计量方法主要体现在对资产和负债

的计量上，一般采用历史成本对资产和负债进行计量。

行政事业单位财务会计与行政事业单位预算会计既要相互衔接又要适度分离，要全面、清晰地反映单位财务信息。行政事业单位对于纳入部门预算管理的现金收支业务，在采用财务会计核算的同时应当进行预算会计核算和报告，对于其他经济业务，一般只需要进行财务会计核算和报告。

二、行政事业单位财务会计要素与会计科目

行政事业单位财务会计科目见表8－1。

表8－1 行政事业单位财务会计科目

序号	科目编号	科目名称	备注	序号	科目编号	科目名称	备注
（一）资产类				40	2201	应付职工薪酬	共用
1	1001	库存现金	共用	41	2301	应付票据	事业
2	1002	银行存款	共用	42	2302	应付账款	共用
3	1011	零余额账户用款额度	共用	43	2303	应付政府补贴款	行政
4	1021	其他货币资金	共用	44	2304	应付利息	事业
5	1101	短期投资	事业	45	2305	预收账款	事业
6	1201	财政应返还额度	共用	46	2307	其他应付款	共用
7	1211	应收票据	事业	47	2401	预提费用	共用
8	1212	应收账款	共用	48	2501	长期借款	事业
9	1214	预付账款	共用	49	2502	长期应付款	共用
10	1215	应收股利	事业	50	2601	预计负债	共用
11	1216	应收利息	事业	51	2901	受托代理负债	共用
12	1218	其他应收款	共用	（三）净资产类			
13	1219	坏账准备	事业	52	3001	累计盈余	共用
14	1301	在途物品	共用	53	3101	专用基金	事业
15	1302	库存物品	共用	54	3201	权益法调整	事业
16	1303	加工物品	共用	55	3301	本期盈余	共用
17	1401	待摊费用	共用	56	3302	本年盈余分配	共用
18	1501	长期股权投资	事业	57	3401	无偿调拨净资产	共用
19	1502	长期债券投资	事业	58	3501	以前年度盈余调整	共用
20	1601	固定资产	共用	（四）收入类			
21	1602	固定资产累计折旧	共用	59	4001	财政拨款收入	共用
22	1611	工程物资	共用	60	4101	事业收入	事业
23	1613	在建工程	共用	61	4201	上级补助收入	事业

续上表

序号	科目编号	科目名称	备注	序号	科目编号	科目名称	备注
24	1701	无形资产	共用	62	4301	附属单位上缴收入	事业
25	1702	无形资产累计摊销	共用	63	4401	经营收入	事业
26	1703	研发支出	共用	64	4601	非同级财政拨款收入	共用
27	1801	公共基础设施	共用	65	4602	投资收益	事业
28	1802	公共基础设施累计折旧（摊销）	共用	66	4603	捐赠收入	共用
29	1811	政府储备物资	共用	67	4604	利息收入	共用
30	1821	文物文化资产	共用	68	4605	租金收入	共用
31	1831	保障性住房	共用	69	4609	其他收入	共用
32	1832	保障性住房累计折旧	共用	（五）费用类			
33	1891	受托代理资产	共用	70	5001	业务活动费用	共用
34	1901	长期待摊费用	共用	71	5101	单位管理费用	事业
35	1902	待处理财产损溢	共用	72	5201	经营费用	事业
（二）负债类				73	5301	资产处置费用	共用
36	2001	短期借款	事业	74	5401	上缴上级费用	事业
37	2101	应交增值税	共用	75	5501	对附属单位补助费用	事业
38	2102	其他应交税费	共用	76	5801	所得税费用	事业
39	2103	应缴财政款	共用	77	5901	其他费用	共用

行政事业单位应当按照《政府会计制度》的规定设置和使用会计科目。在不影响会计处理和编制报表的前提下，单位可以根据实际情况自行增设或减少某些会计科目。单位应当遵循《政府会计制度》统一规定的会计科目编号，以便填制会计凭证，登记账簿，查阅账目，实行会计信息化管理。单位在填制会计凭证，登记会计账簿时，应当填列会计科目的名称，或者同时填列会计科目的名称和编号，不得只填列会计科目编号而不填列会计科目名称。单位设置明细科目或进行明细核算，除遵循《政府会计制度》规定外，还应当满足政府部门财务报告和政府综合财务报告编制的其他需要。

三、行政事业单位财务会计报表

行政事业单位财务会计报表是反映单位财务状况、运行情况、现金流量的书面报告。行政事业单位作为政府预算单位，既要执行国家预算，开展预算收支范围内的经济活动，同时作为经济单位，又有自身的业务经济活动。以经济业务活动为基础的行政事业单位财务会计报表的编制主要以权责发生制为基础，以单位财务会计核算生成的数据为准。

行政事业单位财务会计报表由会计报表及其附注构成。会计报表一般包括资产负债表、收入费用表和现金流量表，行政事业单位可根据实际情况需要，以收付实现制为基础，自行选择编制现金流量表。行政事业单位应当根据《政府会计制度》等编制真实、完整的财务会计报表，不得随意改变会计报表编制基础、依据、原则和方法，不得随意改变报表有关数据的会计口径。财务会计报表应当根据登记完整、核对无误的账簿记录和其他有关资料编制，做到数字真实、计算准确、内容完整、编报及时。单位应当至少按照年度编制财务会计报表。

第三节 行政事业单位预算会计

一、行政事业单位预算会计概念、确认基础与计量方法

行政事业单位预算会计是行政事业单位核算与反映单位预算执行情况的专业会计。行政事业单位预算会计采用收付实现制核算和提供单位决算报告，凡在本期内实际收到或支付的款项，无论其发生时间是否属于本期，均作为本期的预算收入或预算支出处理。

行政事业单位预算会计要素包括预算收入、预算支出和预算结余，以“预算收入 - 预算支出 = 预算结余”的会计平衡公式为依据。预算收入一般在实际收到时予以确认，按实际收到的金额计量；预算支出一般在实际支付时予以确认，按实际支付的金额计量。

行政事业单位预算会计有单独的一套会计科目和会计报表。预算会计在充分体现其独立性与完整性的同时，要注意和财务会计有所衔接，要全面、清晰地反映单位决算信息。单位对于纳入部门预算管理的现金收支业务，在采用收付实现制进行预算会计核算的同时，还应当进行财务会计核算。

二、行政事业单位预算会计要素与会计科目

行政事业单位预算会计科目见表 8 - 2。

表 8 - 2 行政事业单位预算会计科目

序号	科目编号	科目名称	备注	序号	科目编号	科目名称	备注
（一）预算收入类				14	7501	对附属单位补助支出	事业
1	6001	财政拨款预算收入	共用	15	7601	投资支出	事业
2	6101	事业预算收入	事业	16	7701	债务还本支出	事业
3	6201	上级补助预算收入	事业	17	7901	其他支出	共用
4	6301	附属单位上缴预算收入	事业	（三）预算结余类			

续上表

序号	科目编号	科目名称	备注	序号	科目编号	科目名称	备注
5	6401	经营预算收入	事业	18	8001	资金结存	共用
6	6501	债务预算收入	事业	19	8101	财政拨款结转	共用
7	6601	非同级财政拨款预算收入	共用	20	8102	财政拨款结余	共用
8	6602	投资预算收益	事业	21	8201	非财政拨款结转	共用
9	6609	其他预算收入	共用	22	8202	非财政拨款结余	共用
（二）预算支出类				23	8301	专用结余	事业
10	7101	行政支出	行政	24	8401	经营结余	事业
11	7201	事业支出	事业	25	8501	其他结余	共用
12	7301	经营支出	事业	26	8701	非财政拨款结余分配	事业
13	7401	上缴上级支出	事业	—	—	—	—

三、行政事业单位预算会计报表

行政事业单位预算会计报表是反映单位预算收入和预算支出执行情况的报表。行政事业单位预算是政府部门预算的基础，而政府部门预算又是财政总预算的基础，因此，行政事业单位预算会计报表是国家预决算报告的重要基础。

行政事业单位预算会计报表的编制主要以收付实现制为基础，以单位预算会计核算生成的数据为准。预算会计报表至少要包括预算收入支出表、预算结转结余变动表和财政拨款预算收入支出表。单位应当根据《政府会计制度》等编制真实、完整的预算会计报表，在编制基础、依据、原则和方法上应当保持一致，对预算收入、预算支出、预算结余等项目的披露方法应当与《政府收支分类科目》规定的相关列报方法保持一致，不得随意改变预算会计报表预算收支数据的统计口径。预算会计报表应当根据登记完整、核对无误的账簿记录和其他有关资料编制，保证报表的编制能够真实、准确、完整、及时。预算会计报表与财务会计报表既相互独立，又有一定的联系。行政事业单位应当至少按照年度编制预算会计报表。

本章小结

本章主要阐述了行政事业单位会计的概念和特点，以及会计核算基础和计量方法，并重点讲解了行政事业单位的财务会计和预算会计。行政事业单位会计具有“双功能”、“双基础”、“双报告”、采用“平行记账”的特点。行政事业单位的会计核算应当具备财务会计与预算会计双重功能，实现财务会计与预算会计适度分离并相互衔接，全面、清晰反映单位财务信息和预算执行信息。行政事业单位的财务会计要素包括资产、负债、净资产、收入和费用。预算会计要素包括预算收入、预算支出和预算结余。其中采用全责发生制核算财务会计内容，采用收付实现制核算预算会计内容，并最终形成财务会计报告和预算执行报告。通过行政事业单位财务管理和预算管理的有效结合，可以反映行政事业单位的财务状况，监督资源配置和使用情况，帮助政府部门了解和评价预算执行情况，有利于进行预算管理和控制，为政府决策者提供重要的信息支持。

课后习题

一、单选题

1. 在行政事业单位会计中，行政单位的具体例子如（　　）。

A. 中小学校　　B. 教育局

C. 高等学校　　D. 医院

2. 在行政事业单位会计中，事业单位的具体例子如（　　）。

A. 财政局　　B. 税务局

C. 公安局　　D. 电视台

3. 以下（　　）是行政事业单位的主要收入预算来源。

A. 财政拨款预算收入　　B. 事业预算收入

C. 经营预算收入　　D. 债务预算收入

4. 以下（　　）是行政事业单位的财务会计要素。

A. 预算收入　　B. 预算支出

C. 预算结余　　D. 费用

5. 以下（　　）是行政事业单位的预算会计要素。

A. 资产　　B. 负债

C. 预算结余　　D. 净资产

二、多选题

1. 公益一类事业单位通常如（　　）。

A. 公立小学　　B. 社区卫生服务中心

C. 公共图书馆　　D. 综合医院

E. 高等学校

2. 行政单位的支出不包括（　　）。

A. 行政支出　　B. 事业支出

C. 投资支出　　D. 债务还本支出

E. 对附属单位补助支出

3. 行政事业单位会计要素包括（　　）。

A. 收入　　B. 费用

C. 投资支出　　D. 债务还本支出

E. 对附属单位补助支出

4. 行政事业单位会计的“双基础”是指（　　）。

A. 财务会计采用权责发生制
B. 预算会计采用收付实现制
C. 行政单位会计采用权责发生制
D. 行政事业单位会计采用权责发生制
E. 事业单位会计采用收付实现制

5. 行政事业单位会计的“双报告”是指（　　）。

A. 通过财务会计核算形成决算报告
B. 通过财务会计核算形成财务报告
C. 通过预算会计核算形成财务报告
D. 通过财务会计核算形成财务和决算报告
E. 通过预算会计核算形成决算报告

三、判断题

1. 行政事业单位预算由收入预算、支出预算和结余预算组成。（　　）

2. 按照相关规定，行政单位不得以任何形式用占有或使用的国有资产对外投资或者举办经济实体。（　　）

3. 在行政事业单位预算中，基本支出收支预算资金与项目支出收支预算资金之间可以相互混用。（　　）

4. 财政部门对事业单位实行核定收支，定额或者定项补助，超支不补，结转和结余按规定使用的预算管理办法。（　　）

5. 行政事业单位财务管理包括的内容和预算管理包括的内容相同。（　　）

第九章　行政事业单位的资产

学习目标

通过本章学习，要求学生了解行政事业单位各类资产的概念、特点，熟悉资产类会计科目，能够运用会计科目进行会计核算。

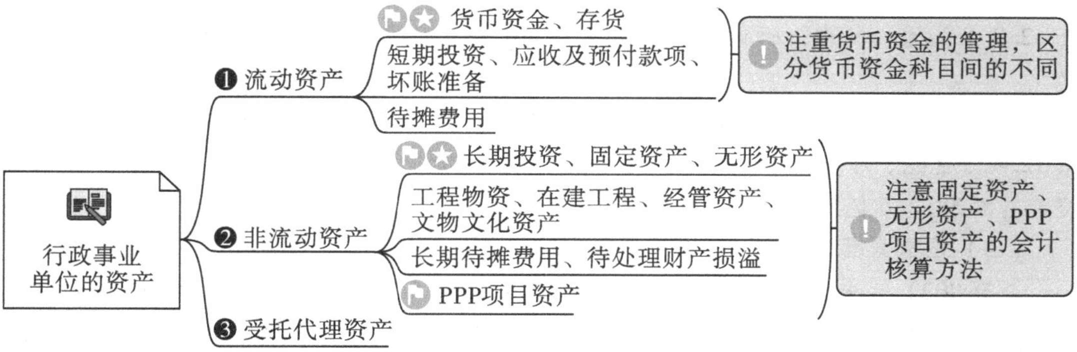

注：为学习重点　为学习难点　为学习提示

课前案例与思政

国务院关于2022年度国有资产管理情况的综合报告
——2023年10月21日在第十四届全国人民代表大会常务委员会第六次会议上

根据《中共中央关于建立国务院向全国人大常委会报告国有资产管理情况制度的意见》《全国人民代表大会常务委员会关于加强国有资产管理情况监督的决定》要求，形成了2022年度国有资产管理情况综合报告。

一、国有资产总体情况

（一）企业国有资产（不含金融企业）

2022年，中央企业资产总额109.4万亿元、负债总额73.7万亿元、国有资本权益21.8万亿元，平均资产负债率67.3%。

2022年，地方国有企业资产总额230.1万亿元、负债总额145.0万亿元、国有资本权益72.9万亿元，平均资产负债率63.0%。

汇总中央和地方情况，2022年，全国国有企业资产总额339.5万亿元、负债总额218.6万亿元、国有资本权益94.7万亿元，平均资产负债率64.4%。

（二）金融国有资产

2022年，中央国有金融资本权益19.1万亿元，中央金融企业资产总额261.6万亿元、负债总额234.7万亿元。

2022年，地方国有金融资本权益8.5万亿元，金融企业资产总额139.3万亿元、负债总额123.5万亿元。

汇总中央和地方情况，2022年，全国国有金融资本权益27.6万亿元，金融企业资产总额400.9万亿元、负债总额358.2万亿元。

（三）行政事业性国有资产

2022年，中央行政事业性国有资产总额6.5万亿元、负债总额2.0万亿元、净资产4.5万亿元。其中，行政单位资产总额1.4万亿元，事业单位资产总额5.1万亿元。

2022年，地方行政事业性国有资产总额53.3万亿元、负债总额10.4万亿元、净资产42.9万亿元。其中，行政单位资产总额20.2万亿元，事业单位资产总额33.1万亿元。

汇总中央和地方情况，2022年，全国行政事业性国有资产总额59.8万亿元、负债总额12.4万亿元、净资产47.4万亿元。其中，行政单位资产总额21.6万亿元，事业单位资产总额38.2万亿元。

（四）国有自然资源资产

截至2022年末，全国国有土地总面积52 360.5万公顷。其中，国有建设用地1 818.6万公顷、国有耕地1 957.5万公顷、国有园地239.3万公顷、国有林地11 261.0万公顷、国有草地19 740.5万公顷、国有湿地2 175.3万公顷。根据《联合国海洋法公约》有关规定和我国主张，管辖海域面积约300万平方公里。2022年，全国水资源总量27 088.1亿立方米。

二、国有资产管理工作情况

（一）持续加强制度建设，推进资产管理法治化、标准化、规范化。深入贯彻《行政事业性国有资产管理条例》，加强地方性法规和综合管理制度建设。《固定资产等资产基础分类与代码》国家标准由固定资产扩充到无形资产、公共基础设施等，一码贯通资产管理和政府采购。加强市政基础设施政府会计核算，推进公共基础设施等行政事业性资产管理科学化、规范化。

（二）发挥资产保障作用，支持社会事业发展和基本公共服务均等化。促进教育高质量发展，加大向薄弱环节倾斜力度，改善办学条件。医疗卫生资源战略布局持续推进，卫生健康保障能力持续增强。持续探索符合行业特点的职务科技成果转化管理新模式，进一步提质增效。做好文物资产保护利用，助推文博单位提升向公众开放的水平和服务质量。

（三）落实过紧日子要求，推动行政事业单位国有资产盘活利用。印发《关于盘活行政事业单位国有资产的指导意见》，部署开展资产盘活专项工作，推动低效闲置资产盘活利用。深入落实创新驱动发展战略，不断增加国家科研仪器管理平台开放共享科研仪器数量，坚持将科研仪器开放共享情况作为新增资产配置预算审核的重要参考因素，切实提高科技资源配置和使用效率。

（四）强化财政资源统筹管理，推进资产管理与预算管理、财务管理深度融合。加快推进资产管理融入预算管理一体化，建立健全预算资金形成资产的全链条管理机制。全面实施预算绩效管理，将行政事业单位国有资产管理情况纳入预算管理绩效考核范围统筹推进。持续完善新增资产配置预算编审工作机制，促进资源合理配置。继续推动公路资产、水利基础设施等行政事业性国有资产入账和规范管理。

（五）严肃财经纪律，扎实开展资产领域财经秩序专项整治。开展地方财经秩序专项整治行动，推动行政事业单位国有资产管理制度落地见效，提升地方资产管理规范化水平，有力扎紧制度篱笆，进一步增强守纪律讲规矩意识。

三、下一步工作安排

（一）完善行政事业性国有资产管理制度体系，不断提升资产管理效能。健全行政事业性国有资产管理制度体系。大力加强财政资源统筹，提升行政事业单位低效运转资产、闲置资产等盘活利用水平。强化全生命周期管理，从严审核新增资产配置预算。推动深化预算管理一体化建设。完善公共基础设施等行政事业性国有资产制度建设，抓好公共基础设施等行政事业性国有资产管理工作。

（二）健全国有资产报告制度，持续夯实国有资产管理和监督基础。配合全国人大做好国有资产综合性立法工作，加快国有资产报告工作法治化进程。持续加强各类国有资产管理效能，强化对数据资产等新类型新业态国有资产管理的研究论证，深化全口径全覆盖国有资产报告制度。持续推进各领域国有资产管理评价指标体系建设。

（资料来源：中国财经报，2023 年 10 月 21 日）

第一节　流动资产

流动资产是指预计在 1 年内（含 1 年）耗用或者可以变现的资产，包括货币资金、短期投资、应收及预付款项、存货等。其中，短期投资、应收票据、应收股利和应收利息属于事业单位特有的流动资产。

一、货币资金

货币资金是以货币资金形态存在的资产，是单位资金运动的起点和终点，也是唯一能够随时转换为其他资产或用于清偿债务且最具流动性的资产。单位的货币资金根据其存放的地点、方式和用途不同，分为库存现金、银行存款、零余额账户用款额度和其他货币资金。

（一）库存现金

库存现金是指存放在行政事业单位会计部门的可以随时支用的现金，简称现金。库存现金是流动性最强的货币性资产，它可以作为即付媒介，投入流通，进行交换。行政事业单位应当严格按照国务院颁布的《现金管理暂行条例》规定的范围使用现金。

为了反映和核算库存现金业务，行政事业单位应设置“库存现金”科目。本科目期末借方余额反映行政事业单位实际持有的库存现金。根据实际工作需要，本科目应当设置“受托代理资产”明细科目，用于核算行政事业单位受托代理、代管的现金。

行政事业单位应设置“库存现金日记账”逐笔登记。每日终了，应计算当日的现金收入合计数、现金支出合计数和结余数，并将结余数与实际库存数相核对，做到账款相符。有外币现金的，应当分别按照人民币、外币种类设置“库存现金日记账”进行明细核算。

1. 现金的存取

从银行等金融机构提取现金，按照实际提取的金额，借记“库存现金”科目，贷记“银行存款”科目。现金存入银行等金融机构，按照实际存入金额，借记“银行存款”科目，贷记“库存现金”科目。以上存款和提取现金业务，因为属于货币资金内部的结构性调整，不涉及现金的收支，因此，预算会计不做账务处理。

根据规定从单位零余额账户提取现金，按照实际提取的金额，借记“库存现金”科目，贷记“零余额账户用款额度”科目。

将现金退回单位零余额账户，按照实际退回的金额，借记“零余额账户用款额度”科目，贷记“库存现金”科目。

【例9－1】20×3年6月1日，某行政单位签发现金支票，从基本存款账户农业银行提取备用金3万元，从零余额账户提取现金1万元。账务处理如下：

表9－1

财务会计	预算会计
借：库存现金　40 000 　贷：银行存款　30 000 　　零余额账户用款额度　10 000	借：资金结存——货币资金　10 000 　贷：资金结存——零余额账户用款额度　10 000

2. 现金借出

行政事业单位因内部职工出差等原因借出现金，按实际借出的现金金额，借记“其他应收款”科目，贷记本科目。

出差人员报销差旅费时，按照实际报销的金额，借记“业务活动费用”“单位管理费用”等科目，按照实际借出的现金金额，贷记“其他应收款”科目，按照其差额，借记或贷记本科目。

【例9－2】20×3年6月1日，某事业单位批准员工小王到市外出差，从财政拨款经费中借款3 000元。账务处理如下：

表 9－2

财务会计		预算会计
借：其他应收款——小王	3 000	不做账务处理
贷：库存现金	3 000	

6 月 10 日，小王报销市内差旅费，单据金额共计 3 500 元，并冲销 6 月 1 日借款 3 000 元。账务处理如下：

表 9－3

财务会计		预算会计	
借：业务活动费用	3 500	借：事业支出——财政拨款支出	3 500
贷：其他应收款——小王	3 000	贷：资金结存——货币资金	3 500
库存现金	500		

3. 现金收支

因提供服务、物品或者其他事项收到现金，按照实际收到的金额，借记本科目，贷记“事业收入”“应收账款”等相关科目。涉及增值税业务的，相关账务处理参见“应交增值税”科目。

因购买服务、物品或者其他事项支付现金，按照实际支付的金额，借记“业务活动费用”“单位管理费用”“库存物品”等相关科目，贷记本科目。涉及增值税业务的，相关账务处理参见“应交增值税”科目。

以库存现金对外捐赠，按照实际捐出的金额，借记“其他费用”科目，贷记本科目。

4. 受托代理、代管的现金

收到受托代理、代管的现金按照实际收到的金额，借记本科目（受托代理资产），贷记“受托代理负债”科目；支付受托代理、代管的现金，按照实际支付的金额，借记“受托代理负债”科目，贷记本科目（受托代理资产）。

【例 9－3】20×3 年 6 月 25 日，某法院扣押 B 案件被执行人张三执行案款 2 000 元。账务处理如下：

表 9－4

财务会计		预算会计
借：库存现金——受托代理资产	2 000	不做账务处理
贷：受托代理负债——张三	2 000	

5. 库存现金清查

单位应当设置“库存现金日记账”，由出纳人员根据收付款凭证，按照业务发生顺序逐笔登记。每日终了，应当计算当日的现金收入合计数、现金支出合计数和结余数，并将结余数与实际库存数相核对，做到账款相符。

行政事业单位为了及时准确反映行政事业单位库存现金的余额，加强监督，保障资金安全，单位出纳人员每天应当对库存现金进行清查盘点，对每日账款核对中发现有待查明原因的现金短缺或溢余的，应当通过“待处理财产损溢”科目核算。属于现金溢余，应当按照实际溢余的金额，借记本科目，贷记“待处理财产损溢”科目；属于现金短缺，应当按照实际短缺的金额，借记“待处理财产损溢”科目，贷记本科目。待查明原因后及时进行账务处理。

【例9－4】20×3年6月20日进行现金盘点时，某单位发现库存现金比账面金额少400元。经核查，50元应属于出纳人员过失，需要赔偿，属于无法查明原因的350元报经批准后予以处理。账务处理如下：

表9－5

财务会计	预算会计
（1）发现现金短缺	
借：待处理财产损溢——待处理财产价值 400 贷：库存现金 400	借：其他支出——其他资金支出 400 贷：资金结存 400
（2）认定责任赔偿	
借：其他应收款——出纳员 50 贷：待处理财产损溢——待处理财产价值 50	不做账务处理
（3）收到赔偿款时	
借：库存现金 50 贷：其他应收款——出纳员 50	借：资金结存——货币资金 50 贷：其他支出——其他资金支出 50
（4）对无法查明原因的350元报经批准后处理	
借：资产处置费用 350 贷：待处理财产损溢——待处理财产价值 350	不做账务处理

【例9－5】20×3年6月30日，某单位现金盘点时发现库存现金比账面余额多500元。经核查，属于应支付给有关人员的为400元，无法查明原因的为100元，且已报经批准予以处理。账务处理如下：

表9－6

财务会计	预算会计
（1）发现现金溢余500元	
借：库存现金 500 贷：待处理财产损溢——待处理财产价值 500	借：资金结存——货币资金 500 贷：其他预算收入——现金盘盈 500
（2）支付给有关人员400元	
借：待处理财产损溢——待处理财产价值 400 贷：库存现金 400	借：其他预算收入——现金盘盈 400 贷：资金结存——货币资金 400
（3）认定无法查明原因的100元并报经处理	
借：待处理财产损溢——待处理财产价值 100 贷：其他收入——现金盘盈收入 100	不做账务处理

（二）银行存款

银行存款是指行政事业单位存入银行或者其他金融机构的各种存款。行政事业单位应当严格按照国家相关规定开设银行存款账户，并严格按照国家有关支付结算办法的规定办理银行存款收支业务。随着财政国库集中收付制度深入推行，行政事业单位财政性资金的收付业务都直接通过财政国库单一账户体系办理，行政事业单位银行存款的业务相应减少。

为了反映和核算存入银行或者其他金融机构的各种存款，行政事业单位按规定应设置“银行存款”科目。本科目期末借方余额，反映行政事业单位实际存放在银行或其他金融机构的结存款项。根据实际工作需要，本科目应设置“受托代理资产”明细科目，用于核算行政事业单位受托代理、代管的银行存款。

单位应当按照开户银行或其他金融机构、存款种类及币种等，分别设置“银行存款日记账”，由出纳人员根据收付款凭证，按照业务的发生顺序逐笔登记，每日终了应结出余额。

1. 账务处理

（1）存入款项。

行政事业单位将款项存入银行或者其他金融机构，按照实际存入的金额，借记本科目，贷记“库存现金”“应收账款”“事业收入”“经营收入”“其他收入”等相关科目。涉及增值税业务的，相关账务处理参见“应交增值税”科目。

收到银行存款利息，按照实际收到的金额，借记本科目，贷记“利息收入”科目。

【例9－6】20×3年6月21日，某事业单位银行账户收到存款利息52 000元。账务处理如下：

表9－7

财务会计	预算会计
借：银行存款　52 000 　贷：利息收入　52 000	借：资金结存——货币资金　52 000 　贷：其他预算收入——利息预算收入　52 000

（2）银行存款的支取。

行政事业单位从银行等金融机构提取现金，按照实际提取的金额，借记“库存现金”科目，贷记本科目。以银行存款支付相关费用，按照实际支付的金额，借记“业务活动费用”“单位管理费用”“其他费用”等相关科目，贷记本科目。涉及增值税业务的，相关账务处理参见“应交增值税”科目。

以银行存款对外捐赠，按照实际捐出的金额，借记“其他费用”科目，贷记本科目。

【例9－7】20×3年7月5日，某高校以转账方式从财政拨款中支付教师培训费3 200元，款项来源于政府性基金预算财政拨款。账务处理如下：

表 9-8

财务会计	预算会计
借：业务活动费用——商品和服务费用 3 200 贷：银行存款 3 200	借：事业支出——财政拨款支出 3 200 贷：资金结存——货币资金 3 200

（3）收到受托代理、代管的银行存款。

收到受托代理、代管的银行存款，按照实际收到的金额，借记本科目（受托代理资产），贷记“受托代理负债”科目；支付受托代理、代管的银行存款，按照实际支付的金额，借记“受托代理负债”科目，贷记本科目（受托代理资产）。

2. 外币业务

单位发生外币业务的，应当按照业务发生当日或当期期初的即期汇率，将外币金额折算为人民币金额记账，并登记外币金额和汇率。期末，各种外币账户的期末余额，应当按照期末的即期汇率折算为人民币，作为外币账户期末人民币余额。调整后的各种外币账户人民币余额与原账面余额的差额作为汇兑损益计入当期费用。

以外币购买物资、设备等，按照购入当日的即期汇率将支付的外币或应支付的外币折算为人民币金额，借记“库存物品”等科目，贷记“银行存款”“应付账款”等科目的外币账户。同时，在预算会计下，借记“事业支出”等科目，贷记“资金结存——货币资金”科目。涉及增值税业务的，相关账务处理参见“应交增值税”科目。

销售商品、提供服务以外币收取相关款项等，按照收入确认当日的即期汇率，将收取的外币或应收取的外币折算为人民币金额，借记“银行存款”“应收账款”等科目的外币账户，贷记“事业收入”等相关科目。同时，在预算会计下，借记“资金结存——货币资金”科目，贷记“事业预算收入”等科目。

期末，根据各外币账户按期末汇率调整后的人民币余额与原账面人民币余额的差额，作为汇兑损益，借记或贷记“银行存款”科目，贷记（汇兑收益时）或借记（汇兑损失时）“业务活动费用”“单位管理费用”等科目。同时，在预算会计下，借记或贷记“资金结存——货币资金”科目，贷记（汇兑收益时）或借记（汇兑损失时）“行政支出”“事业支出”等科目。

【例 9-8】某行政单位采购一台办公设备，价值 3 000 美元，购入当日美元对人民币的即期汇率为 1 美元 =6.6 元人民币，通过银行转账支付。账务处理如下：

表 9-9

财务会计	预算会计
借：固定资产——通用设备 19 800 贷：银行存款——美元户（美元 3 000） 19 800	借：行政支出——财政拨款支出——一般公共预算财政拨款 19 800 贷：资金结存——货币资金 19 800

【例9-9】某高校的“银行存款——美元户”账面余额为2 000美元，人民币14 000元。月末，美元对人民币的即期汇率为1美元=6.9元人民币。账务处理如下：

财务会计：汇兑损益=14 000-2 000×6.9=200（元）

表9-10

财务会计		预算会计	
借：单位管理费用	200	借：事业支出——财政拨款支出	200
贷：银行存款——美元户	200	贷：资金结存——货币资金	200

（三）零余额账户用款额度

预算单位零余额账户是指财政部门按照国库集中支付体系设计，为行政事业单位在商业银行开设的账户，用于财政直接支付和财政授权支付及清算。零余额账户用款额度是指实行国库集中支付的行政事业单位根据财政部门批复的用款计划收到和支出的零余额账户用款额度。零余额账户平常是没有资金沉淀的，财政部门根据预算安排及单位的申请，为单位的零余额账户核定一个用款额度，单位在这个额度内向开户银行发出支付指令，银行根据指令用自有资金垫付，之后再与国库进行清算，从而保持“无余额过夜”状态。因此，尽管单位零余额账户并不是一个实存资金账户，但只要财政部门核定的零余额账户的用款额度未用完，这一额度仍然挂在预算单位的零余额账户名下，单位可以继续通过单位零余额账户使用剩余的用款额度，实现资金支付。因此，零余额账户用款额度是实行国库集中支付改革后新出现的，预算单位可以随时使用的一项特殊的流动资产。

为了反映和核算实行国库集中支付的行政事业单位根据财政部门批复的用款计划而收到的财政授权支付资金额度，行政事业单位应按规定设置“零余额账户用款额度”科目，本科目期末借方余额，反映行政事业单位尚未支用的零余额账户用款额度。年末，注销单位零余额账户用款额度后，本科目应无余额。

1. 预算单位零余额账户的特点和作用

（1）零余额账户是连接国库单一账户与商品或劳务供应商账户的纽带，代理国库单一账户对商品或劳务供应商的支付。

（2）零余额账户是实现对预算资金最终付款控制的必要的技术手段。零余额账户的零余额特性，使得所有预算资金得以集中控制在国库单一账户，从而克服传统的因分散、重复设置账户而导致的预算资金大量滞留于预算单位以及由此引发的一系列弊端。

（3）建立国库单一账户体系，实行财政国库集中支付后，预算单位原有的在商业银行开设的存款账户都将被取消，而零余额账户可以作为这些传统账户的替代，一方面兼顾预算单位的传统支付习惯，使预算单位可以依据预算管理权限向零余额账户发出支付指令，履行支付义务，保证为执行预算而采购商品或劳务时做出的支付承诺按时兑现；另一方面也能够体现在国库单一账户制度改革中，保持预算管理体制赋予预算单位的管理权限及其会计主体地位不变的改革要求。

2. 账务处理

(1) 收到额度。

单位根据收到的“财政授权支付到账通知书”所列金额，借记本科目，贷记“财政拨款收入”科目。

【例9-10】20×3年7月1日，某单位收到代理银行转来的财政授权支付额度到账通知单，办公费20万元，款项来源于一般公共预算财政拨款。账务处理如下：

表9-11

财务会计	预算会计
借：零余额账户用款额度 200 000 贷：财政拨款收入——一般公共预算财政拨款 200 000	借：资金结存——零余额账户用款额度 200 000 贷：财政拨款预算收入——一般公共预算拨款 200 000

(2) 支用额度。

行政事业单位购买库存物品或购建固定资产，按照实际发生的成本，借记“库存物品”“固定资产”“在建工程”等科目，按照实际支付或应付的金额，贷记本科目“应付账款”等科目。涉及增值税业务的，相关账务处理参见“应交增值税”科目。从零余额账户提取现金时，按照实际提取的金额，借记“库存现金”科目，贷记本科目。

【例9-11】20×3年7月16日，某事业单位通过财政授权支付离退休人员生活费20 000元。账务处理如下：

表9-12

财务会计	预算会计
借：应付职工薪酬——基本工资（含离退休费） 20 000 贷：零余额账户用款额度 20 000	借：事业支出——财政拨款支出 20 000 贷：资金结存——零余额账户用款额度 20 000

(3) 年末处理。

年末，根据代理银行提供的对账单做注销额度的相关账务处理，借记“财政应返还额度——财政授权支付”科目，贷记本科目。

年末，行政事业单位本年度财政授权支付预算指标数大于零余额账户用款额度下达数的，根据未下达的用款额度，借记“财政应返还额度——财政授权支付”科目，贷记“财政拨款收入”科目。

下年初，单位根据代理银行提供的上年度注销额度恢复到账通知书做恢复额度的相关账务处理，借记本科目，贷记“财政应返还额度——财政授权支付”科目。单位收到财政部门批复的上年未下达零余额账户用款额度，借记本科目，贷记“财政应返还额度——财政授权支付”科目。

【例 9－12】20×3 年末，某事业单位零余额账户用款额度有 10 万元未支出，根据代理银行提供的对账单注销财政授权支付额度。账务处理如下：

表 9－13

财务会计	预算会计
（1）根据代理银行提供的对账单注销财政授权支付额度	
借：财政应返还额度——财政授权支付 100 000 贷：零余额账户用款额度 100 000	借：资金结存——财政应返还额度 100 000 贷：资金结存——零余额账户用款额度 100 000
（2）下年初，根据代理银行提供的额度恢复到账通知书进行账务处理	
借：零余额账户用款额度 100 000 贷：财政应返还额度——财政授权支付 100 000	借：资金结存——零余额账户用款额度 100 000 贷：资金结存——财政应返还额度 100 000

（四）其他货币资金

其他货币资金是指行政事业单位除库存现金、银行存款和零余额账户用款额度以外的货币资金。包括外埠存款、银行汇票存款、银行本票存款和信用卡存款等。

因此，单位应设置“其他货币资金”科目，核算单位的外埠存款、银行本票存款、银行汇票存款、信用卡存款等其他货币资金。“其他货币资金”科目期末借方余额反映单位实际持有的其他货币资金。“其他货币资金”科目应按照资金存放形式设置“外埠存款”“银行本票存款”“信用卡存款”等明细科目进行明细核算。

单位通过支付宝、微信等方式取得相关收入的，对于尚未转入银行存款的支付宝、微信收付款等第三方支付平台账户的余额，应当通过“其他货币资金”科目核算。

1. 外埠存款

单位按照有关规定需要在异地开立银行账户，将款项委托本地银行汇往异地开立账户时，借记“其他货币资金——外埠存款”科目，贷记“银行存款”科目，收到采购员交来供应单位发票账单等报销凭证时，借记“库存物品”等科目，贷记“其他货币资金——外埠存款”科目。同时，在预算会计下，按照实际支付金额，借记“事业支出”等科目，贷记“资金结存——货币资金”科目。

将多余的外埠存款转回本地银行时，根据银行的收账通知，借记“银行存款”科目，贷记“其他货币资金”科目。

2. 银行本票、银行汇票存款

将取得的银行本票、银行汇票款项交存银行时，按照取得的银行本票、银行汇票金额，借记“其他货币资金——银行本票存款”“其他货币资金——银行汇票存款”科目，贷记“银行存款”科目。

使用银行本票、银行汇票购买库存物品等资产时，按照实际支付金额，借记“库存物品”等科目，贷记“其他货币资金”科目。同时，在预算会计下，按照实际支付金额，借记“事业支出”等科目，贷记“资金结存——货币资金”科目。

如有余款或因本票、汇票超过付款期等原因而退回款项，按照退款金额，借记“银行存款”科目，贷记“其他货币资金”科目。

3. 信用卡存款

将取得的信用卡款项交存银行时，按交存金额，借记“其他货币资金——信用卡存款”科目，贷记“银行存款”科目。

用信用卡购物或支付有关费用，按照实际支付金额，借记“单位管理费用”“库存物品”等科目，贷记“其他货币资金”科目。同时，在预算会计下，按照实际支付金额，借记“事业支出”等科目，贷记“资金结存——货币资金”科目。

单位信用卡在使用过程中，需向其账户续存资金的，按照续存金额，借记“其他货币资金”科目，贷记“银行存款”科目。预算会计不做账务处理。

【例 9－13】20×3 年 10 月，某事业单位其他货币资金发生以下业务。8 日，因去外地采购材料，经批准，办理银行汇票存款 500 000 元。9 日，支付材料款 450 000 元，汇票结算单余款于 11 日转回。账务处理如下：

表 9－14

财务会计	预算会计
（1）10 月 8 日办理银行汇票存款	
借：其他货币资金——银行汇票存款 500 000 贷：银行存款 500 000	不做账务处理
（2）10 月 9 日支付材料款	
借：库存物品材料 450 000 贷：其他货币资金 450 000	借：事业支出——其他资金支出 450 000 贷：资金结存 450 000
（3）10 月 11 日，转回多余资金	
借：银行存款 50 000 贷：其他货币资金 50 000	不做账务处理

二、短期投资

（一）投资的概念及分类

投资是指事业单位按规定以货币资金、实物资产、无形资产等方式形成的债权或股权投资。事业单位的投资按照持有时间分为短期投资和长期投资。

事业单位应当严格控制对外投资。在保证单位正常运转和事业发展的前提下，按照国家有关规定可以对外投资的，应当履行相关审批程序。事业单位不得使用财政拨款及其结余资金进行对外投资，不得从事股票、期货、基金、企业债券等投资，国家另有规定的除外。

（二）短期投资的确认和计量

短期投资是指事业单位按照规定取得的持有时间不超过1年（含1年）的投资，短期投资主要是国债和地方政府债券投资。

事业单位短期投资在取得时，应当按照实际成本（包括购买价格和相关税费）作为初始投资成本，实际支付价格中包含的已到付息期但尚未领取的利息，应当于收到时冲减短期投资成本。期末，短期投资应当按照账面余额计量。

因此，事业单位应设置“短期投资”科目，用于核算事业单位持有时间不超过1年（含1年）的投资。“短期投资”科目期末借方余额反映事业单位持有短期投资的成本。“短期投资”科目应按照投资的种类等进行明细核算。

（三）账务处理

1. 取得短期投资

事业单位取得短期投资时，按照实际成本（购买价款和相关税费），借记本科目，贷记“银行存款”等科目。同时，在预算会计下，按照实际支付的金额，借记“投资支出”科目，贷记“资金结存——货币资金”科目。

2. 收到垫支的利息

事业单位收到取得投资时包含的已到付息期尚未领取的利息时，按照实际收到的金额，借记“银行存款”科目，贷记本科目。

3. 收到持有期间的利息

收到短期投资持有期间的利息，按照实际收到的金额，借记“银行存款”科目，贷记“投资收益”科目。同时，在预算会计下，按照实际收到的金额，借记“资金结存——货币资金”科目，贷记“投资预算收益”科目。

4. 出售短期投资或到期收回短期投资本息

出售短期投资或到期收回短期投资本息，按照实际收到的金额，借记“银行存款”科目，按照出售或收回短期投资的账面余额，贷记“短期投资”科目，按照其差额，贷记或借记“投资收益”科目。涉及增值税业务的，相关账务处理参见“应交增值税”科目。

同时，在预算会计下，按照实际收到的金额，借记“资金结存——货币资金”科目，按照短期投资的账面余额，贷记“投资支出”科目（当年投资的）或“其他结余”科目（以前年度投资的），按照其差额，贷记或借记“投资预算收益”科目。

【例9-14】20×3年1月，某事业单位利用闲置资金购入国债面值100 000元，1年期票面利率为3%，以银行存款支付101 500元，其中包括已经到期尚未收到的利息1 500元。账务处理如下：

表 9-15

财务会计		预算会计	
(1) 购入国债			
借：短期投资——国债投资	101 500	借：投资支出	101 500
贷：银行存款	101 500	贷：资金结存——货币资金	101 500
(2) 收到购入时包含的利息			
借：银行存款	1 500	借：资金结存——货币资金	1 500
贷：短期投资——国债投资	1 500	贷：投资支出	1 500
(3) 12 月到期持有期间利息 1 500 元			
借：银行存款	1 500	借：资金结存——货币资金	1 500
贷：投资收益	1 500	贷：投资预算收益	1 500
(4) 若 2 月底到期收回国债			
借：银行存款	100 000	借：资金结存——货币资金	100 000
贷：短期投资——国债	100 000	贷：投资支出	100 000
(5) 处置：若 10 月底，将上述国债予以出售，获得收入 114 485 元，款项存入银行，增值税税率为 6%。应交增值税：(114 485 - 101 500) ÷ (1 +6%) ×6% =735 (元)			
借：银行存款	114 485	借：资金结存——货币资金	113 750
贷：短期投资——国债	100 000	贷：投资支出	100 000
投资收益	13 750	投资预算收益	13 750
应交增值税	735		

三、应收及预付款项

应收及预付款项是指行政事业单位在开展业务活动中形成的各种债权，包括财政应返还额度、应收票据、应收账款、预付账款、应收股利、应收利息和其他应收款等。

(一) 财政应返还额度

财政应返还额度是指实行国库集中支付的行政事业单位应收财政返还的资金额度，包括可以使用的以前年度财政直接支付资金额度和财政应返还的财政授权支付资金额度。

本科目应当设置“财政直接支付”“财政授权支付”两个明细科目进行明细核算。本科目期末借方余额，反映单位应收财政返还的资金额度。

1. 账务处理

(1) 财政直接支付。

年末，单位根据本年度财政直接支付预算指标数大于当年财政直接支付实际发生数的差额，借记本科目，贷记“财政拨款收入”科目。

单位使用以前年度财政直接支付额度支付款项时，借记“业务活动费用”“单位管理费用”等科目，贷记本科目。

【例 9－15】某事业单位 20×3 年 1 月—20×3 年 12 月发生以下经济业务：

（1）20×3 年 12 月 31 日，经计算财政直接支付预算指标数与财政直接支付实际支出数之间的差额为 200 000 元（一般公共预算财政拨款，日常公用经费）。账务处理如下：

表 9－16

财务会计	预算会计
借：财政应返还额度——财政直接支付 200 000 　贷：财政拨款收入——一般公共预算财政拨款 200 000	借：资金结存——财政应返还额度 200 000 　贷：财政拨款预算收入——一般公共预算财政拨款 200 000

（2）20×3 年 1 月 15 日，该单位以财政直接支付方式购买一批办公用品（属于上年预算指标数），已验收入库，支付货款 1 000 元。账务处理如下：

表 9－17

财务会计	预算会计
借：库存物品 1 000 　贷：财政应返还额度——财政直接支付 1 000	借：事业支出——财政拨款支出 1 000 　贷：资金结存——财政应返还额度 1 000

（2）财政授权支付。

年末，根据代理银行提供的对账单做注销额度的相关账务处理，借记本科目，贷记“零余额账户用款额度”科目。

年末，单位本年度财政授权支付预算指标数大于零余额账户用款额度下达数的，根据未下达的用款额度，借记本科目，贷记“财政拨款收入”科目。

下年初，单位根据代理银行提供的上年度注销额度恢复到账通知书做恢复额度的相关账务处理，借记“零余额账户用款额度”科目，贷记本科目。单位收到财政部门批复的上年未下达零余额账户用款额度，借记“零余额账户用款额度”科目，贷记本科目。

【例 9－16】某事业单位 20×3 年 2 月—20×3 年 12 月发生以下经济业务：

20×3 年 12 月 31 日，经与代理银行提供的对账单核对无误后，将 200 000 元零余额账户用款额度予以注销。账务处理如下：

表 9－18

财务会计	预算会计
借：财政应返还额度——财政授权支付 200 000 　贷：零余额账户用款额度 200 000	借：资金结存——财政应返还额度 200 000 　贷：资金结存——零余额账户用款额度 200 000

20×3 年 12 月 31 日，经计算本年度财政授权支付预算指标数大于授权支付额度下达数，未下达的用款额度为 210 000 元（日常公用经费）。账务处理如下：

表 9-19

财务会计	预算会计
借：财政应返还额度——财政授权支付 210 000 贷：财政拨款收入——一般公共预算财政拨款 210 000	借：资金结存——财政应返还额度 210 000 贷：财政拨款预算收入——一般公共预算财政拨款 210 000

20×3 年 2 月 1 日，收到代理银行提供的 180 000 元的零余额账户用款额度到账通知书。账务处理如下：

表 9-20

财务会计	预算会计
借：零余额账户用款额度 180 000 贷：财政应返还额度——财政授权支付 180 000	借：资金结存——零余额账户用款额度 180 000 贷：资金结存——财政应返还额度 180 000

20×3 年 2 月 5 日，通过授权支付方式支付办公室一笔公务接待费 1 000 元，款项已通过单位零余额账户支付。账务处理如下：

表 9-21

财务会计	预算会计
借：业务活动费用——商品和服务费用 1 000 贷：零余额账户用款额度 1 000	借：行政支出——财政拨款支出 1 000 贷：资金结存——零余额账户用款额度 1 000

（二）应收票据

应收票据是指事业单位因开展经营活动销售产品、提供有偿服务等而收到的商业汇票，商业汇票按承兑人不同分为银行承兑汇票和商业承兑汇票。银行承兑汇票由银行承兑，由在承兑银行开立存款账户的存款人签发。商业承兑汇票是由银行以外的付款人承兑，可由交易双方约定签发。

为了反映和核算应收票据业务，事业单位应设置“应收票据”科目，本科目应按照开出、承兑商业汇票的单位等进行明细核算。本科目期末借方余额，反映事业单位持有的商业汇票票面金额。

为了加强应收票据管理，事业单位应设置“应收票据备查簿”，逐笔登记每一应收票据的种类、号数、出票日期、到期日、票面金额、交易合同号和付款人、承兑人、背书人姓名或单位名称、背书转让日、贴现日期、贴现率和贴现净额、收款日期、收回金额和退票情况。

1. 因销售产品、提供服务等收到商业汇票

按照商业汇票的票面金额，借记本科目，按照确认的收入金额，贷记“经营收入”

等科目。涉及增值税业务的，相关账务处理参见“应交增值税”科目。

【例 9－17】20×3 年 4 月 1 日，某事业单位为增值税一般纳税人，其非独立核算部门从事经营活动销售产品而收到甲公司不带息的承兑期 3 个月的商业承兑汇票一张，该商业承兑汇票的面值为 22 600 元。账务处理如下：

表 9－22

财务会计	预算会计
借：应收票据——甲公司　22 600 　贷：经营收入　20 000 　　应交增值税——应交税金（销项税额） 　　2 600	不做账务处理

2. 应收票据的贴现

票据贴现是指事业单位因资金短缺等原因，将未到期票据向银行融通资金，银行按票据的应收金额扣除一定期间的利息后的余额付给单位的融资行为。

如果贴现商业汇票到期，承兑人的银行账户不足支付，银行即将已贴现的票据退回申请贴现的单位，同时从贴现单位的账户中将票据款划回，此种贴现称为带追索权。票据贴现也可不带追索权，票据权利与义务转移，视同票据出售。

持未到期的商业汇票向银行贴现，按照实际收到的金额（即扣除贴现息后的净额），借记“银行存款”科目，按照贴现息金额，借记“经营费用”等科目，按照商业汇票的票面金额，贷记本科目（无追索权）或“短期借款”科目（有追索权）。附追索权的商业汇票到期未发生追索事项的，按照商业汇票的票面金额，借记“短期借款”科目，贷记本科目。

【例 9－18】接上例。20×3 年 5 月 31 日，某事业单位将上述未到期的商业汇票向建设银行贴现，月贴现率为 0.5%。

贴现息＝票据到期值×贴现率×贴现期＝22 600×0.5%＝113（元）

贴现所得＝票据到期值－贴现息＝22 600－113＝22 487（元）

（1）假设贴现票据有追索权。

表 9－23

财务会计	预算会计
借：银行存款　22 487 　　经营费用——利息费用　113 　贷：短期借款——建设银行　22 600	不做账务处理

（2）假设贴现票据无追索权。

表9－24

财务会计		预算会计	
借：银行存款	2 2487	借：资金结存——货币资金	22 487
经营费用——利息费用	113	贷：其他预算收入	22 487
贷：应收票据——甲公司	22 600		

【例9－19】接上例。20×3年3月31日，上述商业汇票到期，账务处理如下：

（1）假设发生追索事项。

表9－25

财务会计		预算会计
（1）银行将已贴现的票据退回事业单位		
借：短期借款	22 600	不做账务处理
贷：银行存款	22 600	
（2）同时从事业单位的账户中将票据款划回		
借：应收账款——甲公司	22 600	不做账务处理
贷：应收票据——甲公司	22 600	

（2）假设未发生追索事项。

表9－26

财务会计		预算会计	
借：短期借款——建设银行	22 600	借：资金结存——货币资金	22 487
贷：应收票据——甲公司	22 600	贷：经营预算收入	22 487

3. 应收票据转让

应收票据转让是指持票人因偿还欠款等原因，将未到期的商业汇票背书转让给其他单位和个人的业务活动。背书是指持票人在票据背面签字，签字人称为背书人，背书人对票据的到期付款负连带责任。

事业单位将持有的商业汇票背书转让以取得所需物资时，按照取得物资的成本，借记“库存物品”等科目，按照商业汇票的票面金额，贷记本科目，如有差额，借记或贷记“银行存款”等科目。涉及增值税业务的，相关账务处理参见“应交增值税”科目。

【例9－20】假设20×3年5月1日，某事业单位从乙公司取得一批办公用品，增值税专用发票注明办公用品价值20 000元，增值税2 600元，已验收入库，单位将上述商业汇票背书转让给乙公司。账务处理如下：

表 9－27

财务会计		预算会计
借：库存物品	20 000	不做账务处理
应交增值税——进项税额	2 600	
贷：应收票据——乙公司	22 600	

4．商业汇票到期

收款单位应将汇票连同进账单送交开户银行以便转账收款，分别对以下情况进行账务处理：收回票款时，按照实际收到的商业汇票票面金额，借记“银行存款”科目，贷记本科目；因付款人无力支付票款，收到银行退回的商业承兑汇票、委托收款凭证、未付票款通知书或拒付款证明等，按照商业汇票的票面金额，借记“应收账款”科目，贷记本科目。

事业单位应当设置“应收票据备查簿”，逐笔登记每一应收票据的种类、号数、出票日期、到期日、票面金额、交易合同号和付款人、承兑人、背书人姓名或单位名称、背书转让日、贴现日期、贴现率和贴现净额、收款日期、收回金额和退票情况等。应收票据到期结清票款或退票后，应当在备查簿内逐笔注销。

（三）应收账款

应收账款是事业单位提供服务、销售产品等应收取的款项，以及单位因出租资产、出售物资等应收取的款项。事业单位核算应收账款时，应当按照债务单位（或个人）进行明细核算。

为了反映和核算应收账款的增减变动及其结存情况，行政事业单位应设置“应收账款”科目。本科目应按照债务单位（或个人）进行明细核算。本科目期末借方余额，反映行政事业单位尚未收回的应收账款。

1．应收账款收回后不需上缴财政

发生应收账款时，按照应收未收金额，借记本科目，贷记“事业收入”“经营收入”“租金收入”“其他收入”等科目。涉及增值税业务的，相关账务处理参见“应交增值税”科目。

收回应收账款时，按照实际收到的金额，借记“银行存款”等科目，贷记本科目。

【例 9－21】某事业单位为增值税一般纳税人，20×3 年 4 月 1 日，报经财政部门批准后，将限制的写字楼出租给甲公司，合同约定年租金 240 000 元（不含税），租期 1 年，租金后付，每季度末支付一次，增值税征收率为 5%。

4 月末、5 月末及 6 月末确认租金收入时，账务处理如下：

不含税月租金额＝240 000÷12＝20 000（元）

表 9－28

财务会计	预算会计
借：应收账款——甲公司　21 000 　贷：租金收入　20 000 　　应交增值税——应交税金（销项税额）　1 000	不做账务处理

【例 9－22】接上例。20×3 年 6 月 30 日，收到甲公司支付房租款 63 000 元，存入银行。

表 9－29

财务会计	预算会计
借：银行存款　63 000 　贷：应收账款——甲公司　63 000	借：资金结存——货币资金　60 000 　贷：其他预算收入——租金预算收入　60 000

2. 应收账款收回后需上缴财政

行政事业单位出售物资发生应收未收款项时，按照应收未收金额，借记本科目，贷记“应缴财政款”科目。收回应收账款时，按照实际收到的金额，借记“银行存款”等科目，贷记本科目。涉及增值税业务的，相关账务处理参见“应交增值税”科目。

【例 9－23】20×3 年 12 月 3 日，某检察院资产管理处报经财政部门批准后，将一批账面价值为 40 000 元的原材料出售给 A 公司，双方商定价格为 50 000 元，款项尚未收到，出售收入属于非税收入，应当上缴财政，假设不考虑增值税，账务处理如下：

表 9－30

财务会计	预算会计
借：资产处置费用　40 000 　贷：库存物品　40 000	不做账务处理
借：应收账款——A 公司　50 000 　贷：应缴财政款——应缴国库款　50 000	不做账务处理

3. 年末处理

事业单位应当于每年年末，对收回后不需上缴财政应收账款进行全面检查，如发生不能收回的迹象，应当计提坏账准备。对“坏账准备”的有关账务处理见“坏账准备”科目。

已核销的应收账款在以后期间又收回的，按照实际收回金额，借记本科目，贷记“坏账准备”科目；同时，借记“银行存款”等科目，贷记本科目。

对于账龄超过规定年限、确认无法收回的应收账款，按照规定报经批准后予以核销。借记“坏账准备”科目，贷记本科目。核销的应收账款应在备查簿中保留登记。

【例9－24】20×3年12月31日，某事业单位对收回后不需上缴财政应收账款进行全面检查，发现有一笔应收A公司房屋租金30 000元，账龄超过规定年限、确认无法收回，账务处理如下：

表9－31

财务会计		预算会计
借：坏账准备——应收账款	30 000	不做账务处理
贷：应收账款——A公司	30 000	

行政事业单位应当于每年年末，对收回后应当上缴财政的应收账款进行全面检查。

对于账龄超过规定年限、确认无法收回的应收账款，按照规定报经批准后予以核销。按照核销金额，借记“应缴财政款”科目，贷记本科目。核销的应收账款应当在备查簿中保留登记。

已核销的应收账款在以后期间又收回的，按照实际收回金额，借记“银行存款”等科目，贷记“应缴财政款”科目。

【例9－25】接上例。检察院出售给A公司的办公用品30 000元，年末，经检查发现因A公司宣告破产确认无法收回，按照规定报财政部门批准后予以核销。账务处理如下：

表9－32

财务会计		预算会计
借：应缴财政款——应缴国库款	30 000	不做账务处理
贷：应收账款——乙公司	30 000	

【例9－26】20×3年10月，某行政单位有一笔上年已核销的，应当上缴财政的B公司应收账款2 000元，又收回并存入单位银行户。账务处理如下：

表9－33

财务会计		预算会计
借：银行存款	2 000	不做账务处理
贷：应缴财政款——应缴国库款	2 000	

（四）预付账款

预付账款是指行政事业单位按照购货、服务合同或协议规定预付给供应单位（或个人）的款项，以及按照合同规定向承包工程的施工企业预付的备料款和工程款。本科目期末借方余额，反映单位实际预付但尚未结算的款项。

本科目应当按照供应单位（或个人）及具体项目进行明细核算；对于基本建设项目发生的预付账款，还应当在本科目所属基建项目明细科目下设置“预付备料款”“预付工程款”“其他预付款”等明细科目，进行明细核算。本科目期末借方余额，反映单位实际预付但尚未结算的款项。

1. 发生预付账款

根据购货、服务合同或协议规定预付款项时，按照预付金额，借记本科目，贷记“财政拨款收入”“零余额账户用款额度”“银行存款”等科目。

【例9-27】20×3年4月5日，某法院按照合同规定向甲公司预付工程款18 000 000元，通过银行转账方式。账务处理如下：

表9-34

财务会计		预算会计	
借：预付账款——甲公司	18 000 000	借：行政支出	18 000 000
贷：银行存款	18 000 000	贷：资金结存——货币资金	18 000 000

2. 收到所购资产或服务

收到所购资产或服务时，按照购入资产或服务的成本，借记“库存物品”“固定资产”“无形资产”“业务活动费用”等相关科目，按照相关预付账款的账面余额，贷记本科目，按照实际补付的金额，贷记“财政拨款收入”“零余额账户用款额度”“银行存款”等科目。涉及增值税业务的，还应当进行“应交增值税”的账务处理。

3. 结算价款及备料款

行政事业单位根据工程进度结算工程价款及备料款时，按照结算金额，借记“在建工程”科目，按照相关预付账款的账面余额，贷记本科目，按照实际补付的金额，贷记“财政拨款收入”“零余额账户用款额度”“银行存款”等科目。

【例9-28】接上例。20×3年6月，办公楼建设完毕，经验收合格工程款为30 000 000元，甲公司开具发票。据此通过财政授权支付补付不足款项12 000 000元，款项来源于一般公共预算财政拨款。账务处理如下：

表9-35

财务会计		预算会计	
借：在建工程——建筑安装工程投资	30 000 000	借：行政支出——财政拨款支出	12 000 000
贷：预付账款——甲公司	18 000 000	贷：资金结存——货币资金	12 000 000
零余额账户用款额度	12 000 000		

4. 预付账款退回

以前年度预付账款发生退回的，按照实际退回金额，借记“财政应返还额度”“零余额账户用款额度”“银行存款”等科目，贷记本科目。

当年预付账款发生退回的，按照实际退回金额，借记“财政拨款收入”“零余额账户用款额度”“银行存款”等科目，贷记本科目。

【例9-29】20×3年12月10日，某事业单位与A公司签订购买设备合同，并通过财政授权支付方式预付甲公司货款20 000元，款项来源于一般公共预算财政拨款。20×4

年2月1日，单位发现该设备存在质量隐患，经双方协商同意终止合同，2月2日退回款项。账务处理如下：

表9－36

财务会计		预算会计	
（1）20×3年12月10日购买设备			
借：预付账款——A公司	20 000	借：事业支出	20 000
贷：零余额账户用款额度	20 000	贷：资金结存——零余额账户用款额度	20 000
（2）20×4年2月2日退回货款			
借：零余额账户用款额度	20 000	借：资金结存	20 000
贷：预付账款——A公司	20 000	贷：财政拨款结转	20 000

5. 年末检查

行政事业单位应当于每年年末对预付账款进行全面检查。如果有确凿证据表明预付账款不再符合预付款项性质，或者因供应单位破产、撤销等原因可能无法收到所购货物、服务的，应先将其转入其他应收款，再按照规定进行处理。将预付账款账面余额转入其他应收款时，借记“其他应收款”科目，贷记本科目。

【例9－30】20×3年12月26日，某事业单位因A公司破产，导致向其预付款项20 000元无法收回。账务处理如下：

表9－37

财务会计		预算会计
借：其他应收款——A公司	20 000	不做账务处理
贷：预付账款——A公司	20 000	

（五）应收股利

应收股利是指事业单位持有长期股权投资应当收取的现金股利或应当分得的利润。本科目期末借方余额，反映事业单位应当收取但尚未收到的现金股利或利润。

本科目应当按照被投资单位等进行明细核算。本科目期末借方余额，反映事业单位应当收取但尚未收到的现金股利或利润。

1. 取得长期股权投资

取得长期股权投资时，按照支付的价款中所包含的已宣告但尚未发放的现金股利，借记本科目，按照确定的长期股权投资成本，借记“长期股权投资”科目，按照实际支付的金额，贷记“银行存款”等科目。

2. 持有长期股权投资

长期股权投资持有期间，被投资单位宣告发放现金股利或利润的，按照应享有的份额，借记本科目，贷记“投资收益”（成本法下）或“长期股权投资”（权益法下）科目。

3. 宣告发放股利

长期股权投资持有期间，被投资单位宣告发放现金股利或利润的，按照应享有的份额，借记本科目，贷记“投资收益”（成本法下）或“长期股权投资”（权益法下）科目。

4. 实际收到现金股利或利润

实际收到现金股利或利润时，按照收到的金额，借记“银行存款”等科目，贷记本科目。相关举例参见本章“长期股权投资”的核算。

（六）应收利息

应收利息是指行政事业单位长期债券投资应当收取的利息。

事业单位应设置“应收利息”科目，并按照被投资单位等进行明细核算，本科目期末借方余额，反映事业单位应收未收的长期债券投资利息。

1. 取得长期债券投资

取得长期债券投资时，按照确定的投资成本，借记“长期债券投资”科目，按照支付的价款中包含的已到付息期但尚未领取的利息，借记本科目，按照实际支付的金额，贷记“银行存款”等科目。

收到取得投资时实际支付价款中所包含的已到付息期但尚未领取的利息时，按照收到的金额，借记“银行存款”等科目，贷记本科目。

2. 按期确认利息

按期计算确认长期债券投资利息收入时，对于分期付息、一次还本的长期债券投资，按照以票面金额和票面利率计算确定的应收未收利息金额，借记本科目，贷记“投资收益”科目。

3. 实际收到利息

实际收到应收利息时，按照收到的金额，借记“银行存款”等科目，贷记本科目。相关举例参见本章“长期债券投资”科目的核算。

（七）其他应收款

其他应收款是指行政事业单位除财政应返还额度、应收票据、应收账款、预付账款、应收股利、应收利息以外的其他各项应收及暂付款项，如职工预借的差旅费、已经偿还银行尚未报销的公务卡欠款、拨付给内部有关部门的备用金、应向职工收取的各种垫付款项、支付的可以收回的订金或押金、应收的上级补助和附属单位上缴款项等。

行政事业单位应设置“其他应收款”科目，并按照其他应收款的类别以及债务单位（或个人）进行明细核算。本科目期末借方余额，反映行政事业单位尚未收回的其他应收款。

1. 发生其他各种应收及暂付款项

发生其他各种应收及暂付款项时，按照实际发生金额，借记本科目，贷记“零余额账户用款额度”“银行存款”“库存现金”“上级补助收入”“附属单位上缴收入”等科目。涉及增值税业务的，相关账务处理参见“应交增值税”科目。

2. 收回其他各种应收及暂付款项

收回其他各种应收及暂付款项时，按照收回的金额，借记“库存现金”“银行存款”等科目，贷记“其他应收款”科目；报销时，按照实际报销金额，借记“业务活动费用”“单位管理费用”等科目，贷记“其他应收款”科目。

【例9－31】20×3年8月3日，某单位员工张三出差预借差旅费3 000元，财务人员通过零余额账户转账支付。8月12日该员工报销差旅费，报销金额2 800元，以现金方式偿还余款200元，款项来源于一般公共预算财政拨款。账务处理如下：

表9－38

财务会计	预算会计
(1) 20×3年8月3日借款时	
借：其他应收款——张三 3 000 　贷：零余额账户用款额度 3 000	不做账务处理
(2) 20×3年8月12日报销时	
借：库存现金 200 　业务活动费用——商品和服务费用 2 800 　贷：其他应收款——张三 3 000	借：事业支出 2 800 　贷：资金结存 2 800

3. 备用金

备用金是指为了满足行政事业单位内部各部门和职工个人的需要，而暂付给有关部门和人员使用的备用现金。行政事业单位内部实行备用金制度的，有关部门使用备用金以后应当及时到财务部门报销并补足备用金。

财务部门核定并发放备用金时，按照实际发放金额，借记“其他应收款”科目，贷记“库存现金”等科目。根据报销金额用现金补足备用金定额时，借记“业务活动费用”“单位管理费用”等科目，贷记“库存现金”等科目。

【例9－32】某单位20×3年发生以下经济业务：

1月5日核定办公室的备用金定额为10 000元，并以库存现金拨付。账务处理如下：

表9－39

财务会计	预算会计
借：其他应收款——备用金 10 000 　贷：库存现金 10 000	不做账务处理

1月20日，办公室报销日常管理支出2 600元，财务以转账支票支付该款项，款项来源于一般公共预算财政拨款。账务处理如下：

表 9－40

财务会计	预算会计
借：业务活动费用——商品和服务费用 2 600 贷：银行存款 2 600	借：事业支出——财政拨款支出 2 600 贷：资金结存——货币资金 2 600

4．公务卡偿还和报销

偿还尚未报销的公务卡欠款时，按照偿还的款项，借记本科目，贷记“零余额账户用款额度”“银行存款”等科目；持卡人报销时，按照报销金额，借记“业务活动费用”“单位管理费用”等科目，贷记本科目。

【例 9－33】某大学 20×3 年发生以下的经济业务：

1 月 26 日，人事处职工李四等人外出考察干部（市内出差），用公务卡支付住宿费 5 200 元。1 月 30 日，学校财务处通过财政授权支付方式偿还这笔尚未报销的公务卡欠款，款项来源于一般公共预算财政拨款。账务处理如下：

表 9－41

财务会计	预算会计
借：其他应收款——李四 5 200 贷：零余额账户用款额度 5 200	不做账务处理

2 月 1 日，人事处报账员持住宿费发票及公务卡消费凭证到财务处报销，报销金额 5 200 元。账务处理如下：

表 9－42

财务会计	预算会计
借：单位管理费用——商品和服务费用 5 200 贷：其他应收款——李四 5 200	借：事业支出——财政拨款支出 5 200 贷：资金结存——零余额账户用款额度 5 200

5．收不回来的预付账款

行政事业单位预付账款如有确凿证据表明其不符合预付账款性质，或者因供货单位破产、撤销等原因已无望再收到所购货物的，应将原计入预付账款的金额转入其他应收款，将预付账款账面余额转入其他应收款时，借记本科目，贷记“预付账款”科目。

6．年末检查

行政事业单位应当于每年年末对其他应收款进行全面检查。事业单位对其他应收款的坏账采用备抵法通过“坏账准备”科目核算，账务处理参见“坏账准备”科目。

行政单位对于超过规定年限、确认无法收回的其他应收款，应按规定报经批准后予以核销，按照核销金额，借记“资产处置费用”科目，贷记本科目。已核销的其他应收款以后期间又收回的，按照收回金额，借记“银行存款”科目，贷记“其他收入”科目。

四、坏账准备

坏账是指无法收回的应收款项。根据现行制度规定，事业单位对收回后不需上缴财政的应收账款和其他应收款应当提取坏账准备，行政单位一般不需要计提坏账准备。

事业单位可以采用应收款项余额百分比法、账龄分析法、个别认定法等方法计提坏账准备。坏账准备计提方法一经确定，不得随意变更。如需变更，应当按照规定报经批准，并在财务报表附注中予以说明。

当期应补提或冲减的坏账准备金额的计算公式如下：

当期应补提或冲减的坏账准备金额 = 按照期末应收账款和其他应收款计算应计提的坏账准备金额 − 本科目期末贷方余额（或 + 本科目期末借方余额）

为了反映和核算收回后不需上缴财政的应收账款和其他应收款提取的减值准备，事业单位应设置“坏账准备”科目，本科目按照应收账款和其他应收款进行明细核算。本科目年末贷方余额，反映事业单位提取的坏账准备金额。

（一）账务处理

1. 提取坏账准备

提取坏账准备时，借记“其他费用”科目，贷记本科目。冲减坏账准备时，借记本科目，贷记“其他费用”科目。

2. 确认无法收回的应收账款、其他应收款

对于账龄超过规定年限并确认无法收回的应收账款、其他应收款，应当按照有关规定报经批准后，按照无法收回的金额，借记本科目，贷记“应收账款”“其他应收款”科目。

已核销的应收账款、其他应收款在以后期间又收回的，按照实际收回金额，借记“应收账款”“其他应收款”科目，贷记“坏账准备”科目；同时，借记“银行存款”等科目，贷记“应收账款”“其他应收款”科目。同时，在预算会计下，按照实际收到的金额，借记“资金结存”科目，贷记“非财政拨款结余”等科目。

【例 9－34】某单位发生以下与坏账有关经济业务：

20×3 年某单位“坏账准备”账户贷方余额为 2 000 元（均为应收账款坏账准备），“应收账款”明细账户借方余额为 200 000 元（收回后均不需上缴财政），“其他应收款”明细账户借方余额为 100 000 元（收回后均不需上缴财政）。该单位采用应收账款和其他应收款余额百分比法估计坏账损失，经分析发生坏账的可能性，“应收账款”按 5% 提取坏账准备，“其他应收款”按 1% 提取坏账准备。账务处理如下：

20×3 年末按应收账款余额计算提取坏账准备 = 200 000 × 5% = 10 000（元）

20×3 年末按其他应收款余额计算提取坏账准备 = 100 000 × 1% = 1 000（元）

由于坏账准备的贷方已有余额 2 000 元（均为应收账款坏账准备），所以当年应补提 9 000 元，其中：

应补提应收账款坏账准备 = 10 000 − 2 000 = 8 000（元）

应补提其他应收款坏账准备 = 1 000 − 0 = 1 000（元）

表 9 − 43

财务会计		预算会计
借：其他费用——坏账损失 贷：坏账准备——应收账款 ——其他应收款	9 000 8 000 1 000	不做账务处理

20×3 年 5 月，应收账款发生坏账损失 5 000 元，其中应收 A 公司租赁费 3 000 元，应收 B 公司租赁费 2 000 元，该单位按照规定报经批准后予以核销。账务处理如下：

表 9 − 44

财务会计		预算会计
借：坏账准备——应收账款 贷：应收账款——A 公司 ——B 公司	5 000 3 000 2 000	不做账务处理

20×3 年末，A 公司“应收账款”明细账户借方余额为 500 000 元（收回后均不需上缴财政），“其他应收款”明细账户借方余额为 80 000 元（收回后均不需上缴财政）。

20×3 年末按应收账款余额计算提取坏账准备 = 500 000 × 5% = 25 000（元）

20×3 年末按其他应收款余额计算提取坏账准备 = 80 000 × 1% = 800（元）

应补提应收账款坏账准备 = 25 000 − （10 000 − 5 000） = 20 000（元）

应补提其他应收款坏账准备 = 800 − 1 000 = − 200（元）

表 9 − 45

财务会计		预算会计
借：其他费用——坏账损失 坏账准备 贷：坏账准备——应收账款	19 800 200 20 000	不做账务处理

五、存货

存货是指行政事业单位在开展业务活动及其他活动中为耗用或出售而储存的资产，如材料、产品、包装物和低值易耗品等，以及未达到固定资产标准的用具、装具、动植物等。目前，行政事业单位的存货主要核算在途物品、库存物品和加工物品。

符合存货定义的经济资源，同时满足下列条件的，应当予以确认：与该存货相关的服务潜力很可能实现或者经济利益很可能流入行政事业单位；该存货的成本或者价值能够可靠地计量。

（一）存货的计量

1. 取得存货

表 9－46 存货初始计量表

取得方式	实际成本的确定
购入	成本包括购买款、相关税费、运输费、装卸费、保险费以及使得存货达到目前场所和状态所发生的归属于存货成本的其他支出
自行加工	成本包括耗用的直接材料费用、发生的直接人工费用和按照一定方法分配的与存货加工有关的间接费用
委托加工	成本包括委托加工前存货成本、委托加工的成本（如委托加工费以及按规定应计入委托加工存货成本的相关税费等）以及使存货达到目前场所和状态所发生的归属于存货成本的其他支出
置换取得	成本按照换出资产的评估价值，加上支付的补价或减去收到的补价，加上为换入存货发生的其他相关支出确定
接受捐赠	成本按照有关凭据注明的金额加上相关税费、运输费等确定，没有相关凭据可供取得，但按规定经过资产评估的，其成本按照评估价值加上相关税费、运输费等确定；没有相关凭据可供取得、也未经资产评估的，其成本比照同类或类似资产的市场价格加上相关税费、运输费等确定；没有相关凭据且未经资产评估、同类或类似资产的市场价格也无法可靠取得的，按照名义金额入账，相关税费、运输费等计入当期费用
无偿调入	成本按照调出方账面价值加上相关税费、运输费等确定
盘盈存货	按规定经过资产评估的，其成本按照评估价值确定，未经资产评估的，其成本按照重置成本确定

取得的计量存货在取得时应当按照成本进行初始计量，下列各项应当在发生时确认为当期费用，不计入存货成本：①非正常消耗的直接材料、直接人工和间接费用。②仓储费用（不包括在加工过程中为达到下一个加工阶段所必需的费用）。③不能归属于使存货达到目前场所和状态所发生的其他支出。

2. 发出存货的计量

存货发出时，单位应当根据实际情况采用先进先出法、加权平均法或者个别计价法来确定发出存货的实际成本。计价方法一经确定，不得随意变更。与企业会计相比，政府会计规定的发出存货的计价方法不包括后进先出法。

对于性质和用途相似的存货，应当采用相同的成本计价方法确定发出存货的成本。对于不能替代使用的存货、为特定项目专门购入或加工的存货，通常采用个别计价法确定发出存货的成本。

单位应当采用一次转销法或者五五摊销法对低值易耗品、包装物进行摊销，将其成本计入当期费用或者相关资产成本。

（二）账户设置

1．“在途物品”科目

在途物品是指行政事业单位采购材料等物资时货款已付或已开出商业汇票但尚未验收入库的物品。本科目可按照供应单位和物品种类进行明细核算。科目期末借方余额，反映单位在途物品的采购成本。

2．“加工物品”科目

该科目核算行政事业单位自制或委托外单位加工的各种物品的实际成本。未完成的测绘、地质勘查、设计成果的实际成本，也通过本科目核算。本科目应设置“自制物品”“委托加工物品”两个一级明细科目，并按照物品类别、品种、项目等设置明细账，进行明细核算。本科目在“自制物品”一级明细科目下应当设置“直接材料”“直接人工”“其他直接费用”等二级明细科目归集自制物品发生的直接材料、直接人工（专门从事物品制造人员的人工费）等直接费用；对于自制物品发生的间接费用，应当在本科目“自制物品”一级明细科目下单独设置“间接费用”二级明细科目予以归集，期末，再按照一定的分配标准和方法分配计入有关物品的成本。

本科目期末借方余额，反映单位自制或委托外单位加工但尚未完工的各种物品的实际成本。

3．“库存物品”科目

库存物品是指行政事业单位在开展业务活动及其他活动中为耗用或出售而储存的各种物品。它包括各种材料、产品、包装物、低值易耗品，以及达不到固定资产标准的用具、装具、动植物等。已完成的测绘、地质勘查、设计成果等的成本，也通过本科目核算。

但是单位随买随用的零星办公用品，可以在购进时直接列作费用，不通过本科目核算。单位控制的政府储备物资，应当通过“政府储备物资”科目核算，不通过本科目核算。单位受托存储保管的物资和受托转赠的物资，应当通过“受托代理资产”科目核算，不通过本科目核算。单位为在建工程购买和使用的材料物资，应当通过“工程物资”科目核算，不通过本科目核算。

本科目应当按照库存物品的种类、规格、保管地点等进行明细核算。单位储存的低值易耗品、包装物较多的，可以在本科目（低值易耗品、包装物）下按照“在库”“在用”和“摊销”等进行明细核算。本科目期末借方余额，反映单位库存物品的实际成本。

（三）存货取得的账务处理

1．外购的物品

（1）外购在途物品。行政事业单位外购的存货，按照确定的物品采购成本的金额，借记“在途物品”等科目，按照实际支付的金额，贷记“财政拨款收入”“零余额账户用款额度”“银行存款”“应付票据”等科目。

（2）外购库存物品。外购的库存物品验收入库，按照确定的成本，借记“库存物品”科目，贷记“财政拨款收入”“零余额账户用款额度”“银行存款”“应付账款”“在途物品”等科目。同时，在预算会计下，借记“行政支出”“事业支出”“经营支出”等科目，贷记“财政拨款预算收入”“资金结存”等科目。

【例9－35】某事业单位是增值税一般纳税人，20×3年发生以下经济业务：

3月21日，从A公司采购经营用的原材料一批，取得增值税专用发票上注明的材料价款20 000元，增值税额2 600元，开出承兑商业汇票，材料尚未到达，账务处理如下：

表9－47

财务会计	预算会计
借：在途物品 20 000 　应交增值税——应交税费（进项税额） 　2 600 　贷：应付票据——A公司 22 600	不做账务处理

4月1日上述材料运到，验收入库，以现金支付运费1 000元（假设不考虑增值税），账务处理如下：

表9－48

财务会计	预算会计
借：库存物品 21 000 　贷：在途物品 20 000 　　库存现金 1 000	借：经营支出 1 000 　贷：资金结存——货币资金 1 000

2. 自制物品

为自制物品领用材料等，按照材料成本，借记“加工物品”科目（自制物品——直接材料），贷记“库存物品”科目。

已经制造完成并验收入库的物品，按照所发生的实际成本（包括耗用的直接材料费用、直接人工费用、其他直接费用和分配的间接费用），借记“库存物品”科目，贷记“加工物品”科目（自制物品）。

3. 委托加工物品

发给外单位加工的材料等，按照其实际成本，借记“加工物品”科目（委托加工物品），贷记“库存物品”科目。

支付加工费、运输费等费用，按照实际支付的金额，借记“加工物品”科目（委托加工物品），贷记“零余额账户用款额度”“银行存款”等科目。涉及增值税业务的，相关账务处理参见“应交增值税”科目。

委托加工完成的材料等验收入库，按照加工前发出材料的成本和加工、运输成本等，借记“库存物品”等科目，贷记“加工物品”科目（委托加工物品）。

【例 9－36】某事业单位委托丙公司加工一批材料，发出材料成本 10 000 元，支付加工费 6 000 元、材料运输费 4 000 元，款项以银行存款付讫。加工完成后收回验收入库。

表 9－49

财务会计	预算会计
（1）发出材料时	
借：其他应收款——张三 3 000 贷：零余额账户用款额度 3 000	不做账务处理
（2）支付加工费和运输费时	
借：库存现金 200 业务活动费用——商品和服务费用 2 800 贷：其他应收款——张三 3 000	借：事业支出 2 800 贷：资金结存 2 800
（3）加工完成验收入库时	
借：库存物品 20 000 贷：加工物品——委托加工物品 20 000	不做账务处理

4. 接受捐赠的存货

接受捐赠的库存物品验收入库，按照确定的成本，借记本科目，按照发生的相关税费、运输费等，贷记“银行存款”等科目，按照其差额，贷记“捐赠收入”科目。接受捐赠的库存物品按照名义金额入账的，按照名义金额，借记本科目，贷记“捐赠收入”科目；同时，按照发生的相关税费、运输费等，借记“其他费用”科目，贷记“银行存款”等科目。

【例 9－37】某行政单位接受社会捐赠的机器设备，该专用工具无证明其价值的凭据，目前的市场价格为 6 000 元。为专用工具发生的包装费 100 元，用财政资金以银行转账支付，款项来源于政府性基金预算财政拨款。账务处理如下：

表 9－50

财务会计	预算会计
借：库存物品——低值易耗品 6 100 贷：银行存款 100 捐赠收入 6 000	借：其他支出——财政拨款支出 100 贷：资金结存——货币资金 100

5. 无偿调入的存货

行政事业单位无偿调入的库存物品验收入库，按照确定的成本，借记“库存物品”科目，按照发生的相关税费、运输费等，贷记“银行存款”等科目，按照其差额，贷记“无偿调拨净资产”科目。

【例 9－38】20×3 年 5 月，某行政单位从其他单位无偿调入一台设备，调出单位的账面价值为 9 000 元。材料调入时用非财政资金支付运费 500 元，以银行转账方式支付。账务处理如下：

表 9－51

财务会计		预算会计	
借：库存物品——设备	9 500	借：其他支出——其他资金支出	500
贷：银行存款	500	贷：资金结存——货币资金	500
无偿调拨净资产	9 000		

6. 置换换入的存货

行政事业单位置换换入的库存物品验收入库，按照确定的成本，借记“库存物品”科目，按照换出资产的账面余额，贷记相关资产科目（换出资产为固定资产、无形资产的，还应借记“固定资产累计折旧”“无形资产累计摊销”科目），按照置换过程中发生的其他相关支出，贷记“银行存款”等科目，按照借贷方差额，借记“资产处置费用”科目或贷记“其他收入”科目。涉及补价的，分别按照以下情况处理。

一是支付补价的，按照确定的成本，借记“库存物品”科目，按照换出资产的账面余额，贷记相关资产科目（换出资产为固定资产、无形资产的，还应当借记“固定资产累计折旧”“无形资产累计摊销”科目），按照支付的补价和置换过程中发生的其他相关支出，贷记“银行存款”等科目，按照借贷方差额，借记“资产处置费用”科目或贷记“其他收入”科目。

二是收到补价的，按照确定的成本，借记“库存物品”科目，按照收到的补价，借记“银行存款”等科目，按照换出资产的账面余额，贷记相关资产科目（换出资产为固定资产、无形资产的，还应当借记“固定资产累计折旧”“无形资产累计摊销”科目），按照置换过程中发生的其他相关支出，贷记“银行存款”等科目，按照补价扣减其他相关支出后的净收入，贷记“应缴财政款”科目，按照借贷方差额，借记“资产处置费用”科目或贷记“其他收入”科目。

【例 9－39】某行政单位以一辆行政用旧车置换一批物品，旧车账面原值 100 000 元，累计折旧 20 000 元，旧车评估价值为 50 000 元，支付物品的运输费 2 000 元，通过财政授权支付，款项来源于一般公共预算财政拨款。账务处理如下：

表 9－52

财务会计		预算会计	
借：库存物品	52 000	借：其他支出——财政拨款支出	2 000
资产处置费用	30 000	贷：资金结存——零余额账户用款额度	2 000
固定资产累计折旧	20 000		
贷：固定资产——汽车	100 000		
零余额账户用款额度	2 000		

【例9-40】20×3年1月，某单位以一台办公设备换入一批B材料，办公设备账面原值为160 000元，累计折旧为50 000元，评估价值为100 000元，以财政授权支付补价20 000元、运杂费5 000元，款项来源于一般公共预算财政拨款。账务处理如下：

表9-53

财务会计	预算会计
借：库存物品——B材料 125 000 固定资产累计折旧 50 000 资产处置费用 10 000 贷：固定资产——通用设备 160 000 零余额账户用款额度 25 000	借：其他支出——财政拨款支出 25 000 贷：资金结存——零余额账户用款额度 25 000

【例9-41】接上例。若设备的评估价值为120 000元，收到补价10 000元，其他条件不变。账务处理如下：

表9-54

财务会计	预算会计
借：库存物品 115 000 固定资产累计折旧——通用设备 50 000 银行存款 5 000 贷：固定资产——通用设备 160 000 应缴财政款 5 000 其他收入 5 000	不做账务处理

（四）存货发出的账务处理

行政事业单位开展业务活动等领用、按照规定自主出售发出或加工发出库存物品，按照领用、出售等发出物品的实际成本，借记“业务活动费用”“单位管理费用”“经营费用”“加工物品”等科目，贷记本科目。

【例9-42】20×3年8月5日，某事业单位的课题组领用A材料一批，采用全月一次加权平均法计算的价值为6 000元。账务处理如下：

表9-55

财务会计	预算会计
借：业务活动费用——商品和服务费用 6 000 贷：库存物品——A材料 6 000	不做账务处理

采用一次转销法摊销低值易耗品、包装物的，在首次领用时将其账面余额一次性摊销计入有关成本费用；采用五五摊销法摊销低值易耗品、包装物的，首次领用时，将其账面余额的50%摊销计入有关成本费用，使用完时，将剩余的账面余额转销计入有关成

本费用。

【例 9-43】20×3 年 4 月 5 日，某高校领用维修工具一批，其实际成本 1 000 元，9 月 30 日，将这批维修工具按程序报废。学校采用五五摊销法摊销低值易耗品。账务处理如下：

表 9-56

财务会计	预算会计
（1）4 月 5 日领用	
借：库存物品——低值易耗品（在用） 1 000 　贷：库存物品——低值易耗品（在库） 1 000	不做账务处理
（2）同时，摊销其实际成本的 50%	
借：单位管理费用——商品和服务费用 500 　贷：库存物品——低值易耗品（摊销） 500	不做账务处理
（3）9 月 30 日，报废维修工具	
借：单位管理费用——商品和服务费用 500 　贷：库存物品——低值易耗品（摊销） 500	不做账务处理
（4）注销报废原领用低值易耗品的成本	
借：库存物品——低值易耗品（摊销） 1 000 　贷：库存物品——低值易耗品（在用） 1 000	不做账务处理

（五）存货处置的账务处理

行政事业单位经批准对外出售的库存物品（不含可自主出售的库存物品）发出时，按照库存物品的账面余额，借记“资产处置费用”科目，贷记“库存物品”科目；同时，按照收到的价款，借记“银行存款”等科目，按照处置过程中发生的相关费用，贷记“银行存款”等科目，按照其差额，贷记“应缴财政款”科目。

【例 9-44】20×3 年 11 月 18 日，某行政单位进行资产清查时，清理出一批闲置的低值易耗品，经财政部门批准后单位对外出售了这批低值易耗品，售价 20 000 元，已存入银行。该低值易耗品账面价值为 30 000 元。账务处理如下：

表 9-57

财务会计	预算会计
借：资产处置费用 30 000 　贷：库存物品——低值易耗品 30 000	不做账务处理
借：银行存款 20 000 　贷：应缴财政款——资产处置款项 20 000	不做账务处理

行政事业单位经批准对外捐赠的库存物品发出时，按照库存物品的账面余额和对外

捐赠过程中发生的归属于捐出方的相关费用合计数，借记“资产处置费用”科目，按照库存物品账面余额，贷记“库存物品”科目，按照对外捐赠过程中发生的归属于捐出方的相关费用，贷记“银行存款”等科目。

【例9-45】某事业单位向对口帮扶学校无偿捐赠一批实验器材，器材账面价值为80 000元，运费600元，以自有资金转账支付。账务处理如下：

表9-58

财务会计	预算会计
借：资产处置费用 80 600 　贷：库存物品——低值易耗品 80 000 　　　银行存款 600	借：其他支出——其他资金支出 600 　贷：资金结存——货币资金 600

行政事业单位经批准无偿调出的库存物品发出时，按照库存物品的账面余额，借记“无偿调拨净资产”科目，贷记“库存物品”科目；同时，按照无偿调出过程中发生的归属于调出方的相关费用，借记“资产处置费用”科目，贷记“银行存款”等科目。

【例9-46】某行政单位报经有关部门批准后，将一批库存消毒用品无偿调拨给甲单位，该消毒用品的账面价值为3 000元，以自有资金转账支付运费200元。账务处理如下：

表9-59

财务会计	预算会计
借：无偿调拨净资产 3 000 　贷：库存物品——低值易耗品 3 000	不做账务处理
借：资产处置费用 200 　贷：银行存款 200	借：其他支出——其他资金支出 200 　贷：资金结存——货币资金 200

经批准置换换出的库存物品参照本科目有关置换换入库存物品的规定进行账务处理。

（六）存货盘点的账务处理

盘盈的库存物品，按照确定的入账成本，借记“库存物品”科目，贷记“待处理财产损溢”科目。

库存物品盘亏或者毁损、报废的库存物品，按照待处理库存物品的账面余额，借记“待处理财产损溢”科目，贷记“库存物品”科目。

属于增值税一般纳税人的事业单位，若由非正常原因导致库存物品盘亏或毁损，还应当将与该库存物品相关的增值税进项税额转出，按照其增值税进项税额，借记“待处理财产损溢”科目，贷记“应交增值税——应交税金（进项税额转出）”科目。

【例9-47】20×3年12月31日，某事业单位在资产清查中发现盘盈专业活动用A材料一批，经评估确定A材料价值为10 000元，原因待查明：

表 9－60

财务会计	预算会计
借：库存物品——A 材料 10 000 　贷：待处理财产损溢 10 000	不做账务处理

查明原因属于计量工具不准确引起，冲减有关费用，账务处理如下：

财务会计	预算会计
借：待处理财产损溢 10 000 　贷：单位管理费用——商品和服务费用 10 000	不做账务处理

【例 9－48】20×3 年 12 月 31 日，某行政单位在资产清查中发现盘亏 B 材料一批，其账面价值为 10 000 元，因无法查明原因，经批准后做单位费用处理。账务处理如下：

表 9－61

财务会计	预算会计
借：待处理财产损溢——待处理财产价值 10 000 　贷：库存商品——B 材料 10 000	不做账务处理
借：资产处置费用 10 000 　贷：待处理财产损溢——待处理财产价值 10 000	不做账务处理

六、待摊费用

待摊费用是指行政事业单位已经支付，但应当由本期和以后各期分别负担的分摊期在 1 年以内（含 1 年）的各项费用，如预付报纸杂志费、预付租金等。

摊销期限在 1 年以上的租入固定资产改良支出和其他费用，应当通过“长期待摊费用”科目核算，不通过本科目核算。本科目应当按照待摊费用种类进行明细核算。本科目期末借方余额，反映单位各种已支付但尚未摊销的分摊期在 1 年以内（含 1 年）的费用。

为了反映和核算已经支付但应当由本期和以后各期分别负担的分摊期在 1 年以内（含 1 年）的各项费用，行政事业单位应当设置“待摊费用”科目，本科目应按照待摊费用种类进行明细核算。本科目期末借方余额，反映行政事业单位各种已支付但尚未摊销的分摊期在 1 年以内（含 1 年）的费用。

（一）账务处理

1．发生待摊费用

发生待摊费用时，按照实际预付的金额，借记本科目，贷记“财政拨款收入”“零余额账户用款额度”“银行存款”等科目。

2．按照受益期限分期平均摊销

按照受益期限分期平均摊销时，按照摊销金额，借记“业务活动费用”“单位管理费用”“经营费用”等科目，贷记本科目。

3. 待摊费用已经不能使行政事业单位受益

如果某项待摊费用已经不能使行政事业单位受益，应当将其摊余金额一次全部转入当期费用。按照摊销金额，借记“业务活动费用”“单位管理费用”“经营费用”等科目，贷记本科目。

【例9－49】20×3年1月1日，某单位租赁一座临时行政办公用房，租期1年，租金600 000元，双方约定分两次支付租金，当日通过零余额账户支付租金300 000元，款项来源于一般公共预算财政拨款。账务处理如下：

表9－62

财务会计	预算会计
（1）支付租金	
借：待摊费用——办公用房租金　300 000 　贷：零余额账户用款额度　300 000	借：行政支出——财政拨款支出　300 000 　贷：资金结存——零余额账户用款额度　300 000
（2）每月月底摊销租金	
借：业务活动费用——商品和服务费用 50 000 　贷：待摊费用——办公用房租金　50 000	不做账务处理

第二节　非流动资产

非流动资产是指流动资产以外的资产，包括长期投资、固定资产、在建工程、无形资产、经管资产（公共基础设施、政府储备物资、文物文化资产、保障性住房等）。

一、长期股权投资

长期股权投资是指事业单位按照规定取得的，持有时间超过1年（不含1年）的股权性质的投资。

本科目应当按照被投资单位和长期股权投资取得方式等进行明细核算。长期股权投资采用权益法核算的，还应当按照“成本”“损益调整”“其他权益变动”设置明细科目，进行明细核算。本科目期末借方余额，反映事业单位持有的长期股权投资的价值。

（一）长期股权投资取得的账务处理

以货币资金取得的长期股权投资。按照实际支付的全部价款（包括购买价款和相关税费）作为实际成本。实际支付价款中包含的已宣告但尚未发放的现金股利，应当单独确认为应收股利，不计入长期股权投资初始投资成本。按照确定的投资成本，借记本科目或本科目（成本），按照支付的价款中包含的已宣告但尚未发放的现金股利，借记“应收股利”科目，按照实际支付的全部价款，贷记“银行存款”等科目。实际收到取得投资时所支付价款中包含的已宣告但尚未发放的现金股利时，借记“银行存款”科目，贷记“应收股利”科目。

【例 9－50】20×3 年 4 月 15 日，某医院以银行存款 200 000 元购入长期股权投资，其中包含已宣告但尚未发放的现金股利 20 000 元，本投资无权决定被投资单位的财务和经营政策。5 月 28 日收到购入时宣告发放的现金股利。账务处理如下：

表 9－63

财务会计	预算会计
（1）4 月 15 日购入投资	
借：长期股权投资　180 000 　应收股利　20 000 　贷：银行存款　200 000	借：投资支出　200 000 　贷：资金结存——货币资金　200 000
（2）5 月 28 日收到购入时宣告发放的现金股利	
借：银行存款　20 000 　贷：应收股利　20 000	借：资金结存——货币资金　20 000 　贷：投资支出　20 000

以货币资金以外的其他资产置换取得的长期股权投资，其成本按照换出资产的评估价值加上支付的补价或减去收到的补价，加上换入长期股权投资发生的其他相关支出确定。

【例 9－51】20×3 年 1 月，某事业单位经批准以一套电气设备进行一项长期股权投资，固定资产的账面原值为 140 000 元，已计提折旧 20 000 元，另用银行存款支付运费等相关费用 10 000 元，无权决定被投资单位的财务和经营政策，账务处理如下：

表 9－64

财务会计	预算会计
（1）假如固定资产评估价 160 000 元，收到补价 20 000 元	
借：长期股权投资　150 000 　固定资产累计折旧——通用设备　20 000 　银行存款　10 000 　贷：固定资产——通用设备　140 000 　　其他收入　40 000	借：资金结存——货币资金　10 000 　贷：其他预算收入　10 000
（2）假如固定资产评估价 100 000 元，支付补价 20 000 元	
借：长期股权投资　130 000 　固定资产累计折旧——通用设备　20 000 　资产处置费用　20 000 　贷：固定资产——通用设备　140 000 　　银行存款　30 000	借：其他支出——其他资金支出　30 000 　贷：资金结存——货币资金　30 000

以未入账的无形资产（持有的科技成果）取得的长期股权投资，按照评估价值加相关税费作为投资成本，借记本科目，按照发生的相关税费，贷记“银行存款”“其他应交税费”等科目。

无偿调入的长期股权投资，按照调出方的账面价值加相关税费作为投资成本，借记本科目或本科目（成本），按照发生的相关税费，贷记“银行存款”等科目，按照其差额，贷记“无偿调拨净资产”科目。

长期股权投资持有期间的账务处理，应当按照规定采用成本法或权益法进行核算。

成本法是指投资按照成本计量的方法。事业单位无权决定或参与被投资单位的财务和经营政策的，应当采用成本法进行核算。被投资单位宣告发放现金股利或利润时，按照应收的金额，借记“应收股利”科目，贷记“投资收益”科目。收到现金股利或利润时，按照实际收到的金额，借记“银行存款”等科目，贷记“应收股利”科目。

【例9－52】某事业单位对B公司的投资占其总资本的10%，采用成本法核算，20×3年3月2日，B公司宣告发放现金股利300 000元，该事业单位应获得现金股利30 000元，5月1日收到B公司发放的现金股利。账务处理如下：

表9－65

财务会计	预算会计
（1）20×3年3月2日，B公司宣告发放现金股利	
借：应收股利　30 000 　贷：投资收益　30 000	不做账务处理
（2）5月1日，收到B公司发放的现金股利	
借：银行存款　30 000 　贷：应收股利　30 000	借：资金结存——货币资金　30 000 　贷：投资预算收益　30 000

权益法是指投资最初以投资成本计量，以后根据行政事业单位在被投资单位所享有的所有者权益份额的变动对投资的账面余额进行调整的方法。事业单位能够决定被投资单位的财务和经营政策，或参与被投资单位的财务和经营政策决策的，应当采用权益法进行核算。

被投资单位实现净利润的，按照应享有的份额，借记“长期股权投资——损益调整”科目，贷记“投资收益”科目。

被投资单位发生净亏损的，按照应分担的份额，借记“投资收益”科目，贷记“长期股权投资——损益调整”科目，但以本科目的账面余额减记至零为限。发生亏损的被投资单位以后年度又实现净利润的，按照收益分享额弥补未确认的亏损分担额后的金额，借记“长期股权投资——损益调整”科目，贷记“投资收益”科目。

被投资单位宣告分派现金股利或利润，按照应享有的份额，借记“应收股利”科目，贷记“长期股权投资——损益调整”科目。

收到现金股利或利润时，按照实际收到的金额，借记“银行存款”科目，贷记“应收股利”科目。同时，在预算会计下，借记“资金结存——货币资金”科目，贷记“投资预算收益”科目。

被投资单位发生除净损益和利润分配以外的所有者权益变动，应按照应享有或应分担的份额，借记或贷记“长期股权投资——其他权益变动”科目，贷记或借记“权益法调整”科目。

【例9－53】某单位发生与长期股权投资有关的经济业务如下：

20×3年1月，以无形资产60万元，评估价100万元向B企业投资，占B企业注册资本的60%，能够决定A企业的财务和经营决策。账务处理如下：

表9－66

财务会计	预算会计
借：长期股权投资——成本 1 000 000 贷：无形资产 600 000 其他收入 400 000	不做账务处理

当年B企业的净利润200 000元。账务处理如下：

表9－67

财务会计	预算会计
借：长期股权投资——损益调整 120 000 贷：投资收益 120 000	不做账务处理

A企业宣告发放现金股利100 000元。务处理如下：

表9－68

财务会计	预算会计
借：应收股利——B企业 60 000 贷：长期股权投资——损益调整 60 000	不做账务处理

B企业收到现金股利60 000元。务处理如下：

表9－69

财务会计	预算会计
借：银行存款 60 000 贷：应收股利——B企业 60 000	借：资金结存——货币资金 60 000 贷：投资预算收益 60 000

A企业其他所有者权益变动200 000元。账务处理如下：

表9－70

财务会计	预算会计
借：长期股权投资——其他权益变动 120 000 贷：权益法调整 120 000	不做账务处理

权益法改为成本法。事业单位因处置部分长期股权投资等原因而对处置后的剩余股权投资由权益法改按成本法核算的，应当按照权益法下本科目账面余额作为成本法下本科目账面余额（成本）。其后，被投资单位宣告分派现金股利或利润时，属于单位已计入投资账面余额的部分，按照应分得的现金股利或利润份额，借记“应收股利”科目，贷记本科目。

成本法改为权益法。事业单位因追加投资等原因对长期股权投资的核算从成本法改为权益法的，应当按照成本法下本科目账面余额与追加投资成本的合计金额，借记本科目（成本），按照成本法下本科目账面余额，贷记本科目，按照追加投资的成本，贷记“银行存款”等科目。

（二）长期股权投资处置的账务处理

1. 报经批准出售或转让

按照规定报经批准出售（转让）长期股权投资时，应当区分长期股权投资取得方式分别进行处理。

（1）处置以现金取得的长期股权投资。处置以现金取得的长期股权投资，按照实际取得的价款，借记“银行存款”等科目，按照被处置长期股权投资的账面余额，贷记本科目，按照尚未领取的现金股利或利润，贷记“应收股利”科目，按照发生的相关税费等支出，贷记“银行存款”等科目，按照借贷方差额，借记或贷记“投资收益”科目。

（2）处置以科技成果转化形成的长期股权投资。处置以科技成果转化形成的长期股权投资，按规定所取得的收入全部留归本单位的，应当按照实际取得的价款，借记“银行存款”等科目，按照被处置长期股权投资的账面余额，贷记“长期股权投资”科目，按照尚未领取的现金股利或利润，贷记“应收股利”科目，按照发生的相关税费等支出，贷记“银行存款”等科目，按照借贷方差额，借记或贷记“投资收益”科目；同时，在预算会计中，按照实际取得的价款，借记“资金结存——货币资金”科目，按照处置时确认的投资收益金额，贷记“投资预算收益”科目，按照贷方差额，贷记“其他预算收入”科目。

（3）处置以现金以外的其他资产取得的长期股权投资。成本法下，处置以现金以外的其他资产取得的长期股权投资，按照被处置长期股权投资的账面余额，借记“资产处置费用”科目，贷记本科目；同时，按照实际取得的价款，借记“银行存款”等科目，按照尚未领取的现金股利或利润，贷记“应收股利”科目，按照发生的相关税费等支出，贷记“银行存款”等科目，按照贷方差额，贷记“应缴财政款”科目。按照规定将处置时取得的投资收益纳入本单位预算管理的，应当按照所取得价款大于被处置长期股权投资账面余额、应收股利账面余额和相关税费支出合计的差额，贷记“投资收益”科目。

【例 9－54】甲事业单位 20×3 年 1 月 1 日“长期股权投资”科目余额（假设均为成本法核算）如下：以现金方式取得的长期股权投资乙公司账面余额 1 000 000 元，以固定资产置换取得的长期股权投资丙公司账面余额5 000 000元，以无形资产对外投资（非持有的科技成果作价投资）取得的丁公司股权账面余额1 000 000元，以现金方式取得的长期股权投资戊公司账面余额6 000 000元。

20×3年，甲单位发生以下经济业务：

（1）经批准，甲单位于20×3年1月1日出售乙公司股权，获得处置价款1 200 000元，尚未领取的现金股利100 000元连同转让对方，处置过程中发生其他相关税费支出50 000元，按规定处置收益留归本单位使用。

（2）经批准，甲单位于20×3年1月1日出售丙公司股权，获得处置价款5 900 000元，尚未收到的现金股利500 000元连同转让对方，处置过程中发生相关税费支出150 000元，按规定处置收益全部上缴财政。

（3）投资的丁公司因经营不善，经批准开展破产清算并予以注销，形成长期股权投资损失，按规定报经批准后，20×3年5月1日，甲单位对丁公司的股权予以核销。

（4）20×3年6月，为了业务发展需要，甲单位以其持有的对戊公司的长期股权投资交换己单位拥有的一项专利权。在6月30日的交换日，甲单位持有的长期股权投资账面余额为6 000 000元，在交换日的评估价值为6 100 000元；己单位专利权的账面原值为7 000 000元，累计已摊销金额为200 000元，在交换日的评估价值为6 500 000元，甲单位支付补价400 000元。假设本次交易过程中没有发生其他相关税费。

在处置时采用成本法核算上述业务，账务处理如下：

表9－71

财务会计	预算会计
（1）出售乙公司股权投资的账务处理	
借：银行存款 1 200 000 贷：长期股权投资——乙公司 1 000 000 应收股利 100 000 银行存款 50 000 投资收益 50 000	借：资金结存——货币资金 1 150 000 贷：其他结余（投资款） 1 000 000 投资预算收益 150 000
（2）处置丙公司股权投资的账务处理	
借：资产处置费用 5 000 000 贷：长期股权投资——丙公司 5 000 000 借：银行存款 5 750 000 贷：应收股利 500 000 应缴财政款 5 250 000	借：资金结存——货币资金 500 000 贷：投资预算收益 500 000
（3）核销丁公司股权投资的账务处理	
借：资产处置费用 1 000 000 贷：长期股权投资——丁公司 1 000 000	不做账务处理

续上表

财务会计		预算会计	
(4) 置换戊公司股权的账务处理			
借：无形资产——专利权	6 500 000		
贷：长期股权投资	6 000 000	借：其他支出——货币资金	500 000
银行存款	400 000	贷：资金结存——货币资金	500 000
其他收入	100 000		

权益法下，处置以现金以外的其他资产取得的（不含科技成果转化形成的）长期股权投资时，按规定将取得的投资收益（此处的投资收益，是指长期股权投资处置价款扣除长期股权投资成本和相关税费后的差额）纳入本单位预算管理的，分别按照以下两种情况处理。

第一，长期股权投资的账面余额大于其投资成本的，应按照被处置长期股权投资的成本，借记“资产处置费用”科目，贷记“长期股权投资——成本”科目；同时，按照实际取得的价款，借记“银行存款”等科目，按照尚未领取的现金股利或利润，贷记“应收股利”科目，按照发生的相关税费等支出，贷记“银行存款”等科目，按照长期股权投资的账面余额减去其投资成本的差额，贷记“长期股权投资——损益调整、其他权益变动”科目（以上明细科目为贷方余额的，借记相关明细科目），按照实际取得的价款与被处置长期股权投资账面余额、应收股利账面余额和相关税费支出合计数的差额，贷记或借记“投资收益”科目，按照贷方差额，贷记“应缴财政款”科目。

第二，长期股权投资的账面余额小于或等于其投资成本的，应当按照被处置长期股权投资的账面余额，借记“资产处置费用”科目，按照长期股权投资各明细科目的余额，贷记“长期股权投资——成本”科目，贷记或借记“长期股权投资——损益调整、其他权益变动”科目；同时，按照实际取得的价款，借记“银行存款”等科目，按照尚未领取的现金股利或利润，贷记“应收股利”科目，按照发生的相关税费等支出，贷记“银行存款”等科目，按照实际取得的价款大于被处置长期股权投资成本、应收股利账面余额和相关税费支出合计数的差额，贷记“投资收益”科目，按照贷方差额，贷记“应缴财政款”科目。

【例 9－55】甲事业单位 20×3 年 1 月 1 日“长期股权投资”科目余额（假设均为权益法核算）如下：以现金取得的乙公司长期股权投资成本 1 000 000 元，损益调整 100 000 元，其他权益变动 100 000 元；以固定资产置换取得的丙公司长期股权投资成本 4 000 000 元，损益调整 500 000 元，其他权益变动（贷方）100 000 元；以无形资产对外投资（非持有的科技成果作价投资）取得的丁公司长期股权投资成本 3 000 000 元，损益调整（贷方）50 000 元，其他权益变动（贷方）100 000 元。20×3 年，甲单位发生以下经济业务：

（1）经批准，甲单位于 20×3 年 1 月 1 日出售乙公司股权，获得处置价款 1 400 000

元，尚未领取的现金股利100 000元一同转让，处置过程中发生其他相关税费支出50 000元，按照规定将处置时取得的投资收益纳入本单位预算管理。

（2）经批准，甲单位于20×3年1月1日出售丙公司股权，取得处置价款4 900 000元，尚未领取的现金股利200 000元一同转让，处置过程中发生其他相关税费150 000元，按照规定将处置时取得的投资收益纳入本单位预算管理。

（3）经批准，甲单位于20×3年1月1日出售了丁公司的股权取得处置价款3 150 000元，尚未领取的现金股利30 000元一同转让，处置过程中发生其他相关税费50 000元，按照规定将处置时取得的投资收益纳入本单位预算管理。

在处置时采用权益法核算上述业务，账务处理如下：

表9－72

财务会计	预算会计
（1）出售乙公司股权投资的账务处理	
借：银行存款　1 350 000 　贷：长期股权投资——成本　1 000 000 　　——损益调整　100 000 　　——其他权益变动　100 000 　　应收股利　100 000 　　投资收益　50 000 借：权益法调整　100 000 　贷：投资收益　100 000	借：资金结存——货币资金　1 350 000 　贷：其他结余（投资款）　1 000 000 　　投资预算收益　350 000
（2）处置丙公司股权投资的账务处理	
借：资产处置费用　4 400 000 　长期股权投资——其他权益变动　100 000 　贷：长期股权投资——成本　4 000 000 　　——损益调整　5 000 000 借：银行存款　4 750 000 　贷：应收股利　200 000 　　资产处置费用　4 400 000 　　投资收益　150 000 借：权益法调整　500 000 　贷：投资收益　500 000	借：资金结存　650 000 　贷：投资预算收益　650 000

续上表

财务会计		预算会计	
（3）处置丁公司股权投资的账务处理			
借：资产处置费用	2 850 000		
长期股权投资——损益调整	50 000		
——其他权益变动	100 000		
贷：长期股权投资——成本	3 000 000		
借：银行存款	3 100 000	借：资金结存——货币资金	100 000
贷：应收股利	30 000	贷：投资预算收益	100 000
投资收益	70 000		
应缴财政款	3 000 000		
借：权益法调整	100 000		
贷：投资收益	100 000		

2．破产清算

因被投资单位破产清算等原因，有确凿证据表明长期股权投资发生损失，按照规定报经批准后予以核销时，按照予以核销的长期股权投资的账面余额，借记“资产处置费用”科目，贷记本科目。

3．转出长期股权投资

报经批准置换转出长期股权投资时，参照“库存物品”科目中置换换入库存物品的规定进行账务处理。

4．采用权益法核算的长期股权投资的处置

采用权益法核算的长期股权投资的处置，除进行上述账务处理外，还应结转原直接计入净资产的相关金额，借记或贷记“权益法调整”科目，贷记或借记“投资收益”科目。

二、长期债券投资

长期债券投资是指事业单位按照规定取得的，持有时间超过1年（不含1年）的债券投资。

长期债券投资在取得时，应当以实际成本作为初始投资成本。实际支付价款中包含的已到付息期但尚未领取的债券利息，应当单独确认为应收利息，不计入长期债券投资初始投资成本。

长期债券投资持有期间，应当按期以票面金额与票面利率计算确认利息收入。对于分期付息、一次还本的长期债券投资，应当将计算确定的应收未收利息确认为应收利息，计入投资收益；对于一次还本付息的长期债券投资，应当将计算确定的应收未收利息计入投资收益，并增加长期债券投资的账面余额。

本科目应当设置“成本”和“应计利息”明细科目，并按照债券投资的种类进行明细核算。本科目期末借方余额，反映事业单位持有的长期债券投资的价值。

（一）长期债券投资的取得

取得的长期债券投资，按照确定的投资成本，借记“长期债券投资——成本”科目，按照支付的价款中包含的已到付息期但尚未领取的利息，借记“应收利息”科目，按照实际支付的金额，贷记“银行存款”等科目。同时，在预算会计下，按照实际支付的价款，借记“投资支出”科目，贷记“资金结存——货币资金”科目。

实际收到取得债券时所支付价款中包含的已到付息期但尚未领取的利息时，借记“银行存款”科目，贷记“应收利息”科目。同时，在预算会计下，按照实际收到的债券利息，借记“资金结存——货币资金”科目，贷记“投资支出”等科目。

（二）利息收入的确认

长期债券投资持有期间，应当按期以票面金额与票面利率计算确认利息收入。对于分期付息、一次还本的长期债券投资，应当将计算确定的应收未收利息确认为应收利息，计入投资收益，借记“应收利息”科目，贷记“投资收益”科目；对于一次还本付息的长期债券投资，应当将计算确定的应收未收利息计入投资收益，并增加长期债券投资的账面余额，借记本科目（应计利息），贷记“投资收益”科目。

收到分期支付的利息时，按照实收的金额，借记“银行存款”等科目，贷记“应收利息”科目。同时，在预算会计下，按照实际收到的债券利息，借记“资金结存——货币资金”科目，贷记“投资预算收益”科目。

（三）长期债券投资的处置

按期收回长期债券投资，按照实际收到的金额，借记“银行存款”科目，按照长期债券投资的账面余额，贷记本科目，按照相关应收利息金额，贷记“应收利息”科目，按照其差额，贷记“投资收益”科目。同时，在预算会计下，按照实际收到的债券利息，借记“资金结存——货币资金”科目，贷记“投资预算收益”“其他结余”等科目。

对外出售长期债券投资，按照实际收到的金额，借记“银行存款”科目，按照长期债券投资的账面余额，贷记本科目，按照已记入“应收利息”科目但尚未收取的金额，贷记“应收利息”科目，按照其差额，贷记或借记“投资收益”科目。涉及增值税业务的，相关账务处理参见“应交增值税”科目。

【例9－56】某事业单位与长期债券投资有关的经济业务如下：

20×3年1月，以银行存款105万元购买3年期国库券，面值100万元，买价中包含已到付息期但尚未领取的利息3万元，每年末付息一次，票面利率为3%。账务处理如下：

表9－73

财务会计		预算会计	
借：长期债券投资	1 020 000	借：投资支出	1 050 000
应收利息	30 000	贷：资金结存——货币资金	1 050 000
贷：银行存款	1 050 000		

收到垫支利息3万元。账务处理如下：

表9－74

财务会计		预算会计	
借：银行存款	30 000	借：资金结存——货币资金	30 000
贷：应收利息	30 000	贷：投资支出	30 000

每年末确认利息收入3万元。账务处理如下：

表9－75

财务会计		预算会计
借：应收利息	30 000	不做账务处理
贷：投资收益	30 000	

收到持有期间利息3万元。账务处理如下：

表9－76

财务会计		预算会计	
借：银行存款	30 000	借：资金结存——货币资金	30 000
贷：应收利息	30 000	贷：投资预算收益	30 000

20×3年7月，转让全部的国库券，取得108.2万元（含应交增值税0.2万元）。账务处理如下：

表9－77

财务会计		预算会计	
借：银行存款	1 082 000		
贷：长期债券投资——成本	1020 000	借：资金结存——货币资金	1 080 000
投资收益	60 000	贷：其他结余	1 020 000
应交增值税——转让金融商品应交增值税	2 000	投资预算收益	60 000

三、固定资产

固定资产是指政府会计主体为满足自身开展业务活动或其他活动需要而控制的、使用年限超过1年（不含1年）、单位价值在规定标准以上，并在使用过程中基本保持原有物质形态的资产。单位价值虽未达到规定标准，但是使用年限超过1年（不含1年）的大批同类物资，如图书、家具等，应当确认为固定资产。

行政事业单位固定资产一般分为六类，如表9－78所示。

表 9－78 行政事业单位固定资产分类

序号	类别	备注内容
1	房屋及构筑物	指行政事业单位占有和使用的房屋、建筑物和附属设施。其中，房屋包括办公用房、业务用房、库房、食堂、锅炉房等；建筑物包拆各种塔、池、井、棚、场、路、围墙等；附属设施包括电梯、管道、除尘通风设备、通信设施、输电线路等
2	专用设备	指行政事业单位根据业务活动的实际需要而购置或通过其他方式获得的具有专门性能和专业用途的设备
3	通用设备	指行政事业单位业务活动中使用的具有通用性的设备、交通运输工具和办公设备等
4	文物和陈列品	指行政事业单位的各种文物和陈列品、展品，如字画、纪念物品、科普展品等
5	图书、档案	指行政事业单位储藏的统一管理和使用的图书与档案。具体包括各种藏书、期刊、档案、特种文献资料、缩微资料、视听资料、磁盘、光盘资料等
6	家具、用具、装具及动植物	指行政事业单位购置或通过其他方式获得的各种家具、被服装具和特种用途动植物等，如办公桌椅、沙发、文件柜等办公家具，厨卫用具，实验用动物、名贵树木花卉等

符合固定资产的定义，同时满足下列条件的，应当确认为固定资产：①与该固定资产相关的服务潜力很可能实现或者经济利益很可能流入行政事业单位；②该固定资产的成本或者价值能够可靠地计量。确认固定资产时，应当考虑以下情况。

（1）固定资产的各组成部分具有不同使用年限或者以不同方式为行政事业单位实现服务潜力或提供经济利益，适用不同折旧率或折旧方法且可以分别确定各自原价的，应当分别将各组成部分确认为单项固定资产。

（2）应用软件构成相关硬件不可缺少的组成部分的，应当将该软件的价值包括在所属的硬件价值中，一并确认为固定资产；不构成相关硬件不可缺少的组成部分的，应当将该软件确认为无形资产。

（3）购建房屋及构筑物时，不能分清购建成本中的房屋及构筑物部分与土地使用权部分的，应当全部确认为固定资产；能够分清购建成本中的房屋及构筑物部分与土地使用权部分的，应当将其中的房屋及构筑物部分确认为固定资产，将其中的土地使用权部分确认为无形资产。

（一）初始计量

固定资产在取得时应当按照成本进行初始计量。固定资产的成本，是指行政事业单位购建或通过其他方式取得某项固定资产达到预定可使用状态前所发生的一切合理、必要的支出。这些支出包括直接发生的价款、相关税费、运杂费和安装调试费等，也包括间接发生的，如应承担的借款利息等间接费用。

（二）账户设置

为核算固定资产业务，行政事业单位应设置“固定资产”总账科目，本科目核算单位固定资产的原值。本科目应当按照固定资产类别和项目进行明细核算。本科目期末借方余额，反映单位固定资产的原值。

购入需要安装的固定资产，应当先通过“在建工程”科目核算，安装完毕交付使用时再转入本科目核算。以借入、经营租赁租入方式取得的固定资产，不通过本科目核算，应当设置备查簿进行登记。

采用融资租入方式取得的固定资产，通过本科目核算，并在本科目下设置“融资租入固定资产”明细科目。经批准在境外购买具有所有权的土地，作为固定资产，通过本科目核算；单位应当在本科目下设置“境外土地”明细科目，进行相应明细核算。

“固定资产累计折旧”核算单位计提的固定资产累计折旧。公共基础设施和保障性住房计提的累计折旧，应当分别通过“公共基础设施累计折旧（摊销）”科目和“保障性住房累计折旧”科目核算，不通过该科目核算。

（三）固定资产取得的账务处理

行政事业单位固定资产取得的方式主要有外购、自行建造、融资租赁、接受捐赠、无偿调入和置换取得等。

1. 外购的固定资产

外购的固定资产，其成本包括购买价款、相关税费以及固定资产交付使用前所发生的可归属于该项资产的运输费、装卸费、安装费和专业人员服务费等。以一笔款项购入多项没有单独标价的固定资产，应当按照各项固定资产同类或类似资产市场价格的比例对总成本进行分配，分别确定各项固定资产的成本。

（1）购入不需要安装的固定资产，在验收合格时，按照确定的固定资产成本，借记本科目，贷记“财政拨款收入”“零余额账户用款额度”“应付账款”“银行存款”等科目。

（2）购入需要安装的固定资产，在安装完毕交付使用前通过“在建工程”科目核算，安装完毕交付使用时再转入本科目。

（3）购入固定资产扣留质量保证金的，应当在取得固定资产时，按照确定的固定资产成本，借记本科目（不需安装）或“在建工程”科目（需要安装），按照实际支付或应付的金额，贷记“财政拨款收入”、“零余额账户用款额度”、“应付账款”（不含质量保证金）、“银行存款”等科目，按照扣留的质量保证金数额，贷记“其他应付款”［扣留期在1年以内（含1年）］或“长期应付款”（扣留期超过1年）科目。质保期满支付质量保证金时，借记“其他应付款”“长期应付款”科目，贷记“财政拨款收入”“零余额账户用款额度”“银行存款”等科目。

【例9－57】20×3年3月1日，某事业单位使用政府性基金预算财政拨款购入一台不需要安装的实验设备，合同价款为400 000元，设备交付使用时，对方按含质保金金额开具发票，发票金额400 000元，实际支付390 000元，通过财政直接支付。剩余10 000元作为质保金，期限自交付使用时2年。两年后设备使用正常，通过零余额账户付清质保金10 000元。账务处理如下：

表9－79

财务会计	预算会计
（1）根据固定资产入账通知书、发票及财政直接支付通知书	
借：固定资产——专用设备　400 000 　贷：财政拨款收入——政府性基金预算财政拨款　390 000 　　长期应付款　10 000	借：事业支出——财政拨款支出　390 000 　贷：财政拨款预算收入——政府性基金预算财政拨款　390 000
（2）质保期满无质量问题，根据相关证明、质保金单据及资金收据，通过零余额账户支付质保金	
借：长期应付款　10 000 　贷：零余额账户用款额度　10 000	借：事业支出——财政拨款支出　10 000 　贷：资金结存——零余额账户用款　10 000

2. 自行建造的固定资产

自行建造的固定资产交付使用时，按照在建工程成本，借记本科目，贷记“在建工程”科目。已交付使用但尚未办理竣工决算手续的固定资产，按照估计价值入账，待办理竣工决算后再按照实际成本调整原来的暂估价值。

【例9－58】20×3年1月，某事业单位用自筹专项资金自行建造自行车棚一个，3月1日支付设备租赁费4 000元，购买钢材款10 000元，4月10日支付人工费8 000元，有关款项均通过银行存款支付。4月15日建设完成后办理增加固定资产手续。账务处理如下：

表9－80

财务会计	预算会计
（1）3月1日支付租赁费	
借：在建工程——建筑安装工程投资　4 000 　贷：银行存款　4 000	借：事业支出——非财政专项支出　4 000 　贷：资金结存——货币资金　4 000
（2）3月1日钢材验收入库	
借：工程物资——钢材　10 000 　贷：银行存款　10 000	借：事业支出—非财政专项支出　10 000 　贷：资金结存—货币资金　10 000
（3）4月10日支付人工费	
借：在建工程——建筑安装工程投资　8 000 　贷：银行存款　8 000	借：事业支出—非财政专项支出　8 000 　贷：资金结存—货币资金　8 000

续上表

财务会计	预算会计
(4) 4 月 15 日工程交付使用	
借：固定资产——房屋及构筑物 22 000 贷：在建工程——建筑工程 22 000	不做账务处理

3. 融资租赁租入的固定资产

融资租赁取得的固定资产，其成本按照租赁协议或者合同确定的租赁价款、相关税费以及固定资产交付使用前所发生的可归属于该项资产的运输费、途中保险费、安装调试费等确定。

融资租入的固定资产，按照确定的成本，借记本科目（不需安装）或“在建工程”科目（需安装），按照租赁协议或者合同确定的租赁付款额，贷记“长期应付款”科目，按照支付的运输费、途中保险费、安装调试费等金额，贷记“财政拨款收入”“零余额账户用款额度”“银行存款”等科目。

定期支付租金时，按照实际支付金额，借记“长期应付款”科目，贷记“财政拨款收入”“零余额账户用款额度”“银行存款”等科目。

【例 9－59】20×3 年 1 月 1 日，某行政单位以融资租赁方式租入 A 公司砖混结构的办公用房一栋，合同约定租金总额为 28 800 000 元，租赁期限 8 年，预计可使用 30 年，按年平均支付租金，通过财政直接支付（一般公共预算财政拨款）。租赁期满确定取得该办案房的所有权。按照年限平均法计提折旧。账务处理如下：

表 9－81

财务会计	预算会计
(1) 根据固定资产入账通知单	
借：固定资产——房屋及构筑物 28 800 000 贷：长期应付款——A 公司 28 800 000	不做账务处理
(2) 根据支付租金发票和财政直接支付通知书	
借：长期应付款——A 公司 3 600 000 贷：财政拨款收入——一般公共预算财政拨款 3 600 000	借：事业支出——财政拨款支出 3 600 000 贷：财政拨款预算收入——一般公共预算财政拨款 3 600 000
(3) 20×3 年 1 月末计提折旧	
融资租入固定资产应计提折旧，由于租赁期满检察院确定取得上述房屋的所有权，因此折旧年限应为预计可使用年限，即按照 30 年的预计使用年限计提折旧。 本月折旧额＝2880÷30÷12＝8（万元）	
借：业务活动费用——固定资产折旧费 80 000 贷：固定资产累计折旧 80 000	不做账务处理

4. 接受捐赠的固定资产

接受捐赠的固定资产，按照确定的固定资产成本，借记本科目（不需安装）或“在建工程”科目（需安装），按照发生的相关税费、运输费等，贷记“零余额账户用款额度”“银行存款”等科目，按照其差额，贷记“捐赠收入”科目。接受捐赠的固定资产按照名义金额入账的，按照名义金额，借记本科目，贷记“捐赠收入”科目；按照发生的相关税费、运输费等，借记“其他费用”科目，贷记“零余额账户用款额度”“银行存款”等科目。

5. 无偿调入的固定资产

无偿调入的固定资产，按照确定的固定资产成本，借记本科目（不需安装）或“在建工程”科目（需安装），按照发生的相关税费、运输费等，贷记“零余额账户用款额度”“银行存款”等科目，按照其差额，贷记“无偿调拨净资产”科目。

6. 置换取得的固定资产

行政事业单位通过置换取得的固定资产，其成本按照换出资产的评估价值加上支付的补价或减去收到的补价，加上换入固定资产发生的其他相关支出确定。

置换取得的固定资产，参照本章“存货”中“置换换入的存货”部分的相关规定进行账务处理。

（四）固定资产折旧的账务处理

固定资产折旧是指在固定资产的预计使用年限内，按照确定的方法对应计的折旧额进行系统分摊。

1. 折旧的范围

固定资产应计的折旧额为其成本，计提固定资产折旧时不考虑预计净残值。行政事业单位应当对暂估入账的固定资产计提折旧，实际成本确定后无须调整原已计提的折旧额。下列各项固定资产不计提折旧：文物和陈列品；动植物；图书、档案；单独计价入账的土地；以名义金额计量的固定资产。

当月增加的固定资产，当月开始计提折旧；当月减少的固定资产，当月不再计提折旧。固定资产提足折旧后，无论能否继续使用，均不再计提折旧；提前报废的固定资产，也不再补提折旧。已提足折旧的固定资产，可以继续使用的，应当继续使用，规范实物管理。固定资产因改建、扩建或修缮等原因而延长其使用年限的，应当按照重新确定的固定资产的成本以及重新确定的折旧年限计算折旧额。

2. 折旧方法

行政事业单位一般应当采用年限平均法或者工作量法计提固定资产折旧。在确定固定资产的折旧方法时，应当考虑与固定资产相关的服务潜力或经济利益的预期实现方式。固定资产折旧方法一经确定，不得随意变更。

3. 折旧的具体账务处理

为了反映和核算固定资产的累计折旧，行政事业单位应设置“固定资产累计折旧”

科目，本科目应按照所对应固定资产的明细分类进行明细核算。本科目期末贷方余额，反映行政事业单位计提的固定资产折旧累计数。

（1）按月计提固定资产折旧。

固定资产应当按月计提折旧，并根据用途计入当期费用或者相关资产成本。按月计提固定资产折旧时，按照应计提折旧金额，借记“业务活动费用”“单位管理费用”“经营费用”“加工物品”“在建工程”等科目，贷记“固定资产累计折旧”。

（2）经批准处置或处理固定资产。

经批准处置或处理固定资产时，按照所处置或处理固定资产的账面价值，借记“资产处置费用”“无偿调拨净资产”“待处理财产损溢”等科目，按照已计提折旧，借记本科目，按照固定资产的账面余额，贷记“固定资产”科目。

【例 9－60】20×3 年 1 月 17 日，某行政单位使用专项资金，购入一台不需要安装的设备（仪器仪表），原价 360 000 元，通过零余额账户支付，预计使用寿命为 8 年，使用年限平均法计提折旧，月折旧额的计算及其账务处理如下：

月折旧额＝360 000÷12÷8＝3 750（元）

20×3 年 1 月末计提折旧。

表 9－82

财务会计	预算会计
借：业务活动费用——固定资产折旧费 3 750 　贷：固定资产累计折旧——专用设备 3 750	不做账务处理

（五）固定资产后续支出的账务处理

1. 符合固定资产确认条件的后续支出

符合固定资产确认条件的后续支出通常情况下，将固定资产转入改建、扩建时，按照固定资产的账面价值，借记“在建工程”科目，按照固定资产已计提折旧，借记“固定资产累计折旧”科目，按照固定资产的账面余额，贷记本科目。为增加固定资产使用效能或延长其使用年限而发生的改建、扩建等后续支出，借记“在建工程”科目，贷记“财政拨款收入”“零余额账户用款额度”“银行存款”等科目。

固定资产改建、扩建等完成交付使用时，按照在建工程成本，借记本科目，贷记“在建工程”科目。

【例 9－61】20×3 年 1 月份，某事业单位对正在使用的一栋员工公寓进行修缮，该公寓原价 600 000 元，已计提折旧 194 000 元，20×3 年 4 月 1 日，修缮工作完成，支付工程款 179 000 元，款项来源于一般公共预算财政拨款，通过财政授权支付，取得全额发票。账务处理如下：

表 9－83

财务会计	预算会计
（1）转入修缮时，根据固定资产修缮通知书	
借：在建工程——建筑安装工程投资 406 000 累计折旧 194 000 贷：固定资产——房屋及构筑物 600 000	不做账务处理
（2）支付工程款时，根据授权支付通知书及发票	
借：在建工程——建筑安装工程投资 179 000 贷：零余额账户用款额度 179 000	借：事业支出——财政拨款支出 179 000 贷：资金结存 179 000
（3）工程完工交付使用时，根据固定资产入账通知书	
借：固定资产——房屋及构筑物 585 000 贷：在建工程——建筑安装工程投资 585 000	不做账务处理

2．不符合固定资产确认条件的后续支出

不符合固定资产确认条件的后续支出指为保证固定资产正常使用发生的日常维修等支出，借记“业务活动费用”“单位管理费用”等科目，贷记“财政拨款收入”“零余额账户用款额度”“银行存款”等科目。

【例 9－62】20×3 年 5 月 27 日，某法院财务处打印机维修，发生维修费 200 元，以自有资金通过银行转账支付。账务处理如下：

表 9－84

财务会计	预算会计
借：业务活动费用——商品和服务费用 200 贷：银行存款 200	借：行政支出——其他资金支出 200 贷：资金结存——货币资金 200

（六）固定资产处置的账务处理

固定资产处置是指行政事业单位转让固定资产的所有权、使用权、控制权或者占有权的行为，包括经批准出售、对外捐赠、无偿调出和置换换出等情况。

1．出售、转让固定资产

行政事业单位按照被出售、转让固定资产的账面价值，借记“资产处置费用”科目，按照固定资产已计提的折旧，借记“固定资产累计折旧”科目，按照固定资产账面余额，贷记“固定资产”科目；同时，按照收到的价款，借记“银行存款”等科目，按照处置过程中发生的相关费用，贷记“银行存款”等科目，按照其差额，贷记“应缴财政款”科目。

2．对外捐赠固定资产、无偿调出固定资产

政府会计主体按规定报经批准对外捐赠、无偿调出固定资产的，应当将固定资产的账面价值予以转销，对外捐赠、无偿调出中发生的归属于捐出方、调出方的相关费用应当计入当期费用。

报经批准对外捐赠固定资产，按照固定资产已计提的折旧，借记“固定资产累计折旧”科目，按照被处置固定资产账面余额，贷记本科目，按照捐赠过程中发生的归属于捐出方的相关费用，贷记“银行存款”等科目，按照其差额，借记“资产处置费用”科目。

报经批准无偿调出固定资产，按照固定资产已计提的折旧，借记“固定资产累计折旧”科目，按照被处置固定资产账面余额，贷记本科目，按照其差额，借记“无偿调拨净资产”科目；同时，按照无偿调出过程中发生的归属于调出方的相关费用，借记“资产处置费用”科目，贷记“银行存款”等科目。

【例 9-63】20×3 年 11 月 15 日，某行政单位经批准决定将一批在用电脑对外捐赠，该批电脑原价 500 000 元，已计提折旧 100 000 元，捐赠过程中发生运杂费 5 000 元，以现金方式支付。账务处理如下：

表 9-85

财务会计	预算会计
借：资产处置费用　400 000 　固定资产累计折旧——通用设备　100 000 　贷：固定资产——通用设备　500 000	不做账务处理
借：资产处置费用　5 000 　贷：银行存款　5 000	借：其他支出——其他资金支出　5 000 　贷：资金结存——货币资金　5 000

【例 9-64】20×3 年 5 月 1 日，经财政部门批准，某事业单位将一幢楼无偿划转给附近小学，教学楼原价 800 万元，已计提折旧 200 万元。在调拨过程中发生清运费用 10 万元，以自有资金通过银行存款支付。账务处理如下：

表 9-86

财务会计	预算会计
借：无偿调拨净资产　6 000 000 　固定资产累计折旧——房屋及构筑物 　2 000 000 　贷：固定资产——房屋及构筑物　8 000 000	不做账务处理
借：资产处置费用　100 000 　贷：银行存款　100 000	借：其他支出——其他资金支出　100 000 　贷：资金结存——货币资金　100 000

（七）固定资产清查盘点的账务处理

行政事业单位固定资产单位价值较高、使用年限较长，应当加强管理，定期进行清查盘点，至少每年盘点一次。清查过程中，发生的固定资产盘盈、盘亏或者报废、毁损，应当先记入“待处理财产损溢”科目，及时查明原因，按照规定报经批准后及时进行后续账务处理。

1. 盘盈的固定资产

盘盈的固定资产，其成本按照有关凭据注明的金额确定；没有相关凭据，但按照规定经过资产评估的，其成本按照评估价值确定；没有相关凭据，也未经过评估的，其成本按照重置成本确定。如无法采用上述方法确定盘盈固定资产成本的，按照名义金额（人民币1元）入账。盘盈的固定资产，按照确定的入账成本，借记本科目，贷记“待处理财产损溢”科目。

【例9－65】20×3年末，某事业单位对固定资产进行清查时盘盈以前年度取得的实验设备一台，同类固定资产价值2 000元。账务处理如下：

表9－87

财务会计	预算会计
（1）盘盈时会计处理	
借：固定资产——专用设备 2 000 　贷：待处理财产损溢——待处理财产价值 2 000	不做账务处理
（2）经批准后处理	
借：待处理财产损溢——待处理财产价值 2 000 　贷：以前年度盈余调整 2 000	不做账务处理

2. 盘亏、毁损或报废的固定资产

盘亏、毁损或报废的固定资产，按照待处理固定资产的账面价值，借记“待处理财产损溢”科目，按照已计提折旧，借记“固定资产累计折旧”科目，按照固定资产的账面余额，贷记本科目。

【例9－66】20×3年末，某事业单位对固定资产进行清查时，发现丢失仪器一台，该设备原价10 000元，已计提折旧4 000元，经查仪器丢失的原因在于保管员失职。经批准，由保管员赔偿1 000元。账务处理如下：

表9－88

财务会计	预算会计
（1）根据固定资产盘点明细表，将盘亏资产转入待处置资产	
借：待处理财产损溢——待处理财产价值 6 000 　固定资产累计折旧——专用设备 4 000 　贷：固定资产——专用设备 10 000	不做账务处理

续上表

财务会计	预算会计
（2）报经批准同意处置	
借：资产处置费用 6 000 贷：待处理财产损溢——待处理财产价值 6 000	不做账务处理
（3）根据处置意见，保管员赔偿缴款，处置收益上缴国库	
借：库存现金 1 000 贷：待处理财产损溢——处理净收入 1 000	不做账务处理
借：待处理财产损溢——处理净收入 1 000 贷：应缴财政款 1 000	不做账务处理
借：应缴财政款 1 000 贷：银行存款 1 000	不做账务处理

四、工程物资

工程物资是单位为在建工程准备的各种物资，包括工程用材料、设备、工具以及其他物资的供应。

行政事业单位应设置“工程物资”科目，用于核算单位为在建工程准备的各种物资的成本。“工程物资”科目期末借方余额反映单位为在建工程准备的各种物资的成本。“工程物资”科目应按照“库存材料”“库存设备”等工程物资类别进行明细核算。

（一）购入工程物资

购入工程物资，按照确定的物资成本，借记本科目，贷记“财政拨款收入”“零余额账户用款额度”“银行存款”“应付账款”等科目。

（二）领用工程物资

领用工程物资，按照物资成本，借记“在建工程”科目，贷记本科目。工程完工后将领出的剩余物资退库时做相反的会计分录。

（三）工程完工

工程完工后将剩余的工程物资转作本单位存货等的，按照物资成本，借记“库存物品”等科目，贷记本科目。涉及增值税业务的，相关账务处理参见“应交增值税”科目。

【例 9－67】20×3 年 10 月 17 日，某事业单位购入钢材一批，总共 10 吨，价值 50 000 元，经工地保管验收入库，货款来源于一般公共预算财政拨款，通过零余额账户支付。10 月 20 日，教学楼施工领用钢材。账务处理如下：

表 9－89

财务会计	预算会计
（1）钢材验收入库	
借：工程物资——库存材料 50 000 　贷：零余额账户用款额度 50 000	借：事业支出——财政拨款支出 50 000 　贷：资金结存——零余额账户用款额度 50 000
（2）施工领用钢材	
借：在建工程——建筑安装工程投资 50 000 　贷：工程物资——库存材料 50 000	不做账务处理

五、在建工程

在建工程是指行政事业单位已经发生必要支出，但尚未交付使用的各种建筑（包括新建、改建、扩建、修缮等）、设备安装工程和信息系统建设工程的实际成本。

单位应设置“在建工程”科目，用来核算在建的建设项目工程的实际成本，“在建工程”科目，期末借方余额反映单位尚未完工的建设项目工程发生的实际成本。“在建工程”科目应当设置“建筑安装工程投资”“设备投资”“待摊投资”“其他投资”“待核销基建支出”“基建转出投资”等明细科目，并按照具体项目进行明细核算。

（一）建筑安装工程投资

将固定资产等资产转入改建、扩建等时，按照固定资产等资产的账面价值，借记“在建工程——建筑安装工程投资”科目，按照已计提的折旧或摊销，借记“固定资产累计折旧”等科目，按照固定资产等资产的原值，贷记“固定资产”等科目。

固定资产等资产改建、扩建过程中涉及替换（或拆除）原资产的某些组成部分的，按照被替换（或拆除）部分的账面价值，借记“待处理财产损溢”科目，贷记“在建工程——建筑安装工程投资”科目。

外包建筑安装工程。单位对于发包建筑安装工程，根据建筑安装工程价款结算账单与施工企业结算工程价款时，按照应承付的工程价款，借记“在建工程——建筑安装工程投资”科目，按照预付工程款余额，贷记“预付账款”科目，按照其差额，贷记“财政拨款收入”“零余额账户用款额度”“银行存款”“应付账款”等科目。同时，在预算会计下，按照补付的工程款金额，借记“行政支出”“事业支出”等科目，贷记“财政拨款预算收入”“资金结存”等科目。

单位自行施工的小型建筑安装工程。单位自行施工的小型建筑安装工程，按照发生的各项支出金额，借记“在建工程——建筑安装工程投资”科目，贷记“工程物资”“零余额账户用款额度”“银行存款”“应付职工薪酬”等科目。同时，在预算会计下，按照实际支付的金额，借记“行政支出”“事业支出”等科目，贷记“资金结存”等科目。

工程竣工交付使用。工程竣工并办妥竣工验收交接手续交付使用时，按照建筑安装工程成本（含应分摊的待摊投资），借记“固定资产”等科目，贷记“在建工程——建筑安装工程投资”科目。

【例9-68】某行政单位20×3年5月开始对一栋办公楼进行扩建，该办公楼账面余额1 100万元，已计提折旧700万元，9月，工程先后支付施工单位工程款100万元，通过财政直接支付。办公楼扩建完工后直接交付使用。账务处理如下：

表9-90

财务会计	预算会计
（1）转入扩建	
借：在建工程——建筑安装工程投资 4 000 000 固定资产累计折旧——房屋及构筑物 7 000 000 贷：固定资产——房屋及构筑物 11 000 000	不做账务处理
（2）支付工程款	
借：在建工程——建筑安装工程投资 1 000 000 贷：财政拨款收入 1 000 000	借：行政支出——财政拨款支出 1 000 000 贷：财政拨款预算收入——一般公共预算财政拨款 1 000 000
（3）扩建完成交付使用	
借：固定资产 5 000 000 贷：在建工程——建筑安装工程投资 5 000 000	不做账务处理

（二）设备投资

购入设备时，按照购入成本，借记“在建工程——设备投资”科目，贷记“财政拨款收入”“零余额账户用款额度”“银行存款”等科目；采用预付款方式购入设备的，有关预付款的账务处理参照有关“建筑安装工程投资”明细科目的规定。同时，在预算会计下，按照实际支付的金额，借记“行政支出”“事业支出”等科目，贷记“财政拨款预算收入”“资金结存”等科目。

设备安装完毕，办妥竣工验收交接手续交付使用时按照设备投资成本（含设备安装工程成本和分摊的待摊投资），借记“固定资产”等科目，贷记“在建工程”科目（设备投资、建筑安装工程投资）。将不需要安装的设备和达不到固定资产标准的工具、器具交付使用时，按照相关设备、工具、器具的实际成本，借记“固定资产”“库存物品”科目，贷记本科目（设备投资）。

【例9-69】某行政单位购入一批需要安装的用于专业业务活动的技术设备，取得增值税专用发票上注明的设备价款200万元，增值税26万元，运输费1万元，通过财政授权支付，以银行存款支付安装费用2万元。账务处理如下：

表 9－91

财务会计	预算会计
（1）支付设备价款	
借：在建工程——设备投资 2 270 000 贷：零余额账户用款额度 2 270 000	借：行政支出——财政拨款支出 2 270 000 贷：财政拨款预算收入——一般公共预算财政拨款 2 270 000
（2）支付安装费	
借：在建工程——建筑安装工程投资 20 000 贷：零余额账户用款额度 20 000	借：行政支出——财政拨款支出 20 000 贷：财政拨款预算收入——一般公共预算财政拨款 20 000
（3）交付使用	
借：固定资产——专用设备 2 290 000 贷：在建工程——建筑安装工程投资 20 000 在建工程——设备投资 2 270 000	不做账务处理

（三）待摊投资

建设工程发生的构成建设项目实际支出的、按照规定应当分摊计入有关工程成本和设备成本的各项间接费用和税费支出，先在本明细科目中归集；建设工程办妥竣工验收手续交付使用时，按照合理的分配方法，摊入相关工程成本、安装设备成本等。

单位发生的构成待摊投资的各类费用，按照实际发生金额，借记“在建工程——待摊投资”科目，贷记“财政拨款收入”“零余额账户用款额度”“银行存款”“应付利息”“长期借款”“其他应交税费”“固定资产累计折旧”“无形资产累计摊销”等科目。同时，在预算会计下，按照实际支付的金额，借记“行政支出”“事业支出”等科目，贷记“财政拨款预算收入”“资金结存”等科目。

对于建设过程中试生产、设备调试等产生的收入，按照取得的收入金额，借记“银行存款”等科目，按照依据有关规定应当冲减建设工程成本的部分，贷记“在建工程——待摊投资”科目，按照其差额，贷记“应缴财政款”或“其他收入”科目。同时，在预算会计下，借记“资金结存”科目，贷记“其他预算收入”科目。

由于自然灾害、管理不善等原因造成的单项工程或单位工程报废或毁损，扣除残料价值和过失人或保险公司等赔款后的净损失，报经批准后计入继续施工的工程成本的，按照工程成本扣除残料价值和过失人或保险公司等赔款后的净损失，借记“在建工程——待摊投资”科目，按照残料变价收入、过失人或保险公司赔款等，借记“银行存款”“其他应收款”等科目，按照报废或毁损的工程成本，贷记“在建工程——建筑安装工程投资”科目。同时，在预算会计下，按照收到的残料变价收入、过失人或保险公司赔款等，借记“资金结存”等科目，贷记“行政支出”“事业支出”等科目。需要说明的是，对于收回残科变价收入、过失人或保险公司赔款等，未要求在预算会计下做账务处理。考虑到残料变价收入、过失人或保险公司赔款等，事实上形成了单位的现金流入，对于这部分资金流入，单位应将其作为在建工程的一项资金来源安排使用，因此，单位应做预算会计处理。同时，变价收入或赔款，实质上来源于单位之前的拨款，单位应冲减拨款时对应的行政支出或事业支出。

工程交付使用时，按照合理的分配方法分配待摊投资，借记“在建工程”科目（建筑安装工程投资、设备投资），贷记“在建工程”科目（待摊投资）。待摊投资的分配方法，可按照下列公式计算：

（1）按照实际分配率分配。适用于建设工期较短、整个项目的所有单项工程一次竣工的建设项目。

实际分配率 = 待摊投资明细科目余额 ÷（建筑工程明细科目余额 + 安装工程明细科目余额 + 设备投资明细科目余额）×100%

（2）按照概算分配率分配。适用于建设工期长、单项工程分期分批建成投入使用的建设项目。

概算分配率 =（概算中各待摊投资项目的合计数 – 其中可直接分配部分）÷（概算中建筑工程、安装工程和设备投资合计）×100%

某项固定资产应分配的待摊投资 = 该项固定资产的建筑工程成本或该项固定资产（设备）的采购成本和安装成本合计 × 分配率

【例 9 – 70】某单位待摊投资采用概算分配率分配。20×3 年 11 月，该单位基建工程 4 项，其中，行政楼本月交付使用，4 项工程计算中所列的建筑工程投资为 2 000 万元、安装工程投资 1 000 万元，设备投资 2 000 万元，应分摊计入交付使用资产的待摊费用总额为 500 万元。已交付使用的化工实验楼工程投资为 600 万元，则化工实验楼应分摊的待摊投资相关计算及账务处理如下：

分配率 = 500 ÷（2 000 + 1 000 + 2 000）= 10%

行政楼应分配的待摊投资 = 600 × 10% = 60（万元）

表 9 – 92

财务会计	预算会计
借：在建工程——建筑安装工程投资　600 000 　贷：在建工程——待摊投资　600 000	不做账务处理

（四）其他投资

单位为建设工程发生的房屋购置支出，基本畜禽、林木等的购置、饲养、培育支出，办公生活用家具、器具购置支出，软件研发和不能计入设备投资的软件购置等支出，按照实际发生金额，借记本科目（其他投资），贷记“财政拨款收入”“零余额账户用款额度”“银行存款”等科目。

工程完成将形成的房屋、基本畜禽、林木等各种财产以及无形资产交付使用时，按照其实际成本，借记“固定资产”“无形资产”等科目，贷记本科目（其他投资）。

【例9-71】20×3年9月，某事业单位建设临时办公室，购置办公用品座椅一套，价值40 000元，款项来源于一般公共预算财政拨款，通过银行转账支付。一年后工程完工办理资产移交。账务处理如下：

表9-93

财务会计	预算会计
（1）购置生活家具	
借：在建工程——其他投资 40 000 贷：银行存款 40 000	借：事业支出——财政拨款支出 40 000 贷：资金结存——货币资金 40 000
（2）资产移交	
借：固定资产 40 000 贷：在建工程——其他投资 40 000	不做账务处理

（五）待核销基建支出

建设项目发生的江河清障、航道清淤、飞播造林、补助群众造林、水土保持、城市绿化等不能形成资产的各类待核销基建支出，按照实际发生金额，借记本科目（待核销基建支出），贷记“财政拨款收入”“零余额账户用款额度”“银行存款”等科目。

取消的建设项目发生的可行性研究费，按照实际发生金额，借记本科目（待核销基建支出），贷记本科目（待摊投资）。

由于自然灾害等原因发生的建设项目整体报废所形成的净损失，报经批准后转入待核销基建支出，按照项目整体报废所形成的净损失，借记本科目（待核销基建支出），按照报废工程回收的残料变价收入、保险公司赔款等，借记“银行存款”“其他应收款”等科目，按照报废的工程成本，贷记本科目（建筑安装工程投资等）。

基建支出，按照项目整体报废所形成的净损失，借记本科目（待核销基建支出），按照报废工程回收的残料变价收入、保险公司赔款等，借记“银行存款”“其他应收款”等科目，按照报废的工程成本，贷记“在建工程”科目（建筑安装工程投资等）。

建设项目竣工验收交付使用时，对发生的待核销基建支出进行冲销，借记“资产处置费用”科目，贷记本科目（待核销基建支出）。

【例9-72】20×3年9月，某事业单位建设服务中心项目，通过银行转账支付补助群众造林款30万元，款项来源于一般公共预算财政拨款。次年5月，服务中心验收交付使用。账务处理如下：

表9-94

财务会计	预算会计
（1）支付补助群众造林款	
借：在建工程——待核销基建支出 300 000 贷：银行存款 300 000	借：事业支出——财政拨款支出 300 000 贷：资金结存——货币资金 300 000

续上表

财务会计		预算会计
（2）竣工验收交付使用		
借：资产处置费用 　贷：在建工程——待核销基建支出	300 000 300 000	不做账务处理

（六）基建转出投资

为建设项目配套而建成的、产权不归属本单位的专用设施，在项目竣工验收交付使用时，按照转出的专用设施的成本，借记本科目（基建转出投资），贷记本科目（建筑安装工程投资）；同时，借记“无偿调拨净资产”科目，贷记本科目（基建转出投资）。

六、无形资产

无形资产是指行政事业单位持有的没有实物形态的可辨认非货币性资产，包括专利权、商标权、著作权、土地使用权、非专利技术等。非大批量购入、单价小于 1 000 元的无形资产，可以于购买的当期将其成本直接计入当期费用。

符合无形资产定义的经济资源，同时满足下列条件应当确认无形资产：①与该无形资产相关的服务潜力很可能实现或者经济利益很可能流入行政事业单位；②该无形资产的成本或者价值能够可靠地计量。

行政事业单位在判断无形资产的服务潜力或经济利益是否很可能实现或流入时，应当对无形资产在预计使用年限内可能存在的各种社会、经济、科技因素做出合理估计，并且应当有确凿的证据支持。

无形资产的确认，需要注意以下特殊情况。

（1）单位购入的不构成相关硬件不可缺少组成部分的软件，应当确认为无形资产。

（2）单位自行研究开发项目的支出，应当区分研究阶段支出与开发阶段支出。研究是指为获取并理解新的科学或技术知识而进行的独创性的有计划调查。开发是指在进行生产或使用前，将研究成果或其他知识应用于某项计划或设计，以生产出新的或具有实质性改进的材料、装置、产品等。

（3）单位自行研究开发项目研究阶段的支出，应当于发生时计入当期费用。自行研究开发项目开发阶段的支出，先按合理方法进行归集，如果最终形成无形资产的，应当确认为无形资产；如果最终未形成无形资产的，应当计入当期费用。

自行研究开发项目尚未进入开发阶段，或者确实无法区分研究阶段支出和开发阶段支出，但按法律程序已申请取得无形资产的，应当将依法取得时发生的注册费、聘请律师费等费用确认为无形资产。

单位自创商誉及内部产生的品牌、报纸期刊名称等，不应确认为无形资产。

与无形资产有关的后续支出，符合无形资产确认条件的，应当计入无形资产成本；不符合无形资产确认条件的，应当在发生时计入当期费用或者相关资产成本。

行政事业单位应设置“无形资产”和“无形资产累计摊销”科目进行核算。“无形资产”科目核算单位无形资产的原值。本科目应当按照无形资产的类别、项目等进行明细核算。科目期末借方余额，反映单位无形资产的成本。“无形资产累计摊销”科目核算单位对使用年限有限的无形资产计提的累计摊销。该科目应当按照所对应无形资产的明细分类进行明细核算。科目期末贷方余额，反映单位计提的无形资产摊销累计数。

（一）无形资产取得的账务处理

1. 外购的无形资产

外购的无形资产，其成本包括实际支付的购买价款、相关税费以及可归属于该项资产达到预定用途前所发生的其他支出。外购的无形资产，按照确定的成本，借记本科目，贷记“财政拨款收入”“零余额账户用款额度”“应付账款”“银行存款”等科目。

【例 9－73】20×3 年 4 月 15 日，某事业单位通过政府采购招标采购了智慧办公软件，价款共计 100 000 元，款项来源于一般公共预算财政拨款，通过财政直接支付方式支付给中标单位。账务处理如下：

表 9－95

财务会计	预算会计
借：无形资产 100 000 　贷：财政拨款收入——一般公共预算财政拨款 100 000	借：事业支出——财政拨款支出 100 000 　贷：财政拨款预算收入——一般公共预算财政拨款 100 000

2. 委托软件公司开发软件

委托软件公司开发软件，视同外购无形资产确定其成本。合同中约定预付开发费用的，按照预付金额，借记“预付账款”科目，贷记“财政拨款收入”“零余额账户用款额度”“银行存款”等科目。软件开发完成交付使用并支付剩余或全部软件开发费用时，按照软件开发费用总额，借记本科目，按照相关预付账款金额，贷记“预付账款”科目，按照支付的剩余金额，贷记“财政拨款收入”“零余额账户用款额度”“银行存款”等科目。

【例 9－74】20×3 年 1 月 1 日，某行政单位委托 A 软件公司开发适应财务数智化改革的财务管理软件，支付开发费用共计 12 万元，合同约定预付开发费用 1 万元，款项来源于一般公共预算财政拨款，由财政授权支付，剩余款项待软件交付时支付。账务处理如下：

表 9－96

财务会计	预算会计
（1）预付开发费用	
借：预付账款——A 软件公司 10 000 　贷：零余额账户用款额度 10 000	借：行政支出 10 000 　贷：资金结存——零余额账户用款额度 10 000

续上表

财务会计	预算会计
(2) 软件完成交付使用	
借：无形资产 120 000 贷：零余额账户用款额度 110 000 预付账款——A 软件公司 10 000	借：行政支出——财政拨款支出 110 000 贷：资金结存——零余额账户用款额度 110 000

3. 自行研究开发形成的无形资产

自行研究开发形成的无形资产，按照研究开发项目进入开发阶段后至达到预定用途前所发生的支出总额，借记本科目，贷记“研发支出——开发支出”科目。自行研究开发项目尚未进入开发阶段，或者确实无法区分研究阶段支出和开发阶段支出，但按照法律程序已申请取得无形资产的，按照依法取得时发生的注册费、聘请律师费等费用，借记本科目，贷记“财政拨款收入”“零余额账户用款额度”“银行存款”等科目；按照依法取得前所发生的研究开发支出，借记“业务活动费用”等科目，贷记“研发支出——研究支出”科目。

【例 9-75】某事业单位自行开发软件系统，20×3 年 4 月，以银行存款支付材料费等有关费用 100 000 元，5 月 20 日，该研究成果已按照法律程序申请到专利权，发生注册费、聘请律师费等相关费用 5 000 元，款项以转账支票支付。

(1) 无法区分研究阶段和开发阶段的支出，账务处理如下：

表 9-97

财务会计	预算会计
(1) 发生研发费用 100 000 元	
借：研发支出 100 000 贷：银行存款 100 000	借：事业支出——非财政专项资金支出 100 000 贷：资金结存——货币资金 100 000
(2) 取得专利时	
借：无形资产 5 000 贷：银行存款 5 000	借：事业支出——非财政专项资金支出 5 000 贷：资金结存——货币资金 5 000
借：业务活动费用 100 000 贷：研发支出 100 000	不做账务处理

(2) 能够区分研究阶段和开发阶段的支出，账务处理如下：

表 9－98

财务会计	预算会计
(1) 发生研发费用 3 000 元，开发费用 7 000 元	
借：研发支出——研究支出 30 000 ——开发支出 70 000 贷：银行存款 10 000	借：事业支出——非财政专项资金支出 100 000 贷：资金结存——货币资金 100 000
(2) 月末结转研究支出	
借：业务活动费用 30 000 贷：研发支出——研究支出 30 000	不做账务处理
借：无形资产 150 000 贷：研发支出——开发支出 70 000 银行存款 80 000	借：事业支出——非财政专项资金支出 80 000 贷：资金结存——货币资金 80 000

4. 接受捐赠的无形资产

接受捐赠的无形资产，按照确定的无形资产成本，借记本科目，按照发生的相关税费等，贷记“零余额账户用款额度”“银行存款”等科目，按照其差额，贷记“捐赠收入”科目。接受捐赠的无形资产按照名义金额入账的，按照名义金额，借记本科目，贷记“捐赠收入”科目；同时，按照发生的相关税费等，借记“其他费用”科目，贷记“零余额账户用款额度”“银行存款”等科目。

5. 无偿调入的无形资产

无偿调入的无形资产，按照确定的无形资产成本，借记本科目，按照发生的相关税费等，贷记“零余额账户用款额度”“银行存款”等科目，按照其差额，贷记“无偿调拨净资产”科目。

6. 置换取得的无形资产

行政事业单位置换取得的无形资产，其成本按照换出资产的评估价值加上支付的补价或减去收到的补价，加上换入无形资产发生的其他相关支出确定。

（二）无形资产摊销

单位应当于取得或形成无形资产时合理确定其使用年限。无形资产的使用年限为有限的，应当估计该使用年限。无法预见无形资产为行政单位提供服务潜力或者带来经济利益期限的，应当视为使用年限不确定的无形资产。单位应当对使用年限有限的无形资产进行摊销，但已摊销完毕仍继续使用的无形资产和以名义金额计量的无形资产除外。

单位应当按照以下原则确定无形资产的摊销年限：①法律规定了有效年限的，按照法律规定的有效年限作为摊销年限；②法律没有规定有效年限的，按照相关合同或单位申请书中的受益年限作为摊销年限；③法律没有规定有效年限、相关合同或单位申请书也没有规定受益年限的，应当根据无形资产为会计主体带来服务潜力或经济利益的实际情况，预计其使用年限。

非大批量购入、单价小于1 000元的无形资产，可以于购买的当期将其成本直接计入当期费用。

1. 摊销方法

行政事业单位应当采用年限平均法或者工作量法对无形资产进行摊销，应摊销金额为其成本，不考虑预计残值。因发生后续支出而增加无形资产成本的，对于使用年限有限的无形资产，应当按照重新确定的无形资产成本以及重新确定的摊销年限计算摊销额。

2. 摊销计提时点

无形资产应按月计提摊销，当月增加的无形资产，当月开始摊销；当月减少的无形资产，当月不再摊销。

行政事业单位提足摊销的无形资产后，无论能否继续带来服务潜力或经济利益，均不再计提摊销；核销的无形资产，如果未提足摊销，也不再补提摊销。

3. 无形资产摊销的账务处理

按月对无形资产进行摊销时，按照应摊销金额，借记“业务活动费用”“单位管理费用”“加工物品”“在建工程”等科目，贷记本科目。

经批准处置无形资产时，按照所处置无形资产的账面价值，借记“资产处置费用”“无偿调拨净资产”“待处理财产损溢”等科目，按照已计提摊销，借记本科目，按照无形资产的账面余额，贷记“无形资产”科目。

【例9－76】20×3年1月1日，某单位用其他专项资金购置了一套新资产管理软件，支付款项80 000元，每月摊销额1 000元。账务处理如下：

表9－99

财务会计	预算会计
（1）购置软件	
借：无形资产　80 000 贷：银行存款　80 000	借：行政支出——非财政专项资金支出　80 000 贷：资金结存——货币资金　80 000
（2）每月进行无形资产摊销	
借：业务活动费用——无形资产摊销费　1 000 贷：无形资产累计摊销　1 000	不做账务处理

（三）无形资产后续支出的账务处理

符合无形资产确认条件的后续支出为增加无形资产的使用效能对其进行升级改造或扩展其功能时，如需暂停对无形资产进行摊销的，按照无形资产的账面价值，借记“在建工程”科目，按照无形资产已摊销金额，借记“无形资产累计摊销”科目，按照无形资产的账面余额贷记“无形资产”科目。无形资产后续支出符合无形资产确认条件的，按照支出的金额，借记“无形资产”（不需暂停摊销的）或“在建工程”科目（需暂停摊销的），贷记“财政拨款收入”“零余额账户用款额度”“银行存款”等科目。

暂停摊销的无形资产升级改造或扩展功能等完成交付使用时，按照在建工程成本，借记“无形资产”，贷记“在建工程”科目。

不符合无形资产确认条件的后续支出为保证无形资产正常使用发生的日常维护等支出，借记“业务活动费用”“单位管理费用”等科目，贷记“财政拨款收入”“零余额账户用款额度”“银行存款”等科目。

（四）无形资产处置的账务处理

行政事业单位的无形资产应当按照有关规定报经批准后进行处置。无形资产处置包括出售、转让、对外捐赠、无偿调出、置换换出、对外投资，以及转销预期不能为行政事业单位带来服务潜力或者经济利益的无形资产。

按照规定报经批准处置无形资产，应当分别按照以下情况处理。

（1）出售、转让无形资产。行政事业单位报经批准出售、转让无形资产，按照被出售、转让无形资产的账面价值，借记“资产处置费用”科目，按照无形资产已计提的摊销，借记“无形资产累计摊销”科目，按照无形资产账面余额，贷记“无形资产”科目；同时，按照收到的价款，借记“银行存款”等科目，按照处置过程中发生的相关费用，贷记“银行存款”等科目，按照其差额，贷记“应缴财政款”（按照规定应上缴无形资产转让净收入的）或“其他收入”（按照规定将无形资产转让收入纳入本单位预算管理的）科目。

（2）对外捐赠无形资产。行政事业单位报经批准对外捐赠无形资产，按照无形资产已计提的摊销，借记“无形资产累计摊销”科目，按照被处置无形资产账面余额，贷记“无形资产”科目，按照捐赠过程中发生的归属于捐出方的相关费用，贷记“银行存款”等科目，按照其差额，借记“资产处置费用”科目。

（3）无偿调出无形资产。行政事业单位报经批准无偿调出无形资产，按照无形资产已计提的摊销，借记“无形资产累计摊销”科目，按照被处置无形资产账面余额，贷记“无形资产”科目，按照其差额，借记“无偿调拨净资产”科目；同时，按照无偿调出过程中发生的归属于调出方的相关费用，借记“资产处置费用”科目，贷记“银行存款”等科目。

（4）置换换出无形资产。行政事业单位报经批准置换换出无形资产，参照本章存货置换换入的存货相关规定进行账务处理。

（5）核销无形资产。行政事业单位无形资产预期不能为单位带来服务潜力或经济利益，按照规定报经批准核销时，按照待核销无形资产的账面价值，借记“资产处置费用”科目，按照已计提摊销，借记“无形资产累计摊销”科目，按照无形资产的账面余额，贷记“无形资产”科目。

无形资产对外捐赠、无偿调出的举例参照“固定资产”科目相同业务的账务处理。无形资产对外投资的举例参照本章长期股权投资的核算。

（五）无形资产盘点的账务处理

行政事业单位应当定期对无形资产进行清查盘点，每年至少盘点一次。资产清查盘点过程中发现的无形资产盘盈、盘亏等参照“固定资产”科目相关规定进行账务处理。

七、经管资产

政府经管资产，是指由部门、单位和机构负责经营管理的公共物品，包括公共基础设施、政府储备物资、文物文化资产、保障性住房和受托代理资产等。这些相关内容与行政单位自用资产相区分，弥补相关信息缺失，有利于政府摸清家底，加强此类资产的管理。

（一）公共基础设施

公共基础设施是单位占有并直接负责维护管理、供社会公众使用的工程性公共基础设施资产，包括城市交通设施、公共照明设施、环保设施、防灾、健身设施、广场及公共构筑物等其他公共设施。

公共基础设施确认的一般条件。符合公共基础设施定义的经济资源，同时满足下列条件的，应确认为公共基础设施：①与该公共基础设施相关的服务潜力很可能实现或者经济利益很可能流入政府会计主体；②该公共基础设施的成本或者价值能够可靠地计量。

通常情况下，对于自建或外购的公共基础设施，行政事业单位应在该项公共基础设施验收合格并交付使用时确认；对于无偿调入、接受捐赠的公共基础设施，行政事业单位应在开始承担该项公共基础设施管理维护职责时确认。

行政事业单位应根据公共基础设施提供公共产品或服务的性质或功能特征对其进行分类确认。

公共基础设施的各组成部分具有不同使用年限或者以不同方式提供公共产品或服务，适用不同折旧率或折旧方法且可以分别确定各自原价的，应分别将各组成部分确认为该类公共基础设施的一个单项公共基础设施。

行政事业单位在购建公共基础设施时，能够分清购建成本中的构筑物部分与土地使用权部分的，应将其中的构筑物部分和土地使用权部分分别确认为公共基础设施；不能分清购建成本中的构筑物部分与土地使用权部分的，应整体确认为公共基础设施。

此外，独立于公共基础设施、不构成公共基础设施使用不可缺少组成部分的管理维护用房屋建筑物、设备、车辆等；属于文物文化资产的公共基础设施；采用政府和社会资本合作模式（即 PPP 模式）形成的公共基础设施，均不符合公共基础设施确认条件，不予确认为公共基础设施。

通常情况下，符合上述确认条件的公共基础设施，应当由按规定对其负有管理维护职责的行政事业单位予以确认。多个行政事业单位共同管理维护的公共基础设施，应当由对该资产负有主要管理维护职责或者承担后续主要支出责任的单位予以确认。分为多个组成部分由不同行政事业单位分别管理维护的公共基础设施，应当由各个单位分别对其负责管理维护的公共基础设施的相应部分予以确认。负有管理维护公共基础设施职责的行政事业单位通过政府购买服务方式委托企业或其他会计主体代为管理维护公共基础设施的，该公共基础设施应当由委托方予以确认。

行政事业单位应设置“公共基础设施”科目和“公共基础设施累计折旧（摊销）”总账科目，前者用于核算单位控制的公共基础设施的原值，后者用于核算单位计提的公共基础设施累计折旧和累计摊销。

“公共基础设施”科目期末借方余额反映单位控制的公共基础设施的原值。“公共基础设施累计折旧（摊销）”科目期末贷方余额反映单位提取的公共基础设施折旧和摊销的累计数。

“公共基础设施”科目应按照公共基础设施的类别、项目等进行明细核算；“公共基础设施累计折旧（摊销）”科目应按照所对应公共基础设施的明细分类进行明细核算。

1. 公共基础设施取得的账务处理

（1）自行建造的公共基础设施。

自行建造的公共基础设施完工交付使用时，按照在建工程的成本，借记本科目，贷记“在建工程”科目。已交付使用但尚未办理竣工决算手续的公共基础设施，按照估计价值入账，待办理竣工决算后再按照实际成本调整原来的暂估价值。

【例 9－77】某行政单位 20×3 年 10 月 1 日自行建造的公共基础设施完工交付使用，价值 600 万元。账务处理如下：

表 9－100

财务会计	预算会计
借：公共基础设施　　6 000 000 　贷：在建工程　　　6 000 000	不做账务处理

（2）无偿调入的公共基础设施。

接受其他单位无偿调入的公共基础设施，按照确定的成本，借记“公共基础设施”科目，按照发生的归属于调入方的相关费用，贷记“财政拨款收入”“零余额账户用款额度”“银行存款”等科目，按照其差额，贷记“无偿调拨净资产”科目。同时，在预算会计下，按照实际支付的归属于调入方的相关费用，借记“其他支出”科目，贷记“财政拨款预算收入”“资金结存”科目。

【例 9－78】某事业单位无偿调入一片公园绿地，账面价值 400 000 元，以财政授权支付过户费 20 000 元。账务处理如下：

表 9 - 101

财务会计	预算会计
借：公共基础设施——公园绿地　420 000 　贷：无偿调拨净资产——零余额账户用款额度　420 000	借：事业支出——财政拨款支出　20 000 　贷：资金结存——零余额账户用款额度　20 000

【例 9 - 79】接上例。假设公园绿地的成本无法可靠取得，其他条件不变。账务处理如下：

表 9 - 102

财务会计	预算会计
借：其他费用——相关税费　20 000 　贷：零余额账户用款额度　20 000	借：行政支出——财政拨款支出　20 000 　贷：资金结存——零余额账户用款额度　20 000

（3）接受捐赠的公共基础设施。

政府会计主体接受其他会计主体无偿调入的公共基础设施，其成本按照该项公共基础设施在调出方的账面价值加上归属于调入方的相关费用确定。按照确定的成本，借记本科目，按照发生的归属于调入方的相关费用，贷记“财政拨款收入”“零余额账户用款额度”“银行存款”等科目，按照其差额，贷记“无偿调拨净资产”科目。

无偿调入的公共基础设施成本无法可靠取得的，按照发生的相关税费、运输费等金额，借记“其他费用”科目，贷记“财政拨款收入”“零余额账户用款额度”“银行存款”等科目。同时，在预算会计下，按照实际支付的归属于调入方的相关费用，借记“其他支出”科目，贷记“财政拨款预算收入”“资金结存”科目。

（4）外购的公共基础设施。

政府会计主体外购的公共基础设施，其成本包括购买价款、相关税费以及公共基础设施交付使用前所发生的可归属于该项资产的运输费、装卸费、安装费和专业人员服务费等。按照确定的成本，借记本科目，贷记“财政拨款收入”“零余额账户用款额度”“银行存款”等科目。对于包括不同组成部分的公共基础设施，其只有总成本、没有单项组成部分成本的，政府会计主体可以按照各单项组成部分同类或类似资产的成本或市场价格比例对总成本进行分配，分别确定公共基础设施中各单项组成部分的成本。对于成本无法可靠取得的公共基础设施，单位应当设置备查簿进行登记，待成本能够可靠确定后按照规定及时入账。

【例 9 - 80】某行政单位 20×3 年 9 月 8 日外购一批室外运动健身器材，价值 600 万元，款项来源于一般公共预算财政拨款，通过财政授权支付。账务处理如下：

表 9－103

财务会计	预算会计
借：公共基础设施——室外健身器材 200 000 贷：零余额账户用款额度 200 000	借：行政支出——财政拨款支出 200 000 贷：资金结存——零余额账户用款额度 200 000

（5）其他情况。

对于包括不同组成部分的公共基础设施，其只有总成本、没有单项组成部分成本的，行政事业单位可以按照各单项组成部分同类或类似资产的成本或市场价格比例对总成本进行分配，分别确定公共基础设施中各单项组成部分的成本。

对于成本无法可靠取得的公共基础设施，单位应设置备查簿进行登记，待成本能够可靠确定后按照规定及时入账。

2．公共基础设施折旧（摊销）的账务处理

（1）折旧或摊销的范围。

行政事业单位应当对公共基础设施计提折旧，但单位持续进行良好的维护使得其性能得到永久维持的公共基础设施和确认为公共基础设施的单独计价入账的土地使用权除外。

对于确认为公共基础设施的单独计价入账的土地使用权，单位应当按照无形资产的相关规定进行摊销。

（2）折旧年限。

单位应当根据公共基础设施的性质和使用情况，合理确定公共基础设施的折旧年限。单位确定公共基础设施折旧年限，应当考虑下列因素：设计使用年限或设计基准期；预计实现服务潜力或提供经济利益的期限；预计有形损耗和无形损耗；法律或者类似规定对资产使用的限制。

公共基础设施的折旧年限一经确定，不得随意变更。但因改建、扩建等原因而延长公共基础设施使用年限的，应当按照重新确定的公共基础设施的成本和重新确定的折旧年限计算折旧额，无须调整原已计提的折旧额。

对于单位接受无偿调入、捐赠的公共基础设施，应当考虑该项资产的新旧程度，按照其尚可使用的年限计提折旧。

（3）折旧方法。

公共基础设施一般采用年限平均法或者工作量法计提折旧。在确定公共基础设施的折旧方法时，应当考虑与公共基础设施相关的服务潜力或经济利益的预期实现方式。公共基础设施折旧方法一经确定，不得随意变更。年限平均法或者工作量法详见本教材“固定资产”科目部分。

公共基础设施应计提的折旧总额为其成本，计提公共基础设施折旧时不考虑预计净残值。单位应当对暂估入账的公共基础设施计提折旧，实际成本确定后不需调整原已计提的折旧额。

（4）折旧计提时点。

公共基础设施应当按月计提折旧，并计入当期费用。当月增加的公共基础设施，当月开始计提折旧；当月减少的公共基础设施，当月不再计提折旧。对于处于改建、扩建等建造活动期间的公共基础设施，应当暂停计提折旧。

公共基础设施提足折旧后，无论能否继续使用，均不再计提折旧；已提足折旧的公共基础设施，可以继续使用的，应当继续使用，并规范实物管理。提前报废的公共基础设施，不再补提折旧。

（5）折旧（摊销）的具体账务处理。

为了反映和核算公共基础设施累计折旧（摊销），行政事业单位应设置“公共基础设施折旧（摊销）”科目，本科目应按照所对应公共基础设施的明细分类进行明细核算。本科目期末贷方余额，反映单位提取的公共基础设施折旧和摊销的累计数。

按月计提公共基础设施折旧（摊销）时，按照应计提的折旧（摊销）额，借记“业务活动费用”科目，贷记本科目。

按月对确认为公共基础设施的单独计价入账的土地使用权进行摊销时，按照应计提的摊销额，借记“业务活动费用”科目，贷记本科目。

处置公共基础设施时，按照所处置公共基础设施的账面价值，借记“资产处置费用”“无偿调拨净资产”“待处理财产损溢”等科目，按照已提取的折旧和摊销，借记本科目，按照公共基础设施账面余额，贷记“公共基础设施”科目。

【例 9－81】某单位采用年限平均法计提公共基础设施折旧（摊销），20×3 年 7 月确认本期应计提的折旧额为 50 000 元，摊销额为 40 000 元。账务处理如下：

表 9－104

财务会计		预算会计
借：业务活动费用	90 000	不做账务处理
贷：公共基础设施折旧（摊销）	50 000	
累计摊销	40 000	

3. 公共基础设施后续支出的账务处理

（1）改建和扩建会计处理。

将公共基础设施转入改建、扩建时，按照公共基础设施的账面价值，借记“在建工程”科目，按照公共基础设施已计提的折旧，借记“公共基础设施累计折旧（摊销）”科目，按照公共基础设施的账面余额，贷记“公共基础设施”科目。为增加公共基础设施使用效能或延长其使用年限而发生的改建、扩建等后续支出，借记“在建工程”科目，贷记“财政拨款收入”“零余额账户用款额度”“银行存款”等科目。同时，在预算会计下，按照实际支付的改建、扩建等相关费用，借记“行政支出”“事业支出”科目，贷记“财政拨款预算收入”“资金结存”科目。公共基础设施改建、扩建完成，竣工验收交付使用时，按照在建工程成本，借记“公共基础设施”科目，贷记“在建工程”科目。

（2）日常维修会计处理。

为保证公共基础设施正常使用发生的日常维修等支出，借记“业务活动费用”“单位管理费用”等科目，贷记“财政拨款收入”“零余额账户用款额度”“银行存款”等科目。同时，在预算会计下，按照实际支付的日常维修等费用，借记“行政支出”“事业支出”等科目，贷记“财政拨款预算收入”“资金结存”科目。

4. 公共基础设施处置的账务处理

行政事业单位公共基础设施处置的方式主要包括对外捐赠和无偿调出。

（1）对外捐赠。

报经批准对外捐赠公共基础设施，按照公共基础设施已计提的折旧或摊销，借记“公共基础设施累计折旧（摊销）”科目，按照被处置公共基础设施的账面余额，贷记“公共基础设施”科目，按照捐赠过程中发生的归属于捐出方的相关费用，贷记“银行存款”等科目，按照其差额，借记“资产处置费用”科目。同时，在预算会计下，按照实际支付的归属于捐出方的相关费用，借记“其他支出”科目，贷记“资金结存”等科目。

（2）无偿调出。

报经批准无偿调出公共基础设施，按照公共基础设施已计提的折旧或摊销，借记“公共基础设施累计折旧（摊销）”科目，按照被处置公共基础设施的账面余额，贷记“公共基础设施科目”，按照其差额，借记“无偿调拨净资产”科目；同时，按照无偿调出过程中发生的归属于调出方的相关费用，借记“资产处置费用”科目，贷记“银行存款”等科目。此外，在预算会计下，按照实际支付的归属于调出方的相关费用，借记“其他支出”科目，贷记“资金结存”等科目。

5. 公共基础设施盘点的账务处理

（1）盘盈的公共基础设施。

盘盈的公共基础设施，按照确定的入库成本，借记“公共基础设施”科目，贷记“待处理财产损溢”科目。

（2）盘亏、毁损或报废的公共基础设施。

盘亏、毁损或报废的公共基础设施，按照将处置的公共基础设施的账面价值，借记“待处理财产损溢”科目，按照已计提的折旧或摊销，借记“公共基础设施累计折旧”科目，按照公共基础设施的账面余额，贷记“公共基础设施”科目。

（二）政府储备物资

政府储备物资是指行政事业单位为满足实施国家安全与发展战略、进行抗灾救灾、应对公共突发事件等特定公共需求而控制的，同时具有下列特征的有形资产：①在应对可能发生的特定事件或情形时动用；②其购入、存储保管、更新（轮换）、动用等由政府及相关部门发布的专门管理制度规范。政府储备物资包括战略及能源物资、抢险抗灾救灾物资、农产品、医药物资和其他重要商品物资，通常情况下由行政事业单位委托承储单位存储。

符合政府储备物资的定义，同时满足下列条件的，应当确认为政府储备物资：与该政府储备物资相关的服务潜力很可能实现或者经济利益很可能流入行政事业单位；该政府储备物资的成本或者价值能够可靠地计量。

政府储备物资应由按规定对其负有行政管理职责的行政事业单位予以确认。行政管理职责主要指提出或拟订收储计划、更新（轮换）计划、动用方案等。相关行政管理职责由不同行政事业单位行使的政府储备物资，由负责提出收储计划的行政事业单位予以确认。对政府储备物资不负有行政管理职责但接受委托具体负责执行其存储保管等工作的行政事业单位，应将受托代储的政府储备物资作为受托代理资产核算。

单位对政府储备物资进行核算时，按照政府储备物资的种类、品种、存放地点等进行明细核算。单位根据需要，可在本科目下设置“在库”“发出”等明细科目进行明细核算。本科目期末借方余额，反映政府储备物资的成本。

1. 政府储备物资取得的账务处理

（1）购入的政府储备物资。其成本包括购买价款、相关税费、运输费、装卸费、保险费以及其他使政府储备物资达到目前场所和状态所发生的支出；单位支付的政府储备物资保管费、仓库租赁费等日常储备费用，不计入政府储备物资的成本。购入的政府储备物资验收入库，按照确定的成本，借记本科目，贷记“财政拨款收入”“零余额账户用款额度”“银行存款”等科目。

【例 9－82】某行政单位为抗疫购入物资，取得增值税专用发票上的价款 200 000 元，增值税税额 26 000 元，支付运输费 2 000 元，款项来源于一般公共预算财政拨款，通过财政直接支付。账务处理如下：

表 9－105

财务会计	预算会计
借：政府储备物资——抗疫物资　228 000 　贷：财政拨款收入——一般公共预算财政拨款　228 000	借：行政支出——财政拨款支出　228 000 　贷：财政拨款预算收入——一般公共预算财政拨款　228 000

（2）涉及委托加工政府储备物资业务的，相关账务处理参照“加工物品”科目。

（3）接受捐赠的政府储备物资。按照确定的成本，借记本科目，按照单位承担的相关税费、运输费等，贷记“零余额账户用款额度”“银行存款”等科目，按照其差额，贷记“捐赠收入”科目。

【例 9－83】某单位 20×3 年 2 月 1 日接受无偿调入一批抗疫物资，经评估机构评估其价值为 280 000 元，通过财政授权支付方式支付运输费等 1 000 元。账务处理如下：

表 9－106

财务会计	预算会计
借：政府储备物资——抗疫物资 281 000 贷：捐赠收入 280 000 零余额账户用款额度 1 000	借：行政支出——财政拨款支出 1 000 贷：资金结存——零余额账户用款额度 1 000

（4）接受无偿调入的政府储备。按照确定的成本，借记本科目，按照单位承担的相关税费、运输费等，贷记“零余额账户用款额度”“银行存款”等科目，按照其差额，贷记“无偿调拨净资产”科目。

【例 9－84】某单位收到无偿调入的抗疫物资一批，调出方的账面价值为 300 000 元。账务处理如下：

表 9－107

财务会计	预算会计
借：政府储备物资——抗疫物资 300 000 贷：无偿调拨净资产 300 000	不做账务处理

2. 政府储备物资发出的账务处理

政府储备物资发出时，应当根据实际情况采用先进先出法、加权平均法或者个别计价法确定发出政府储备物资的实际成本。计价方法一经确定，不得随意变更。

（1）动用政府储备物资。

发出无须收回的政府储备物资。行政事业单位因动用而发出无须收回的政府储备物资的，行政事业单位应当在发出物资时将其账面余额予以转销，计入当期费用。按照发出物资的账面余额，借记“业务活动费用”科目，贷记本科目。

【例 9－85】某事业单位从本单位的仓库中发出一批抗疫物资口罩，该物资的账面价值为 100 000 元，发出后无须收回。账务处理如下：

表 9－108

财务会计	预算会计
借：业务活动费用——商品和服务费用 100 000 贷：政府储备物资——救灾物资 100 000	不做账务处理

发出需要收回或者预期可能收回的政府储备物资。因动用而发出需要收回或者预期可能收回的政府储备物资的，行政事业单位应当在按规定的质量验收标准收回物资时，将未收回物资的账面余额予以转销，计入当期费用。在发出物资时，按照发出物资的账面余额，借记本科目（发出），贷记本科目（在库）；按照规定的质量验收标准收回物资时，按照收回物资原账面余额，借记本科目（在库），按照未收回物资的原账面余额，借记“业务活动费用”科目，按照物资发出时登记在本科目所属“发出”明细科目中的

余额，贷记本科目（发出）。

【例9-86】某行政单位从本单位仓库发出一批防汛物资，该物资价值为20 000元，发出后需要收回，假定收回部分原账面价值为10 000元。账务处理如下：

表9-109

财务会计		预算会计
（1）发出时		
借：政府储备物资——防汛物资（发出） 贷：政府储备物资——防汛物资（在库）	20 000 20 000	不做账务处理
（2）收回时		
借：政府储备物资——防汛物资（在库） 业务活动费用——商品和服务费用 贷：政府储备物资——防汛物资（发出）	10 000 10 000 20 000	不做账务处理

（2）无偿调出政府储备物资。

单位应当在发出物资时将其账面余额予以转销。按照无偿调出政府储备物资的账面余额，借记“无偿调拨净资产”科目，贷记本科目。

（3）对外销售政府储备物资。

行政事业单位经批准对外销售政府储备物资的，应当分为两种情况：①纳入单位预算统一管理。对外销售政府储备物资并将销售收入纳入单位预算统一管理的，发出物资时，按照发出物资的账面余额，借记“业务活动费用”科目，贷记本科目；实现销售收入时，按照确认的收入金额，借记“银行存款”“应收账款”等科目，贷记“事业收入”等科目。按照发生的相关税费，借记“业务活动费用”科目，贷记“银行存款”等科目。②上缴财政。对外销售政府储备物资并按照规定将销售净收入上缴财政的，发出物资时，按照发出物资的账面余额，借记“资产处置费用”科目，贷记本科目；取得销售价款时，按照实际收到的款项金额，借记“银行存款”等科目，按照发生的相关税费，贷记“银行存款”等科目，按照销售价款大于所承担的相关税费后的差额，贷记“应缴财政款”科目。

【例9-87】某事业单位将一批救灾药品出售，该物资的账面价值是10 000元，出售价款15 000元，款项存入银行。假设不考虑增值税。账务处理如下：

表9-110

财务会计		预算会计
（1）纳入单位预算管理		
借：业务活动费用——商品和服务费用 贷：政府储备物资——救灾物资	10 000 10 000	不做账务处理

续上表

财务会计	预算会计
借：银行存款 15 000 　贷：事业收入——其他事业收入 15 000	借：资金结存——货币资金 15 000 　贷：事业预算收入——其他事业 15 000
（2）上缴财政	
借：资产处置费用 10 000 　贷：政府储备物资——救灾物资 10 000	不做账务处理
借：银行存款 15 000 　贷：应缴财政款——应缴国库款 15 000	不做账务处理

（4）更新（轮换）政府储备物资。

应当将物资轮出视为物资销售，按照对外销售规定处理；将物资轮入视为物资采购，按照前面购入规定处理。

3．政府储备物资盘点的账务处理

单位应当定期对政府储备物资进行清查盘点，每年至少盘点一次。对于发生的政府储备物资盘盈、盘亏或者报废、毁损，应当先记入“待处理财产损溢”科目，按照规定报经批准后及时进行后续账务处理。

盘盈的政府储备物资，按照确定的入账成本，借记本科目，贷记“待处理财产损溢”科目。

盘亏或者毁损、报废的政府储备物资，按照待处理政府储备物资的账面余额，借记“待处理财产损溢”科目，贷记本科目。

【例 9－88】某行政单位 20×3 年末盘点发现盘盈政府储备物资 500 元。账务处理如下：

表 9－111

财务会计	预算会计
（1）盘盈时处理	
借：政府储备物资 500 　贷：待处理财产损溢——待处理财产价值 500	不做账务处理
（2）经批准后处理	
借：待处理财产损溢——待处理财产价值 500 　贷：以前年度盈余调整 500	不做账务处理

【例 9－89】某行政单位年末盘点发现政府储备物资 5 000 元报废，进行清理，清理收入 500 元，清理费用 300 元，均以银行存款收支。账务处理如下：

表 9－112

财务会计	预算会计
（1）转入待处理财产损溢	
借：待处理财产损溢——待处理财产价值 5 000 贷：政府储备物资 5 000	不做账务处理
（2）报经批准处理时	
借：政府储备物资 5 000 贷：待处理财产损溢——待处理财产价值 5 000	不做账务处理
（3）取得变价收入	
借：银行存款 500 贷：待处理财产损溢——处理净收入 500	不做账务处理
（4）支付清理费用	
借：待处理财产损溢——处理净收入 300 贷：银行存款 300	不做账务处理
（5）尾款上缴财政	
借：待处理财产损溢——处理净收入 200 贷：应缴纳财政款——应缴纳国库款 200	不做账务处理

（三）文物文化资产

文物文化资产是指用于展览、教育或研究等的历史文物、艺术品以及其他具有文化或历史价值并长期或者永久保存的典藏等。

为核算文物文化资产，应设置“文物文化资产”总账科目，并按照文物文化资产的类别、项目等进行明细核算。本科目期末借方余额，反映文物文化资产的成本。为满足自身开展业务活动或其他活动需要而控制的文物和陈列品，应当通过“固定资产”科目核算，不通过本科目核算。

1. 文物文化资产取得的账务处理

（1）外购的文物文化资产。

外购的文物文化资产，其成本包括购买价款、相关税费以及可归属于该项资产达到预定用途前所发生的其他支出（如运输费、安装费、装卸费等）。外购的文物文化资产，按照确定的成本，借记本科目，贷记“财政拨款收入”“零余额账户用款额度”“银行存款”等科目。

（2）无偿调入的文物文化资产。

接受其他单位无偿调入的文物文化资产，其成本按照该项资产在调出方的账面价值加上归属于调入方的相关费用确定。调入的文物文化资产，按照确定的成本，借记本科目，按照发生的归属于调入方的相关费用，贷记“零余额账户用款额度”“银行存款”等科目，按照其差额，贷记“无偿调拨净资产”科目。无偿调入的文物文化资产成本无法可靠取得的，按照发生的归属于调入方的相关费用，借记“其他费用”科目，贷记“零余额账户用款额度”“银行存款”等科目。

（3）接受捐赠的文物文化资产。

接受捐赠的文物文化资产，其成本按照有关凭据注明的金额加上相关费用确定；没有相关凭据可供取得，但按照规定经过资产评估的，其成本按照评估价值加上相关费用确定；没有相关凭据可供取得，也未经评估的，其成本比照同类或类似资产的市场价格加上相关费用确定。

接受捐赠的文物文化资产，按照确定的成本，借记本科目，按照发生的相关税费、运输费等金额，贷记“零余额账户用款额度”“银行存款”等科目，按照其差额，贷记“捐赠收入”科目。

接受捐赠的文物文化资产成本无法可靠取得的，按照发生的相关税费、运输费等金额，借记“其他费用”科目，贷记“零余额账户用款额度”“银行存款”等科目。

【例9－90】某文物展览馆外购一批历史文物，买价500 000元，运输费5 000元，买价尚未支付。账务处理如下：

表9－113

财务会计		预算会计	
借：文物文化资产——陶器类	505 000	借：事业支出——其他资金支出	5 000
贷：银行存款	5 000	贷：资金结存——货币资金	5 000
应付账款——某单位	500 000		

2. 文物文化资产后续支出的账务处理

与文物文化资产有关的后续支出，参照“公共基础设施”科目相关规定进行处理。

3. 文物文化资产处置的账务处理

行政事业单位文物文化资产的处置方式主要包括：对外捐赠和无偿调出。

报经批准对外捐赠文物文化资产，按照被处置文物文化资产账面余额和捐赠过程中发生的归属于捐出方的相关费用合计数，借记“资产处置费用”科目，按照被处置文物文化资产账面余额，贷记本科目，按照捐赠过程中发生的归属于捐出方的相关费用，贷记“银行存款”等科目。

报经批准无偿调出文物文化资产，按照被处置文物文化资产账面余额，借记“无偿调拨净资产”科目，贷记本科目；同时，按照无偿调出过程中发生的归属于调出方的相关费用，借记“资产处置费用”科目，贷记“银行存款”等科目。

（四）保障性住房

保障性住房是指行政事业单位为满足社会公共需求而控制的用于居住保障目的的住房，如用于向低收入居民出租的廉租住房、用于向符合特定条件的居民出租的公共租赁住房、人才公寓等。

为了反映和核算保障性住房，行政事业单位应设置“保障性住房”科目，本科目应按照保障性住房的类别、项目等进行明细核算。本科目期末借方余额，反映保障性住房的原值。

1. 保障性住房取得的账务处理

（1）外购的保障性住房。

外购的保障性住房，其成本包括购买价款、相关税费以及可归属于该项资产达到预定用途前所发生的其他支出。外购的保障性住房，按照确定的成本，借记本科目，贷记“财政拨款收入”“零余额账户用款额度”“银行存款”等科目。

（2）自行建造的保障性住房。

自行建造的保障性住房交付使用时，按照在建工程成本，借记本科目，贷记“在建工程”科目。已交付使用但尚未办理竣工决算手续的保障性住房，按照估计价值入账，待办理竣工决算后再按照实际成本调整原来的暂估价值。

（3）接受其他单位无偿调入的保障性住房。

接受其他单位无偿调入的保障性住房，其成本按照该项资产在调出方的账面价值加上归属于调入方的相关费用确定。无偿调入的保障性住房，按照确定的成本，借记本科目，按照发生的归属于调入方的相关费用，贷记“零余额账户用款额度”“银行存款”等科目，按照其差额，贷记“无偿调拨净资产”科目。

行政事业单位接受捐赠、融资租赁取得的保障性住房，参照“固定资产”科目相关规定进行处理。

2. 保障性住房折旧的账务处理

行政事业单位应参照《企业会计准则第3号——固定资产》及其应用指南的相关规定，按月对其控制的保障性住房计提折旧。

为了反映和核算保障性住房累计折旧，行政事业单位应设置“保障性住房累计折旧”科目，本科目应按照所对应保障性住房的类别进行明细核算。本科目期末贷方余额，反映单位计提的保障性住房折旧累计数。

按月计提保障性住房折旧时，按照应计提的折旧额，借记“业务活动费用”科目，贷记本科目。

报经批准处置保障性住房时，按照所处置保障性住房的账面价值，借记“资产处置费用”“无偿调拨净资产”“待处理财产损溢”等科目，按照已计提折旧，借记本科目，按照保障性住房的账面余额，贷记“保障性住房”科目。上述保障性住房累计折旧核算的相关举例可参照固定资产累计折旧的核算。

3. 保障性住房后续支出的账务处理

行政事业单位保障性住房有关的后续支出，参照“固定资产”科目相关规定进行处理。

4. 保障性住房出租的账务处理

按照规定出租保障性住房并将出租收入上缴同级财政，按照收取的租金金额，借记

"银行存款"等科目，贷记"应缴财政款"科目。

5. 保障性住房处置的账务处理

（1）无偿调出保障性住房。

报经批准无偿调出保障性住房，按照保障性住房已计提的折旧，借记"保障性住房累计折旧"科目，按照被处置保障性住房账面余额，贷记本科目，按照其差额，借记"无偿调拨净资产"科目；同时，按照无偿调出过程中发生的归属于调出方的相关费用，借记"资产处置费用"科目，贷记"银行存款"等科目。

（2）出售保障性住房。

按照被出售保障性住房的账面价值，借记"资产处置费用"科目，按照保障性住房已计提的折旧，借记"保障性住房累计折旧"科目，按照保障性住房账面余额，贷记本科目；同时，按照收到的价款，借记"银行存款"等科目，按照出售过程中发生的相关费用，贷记"银行存款"等科目，按照其差额，贷记"应缴财政款"科目。

6. 保障性住房清查盘点的账务处理

单位应当定期对保障性住房进行清查盘点。对于发生的保障性住房盘盈、盘亏、毁损或报废等，参照"固定资产"科目相关规定进行账务处理。

八、长期待摊费用

长期待摊费用是指行政事业单位已经支出，但应由本期和以后各期负担的分摊期限在1年以上（不含1年）的各项费用。具体包括以经营租赁方式租入的固定资产发生的改良支出以及摊销期限在一年以上的其他待摊费用。

行政事业单位应设置"长期待摊费用"科目，用于核算单位已经支出，但应当由本期和以后各期分别负担的、分摊期在1年以上（不含1年）的各项费用。"长期待摊费用"科目期末借方余额反映单位尚未摊销完毕的长期待摊费用。"长期待摊费用"科目应按照待摊费用种类进行明细核算。

发生长期待摊费用时，按照支出金额，借记"长期待摊费用"科目，贷记"财政拨款收入""零余额账户用款额度""银行存款"等科目。

按照受益期间摊销长期待摊费用时，按照摊销金额，借记"业务活动费用""单位管理费用""经营费用"等科目，贷记"长期待摊费用"科目。

如果某项长期待摊费用已经不能使单位受益，则应当将其摊余金额一次全部转入当期费用。按照摊销金额，借记"业务活动费用""单位管理费用""经营费用"等科目，贷记"长期待摊费用"科目。

【例9-91】20×3年4月10日，某单位租入固定设备一台，租期2年，租赁费24万元，以财政授权方式支付，租赁合同于下月生效，款项来源于一般公共预算财政拨款，自下月开始摊销。账务处理如下：

表 9－114

财务会计	预算会计
(1) 20×3 年 4 月租入设备	
借：长期待摊费用 240 000 贷：零余额账户用款额度 240 000	借：事业支出——财政拨款支出 240 000 贷：资金结存——零余额账户用款额度 240 000
(2) 5 月摊销：5 月摊销额 = 240 000 ÷ 24 = 10 000（元）	
借：业务活动费用——商品和服务费用 10 000 贷：长期待摊费用 10 000	不做账务处理

九、待处理财产损溢

待处理财产损溢是指行政事业单位在资产清查过程中查明的各种资产盘盈、盘亏和报废、毁损的价值。

单位应设置“待处理财产损溢”科目，用于核算单位在资产清查过程中查明的各种资产盘盈、盘亏和报废、毁损的价值。“待处理财产损溢”科目期末如为借方余额，反映尚未处理完毕的各种资产的净损失；如为贷方余额，反映尚未处理完毕的各种资产净溢余；年末，经批准处理后，本科目应无余额。

“待处理财产损溢”科目应当按照待处理的资产项目进行明细核算；对于在资产处理过程中取得收入或发生相关费用的项目，还应当设置“待处理财产价值”“处理净收入”明细科目，进行明细核算。

（一）现金溢余

在每日账款核对中发现现金溢余时，按照实际溢余的金额，借记“库存现金”科目，贷记“待处理财产损溢”科目。经核实，属于应支付给有关人员或单位的，借记“待处理财产损溢”科目，贷记“其他应付款”科目；属于无法查明原因的，报经批准后，借记“待处理财产损溢”科目，贷记“其他收入”科目。

同时，在预算会计下，如发现现金溢余，按照溢余的现金金额，借记“资金结存——货币资金”科目，贷记“其他预算收入”科目；经核实，属于应支付给有关个人和单位的部分，按照实际支付的金额，借记“其他预算收入”科目，贷记“资金结存——货币资金”科目。

（二）现金短缺

在每日账款核对中发现现金短缺时，按照实际短缺的金额，借记“待处理财产损溢”科目，贷记“库存现金”科目；属于应由责任人赔偿或向有关人员追回的，借记“其他应收款”科目，贷记“待处理财产损溢”科目；属于无法查明原因的，报经批准核销时，借记“资产处置费用”科目，贷记“待处理财产损溢”科目。

同时，在预算会计下，如发现现金短缺，按照短缺的现金金额，借记“其他支出”科目，贷记“资金结存——货币资金”科目；经核实，属于应当由有关人员赔偿的，按照收到的赔偿金额，借记“资金结存——货币资金”科目，贷记“其他支出”科目。

（三）非现金资产的盘盈

转入待处理资产时，按照确定的成本，借记“库存物品”“固定资产”“公共基础设施”“政府储备物资”“文物文化资产”“保障性住房”等科目，贷记“待处理财产损溢”科目。

按照规定报经批准后处理时，对于盘盈的流动资产，借记“待处理财产损溢”科目，贷记“单位管理费用”（事业单位）或“业务活动费用”（行政单位）科目。对于盘盈的非流动资产，如属于本年度取得的，按照当年新取得的相关资产进行账务处理；如属于以前年度取得的，按照前期差错处理，借记“待处理财产损溢”科目，贷记“以前年度盈余调整”科目。

（四）非现金资产的盘亏、毁损或报废

转入待处理资产时，借记“待处理财产损溢——待处理财产价值”科目，盘亏、毁损、报废固定资产、无形资产、公共基础设施、保障性住房的，还应借记“固定资产累计折旧”“无形资产累计摊销”“公共基础设施累计折旧（摊销）”“保障性住房累计折旧”等科目，贷记“库存物品”“固定资产”“无形资产”“公共基础设施”“政府储备物资”“文物文化资产”“保障性住房”“在建工程”等科目。涉及增值税业务的，相关账务处理参见“应交增值税”科目。

报经批准处理时，借记“资产处置费用”科目，贷记“待处理财产损溢——待处理财产价值”科目。

处理毁损、报废实物资产过程中取得的残值或残值变价收入、保险理赔和过失人赔偿等，借记“库存现金”“银行存款”“库存物品”“其他应收款”等科目，贷记“待处理财产损溢——处理净收入”科目；处理毁损、报废实物资产过程中发生的相关费用，借记“待处理财产损溢——处理净收入”科目，贷记“库存现金”“银行存款”等科目。

处理收支结清，如果处理收入大于相关费用的，按照处理收入减去相关费用后的净收入，借记“待处理财产损溢——处理净收入”科目，贷记“应缴财政款”科目；如果处理收入小于相关费用的，按照相关费用减去处理收入后的净支出，借记“资产处置费用”科目，贷记“待处理财产损溢——处理净收入”科目，应同时在预算会计下，按实际支付的处理净支出，借记“其他支出”科目，贷记“资金结存”等科目。

【例 9－92】甲事业单位经批准于 20×3 年 12 月底开展了全面资产盘点工作，其中盘亏自用笔记本电脑 1 台。经查证，原因系职工张某 20×2 年 11 月出差做项目时所携带的笔记本电脑因故丢失，沟通获得项目委托方的赔偿 3 000 元。该笔记本电脑为 20×0 年 3 月购买，发票含税金额 6 000 元（不考虑增值税影响因素），已计提折旧 33 个月，累计折旧金额 3 300 元。账务处理如下：

表 9-115

财务会计		预算会计
(1) 20×3 年 12 月盘亏资产转入待处理财产时		
借：待处理财产损溢——待处理财产价值	2 700	不做账务处理
固定资产累计折旧	3 300	
贷：零余额账户用款额度	6 000	
(2) 收到同意批复处置盘亏电脑意见时		
借：资产处置费用	2 700	不做账务处理
贷：待处理财产损溢——待处理财产价值	2 700	
(3) 收到赔偿和变价收入时		
借：银行存款	2 700	不做账务处理
贷：待处理财产损溢	2 700	
(4) 确认上缴国库盘亏资产处置净收益时		
借：待处理财产损溢——处理净收入	2 700	不做账务处理
贷：应缴财政款	2 700	

十、PPP 项目资产

(一) 概念和内涵

根据《政府会计准则第 10 号——政府和社会资本合作项目合同》，该准则所称政府和社会资本合作（public-private partnership，PPP）项目合同，是指政府方与社会资本方依法依规就 PPP 项目合作所订立的合同，该合同应当同时具有以下两个特征：①社会资本方在合同约定的运营期间内代表政府方使用 PPP 项目资产提供公共产品和服务。②社会资本方在合同约定的期间内就其提供的公共产品和服务获得补偿。其中，政府方是指政府授权或指定的 PPP 项目实施机构，通常为政府有关职能部门或事业单位；社会资本方是指与政府方签署 PPP 项目合同的社会资本或项目公司。这两个特征通常被简称为该准则所称 PPP 项目合同应当同时具备的“双特征”要求。

该准则适用于同时满足以下两个条件的 PPP 项目合同：①政府方控制或管制社会资本方使用 PPP 项目资产必须提供的公共产品和服务的类型、对象和价格；②PPP 项目合同终止时政府方通过所有权、收益权或其他形式控制 PPP 项目资产的重大剩余权益。这两个条件通常被简称为适用该准则所称 PPP 项目合同应当同时满足的“双控制”标准。

根据规定，《政府会计准则第 10 号——政府和社会资本合作项目合同》适用于符合以上“双特征”要求，同时又满足以上“双控制”标准的 PPP 项目合同。通常情况下，采用建设—运营—移交（build-operate-transfer，BOT），转让—运营—移交（transfer-operate-transfer，TOT），改建—运营—移交（rehabilitate-operate-transfer，ROT）方式运作的 PPP 项目合同，满足以上规定的条件，应当适用该政府会计准则。采用建设—拥有—

经营—移交（build-own-operate-transfer，BOOT），委托运营（operations & maintenance，O&M）等其他运作方式的项目合同，同时满足以上“双特征”“双控制”条件的，也适用该政府会计准则。

近年来，我国在能源、交通运输、水利、环境保护、农业、林业、科技，保障性民生工程、医疗、卫生、养老、教育、文化等公共服务领域推进政府和社会资本合作模式。政府和社会资本合作模式是公共服务供给机制的重大创新，即政府采取竞争性方式择优选择具有投资、运营管理能力的社会资本，双方按照平等协商原则订立合同，明确责权利关系，由社会资本提供公共服务，政府依据公共服务绩效评价结果向社会资本支付相应对价，保证社会资本获得合理收益。在政府与社会资本合作模式下，各级政府财政部门从“补建设”向“补运营”转变，建立动态补贴机制，将财政补贴等支出分类纳入同级政府预算，政府和社会资本合作模式有利于充分发挥市场机制作用，提升公共服务的供给质量和效率，实现公共利益最大化，政府和社会资本合作模式实际上是政府向社会力量购买服务，相关程序应当符合预算法、政府采购法、合同法等法律法规的规定。

在政府和社会资本合作模式下，社会资本可依法设立项目公司，对合作项目进行包括设计、融资、建造、运营、维护直至终止移交在内的全生命周期管理。政府可指定相关机构依法参股项目公司。项目融资由社会资本或项目公司负责，项目公司的收入来源包括使用者付费、政府付费、可行性缺口补助等，由于政府与社会资本合作项目的合作期限少则10年，多则20年，甚至更长时间，因此，政府的相关支出责任应当纳入中长期财政规划，确保政府按约向社会资本或项目公司支付款项，保证其长期取得合理稳定的收益，根据地方政府性债务管理的相关规定，投资者或项目公司可以通过银行借款、企业债、项目收益债券、资产证券化等市场化方式举借并承担偿债责任。政府对投资者或项目公司按约定规则依法承担特许经营权、合理定价、财政补贴等相关责任，不承担投资者或项目公司的偿债责任，财政部门和项目实施机构应做好监督管理工作，防止企业债务向政府转移，因此，一般情况下，政府财政不会为相关项目单位代偿债务，之后再向其追索。

目前，政府和社会资本合作模式在新能源汽车充电桩、城市轨道交通、地面道路、污水处理、集中供热、园林绿化、生活垃圾焚烧发电、医院改扩建、养老院搬迁、公租房等方面已有不少成功实践。政府和社会资本合作项目由政府或社会资本发起，以政府发起为主，项目运作方式主要包括BOT、TOT、ROT、O&M等，其中，BOT是指由社会资本或项目公司承担新建项目设计、融资、建造、运营、维护和用户服务职责，合同期满后项目资产及相关权利等移交给政府的项目运作方式；TOT是指政府将存量资产在一定期限内的所有权或经营权转让给社会资本或项目公司，并由其负责运营、维护和用户服务，合同期满后资产及其所有权或经营权等移交给政府的项目运作方式；ROT是指政府在TOT模式的基础上，增加改扩建内容的项目运作方式。BOT、TOT、ROT的合同期限一般均为20～30年；O&M是指政府保留存量公共资产的所有权，而仅将公共资产的运营维护职责委托给社会资本或项目公司，并向社会资本或项目公司支付委托运营费用的政府和社会资本合作项目运作方式。

与国际金融组织贷款、发行地方政府债券相比，在政府和社会资本合作模式下，由于通常由社会资本承担设计、建设、运营、维护公共基础设施的大部分工作，并通过使用者付费及必要的政府付费获得合理投资回报，政府部门负责公共基础设施及公共服务价格和质量的监管，以保证公共利益最大化，因此，政府对项目建设及其运营资金的需求较小，对微观事务的参与度也较低。尽管如此，国际金融组织贷款、发行地方政府债券以及政府和社会资本合作都会给政府带来较长时期的财政负担。为确保财政中长期可持续性，财政部门应根据项目全生命周期内的财政支出、政府债务等因素，对部分政府付费或财政补贴的项目，开展财政承受能力论证，每年政府付费或政府补贴等财政支出不应超出当年财政收入的一定比例。

（二）科目设置

为核算 PPP 项目资产业务，行政事业单位应设置“PPP 项目资产”总账科目。该科目核算按照政府和社会资本合作项目合同会计准则规定确认的 PPP 项目资产，并按照资产类别、项目等进行明细核算。该科目期末借方余额反映 PPP 项目资产的账面余额。

（三）账务处理

1. PPP 项目资产的取得

政府方在取得 PPP 项目资产时一般应当按照成本进行初始计量；按规定需要进行资产评估的，应当按照评估价值进行初始计量。

（1）社会资本方投资建造形成的 PPP 项目资产。

社会资本方投资建造形成的 PPP 项目资产，政府方应当在资产验收合格交付使用时，按照确定的成本，借记“PPP 项目资产”科目，贷记“PPP 项目净资产”科目。

对于已交付使用但尚未办理竣工财务决算手续的 PPP 项目资产，政府方应当按暂估价值，借记“PPP 项目资产”科目，贷记“PPP 项目净资产”科目；待办理竣工财务决算后，政府方应当按照实际成本与暂估价值的差额，借记或贷记“PPP 项目资产”科目，贷记或借记“PPP 项目净资产”科目。

社会资本方投资建造形成的 PPP 项目资产，其成本包括该项资产至验收合格交付使用前所发生的全部必要支出，包括建筑安装工程投资、设备投资、待摊投资、其他投资等支出。

（2）社会资本方从第三方购买形成的 PPP 项目资产。

社会资本方从第三方购买形成的 PPP 项目资产，其成本包括购买价款、相关税费以及验收合格交付使用前发生的可归属于该项资产的运输费、装卸费、安装费和专业人员服务费等。政府方应当在资产验收合格交付使用时，按照确定的成本，借记“PPP 项目资产”科目，贷记“PPP 项目净资产”科目。

（3）使用社会资本方现有资产形成的 PPP 项目资产。

使用社会资本方现有资产形成的 PPP 项目资产，政府方应当在 PPP 项目开始运营日，按照该项资产的评估价值，借记“PPP 项目资产”科目，贷记“PPP 项目净资产”科目。

（4）使用政府方现有资产形成的 PPP 项目资产。

使用政府方现有资产形成的 PPP 项目资产，无须进行资产评估的，政府方应当在 PPP 项目开始运营日，按照该资产的账面价值，借记“PPP 项目资产”科目，按照资产已计提的累计折旧或摊销，借记“公共基础设施累计折旧（摊销）”等科目，按照资产的账面余额，贷记“公共基础设施”等科目；按照相关规定需要进行资产评估的，政府方应当按照资产评估价值，借记“PPP 项目资产”科目，按照资产已计提的累计折旧或摊销，借记“公共基础设施累计折旧（摊销）”等科目，按照资产的账面余额，贷记“公共基础设施”等科目，按照资产评估价值与账面价值的差额，贷记“其他收入”科目或借记“其他费用”科目。

政府方使用其现有资产形成的 PPP 项目资产，其成本按照 PPP 项目开始运营日该资产的账面价值确定；按照相关规定对现有资产进行资产评估的，其成本按照评估价值确定，资产评估价值与评估前资产账面价值的差额计入当期收入或当期费用。

（5）社会资本方对政府方原有资产进行改建、扩建形成的 PPP 项目资产。

社会资本方对政府方原有资产进行改建、扩建形成的 PPP 项目资产，政府方应当在资产验收合格交付使用时，按照资产改建、扩建前的账面价值加上改建、扩建发生的支出，再扣除资产被替换部分账面价值后的金额，借记“PPP 项目资产”科目，按照资产改建、扩建前已计提的累计折旧或摊销，借记“公共基础设施累计折旧（摊销）”等科目，按照资产的账面余额，贷记“公共基础设施”等科目，按照 PPP 项目资产初始入账金额与原有资产账面价值的差额，贷记“PPP 项目净资产”科目。

社会资本方对政府方现有资产进行改建、扩建形成的 PPP 项目资产，其成本按照该资产改建、扩建前的账面价值加上改建、扩建发生的支出，再扣除该资产被替换部分账面价值后的金额确定。

【例 9 – 93】某行政单位经政府授权成为一项新建公共基础设施 PPP 项目的政府方实施机构。该行政单位与社会资本方签订了一项 PPP 项目合同，采用 BOT 方式进行项目运作。社会资本方经过一段时间的融资和投资建设，建造完成了该项 PPP 项目资产。该项 PPP 项目资产经验收合格，交付使用，确定的成本为 1 000 000 元。该行政单位应编制如下会计分录：

表 9 – 116

财务会计	预算会计
借：PPP 项目资产　　1 000 000 　贷：PPP 项目净资产　　1 000 000	不做账务处理

【例 9 – 94】某行政单位经政府授权成为一项政府方现有公共基础设施 PPP 项目的政府方实施单位。该行政单位与社会资本方签订了一项 PPP 项目合同，采用 ROT 方式进行项目运作，具体由新成立的项目公司负责项目运作。该项现有公共基础设施的账面余额为 855 000 元，已计提累计折旧 212 000 元，账面价值为 643 000 元（855 000 元 – 212 000

元）项目公司经过一段时间的融资和改建、扩建，完成了该项现有公共基础设施的改扩建任务，形成一项PPP项目资产。该项PPP项目资产经验收合格，交付使用，确定的成本为867 000元，同时，项目公司获得政府授予的该PPP项目资产业务特许经营权。该行政单位应编制如下会计分录：

表9－117

财务会计		预算会计
借：PPP项目资产	867 000	不做账务处理
公共基础设施累计折旧（摊销）	212 000	
贷：PPP项目净资产	224 000	
公共基础设施	855 000	

根据规定，PPP项目合同中有关政府方对项目公司的直接投资，适用《政府会计准则第2号——投资》；有关代表政府出资的企业对项目公司的投资，适用相关企业会计准则。

2. PPP项目资产的后续支出

PPP项目资产在运营过程中发生的后续支出，应当区分不同情况计入PPP项目资产的成本或者不计入PPP项目资产的成本，对于为维护PPP项目资产的正常使用而发生的日常维修、养护等后续支出，不计入PPP项目资产的成本，在发生时直接计入费用，对于为增加PPP项目资产的使用效能成延长其使用年限而发生的大修、改建、扩建等后续支出，应当计入PPP项目资产的成本，政府方应当在资产验收合格交付使用时，按照相关支出扣除资产被替换部分账面价值的差额，借记“PPP项目资产”科目，贷记“PPP项目净资产”科目。

【例9－95】某行政单位是一项PPP项目的政府方实施单位，正负责管理一项PPP项目资产。经协商一致，该行政单位与社会资本方签订了一份项PPP项目资产的大修理合同，大修理工程由社会资本方投资并负责完成，完成后，该项PPP项目资产的使用效能将得到较大幅度的增加，社会资本方预计在之后运营该项PPP项目资产过程中，根据运营绩效也将获得更多的政府付费和使用者付费补偿。社会资本方经过一段时间的大修理后，完成了该项PPP项目资产的大修理任务，相应的PPP项目资产成本增加235 000元，大修理后的该项PPP项目资产经验收合格，交付使用，该行政单位应编制如下会计分录：

表9－118

财务会计		预算会计
借：PPP项目资产	235 000	不做账务处理
贷：PPP项目净资产	235 000	

按照我国PPP有关规章制度的规定，规范的PPP项目应建立按效付费机制，不得通过降低考核标准等方式，提前锁定、固化政府支出费用，因此，在PPP项目合同中，如

果约定了政府方承担向社会资本方支付款项的义务，也即在项目运营期的每一个会计期间内，当社会资本方提供的公共产品或服务满足合同约定的绩效考核要求时，政府方根据合同约定，按期应向社会资本方履行补偿义务。对于这种义务的会计处理，分为以下两种情况：

（1）政府方在义务发生的当期及时向社会资本方支付款项的，在支付款项时确认当期费用，同时在预算会计中确认预算支出。

（2）政府方在义务发生的当期未及时向社会资本方支付款项的，应当按照应付未付的金额确认当期费用和负债（应付账款等）；在后续实际支付款项时冲减负债的账面余额，同时在预算会计中确认预算支出。

根据《〈政府会计准则第10号——政府和社会资本合作项目合同〉应用指南》的裁定，政府方承担向社会资本方支付款项义务的，相关义务应当按照《政府会计准则第8号——负债》有关规定进行会计处理，会计处理结果不影响PPP项目资产及净资产的账面价值。

3. PPP项目资产的折旧或摊销

根据规定，除特殊情况外，政府方应当参照《政府会计准则第3号——固定资产》《政府会计准则第5号——公共基础设施》等，对PPP项目资产进行后续计量。

为核算PPP项目资产累计折旧或摊销业务，行政事业单位应设置“PPP项目资产累计折旧（摊销）”总账科目，该科目核算按规定计提的PPP项目资产累计折旧（摊销）、并按照资产类别、项目等进行明细核算，该科目期末贷方余额反映政府方计提的PPP项目资产折旧（摊销）的累计数。

根据规定，在PPP项目运营期间，政府方应当按月对PPP项目资产计提折旧（摊销），但由于社会资本方维护使得其性能得到永久维护的PPP项目资产除外，对于作为PPP项目资产单独计价入账的土地使用权，政府方应当按照其他政府会计准则制度的规定进行摊销。政府方初始确认的PPP项目净资产金额等于PPP项目资产初始入账金额的，按月计提PPP项目资产折旧（摊销）时，应当按照计提的PPP项目资产折旧（摊销）金额，借记“PPP项目净资产”科目，贷记“PPP项目资产累计折旧（摊销）”科目。

政府方初始确认的PPP项目净资产金额小于PPP项目资产初始入账金额的，按月计提PPP项目资产折旧（摊销）时，应当按照计提的PPP项目资产折旧（摊销）金额的相应比例（即PPP项目净资产初始入账金额占PPP项目资产初始入账金额的比例），借记“PPP项目净资产”科目，按照计提的PPP项目资产折旧（摊销）金额，贷记“PPP项目资产累计折旧（摊销）”科目，按照当期计提的折旧（摊销）金额与所冲减的PPP项目净资产金额的差额，借记“业务活动费用”等科目。

【例9-96】某行政单位月末对一项PPP项目资产计提折旧3 000元，该项PPP项目资产在初始确认时，PPP项目净资产入账金额等于PPP项目资产入账金额，该行政单位应编制如下会计分录：

表 9－119

财务会计	预算会计
借：PPP 项目净资产　3 000 贷：PPP 项目资产累计折旧（摊销）　3 000	不做账务处理

【例 9－97】行政单位月末对一项 PPP 项目资产计提折旧 2 400 元，该项 PPP 项目资产在初始确认时，PPP 项目净资产入账金额小于 PPP 项目资产入账金额，两者的比例为 25%，即 PPP 项目净资产初始入账金额占 PPP 项目资产初始入账金额的比例为 25%，该行政单位计算应冲减 PPP 项目净资产的折旧数额为 600 元（2 400 元 ×25%），应计入业务活动费用的折旧数额为 1 800 元（2 400 元－600 元），该行政单位应编制如下会计分录：

表 9－120

财务会计	预算会计
借：PPP 项目净资产　600 业务活动费用　1 800 贷：PPP 项目资产累计折旧（摊销）　2 400	不做账务处理

根据规定，在国务院财政部门对 PPP 项目资产折旧（推销摊销）年限做出规定之前，政府方对 PPP 项目资产暂不计提折旧。

4. PPP 项目合同的终止

PPP 项目合同终止时，PPP 项目资产按规定移交至政府方的，政府方应当根据 PPP 项目资产的性质和用途，将其重分类为公共基础设施等资产；无须对所移交的 PPP 项目资产进行资产评估的，政府方应当按移交日 PPP 项目资产的账面价值，借记“公共基础设施”等科目，按照已计提的累计折旧（摊销），借记“PPP 项目资产累计折旧（摊销）”科目，按照 PPP 项目资产的账面余额，贷记“PPP 项目资产”科目；按规定需要对所移交的 PPP 项目资产进行资产评估的，政府方应当按照资产评估价值，借记“公共基础设施”等科目，按照已计提的累计折旧（摊销），借记“PPP 项目资产累计折旧（摊销）”科目，按照 PPP 项目资产的账面余额，贷记“PPP 项目资产”科目，按照资产评估价值与 PPP 项目资产账面价值的差额，贷记“其他收入”科目或借记“其他费用”科目。

PPP 项目合同终止时，政府方应当将尚未冲减完的 PPP 项目净资产账面余额转入累计盈余，即按 PPP 项目净资产的账面余额，借记“PPP 项目净资产”科目，贷记“累计盈余”科目。

【例 9－98】某行政单位负责实施的一项 PPP 项目合同到期终止，按照项目合同的约定，相应的 PPP 项目资产移交至政府方，具体为一项公共基础设施资产，移交的 PPP 项目资产无须进行资产评估，移交日，该项 PPP 项目资产的账面余额为 960 000 元，已计提的累计折旧为800 000元，账面价值为160 000元（960 000元－800 000元），相应的PPP项目净资产账面余额为166 000元，该行政单位应编制如下会计分录：

表9－121

财务会计	预算会计
借：公共基础设施　160 000 　PPP项目资产累计折旧（摊销）　800 000 　贷：PPP项目资产　960 000	不做账务处理
借：PPP项目净资产　166 000 　贷：累计盈余　166 000	不做账务处理

第三节　受托代理资产

受托代理资产是指行政事业单位接受委托方委托管理的各项非现金资产，包括受托指定转赠的物资、受托存储保管的物资等，单位管理的罚没物资也应作为受托代理资产管理。

单位应设置“受托代理资产”科目，用于核算单位接受委托方委托管理的各项非现金资产的成本。“受托代理资产”科目期末借方余额反映单位期末受托代理实物资产的成本。“受托代理资产”科目应按照资产的种类和委托人进行明细核算；属于转赠资产的，还应当按照受赠人进行明细核算。

（一）受托转赠物资

受托代理物资验收入库，按照确定的成本，借记“受托代理资产”科目，贷记“受托代理负债”科目。根据受托协议约定，发生由受托单位承担的相关税费、运输费、保管费等费用的，按照实际发生的费用金额，借记“其他费用”科目，贷记“银行存款”等科目。同时，在预算会计下，按照实际支付的费用，借记“其他支出”科目，贷记“资金结存”“财政拨款预算收入”科目。

根据委托人要求将受托转赠物资交付受赠人，交付或发出受托存储保管的物资时，或依据规定处置或移交罚没物资时，按照转赠、发出物资或罚没物资的成本，借记“受托代理负债”科目，贷记“受托代理资产”科目。

转赠物资的委托人取消了对捐赠物资的转赠要求，且不再收回捐赠物资的，应当将转赠物资转为单位的存货、固定资产等。按照转赠物资的成本，借记“受托代理负债”科目，贷记“受托代理资产”科目；同时，借记“库存物品”“固定资产”等科目，贷记“其他收入”科目。

【例9－99】20×3年5月1日，某单位接受A公司转来五台笔记本电脑，需要转赠给其他单位，相关凭据注明金额为40 000元，发生运输费等相关费用1 000元，当日验收入库。受托协议约定由该单位承担运输费等相关费用，费用以银行存款支付。20×3年6月1日，A公司取消了转赠要求，并表示不再收回捐赠物资，该单位将其作为固定资产核算。账务处理如下：

表 9－122

财务会计	预算会计
(1) 20×3年5月1日取得电脑	
借：受托代理资产——转赠物资 40 000 贷：受托代理负债 40 000	不做账务处理
借：其他费用——相关税费运输费 1 000 贷：银行存款 1 000	借：其他支出——其他资金支出 1 000 贷：资金结存——零余额账户用款额度 1 000
(2) 20×3年6月1日委托人取消转赠	
借：受托代理负债 40 000 贷：受托代理资产——转赠物资 40 000	不做账务处理
借：固定资产——通用设备 40 000 贷：其他收入 40 000	不做账务处理

（二）受托存储保管物资

接受委托人委托存储保管的物资，其成本按照有关凭据注明的金额确定。接受委托储存的物资验收入库，按照确定的成本，借记本科目，贷记“受托代理负债”科目。

发生由受托单位承担的与受托存储保管的物资相关的运输费、保管费等费用时，按照实际发生的费用金额，借记“其他费用”等科目，贷记“银行存款”等科目。

根据委托人要求交付或发出受托存储保管的物资时，按照发出物资的成本，借记“受托代理负债”科目，贷记本科目。

（三）罚没物资

取得罚没物资时，其成本按照有关凭据注明的金额确定。罚没物资验收（入库），按照确定的成本，借记本科目，贷记“受托代理负债”科目。罚没物资成本无法可靠确定的，单位应当设置备查簿进行登记。

按照规定处置或移交罚没物资时，按照罚没物资的成本，借记“受托代理负债”科目，贷记本科目。处置时取得款项的，按照实际取得的款项金额，借记“银行存款”等科目，贷记“应缴财政款”等科目。单位受托代理的其他实物资产，参照本科目有关受托转赠物资、受托存储保管物资的规定进行账务处理。

【例9－100】20×3年5月1日，某行政单位取得城市执法局转来一批罚没物资，有关凭据注明金额为8 000元，当日验收入库。6月11日，按照规定处置罚没物资，取得处置收入5 000元，收到一张转账支票。账务处理如下：

表 9－123

财务会计	预算会计
（1）20×3 年 5 月 1 日取得罚没物资	
借：受托代理资产——罚没物资 8 000 贷：受托代理负债——城市执法局 8 000	不做账务处理
（2）20×3 年 6 月 11 日处置罚没物资	
借：受托代理负债——城市执法局 8 000 贷：受托代理资产——罚没物资 8 000	不做账务处理
借：银行存款 5 000 贷：应缴财政款——应缴国库款 5 000	不做账务处理

本章小结

行政事业单位的流动资产主要包括货币资金、财政应返还额度、应收账款、预付账款、其他应收款、存货和待摊费用等。非流动资产包括固定资产、无形资产、公共基础设施、政府储备物资、文物文化资产、保障性住房、受托代理资产、长期待摊费用等。资产的会计处理涉及取得、耗用、出售、捐赠、无偿调入与调出、出租、盘盈、盘亏、报废、毁损等业务。资产的取得方式不同，入账成本不尽相同。行政事业单位应按确定的成本作为初始入账成本，应当根据实际情况，一般采用先进先出法、加权平均法或者个别计价法确定发出存货或政府储备物资的实际成本。会计处理时，在财务会计中按照权责发生制对各类资产进行确认和计量，在预算会计中按照收付实现制确认预算收入和支出。行政单位应按规定对固定资产、公共基础设施和保障性住房等资产计提折旧，对无形资产进行摊销，在折旧或摊销时不涉及预算会计处理。

课后习题

一、练习行政事业单位零余额账户用款额度和财政应返还额度的核算

某单位 20×2 年发生如下经济业务：

1. 收到零余额账户用款额度 50 000 元。

2. 使用零余额账户用款额度支付日常活动费用 12 500 元。

3. 年末，注销尚未使用的零余额账户用款额度 600 元。

4. 年末，本年度财政直接支付预算指标数大于当年财政直接支付实际发生数的差额为 230 元。

根据以上经济业务，为该单位编制有关的会计分录。

二、练习行政事业单位应收及预付款项的核算

某单位 20×2 年发生如下经济业务：

1. 提供专业服务应收取款项 15 000 元，该款项收回后经批准不需上缴财政。

2. 收到不需上缴财政的应收账款 15 000 元，款项已存入开户银行。

3. 应办公需要购入两台办公设备，按购货合同预付款项8 000元，款项以银行存款支付。

4. 收到所购物品，总价款为30 000元，扣除预付账款8 000元后，以银行存款补付款项22 000元。

5. 年末，发现有逾期三年及三年以上、有确凿证据表明确实无法收回的应收账款5 000元，按规定报经批准后予以核销，后经协商收回1 000元，存入银行。

根据以上经济业务，为该单位编制有关的会计分录。

三、练习行政事业单位存货的核算

某单位20×2年发生如下经济业务：

1. 采用财政直接支付方式，购买一批物品价值10 000元，运输费800元，收到财政国库支付执行机构委托代理银行转来的“财政直接支付入账通知书”及原始凭证。

2. 以银行存款购入一批材料价款4 680元，运输费500元，材料未到达单位。

3. 盘盈一批物品，有关凭据注明的金额为2 200元。

4. 按照规定报经批准，将盘盈的物品2 200元转入业务活动费用，作为业务活动费用的减少处理。

根据以上经济业务，为该单位编制有关的会计分录。

四、练习事业单位长期股权投资和长期债券投资的核算

某单位20×3年发生如下经济业务：

1. 经批准以一项无形资产置换取得一项长期股权投资，该项无形资产的账面余额为480 000元，累计摊销为96 000元，账面价值为384 000元（480 000元－96 000元），评估价值为425 000元，评估价值大于账面价值41 000元（425 000元－384 000元）。置换取得长期股权投资后，该事业单位持有被投资单位80%的股权，有权决定被投资单位的财务和经营政策，相应的长期股权投资按规定采用权益法核算。

（1）被投资单位实现净利润60 000元，该事业单位应享有的份额为48 000元。

（2）被投资单位宣告分派现金股利10 000元，该事业单位应享有的份额为8 000元。

（3）被投资单位发生除净利润和利润分配以外的所有者权益变动增加数5 000元，该事业单位应享有的份额为4 000元。

2. 某单位以银行存款购入一批5年期债券，实际支付价款为600 000元，准备持有至到期。该批债券票面金额为600 000元，票面年利率为5%，每年支付一次利息30 000元（600 000元×5%），到期一次偿还本金。

根据以上经济业务，为该单位编制有关的会计分录。

五、练习行政事业单位固定资产的核算

某单位20×3年发生如下经济业务：

1. 购进一批A设备，通过财政直接支付方式向A公司预付了一笔款项90 000元。一个月后收到设备，实际价款150 000元，余款通过财政授权支付账户支付。

2. 对业务活动中使用的固定资产计提折旧788 000元。

3. 报废一项固定资产，账面余额为46 000元，已计提折旧40 000元，账面价值为

6 000 元（46 000 元 - 40 000 元）。

4. 批准出售一项固定资产，该项固定资产的账面原价为 50 000 元，已计提的累计折旧为 30 000 元，账面价值为 20 000 元（50 000 元 - 30 000 元），出售价款为 25 000 元，款项已存入银行。按照规定，该项出售价款应当上缴财政。

根据以上经济业务，为该单位编制有关的会计分录。

六、练习行政事业单位无形资产的核算

某单位 20×3 年发生如下经济业务：

1. 委托 A 软件公司开发智能政务系统。该行政单位按合同约定向 A 软件公司预付开发费用 30 000 元，款项通过财政直接支付的方式支付。三个月后，软件开发完成并支付使用，该行政单位通过财政直接支付的方式向 A 软件公司支付剩余合同款项50 000 元。

2. 对一项行政管理部门使用的无形资产进行升级改造，扩展其功能，发生相应的支出 16 000 元，款项通过零余额账户用款额度支付。该项无形资产升级改造期间，无须暂停摊销。

3. 对一项无形资产进行摊销，该无形资产为单位履职活动中使用的无形资产，摊销金额 9 000 元计入单位业务活动费用。

根据以上经济业务，为该单位编制有关的会计分录。

七、练习行政事业单位 PPP 项目资产的核算

某单位 20×3 年发生如下经济业务：

1. 某行政单位经政府授权成为一项新建公共基础设施 PPP 项目的政府方实施机构，与社会资本方签订了一项 PPP 项目合同，采用 BOT 方式进行项目运作。该项 PPP 项目资产经验收合格，交付使用，确定的成本为 2 000 000 元。

2. 某行政单位是一项 PPP 项目的政府方实施单位，与社会资本方签订了一项 PPP 项目资产的大修理合同。社会资本方经过一段时间的大修理后，完成了该项 PPP 项目资产的大修理任务，相应的 PPP 项目资产成本增加 200 000 元，大修理后的该项 PPP 项目资产经验收合格，交付使用。

3. 某行政单位负责实施的一项 PPP 项目合同到期终止，按照项目合同的约定，相应的 PPP 项目资产将移交至政府方，移交的 PPP 项目资产无须进行资产评估，移交日，该项 PPP 项目资产的账面余额为 100 000 元，已计提的累计折旧为 80 000 元，账面价值为 20 000 元，相应的 PPP 项目净资产账面余额为 20 000 元。

根据以上经济业务，为该单位编制有关的会计分录。

第十章　行政事业单位的负债

学习目标

通过本章的学习，了解行政事业单位各类负债的概念、特点，熟悉负债类会计科目，掌握负债的确认和计量原则，能够运用会计科目进行会计核算。

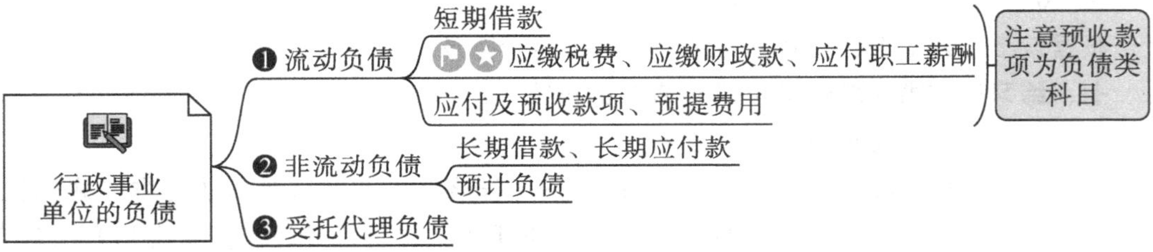

注：为学习重点　为学习难点　为学习提示

课前案例与思政

地方政府违规举债屡禁不绝　如何管住违规举债任性之手

云南省财政厅在官网公布了一批地方政府违规举债问责情况。其中，普洱市思茅达康扶贫开发经营有限公司向中国农业发展银行融资贷款7 500万元，用于农村危房改造项目建设，属于思茅区人民政府违规举债形成新增政府隐性债务，思茅区委副书记、区长陈奇等12名领导干部因此被问责。

举借债务在促进经济社会发展、加快基础设施建设、改善民生等方面能够起到一定的推动作用，但《中华人民共和国预算法》明确规定，地方政府举借债务一律通过发行地方政府债券方式筹措，除此以外地方政府及其所属部门不得以任何方式举借债务。

“政府债务规模增长要与经济增长之间形成良性循环。”中国财政科学研究院院长刘尚希表示，如果债务资金能够得到有效利用、增强经济发展后劲，债务风险就会相对收敛可控；反之，则会进一步增大风险。政府债务一旦到期难以偿还，可能引发与企业等市场主体的纠纷，还可能导致地方政府债务风险和全国整体公共债务风险难以准确评估，金融体系的系统性风险也会随之攀升。

据财政部门相关人士介绍，地方政府违规举债主要包括三种情况：一是通过地方有关企事业单位以银行贷款、债券、信托、资产管理产品、资产证券化产品、金融（融资）租赁以及其他金融产品和非法集资等方式举借债务，实际依靠财政资金偿还；二是参与政府和社会资金合作项目、设立或者参与设立各类政府投资基金时，约定政府及其部门回购社会资本方的投资本金、承担其损失、保证其最低收益；三是以机关、事业单位、社会团体的国有资产为相关单位和个人融资进行抵押、质押，或者将非经营性资产、不具有合法合规产权的经营性资产注入企业并要求企业融资。

记者梳理发现，这些违规举债的手段在近期查处的案例中都有体现。广西壮族自治区钦州市灵山县政府多次通过当地自来水厂、公立医院等企事业单位，以公益性资产融资租赁方式违规举债；云南省保山市隆阳区政府先后两次向保山市一家水务公司违规举债融资 7 000 万元，用于偿还拆迁补偿款、医院借款等之前欠下的债务。

违规举债屡禁不绝，原因何在？清华大学投融资专业委员会副主任刘世坚认为，究其根本，与个别领导干部走偏的政绩观有关。一方面，“唯 GDP 论”让一些领导干部不惜透支地方财力大肆举债，并将其投资于见效快、成效明显的行业。另一方面，问责不到位，导致某些领导干部错以为债务有国家“买单”，亏空之后可以“一走了之”推给下任。

有效防控财政金融风险，在严肃问责的同时，还需积极推动构建长效机制。在查办宜春原市委书记颜赣辉案件过程中，江西省纪委监委发现，宜春市存在巨额举债导致政府债务风险不断加剧的问题，这类问题在其他市县也不同程度存在。据此，江西省纪委监委向省财政厅发出纪检监察建议，要求采取有力措施，完善制度机制、加强监督整治，有效规范融资平台举债管理，防范化解政府债务风险。省财政厅迅速成立工作小组，不仅从制度层面研究防范化解风险，还通过举办全省地方政府债务管理培训班等形式，提高财政干部对政策、制度的理解力、执行力。

（资料来源：中央纪委国家监委网站，2021 年 2 月 28 日）

第一节　流动负债

流动负债是指预计在 1 年内（含 1 年）偿还的负债，包括短期借款、应付职工薪酬、应交增值税、其他应交税费、应缴财政款、应付票据、应付账款、预收账款、应付政府补贴款、应付利息和其他应付款等。其中，应付政府补贴款属于行政单位特有的流动负债，短期借款、应付票据、预收账款、应付利息属于事业单位特有的流动负债。

一、短期借款

短期借款是指事业单位向银行等金融机构借入归还期限在 1 年以内（含 1 年）的各种借款。

单位应设置“短期借款”科目，并应按照债权人、借款种类进行明细核算。本科目期末贷方余额，反映事业单位尚未偿还的短期借款本金。

借入各种短期借款时，按照实际借入的金额，借记“银行存款”科目，贷记“短期借款”科目。

银行承兑汇票到期，本单位无力支付票款的，按照应付票据的账面余额，借记“应付票据”科目，贷记“短期借款”科目。

归还短期借款时，借记“短期借款”科目，贷记“银行存款”科目。

“短期借款”期末贷方余额，反映事业单位尚未偿还的短期借款本金。短期借款核算时应当按照债权人和借款种类进行明细核算。

【例 10－1】20×3 年 3 月 1 日，某事业单位拟向建设银行借入期限 1 年的流动资金贷款 5 000 000 元，用于业务活动经费，年利率为 6%，每月月末支付贷款利息 25 000 元。账务处理如下：

表 10－1

财务会计	预算会计
（1）3 月 1 日借款到账	
借：银行存款　5 000 000 　贷：短期借款——建设银行　5 000 000	借：资金结存——货币资金　5 000 000 　贷：债务预算收入——非专项资金收入　5 000 000
（2）3 月末计提利息	
借：其他费用——利息费用　25 000 　贷：应付利息——建设银行　25 000	不做账务处理
（3）支付贷款利息	
借：应付利息——建设银行　25 000 　贷：银行存款　25 000	借：其他支出——其他资金支出　25 000 　贷：资金结存——货币资金　25 000
（4）到期归还贷款本金及支付最后一期付息	
借：短期借款——建设银行　5 000 000 　其他费用——利息费用　25 000 　贷：银行存款　5 025 000	借：债务还本支出——建设银行　5 000 000 　其他支出——其他资金支出　25 000 　贷：资金结存——货币资金　5 025 000

二、应交税费

应交税费，是指政府会计主体因发生应税事项导致承担纳税义务而形成的负债。主要包括增值税、城市维护建设税、教育费附加、房产税、车船税、城镇土地使用税等。

（一）应交增值税

应交增值税是指单位销售货物或提供服务等应税业务，按照税法规定计算应交纳的增值税。根据纳税主体的不同，单位可分为增值税一般纳税人和增值税小规模纳税人。

单位应当设置“应交增值税”科目，核算单位按照税法规定计算应交纳的增值税。

一般纳税人的明细科目设置：属于增值税一般纳税人的单位，应当在本科目下设置“应交税金”“未交税金”“预交税金”“待抵扣进项税额”“待认证进项税额”“待转销项税额”“简易计税”“转让金融商品应交增值税”“代扣代缴增值税”等明细科目。

“应交税金”明细账内应当设置“进项税额”“已交税金”“转出未交增值税”“减免税款”“销项税额”“进项税额转出”“转出多交增值税”等专栏。“进项税额”专栏，记录单位购进货物、加工修理修配劳务、服务、为无形资产或不动产而支付或负担的、准予从当期销项税额中抵扣的增值税额。“已交税金”专栏，记录单位当月已交纳的应交增值税额。“转出未交增值税”和“转出多交增值税”专栏，分别记录一般纳税人月度终了转出当月应交未交或多交的增值税额。“减免税款”专栏，记录单位按照现行增值税制度规定准予减免的增值税额。“销项税额”专栏，记录单位销售货物、加工修理修配劳务、服务、无形资产或不动产应收取的增值税额。“进项税额转出”专栏，记录单位购进货物、加工修理修配劳务、服务、无形资产或不动产等发生非正常损失以及其他原因而不应从销项税额中抵扣，按照规定转出的进项税额。

“未交税金”明细科目，核算单位月度终了从“应交税金”或“预交税金”明细科目转入当月应交未交、多交或预交的增值税额，以及当月交纳以前期间未交的增值税额。

“预交税金”明细科目，核算单位转让不动产、提供不动产经营租赁服务以及其他按照现行增值税制度规定应预交的增值税额。

“待抵扣进项税额”明细科目，核算单位已取得增值税扣税凭证并经税务机关认证，按照现行增值税制度规定准予以后期间从销项税额中抵扣的进项税额。

“待认证进项税额”明细科目，核算单位由于未经税务机关认证而不得从当期销项税额中抵扣的进项税额。包括：一般纳税人已取得增值税扣税凭证并按规定准予从销项税额中抵扣，但尚未经税务机关认证的进项税额；一般纳税人已申请稽核但尚未取得稽核相符结果的海关缴款书进项税额。

“待转销项税额”明细科目，核算单位销售货物、加工修理修配劳务、服务、无形资产或不动产，已确认相关收入（或利得）但尚未发生增值税纳税义务而需于以后期间确认为销项税额的增值税额。

“简易计税”明细科目，核算单位采用简易计税方法发生的增值税计提、扣减、预交、交纳等业务。

“转让金融商品应交增值税”明细科目，核算单位转让金融商品发生的增值税额。

“代扣代缴增值税”明细科目，核算单位购进在境内未设经营机构的境外单位或个人在境内的应税行为代扣代缴的增值税。小规模纳税人的明细科目设置：属于增值税小规模纳税人的单位只需在本科目下设置“转让金融商品应交增值税”“代扣代缴增值税”明细科目。本科目期末如为贷方余额，反映单位应交未交的增值税；期末如为借方余额，反映单位尚未抵扣或多交的增值税。

1. 取得资产或接受劳务等业务的账务处理

（1）采购等业务的进项税额允许抵扣。

单位购买用于增值税应税项目的资产或服务等时，按照应计入相关成本费用或资产的金额，借记“业务活动费用”“在途物品”“库存物品”“工程物资”“在建工程”“固定资产”“无形资产”等科目，按照当月已认证的可抵扣增值税额，借记“应交增值税（应交税金——进项税额）”科目，按照当月未认证的可抵扣增值税额，借记“应交增值税（待认证进项税额）”科目，按照应付或实际支付的金额，贷记“应付账款”“应付票据”“银行存款”“零余额账户用款额度”等科目。发生退货的，如原增值税专用发票已做认证，应根据税务机关开具的红字增值税专用发票做相反的会计分录；如原增值税专用发票未做认证，应将发票退回并做相反的会计分录。小规模纳税人购买资产或服务等时不能抵扣增值税，发生的增值税计入资产成本或相关成本费用。

（2）采购等业务进项税额不得抵扣。

单位购进资产或服务等，用于简易计税方法计税项目、免征增值税项目、集体福利或个人消费等，其进项税额按照增值税制度规定不得从销项税额中抵扣的，取得增值税专用发票时，应按照增值税发票注明的金额，借记相关成本费用或资产科目，按照待认证的增值税进项税额，借记“应交增值税（待认证进项税额）”科目，按照实际支付或应付的金额，贷记“银行存款”“应付账款”“零余额账户用款额度”等科目。经税务机关认证为不可抵扣进项税额时，借记“应交增值税（应交税金——进项税额）”科目，贷记“应交增值税（待认证进项税额）”科目；同时，将进项税额转出，借记相关成本费用科目，贷记“应交增值税（应交税金——进项税额转出）”科目。

（3）购进不动产或不动产在建工程按照规定进项税额分年抵扣。

单位取得应税项目为不动产或者不动产在建工程，其进项税额按照现行增值税制度规定自取得之日起分两年从销项税额中抵扣的，应当按照取得成本，借记“固定资产”“在建工程”等科目，按照当期可抵扣的增值税额借记“应交增值税——应交税金（进项税额）”科目，按照以后期间可抵扣的增值税额，借记“应交增值税待抵扣进项税额”科目，按照应付或实际支付的金额，贷记“应付账款”“应付票据”“银行存款”“零余额账户用款额度”等科目。尚未抵扣的进项税额待以后期间允许抵扣时，按照允许抵扣的金额，借记“应交增值税——应交税金（进项税额）”科目，贷记“应交增值税——待抵扣进项税额”。

（4）进项税额抵扣情况发生改变。

一般纳税人行政事业单位因发生非正常损失或改变用途等，原已计入进项税额、待抵扣进项税额或待认证进项税额，但按照现行增值税制度规定不得从销项税额中抵扣的，借记“待处理财产损溢”“固定资产”“无形资产”等科目，贷记本科目（应交税金——进项税额转出）、本科目（待抵扣进项税额）或本科目（待认证进项税额）；原不得抵扣且未抵扣进项税额的固定资产、无形资产等，因改变用途等用于允许抵扣进项税额的应税项目的，应按照允许抵扣的进项税额，借记本科目（应交税金——进项税额），贷记

"固定资产""无形资产"等科目。固定资产、无形资产等经上述调整后，应按照调整后的账面价值在剩余尚可使用年限内计提折旧或摊销。

一般纳税人行政事业单位购进时已全额计入进项税额的货物或服务等转用于不动产在建工程的，对于结转以后期间的进项税额，应借记本科目（待抵扣进项税额），贷记本科目（应交税金——进项税额转出）。

（5）购买方作为扣缴义务人。

按照现行增值税制度规定，境外单位或个人在境内发生应税行为，在境内未设有经营机构的，以购买方为增值税扣缴义务人。境内一般纳税人购进服务或资产时，按照应计入相关成本费用或资产的金额，借记"业务活动费用""在途物品""库存物品""工程物资""在建工程""固定资产""无形资产"等科目，按照可抵扣的增值税额，借记本科目（应交税金——进项税额）（小规模纳税人应借记相关成本费用或资产科目），按照应付或实际支付的金额，贷记"银行存款""应付账款"等科目，按照应代扣代缴的增值税额，贷记本科目（代扣代缴增值税）。实际缴纳代扣代缴增值税时，按照代扣代缴的增值税额，借记本科目（代扣代缴增值税），贷记"银行存款""零余额账户用款额度"等科目。

【例 10－2】某行政单位为增值税一般纳税人，购入一批行政办公用品，增值税专用发票注明的材料价款为 20 000 元，增值税额 2 600 元，款项来源于一般公共预算财政拨款，通过财政直接支付方式支付，材料验收入库。账务处理如下：

表 10－2

财务会计	预算会计
借：库存物品 22 600 贷：财政拨款收入 22 600	借：行政支出——财政拨款支出 22 600 贷：财政拨款预算收入——一般公共预算财政拨款 22 600

【例 10－3】某事业单位为经营活动购入一批办公用品，增值税专用发票注明的材料价款为 10 000 元，增值税额 1 300 元，款项通过银行转账支付，材料验收入库。账务处理如下：

表 10－3

财务会计	预算会计
（1）假设该事业单位为增值税一般纳税人	
借：库存物品 10 000 应交增值税——应交税金（进项税额） 1 300 贷：银行存款 11 300	借：经营支出 10 000 贷：资金结存——货币资金 10 000
（2）假设该事业单位为增值税小规模纳税人	
借：库存物品 11 300 贷：银行存款 11 300	借：经营支出 11 300 贷：资金结存——货币资金 11 300

【例 10－4】接上例。该事业单位因火灾购进的上述办公用品全部报废，账务处理如下：

表 10－4

财务会计	预算会计
（1）假设该事业单位为增值税一般纳税人	
借：待处理财产损溢 11 300 贷：库存物品 10 000 应交增值税——应交税金（进项税额转出） 1 300	不做账务处理
（2）假设该事业单位为增值税小规模纳税人	
借：待处理财产损溢 11 300 贷：库存物品 11 300	不做账务处理

2. 销售资产或提供服务等业务的账务处理

（1）销售资产或提供服务业务。

销售资产或提供服务业务，是指单位销售货物或提供服务，应当按照应收或已收的金额，借记“应收账款”“应收票据”“银行存款”等科目，按照确认的收入金额，贷记“经营收入”“事业收入”等科目，按照现行增值税制度规定计算的销项税额（或采用简易计税方法计算的应纳增值税额），贷记“应交增值税——应交税金（销项税额）”或“应交增值税——简易计税”科目（小规模纳税人应贷记本科目）。发生销售退回的，应根据税务机关开具的红字增值税专用发票做相反的会计分录。

按照本制度及相关政府会计准则确认收入的时点早于按照增值税制度确认增值税纳税义务发生时点的，应将相关销项税额计入“应交增值税——待转销项税额”科目，待实际发生纳税义务时再转入“应交增值税——应交税金（销项税额）”或“应交增值税——简易计税”科目。

按照增值税制度确认增值税纳税义务发生时点早于按照本制度及相关政府会计准则确认收入的时点的，应按照应纳增值税额，借记“应收账款”科目，贷记“应交增值税——应交税金（销项税额）”或“应交增值税——简易计税”科目。

（2）金融商品转让按照规定以盈亏相抵后的余额作为销售额。

金融商品实际转让月末，如产生转让收益，则按照应纳税额，借记“投资收益”科目，贷记“应交增值税——转让金融商品应交增值税”科目。如产生转让损失，则按照可结转下月抵扣税额，借记“应交增值税——转让金融商品应交增值税”科目，贷记“投资收益”科目。交纳增值税时，应借记“应交增值税——转让金融商品应交增值税”科目，贷记“银行存款”等科目。年末，“应交增值税——转让金融商品应交增值税”科目如有借方余额，则借记“投资收益”科目，贷记“应交增值税——转让金融商品应交增值税”科目。

【例 10－5】某单位为增值税小规模纳税人，将闲置的场地出租给 A 企业，收取租金

2 060 元（含增值税 60 元），款项存入银行，按照有关规定纳入单位预算。账务处理如下：

表 10－5

财务会计	预算会计
借：银行存款 2 060 贷：租金收入 2 000 应交增值税——代扣代缴增值税 60	借：资金结存——货币资金 2 000 贷：其他预算收入 2 000

【例 10－6】某事业单位的经营活动销售一批产品，取得收入 10 000 元（不含税），将款项存入银行。账务处理如下：

表 10－6

财务会计	预算会计
（1）假设该事业单位为增值税一般纳税人，税率为 13%	
借：银行存款 11 300 贷：经营收入 10 000 应交增值税——应交税金（销项税额） 1 300	借：资金结存——货币资金 10 000 贷：经营预算收入 10 000
（2）假设该事业单位为增值税小规模纳税人，征收税率为 3%	
借：银行存款 10 300 贷：经营收入 10 000 应交增值税——代扣代缴增值税 300	借：资金结存——货币资金 10 000 贷：经营预算收入 10 000

3. 月末转出多交增值税和未交增值税的账务处理

月度终了，单位应当将当月应交未交或多交的增值税自“应交税金”明细科目转入“未交税金”明细科目。对于当月应交未交的增值税，借记“应交增值税（应交税金——转出未交增值税）”科目，贷记“应交增值税（未交税金）”科目；对于当月多交的增值税，借记“应交增值税（未交税金）”科目，贷记“应交增值税（应交税金——转出多交增值税）”科目。

4. 交纳增值税的账务处理

（1）交纳当月应交增值税。

单位交纳当月应交的增值税，借记“应交增值税（应交税金——已交税金）”科目（小规模纳税人借记本科目），贷记“银行存款”等科目。

（2）交纳以前期间未交增值税。

单位交纳以前期间未交的增值税，借记“应交增值税（未交税金）”科目（小规模纳税人借记本科目），贷记“银行存款”等科目。

（3）预交增值税。

单位预交增值税时，借记“应交增值税（预交税金）”科目，贷记“银行存款”等科目。月末，单位应将“预交税金”明细科目余额转入“未交税金”明细科目，借记“应交增值税（未交税金）”科目，贷记“应交增值税（预交税金）”科目。

（4）减免增值税。

对于当期直接减免的增值税，借记“应交增值税（应交税金——减免税款）”科目，贷记“业务活动费用”“经营费用”等科目。

按照现行增值税制度规定，单位初次购买增值税税控系统专用设备支付的费用以及缴纳的技术维护费允许在增值税应纳税额中全额抵减的，按照规定抵减的增值税应纳税额，借记“应交增值税（应交税金——减免税款）”科目（小规模纳税人借记本科目），贷记“业务活动费用”“经营费用”等科目。

【例10－7】接上例。该事业单位当月无其他增值税业务，以银行转账支付增值税。账务处理如下：

表10－7

财务会计	预算会计
（1）假设该事业单位为增值税一般纳税人，税率为13%	
借：应交增值税——应交税金（已交税金）　1 300 　贷：银行存款　1 300	不做账务处理
（2）假设该事业单位为增值税小规模纳税人，征收税率为3%	
借：应交增值税——代扣代缴增值税　300 　贷：银行存款　300	不做账务处理

（二）其他应交税费

其他应交税费是指行政事业单位按照税法等规定计算应缴纳的除增值税以外的各种税费，包括城市维护建设税、教育费附加、地方教育附加、车船税、房产税、城镇土地使用税、企业所得税和行政事业单位代扣代缴的个人所得税等。“其他应交税费”科目按照应缴纳的税费种类进行明细核算。

单位应设置“其他应交税费”科目，用于核算单位按照税法等规定计算应缴纳的除增值税以外的各种税费。“其他应交税费”科目期末贷方余额反映单位应交未交的除增值税以外的税费金额；期末借方余额反映单位多缴纳的除增值税以外的税费金额。

单位代扣代缴的个人所得税也通过“其他应交税费”科目核算。单位应缴纳的印花税不需要预提应交税费，直接通过“业务活动费用”“单位管理费用”“经营费用”等科目核算，不在“其他应交税费”科目核算。

1．账务处理

行政事业单位发生城市维护建设税、教育费附加、地方教育附加、车船税、房产税、城镇土地使用税等纳税义务的，按照税法规定计算的应交税费金额，借记“业务活动费用”“单位管理费用”“经营费用”等科目，贷记本科目（应交城市维护建设税、应交教育费附加、应交地方教育附加、应交车船税、应交房产税、应交城镇土地使用税等）。

按照税法规定计算应代扣代缴职工（含长期聘用人员）的个人所得税，借记“应付职工薪酬”科目，贷记本科目（应交个人所得税）。按照税法规定计算应代扣代缴支付给职工（含长期聘用人员）以外人员劳务费的个人所得税，借记“业务活动费用”“单位管理费用”等科目，贷记本科目（应交个人所得税）。

事业单位发生企业所得税纳税义务的，按照税法规定计算的应交所得税额，借记“所得税费用”科目，贷记本科目（单位应交所得税）。

缴纳各种税费，单位实际缴纳上述各种税费时，借记本科目（应交城市维护建设税、应交教育费附加、应交地方教育附加、应交车船税、应交房产税、应交城镇土地使用税、应交个人所得税、单位应交所得税等），贷记“财政拨款收入”“零余额账户用款额度”“银行存款”等科目。

【例 10－8】20×3 年 1 月，某事业单位按税法规定计算，本年应缴纳城市维护建设税 1 500 元、教育费附加 600 元、车船税 2 500 元，共计 4 600 元。以自有资金通过银行转账缴纳本月负担的各项税费，账务处理如下：

表 10－8

财务会计	预算会计
（1）计提各项税费	
借：单位管理费用——商品和服务费用 4 600 贷：其他应交税费——应交城市维护建设税 1 500 ——应交教育费附加 600 ——应交车船税 2 500	不做账务处理
（2）缴纳税费	
借：其他应交税费——应交城市维护建设税 1 500 ——应交教育费附加 600 ——应交车船税 2 500 贷：银行存款 4 600	借：事业支出——其他资金支出 4 600 贷：资金结存——货币资金 4 600

三、应缴财政款

应缴财政款是指行政事业单位取得或应收的按照规定应当上缴财政的款项，包括应缴国库的款项和应缴财政专户的款项。应缴财政款的内容主要有：①政府性基金。主要是指养路费、铁路建设基金、公路建设基金、民航基础设施建设基金、电力建设基金、三峡工程建设基金等数额较大的政府性基金，纳入财政预算管理，并实行专款专用。②行政事业性收费。是指国家机关、事业单位、代行政府职能的社会团体及其他组织根据法律、行政法规、地方性法规等有关规定，依照国务院规定程序批准，在向公民、法人提供特定服务的过程中，按照成本补偿和非营利原则向特定服务对象收取的费用。如公安部门收取的户籍管理证件费、出入境管理费，司法部门收取的民事诉讼费、律师工作执照费用，税务部门收取的税务登记费等。③罚没收入。是指国家各级司法机关、行政执法机关和经济管理部门等行政单位依法查处的应上缴国库的各种罚款和没收财物的变价款以及无主财物变价款。④其他按国家预算管理规定应上缴财政的各种款项，如国有资产处置和出租收入等。

为了反映和核算应缴财政款业务，应设置"应缴财政款"科目，并按照应缴财政款项的类别进行明细核算。本科目期末贷方余额，反映单位应当上缴财政但尚未缴纳的款项。年终清缴后，本科目应无余额。

在财政国库集中收付制度下，缴款人应将应缴财政的款项直接缴入财政国库或财政专户，不通过行政事业单位的银行存款账户过渡。在这种情况下，行政事业单位的职责是监督缴款人依法将应缴财政的款项及时上缴财政，单位不需要对相应的缴款业务做正式的会计分录。对于一些零星的难以实行国库集中收缴制度的政府非税收入，行政事业单位在直接收取后，应当及时上缴财政。

单位取得或应收按照规定应缴财政的款项时，借记"银行存款""应收账款"等科目，贷记本科目。单位处置资产取得的应上缴财政的处置净收入的账务处理，参见"待处理财产损溢"等科目。单位上缴应缴财政的款项时，按照实际上缴的金额，借记本科目，贷记"银行存款"科目。

【例 10－9】20×3 年 3 月 1 日，某行政单位收到罚没收入 10 000 元，已经存入单位的银行账户。账务处理如下：

表 10－9

财务会计		预算会计
（1）收到罚没收入时		
借：银行存款	10 000	不做账务处理
贷：应缴财政款	10 000	
（2）上缴财政时		
借：应缴财政款	10 000	不做账务处理
贷：银行存款	10 000	

四、应付职工薪酬

应付职工薪酬是指单位按照有关规定应付给职工（含长期聘用人员）及为职工支付的各种薪酬，包括基本工资、国家统一规定的津贴补贴、规范津贴补贴（绩效工资）、改革性补贴、社会保险费、住房公积金等。

行政事业单位应当设置"应付职工薪酬"科目，对单位应付给职工及为职工支付的各种薪酬进行核算。本科目应当根据国家有关规定按照"基本工资"（含离退休费）及"国家统一规定的津贴补贴""规范津贴补贴（绩效工资）""改革性补贴""社会保险费""住房公积金""其他个人收入"等进行明细核算。其中"社会保险费"和"住房公积金”明细科目核算内容包括单位从职工工资中代扣代缴的社会保险费、住房公积金，以及单位为职工计算缴纳的社会保险费、住房公积金。

“应付职工薪酬”科目借方反映当期行政事业单位应付职工薪酬的减少；贷方反映当期行政事业单位应付职工薪酬的增加；本科目期末贷方余额反映行政事业单位应付未付的职工薪酬。

（一）计算确认当期应付职工薪酬

计提履职或从事专业及其辅助活动人员的职工薪酬。单位计提履职或从事专业及其辅助活动人员的职工薪酬，借记“业务活动费用”科目，贷记本科目。

计提开展管理活动人员的职工薪酬。单位计提本级行政及后勤管理部门开展管理活动人员的职工薪酬，借记“单位管理费用”科目，贷记本科目。

计提应由在建工程、加工物品等负担的职工薪酬。单位计提应由在建工程、加工物品、自行研发无形资产负担的职工薪酬，借记“在建工程”“加工物品”“研发支出”等科目，贷记“应付职工薪酬”。

计提经营活动人员的职工薪酬。单位计提从事专业及其辅助活动之外的经营活动人员的职工薪酬，借记“经营费用”科目，贷记本科目。

因解除与职工的劳动关系而给予的补偿。单位因解除与职工的劳动关系而给予的补偿，借记“单位管理费用”等科目，贷记本科目。

（二）代扣各种款项

行政事业单位按照税法规定代扣职工个人所得税时，借记本科目（基本工资），贷记“其他应交税费——应交个人所得税”科目。

从应付职工薪酬中代扣为职工垫付的水电费、房租等费用时，按照实际扣除的金额，借记本科目（基本工资），贷记“其他应收款”等科目。

从应付职工薪酬中代扣社会保险费和住房公积金，按照代扣的金额，借记本科目（基本工资），贷记本科目（社会保险费、住房公积金）。

（三）支付工资、津贴补贴

行政事业单位向职工支付工资、津贴补贴等薪酬时，按照实际支付的金额，借记本科目、贷记“财政拨款收入”“零余额账户用款额度”“银行存款”等科目。

（四）计提和确认单位负担的职工社会保险费和住房公积金

行政事业单位计提各类人员的职工社会保险费和住房公积金，借记“业务活动费用”“单位管理费用”等科目，贷记本科目（社会保险费、住房公积金）。

（五）支付职工社会保险费和住房公积金等款项

行政事业单位按照同家有关规定缴纳职工社会保险费和住房公积金时，按照实际支付的金额，借记本科目（社会保险费、住房公积金等），贷记“财政拨款收入”“零余额账户用款额度”“银行存款”等科目。

五、应付及预收款项

应付及预收款项是指行政事业单位在开展业务活动中发生的各项债务，包括应付票据、应付账款、预收账款、应付利息、应付政府补贴款和其他应付款等。

（一）应付票据

应付票据是指事业单位因购买材料、物资时所开出、承兑的汇票，包括银行承兑汇票和商业承兑汇票。按国家有关规定，单位之间只有在商品交易的情况下，才能使用商业汇票结算方式。在会计核算中，购买商品在采用商业汇票结算方式下，如果开出的是商业承兑汇票，必须由付款方即购买单位承兑；如果是银行承兑的汇票，必须经银行承兑。付款单位应在商业汇票到期前，及时将款项足额交存其开户银行，可使银行在到期日凭票将款项划转给收款人、被背书人或贴现银行。

为了反映和核算应付票据业务，事业单位应设置“应付票据”科目，本科目应按照债权人进行明细核算。本科目期末贷方余额，反映事业单位开出、承兑的尚未到期的应付票据金额。

事业单位应设置“应付票据备查簿”，详细登记每一应付票据的种类、号数、出票日期、到期日、票面金额、交易合同号、收款人姓名或单位名称，以及付款日期和金额等。应付票据到期结清票款后，应当在备查簿内逐笔注销。

开出、承兑商业汇票时，借记“库存物品”“固定资产”等科目，贷记“应付票据”。涉及增值税业务的，相关账务处理参见“应交增值税”科目。以商业汇票抵付应付账款时，借记“应付账款”科目，贷记“应付票据”。

支付银行承兑汇票的手续费时，借记“业务活动费用”“经营费用”等科目，贷记“银行存款”“零余额账户用款额度”等科目。

商业汇票到期时，应当分别按照以下情况处理。收到银行支付到期票据的付款通知时，借记“应付票据”，贷记“银行存款”科目；银行承兑汇票到期，单位无力支付票款的，按照应付票据账面余额，借记“应付票据”，贷记“短期借款”科目；商业承兑汇票到期，单位无力支付票款的，按照应付票据账面余额，借记“应付票据”，贷记“应付账款”科目。

【例 10－10】某事业单位为增值税一般纳税人，适用增值税税率 13%，20×3 年 1 月 1 日，从 A 公司采购经营用材料一批，增值税专用发票上注明材料价款为 50 000 元，税务部门已认证，增值税税额为 6 500 元，材料已经验收入库，以 3 个月期银行承兑汇票付讫。账务处理如下：

表 10－10

财务会计	预算会计
（1）4 月 1 日开出商业汇票	
借：库存物品——材料 50 000 应交增值税——应交税费（进项税额） 6 500 贷：应付票据——A 公司 56 500	不做账务处理
（2）7 月 1 日票据到期，若如期付款	
借：应付票据——A 公司 56 500 贷：银行存款 56 500	借：经营支出 50 000 贷：资金结存——货币资金 50 000
（3）若到期未支付票款	
借：应付票据——A 公司 56 500 贷：短期借款——建设银行 56 500	不做账务处理

（二）应付账款

应付账款是指行政事业单位因购买物资或服务、工程建设等而应付的偿还期限在 1 年以内（含 1 年）的款项。应付账款应当在收到所购物资或服务、完成工程时确认。

单位应当设置“应付账款”科目对单位因购买物资或服务、工程建设等而应付的偿还期限在 1 年以内（含 1 年）的款项进行核算。对于建设项目，还应设置“应付器材款”“应付工程款”等明细科目。本科目应当按照债权单位（或个人）进行明细核算。

（1）收到所购材料、物资等但尚未支付款项。收到所购材料、物资、设备或服务以及确认完成工程进度但尚未付款时，根据发票及账单等有关凭证，按照应付未付款项的金额，借记“库存物品”“固定资产”“在建工程”等科目，贷记本科目。涉及增值税业务的，相关账务处理参见“应交增值税”科目。

（2）偿付应付账款。偿付应付账款时，按照实际支付的金额，借记本科目，贷记“财政拨款收入”“零余额账户用款额度”“银行存款”等科目。

（3）开出、承兑商业汇票抵付应付账款。开出、承兑商业汇票抵付应付账款时，借记本科目，贷记“应付票据”科目。

（4）无法偿付或债权人豁免偿还的应付账款。应当按照规定报经批准后进行账务处理。经批准核销时，借记“应付账款”科目，贷记“其他收入”科目。核销的应付账款应在备查簿中保留登记。本科目期末贷方余额，反映单位尚未支付的应付账款金额。

【例 10－11】20×3 年 5 月 1 日，某行政单位通过政府采购从 B 公司购入办公设备一台，增值税专用发票上注明价款为 10 000 元，增值税税额为 1300 元，货款未付。账务处理如下：

表 10－11

财务会计		预算会计
借：固定资产	11 300	不做账务处理
贷：应付账款——B 公司	11 300	

【例 10－12】接上例。6 月 1 日，该单位通过财政授权支付方式支付欠款，款项来源于一般公共预算财政拨款。账务处理如下：

表 10－12

财务会计		预算会计	
借：应付账款——B 公司	11 300	借：行政支出——财政拨款支出	11 300
贷：零余额账户用款额度	11 300	贷：资金结存——零余额账户用款额度	11 300

【例 10－13】20×3 年 12 月 10 日，某事业单位清理资产和负债时发现，应付 C 公司款项 10 000 元，因该单位已撤销而无法偿付，按照规定报经有关部门批准后，同意核销该债务。账务处理如下：

表 10－13

财务会计		预算会计
借：应付账款——C 公司	10 000	不做账务处理
贷：其他收入	10 000	

（三）预收账款

预收账款是指行政事业单位按照货物、服务合同或协议或者相关规定，向接受货物或服务的主体预先收款而形成的负债。

单位应设置“预收账款”总账科目，用于核算事业单位向购货单位或接受服务的单位预先收取但尚未结算的款项。“预收账款”期末贷方余额反映事业单位预收但尚未结算的款项金额。

（1）取得预收款项。从付款方预收款项时，按照实际预收的金额，借记“银行存款”等科目，贷记“预收账款”科目。同时，在预算会计下，借记“资金结存”科目，贷记“事业预算收入”“经营预算收入”等科目。

（2）确认收入。按照预收账款账面余额，借记“预收账款”科目，按照应确认的收入金额，贷记“事业收入”“经营收入”等科目，按照付款方补付或退回付款方的金额，借记或贷记“银行存款”等科目。同时，在预算会计下，若付款方补付，则按照实际收到的补付金额，借记“资金结存”科目，贷记“事业预算收入”“经营预算收入”等科目；如退回付款方款项的，则做相反的会计处理。

（3）无法偿付或债权人豁免偿还的预收账款。应当按照规定报经批准后进行账务处理。经批准核销时，借记“预收账款”科目，贷记“其他收入”科目。核销的预收账款应在备查簿中保留登记。因前期预收款项时，预算会计已确认了预算收入，故此时无须再做预算会计账务处理。

【例 10－14】某研究所接受 D 公司委托进行一项技术开发（A 项目），双方约定研发费 60 000 元，研发期限一个月，该技术研发项目已通过市级科技主管部门认定并在税务机关备案登记。20×3 年 1 月 1 日，该单位收到 D 公司预付的技术研发款 50 000 元。账务处理如下：

表 10－14

财务会计		预算会计	
借：银行存款	50 000	借：资金结存——货币资金	50 000
贷：预收账款——D 公司	50 000	贷：事业预算收入——科研事业收入	50 000

【例 10－15】接上例。20×3 年 1 月 31 日，该单位开具了金额为 100 000 元的普通发票，并收到银行存款 50 000 元。账务处理如下：

根据《营业税改征增值税试点过渡政策的规定》，第二十六条规定经省级科技主管部门认定的并在税务机关备案登记的技术开发项目免征增值税。

表 10－15

财务会计		预算会计	
借：银行存款	50 000	借：资金结存——货币资金	50 000
预收账款——D 公司	50 000	贷：事业预算收入——科研事业收入	50 000
贷：事业收入	100 000		

（四）应付利息

应付利息是指事业单位按照合同约定应支付的借款利息，包括短期借款、分期付息到期还本的长期借款等应支付的利息。

为了反映和核算应付利息业务，事业单位应设置“应付利息”科目，本科目应按照债权人等进行明细核算。本科目期末贷方余额，反映事业单位应付未付的利息金额。

为建造固定资产、公共基础设施等借入的专门借款的利息，属于建设期间发生的，按期计提利息费用时，按照计算确定的金额，借记“在建工程”科目，贷记“应付利息”科目；不属于建设期间发生的，按期计提利息费用时，按照计算确定的金额，借记“其他费用”科目，贷记“应付利息”科目。

对于其他借款，按期计提利息费用时，按照计算确定的金额，借记“其他费用”科目，贷记“应付利息”科目。

实际支付应付利息时，按照支付的金额，借记“应付利息”科目，贷记“银行存款”等科目。

【例 10－16】20×3 年 6 月 1 日，某高校从建设银行借入资金 1 000 000 元，用于学校教学业务费支出，借款期限为 1 年，年利率为 6%，到期一次还本付息，账务处理如下：

表 10－16

财务会计	预算会计
（1）20×3 年 6 月 1 日收到借款	
借：银行存款　1 000 000 　贷：短期借款——建设银行　1 000 000	借：资金结存——货币资金　1 000 000 　贷：债务预算收入——非专项资金收入　1 000 000
（2）每月底计提利息： 月利息金额＝1 000 000×6%÷12＝5 000（元）	
借：其他费用——利息费用　5 000 　贷：应付利息——建设银行　5 000	不做账务处理
（3）20×4 年 5 月 30 日还本付息	
借：短期借款——建设银行　1 000 000 　　应付利息——建设银行　60 000 　贷：银行存款　1 060 000	借：债务还本支出　1 000 000 　　其他支出——其他资金支出　60 000 　贷：资金结存——货币资金　1 060 000

（五）应付政府补贴款

应付政府补贴款是指负责发放政府补贴的行政单位，按照规定应当支付给政府补贴接受者的各种政府补贴款。

行政事业单位应在有关政策已明确其承担支出责任，或者其他情况下相关义务满足负债的定义和确认条件时，按照确定应承担的负债金额予以确认。

单位应设置“应付政府补贴款”总账科目，并按应支付的政府补贴种类进行明细核算。单位还应当根据需要按照补贴接受者进行明细核算，或者建立备查簿对补贴接受者予以登记。

发生应付政府补贴时，按照依规定计算确定的应付政府补贴金额，借记“业务活动费用”科目，贷记本科目。

支付应付政府补贴款时，按照支付金额，借记本科目，贷记“零余额账户用款额度”“银行存款”等科目。

【例 10－17】某单位按照房改政策规定标准计算出职工提租补贴 10 000 元。账务处理如下：

表 10－17

财务会计	预算会计
借：业务活动费用——商品和服务费用　10 000 　贷：应付政府补贴款　10 000	不做账务处理

（六）其他应付款

其他应付款是单位除应交增值税、其他应交税费、应缴财政款、应付职工薪酬、应付票据、应付账款、应付政府补贴款、应付利息、预收账款以外，其他各项偿还期限在

1年内（含1年）的应付及暂收款项。

单位应设置“其他应付款”总账科目。同级政府财政部门预拨的下期预算款和没有纳入预算的暂付款项，以及采用实拨资金方式通过本单位转拨给下属单位的财政拨款，也通过本科目核算。本科目应当按照其他应付款的类别以及债权人等进行明细核算。

发生其他应付及暂收款项时，借记“银行存款”等科目，贷记“其他应付款”科目。支付（或退回）其他应付及暂收款项时，借记“其他应付款”科目，贷记“银行存款”等科目。将暂收款项转为收入时，借记“其他应付款”科目，贷记“事业收入”等科目。

收到同级政府财政部门预拨的下期预算款和没有纳入预算的暂付款项，按照实际收到的金额，借记“银行存款”等科目，贷记本科目；待到下一预算期或批准纳入预算时，借记本科目，贷记“财政拨款收入”科目。采用实拨资金方式通过本单位转拨给下属单位的财政拨款，按照实际收到的金额，借记“银行存款”科目，贷记本科目；向下属单位转拨财政拨款时，按照转拨的金额，借记本科目，贷记“银行存款”科目。

本单位公务卡持卡人报销时，按照审核报销的金额，借记“业务活动费用”“单位管理费用”等科目，贷记本科目；偿还公务卡欠款时，借记本科目，贷记“零余额账户用款额度”等科目。

涉及质保金形成其他应付款的，相关账务处理参见“固定资产”科目。

无法偿付或债权人豁免偿还的其他应付款项，应当按照规定报经批准后进行账务处理。经批准核销时，借记本科目，贷记“其他收入”科目。核销的其他应付款应在备查簿中保留登记。

【例10－18】20×3年12月，某行政单位收到同级财政部门预拨的下年度1月份预算款200 000元，款项已存入银行。账务处理如下：

表10－18

财务会计	预算会计
（1）收到预算款时	
借：银行存款　200 000 　贷：其他应付款——同级财政部门　200 000	不做账务处理
（2）20×4年1月到预算期	
借：其他应付款——同级财政部门　200 000 　贷：财政拨款收入　200 000	借：资金结存——货币资金　200 000 　贷：财政拨款预算收入　200 000

【例10－19】20×3年11月20日，某事业单位资产清查时得知，C公司因无力偿还到期债务，已经宣布破产。单位收取C公司履约保证金10 000元，已无法退还。按照规定报经批准后，11月30日该单位核销了债务。账务处理如下：

表 10－19

财务会计		预算会计	
借：其他应付款——C 公司	10 000	借：资金结存——货币资金	10 000
贷：其他收入	10 000	贷：其他预算收入——非专项收入	10 000

六、预提费用

预提费用是单位预先提取的已经发生但尚未支付的费用，如预提租金费用等。

为核算预提费用，行政事业单位应设置“预提费用”总账科目。事业单位按规定从科研项目收入中提取的项目间接费用或管理费，也通过本科目核算。事业单位计提的借款利息费用，通过“应付利息”“长期借款”科目核算，不通过本科目核算。本科目应当按照预提费用的种类进行明细核算。对于提取的项目间接费用或管理费，应当在本科目下设置“项目间接费用或管理费”明细科目，并按项目进行明细核算。

（一）项目间接费用或管理费

事业单位按规定从科研项目收入中提取项目间接费用或管理费时，按照提取的金额，借记“单位管理费用”科目，贷记本科目（项目间接费用或管理费）。

实际使用计提的项目间接费用或管理费时，按照实际支付的金额，借记本科目（项目间接费用或管理费），贷记“银行存款”“库存现金”等科目。

（二）其他预提费用

按期预提租金等费用时，按照预提的金额，借记“业务活动费用”“单位管理费用”“经营费用”等科目，贷记“预提费用”科目。

实际支付款项时，按照支付金额，借记“预提费用”科目，贷记“零余额账户用款额度”“银行存款”等科目。

【例 10－20】20×3 年 7 月 1 日，某单位租用 B 公司一套办公楼，合同约定每年租金 240 000 元，租期 2 年，租金采用先租后付方式，半年支付一次。12 月 31 日首次通过财政授权支付方式支付租金 120 000 元，款项来源于一般公共预算财政拨款。账务处理如下：

表 10－20

财务会计		预算会计	
（1）7—12 月每月月末计提租金			
借：业务活动费用——商品和服务费用	20 000	不做账务处理	
贷：预提费用——租金	20 000		
（2）12 月 31 日首次支付租金			
借：预提费用——租金	120 000	借：行政支出——财政拨款支出	120 000
贷：零余额账户用款额度	120 000	贷：资金结存——零余额账户用款额度	120 000

【例 10－21】20×3 年 1 月，某单位收到项目经费 1 200 000 元，根据单位项目管理办法规定，按项目经费总额的 5% 提取项目间接费用和管理费。

当月应计提项目间接费用和管理费 = 1 200 000 × 5% = 60 000（元）

表 10－21

财务会计	预算会计
借：业务活动费用——商品和服务费用 60 000 贷：预提费用——项目间接费用或管理费 60 000	借：非财政拨款结转——项目间接费用或管理费 60 000 贷：非财政拨款结余——项目间接费用或管理费 60 000

第二节 非流动负债

非流动负债又称为长期负债，是指偿还期在 1 年或者超过 1 年的一个营业周期以上的债务。包括长期借款、长期应付款和预计负债。长期借款属于事业单位特有的非流动负债。

一、长期借款

长期借款是指事业单位经批准向银行或其他金融机构等借入的期限超过 1 年（不含 1 年）的各种借款本息。

事业单位应设置“长期借款”科目，用于核算事业单位经批准向银行或其他金融机构等借入的期限超过 1 年（不含 1 年）的各种借款。“长期借款”科目期末贷方余额反映事业单位尚未偿还的长期借款本息金额。

长期借款应当设置“本金”“应计利息”明细科目，并按照贷款单位和贷款种类进行明细核算；对于建设项目借款，还应按照具体项目进行明细核算。

（一）借入各项长期借款

借入各项长期借款时，按照实际借入的金额，借记“银行存款”科目，贷记“长期借款——本金”科目。同时，在预算会计下，借记“资金结存——货币资金”科目，贷记“债务预算收入”科目。

（二）建设资金借款计提利息

为建造固定资产、公共基础设施等应支付的专门借款利息，按期计提利息时，分以下情况处理。

属于工程项目建设期间发生的利息，应作为资本性支出计入工程成本，按照计算确定的应支付的利息金额，借记“在建工程”科目，贷记“应付利息”科目。

属于工程项目完工交付使用后发生的利息，计入当期费用，按照计算确定的应支付的利息金额，借记“其他费用”科目，贷记“应付利息”科目。

（三）其他长期借款计提利息

按期计提其他长期借款的利息时，按照计算确定的应支付的利息金额，借记“其他费用”科目，贷记“应付利息”科目（分期付息、到期还本借款的利息）或“长期借款——应计利息”科目（到期一次还本付息借款的利息）。

长期借款有分期付息和到期一次性付息两种方式。付息方式不同，账务处理也不尽相同。这主要是由于付息方式的差异，导致计提利息所新发生的负债的期限也是不相同的。其中，分期付息方式下所计提的利息，一般将于1年内支付，因此，所形成的负债为短期流动性负债，故记入“应付利息”科目；到期一次还本付息方式下所计提的利息，将于一个较长时期（大于1年）后与债务本金一并偿还，因此，所形成的负债为长期负债，故记入“长期借款”科目。同时，为了区分债务本金与利息，在“长期借款”科目下相应设置了“本金”“应计利息”的明细科目。

（四）到期归还长期借款本金、利息

归还长期借款本息。到期归还长期借款本金、利息时，借记“长期借款——本金”“长期借款——应计利息”科目，贷记“银行存款”科目。同时，在预算会计下，借记“债务还本支出”（本金部分）、“其他支出——利息支出”（利息部分）科目，贷记“资金结存”科目。

【例10－22】20×2年1月1日，某事业单位从建设银行取得专门借款资金10 000 000元，用于办公楼建设项目，借款期限为3年，年利率为6%，每年付息一次，本金到期一次性偿还，工程的建设周期为2年，20×3年12月31日办公楼如期完成竣工验收并交付使用，第3年年末，该事业单位如期偿还借款本金10 000 000元，并支付最后一年利息。该事业单位应编制如下会计分录：

表10－22

财务会计	预算会计
（1）20×2年1月1日收到借款	
借：银行存款　10 000 000 　贷：长期借款——本金　10 000 000	借：资金结存——货币资金　10 000 000 　贷：债务预算收入——专项资金收入　10 000 000
（2）第1、2年工程在建期间，计算确定借款利息时	
借：在建工程——建筑安装工程投资　600 000 　贷：应付利息——建设银行　600 000	不做账务处理
（3）支付第1、2年的借款利息时	
借：应付利息　600 000 　贷：银行存款　600 000	借：其他支出　600 000 　贷：资金结存——货币资金　600 000

续上表

财务会计	预算会计
（4）第3年工程完工后，计算确定借款利息时	
借：其他费用 600 000 贷：应付利息 600 000	不做账务处理
（5）支付第3年借款利息时	
借：应付利息 600 000 贷：银行存款 600 000	借：其他支出 600 000 贷：资金结存——货币资金 600 000
（6）到期归还本金	
借：长期借款——本金 10 000 000 贷：银行存款 10 000 000	借：债务还本支出 10 000 000 贷：资金结存——货币资金 10 000 000

二、长期应付款

长期应付款是指单位发生的偿还期限超过1年（不含1年）的应付款项，如以融资租赁方式取得固定资产应付的租赁费等。

行政事业单位应设置“长期应付款”科目，用于核算单位发生的偿还期限超过1年（不含1年）的应付款项。“长期应付款”科目期末贷方余额反映单位尚未支付的长期应付款金额。

“长期应付款”科目应按照长期应付款的类别以及债权人进行明细核算。

（一）发生长期应付款

发生长期应付款时，借记“固定资产”“在建工程”等科目，贷记“长期应付款”科目。

（二）支付长期应付款

支付长期应付款时，按照实际支付的金额，借记“长期应付款”科目，贷记“财政拨款收入”“零余额账户用款额度”“银行存款”等科目。同时，在预算会计下，借记“行政支出”“事业支出”等科目，贷记“资金结存”“财政拨款预算收入”等科目。

（三）无法偿付或债权人豁免偿还的长期应付款

无法偿付或债权人豁免偿还的长期应付款，应当按照规定报经批准后进行账务处理。经批准核销时，借记“长期应付款”科目，贷记“其他收入”科目。核销的长期应付款应在备查簿中保留登记。由于长期应付款是因业务活动形成的欠款，其产生和核销并未形成现金收支，因此，在核销时不做预算会计处理。

【例10－23】20×3年1月1日，某事业单位采用分期付款方式从C公司购入机器设备一套。该设备不需要安装，当日投入使用。合同约定的价款为6 000 000元，每半年支付一次设备款，6月30日支付第一笔，3年支付完毕，设备价款来来源于一般公共预算财政拨款，通过财政授权支付。账务处理如下：

表10－23

财务会计	预算会计
（1）20×3年1月1日购入设备	
借：固定资产——专用设备　6 000 000 　贷：长期应付款——C公司　6 000 000	不做账务处理
（2）6月30日支付设备款时	
借：长期应付款——C公司　1 000 000 　贷：零余额账户用款额度　1 000 000	借：事业支出——财政拨款支出　1 000 000 　贷：资金结存　1 000 000

三、预计负债

预计负债是指行政事业单位对因或有事项所产生的现时义务而确认的负债，如对未决诉讼等确认的负债。或有事项是指过去的交易或事项形成的，其结果由某些未来事项发生或不发生才能决定的不确定事项。常见的或有事项有未决诉讼、对外担保、承诺、环境污染整治、自然灾害或公共事件救助等。确认预计负债应符合以下三个条件：该义务是单位承担的现时义务；该义务的履行很可能导致经济利益流出单位；该义务的金额能够可靠地计量。

行政事业单位应设置“预计负债”科目，用于核算单位对因或有事项所产生的现时义务而确认的负债。“预计负债”科目期末贷方余额反映单位已确认但尚未支付的预计负债金额。本科目应按照预计负债的项目进行明细核算。

（一）确认预计负债

确认预计负债时，按照预计的金额，借记“业务活动费用”“经营费用”“其他费用”等科目，贷记“预计负债”科目。

（二）实际偿付预计负债

根据确凿证据需要对已确认的预计负债账面余额进行调整的，按照调整增加的金额，借记“业务活动费用”“经营费用”“其他费用”等科目，贷记“预计负债”科目；按照调整减少的金额，借记“预计负债”科目，贷记“业务活动费用”“经营费用”“其他费用”等科目。

（三）调整预计负债账面余额

实际偿付预计负债时，按照预计负债的余额，借记“预计负债”科目，按照实际偿付的金额，贷记“银行存款”“零余额账户用款额度”等科目，差额借记（或贷记）“业务活动费用”“经营费用”“其他费用”等科目。同时，在预算会计下，按照实际偿付的金额，借记“行政支出”“事业支出”等科目，贷记“资金结存”“财政拨款预算收入”等科目。

【例 10-24】20×3 年 10 月 1 日，某医院涉及一起诉讼案。20×3 年 12 月 31 日，法院尚未做出判决，根据医院法律顾问的职业判断，医院败诉的可能性为60%。如果败诉，医院需要赔偿60 000～80 000 元。20×4 年 3 月 1 日法院宣判。账务处理如下：

表 10-24

财务会计	预算会计
(1) 20×3 年 12 月预计败诉 医院很可能需要赔偿的金额 = (60 000 + 80 000) ÷2 = 70 000 (元)	
借：单位管理费用——商品和服务费用 70 000 贷：预计负债 70 000	不做账务处理
(2) 20×4 年 3 月 1 日法院宣判 ①若医院败诉，需支付 70 000 元赔款，当日以国有资金通过银行转账支付	
借：预计负债 70 000 贷：银行存款 70 000	借：其他支出——其他资金支出 70 000 贷：资金结存——货币资金 70 000
②若医院胜诉，不需支付赔款	
借：预计负债 70 000 贷：以前年度盈余调整 70 000	不做账务处理

第三节 受托代理负债

受托代理负债是指行政事业单位接受委托，取得受托代理资产时形成的负债。高等学校核算的因公房出售形成的公共维修基金（个人缴纳部分），作为受托代理负债进行核算。

为了反映和核算受托代理负债业务，行政事业单位应设置“受托代理负债”科目，本科目应按照受托代理负债的项目进行明细核算。本科目期末贷方余额，反映行政事业单位尚未交付或发出受托代理资产形成的受托代理负债金额。在金额上，“受托代理负债”科目的贷方余额应等于“库存现金——受托代理资产”“银行存款——受托代理资产”“受托代理资产”三个科目借方余额之和。

【例 10-25】20×3 年 8 月 20 日，某单位收到 B 企业委托转给当地山区希望小学的资金 20 万元和一批价值 1 万元的图书，款项已收存银行。20×3 年 9 月 1 日，该单位按照 B 企业的要求，将图书和该笔资金转赠给希望小学，款项以银行存款支付。

表 10－25

财务会计	预算会计
（1）20×3 年 8 月 20 日，收到受托代理资金时	
借：银行存款——受托代理资产　200 000 　贷：受托代理负债　200 000	不做账务处理
（2）20×3 年 8 月 20 日，收到图书时	
借：受托代理资产——图书　10 000 　贷：受托代理负债　10 000	不做账务处理
（3）20×3 年 9 月 1 日，支付受托代理资金时	
借：受托代理负债　200 000 　贷：银行存款——受托代理资产　200 000	不做账务处理
（4）20×3 年 9 月 1 日，转赠图书时	
借：受托代理负债　10 000 　贷：受托代理资产——图书　10 000	不做账务处理

本章小结

在行政事业单位中，负债是指行政事业单位所承担的、能以货币计量、需要以资产等偿还的债务。行政事业单位的负债按照流动性，分为流动负债和非流动负债。行政事业单位对符合负债定义的债务，应当在确定承担偿债责任并且能够可靠地进行货币计量时确认。行政事业单位的负债，应当按照承担的相关合同金额或实际发生额进行计量。行政事业单位的流动负债包括应交税费、应缴财政款、应付职工薪酬、应付账款、应付财政补贴款、其他应付款、预提费用，非流动负债包括长期应付款、预计负债、受托代理负债等。

课后习题

一、练习行政事业单位应交增值税的核算

某单位 20×3 年发生如下经济业务：

1. 某单位为增值税一般纳税人，当月购入一批业务用材料，材料的不含税价款为 12 000 元，增值税进项税额为 1 920 元。材料已入库，款项通过单位零余额账户用款额度付讫。

2. 某单位为增值税一般纳税人，当月在经营活动中销售一批商品，商品的不含税售价为 25 000 元，增值税销项税额为 3 250 元。

3. 某单位为增值税一般纳税人，用银行存款交纳当月应交的增值税 1 330 元。

4. 月末，转出当月应交未交的增值税 3 960 元。

根据以上经济业务，为该单位编制有关的会计分录。

二、练习行政事业单位应缴财政款的核算

某单位20×3年发生如下经济业务：

1. 经批准处置一项固定资产，该项固定资产的账面余额为45 000元，已计提折旧33 000元，账面价值为12 000元（45 000元－33 000元）。

2. 将处置的固定资产对外出售，价款14 000元存入银行。按照规定，本次出售固定资产取得的处置净收入2 000元（14 000元－12 000元）应当上缴财政国库。

3. 以银行存款将取得的固定资产处置净收入3 500元上缴财政国库。

4. 在开展业务活动中收到一笔应缴财政专户的事业收入50 000元，款项已存入开户银行。

5. 将收到的应缴财政专户的事业收入50 000元上缴财政专户。

根据以上经济业务，为该单位编制有关的会计分录。

三、练习行政事业单位应付职工薪酬的核算

某单位20×3年发生如下经济业务：

1. 计提当月职工薪酬共计797 000元（560 000元＋123 000元＋78 000元＋36 000元），其中包含职工基本工资560 000元，绩效工资123 000元，应从职工基本工资中代扣的社会保险费72 000元和住房公积金33 000元，代扣的社会保险费和住房公积金合计105 000元（72 000元＋33 000元），单位应为职工计算缴纳的社会保险费78 000元和住房公积金36 000元，单位按税法规定应从职工基本工资中代扣的职工个人所得税9 800元。在当月职工薪酬中，社会保险费合计150 000元（72 000元＋78 000元），住房公积金合计69 000元（33 000元＋36 000元）。在当月职工薪酬总额797 000元中，按照薪酬费用的归属，应当记入“业务活动费用”科目的金额为608 000元，应当记入“单位管理费用”科目的金额为189 000元。

2. 次月，通过财政直接支付的方式向职工支付基本工资445 200元（560 000元－72 000元－33 000元－9 800元）和绩效工资123 000元，两项款项合计568 200元（445 200元＋123 000元）。

3. 向相关机构缴纳职工社会保险费150 000元和住房公积金69 000元，两项款项合计219 000元（150 000元＋69 000元），通过财政直接支付方式支付。

根据以上经济业务，为该单位编制有关的会计分录。

四、练习行政事业单位应付账款的核算

某单位20×3年发生如下经济业务：

1. 某单位购买一项不需安装的办公设备，确定的成本为50 000元，款项尚未支付，固定资产验收合格并投入使用。

2. 某单位通过财政授权支付方式向企业支付一笔尚未支付的办公设备费用50 000元。

3. 某单位清理资产和负债时发现，应付A公司款项8 000元，因该公司已撤销而无法偿付，按照规定报经有关部门批准后，同意核销该债务。

根据以上经济业务，为该单位编制有关的会计分录。

五、练习事业单位预收账款的核算

某单位20×3年发生如下经济业务:

1. 某单位在开展一项事业活动中预收一笔款项50 000元，款项已存入开户银行。

2. 某单位的一项事业活动已经完成，实现事业收入46 000元，剩余预收款项4 000元按约定以银行存款转账支付方式退回给付款方。

3. 某单位受到D公司委托进行一项技术研发，约定研发费用100 000元，该单位收到D公司预付的技术研发费用50 000元。

根据以上经济业务，为该单位编制有关的会计分录。

六、练习事业单位长期借款的核算

某单位20×3年发生如下经济业务:

20×2年8月1日，某单位从建设银行借入资金2 000 000元，用于办公楼建设项目，借款期限为2年，年利率为6%。第一个月动用借款1 200 000元，第二个月动用借款800 000元。每年付息一次，到期还本。

根据以上经济业务，为该单位编制有关的会计分录。

七、练习行政事业单位长期应付款的核算

某单位20×3年发生如下经济业务:

某单位融资租入一项固定资产，租赁合同约定，该事业单位每年年末向出租方支付租金20 000元，连续支付4年。租入该项固定资产时，该事业单位发生运输费400元，款项以银行存款支付。该项固定资产确定的成本为80 400元（20 000元×4+400元）。该事业单位每年年末如期通过零余额账户向出租方支付租金20 000元。暂不考虑增值税业务。

根据以上经济业务，为该单位编制有关的会计分录。

第十一章　行政事业单位的收入与预算收入

学习目标

通过本章的学习，要求学生了解行政事业单位各类收入和预算收入的概念、特点，理解收入和预算收入的核算基础和计量原则，掌握并能熟练运用收入和预算收入会计科目进行会计核算。

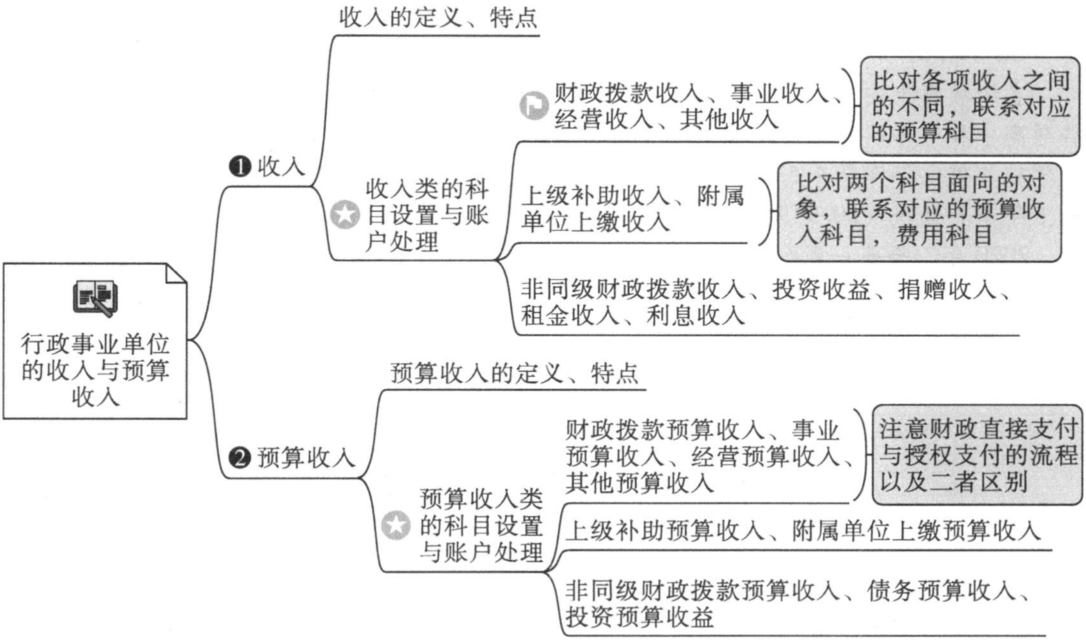

注：为学习重点　为学习难点　为学习提示

课前案例与思政

2020 年广东地方教育经费总投入 5 386.96 亿元，　增长 9.52%

广东持续加大地方教育经费投入力度。近日，广东省教育厅、广东省财政厅、广东省统计局公布2020年全省教育经费统计情况。2020年，全省地方教育经费总投入为5 386.96亿元，占全国教育经费总投入的10.16%，比上年的4 918.76亿元增长9.52%，高于全国增幅3.83个百分点。

其中，财政性教育经费（主要包括一般公共预算安排的教育经费，政府性基金预算安排的教育经费，国有及国有控股企业办学中的企业拨款，校办产业和社会服务收入用于教育的经费等）为4 180.32亿元，比上年增长12.51%。

一般公共预算教育经费（包括教育事业费、基建经费和教育费附加）方面，全省共投入3 537.82亿元，比上年增长9.95%。各级教育生均一般公共预算教育经费，均较上年有所增长，其中幼儿园生均经费增长最快。

具体来看，全省幼儿园生均一般公共预算教育经费为9 521.44元，比上年增长57.65%，其中云浮市增长最快（49.64%）；全省普通小学生均一般公共预算教育经费为14 654.73元，比上年增长2.95%，其中中山市增长最快（18.22%）；全省普通初中生均一般公共预算教育经费为21 708.59元，比上年增长0.09%，其中云浮市增长最快（22.13%）；全省普通高中生均一般公共预算教育经费为23 769.10元，比上年增长9.75%，其中阳江市增长最快（46.55%）。

此外，全省中等职业学校生均一般公共预算教育经费为20 377.74元，比上年增长2.54%，其中韶关市增长最快（14.82%）；全省普通高等学校生均一般公共预算教育经费为36 894.01元，比上年增长1.61%。

各级教育生均一般公共预算教育事业费支出方面，幼儿园、普通小学、普通初中、普通高中和中等职业学校均较上年有所增长，其中幼儿园增长最快（44.30%），普通高等学校相较上年降低4.53%。各级教育生均一般公共预算公用经费支出方面，幼儿园相较上年增长最快（60.94%），普通高等学校相较上年降低10.78%。

2020年，全省一般公共预算教育经费占一般公共预算支出17 430.78亿元的比例为20.30%，比上年的18.60%提高了1.70个百分点，比全国平均占比14.78%高5.52个百分点，占比在全国排名第2位。

（资料来源：南方日报，2020年12月31日）

第一节　行政事业单位的收入

收入是指报告期内导致行政事业单位会计主体净资产增加的，含有服务潜力或者经济利益的经济资源的流入，是行政事业单位在履行职责或开展业务活动时依法取得的非偿还性资金。收入的确认应当同时满足以下条件：

（1）与收入相关的含有服务潜力或者经济利益的经济资源很可能流入行政事业单位会计主体。

（2）含有服务潜力或者经济利益的经济资源流入会导致资产增加或者负债减少。

（3）流入金额能够可靠地计量。

行政事业单位的收入按照不同的来源渠道和资金性质划分，包括财政拨款收入、非同级财政拨款收入、事业收入、上级补助收入、附属单位上缴收入、经营收入、投资收益、捐赠收入、利息收入、租金收入和其他收入等种类。收入应当以权责发生制作为核算基础，在行政事业单位财务会计中确认、计量和报告。

一、财政拨款收入

财政拨款收入是指单位从同级政府财政部门取得的各类财政拨款，不包括从上级部门或者非同级财政部门等渠道取得的款项。单位应当按照批准的年度部门预算和用款计划取得财政拨款，并按照部门预算批复的资金用途使用。实行国库集中收付制度的单位，财政性资金通过国库单一账户体系进行核算。

行政事业取得的财政拨款收入，按照资金的性质不同，区分为一般公共预算财政收入、政府性基金预算财政拨款收入和国有资本经营预算财政拨款收入。

财政拨款收入是行政事业单位开展业务活动的基本财力保证。行政单位和公益一类事业单位（指的是全额享受财政拨款）在履行行政职能或开展业务活动中的资金几乎全部来自财政拨款收入。当行政事业单位取得财政拨款收入时，这些资金不仅用于支付基本的机构运营成本，还被用于提供关键的公共服务。其中，教育领域的支出包括教师工资、校园设施维护、学习资源采购等，从而提高教育质量，促进社会的全面发展。在医疗领域，这些资金可用于支付医护人员的工资、购买医疗设备、提供医疗服务等，从而保障人民的健康权益。社会保障方面，资金被用于支付养老金、失业救济金、低收入家庭救助金等，帮助弱势群体改善生活。此外，资金也被用于支持社会福利项目和公共设施建设，如修建公共图书馆、青少年活动中心、社区医疗卫生服务中心等，促进社区的蓬勃发展。同时，资金也被用于支持科研项目和创新发展，从而推动社会的科技进步和经济发展。

（一）确认和计量

财政拨款收入的拨付方式不同，其收入确认时点也不一样。

在财政直接支付方式下，单位应在收到“财政直接支付入账通知书”及相关原始凭证时确认财政拨款收入，并按照通知书中的直接支付入账金额计量收入。

在财政授权支付方式下，单位应在收到“财政授权支付额度到账通知书”时确认财政拨款收入，并按照通知书中的授权支付额度计量收入。

在实拨资金方式下，单位应在实际收到财政拨款收入时确认财政拨款收入，并按照实际收到的金额计量收入。

年末，对于本年度财政直接支付预算指标数大于当年财政直接支付实际支付数的差额，以及本年度财政授权支付预算指标数大于零余额账户用款额度下达数的差额，单位应根据差额数进行确认和计量。

（二）账户设置

财政拨款收入是单位从同级政府财政部门取得的各类财政拨款。为核算财政拨款收入，单位应设置“财政拨款收入”科目。

同级政府财政部门预拨的下期预算款和没有纳入预算的暂付款项，以及采用实拨资金方式通过本单位转拨给下属单位的财政拨款，通过“其他应付款”科目核算，不通过本科目核算。本科目可按照一般公共预算财政拨款、政府性基金预算财政拨款等拨款种类进行明细核算。

（三）账务处理

1．财政直接支付方式

财政直接支付方式下，根据收到的“财政直接支付入账通知书”及相关原始凭证，按通知书的直接支付入账金额，借记“库存物品”“固定资产”“业务活动费用”“单位管理费用”“应付职工薪酬”等科目，贷记本科目。年末，根据本年度财政直接支付预算指标数与当年财政直接支付实际支付数的差额，借记“财政应返还额度——财政直接支付”科目，贷记本科目。

【例 11－1】20×3 年 9 月，某事业单位采用财政直接支付方式，购买专项基础科研用材料一批，价值 600 000 元。账务处理如下：

表 11－1

财务会计	预算会计
借：库存物品——某材料　600 000 　贷：财政拨款收入——项目支出　600 000	借：事业支出——项目支出　600 000 　贷：财政拨款预算收入——项目支出　600 000

【例 11－2】20×3 年 12 月 31 日，某行政单位经核对发现，本年度财政直接支付实际支付数小于年初财政批复的直接支付预算指标数 180 万元（大型修缮项目）。账务处理如下：

表 11－2

财务会计	预算会计
借：财政应返还额度——财政直接支付　1 800 000 　贷：财政拨款收入——一般公共预算财政拨款　1 800 000	借：资金结存——财政应返还额度　1 800 000 　贷：财政拨款预算收入——一般公共预算财政拨款　1 800 000

2．财政授权支付方式

财政授权支付方式下，根据收到的“财政授权支付额度到账通知书”，按照通知书中的授权支付额度，借记“零余额账户用款额度”科目，贷记本科目。年末，本年度财政授权支付预算指标数大于零余额账户用款额度下达数的，根据未下达的用款额度，借记“财政应返还额度——财政授权支付”科目，贷记本科目。

【例 11－3】20×3 年 5 月 1 日，某行政单位收到代理银行转来“财政授权支付额度到账通知书”，列示收到 A 项目资金 10 万元，款项来源于一般公共预算财政拨款。账务处理如下：

表 11－3

财务会计	预算会计
借：零余额账户用款额度　100 000 　贷：财政拨款收入——一般公共预算财政拨款　100 000	借：资金结存——零余额账户用款额度　100 000 　贷：财政拨款预算收入——一般公共预算财政拨款　100 000

3. 其他方式

其他方式下收到财政拨款收入时，按照实际收到的金额，借记“银行存款”等科目，贷记本科目。

4. 差错更正或购货退回等发生国库直接支付款项退回

因差错更正或购货退回等发生国库直接支付款项退回的，属于以前年度支付的款项，按照退回金额，借记“财政应返还额度——财政直接支付”科目，贷记“以前年度盈余调整”“库存物品”等科目；属于本年度支付的款项，按照退回金额，借记本科目，贷记“业务活动费用”“库存物品”“固定资产”等科目。

【例 11－4】20×4 年 1 月 15 日，某行政单位于 20×3 年 12 月购入的一批随买随用的价值 5 000 元的办公用品，因为质量原因予以退回。该批办公用品购置时采用财政直接支付方式支付。账务处理如下：

表 11－4

财务会计	预算会计
借：财政应返还额度——财政直接支付　5 000 　贷：以前年度盈余调整　5 000	借：资金结存——财政应返还额度　5 000 　贷：财政拨款结转——年初余额调整　5 000

5. 期末结转

期末，将本科目的本期发生额转入本期盈余，借记“财政拨款收入”，贷记“本期盈余”科目。期末结转后，本科目应无余额。

【例 11－5】20×3 年 6 月 30 日，某事业单位“财政拨款收入”本月贷方发生额 5 万元，月末结账。账务处理如下：

表 11－5

财务会计	预算会计
借：财政拨款收入　50 000 　贷：本期盈余　50 000	不做账务处理

二、非同级财政拨款收入

非同级财政拨款收入是指从非同级政府财政部门取得的经费拨款，包括从同级政府其他部门取得的横向转拨财政款、从上级或下级政府财政部门取得的经费拨款等。在行政事业单位中，非同级财政拨款收入主要用于补充基本运营资金，支持特定项目和服务，以及促进地区发展的均衡性。例如，非同级财政拨款收入可以用于补充支付基本工资和福利待遇、运营维护成本、设备更新和维修等日常开支，同时也可以支持特定项目的实施，如教育、医疗、社会福利等基础设施建设，以及用于扶持贫困地区或弱势群体的发展项目。这些资金的合理配置和使用可以帮助机构保持正常运转，提高公共服务的质量和水平，并推动资源的公平分配和社会的均衡发展。行政事业单位获得非同级财政拨款收入和财政拨款收入，相当于取得了纵横交错的财政保障，为单位基本运行和开展专业活动准备了条件。

为了反映和核算非同级财政拨款收入，行政事业单位应当设置“非同级财政拨款收入”科目，本科目应当按照本级横向转拨财政款和非本级财政拨款进行明细核算，并按照收入来源进行明细核算。期末结转后，本科目应无余额。

（一）确认非同级财政拨款收入

行政事业单位确认非同级财政拨款收入时，按照应收或实际收到的金额，借记“其他应收款”“银行存款”等科目，贷记本科目。未发生纳入预算管理的货币资金变动，预算会计不需记账。待单位实际取得货币资金时，再借记“资金结存——货币资金”科目，贷记“非同级财政拨款预算收入”科目。

【例 11－6】20×3 年 6 月 1 日，某省属高校收到市财政局拨来的重点学科专业建设款 10 万元，收到省文化厅艺术节项目拨款 5 万元，款项已经到账。账务处理如下：

表 11－6

财务会计		预算会计	
借：银行存款	150 000	借：资金结存——货币资金	150 000
贷：非同级财政拨款收入	100 000	贷：非同级财政拨款预算收入	150 000
——横向转拨财政款	50 000		

（二）期末结转

期末结转时，应将“非同级财政拨款收入”科目的本期发生额转入本期盈余，借记“非同级财政拨款收入”科目，贷记“本期盈余”科目。

年末结转时，应同时在预算会计下，将“非同级财政拨款预算收入”科目本期发生额中的专项资金收入结转至非财政拨款结转，借记“非同级财政拨款预算收入”科目下各专项资金收入的明细科目，贷记“非同级财政拨款结转——本年收支结转”科目；将“非同级财政拨款预算收入”科目本期发生额中的非专项资金收入结转至其他结余，借记“非同级财政拨款预算收入”科目下各非专项资金收入的明细科目，贷记“其他结余”科目。

三、事业收入

事业收入是指事业单位开展各项专业业务活动及辅助活动所取得的收入。专业业务活动是指事业单位根据本单位特点所从事或开展的主要业务活动，辅助活动是指与专业业务活动相关，为专业业务活动提供支持的活动，如事业单位的行政管理活动、后勤服务活动等。比如高等学校开展教学、科研以及辅助活动取得教育事业收入和科研事业收入；中小学校开展教育教学以及辅助活动取得的行政性事业收费收入；科学事业单位取得的科研收入、技术收入、学术活动收入、科普活动收入、技术咨询服务收入等；文化事业单位开展专业活动取得的演出收入、文化场馆服务收入、培训收入、门票收入等；文物文化事业单位开展专业活动取得的门票收入、展览收入、讲解导览收入、文物保护工程收入、文物修复设计施工收入等；广播影视事业单位开展广播电视节目的制作、播出、传输、接收、监测活动中取得的广告收入、收视费收入、节目销售收入、合作合拍收入、节目制作和播放收入、节目传输收入和技术服务收入等；医院等事业单位开展医疗服务活动过程中取得的门诊收入和住院收入；体育事业单位开展的业务活动和服务活动取得的竞赛收入、体育公共设施服务收入、体育技术服务收入、体育衍生业务收入等。对于事业单位通过订立合同、履行合同而取得事业收入的，可以根据合同进度确认事业收入。

事业单位应设置“事业收入”科目。本科目应当按照事业收入的类别、来源等进行明细核算。对于因开展科研及其辅助活动从非同级政府财政部门取得的经费拨款，应当在本科目下单设“非同级财政拨款”明细科目进行核算。期末结转后，本科目应无余额。

（一）采用财政专户返还方式管理的事业收入

实现应上缴财政专户的事业收入时按照实际收到或应收的金额，借记“银行存款”“应收账款”等科目，贷记“应缴财政款”科目。

向财政专户上缴款项时，按照实际上缴的款项金额，借记“应缴财政款”科目，贷记“银行存款”等科目。

收到从财政专户返还的事业收入时，按照实际收到的返还金额，借记“银行存款”等科目，贷记本科目。

【例 11－7】20×3 年 9 月，某高校发生以下经济业务：

（1）5 日，收到学生学费 60 000 000 元，纳入财政专户管理。账务处理如下：

表 11－7

财务会计		预算会计
借：银行存款	60 000 000	不做账务处理
贷：应缴财政款——应缴财政专户款	60 000 000	

（2）25 日上缴财政专户学费 60 000 000 元。账务处理如下：

表 11－8

财务会计		预算会计
借：应缴财政款——应缴财政专户款	60 000 000	不做账务处理
贷：银行存款	60 000 000	

（3）31 日收到代理银行通知书，列明收到财政专户返还资金 60 000 000 元。账务处理如下：

表 11－9

财务会计	预算会计
借：银行存款 60 000 000 贷：事业收入——财政专户返还收入 60 000 000	借：资金结存——货币资金 60 000 000 贷：事业预算收入——财政专户返还收入 60 000 000

（二）采用预收款方式确认的事业收入

实际收到预收款项时，按照收到的款项金额，借记“银行存款”等科目，贷记“预收账款”科目。以合同完成进度确认事业收入时，按照基于合同完成进度计算的金额，借记“预收账款”科目，贷记本科目。

【例 11－8】某事业单位为增值税一般纳税人，增值税税率为 6%，承接一项项目提供研发服务，项目金额 6 000 000 元（不含税），需要两年完成，按照合同该事业单位当年 1 月 10 日收到预付的项目经费 3 600 000 元，年末确认完成项目任务的 50%。账务处理如下：

（1）1 月 10 日收到经费 3 600 000 元，账务处理如下：

表 11－10

财务会计	预算会计
借：银行存款 3 600 000 贷：预收账款 3 600 000	借：资金结存——货币资金 3 600 000 贷：事业预算收入——其他事业收入 3 600 000

（2）年末确定收入，账务处理如下：

表 11－11

财务会计	预算会计
借：预收账款 3 180 000 贷：事业收入——其他事业收入 3 000 000 应交增值税——应交税金（销项税额） 180 000	不做账务处理

（三）采用应收款方式确认的事业收入

根据合同完成进度计算本期应收的款项，借记“应收账款”科目，贷记本科目。实际收到款项时，借记“银行存款”等科目，贷记“应收账款”科目。

【例 11－9】20×3 年 12 月 1 日，某事业单位根据合同应向甲公司收取科研实验费 80 000 元。账务处理如下：

表 11－12

财务会计	预算会计
借：应收账款 80 000 贷：事业收入——科研事业收入 80 000	不做账务处理

（四）其他方式

按照实际收到的金额，借记“银行存款”“库存现金”等科目，贷记本科目。

【例 11－10】20×3 年 10 月 1 日，某事业单位为增值税一般纳税人，取得一项横向课题经费 100 000 元，增值税 13 000 元，款项已经收到。账务处理如下：

表 11－13

财务会计	预算会计
借：银行存款　113 000 　贷：事业收入——科研事业收入　100 000 　　应交增值税——应交税金（销项税额） 　　13 000	借：资金结存——货币资金　113 000 　贷：事业预算收入——科研事业预算收入 　　113 000

（五）期末结转

期末，将本科目本期发生额转入本期盈余，借记本科目，贷记“本期盈余”科目。

【例 11－11】20×3 年 10 月 31 日，结转“事业收入——科研事业收入”本月贷方发生额 100 000 元。账务处理如下：

表 11－14

财务会计	预算会计
借：事业收入——科研事业收入　100 000 　贷：本期盈余　100 000	不做账务处理

四、经营收入

（一）概念

经营收入是指事业单位在专业业务活动及其辅助活动之外开展非独立核算经营活动取得的收入，行政单位由于不能开展经营活动，故不能确认经营收入。事业单位经营收入包括提供服务取得的服务收入和销售商品取得的销售收入。经营收入应当在事业单位提供服务或发出存货，同时收讫价款或者取得索取价款的凭据时，按照实际收到或应收的金额予以确认。

（二）账户设置

事业单位应设置“经营收入”总账科目。本科目核算事业单位在专业业务活动及其辅助活动之外开展非独立核算经营活动取得的收入。经营收入应当在提供服务或发出存货，同时收到价款或者取得索取价款的凭据时，按照实际收到或应收的金额予以确认。

本科目应当按照经营活动类别、项目和收入来源等进行明细核算。期末结转后，本科目应无余额。

（三）账务处理

事业单位在提供服务或发出存货，同时收到价款或者取得索取价款的凭据时，按照实际收到或应收的金额，借记“银行存款”“应收账款”“应收票据”等科目，贷记本科目。涉及增值税业务的，还应当进行“应交增值税”科目的处理。

期末，将本科目本期发生额转入本期盈余，借记本科目，贷记“本期盈余”科目。

【例 11－12】20×3 年 7 月 1 日，某单位为增值税一般纳税人，利用其技术条件对外销售一批产品，价值 11 300 元，其中货款 10 000 元，增值税 1 300 元，该款项尚未收到。账务处理如下：

表 11－15

财务会计	预算会计
确认收入时	
借：应收账款　11 300 　贷：经营收入　10 000 　　应交增值税——应交税金（销项税额）　1 300	不做账务处理

五、上级补助收入

上级补助收入是指事业单位从主管部门和上级单位取得的非财政拨款收入。它是由事业单位的主管部门和上级单位用本组织的收入或集中下级单位的收入拨给事业单位的非财政性资金。它与财政拨款收入的区别在于，财政拨款收入是预算单位通过财政部门或主管部门从财政取得的各类事业经费，属于预算内财政性资金。而上级补助收入属于事业单位的非常规性收入，主管部门或者上级单位一般根据自身资金的情况和下属事业单位开展业务活动的需要，向下级事业单位拨付补助资金。

事业单位应设置“上级补助收入”科目，核算事业单位从主管部门和上级单位取得的非财政拨款收入，“上级补助收入”科目平时贷方余额反映事业单位上级补助收入的累计数；期末结转后，本科目应无余额。“上级补助收入”科目应当按照发放补助单位、补助项目等进行明细核算。

确认上级补助收入时，按照应收或实际收到的金额，借记“其他应收款”“银行存款”等科目，贷记本科目。实际收到应收的上级补助款时，按照实际收到的金额，借记“银行存款”等科目，贷记“其他应收款”科目。

期末，将本科目本期发生额转入本期盈余，借记本科目，贷记“本期盈余”科目。

【例 11－13】20×3 年 7 月 1 日，某医院收到卫生健康委拨来的补助款 300 000 元，用于本单位基本支出，款项已经到账。账务处理如下：

表 11－16

财务会计		预算会计	
借：银行存款	300 000	借：资金结存——货币资金	300 000
贷：上级补助收入	300 000	贷：上级补助预算收入——专项资金收入	300 000

【例 11－14】20×3 年 12 月 31 日，某单位将“上级补助收入”本月贷方发生额 50 000 元进行期末结转。账务处理如下：

表 11－17

财务会计		预算会计
借：上级补助收入	50 000	不做账务处理
贷：本期盈余	50 000	

六、附属单位上缴收入

附属单位上缴收入是指事业单位收到附属独立核算单位按规定上缴的收入，包括附属的事业单位上缴的收入和利润等。附属独立核算的单位，一般是指有独立法人资格的单位。一般而言，附属事业单位与主体事业主管单位之间存在预算管理关系及行政上隶属关系，上级主管事业单位一般有权任免其主要管理人员职务、支出或否定其经营决策等权力关系。事业单位中的附属独立核算单位曾经是事业单位的组成部分，从事相应的专业活动，后续因业务调整或者管理需要从事业单位中独立出来，成为一个独立的法人主体。

事业单位应设置“附属单位上缴收入”科目，核算事业单位取得的附属独立核算单位按照有关规定上缴的收入。“附属单位上缴收入”科目平时贷方余额反映事业单位的附属单位上缴收入的累计数；期末结转后，本科目应无余额。“附属单位上缴收入”科目应当按照附属单位、缴款项目等进行明细核算。

确认附属单位上缴收入时，按照应收或收到的金额，借记“其他应收款”“银行存款”等科目，贷记本科目。

实际收到应收附属单位上缴款时，按照实际收到的金额，借记“银行存款”等科目，贷记“其他应收款”科目。

期末，将本科目本期发生额转入本期盈余，借记本科目，贷记“本期盈余”科目。期末结转后，本科目应无余额。

【例 11－15】20×3 年 1 月 10 日，某高校按照分配办法规定，确认 20×2 年该校应收取下属的独立核算的附属单位一培训中心分成款 100 000 元，该款项于 3 月 20 日收到。账务处理如下：

表 11－18

财务会计	预算会计
（1）1 月 10 日，确定收入时	
借：其他应收款——培训中心 100 000 　贷：附属单位上缴收入 100 000	不做账务处理
（2）3 月 20 日收到款项时	
借：银行存款 100 000 　贷：其他应收款——培训中心 100 000	借：资金结存——货币资金 100 000 　贷：附属单位上缴预算收入——非专项资金预算入 100 000

七、投资收益

投资收益是指事业单位股权投资和债券投资所实现的收益或发生的损失。具体包括对外投资持有期间收到的利息股利或利润、出售到期收回投资取得的投资收益等。

为了反映和核算股权投资和债券投资所实现的收益或发生的损失，事业单位应当设置“投资收益”科目。本科目应当按照投资的种类等进行明细核算。期末结转后，本科目应无余额。

收到短期投资持有期间的利息，按照实际收到的金额，借记“银行存款”科目，贷记“投资收益”科目。

出售或到期收回短期债券本息，按照实际收到的金额，借记“银行存款”科目，按照出售或收回短期投资的成本，贷记“短期投资”科目，按照其差额，贷记或借记本科目。涉及增值税业务的，相关账务处理参见“应交增值税”科目。

持有的分期付息、一次还本的长期债券投资，按期确认利息收入时，按照计算确定的应收未收利息，借记“应收利息”科目，贷记本科目；持有的到期一次还本付息的长期债券投资，按期确认利息收入时，按照计算确定的应收未收利息，借记“长期债券投资——应计利息”科目，贷记本科目。

出售长期债券投资或到期收回长期债券投资本息，按照实际收到的金额，借记“银行存款”等科目，按照债券初始投资成本和已计未收利息金额，贷记“长期债券投资成本”“应计利息”科目（到期一次还本付息债券）或“长期债券投资”“应收利息”科目（分期付息债券），按照其差额，贷记或借记本科目。涉及增值税业务的，相关账务处理参见“应交增值税”科目。

采用成本法核算的长期股权投资持有期间，被投资单位宣告分派现金股利或利润时，按照宣告分派的现金股利或利润中属于单位应享有的份额，借记“应收股利”科目，贷记本科目。

采用权益法核算的长期股权投资持有期间，按照应享有或应分担的被投资单位实现的净损益的份额，借记或贷记“长期股权投资——损益调整”科目，贷记或借记本科目；被投资单位发生净亏损，但以后年度又实现净利润的，单位在其收益分享额弥补未确认的亏损分担额等后，恢复确认投资收益，借记“长期股权投资——损益调整”科目，贷记本科目。

按照规定处置长期股权投资时有关投资收益的账务处理，参见“长期股权投资”科目。

期末，将本科目本期发生额转入本期盈余，借记或贷记本科目，贷记或借记“本期盈余”科目。期末结转后，本科目应无余额。

【例 11－16】20×3 年 12 月，某事业单位 3 个月前购入的一项短期国债投资到期兑付，收到投资本息 820 000 元，其中，初始投资成本 800 000 元，利息 20 000 元，投资收益纳入单位预算管理。账务处理如下：

表 11－19

财务会计		预算会计	
借：银行存款	820 000	借：资金结存——货币资金	820 000
贷：短期投资	800 000	贷：投资支出	800 000
投资收益	20 000	投资预算收益	20 000

八、捐赠收入

捐赠收入是指政府单位接受其他单位或者个人捐赠取得的收入。

为核算捐赠收入，单位应设置“捐赠收入”科目。本科目应当按照捐赠资产的用途和捐赠单位等进行明细核算。

接受捐赠的货币资金，按照实际收到的金额，借记“银行存款”“库存现金”等科目，贷记本科目。接受捐赠的存货、固定资产等非现金资产，按照确定的成本，借记“库存物品”“固定资产”等科目，按照发生的相关税费、运输费等，贷记“银行存款”等科目，按照其差额，贷记本科目。接受捐赠的资产按照名义金额入账的，借记“库存物品”“固定资产”等科目，贷记本科目；同时，按照发生的相关税费、运输费等，借记“其他费用”科目，贷记“银行存款”等科目。

期末，将本科目本期发生额转入本期盈余，借记本科目，贷记“本期盈余”科目。期末结转后，本科目应无余额。

【例 11－17】20×3 年 3 月 1 日，某单位收到企业捐赠，其中，货币资金 60 000 元；设备一台，无发票无市场价，支付运输费 1 000 元，款项均以银行转账收付。账务处理如下：

表 11－20

财务会计		预算会计	
借：银行存款	60 000	借：资金结存——其他货币资金	59 000
其他费用	1 000	贷：其他预算收入	59 000
贷：捐赠收入	60 000		
银行存款	1 000		

九、租金收入

租金收入是指单位经批准利用国有资产出租取得并按照规定纳入本单位预算管理的租金收入。

国有资产出租收入，应当在租赁期内各个期间按照直线法予以确认。所谓直线法就是平均年限法，即根据出租年限与租金收入总额，平均计算每期的租金收入，并据此在租赁期内的各个期间分别确认当期租金收入。

从租金的收取方式来看，主要分为预收租金方式、后付租金方式和分期收取租金方式。无论采用哪种收取方式，单位都应按照直线法的规定和合同约定，在租赁期内各个期间，分期确认租金收入。

（一）租金收入的管理

根据《行政单位国有资产管理暂行办法》和《事业单位国有资产管理暂行办法》的规定，单位应制定国有资产管理办法，严格规范国有资产的出租、出借业务，保证国有资产的安全完整。

行政单位将占有、使用的国有资产对外出租、出借的，必须事先上报同级财政部门审核批准，未经批准不得对外出租、出借。同级财政部门应根据实际情况对行政单位国有资产对外出租、出借事项严格控制，从严审批。

事业单位利用国有资产对外投资、出租、出借和担保等应当进行必要的可行性论证，并提出申请，经主管部门审核同意后，报同级财政部门审批。事业单位应当对本单位用于对外投资、出租和出借的资产实行专项管理，并在单位财务会计报告中对相关信息进行充分披露。

行政单位出租、出借的国有资产，其所有权性质不变，仍归国家所有。所形成的收入，按照政府非税收入管理的规定，实行“收支两条线”管理。事业单位对外投资收益以及利用国有资产出租、出借取得的收入应当纳入单位预算，统一核算、统一管理。

（二）账户设置

单位应设置“租金收入”科目，核算单位经批准利用国有资产出租取得并按照规定纳入本单位预算管理的租金收入。“租金收入”科目平时贷方余额反映单位租金收入的累计数；期末结账后，本科目应无余额。“租金收入”科目应当按照国有资产类别和收入来源等进行明细核算。

（三）账务处理

采用预收租金方式的，预收租金时，按照收到的金额，借记“银行存款”等科目，贷记“预收账款”科目；分期确认租金收入时，按照各期租金金额，借记“预收账款”科目，贷记本科目。

采用后付租金方式的，每期确认租金收入时，按照各期租金金额，借记“应收账款”科目，贷记本科目；收到租金时，按照实际收到的金额，借记“银行存款”等科目，贷记“应收账款”科目。

采用分期收取租金方式的，每期收取租金时，按照租金金额，借记“银行存款”等科目，贷记本科目。

【例 11－18】20×3 年 1 月 20 日，某单位为增值税小规模纳税人，经批准，出租房屋给 D 公司，年租赁费 504 000 元，租期 1 年，房屋租赁的增值税税率为 5%。账务处理如下：

（1）若采用预收租金方式，每年 1 月预收全年租金，分月确认收入，账务处理如下：

表 11－21

财务会计	预算会计
（1）收到租金	
借：银行存款　504 000 　贷：预收账款　504 000	借：资金结存——货币资金　504 000 　贷：其他预算收入——租金预算收入　504 000
（2）每月确认收入	
借：预收账款　42 000 　贷：租金收入　40 000 　　　应交增值税　2 000	不做账务处理

（2）若采用后付租金方式，年末一次性支付全年租金，账务处理如下：

表 11－22

财务会计	预算会计
（1）每月确认收入	
借：应收账款　42 000 　贷：租金收入　40 000 　　　应交增值税　2 000	不做账务处理
（2）年末收到租金	
借：银行存款　504 000 　贷：应收账款　504 000	借：资金结存——货币资金　504 000 　贷：其他预算收入——租金预算收入　504 000

十、利息收入

利息收入是指政府单位取得的银行存款利息收入。

为了反映和核算单位取得的银行存款利息收入，政府单位应当设置“利息收入”科目，期末结转后，本科目应无余额。

政府单位取得银行存款利息时，按照实际收到的金额，借记“银行存款”科目，贷记本科目。期末，将本科目本期发生额转入本期盈余，借记本科目，贷记“本期盈余”科目。

【例 11－19】20×3 年 7 月 30 日，某高校收到银行存款利息 20 000 元。账务处理如下：

表 11－23

财务会计	预算会计
借：银行存款　20 000 　贷：利息收入　20 000	借：资金结存——货币资金　20 000 　贷：其他预算收入——利息预算收入　20 000

十一、其他收入

其他收入是指单位取得的除财政拨款收入、事业收入、上级补助收入、附属单位上缴收入、经营收入、非同级财政拨款收入、投资收益、捐赠收入、利息收入、租金收入以外的各项收入，包括现金盘盈收入、按照规定纳入单位预算管理的科技成果转化收入、行政单位收回已核销的其他应收款、无法偿付的应付与预收款项、置换换出资产评估增值等。其中，科技成果转化收入主要适用于教育、科研事业单位等。

单位应设置“其他收入”科目，用于核算单位取得的除财政拨款收入、事业收入、上级补助收入、附属单位上缴收入、经营收入、非同级财政拨款收入、投资收益、捐赠收入、利息收入、租金收入以外的各项收入。“其他收入”科目平时贷方余额反映单位其他收入的累计数；期末结转后，该科目应无余额。“其他收入”科目应当按照其他收入的类别、来源等进行明细核算。

（一）现金盘盈收入

在每日现金账款核对中发现的现金溢余，属于无法查明原因的部分，报经批准后，借记“待处理财产损溢”科目，贷记“其他收入”科目。同时，在预算会计下，按照溢余的现金金额，借记“资金结存货币资金”科目，贷记“其他预算收入”科目。

【例 11－20】20×3 年 9 月 30 日，某行政单位现金盘点盘盈 2 000 元，无法查明原因。账务处理如下：

表 11－24

财务会计	预算会计
（1）批准前账务处理	
借：库存现金　2 000 　贷：待处理财产损溢　2 000	不做账务处理
（2）批准后的账务处理	
借：待处理财产损溢　2 000 　贷：其他收入——现金盘盈收入　2 000	借：资金结存——货币资金　2 000 　贷：其他预算收入　2 000

（二）科技成果转化收入

单位科技成果转化所取得的收入，按照规定留归本单位的，将所取得收入扣除相关费用之后的净收益，借记“银行存款”等科目，贷记“其他收入”科目。同时，在预算会计下，借记“资金结存——货币资金”科目，贷记“其他预算收入”科目。

（三）无法偿付的应付及预收款项

无法偿付或债权人豁免偿还的应付账款、预收账款、其他应付款及长期应付款，借记“应付账款”“预收账款”“其他应付款”“长期应付款”等科目，贷记“其他收入”科目。

【例 11 －21】20×3 年 12 月 30 日，某单位清理往来账，将长期挂账无法支付的其他应付款 10 000 元（出租设备押金）予以核销。账务处理如下：

表 11 －25

财务会计	预算会计
借：其他应付款　10 000 　贷：其他收入——无法偿付应付款项收入　10 000	借：资金结存　10 000 　贷：其他预算收入——无法偿付应付款项收入　10 000

（四）置换换出资产评估增值

在资产置换过程中，换出资产评估增值的，按照评估价值高于资产账面价值或账面余额的金额，借记有关科目，贷记“其他收入”科目。具体账务处理参见“库存物品”科目。

以未入账的无形资产取得的长期股权投资，按照评估价值加相关税费作为投资成本，借记“长期股权投资”科目，按照发生的相关税费，贷记“银行存款”“其他应交税费”等科目，按差额，贷记“其他收入”科目。

（五）期末账务处理

期末，单位将“其他收入”科目的本期发生额转入本期盈余，借记“其他收入”科目，贷记“本期盈余”科目。年末，应同时在预算会计下，将“其他预算收入”“捐赠预算收入”“利息预算收入”“租金预算收入”等科目本年发生额中的专项资金收入转至非财政拨款结转，借记“其他预算收入”“捐赠预算收入”“利息预算收入”“租金预算收入”等科目，贷记“非财政拨款结转——本年收支结转”科目；将“其他预算收入”“捐赠预算收入”“利息预算收入”“租金预算收入”等科目本年发生额中的非专项资金收入转至其他结余，借记“其他预算收入”“捐赠预算收入”“利息预算收入”“租金预算收入”等科目，贷记“其他结余”科目。

第二节　行政事业单位的预算收入

预算收入是指政府单位在预算年度内依法取得并纳入预算管理的现金流入。政府单位预算收入包括财政拨款预算收入、事业预算收入、上级补助预算收入、附属单位上缴预算收入、经营预算收入、债务预算收入、非同级财政拨款预算收入、投资预算收益和其他预算收入。预算收入应当按照收付实现制进行确认和计量，以实际收到的金额计量。

一、财政拨款预算收入

财政拨款预算收入是指政府单位从同级政府财政部门取得的各类财政拨款。财政拨款预算收入按照资金用途分为基本支出拨款预算收入和项目支出拨款预算收入两类。

政府单位根据批准的部门预算财政拨款预算指标，有计划地申领和使用财政预算资金。根据业务工作进度和资金需求，编制分月用款计划，逐级审批后报财政部门核定。财政部门拨付单位款项或下达财政资金用款额度时，政府单位根据有关单据确认财政拨款预算收入。

需要注意的是，年末由于存在当年财政拨款预算资金当年尚未执行或未执行完毕的情况，故预算资金需结转下一年度继续执行，基于预算管理要求，当年该部分财政资金仍应确认为财政拨款预算收入。这部分资金实际上采用了权责发生制的确认原则，以财政应返还额度的方式，将财政拨款预算资金结转下年继续使用。这样也实现了预算会计中财政拨款预算收入与财务会计中财政拨款收入确认和计量的统一及衔接。

（一）分类

按照不同的标准对财政拨款预算收入进行分类。

（1）按照资金拨付方式，分为财政直接支付、财政授权支付和财政实拨资金三种方式。

（2）按照拨款的来源，分为一般公共预算财政拨款、政府性基金预算财政拨款、国有资本经营预算拨款等。

（3）按照部门预算管理要求，财政拨款预算收入分为基本支出拨款和项目支出拨款。基本支出拨款是政府单位为了保障其正常运转、完成日常工作任务而从同级财政部门取得的拨款，包括人员经费和日常公用经费。项目支出拨款是指政府单位为了完成特定工作任务和单位发展目标，在基本支出拨款之外从同级财政部门取得的拨款。政府单位从财政部门取得的项目支出拨款必须专款专用、单独核算、专项结报。

（二）账户设置

为了反映和核算从同级政府财政部门取得的各类财政拨款，政府单位会计应当设置“财政拨款预算收入”科目。贷方登记单位实际收到同级财政拨款，借方登记交回的本年度财政拨款，年末，将本科目的累计发生额转入财政拨款结转，年终结转后，本科目应当无余额。

该账户应当设置“基本支出拨款”和“项目支出拨款”两个明细科目，分别核算单位取得用于基本支出和项目支出的财政拨款资金；同时，该账户还要按照《政府收支分类科目》中“支出功能分类”的相关科目进行明细核算；在“基本支出拨款”明细科目下按照“人员经费”和“日常公用经费”进行明细核算，在“项目支出拨款”明细科目下按照具体项目进行明细核算。

有一般公共预算财政拨款、政府性基金预算财政拨款等两种或两种以上财政预算拨款的政府单位，还应当按照财政拨款的种类分别进行明细核算。财政拨款预算收入明细科目设置如表11－26所示。

表11－26 财政拨款预算收入明细科目设置

总账科目	一级明细科目	二级明细科目	三级明细科目	四级明细科目
财政拨款预算收入	一般公共预算财政拨款	支出功能分类项级科目	基本支出	人员经费
				日常公用经费
			项目支出	××项目
	政府性基金预算财政拨款	支出功能分类项级科目	基本支出	人员经费
				日常公用经费
			项目支出	××项目

（三）账务处理

1. 财政直接支付方式

财政直接支付方式下，单位根据收到的“财政直接支付入账通知书”及相关原始凭证，按照通知书中的直接支付金额，借记“行政支出”“事业支出”等科目，贷记“财政拨款预算收入”科目。同时，在财务会计下，借记“库存物品”“固定资产”“业务活动费用”“单位管理费用”“应付职工薪酬”等科目，贷记“财政拨款收入”科目。

年度终了，根据本年度财政直接支付预算指标数与当年财政直接支付实际支出数的差额，借记“资金结存——财政应返还额度——财政直接支付”科目，贷记“财政拨款预算收入”科目。同时，在财务会计下，借记“财政应返还额度——财政直接支付”科目，贷记“财政拨款收入”科目。

【例11－22】20×3年3月1日，某行政单位收到“财政直接支付入账通知书”，支付款项10 000元，购入一批办公用品，款项来源于一般公共预算财政拨款。账务处理如下：

表11－27

财务会计	预算会计
借：业务活动费用——商品和服务费用 10 000 贷：财政拨款收入 10 000	借：行政支出——财政拨款支出——一般公共预算财政拨款 10 000 贷：财政拨款预算收入 10 000

【例 11-23】20×3 年 3 月 25 日，某行政单位收到“财政直接支付入账通知书”，支付某设备款项，该设备价值 20 000 元，款项来源于政府性基金预算财政拨款。账务处理如下：

表 11-28

财务会计	预算会计
借：固定资产——专用设备　20 000 　贷：财政拨款收入　20 000	借：事业支出——财政拨款支出——政府性基金预算财政拨款　20 000 　贷：财政拨款预算收入　20 000

【例 11-24】20×3 年 12 月 31 日，某行政单位经核对，发现本年度政府性基金预算财政拨款的财政直接支付下达数小于年初财政批复的直接支付预算指标数 30 000 元。账务处理如下：

表 11-29

财务会计	预算会计
借：财政应返还额度——财政直接支付 30 000 　贷：财政拨款收入　30 000	借：资金结存——财政应返还额度　30 000 　贷：财政拨款预算收入　30 000

2. 财政授权支付方式

财政授权支付方式下，单位根据收到的“财政授权支付额度到账通知书”，按照通知书中的授权支付额度，借记“资金结存——零余额账户用款额度”科目，贷记“财政拨款预算收入”科目。同时，在财务会计下，借记“零余额账户用款额度”科目，贷记“财政拨款收入”科目。

年末确认拨款差额。年度终了，若本年度财政授权支付预算指标数大于零余额账户用款额度下达数，则按照两者差额，借记“资金结存——财政应返还额度——财政授权支付”科目，贷记“财政拨款预算收入”科目。同时，在财务会计下，借记“财政应返还额度——财政授权支付”科目，贷记“财政拨款收入”科目。

注意：行政事业单位收到的零余额账户用款额度不是实际货币资金，在银行开设的单位零余额账户也不是实存资金账户，而是过渡性的待结算账户。

【例 11-25】20×3 年 10 月 20 日，某单位收到“财政授权支付额度到账通知书”，收入一笔专项资金 20 万元，属于本月日常公用经费，款项来源于一般公共预算财政拨款。账务处理如下：

表 11-30

财务会计	预算会计
借：零余额账户用款额度　200 000 　贷：财政拨款收入　200 000	借：资金结存——零余额账户用款额度　200 000 　贷：财政拨款预算收入　200 000

【例 11－26】20×3 年 12 月 31 日，某单位经核对，本年度一般公共预算财政拨款中的财政授权支付额度下达数小于年初财政批复的授权支付预算指标数 8 500 000 元。账务处理如下：

表 11－31

财务会计	预算会计
借：财政应返还额度——财政授权支付 8 500 000 　贷：财政拨款收入 8 500 000	借：资金结存——财政应返还额度 8 500 000 　贷：财政拨款预算收入 8 500 000

3. 财政实拨资金方式

财政实拨资金方式下，政府单位在收到开户银行转来的资金到账通知书时，按照通知书上所列的收款金额确认财政拨款预算收入，借记“资金结存——货币资金”科目，贷记本科目。

【例 11－27】20×3 年 4 月 20 日，某事业单位收到同级财政的一般公共预算财政拨款 5 000 000 元，存入银行，用于日常公用支出。账务处理如下：

表 11－32

财务会计	预算会计
借：银行存款 5 000 000 　贷：财政拨款收入 5 000 000	借：资金结存——货币资金 5 000 000 　贷：财政拨款预算收入 5 000 000

因差错更正或购货退回等发生财政直接支付款项退回的，属于本年度支付的款项，按照退回金额，借记“财政拨款预算收入”科目，贷记“行政支出”“事业支出”等有关科目。同时，在财务会计下，借记“财政拨款收入”科目，贷记“库存物品”“固定资产”“业务活动费用”“单位管理费用”等科目。

属于以前年度支付的财政直接支付款项，支付发生的当年年末其收支已结转，因此，应调整“财政拨款结转”或“财政拨款结余”的年初余额，不通过“财政拨款预算收入”科目核算。

【例 11－28】20×3 年 10 月 2 日，某单位将 9 月 2 日购买的一批随买随用的价值 20 000 元的办公耗材（通过一般公共预算财政拨款直接支付）因质量不合格退回。账务处理如下：

表 11－33

财务会计	预算会计
借：财政拨款收入 20 000 　贷：业务活动费用——商品和服务费用 20 000	借：财政拨款预算收入 20 000 　贷：事业支出 20 000

年末，政府单位将本科目本年发生额转入财政拨款结转，借记本科目，贷记“财政拨款结转——本年收支结转”科目。

【例 11－29】20×3 年 12 月 31 日，某单位结转本年财政拨款预算收入 200 000 元，其中基本支出中日常公用支出 150 000 元，项目支出 50 000 元。账务处理如下：

（1）日常公用支出结转。

表 11－34

财务会计	预算会计
不做账务处理	借：财政拨款预算收入　150 000 　贷：财政拨款结转　150 000

（2）项目支出结转。

表 11－35

财务会计	预算会计
不做账务处理	借：财政拨款预算收入　50 000 　贷：项目交出结转　50 000

二、非同级财政拨款预算收入

非同级财政拨款预算收入是指单位从非同级政府财政部门取得的财政拨款，包括同级横向转拨财政款和非同级财政拨款。

同级横向转拨财政款是指通过同级政府其他部门或单位，间接从同级财政部门取得的财政拨款。例如人力资源和社会保障部门组织实施的考核奖，纳入人社部门的部门预算，财政部门批复预算时将预算指标下达到人社部门，再由人社部门根据考核情况，将考核奖励资金转拨给相关的部门和单位。对受到考核奖励的部门和单位来讲，这笔通过人社部门拨付的考核奖励资金，就属于同级横向转拨财政款。

非同级财政拨款是指“非同级财政”部门的“拨款”，即单位从其他层级的财政部门取得的财政拨款。地方政府及其财政部门经常要对没有直接领拨款关系的垂直管理政府单位，给予一定的业务经费补助、执法办案经费补助、支持地方发展奖励以及代征地方收入的手续费等。这些收入对于垂直管理的政府单位来说，就属于非同级财政拨款，不能作为财政拨款预算收入管理，而应作为非同级财政拨款预算收入核算。

非同级财政拨款预算收入与财政拨款预算收入相比，从本质上看，两种收入都是财政拨款；区别是财政拨款预算收入是直接从同级财政部门取得的，而非同级财政拨款预算收入则是从同级政府的非财政部门或单位以及其他层级的政府财政部门取得的财政拨款。

为核算从非同级政府财政部门取得的财政拨款，单位应设置“非同级财政拨款预算收入”总账科目，并按照非同级财政拨款预算收入的类别、来源、《政府收支分类科目》中“支出功能分类科目”的项级科目等进行明细核算。非同级财政拨款预算收入中如有专项资金收入，还应按照具体项目进行明细核算。

对于因开展科研及其辅助活动从非同级政府财政部门取得的经费拨款，应当通过“事业预算收入——非同级财政拨款”科目进行核算，不通过本科目核算。

政府单位取得非同级财政拨款预算收入时，按照实际收到的金额，借记“资金结存货币资金”科目，贷记本科目。

【例 11－30】20×3 年 5 月 31 日，某高校收到市财政局拨付考试考务费 20 万元。账务处理如下：

表 11－36

财务会计	预算会计
借：银行存款 200 000 贷：非同级财政拨款收入——非同级财政拨款 200 000	借：资金结存——货币资金 200 000 贷：非同级财政拨款预算收入——非同级财政拨款 200 000

年末，政府单位将“非同级财政拨款预算收入”科目本年发生额中的专项资金收入转入非财政拨款结转，借记本科目下各专项资金收入明细科目，贷记“非财政拨款结转——本年收支结转”科目；将“非同级财政拨款预算收入”科目本年发生额中的非专项资金收入转入其他结余，借记本科目下各非专项资金收入明细科目，贷记“其他结余”科目。

【例 11－31】20×3 年 12 月 31 日，某高校结转本年非同级财政拨款预算收入中省文化旅游厅拨付文艺演出专项资金 30 000 元，市财政局拨考试考务费非专项资金 20 000 元，账务处理如下：

（1）结转省文化旅游厅拨艺术演出专项资金 30 000 元。

表 11－37

财务会计	预算会计
不做账务处理	借：非同级财政拨款预算收入 30 000 贷：非同级财政拨款结转——本年收支结转 30 000

（2）结转市财政局拨考试考务费非专项资金 20 000 元。

表 11－38

财务会计	预算会计
不做账务处理	借：非同级财政拨款预算收入 20 000 贷：其他结余 20 000

三、事业预算收入

事业预算收入是指事业单位开展专业业务活动及其辅助活动取得的现金流入，包括两部分：一是按规定收取后需要先上缴财政专户，然后从财政专户核拨退还的资金；二是经核准不必上缴国库或财政专户的资金，可于收取后直接确认为事业预算收入；三是因开展科研及其辅助活动从非同级政府财政部门取得的经费拨款。

专业业务活动是指事业单位根据本单位的专业特点所从事或开展的主要业务活动，如高等学校的教学和科研活动、科研单位的科研活动等；辅助活动是与专业业务活动相关的其他非主要业务活动，如高等学校的社会培训、科学事业单位的社会服务等。

（一）管理要求

按照非税收入管理的有关规定，将事业单位的属于财政专户返还的事业收入（高中以上学费、住宿费，高校委托培养费，教育考试考务费，中央党校收取的函授学院办学收费、研究生收费、短期培训进修费等教育收费），上缴财政专户，收到从财政专户返还的款项，方可确认事业预算收入。

事业单位科研业务活动取得的收入，应当“专款专用，单独核算”，并按照国家及各地方政府颁布的各类科研经费的规定管理使用。

（二）账户设置

事业单位应当设置“事业预算收入”科目核算开展专业业务活动及其辅助活动取得的现金流入。事业单位因开展科研及其辅助活动从非同级政府财政部门取得的经费拨款，也通过本科目核算。本科目应当按照事业预算收入类别、项目、来源、《政府收支分类科目》中“支出功能分类科目”项级科目等进行明细核算。对于因开展科研及其辅助活动从非同级政府财政部门取得的经费拨款，应当在本科目下单设“非同级财政拨款”明细科目进行明细核算；事业预算收入中如有专项资金收入，还应按照具体项目进行明细核算。

（三）账务处理

收到从财政专户返还的事业预算收入时，按照实际收到的返还金额，借记“资金结存——货币资金”科目，贷记本科目。

【例 11－32】20×3 年 4 月 1 日，某事业单位收到代理银行通知书，列示收到财政专户返还的资金 200 万元。账务处理如下：

表 11－39

财务会计	预算会计
借：银行存款　2 000 000 　贷：事业收入——财政专户返还收入 　　2 000 000	借：资金结存——货币资金　2 000 000 　贷：事业预算收入——财政专户返还收入 　　2 000 000

收到其他事业预算收入时，按照实际收到的金额，借记“资金结存——货币资金”科目，贷记本科目。

年末，将本科目本年发生额中的专项资金收入转入非财政拨款结转，借记本科目下各专项资金收入明细科目，贷记“非财政拨款结转——本年收支结转”科目；将本科目本年发生额中的非专项资金收入转入其他结余，借记本科目下各非专项资金收入明细科目，贷记“其他结余”科目。年末结转后，本科目应无余额。

【例 11－33】20×3 年 12 月 31 日，某单位结转本年度事业预算收入中专项资金收入 300 万元，非专项资金收入 200 万元。账务处理如下：

（1）结转本年度事业预算收入教师培训专项 3 000 000 元。

表 11－40

财务会计	预算会计
不做账务处理	借：事业预算收入　　3 000 000 　贷：非财政拨款结转——本年收支结转　　3 000 000

（2）结转本年度事业预算收入中学费收入 2 000 000 元。

表 11－41

财务会计	预算会计
不做账务处理	借：事业预算收入　　2 000 000 　贷：其他结余　　2 000 000

四、经营预算收入

经营预算收入是事业单位在专业业务活动及其辅助活动之外开展非独立核算经营活动取得的现金流入。行政单位不涉及经营预算收入的核算。事业单位开展经营活动的目的是通过经营活动获取一定的收入，弥补财政拨款经费的不足。因此，经营收入是一种有偿收入，以提供各项服务或商品为前提，是事业单位在经营活动中通过收费等方式取得的。

需要注意的是，事业单位的经营活动，应当尽可能进行独立核算，执行企业财务会计制度。只有经营活动规模较小，不便或无法独立核算的，才应纳入经营收入中核算。

（一）经营（预算）收入与事业（预算）收入的区别

事业（预算）收入是指事业单位开展专业业务活动及辅助活动取得的收入（现金流入）。专业业务活动又称主营业务，是指事业单位根据本单位专业特点所从事或开展的主要业务活动，如文化事业单位的演出活动、科学事业单位的科研活动、医院的医疗活动及教育事业单位的教学活动等。辅助活动是指与专业业务活动相关，直接为专业业务活动服务的行政管理活动、后勤保障活动及其他有关活动，如科研单位的技术收入、科普活动收入、试制产品收入、教学活动收入等。上述专业业务活动及辅助活动取得的收入均属于事业（预算）收入。

经营（预算）收入是指事业单位在专业业务活动及其辅助活动之外开展非独立核算经营活动取得的收入（现金流入）。如科研单位的产品（商品）销售收入、经营服务收入、工程承包收入等。事业单位的经营（预算）收入必须同时具备以下两个特征。

其一，开展经营活动取得的收入，不是开展专业业务活动及其辅助活动取得的收入。如事业单位在正常的业务活动之外，向社会开展有偿的服务活动，所取得的收入就属于经营收入。

其二，非独立核算的经营活动取得的收入，不是独立核算的经营活动取得的收入。独立核算的经营活动是指具有独立法人地位以及独立的财务会计组织体系，能够独立完整地进行会计核算的经济组织所开展的经营活动；反之就属于非独立核算的经营活动。如事业单位的食堂等后勤单位，不是独立法人，不单独设置财会机构，不单独会计核算，如果他们对社会开展了有关的服务活动，就属于非独立核算的经营活动，实现的收入就应当作为经营（预算）收入管理。

区分两者的标志主要是取得收入的业务活动性质，如果是开展专业业务活动及其辅助活动取得的收入，一般确认为事业（预算）收入；如果是在专业业务活动及其辅助活动以外取得的非独立核算收入，一般确认为经营（预算）收入。对于事业收入与经营收入的性质和内容存在相互交叉，难以准确划分清楚的，可由主管部门和财政部门根据实际情况予以认定。

（二）账户设置

为了反映和核算经营预算收入，事业单位应当设置“经营预算收入”科目，本科目应当按照经营活动类别、项目、《政府收支分类科目》中“支出功能分类科目”的项级科目等进行明细核算。年末结转后，本科目应无余额。

（三）账务处理

收到经营预算收入时，按照实际收到的金额，借记“资金结存——货币资金”科目，贷记本科目。

【例 11－34】20×3 年 6 月 1 日，某事业单位为一般纳税人，出售自产产品，收到含税价款 2 260 元，增值税税率为 13%。账务处理如下：

表 11－42

财务会计		预算会计	
借：银行存款	2 260	借：资金结存——货币资金	2 000
贷：经营收入	2 000	贷：经营预算收入	2 000
应交增值税——应交税金（销项税额）	260		

年末，将本科目本年发生额转入经营结余，借记本科目，贷记“经营结余”科目。年末结转后，本科目应无余额。

【例 11－35】20×3 年 12 月 31 日，某事业单位结转本年度经营预算收入 50 000 元。账务处理如下：

表 11－43

财务会计	预算会计	
不做账务处理	借：经营预算收入	50 000
	贷：经营结余	50 000

五、债务预算收入

债务预算收入是事业单位按照规定从银行和其他金融机构等借入的、纳入部门预算管理的、不以财政资金作为偿还来源的债务本金。

从定义可以看出，债务预算收入具有以下特征。

（1）按照规定取得。按照规定，事业单位不得随意举借任何债务，事业单位举借债务需要执行审批程序，任何单位不得违反规定举借债务。

（2）从金融机构借入。从其他单位或非金融机构借入的款项不属于债务预算收入的范围。

（3）纳入预算管理。借款资金作为单位预算资金来源且纳入部门预算管理的，才确认为债务预算收入。

（4）自筹资金偿还。债务预算收入应由单位以自有资金偿还，不得以财政资金作为偿还来源。以财政资金作为偿还来源的债务，应通过省级以上财政部门发行地方政府性债券的形式筹集，财政拨付单位后，单位应作为财政拨款预算收入管理，不能作为债务预算收入管理。

事业单位举借债务前应进行必要的论证和风险评估；同时，要规范和加强借入款项管理，建立健全财务风险控制机制，确保债务按期归还。

（一）账户设置

为核算债务预算收入，事业单位应当按照贷款单位、贷款种类、《政府收支分类科目》中“支出功能分类科目”的项级科目等进行明细核算。债务预算收入中如有专项资金收入，还应按照具体项目进行明细核算。

（二）账务处理

借入各项短期或长期借款时，按照实际借入的金额，借记“资金结存——货币资金”科目，贷记本科目。

【例 11－36】20×3 年 5 月 10 日，某单位从工商银行借入短期款项 100 万元，用作单位绿化项目资金。账务处理如下：

表 11－44

财务会计		预算会计	
借：银行存款	1 000 000	借：资金结存——货币资金	1 000 000
贷：短期借款——工商银行	1 000 000	贷：债务预算收入——专项资金收入	1 000 000

年末，将本科目本年发生额中的专项资金收入转入非财政拨款结转，借记本科目下各专项资金收入明细科目，贷记“非财政拨款结转——本年收支结转”科目；将本科目本年发生额中的非专项资金收入转入其他结余，借记本科目下各非专项资金收入明细科目，贷记“其他结余”科目。年末结转后，本科目应无余额。

【例 11－37】20×3 年 12 月 31 日，某事业单位结转本年债务预算收入中办公楼项目借款 1 000 000 元，流动资金借款 1 000 000 元。账务处理如下：

（1）结转本年债务预算收入办公楼项目借款 1 000 000 元。

表 11－45

财务会计	预算会计
不做账务处理	借：债务预算收入——专项资金收入　1 000 000 　贷：非财政拨款结转——本年收支结转　1 000 000

（2）结转本年债务预算收入中流动资金借款 1 000 000 元。

表 11－46

财务会计	预算会计
不做账务处理	借：债务预算收入——非专项资金收入　1000 000 　贷：其他结余　1 000 000

六、投资预算收益

投资预算收益是事业单位取得的按照规定纳入部门预算管理的属于投资收益性质的现金流入，包括股权投资收益、出售或收回债券投资所取得的收益和债券投资利息收入。

为了核算投资预算收益，事业单位应当设置“投资预算收益”科目，本科目应当按照《政府收支分类科目》中“支出功能分类科目”的项级科目等进行明细核算。年末结转后，本科目应无余额。

持有短期投资以及分期付息、一次还本的长期债券投资，收到利息时，按照实际收到的金额，借记“资金结存——货币资金”科目，贷记“投资预算收益”科目。同时，在财务会计下，借记“银行存款”科目，贷记“投资收益”科目（短期投资）或“应收利息”科目（分期付息、一次还本债券）等。

持有长期股权投资，取得被投资单位分派的现金股利或利润时，按照实际收到的金额，借记“资金结存——货币资金”科目，贷记“投资预算收益”科目。同时，在财务会计下，借记“银行存款”科目，贷记“应收股利”等科目。

【例 11－38】20×3 年 8 月 1 日，某事业单位收到 A 公司发放股利 3 000 元（按成本法核算），账务处理如下：

表 11－47

财务会计	预算会计
借：银行存款　3 000 　贷：投资收益　3 000	借：资金结存——货币资金　3 000 　贷：投资预算收益　3 000

出售或到期收回本年度取得的短期、长期债券，按照实际取得的价款或实际收到的本息金额，借记“资金结存——货币资金”科目，按照取得债券时“投资支出”科目的发生额，贷记“投资支出”科目，按照差额，贷记或借记“投资预算收益”科目。

出售或到期收回以前年度取得的短期、长期债券，按照实际取得的价款或实际收到的本息金额，借记“资金结存——货币资金”科目，按照取得债券时“投资支出”科目的发生额，贷记“其他结余”科目，按照差额，贷记或借记“投资预算收益”科目。

【例 11－39】20×3 年 6 月 10 日，某单位收回到期的 3 年期政府债券 400 000 元，年利率为 5%，投资收益 60 000 元，款项已存入开户银行。账务处理如下：

表 11－48

财务会计		预算会计	
借：银行存款	460 000	借：资金结存——货币资金	460 000
贷：长期债券投资——成本	400 000	贷：其他结余	400 000
投资收益	60 000	投资预算收益	60 000

出售、转让以货币资金取得的长期股权投资时，其账务处理参照出售或到期收回债券投资。同时，在财务会计下，按照实际取得的价款，借记“银行存款”等科目，按照被处置长期股权投资的账面余额，贷记“长期股权投资”科目，按照尚未领取的现金股利或利润，贷记“应收股利”科目，按照发生的相关税费等支出，贷记“银行存款”等科目，按照借贷方差额，借记或贷记“投资收益”科目。

出售、转让以非货币性资产取得的长期股权投资时，按照实际取得的价款扣减支付的相关费用和应缴财政款后的余额（按照规定纳入单位预算管理的），借记“资金结存——货币资金”科目，贷记“投资预算收益”科目。

此外，在财务会计下，按照被处置长期股权投资的账面余额，借记“资产处置费用”科目，贷记“长期股权投资”科目；同时，按照实际取得的价款，借记“银行存款”等科目，按照尚未领取的现金股利，贷记“应收股利”科目，按照发生的相关税费等支出，贷记“银行存款”等科目，按照贷方差额，贷记“应缴财政款”科目（投资收益上缴国库）或“投资收益”科目（投资收益纳入本单位预算管理）。

【例 11－40】20×3 年 6 月，某单位将持有的 B 公司的股票，经财政部门批准全部出售，收到银行存款 1 300 000 元，支付相关税费 50 000 元（处置净收入纳入预算管理）。投资时用固定资产置换取得的，出售前该股权投资账面余额 1 210 000 元（按成本法核算）。账务处理如下：

（1）经批准全部出售时。

表 11－49

财务会计		预算会计
借：资产处置费用	1 210 000	不做账务处理
贷：长期股权投资	1 210 000	

（2）收到款项时。

表 11－50

财务会计		预算会计	
借：银行存款	1 300 000		
贷：应缴财政款	1 210 000	借：资金结存——货币资金	40 000
银行存款	50 000	贷：投资预算收益	40 000
投资收益	40 000		

年末，将“投资预算收益”科目本年发生额转入其他结余，借记或贷记“投资预算收益”科目，贷记或借记“其他结余”科目。在财务会计下，期末结转时，借记或贷记“投资收益”科目，贷记或借记“本期盈余”科目。

七、上级补助预算收入

上级补助预算收入是事业单位从主管部门和上级单位取得的非财政补助现金流入，是主管部门或上级单位拨付所属事业单位的非财政性补助款，主要用于弥补或补助其业务活动开支。

从目的看，主要包括三个方面：首先促进本部门所属事业的均衡发展；其次弥补政府单位的收支缺口，调剂政府单位资金余缺；最后按照财权事权统一的原则对委托政府单位承担的支出项目给予相应的资金补助。

从来源看，主要包括两个方面：主管部门或上级单位的自身收入；主管部门或上级单位从下属单位集中收缴的收入。

从性质看，上级补助收入属于非财政性资金范畴，因此，政府单位通过主管部门或上级单位从同级财政部门取得的财政资金不属于上级补助收入的核算内容。

政府单位应设置“上级补助预算收入”科目，用于核算单位从主管部门和上级单位取得的非财政补助现金流入。“上级补助预算收入”科目平时贷方余额反映当年单位取得的上级补助预算收入累计数。年末结转后，本科目应无余额。

“上级补助预算收入”科目应当按照发放补助单位、补助项目以及《政府收支分类科目》中“支出功能分类科目”的项级科目等进行明细核算。上级补助预算收入中如有专项资金收入，还应按照具体项目进行明细核算。

收到上级补助预算收入时，按照实际收到的金额，借记“资金结存——货币资金”科目，贷记“上级补助预算收入”科目。同时，在财务会计下，借记“银行存款”等科目，贷记“上级补助收入”科目。

【例 11－41】20×3 年 5 月 11 日，某事业单位收到上级主管单位拨付的专项补助资金 30 000 元。账务处理如下：

表 11－51

财务会计		预算会计	
借：银行存款	30 000	借：资金结存——货币资金	30 000
贷：上级补助收入	30 000	贷：上级补助预算收入	30 000

年末，事业单位将本科目本年发生额中的专项资金收入转入非财政拨款结转，借记本科目下各专项资金收入明细科目，贷记“非财政拨款结转——本年收支结转”科目；将本科目本年发生额中的非专项资金收入转入其他结余，借记本科目下各非专项资金收入明细科目，贷记“其他结余”科目。在财务会计下，期末结转时，借记“上级补助收入”科目，贷记“本期盈余”科目。

八、附属单位上缴预算收入

附属单位上缴预算收入是事业单位取得附属独立核算单位根据有关规定上缴的现金流入。附属独立核算单位，是指事业单位内部设立的，实行独立核算的下级单位。事业单位的附属独立核算单位通常按规定的标准或比例向事业单位上缴款项，从而形成事业单位的附属单位上缴收入，通常包括附属的事业单位上缴的收入和附属的企业上缴的利润等。需要注意的是，附属单位补偿上级单位在事业支出中垫支的各种费用，应当冲减相应支出，而不能作为缴款收入处理。

为核算附属单位上缴预算收入业务，事业单位应当设置“附属单位上缴预算收入”总账科目，本科目应当按照附属单位、缴款项目、《政府收支分类科目》中“支出功能分类科目”的项级科目等进行明细核算。附属单位上缴预算收入中如有专项资金收入，还应按照具体项目进行明细核算。

按照使用要求不同，附属单位上缴预算收入分为专项资金收入和非专项资金收入。

收到附属单位缴来款项时，按照实际收到金额，借记“资金结存——货币资金”科目，贷记“附属单位上缴预算收入”科目。同时，在财务会计下借记“银行存款”等科目，贷记“附属单位上缴收入”等科目。

【例 11－42】20×3 年 12 月 30 日，某事业单位收到其附属独立核算的 A 公司上缴的管理费 100 000 元，款项已存入银行账户。账务处理如下：

表 11－52

财务会计	预算会计
借：银行存款　100 000 　贷：附属单位上缴收入——A 公司　100 000	借：资金结存——货币资金　100 000 　贷：附属单位上缴预算收入——非专项资金收入　100 000

年末，将“附属单位上缴预算收入”科目本年发生额中的专项资金收入结转至非财政拨款结转，借记“附属单位上缴预算收入”科目下各专项资金收入明细科目，贷记“非财政拨款结转——本年收支结转”科目；将“附属单位上缴预算收入”科目本年发生额中的非专项资金收入结转至其他结余，借记“附属单位上缴预算收入”科目下各非专项资金收入明细科目，贷记“其他结余”科目。

九、其他预算收入

其他预算收入是指政府单位除财政拨款预算收入、事业预算收入、上级补助预算收入、附属单位上缴预算收入、经营预算收入、债务预算收入、非同级财政拨款预算收入、投资预算收益之外的纳入部门预算管理的现金流入，包括捐赠预算收入、利息预算收入、租金预算收入、现金盘盈收入等。

单位应设置“其他预算收入”科目对其他预算收入进行核算，本科目应当按照其他收入类别、《政府收支分类科目》中"支出功能分类科目"的项级科目等进行明细核算。其他预算收入中如有专项资金收入，还应按照具体项目进行明细核算。单位发生的捐赠预算收入、利息预算收入、租金预算收入金额较大或业务较多的，可单独设置"捐赠预算收入""利息预算收入""租金预算收入"等科目。

接受捐赠现金资产、收到银行存款利息、收到资产承租人支付的租金时，按照实际收到的金额，借记"资金结存——货币资金"科目，贷记"其他预算收入"科目。同时，在财务会计下，借记"银行存款""库存现金"等科目，贷记"捐赠收入""利息收入""租金收入"或者"预收账款""应收账款"等科目。

【例 11－43】20×3 年 3 月 2 日，某事业单位收到银行转来本季度利息收入 60 000 元，收到校友捐赠的助学基金 200 000 元，均存入银行账户。账务处理如下：

表 11－53

财务会计		预算会计	
借：银行存款	260 000	借：资金结存——货币资金	260 000
贷：利息收入	60 000	贷：其他预算收入——利息预算收入	60 000
捐赠收入	200 000	——捐赠预算收入	200 000

单位每日现金账款核对中如发现现金溢余，按照溢余的现金金额，借记"资金结存——货币资金"科目，贷记本科目。经核实，属于应支付给有关单位和个人的部分，按照实际支付的金额，借记本科目，贷记"资金结存——货币资金"科目。

【例 11－44】20×3 年 4 月 30 日，某行政单位盘盈现金 100 元。无法查明原因，经批准列入其他收入。账务处理如下：

表 11－54

财务会计		预算会计	
（1）盘盈现金			
借：库存现金	100	借：资金结存——货币资金	100
贷：待处理财产损溢——待处理财产价值	100	贷：其他预算收入——现金盘盈	100
（2）经批准转入其他收入			
借：待处理财产损溢——待处理财产价值	100	不做账务处理	
贷：其他收入	100		

年末，政府单位将本科目本年发生额中的专项资金收入转入非财政拨款结转，借记本科目下各专项资金收入明细科目，贷记"非财政拨款结转——本年收支结转"科目；将本科目本年发生额中的非专项资金收入转入其他结余，借记本科目下各非专项资金收入明细科目，贷记"其他结余"科目。

【例 11－45】某行政单位 20×3 年末其他预算收入贷方发生额 50 000 元，其中捐赠预算收入（专项资金收入）40 000 元，租金预算收入（非专项资金收入）10 000 元。账务处理如下：

（1）结转捐赠预算收入（专项收入）40 000 元。

表 11－55

财务会计	预算会计
不做账务处理	借：其他预算收入——捐赠预算收入 40 000 贷：非财政拨款结转——本年收支结转 40 000

（2）结转租金预算收入（非专项收入）10 000 元。

表 11－56

财务会计	预算会计
不做账务处理	借：其他预算收入——租金预算收入 10 000 贷：其他结余 10 000

本章小结

本章主要讲解了行政事业单位的收入和预算收入基本概念、具体种类以及确认和计量方法。其中收入是指行政事业单位在履行职责或开展业务活动中依法取得的非偿还性资金。行政事业单位的收入按照不同的来源渠道和资金性质包括财政拨款收入、事业收入、上级补助收入、附属单位上缴收入、经营收入、非同级财政拨款收入、投资收益、捐赠收入、利息收入、租金收入和其他收入等种类。收入应当按照权责发生制基础进行确认和计量。收入和费用两个财务会计要素构筑行政事业单位的收入费用表。预算收入是指行政事业单位在履行职责或开展业务活动中依法取得的纳入部门预算管理的资金。行政事业单位的预算收入按照不同的来源渠道和资金性质包括财政拨款预算收入、事业预算收入、上级补助预算收入、附属单位上缴预算收入、经营预算收入、债务预算收入、非同级财政拨款预算收入、投资预算收益和其他预算收入等种类，预算收入应当按照收付实现制基础进行确认和计量。预算收入和预算支出两个预算会计要素构筑行政事业单位的预算收入支出表。

期末，财务会计中确认收入的本期发生额均结转至“本期盈余”科目，“财政拨款预算收入”科目的本年发生额全部结转至“财政拨款结转”科目，而其他各预算收入科目的本年发生额则应分别按财政拨款、非财政专项拨款或其他资金来源分别结转至“财政拨款结转”“非财政拨款结转”和“其他结余”科目。

课后习题

一、练习行政事业单位财政拨款收入和财政拨款预算收入的核算

某单位 20×3 年发生如下经济业务：

1. 通过财政直接支付方式向职工支付一笔之前计算确认的应付职工薪酬 68 500 元。
2. 收到“财政授权支付到账通知书”，通知书所列金额为 20 000 元。

3. 年末，本年度财政直接支付预算指标数大于当年财政直接支付实际支出数的差额为2 500元。

4. 年末，“财政拨款收入”科目的本年发生额为580 000元，将其全数转入“本期盈余”科目。

5. 年末，“财政拨款预算收入”科目的本年发生额为580 000元，将其全数转入“财政拨款结转——本年收支结转”科目。

根据以上经济业务，为该单位编制有关的会计分录。

二、练习事业单位事业收入和事业预算收入的核算

某单位20×3年发生如下经济业务：

1. 按合同约定从付款方预收一笔事业活动款项80 000元，款项已存入开户银行。

2. 按合同完成进度计算确认预收账款中实现的事业收入40 000元。

3. 在开展专业业务活动中收到一笔银行存款4 000元。

4. 年末，“事业收入”科目的本年发生额为220 000元，将其全数转入“本期盈余”科目。

5. 年末，“事业预算收入”科目的本年发生额为228 000元，其中，专项资金收入143 000元，非专项资金收入85 000元，分别将其转入“非财政拨款结转——本年收支结转”和“其他结余”科目。

根据以上经济业务，为该单位编制有关的会计分录。

三、练习事业单位上级补助收入和上级补助预算收入的核算

某单位20×3年发生如下经济业务：

1. 某事业单位收到上级单位拨入一笔非财政补助资金30 000元，款项已存入开户银行。该笔非财政补助资金专项用于支持该事业单位的某项专业业务活动。

2. 某事业单位收到上级单位拨入一笔非财政补助资金20 000元，款项已存入开户银行。

3. 年末，某事业单位“上级补助收入”科目的本年发生额为40 500元。该事业单位将其全数转入“本期盈余”科目。

4. 年末，某事业单位“上级补助预算收入”科目的本年发生额为90 000元，其中，专项资金收入85 500元，非专项资金收入4 500元。

根据以上经济业务，为该单位编制有关的会计分录。

四、练习事业单位附属单位上缴收入和附属单位上缴预算收入的核算

某单位20×3年发生如下经济业务：

1. 某事业单位按相关规定确认一笔附属单位上缴收入15 000元，款项尚未收到。次月，该事业单位实际收到该笔附属单位上缴收入15 000元，款项已存入开户银行。

2. 年末，某事业单位“附属单位上缴收入”科目的本年发生额为34 000元。该事业单位将其全数转入“本期盈余”科目。

3. 年末，某事业单位“附属单位上缴预算收入”科目的本期发生额为47 000元，其中，专项资金收入2 000元，非专项资金收入45 000元。该事业单位分别将其转入

"非财政拨款结转——本年收支结转"和"其他结余"科目。

根据以上经济业务，为该单位编制有关的会计分录。

五、练习事业单位经营收入和经营预算收入的核算

某单位20×3年发生如下经济业务：

1. 某事业单位开展一项非独立核算的经营活动，取得经营收入5 800元，款项已存入开户银行。暂不考虑增值税业务。

2. 年末，某事业单位"经营收入"科目的本年发生额为13 200元。该事业单位将其全数转入"本期盈余"科目。

3. 年末，某事业单位"经营预算收入"科目的本年发生额为13 800元。该事业单位将其全数转入"本期盈余"科目。

根据以上经济业务，为该单位编制有关的会计分录。

六、练习事业单位债务预算收入的核算

某单位20×3年发生如下经济业务：

1. 某事业单位经批准向银行借入一笔短期借款，借款金额为80 000元。

2. 年末，某事业单位"债务预算收入"科目的本年发生额为110 000元，其中，专项资金收入90 000元，非专项资金收入20 000元。该事业单位分别将其转入"非财政拨款结转——本年收支结转"和"其他结余"科目。

根据以上经济业务，为该单位编制有关的会计分录。

七、练习行政事业单位非同级财政拨款收入和非同级财政拨款预算收入的核算

某单位20×3年发生如下经济业务：

1. 某纳入省级政府财政部门预算范围的事业单位从当地市级政府财政部门获得一笔财政资金50 000元，该笔财政资金属于当地市政府支持该事业单位发展的专项资金，款项已存入该事业单位的银行存款账户。

2. 年末，某事业单位"非同级财政拨款收入"科目的本年发生额为64 500元。该事业单位将其全数转入"本期盈余"科目。

3. 年末，某事业单位"非同级财政拨款预算收入"科目的本年发生额为299 000元，其中，专项资金收入234 000元，非专项资金收入65 000元。该事业单位分别将其转入"非财政拨款结转本年收支结转"和"其他结余"科目。

根据以上经济业务，为该单位编制有关的会计分录。

八、练习事业单位投资收益和投资预算收益的核算

某单位20×3年发生如下经济业务：

1. 某事业单位出售一项本年度取得的短期投资，实际收到款项12 800元，款项已存入开户银行。该项短期投资的账面余额为12 500元，取得时"投资支出"科目的发生额为12 500元。

2. 某事业单位收到短期投资持有期间的利息2 500元，款项已存入开户银行。

3. 某事业单位持有B公司10%的股份，相应的长期股权投资采用成本法核算。某日，该事业单位收到B公司数日前宣告分派的现金股利15 000元，款项已存入开户银行。

4. 年末，某事业单位“投资收益”科目的本年发生额为78 500元。该事业单位将其全数转入“本期盈余”科目。

5. 年末，某事业单位“投资预算收益”科目的本年发生额为89 000元。该事业单位将其全额转入“其他结余”科目。

根据以上经济业务，为该单位编制有关的会计分录。

九、练习行政事业单位其他收入和其他预算收入的核算

某单位20×3年发生如下经济业务：

1. 某事业单位接受捐赠一笔货币资金60 000元，按捐赠约定规定用于专门用途，款项已存入开户银行。

2. 某事业单位经批准采用预收租金方式出租一项固定资产，预收半年的租金90 000元，款项已存入开户银行。

3. 某事业单位经批准出售一项自主研发的无形资产，出售价款为390 000元，相应款项已收到并存入开户银行。按照规定，该项无形资产的出售收入纳入本单位预算管理。

4. 年末，某事业单位“其他收入”科目的本年发生额为5 500元。该事业单位将其全数转入“本期盈余”科目。

5. 年末，某事业单位“其他预算收入”科目的本年发生额为49 700元，其中，专项资金收入34 700元，非专项资金收入15 000元。该事业单位分别将其转入“非财政拨款结转——本年收支结转”和“其他结余”科目。

根据以上经济业务，为该单位编制有关的会计分录。

第十二章　行政事业单位的费用与预算支出

学习目标

通过本章的学习，要求学生理解行政事业单位各类费用和预算支出的概念、特点，掌握费用和预算支出的会计核算基础和计量原则，能够熟练运用会计科目进行会计核算。

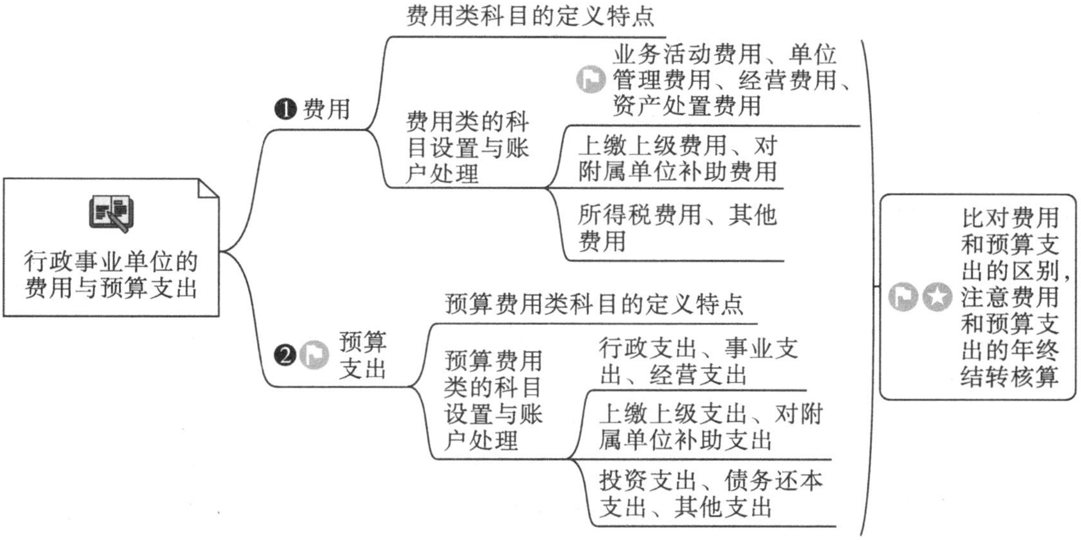

注：为学习重点　为学习难点　为学习提示

课前案例与思政

广州市林业和园林局2022年部门决算信息公开内容摘选

广州市林业和园林局（本级）2022年度财政拨款支出合计30 746.39万元。其中：一般公共预算财政拨款支出13 337.42万元，比年初预算数减少531.13万元，下降3.8%；主要变动情况：按相关政策，年中市财政减少政策性津补贴安排。政府性基金预算财政拨款支出17 408.97万元，比年初预算数减少931.91万元，下降5.1%；主要变动情况：根据年度预算实际执行情况，调整回收部分项目结余经费。国有资本经营预算财政拨款支出0万元，比年初预算数增加0万元，增长—（基数为0，不可比）；与年初预算数持平。

2022年度财政拨款“三公”经费支出决算情况说明：广州市林业和园林局（本级）2022年度“三公”经费财政拨款支出决算为21.65万元，完成全年预算24.8万元的87.3%，比上年决算数减少18.3万元，下降45.8%。其中：因公出国（境）费支出决算为0万元，完成预算0万元的—%（基数为0，不可比），比上年决算数减少0.37万元，下降100%。公务用车购置及运行维护费支出决算为19.47万元，完成预算22.3万元的87.3%，比上年决算数减少19.58万元，下降50.1%；其中：公务用车购置支出决算为0万元，完成预算0万元的—%（基数为0，不可比），比上年决算数减少18万元，下降100%；公务用车运行维护费支出决算为19.47万元，完成预算22.3万元的87.3%，比上年决算数减少1.58万元，下降7.5%。公务接待费支出决算为2.18万元，完成预算2.5万元的87.1%，比上年决算数增加1.66万元，增长318.4%。

2022年度“三公”经费支出决算小于预算数的主要情况：认真贯彻落实中央八项规定精神和厉行节约的要求，从严控制“三公”经费开支，全年实际支出比预算有所节约。2022年度“三公”经费支出决算小于上年决算数的主要情况：认真贯彻落实中央八项规定精神和厉行节约的要求，从严控制“三公”经费开支，全年实际支出比预算有所节约。“三公”经费财政拨款支出决算具体情况说明：2022年度“三公”经费财政拨款支出决算中，因公出国（境）费0万元，占0%；公务用车购置及运行维护费支出19.47万元，占89.9%；公务接待费支出2.18万元，占10.1%。

其他重要事项的情况说明：

（1）机关运行经费支出情况：2022年度本单位机关运行经费支出706.94万元，比上年决算数增加1.33万元，增长0.2%。主要增减变动情况是：疫情结束后，机关运行开始恢复正常，运行经费比上年决算数略有增加。（2）政府采购支出情况：2022年度本单位政府采购支出总额4 124.2万元，其中：政府采购货物支出29.09万元、政府采购工程支出15.89万元、政府采购服务支出4 079.22万元。授予中小企业合同金额3 483.22万元，占政府采购支出总额的84.5%，其中：授予小微企业合同金额1 507.53万元，占授予中小企业合同金额的43.3%；货物采购授予中小企业合同金额占货物支出金额的100%，工程采购授予中小企业合同金额占工程支出金额的100%，服务采购授予中小企业合同金额占服务支出金额的84.3%。（3）国有资产占用情况：截至2022年12月31日，本单位共有车辆8辆，其中，机要通信用车1辆、应急保障用车3辆、执法执勤用车2辆、特种专业技术用车1辆、其他用车1辆，其他用车主要是公务出行用车；单位价值100万元以上设备（不含车辆）12台（套）。（4）预算绩效管理工作开展情况：绩效管理工作总体情况。根据财政预算绩效管理要求，我单位组织对2022年度62个一般公共预算项目支出开展绩效自评，共涉及资金4 956.52万元，占一般公共预算项目支出总额的100%；组织对2022年度“城维计划—广州市重点城市出入口绿化景观养护”等

55 个政府性基金预算项目开展绩效自评，共涉及资金 17 408.97 万元，占政府性基金预算项目支出总额的 100%；组织对 2022 年度 0 个国有资本经营预算项目开展绩效自评，共涉及资金 0 万元，占国有资本经营预算项目支出总额的—%（基数为 0，不可比）。

（资料来源：广州市林业和园林局官网，2023 年 10 月 16 日）

第一节 行政事业单位的费用

费用是指行政事业单位在履行职责或开展业务中耗费的经济资源。由行政事业单位控制的、供社会公众使用的公共基础设施、政府储备物资、文物文化资产、保障性住房等经济资源的耗费，也属于行政事业单位的费用。在报告期内会导致行政事业单位净资产的减少、含有服务潜力或者经济利益的经济资源的流出。行政事业单位的费用按照不同的资源耗费目的和内容包括业务活动费用、单位管理费用、经营费用、资产处置费用、上缴上级费用、对附属单位补助费用、所得税费用和其他费用等种类。费用应当按照权责发生制基础进行确认和计量。费用和收入两个财务会计要素构筑行政事业单位的收入费用表。

行政事业单位的费用的确认应该同时满足以下条件：①与费用相关的含有服务潜力或者经济利益的经济资源很可能流出政府单位；②含有服务潜力或者经济利益的经济资源流出会导致政府单位资产减少或者负债增加；③流出金额能够可靠地计量。

一、业务活动费用

业务活动费用是指政府单位为实现其职能目标，依法履职或开展专业业务活动及其辅助活动所发生的各项费用。行政单位依法履行行政管理职能发生的各项费用，确认为业务活动费用；事业单位开展专业业务活动及其辅助活动所发生的各项费用，确认为业务活动费用。

为了反映和核算为实现其职能目标，依法履职或开展专业业务活动及其辅助活动所发生的各项费用，政府单位应当设置“业务活动费用”科目，本科目应当按照项目、服务或者业务类别、支付对象等进行明细核算。期末结转后，本科目应无余额。

为了满足成本核算需要，本科目应该按照“工资福利费用”“商品和服务费用”“对个人和家庭的补助费用”“对企业补助费用”“固定资产折旧费”“无形资产摊销费”“公共基础设施折旧（摊销）费”“保障性住房折旧费”“计提专用基金”等成本项目设置明细科目，归集能够直接计入业务活动或采用一定方法计算后计入业务活动的费用。

行政单位的业务活动费用是为了满足依法履职所发生的各项费用，不能计提职工福利基金、奖助学基金等专用基金，因此行政单位“业务活动费用”科目不能设置“计提专用基金”明细科目。

政府单位为履职或开展业务活动人员计提的薪酬，按照计算确定的金额，借记本科目，贷记“应付职工薪酬”科目。实际发放时，借记“应付职工薪酬”科目，按照代扣代缴个人所得税的金额，贷记“其他应交税费——应交个人所得税”科目，按照扣税后实际支付的金额，贷记“财政拨款收入”“零余额账户用款额度”“银行存款”等科目。实际缴纳税款时，借记“其他应交税费——应交个人所得税”科目，贷记“零余额账户用款额度”“银行存款”等科目。

为履职或开展业务活动发生的外部人员劳务费，按照计算确定的金额，借记“业务活动费用”科目，按照代扣代缴个人所得税的金额，贷记“其他应交税费——应交个人所得税”科目，按照扣税后应付或实际支付的金额，贷记“其他应付款”“财政拨款收入”“零余额账户用款额度”“银行存款”等科目。实际缴纳税款时，借记“其他应交税费——应交个人所得税”科目，贷记“零余额账户用款额度”“银行存款”等科目。

【例 12－1】20×3 年 5 月，某事业单位发放专家科研项目评审费 2 300 元，通过银行存款账户支付，实际支付个人 2 000 元，代扣个人所得税 300 元。账务处理如下：

表 12－1

财务会计	预算会计
（1）发放评审费时	
借：业务活动费用——商品和服务费用 2 300 　贷：银行存款 2 000 　　其他应交税费——应交个人所得税 300	借：事业支出——非财政专项资金支出 2 000 　贷：资金结存——货币资金 2 000
（2）代扣个人所得税时	
借：其他应交税费——应交个人所得税 300 　贷：银行存款 300	借：事业支出——非财政专项资金支出 300 　贷：资金结存——货币资金 300

政府单位为了履职或开展业务活动发生的预付款项，按照实际支付金额，借记“预付账款”科目，贷记“财政拨款收入”“零余额账户用款额度”“银行存款”等科目。预付账款结算时，按照结算总金额借记本科目等，按照已预付账款贷记“预付账款”科目，按照补付金额贷记“财政拨款收入”“零余额账户用款额度”“银行存款”等科目。

【例 12－2】20×3 年 5 月，某行政单位印制宣传手册 2 000 册，价款 5 000 元，按照合同约定：签订合同后预付价款的 20%，货到验收合格后付款 80%。通过银行转账支付，款项来源于一般公共预算财政拨款。账务处理如下：

表 12－2

财务会计	预算会计
（1）支付预付款	
借：预付账款——××印务公司 1 000 　贷：银行存款 1 000	借：行政支出——待处理 1 000 　贷：资金结存——货币资金 1 000
（2）货到验收合格后支付余款	
借：业务活动费用——商品和服务费用 5 000 　贷：银行存款 4 000 　　预付账款 1 000	借：行政支出——其他资金支出 4 000 　贷：资金结存——货币资金 4 000

为履职或开展业务活动领用库存物品，以及动用发出相关政府储备物资，按照领用库存物品或发出相关政府储备物资的账面余额，借记“业务活动费用”科目，贷记“库存物品”“政府储备物资”科目。

【例12－3】20×3年6月，某事业单位领用实验耗材2 000元。账务处理如下：

表12－3

财务会计	预算会计
借：业务活动费用——商品和服务费用 2 000 　贷：库存物品——实验材料 2 000	不做账务处理

政府单位为履职或开展业务活动所使用的固定资产、无形资产以及为其所控制的公共基础设施、保障性住房计提的折旧（摊销）按照计提金额，借记本科目，贷记“固定资产累计折旧”“无形资产累计摊销”“公共基础设施累计折旧（摊销）”“保障性住房累计折旧”科目。

【例12－4】20×3年6月，某行政单位计提固定资产折旧20 000元，账务处理如下：

表12－4

财务会计	预算会计
借：业务活动费用——固定资产折旧费 20 000 　贷：固定资产累计折旧 20 000	不做账务处理

政府单位为了履职或开展业务活动发生的城市维护建设税、教育费附加、地方教育附加、车船税、房产税、城镇土地使用税等，按照计算确定应交纳的金额，借记本科目，贷记“其他应交税费”等科目。实际交纳时按照交纳金额借记“其他应交税费”，贷记“银行存款”科目。

【例12－5】20×3年8月，经计算某单位项目收入应交城市维护建设税5 000元、教育费附加2 000元，9月份通过银行转账支付7 000元。账务处理如下：

表12－5

财务会计	预算会计
（1）计算确定8月份应交纳的金额	
借：业务活动费用——商品和服务费用 7 000 　贷：其他应交税费——应交城市维护建设税 5 000 　　　　　　　　——应交教育费附加 2 000	不做账务处理
（2）9月份支付税款	
借：其他应交税费——应交城市维护建设税 5 000 　　　　　　　　——应交教育费附加 2 000 　贷：银行存款 7 000	借：事业支出——其他资金支出 7 000 　贷：资金结存——货币资金 7 000

政府单位为了履职或开展业务活动发生其他各项费用时，按照费用确认金额，借记本科目，贷记“财政拨款收入”“零余额账户用款额度”“银行存款”“应付账款”“其他应付款”“其他应收款”等科目。

【例 12－6】20×3 年 9 月，某事业单位陈老师参加教学管理论坛，出差报销差旅费共计 2 000 元，其中，会议注册费 1 000 元采取借款电汇方式，通过国库零余额账户用款额度支付；住宿费 640 元采取公务卡结算；伙食及交通补助 360 元通过国库零余额账户用款额度支付。次日学校通过国库零余额账户用款额度支付公务卡欠款 640 元。账务处理如下：

表 12－6

财务会计	预算会计
（1）会议注册费借款电汇时	
借：其他应收款——陈老师　1 000 　贷：零余额账户用款额度　1 000	不做账务处理
（2）差旅费报销时	
借：业务活动费用——商品和服务费用　2 000 　贷：其他应付款　640 　　零余额账户用款额度　360 　　其他应收款——陈老师　1 000	借：事业支出——财政拨款支出　1 360 　贷：资金结存——零余额账户用款额度　1 360
（3）偿还公务卡欠款	
借：其他应付款　640 　贷：零余额账户用款额度　640	借：事业支出——财政拨款支出　640 　贷：资金结存——零余额账户用款额度　640

事业单位按照规定从收入中提取专用基金并计入费用的，一般按照预算会计下基于预算收入计算提取的金额，借记本科目，贷记“专用基金”科目。

【例 12－7】20×3 年某高校根据政策规定计提学生资助经费，该校 20×3 年事业预算收入 1 000 万元，按照 5% 计提学生资助经费 50 万元。账务处理如下：

表 12－7

财务会计	预算会计
借：业务活动费用——计提专用基金　500 000 　贷：专用基金——学生资助经费　500 000	不做账务处理

政府单位发生当年购货退回等业务，对于已计入本年业务活动费用的，按照收回或应收的金额，借记“财政拨款收入”“零余额账户用款额度”“银行存款”“其他应收款”等科目，贷记本科目。

【例 12－8】续【例 12－2】。某行政单位印制宣传手册 2 000 册，价款 5 000 元。其中 200 册印刷质量存在问题退货，××印务公司退回货款 500 元。账务处理如下：

表 12－8

财务会计		预算会计	
借：银行存款	500	借：资金结存——货币资金	500
贷：业务活动费用——商品和服务费用	500	贷：事业支出——其他资金支出	500

期末，将本科目本期发生额转入本期盈余，借记“本期盈余”科目，贷记“业务活动费用”科目。期末结转后，本科目应无余额。

【例 12－9】20×3 年 5 月 31 日，某行政单位“业务活动费用”科目借方发生额 70 000 元，其中工资福利费 30 000 元，商品和服务费用 50 000 元，固定资产折旧费 35 000 元，期末结转。账务处理如下：

表 12－9

财务会计		预算会计
借：本期盈余	70 000	不做账务处理
贷：业务活动费用——工资福利费	30 000	
——商品和服务费用	5 000	
——固定资产折旧费	35 000	

二、单位管理费用

单位管理费用是指事业单位本级行政及后勤管理部门开展管理活动发生的各项费用，包括单位行政及后勤管理部门发生的人员经费、公用经费、资产折旧（摊销）等费用，以及由单位统一负担的离退休人员经费、工会经费、诉讼费、中介费等。行政单位一般不涉及单位管理费用核算。

本科目应当按照项目、费用类别、支付对象等进行明细核算。为了满足成本核算需要，本科目下还可按照“工资福利费用”“商品和服务费用”“对个人和家庭的补助费用”“固定资产折旧费”“无形资产摊销费”等成本项目设置明细科目，归集能够直接计入单位管理活动或采用一定方法计算后计入单位管理活动的费用。

事业单位为管理活动人员计提的薪酬，按照计算确定的金额，借记本科目，贷记“应付职工薪酬”科目。

事业单位为开展管理活动发生的外部人员劳务费，按照计算确定的费用金额，借记本科目，按照代扣代缴个人所得税的金额，贷记“其他应交税费——应交个人所得税”科目，按照扣税后应付或实际支付的金额，贷记“其他应付款”“财政拨款收入”“零余额账户用款额度”“银行存款”等科目。

实际缴纳税款时，借记“其他应交税费——应交个人所得税”科目，贷记“零余额账户用款额度”“银行存款”等科目。

【例 12－10】20×3 年 7 月，某单位招标采购中心发放专家招标评审费 1 050 元，通过银行存款账户支付，实际支付1 000元，代扣个人所得税50元。账务处理如下：

表12-10

财务会计	预算会计
（1）发放评审费	
借：单位管理费用——商品和服务费用 1 050 贷：银行存款 1 000 其他应交税费——应交个人所得税 50	借：事业支出——其他资金支出 1 000 贷：资金结存——货币资金 1 000
（2）实际缴纳税费时	
借：其他应交税费——应交个人所得税 50 贷：银行存款 50	借：事业支出——其他资金支出 50 贷：资金结存——货币资金 50

事业单位为了开展管理活动发生的预付款项，按照实际支付金额，借记“预付账款”科目，贷记“财政拨款收入”“零余额账户用款额度”“银行存款”等科目。预付账款结算时，按照结算总金额借记本科目，按照已预付账款贷记“预付账款”科目，按照补付金额贷记“财政拨款收入”“零余额账户用款额度”“银行存款”等科目。

【例12-11】20×3年5月，某单位进行处级干部集中培训，培训费共计40 000元，按照培训合同约定：合同签订后先预付50%的订金，培训结束后支付另外50%，款项来源于自有资金。账务处理如下：

表12-11

财务会计	预算会计
（1）支付预付款	
借：预付账款——××干部培训中心 20 000 贷：银行存款 20 000	借：事业支出——其他资金支出 20 000 贷：资金结存——货币资金 20 000
（2）培训完成后支付余款	
借：单位管理费用——商品和服务费用 40 000 贷：银行存款 20 000 预付账款——××干部培训中心 20 000	借：事业支出——其他资金支出 20 000 贷：资金结存——货币资金 20 000

事业单位为了开展管理活动领用库存物品，按照领用库存物品的账面余额，借记本科目，贷记“库存物品”科目。

【例12-12】20×3年6月，某单位行政领用办公用品2 000元。账务处理如下：

表12-12

财务会计	预算会计
借：单位管理费用——商品和服务费用 2 000 贷：库存物品——办公用品 2 000	不做账务处理

事业单位为了管理活动所使用固定资产、无形资产计提的折旧（摊销）按照应提折旧、摊销额，借记本科目，贷记“固定资产累计折旧”“无形资产累计摊销”科目。

【例 12－13】20×3 年 3 月，某单位行政及后勤部门应计提固定资产折旧 1 500 元。账务处理如下：

表 12－13

财务会计	预算会计
借：单位管理费用——固定资产折旧费 1 500 贷：固定资产累计折旧 1 500	不做账务处理

事业单位为了开展管理活动发生城市维护建设税、教育费附加、地方教育附加、车船税、房产税、城镇土地使用税等，按照计算确定应交纳的金额，借记本科目，贷记“其他应交税费”等科目。实际交纳时按照交纳金额借记“其他应交税费”科目，贷记“银行存款”科目。

【例 12－14】20×3 年 6 月，某科技馆出租房屋应交城市维护建设税 25 000 元、教育费附加 13 000 元；8 月份支付税费 38 000 元。账务处理如下：

表 12－14

财务会计	预算会计
借：其他应交税费——应交城市维护建设税 25 000 ——应交教育费附加 13 000 贷：银行存款 38 000	借：事业支出——财政拨款支出 38 000 贷：资金结存——货币资金 38 000

事业单位为了开展管理活动发生的其他各项费用，按照费用确认金额，借记“单位管理费用”科目，贷记“财政拨款收入”“零余额账户用款额度”“银行存款”“其他应付款”“其他应收款”等科目。

【例 12－15】20×3 年 6 月，某事业单位购买维修配件 200 元，直接用于设备维修，款项通过财政授权支付。账务处理如下：

表 12－15

财务会计	预算会计
借：单位管理费用——商品和服务费用 200 贷：零余额账户用款额度 200	借：事业支出——财政拨款支出 200 贷：资金结存——零余额账户用款额度 200

事业单位发生当年购货退回等业务，对于已计入本年单位管理费用的，按照收回或应收的金额，借记“财政拨款收入”“零余额账户用款额度”“银行存款”“其他应收款”等科目，贷记本科目。

【例 12－16】接上例。该单位购置的维修配件 200 元质量不符合规定，当年予以退货，供应商退回货款。账务处理如下：

表 12－16

财务会计		预算会计	
借：零余额账户用款额度	200	借：资金结存——零余额账户用款额度	200
贷：单位管理费用——商品	200	贷：事业支出——财政拨款	200

期末，将本科目本期发生额转入本期盈余，借记“本期盈余”科目，贷记本科目。

三、经营费用

经营费用是指事业单位在专业业务活动及其辅助活动之外开展非独立核算经营活动发生的各项费用。经营费用应当与经营收入配比，经营费用的确认必须同时具备以下两个条件。

（1）事业单位在专业业务活动及辅助活动之外发生的费用。事业单位开展专业业务活动及其辅助活动发生的费用属于业务活动费用及单位管理费用的范畴。

（2）事业单位所属非独立核算单位发生的费用。事业单位所属独立核算单位经营活动，由所属独立核算单位按会计制度的规定单独进行核算。

为了反映和核算在专业业务活动及其辅助活动之外开展非独立核算经营活动发生的各项费用，事业单位应当设置“经营费用”科目，本科目应当按照经营活动类别、项目、支付对象等进行明细核算。期末结转后，本科目应无余额。

为了满足成本核算需要，本科目下还可按照“工资福利费用”“商品和服务费用”“对个人和家庭的补助费用”“固定资产折旧费”“无形资产摊销费”等成本项目设置明细科目，归集能够直接计入单位经营活动或采用一定方法计算后计入单位经营活动的费用。

为经营活动人员计提的薪酬，按照计算确定的金额，借记“经营费用”科目，贷记“应付职工薪酬”等科目。由于并未发生实际的现金流出，因此，在计提经营活动人员薪酬时，不需要进行预算会计的处理。

实际支付薪酬并代扣个人承担的个人所得税时，借记“应付职工薪酬”科目，按照实际支付给职工的金额，贷记“银行存款”等科目，按照代扣的个人所得税款，贷记“其他应交税费——应交个人所得税”科目。同时，在预算会计下，按照支付给个人的金额，借记“经营支出”科目，贷记“资金结存——货币资金”科目。

实际支付代扣的个人所得税时，按照实际缴纳的金额，借记“其他应交税费——应交个人所得税”科目，贷记“银行存款”等科目。同时，在预算会计下，借记“经营支出”科目，贷记“资金结存——货币资金”科目。

【例 12－17】某事业单位当月计提从事经营活动人员的薪酬 30 000 元，账务处理如下：

表 12－17

财务会计		预算会计
借：经营费用——工资福利费用	30 000	不做账务处理
贷：应付职工薪酬——基本工资	30 000	

开展经营活动领用或出售发出库存物品时，按照物品实际成本，借记“经营费用”科目，贷记“库存物品”科目。由于并未发生实际的现金流出，因此，在预算会计下不需要进行账务处理。

【例 12－18】20×3 年 8 月，某事业单位从仓库领用文具 2 000 元自用。账务处理如下：

表 12－18

财务会计		预算会计
借：经营费用——商品和服务费用	2 000	不做账务处理
贷：库存物品——文具	2 000	

为开展经营活动所使用的固定资产计提折旧和无形资产计提摊销时，按照应计提折旧和摊销额，借记“经营费用”科目，贷记“固定资产累计折旧”“无形资产累计摊销”科目。由于并未发生实际的现金流出，因此，在预算会计下不需要进行账务处理。

【例 12－19】20×3 年 6 月，某学校计提校内非独立核算文化用品商店固定资产折旧 1 000 元。账务处理如下：

表 12－19

财务会计		预算会计
借：经营费用——固定资产折旧费	1 000	不做账务处理
贷：固定资产累计折旧	1 000	

开展经营活动发生城市维护建设税、教育费附加、地方教育费附加、车船税、房产税、城镇土地使用税等，按照计算确定应缴纳的金额，借记“经营费用”科目，贷记“其他应交税费”科目。由于并未发生实际的现金流出，因此，在预算会计下不需要进行账务处理。

在实际缴纳时，借记“其他应交税费”科目，贷记“银行存款”等科目。同时，在预算会计下，借记“经营支出”科目，贷记“资金结存”科目。

【例 12－20】20×3 年 5 月，某单位非独立核算文化用品商店经营业务应交城市维护建设税 300 元、教育费附加 150 元；6 月份支付税费 450 元。账务处理如下：

表 12－20

财务会计	预算会计
(1) 计算确定 5 月份应交纳的金额	
借：经营费用——商品和服务费用　450 　贷：其他应交税费——应交城市维护建设税　300 　　　　　　　　——应交教育费附加　150	不做账务处理
(2) 6 月份支付税款	
借：其他应交税费——应交城市维护建设税　300 　　　　　　　　——应交教育费附加　150 　贷：银行存款　450	借：经营支出　450 　贷：资金结存——货币资金　450

发生与经营活动相关的其他各项费用时，按照费用确认金额，借记“经营费用”科目，贷记“银行存款”“其他应付款”“其他应收款”等科目。涉及增值税业务的，相关账务处理参见“应交增值税”科目。同时，在预算会计下，按照实际支付金额，借记“经营支出”科目，贷记“资金结存”科目。

【例 12－21】20×3 年 6 月，某学校非独立核算的校内文化用品商店电费 600 元，当月以银行转账支付。账务处理如下：

表 12－21

财务会计	预算会计
借：经营费用——商品和服务费用　600 　贷：银行存款　600	借：经营支出　600 　贷：资金结存——货币资金　600

发生当年购货退回等业务，对于已计入本年经营费用的，按照收回或应收的金额，借记“银行存款”“其他应收款”等科目，贷记“经营费用”科目。同时，在预算会计下，按照实际收到的金额，借记“资金结存”科目，贷记“经营支出”科目。

根据有关规定从经营预算收入中提取专用基金并计入费用的，一般按照预算会计下基于经营预算收入计算提取的金额，借记“经营费用”科目，贷记“专用基金”科目。由于并未发生实际的现金流出，因此，在预算会计下不需要进行账务处理。

期末结转时，单位将“经营费用”科目本期发生额转入本期盈余，借记“本期盈余”科目，贷记“经营费用”科目。年末结转时，在预算会计下，将“经营支出”科目本年发生额转入经营结余，借记“经营结余”科目，贷记“经营支出”科目。

四、资产处置费用

资产处置费用是指单位经批准处置资产时发生的费用，包括转销的被处置资产价值，在处置过程中发生的相关费用以及处置收入小于相关费用形成的净损失。资产处置的形式按照规定包括无偿调拨、出售、出让、转让、置换、对外捐赠、盘亏、报废、毁损以及货币性资产损失核销等。

行政单位与事业单位对于国有资产有偿使用收入的管理方式是不一样的。由于行政单位一般享受全额财政拨款，故其国有资产有偿使用收入和处置收入应该全额上缴财政，实行“收支两条线”管理。而事业单位的国有资产处置收入全额上缴财政，有偿使用收入则应纳入部门预算管理，可以留归单位使用而不必上缴财政。这主要是由于单位国有资产是国家对事业单位的资本金投入，相当于企业的所有者权益，资产处置后，自然应该归还出资人，而不能留归单位自行使用。

单位应设置“资产处置费用”科目对上述内容进行核算。单位在资产清查中查明的资产盘亏、毁损以及资产报废等，应当先通过“待处理财产损溢”科目进行核算，再将处理资产价值和处理净支出计入本科目。短期投资、长期股权投资、长期债券投资的处置，不在本科目核算的范围内，按照相关资产科目的规定进行账务处理。

按照规定报经批准处置资产时，按照处置资产的账面价值，借记本科目，处置固定资产、无形资产、公共基础设施、保障性住房的，还应借记“固定资产累计折旧”“无形资产累计摊销”“公共基础设施累计折旧（摊销）”“保障性住房累计折旧”科目，按照处置资产的账面余额，贷记“库存物品”“固定资产”“无形资产”“公共基础设施”“政府储备物资”“文物文化资产”“保障性住房”“其他应收款”“在建工程”等科目。

处置资产过程中仅发生相关费用的，按照实际发生金额，借记本科目，贷记“银行存款”“库存现金”等科目。

处置资产过程中取得收入的，按照取得的价款，借记“库存现金”“银行存款”等科目，按照处置资产过程中发生的相关费用，贷记“银行存款”“库存现金”等科目，按照其差额，借记本科目；或贷记“应缴财政款”等科目。

【例 12－22】20×3 年 8 月，某事业单位按照规定报经批准处置某项设备 1 000 000 元，该项设备已提取固定资产累计折旧 900 000 元，处置过程中取得变价收入 20 000 元，发生拆除费用、评估费用、运输费用 50 000 元，款项均以银行转账收付。账务处理如下：

表 12－22

财务会计	预算会计
（1）报经批准处置	
借：资产处置费用　100 000 　固定资产累计折旧　900 000 　贷：固定资产——通用设备　1 000 000	不做账务处理
（2）取得变价收入，支付处置费用	
借：银行存款　20 000 　资产处置费用　30 000 贷：银行存款　50 000	借：其他支出——其他资金支出　30 000 　贷：资金结存——货币资金　30 000

政府单位账款核对中若发现现金短缺，属于无法查明原因的，报经批准核销时，借

记本科目，贷记“待处理财产损溢”科目。

政府单位资产清查过程中盘亏或者毁损、报废的存货、固定资产、无形资产、文物文化资产等，报经批准处理时，按照处理资产价值，借记本科目，贷记“待处理财产损溢——待处理财产价值”科目。处理收支结清时，处理过程中所取得收入小于所发生相关费用的，按照相关费用减去处理收入后的净支出，借记本科目，贷记“待处理财产损溢——处理净收入”科目。

【例12－23】20×3年12月，某行政单位在盘点中发现库存物品短缺4 000元，无法查明原因，经批准予以核销。

表12－23

财务会计	预算会计
（1）批准前会计处理	
借：待处理财产损溢——待处理财产价值　4 000 　贷：库存物品　4 000	不做账务处理
（2）批准后核销时会计处理	
借：资产处置　300 　贷：待处理财产损溢——待处理财产价值　300	不做账务处理

期末，政府单位将本科目本期发生额转入本期盈余，借记“本期盈余”科目，贷记本科目。

五、上缴上级费用

上缴上级费用是事业单位按照财政部门和主管部门的规定上缴上级单位款项发生的费用。上缴上级费用的事业单位是实行独立核算并附属于上级单位的事业单位。根据本单位与上级单位之间的体制安排，事业单位取得的各项收入，应当按规定的标准或比例上缴上级单位，形成事业单位的上缴上级费用。因此，上缴上级费用与附属单位上缴收入在上下级单位之间形成业务上的对应关系。

事业单位应设置“上缴上级费用”科目，用于核算事业单位按照财政部门和主管部门规定上缴上级单位款项发生的费用。“上缴上级费用”科目平时借方余额反映事业单位上缴上级费用实际累计数；期末结转后，本科目应无余额。“上缴上级费用”科目应当按照收缴款项单位、缴款项目等进行明细核算。

事业单位发生上缴上级费用的，按照实际上缴金额或者按照规定计算出应当上缴上级单位的金额，借记“上缴上级费用”科目，贷记“银行存款”“其他应付款”等科目。同时，在预算会计下，按照实际上缴的金额，借记“上缴上级支出”科目，贷记“资金结存”科目。

【例12－24】20×3年4月1日，某附属医院按照规定应向上级总医院上缴管理费8万元，4月10日以银行转账支付。账务处理如下：

表 12－24

财务会计		预算会计	
(1) 4 月 1 日应上缴管理费			
借：上缴上级费用——××单位	80 000	不做账务处理	
贷：其他应付款	80 000		
(2) 4 月 10 日支付			
借：其他应付款	80 000	借：上缴上级支出	80 000
贷：银行存款	80 000	贷：资金结存——货币资金	80 000

期末结转时，将“上缴上级费用”科目本期发生额转入本期盈余，借记“本期盈余”科目，贷记“上缴上级费用”科目；年末结转时，应同时在预算会计下，借记“其他结余”科目，贷记“上缴上级支出”科目。

六、对附属单位补助费用

对附属单位补助费用是事业单位用财政拨款收入之外的收入对附属单位补助发生的费用。事业单位对附属单位的补助款项属于非财政资金，通常是事业单位自身取得的事业收入、经营收入和其他收入，或者是事业单位从其他附属单位取得的附属单位上缴收入等。对附属单位补助费用与上级补助收入在上下级单位间的业务内容上形成对应关系。事业单位无论是对附属单位进行补助还是收到上级补助收入，它们所涉及的款项均为非财政性资金，这些资金是有关单位调剂收支余缺的机动财力。

为了反映和核算用财政拨款收入之外的收入对附属单位补助发生的费用，事业单位应设置“对附属单位补助费用”科目，本科目应按照接受补助单位、补助项目等进行明细核算。期末结转后，本科目应无余额。

单位发生对附属单位补助支出的，按照实际补助的金额或者按照规定计算出应当对附属单位补助的金额，借记本科目，贷记“银行存款”“其他应付款”等科目。

【例 12－25】20×3 年 3 月，某教育集团用自有资金向附属小学拨付 10 万元，用于补充该小学的基本运转费用，通过银行转账支付。账务处理如下：

表 12－25

财务会计		预算会计	
借：对附属单位补助费用	100 000	借：对附属单位补助支出	100 000
贷：银行存款	100 000	贷：资金结存——货币资金	100 000

期末，将本科目本期发生额转入本期盈余，借记“本期盈余”科目，贷记本科目。期末结转后，本科目应无余额。

【例 12－26】20×3 年 3 月 31 日，某事业单位“对附属单位补助费用”科目借方发生额 200 000 元。期末结转时，账务处理如下：

表 12－26

财务会计	预算会计
借：本期盈余 200 000 贷：对附属单位补助费用 200 000	不做账务处理

七、所得税费用

所得税费用是指负有企业所得税缴纳义务的事业单位按规定缴纳企业所得税所形成的费用。

为了反映和核算有企业所得税缴纳义务的事业单位按规定缴纳企业所得税所形成的费用，事业单位应设置"所得税费用"科目。年末结转后，本科目应无余额。

发生企业所得税纳税义务的，按照税法规定计算的应交税费数额，借记本科目，贷记"其他应交税费——单位应交所得税"科目。实际缴纳时，按照缴纳金额，借记"其他应交税费——单位应交所得税"科目，贷记"银行存款"科目。

【例 12－27】某事业单位年末按照税法规定计算出本年度应纳税所得额为 10 000 元，适用所得税税率为 25%，应交所得税税额 2 500 元，通过银行转账支付。账务处理如下：

表 12－27

财务会计	预算会计
（1）计提应交所得税	
借：所得税费用 2 500 贷：其他应交税费——单位应交所得税 2 500	不做账务处理
（2）实际缴纳税费时	
借：其他应交税费——单位应交所得税 2 500 贷：银行存款 2 500	借：非财政拨款结余——累计结余 2 500 贷：资金结存——货币资金 2 500

年末结转时，将"所得税费用"科目本年发生额转入本期盈余，借记"本期盈余"科目，贷记"所得税费用"科目。由于"所得税费用"科目并没有直接对应的预算会计支出科目，故具体缴纳时仅对结余科目进行处理，年末结转时预算会计不做账务处理。

【例 12－28】某事业单位"所得税费用"科目本年借方发生额 2 500 元，年末结转。账务处理如下：

表 12－28

财务会计	预算会计
借：本期盈余 2 500 贷：所得税费用 2 500	不做账务处理

八、其他费用

其他费用是指单位发生的除业务活动费用、单位管理费用、经营费用、资产处置费用、上缴上级费用、附属单位补助费用、所得税费用以外的各项费用。主要包括利息费用、坏账损失、罚没支出、现金资产捐赠支出以及相关税费、运输费等。需要注意的是，单位发生的相关税费、运输费用等一般情况下应计入资产的成本，但接受捐赠或无偿调入的以名义金额计量的存货、固定资产，成本无法可靠取得的公共基础设施、文物文化资产等发生的相关税费、运输费，以及与受托代理资产相关的税费、运输费、保管费等，计入其他费用。

为了反映和核算其他费用，政府单位应设置“其他费用”科目。本科目应按照其他费用的类别等进行明细核算。发生的利息费用较多的单位，可以单独设置“利息费用”科目。期末结转后，本科目应无余额。

按期计算确认借款利息费用时，按照计算确定的金额，借款利息予以资本化的，借记“在建工程”科目，借款利息费用化的，则借记“其他费用”科目，贷记“应付利息”“长期借款——应计利息”等科目。按照国家规定，事业单位举借债务应当经过批准。

未发生纳入预算管理的货币资金变动，预算会计不需记账。在实际支付利息时，借记“其他支出”科目，贷记“资金结存——货币资金”科目。

【例 12－29】20×3 年 3 月，某事业单位计提流动资金银行贷款利息 200 000 元。3 月初通过银行转账账户支付。账务处理如下：

表 12－29

财务会计	预算会计
（1）计提利息	
借：其他费用——利息费用 200 000 　贷：应付利息 200 000	不做账务处理
（2）支付利息	
借：应付利息 200 000 　贷：银行存款 200 000	借：其他支出——其他资金支出 200 000 　贷：资金结存——货币资金 200 000

年末，事业单位按照规定对收回后不需上缴财政的应收账款和其他应收款计提坏账准备时，按照计提金额，借记“其他费用”科目，贷记“坏账准备”科目；冲减多提的坏账准备时，按照冲减金额，借记“坏账准备”科目，贷记“其他费用”科目。

【例 12－30】某单位按照应收账款余额百分比法计提坏账准备，计提比率为 5%。20×3 年12 月 31 日，计提坏账准备 5 000 元。账务处理如下：

表 12－30

财务会计	预算会计
借：其他费用——坏账准备 5 000 　贷：坏账准备——应收账款 5 000	不做账务处理

单位发生罚没支出的，按照实际缴纳或应当缴纳的金额，借记“其他费用”科目，贷记“银行存款”“库存现金”“其他应付款”等科目。

单位对外捐赠现金资产的，按照实际捐赠的金额，借记“其他费用”科目，贷记“银行存款”“库存现金”等科目。

【例12－31】20×3年6月，某行政单位向对口支援贫困山区小学现金捐款20万元，通过银行转账支付。账务处理如下：

表12－31

财务会计	预算会计
借：其他费用 200 000 　贷：银行存款 200 000	借：其他支出——其他资金支出 200 000 　贷：现金结存——货币资金 200 000

单位接受捐赠（或无偿调入）以名义金额计量的存货、固定资产、无形资产，以及成本无法可靠取得的公共基础设施、文物文化资产等发生的相关税费、运输费等，按照实际支付的金额，借记“其他费用”科目，贷记“财政拨款收入”“零余额账户用款额度”“银行存款”“库存现金”等科目。同时，在预算会计下，借记“其他支出”科目，贷记“资金结存——货币资金”科目。

单位发生的与受托代理资产相关的税费、运输费、保管费等，按照实际支付或应付的金额，借记“其他费用”科目，贷记“零余额账户用款额度”“银行存款”“库存现金”“其他应付款”等科目。同时，在预算会计下，按照实际支付的金额，借记“其他支出”科目，贷记“资金结存——货币资金”科目。

期末结转时，将“其他费用”科目本期发生额转入本期盈余，借记“本期盈余”科目，贷记“其他费用”科目。

年末结转时，应同时在预算会计下，将“其他支出”科目本年发生额中的财政拨款支出转入财政拨款结转，借记“财政拨款结转——本年收支结转”科目，贷记“其他支出”科目下各财政拨款支出明细科目；将“其他支出”科目本年发生额中的非财政专项资金支出转入非财政拨款结转，借记“非财政拨款结转——本年收支结转”科目，贷记“其他支出”科目下各非财政专项资金支出明细科目；将“其他支出”科目本年发生额中的其他资金支出（非财政非专项资金支出）转入其他结余，借记“其他结余”科目，贷记“其他支出”科目下其他资金支出明细科目。

【例12－32】20×3年8月30日，某行政单位的“其他费用”科目借方发生额40 000元，其中，现金资产捐赠30 000元，接受捐赠（或无偿调入）关税费、运输费10 000元，期末结转。账务处理如下：

表12－32

财务会计	预算会计
借：本期盈余 40 000 　贷：其他费用——现金资产捐赠 30 000 　　　　　　——相关税费、运输费 10 000	不做账务处理

第二节 行政事业单位的预算支出

预算支出是指政府单位在预算年度内依法发生并纳入预算管理的现金流出。预算支出包括行政支出、事业支出、经营支出、上缴上级支出、对附属单位补助支出、投资支出、债务还本支出和其他支出。预算支出，一般应当按照收付实现制，在实际支付时予以确认，并按照实际支付金额进行计量。

一、行政支出

行政支出是指行政单位履行其职责实际发生的各项现金流出。行政支出是行政单位专用的会计科目，是行政单位预算资金流出的主要渠道。为加强行政支出的预算管理和会计核算，行政单位应对行政支出进行适当的分类。

（一）分类

按资金性质分类，可划分为财政拨款支出、非财政专项资金支出和其他资金支出。财政拨款支出，是指使用同级财政拨款发生的支出；非财政专项资金支出是指使用同级财政拨款以外的专项资金发生的支出；其他资金支出是指使用同级财政拨款、非财政专项资金以外的资金发生的支出。

按照资金来源不同分类，行政支出可分为一般公共预算财政拨款支出、政府性基金预算财政拨款支出等。一般公共预算财政拨款支出是指行政单位使用一般公共预算财政拨款安排的行政支出。政府性基金预算财政拨款支出是指行政单位使用政府性基金预算财政拨款安排的行政支出。

按部门预算管理要求分类，可划分为基本支出和项目支出。基本支出是指行政单位为了保障其正常运转、完成日常工作任务而发生的人员支出和日常公用经费支出；项目支出是指行政单位为了完成特定工作任务和单位发展目标，在基本支出之外所发生的支出。

按照政府支出功能分类，行政单位的各项行政支出都需要按照政府支出功能分类科目进行分类反映。行政单位行政支出中的政府支出功能分类与财政总会计“一般公共预算本级支出”“政府性基金预算本级支出”总账科目下设置的支出功能分类科目的明细科目应当是一致的。《政府收支分类科目》中的支出功能分类科目是行政单位各项预算收入和预算支出核算中需要进行明细核算的基本种类。

按照政府支出经济用途分类，可分为工资福利支出、商品和服务支出、对个人和家庭补助支出、债务利息支出、资本性支出（基本建设）、资本性支出、对企业补助（基本建设）、对企业补助、对社会保障补助和其他支出等十类。

（二）账户设置

为了反映和核算行政单位履行其职责实际发生的各项现金流出，行政单位应当设置“行政支出”科目，本科目应当分别按照“财政拨款支出”，“非财政专项资金支出”和

"其他资金支出"，"基本支出"和"项目支出"等进行明细核算，并按照2019年《政府收支分类科目》中"支出功能分类科目"的项级科目进行明细核算；"基本支出"和"项目支出"明细科目下应当按照《政府收支分类科目》中"部门预算支出经济分类科目"的款级科目进行明细核算，同时在"项目支出"明细科目下按照具体项目进行明细核算。有一般公共预算财政拨款、政府性基金预算财政拨款等两种或两种以上财政拨款的行政单位，还应当在"财政拨款支出"明细科目下按照财政拨款的种类进行明细核算。年末结转后，本科目应无余额。

对于预付款项，可通过在本科目下设置"待处理"明细科目进行明细核算，待确认具体支出项目后再转入本科目下相关明细科目。年末结账前，应将本科目"待处理"明细科目余额全部转入本科目下相关明细科目。

行政支出明细核算信息应当满足以下维度的要求：一是支出类型维度；二是资金来源维度；三是部门预算管理要求维度；四是支出经济分类维度；五是部门、项目维度。各行政单位可根据单位和预决算需要，按照不同的维度顺序灵活设置明细科目，经济科目，部门、项目等分类维度可并列设置，作为行政支出科目的辅助核算。行政支出明细科目设置如表12－33所示。

表12－33　行政支出明细科目设置

<table>
<tr><th>总账科目</th><th>一级明细科目</th><th>二级明细科目</th><th>三级明细科目</th><th>四级明细科目</th><th>五级明细科目</th><th>六级明细科目</th></tr>
<tr><td rowspan="6">行政支出</td><td rowspan="3">财政拨款支出</td><td rowspan="2">一般公共预算财政拨款</td><td rowspan="2">"支出功能分类科目"项级科目</td><td>基本支出</td><td>"部门预算支出经济分类科目"款级科目</td><td></td></tr>
<tr><td>项目支出</td><td>××项目</td><td>"部门预算支出经济分类科目"款级科目</td></tr>
<tr><td>政府性基金预算财政拨款</td><td>同上</td><td>同上</td><td>同上</td><td>同上</td></tr>
<tr><td>非财政专项资金支出</td><td>"支出功能分类科目"项级科目</td><td>项目支出</td><td>××项目</td><td>"部门预算支出经济分类科目"款级科目</td><td></td></tr>
<tr><td>其他资金支出</td><td>"支出功能分类科目"项级科目</td><td>基本支出</td><td>"部门预算支出经济分类科目"款级科目</td><td></td><td></td></tr>
<tr><td>待处理</td><td></td><td></td><td></td><td></td><td></td></tr>
</table>

（三）账务处理

向单位职工个人支付薪酬时，按照实际支付的金额，借记“行政支出”科目，贷记“财政拨款预算收入”“资金结存”等科目。同时，在财务会计下，计提职工薪酬时，按照单位应承担的职工薪酬费用，借记“业务活动费用”科目，贷记“应付职工薪酬”科目；实际支付薪酬时，则借记“应付职工薪酬”科目，贷记“银行存款”“财政拨款收入”“零余额账户用款额度”等科目。

按照规定代扣代缴个人所得税，以及代扣代缴或为职工缴纳职工社会保险费、住房公积金等时，按照实际缴纳的金额，借记“行政支出”科目，贷记“财政拨款预算收入”“资金结存”等科目。同时，在财务会计下，借记“其他应交税费——应交个人所得税”“应付职工薪酬”等科目，贷记“银行存款”“财政拨款收入”“零余额账户用款额度”等科目。

按照实际支付给外部人员个人的金额，借记“行政支出”科目，贷记“财政拨款预算收入”“资金结存”等科目。同时，在财务会计下，借记“其他应付款”科目，贷记“银行存款”“零余额账户用款额度”等科目。

按照规定代扣代缴个人所得税时，按照实际缴纳的金额，借记“行政支出”科目，贷记“财政拨款预算收入”“资金结存”等科目。同时，在财务会计下，借记“其他应交税费——应交个人所得税”科目，贷记“银行存款”“零余额账户用款额度”等科目。

行政单位为购买存货、固定资产、无形资产等以及为在建工程支付相关款项时，按照实际支付的金额，借记本科目，贷记“财政拨款预算收入”“资金结存”等科目。

行政单位发生预付账款时，按照实际支付的金额，借记本科目，贷记“财政拨款预算收入”“资金结存”等科目。对于暂付款项，在支付款项时可不做预算会计处理，待结算或报销时，按照结算或报销的金额，借记本科目，贷记“资金结存”科目。

发生其他各项支出时，按照实际支付的金额，借记“行政支出”科目，贷记“财政拨款预算收入”“资金结存”等科目。同时，在财务会计下，借记“业务活动费用”“预付账款”等科目，贷记“财政拨款收入”“零余额账户用款额度”“银行存款”等科目。

因购货退回等发生款项退回，或者发生差错更正的，属于当年支出收回的，按照收回或更正金额，借记“财政拨款预算收入”“资金结存”等科目，贷记“行政支出”科目。同时，在财务会计下，借记“银行存款”“零余额账户用款额度”“财政拨款收入”等科目，贷记“业务活动费用”科目。

年末，行政单位将本科目本年发生额中的财政拨款支出转入财政拨款结转，借记“财政拨款结转——本年收支结转”科目，贷记本科目下各财政拨款支出明细科目；将本科目本年发生额中的非财政专项资金支出转入非财政拨款结转，借记“非财政拨款结转——本年收支结转”科目，贷记本科目下各非财政专项资金支出明细科目；将本科目本年发生额中的其他资金支出（非财政非专项资金支出）转入其他结余，借记“其他结余”科目，贷记本科目下其他资金支出明细科目。

【例 12－33】某行政单位20×3 年发生下列与行政支出有关的业务：

（1）通过财政直接支付方式支付本单位职工薪酬580 000 元。

表 12－34

财务会计	预算会计
借：应付职工薪酬 580 000 贷：财政拨款收入 580 000	借：行政支出——财政拨款支出——基本支出 580 000 贷：财政拨款预算收入 580 000

（2）用非财政资金银行存款 60 000 元支付 A 项目的外部人员劳务费。

表 12－35

财务会计	预算会计
借：其他应付款 60 000 贷：银行存款 60 000	借：行政支出——其他资金支出——项目支出 60 000 贷：资金结存——货币资金 60 000

（3）通过单位零余额账户预付购买固定资产款项 95 500 元。

表 12－36

财务会计	预算会计
借：预付账款 95 500 贷：零余额账户用款额度 95 500	借：行政支出——财政拨款支出——基本支出 95 500 贷：资金结存——零余额账户用款额度 95 500

（4）收到“财政直接支付入账通知书”，通过财政直接支付方式购入计算机 100 台，价款 40 万元。

表 12－37

财务会计	预算会计
借：固定资产 400 000 贷：财政拨款收入 400 000	借：行政支出——财政拨款支出——基本支出 400 000 贷：财政拨款预算收入——基本支出 400 000

（5）通过单位零余额账户支付 A 专门项目的会议费用 100 000 元。

表 12－38

财务会计	预算会计
借：业务活动费用 100 000 贷：零余额账户用款额度 100 000	借：行政支出——财政拨款支出——项目支出 100 000 贷：资金结存——零余额账户用款额度 100 000

（6）年末，结转本年度“行政支出”科目余额，其中财政拨款支出 1 300 000 元，非财政专项资金支出 25 500 元，其他资金支出 60 000 元。

表 12－39

财务会计		预算会计	
		借：财政拨款结转——本年收支结转	1 300 000
		非财政拨款结转——本年收支结转	25 500
借：本期盈余	1 385 500	其他结余	60 000
贷：业务活动费用	1 385 500	贷：行政支出——财政拨款支出	1 300 000
		——非财政专项资金支出	25 500
		——其他资金支出	60 000

二、事业支出

（一）概念和分类

事业支出是事业单位开展专业业务活动及其辅助活动实际发生的各项现金流出。专业业务活动是指事业单位根据本单位专业特点所从事或开展的主要业务活动，如教育事业单位的教学活动、卫生事业单位的医疗保健活动等。为加强对事业支出的管理与核算，根据财政部门的要求，事业单位需要对事业支出进行适当的分类。事业支出的主要分类如下。

按经费性质划分，事业支出分为财政补助支出和非财政补助支出。财政补助支出是指事业单位使用事业财政补助预算收入而发生的事业支出。非财政补助支出是指事业单位使用除财政补助收入以外的资金而发生的支出。

按部门预算管理的要求划分，事业支出分为基本支出和项目支出两类。基本支出是事业单位为了保障其正常运转、完成日常工作而发生的支出，包括人员经费支出和日常公用经费支出。项目支出是事业单位为了完成特定工作任务和事业发展目标，在基本支出之外发生的支出。

按预算科目的要求，事业支出需要进行经济分类。根据《政府收支分类科目》的规定，事业支出需要按其经济内容分设类、款两级预算科目，并分别按照人员经费支出和日常公用经费支出进行核算。

人员经费支出，是指用于事业单位人员方面的经费支出，主要是《政府收支分类科目》中的“工资福利支出”和“对个人和家庭的补助”类别的具体款项。

日常公用经费支出，是指用于事业单位日常公务活动方面的经费支出，主要是《政府收支分类科目》中的“商品和服务支出”和“基本建设支出”类别的具体款项。

事业单位的事业支出必须严格按照部门预算规定的用途和数额使用，不可办理无预算、超预算范围的事业支出。对于违反财经纪律的开支，事业单位一律不得办理报销支付。

事业单位的事业支出应当保证单位的基本支出，包括人员经费和日常公用经费的需要。对于单位的基本支出，应当实行优先保障、优先安排的管理原则，只有在基本支出安排得到保证后，才能安排项目支出。事业单位的基本支出一般采用定员、定额的管理方法。

事业单位的项目支出应当实行区别轻重进行科学论证、合理排序申报、专款专用、追踪问效的管理制度。

事业单位应当严格划清事业支出和经营支出的界限，不可将应列入经营支出的项目列入事业支出，也不可将应列入事业支出的项目列入经营支出。

（二）账户设置

事业单位应设置“事业支出”科目，核算事业单位开展专业业务活动及其辅助活动实际发生的各项现金流出。“事业支出”科目平时借方余额反映当年事业单位事业支出的累计数；年末结转后，该科目应无余额。

（三）主要账务处理

支付单位职工（经营部门职工除外）薪酬。向单位职工个人支付薪酬时，按照实际支付的数额，借记本科目，贷记“财政拨款预算收入”“资金结存”等科目。按照规定代扣代缴个人所得税以及代扣代缴或为职工缴纳社会保险费、住房公积金等时，按照实际缴纳的金额，借记本科目，贷记“财政拨款预算收入”“资金结存”等科目。

为专业业务活动及其辅助活动支付外部人员劳务费。按照实际支付给外部人员个人的金额，借记本科目，贷记“财政拨款预算收入”“资金结存”等科目。按照规定代扣代缴个人所得税时，按照实际缴纳的金额，借记本科目，贷记“财政拨款预算收入”“资金结存”等科目。

开展专业业务活动及其辅助活动过程中为购买存货、固定资产、无形资产等以及在建工程支付相关款项时，按照实际支付的金额，借记本科目，贷记“财政拨款预算收入”“资金结存”等科目。

开展专业业务活动及其辅助活动过程中发生预付账款时，按照实际支付的金额，借记本科目，贷记“财政拨款预算收入”“资金结存”等科目。对于暂付款项，在支付款项时可不做预算会计处理，待结算或报销时，按照结算或报销的金额，借记本科目，贷记“资金结存”科目。

开展专业业务活动及其辅助活动过程中缴纳的相关税费以及发生的其他各项支出，按照实际支付的金额，借记本科目，贷记“财政拨款预算收入”“资金结存”等科目。

开展专业业务活动及其辅助活动过程中因购货退回等发生款项退回，或者发生差错更正的，属于当年支出收回的，按照收回或更正金额，借记“财政拨款预算收入”“资金结存”等科目，贷记本科目。

年末，将本科目本年发生额中的财政拨款支出转入财政拨款结转，借记“财政拨款结转——本年收支结转”科目，贷记本科目下各财政拨款支出明细科目；将本科目本年发生额中的非财政专项资金支出转入非财政拨款结转，借记“非财政拨款结转——本年收支结转”科目，贷记本科目下各非财政专项资金支出明细科目；将本科目本年发生额中的其他资金支出（非财政非专项资金支出）转入其他结余，借记“其他结余”科目，贷记本科目下其他资金支出明细科目。年末结转后，本科目应无余额。

【例 12－34】某教育事业单位 20×3 年发生下列与事业支出有关的业务：

（1）采用直接支付方式，为从事专业活动以及辅助活动人员发放职工薪酬 226 100 元。

表 12－40

财务会计	预算会计
借：应付职工薪酬 226 100 　贷：财政拨款收入 226 100	借：事业支出——财政拨款支出——基本支出 226 100 　贷：财政拨款预算收入 226 100

（2）通过银行存款账户支付了一笔事业支出，具体为“事业支出——其他资金支出”6 000 元。

表 12－41

财务会计	预算会计
借：应付职工薪酬 6 000 　贷：银行存款 6 000	借：事业支出——其他资金支出——基本支出 6 000 　贷：资金结存——货币资金 6 000

（3）收到财政国库支付执行机构委托其代理银行转来的“财政直接支付入账通知书”，财政国库支付执行机构通过财政零余额账户为事业单位支付了一笔事业支出，金额为 9 800 元，该笔款项用于购置教学设备等固定资产。

表 12－42

财务会计	预算会计
借：固定资产 9 800 　贷：财政拨款收入 9 800	借：事业支出——财政补助支出 9 800 　贷：财政拨款预算收入 9 800

该事业单位年终“事业支出”总账科目的本期发生额为 711 800 元。其中，“事业支出——财政补助支出——基本支出”本年发生额为 335 500 元，“事业支出——财政补助支出——项目支出”本年发生额为 226 000 元，“事业支出——非财政专项资金支出——项目支出”本年发生额为 68 100 元，“事业支出——其他资金支出——基本支出”本年发生额为 82 200 元。这些支出中，业务活动费用金额为 511 800 元，单位管理费用为200 000 元。

表 12－43

财务会计	预算会计
借：本期盈余 711 800 　贷：业务活动费用 511 800 　　单位管理费用 200 000	借：财政拨款结转——本年收支结转 561 500 　非财政拨款结转——本年收支结转 68 100 　其他结余 82 200 　贷：事业支出——财政补助支出——基本支出 335 500 　　　　　　　　　　　　——项目支出 226 000 　　事业支出——非财政专项资金支出——项目支出 68 100 　　事业支出——其他资金支出——基本支出 82 200

三、经营支出

经营支出是指事业单位在专业业务活动及其辅助活动之外开展非独立核算经营活动实际发生的各项现金流出。非独立核算单位是指事业单位内部的不具备独立法人资格、没有完整会计工作组织体系的部门或单位。事业单位从事非独立核算的经营部门所发生的全部支出都应纳入经营支出核算范围，并实行经营支出与经营收入相互配比。

经营支出和事业支出均为事业单位向社会提供产品或服务时发生的支出。不同之处是经营支出体现了保本获利原则，其支出只能从商品或服务接受方获得补偿；而事业支出体现了事业活动的公益性原则，既可能从产品或服务的接受方得到补偿，也可能从财政取得补偿。

事业单位开展非独立核算经营活动的，应当正确归集开展经营活动发生的各项费用数；无法直接归集的，应当按照规定的标准和比例合理分摊。

为了反映和核算专业业务活动及其辅助活动之外开展非独立核算经营活动实际发生的各项现金流出，事业单位应设置“经营支出”科目，本科目应当按照经营活动类别、项目、《政府收支分类科目》中“支出功能分类科目”的项级科目和“部门预算支出经济分类科目”的款级科目等进行明细核算。对于预付款项，可通过在本科目下设置“待处理”明细科目进行明细核算，待确认具体支出项目后再转入本科目下相关明细科目。年末结账前，应将本科目“待处理”明细科目余额全部转入本科目下相关明细科目。年末结转后，“经营支出”科目应无余额。

向职工个人支付薪酬时，按照实际的金额，借记本科目，贷记“资金结存”科目。按照规定代扣代缴个人所得税以及代扣代缴或为职工缴纳社会保险费、住房公积金等时，按照实际缴纳的金额，借记本科目，贷记“资金结存”科目。

按照实际支付给外部人员个人的金额，借记本科目，贷记“资金结存”科目。按照规定代扣代缴个人所得税时，按照实际缴纳的金额，借记本科目，贷记“资金结存”科目。

开展经营活动过程中为购买存货、固定资产、无形资产等以及为在建工程支付相关款项时，按照实际支付的金额，借记本科目，贷记“资金结存”科目。

开展经营活动过程中发生预付账款时，按照实际支付的金额，借记本科目，贷记“资金结存”科目。对于暂付款项，在支付款项时可不做预算会计处理，待结算或报销时，按照结算或报销的金额，借记本科目，贷记“资金结存”科目。

因开展经营活动缴纳的相关税费以及发生的其他各项支出，按照实际支付的金额，借记本科目，贷记“资金结存”科目。

开展经营活动中因购货退回等发生款项退回，或者发生差错更正的，属于当年支出收回的，按照收回或更正金额，借记“资金结存”科目，贷记本科目。

年末，事业单位将本科目本年发生额转入经营结余，借记“经营结余”科目，贷记本科目。

【例 12－35】某事业单位为增值税小规模纳税人，20×3 年 12 月期间发生以下经济业务：

（1）12 月 1 日为开展经营活动，经营中心用自筹资金购买设备 2 台 200 000 元，以银行存款支付。账务处理如下：

表 12－44

财务会计	预算会计
借：固定资产——通用设备 200 000 　贷：银行存款 200 000	借：经营支出 200 000 　贷：资金结存——货币资金 200 000

（2）12 月 20 日，经营中心预付经营用材料款 50 000 元，以银行存款支付。账务处理如下：

表 12－45

财务会计	预算会计
借：预付账款 50 000 　贷：银行存款 50 000	借：经营支出——待处理 50 000 　贷：资金结存——货币资金 50 000

（3）12 月 28 日，经营中心收到对方单位发票 70 000 元，以银行存款补付 20 000 元货款，材料验收入库。账务处理如下：

表 12－46

财务会计	预算会计
借：库存物品 70 000 　贷：银行存款 20 000 　　　预付账款 50 000	借：经营支出 70 000 　贷：资金结存——货币资金 20 000 　　　经营支出——待处理 50 000

（4）12 月 31 日，将经营支出本年发生额 320 000 元，结转至经营结余。账务处理如下：

表 12－47

财务会计	预算会计
不做账务处理	借：经营结余 320 000 　贷：经营支出 320 000

四、上缴上级支出

上缴上级支出是指事业单位按照财政部门和主管部门的规定上缴上级单位款项发生的现金流出。事业单位实行收入上缴办法是有条件的，事业单位及其上级单位要加强上缴上级支出的管理，应注意以下五个方面。

从单位性质看，实行收入上缴的单位应为独立核算的事业单位，且附属于上级单位。

从财务状况看，只有非财政拨款收入较多，且超过其正常支出也比较多的事业单位才可以实行收入上缴，大多数事业单位的非财政拨款收入应主要用于本单位的事业发展，通常不实行收入上缴办法。

从审批流程看，事业单位上缴上级支出的具体办法应由财政部门会同事业单位的主管部门制定，未经财政部门同意，事业单位可以拒绝上缴。

从资金来源看，事业单位需要上缴上级的款项通常为单位的事业（预算）收入、经营（预算）收入、其他（预算）收入等，即上缴上级的款项应为非财政拨款收入。

从会计核算看，当事业单位发生上缴上级支出业务时，收到上缴款项的上级单位如果是事业单位，则应将其作为附属单位上缴收入核算和管理，上下级单位在会计科目上存在对应关系，在编制部门预算、决算汇总报表时应予以内部抵销。

事业单位应当设置“上缴上级支出”科目核算按照财政部门和主管部门的规定上缴上级单位款项发生的现金流出。本科目应当按照收缴款项单位、缴款项目、《政府收支分类科目》中“支出功能分类科目”的项级科目和“部门预算支出经济分类科目”的款级科目等进行明细核算。年末结转后，本科目应无余额。

事业单位按照规定将款项上缴上级单位的，按照实际上缴的金额，借记本科目，贷记“资金结存”科目。

年末，事业单位将本科目本年发生额转入其他结余，借记“其他结余”科目，贷记本科目。

【例 12－36】某事业单位发生与上缴上级支出业务有关的经济业务如下：

（1）12 月 20 日，上缴主管部门经营收入 600 000 元，以银行存款支付。账务处理如下：

表 12－48

财务会计		预算会计	
借：上缴上级费用	600 000	借：上缴上级支出	600 000
贷：银行存款	600 000	贷：资金结存——货币资金	600 000

（2）12 月 31 日，将上缴上级支出本年发生额 600 000 元，结转至其他结余。账务处理如下：

表 12－49

财务会计	预算会计	
不做账务处理	借：其他结余	600 000
	贷：上缴上级支出	600 000

五、对附属单位补助支出

对附属单位补助支出是事业单位用财政拨款预算收入之外的收入对附属单位补助发生的现金流出。关于对附属单位补助支出，应注意以下三个方面。

（1）从单位性质上看，与附属单位上缴收入不同，对附属单位补助支出中的附属单位是指事业单位所属的实行独立核算的事业单位，而附属单位上缴收入中的附属单位不仅包括独立核算的事业单位，还包括独立核算的企业。

（2）从资金性质上看，一方面，要注意区分与事业支出的关系，对附属单位补助支出是一种均衡所属单位发展的调剂性质的支出，并不构成事业单位本身的正常支出，因此，与事业支出有很大不同；另一方面，要注意区分对附属单位补助支出与向附属单位转拨财政拨款的关系，对附属单位补助支出的资金来源是非财政资金，而向附属单位转拨财政拨款的资金来源是财政性资金。

（3）从会计核算上看，当上级事业单位对下级事业单位进行补助时，上级单位确认为对附属单位补助支出，下级单位应相应确认为上级补助收入，两者存在相互对应关系，在编制部门预算、决算汇总报表时应予以内部抵消。

为核算对附属单位补助支出，事业单位应设置“对附属单位补助支出”总账科目。本科目应当按照接受补助单位、补助项目、《政府收支分类科目》中“支出功能分类科目”的项级科目和“部门预算支出经济分类科目”的款级科目等进行明细核算。年末结转后，本科目应无余额。

事业单位发生对附属单位补助支出的，按照实际补助的金额，借记本科目，贷记“资金结存”科目。

年末，事业单位将本科目本年发生额转入其他结余，借记“其他结余”科目，贷记本科目。

【例 12－37】某单位 20×3 年发生以下经济业务：

（1）3 月 12 日，用自有资金对附属小学拨付资金 800 000 元，以银行存款支付。账务处理如下：

表 12－50

财务会计	预算会计
借：对附属单位补助费用 800 000 　贷：银行存款 800 000	借：对附属单位补助支出 800 000 　贷：资金结存——货币资金 800 000

（2）12 月 31 日，将对附属单位补助支出本年发生额 800 000 元，结转至其他结余。账务处理如下：

表 12－51

财务会计	预算会计
不做账务处理	借：其他结余 800 000 　贷：对附属单位补助支出 800 000

六、投资支出

投资支出是指事业单位以货币资金对外投资发生的现金流出。债务还本支出是指事业单位偿还自身所承担的、纳入预算管理的、从金融机构举借的债务本金的现金流出。在财务会计中，单位对外投资不作为费用管理，而是直接列入短期投资、长期股权投资和长期债券投资等资产科目反映；同样，在财务会计中，单位偿还短期或长期借款，也不作为费用或支出反映，而是直接冲减短期借款或长期借款。因此，投资支出与债务还本支出都是预算会计专设科目，在财务会计中并未设置与之对应的费用类科目。

需要注意的是，事业单位对外投资可以采用货币资金、实物、无形资产等不同方式，投资支出仅指事业单位以货币资金对外投资发生的现金流出。

为了反映和核算以货币资金对外投资发生的现金流出，事业单位应设置“投资支出”科目。本科目应当按照投资类型、投资对象、《政府收支分类科目》中“支出功能分类科目”的项级科目和“部门预算支出经济分类科目”的款级科目等进行明细核算。年末结转后，本科目应无余额。

以货币资金对外投资时，按照投资金额和所支付的相关税费金额的合计数，借记本科目，贷记“资金结存”科目。

事业单位出售、对外转让或到期收回本年度以货币资金取得的对外投资的，如果按规定将投资收益纳入单位预算，按照实际收到的金额，借记“资金结存”科目，按照取得投资时“投资支出”科目的发生额，贷记本科目，按照其差额，贷记或借记“投资预算收益”科目；如果按规定将投资收益上缴财政的，按照取得投资时“投资支出”科目的发生额，借记“资金结存”科目，贷记本科目。

事业单位出售、对外转让或到期收回以前年度以货币资金取得的对外投资的，如果按规定将投资收益纳入单位预算，按照实际收到的金额，借记“资金结存”科目，按照取得投资时“投资支出”科目的发生额，贷记“其他结余”等科目，按照其差额，贷记或借记“投资预算收益”科目；如果按规定将投资收益上缴财政的，按照取得投资时“投资支出”科目的发生额，借记“资金结存”科目，贷记“其他结余”等科目。

年末，事业单位将本科目本年发生额转入其他结余，借记“其他结余”科目，贷记本科目。

【例 12－38】某事业单位20×3年发生以下与投资有关的经济业务：

(1) 1月1日，报经主管部门批准，购买3张可转让、1年期、票面金额为1 000 000元、票面利率为4%的国债，共3 000 000元，到期一次还本付息，款项通过银行存款支付。账务处理如下：

表 12－52

财务会计		预算会计	
借：短期投资	3 000 000	借：投资支出	3 000 000
贷：银行存款	3 000 000	贷：资金结存——货币资金	3 000 000

（2）7月1日，将已购一年期票面金额1 000 000元、票面利率为4%的国债转让，共取得款项1 020 000元。账务处理如下：

①假如投资收益纳入单位预算管理，账务处理如下：

表12－53

财务会计		预算会计	
借：银行存款	1 020 000	借：资金结存——货币资金	1 020 000
贷：短期投资	1 000 000	贷：投资支出	1 000 000
投资收益	20 000	投资预算收益	20 000

②假如投资收益上缴财政，账务处理如下：

表12－54

财务会计		预算会计	
借：银行存款	1 020 000	借：资金结存——货币资金	1 000 000
贷：短期投资	1 000 000	贷：投资支出	1 000 000
应缴财政款	20 000		

（3）12月31日，将投资支出本年借方发生额2 000 000元转入其他结余；将投资预算收益本年贷方发生额20 000元结转至其他结余。账务处理如下：

表12－55

财务会计	预算会计	
不做账务处理	借：其他结余	2 000 000
	贷：投资支出	2 000 000
不做账务处理	借：投资预算收益	20 000
	贷：其他结余	20 000

七、债务还本支出

债务还本支出是指事业单位偿还自身承担的纳入预算管理的从金融机构举借的债务本金的现金流出。债务还本支出属于事业单位的非财政非专项资金支出。

为了反映和核算偿还自身承担的纳入预算管理的从金融机构举借的债务本金的现金流出，事业单位应设置“债务还本支出”科目，本科目应当按照贷款单位、贷款种类、《政府收支分类科目》中“支出功能分类科目”的项级科目和“部门预算支出经济分类科目”的款级科目等进行明细核算。年末结转后，本科目应无余额。

偿还各项短期或长期借款时，按照偿还的借款本金，借记“债务还本支出”科目，贷记“资金结存”科目。同时，在财务会计下，借记“短期借款”“长期借款”等科目，贷记“银行存款”等科目。

年末，事业单位将本科目本年发生额转入其他结余，借记“其他结余”科目，贷记本科目。

【例 12－39】某事业单位 20×3 年发生以下与借款有关的经济业务：

(1) 12 月 10 日，单位偿还半年期流动资金贷款 4 000 000 元，利息 10 000 元，以银行存款支付。账务处理如下：

表 12－56

财务会计		预算会计	
借：短期借款	4 000 000	借：债务还本支出	4 000 000
其他费用——利息费用	10 000	其他支出——其他资金支出	10 000
贷：银行存款	4 010 000	贷：资金结存——货币资金	4 010 000

(2) 12 月 31 日，将债务还本支出本年发生额 5 000 000 元转入其他结余。账务处理如下：

表 12－57

财务会计	预算会计	
不做账务处理	借：其他结余	4 000 000
	贷：债务还本支出	4 000 000

八、其他支出

其他支出是单位除行政支出、事业支出、经营支出、上缴上级支出、对附属单位补助支出、投资支出、债务还本支出以外的各项现金流出，包括利息支出、对外捐赠现金支出、现金盘亏损失、接受捐赠（调入）和对外捐赠（调出）非现金资产发生的税费支出、资产置换过程中发生的相关税费支出、罚没支出等。为核算其他支出，单位应设置“其他支出”科目。

为了反映和核算其他支出，政府单位应当设置“其他支出”科目，本科目应当按照其他支出的类别，“财政拨款支出”、“非财政专项资金支出”、“其他资金支出”、《政府收支分类科目》中“支出功能分类科目”的项级科目和“部门预算支出经济分类科目”的款级科目等进行明细核算。其他支出中如有专项资金支出，还应按照具体项目进行明细核算。年末结转后，本科目应无余额。

有一般公共预算财政拨款、政府性基金预算财政拨款等两种或两种以上财政拨款的政府单位，还应当在“财政拨款支出”明细科目下按照财政拨款的种类进行明细核算。发生利息支出、捐赠支出等其他支出金额较大或业务较多的，可单独设置“利息支出”“捐赠支出”等科目。

支付银行借款利息时，按照实际支付金额，借记本科目，贷记“资金结存”科目。对外捐赠现金资产时，按照捐赠金额，借记本科目，贷记“资金结存——货币资金”科目。

每日现金账款核对中如发现现金短缺，按照短缺的现金金额，借记本科目，贷记

“资金结存——货币资金”科目。经核实，属于应当由有关人员赔偿的，按照收到的赔偿金额，借记“资金结存货币资金”科目，贷记本科目。

接受捐赠（无偿调入）非现金资产发生的归属于捐入方（调入方）的相关税费、运输费等，以及对外捐赠（无偿调出）非现金资产发生的归属于捐出方（调出方）的相关税费、运输费等，按照实际支付金额，借记本科目，贷记“资金结存”科目。

资产置换过程中发生的相关税费，按照实际支付金额，借记本科目，贷记“资金结存”科目。

发生罚没等其他支出时，按照实际支出金额，借记本科目，贷记“资金结存”科目。

年末，政府单位将本科目本年发生额中的财政拨款支出转入财政拨款结转，借记“财政拨款结转——本年收支结转”科目，贷记本科目下各财政拨款支出明细科目；将本科目本年发生额中的非财政专项资金支出转入非财政拨款结转，借记“非财政拨款结转——本年收支结转”科目，贷记本科目下各非财政专项资金支出明细科目；将本科目本年发生额中的其他资金支出（非财政非专项资金支出）转入其他结余，借记“其他结余”科目，贷记本科目下各其他资金支出明细科目。

【例 12－40】某事业单位在 20×3 年间发生以下经济业务：

（1）3 月 31 日以银行存款支付未完工实验楼建设项目贷款利息 100 000 元、支付流动资金贷款利息 62 000 元。账务处理如下：

表 12－58

财务会计	预算会计
（1）支付未完工实验楼建设项目贷款利息	
借：在建工程 100 000 　贷：银行存款 100 000	借：其他支出——非财政专项资金支出——利息支出 100 000 　贷：资金结存——货币资金 100 000
（2）支付流动资金贷款利息	
借：其他费用——利息费用 62 000 　贷：银行存款 62 000	借：其他支出——其他资金支出——利息支出 62 000 　贷：资金结存——货币资金 62 000

（2）4 月 10 日，经批准，向对口援建希望小学捐赠款项 200 000 元，以银行存款支付。账务处理如下：

表 12－59

财务会计	预算会计
借：其他费用——现金资产捐赠 200 000 　贷：银行存款 200 000	借：其他支出——其他资金支出——对外捐赠现金支出 200 000 　贷：资金结存——货币资金 200 000

（3）4月15日，保险柜被盗现金盘亏10 000元。账务处理如下：

表12－60

财务会计	预算会计
借：待处理财产损溢——待处理财产价值　10 000 　贷：库存现金　10 000	借：其他支出——其他资金支出　10 000 　贷：资金结存——货币资金　10 000

（4）4月20日，经调查上述现金盘亏全额应由责任人赔偿，责任人赔偿现金10 000元。账务处理如下：

表12－61

财务会计	预算会计
借：其他应收款　10 000 　贷：待处理财产损溢——待处理财产价值　10 000	借：资金结存——货币资金　10 000 　贷：其他支出——其他资金支出——现金盘亏损失　10 000

（5）5月15日，接受捐赠的价值100 000元图书一批，支付图书运输费1 000元，该运输费由银行存款支付。账务处理如下：

表12－62

财务会计	预算会计
借：固定资产——图书、档案　101 000 　贷：银行存款　1 000 　　捐赠收入　100 000	借：其他支出——其他资金支出——接受捐赠税费支出　1 000 　贷：资金结存——货币资金　1 000

（6）12月10日，经税务局稽查确认缴纳税款滞纳金60 000元，通过银行以自有资金支付。账务处理如下：

表12－63

财务会计	预算会计
借：其他费用——罚没支出　60 000 　贷：银行存款　60 000	借：其他支出——其他资金支出——罚没支出　60 000 　贷：资金结存——货币资金　60 000

（7）12 月 31 日，上述业务的其他支出科目本年发生额如表 12－64 所示。

表 12－64　其他支出科目余额表

科目名称	借方发生额
其他支出——非财政专项资金支出——利息支出	100 000
——其他资金支出——利息支出	62 000
——其他资金支出——对外捐赠现金支出	200 000
——其他资金支出——接受捐赠税费支出	1 000
——其他资金支出——罚没支出	60 000
其他资金支出小计	423 000

①将其他支出——非财政专项资金支出——利息支出 100 000 元结转至非财政拨款结转——本年收支结转。账务处理如下：

表 12－65

财务会计	预算会计
不做账务处理	借：非财政拨款结转——本年收支结转　100 000 贷：其他支出——非财政专项资金支出——利息支出　100 000

②将其他支出——其他资金支出发生额 323 000 元结转至其他结余。账务处理如下：

表 12－66

财务会计	预算会计
不做账务处理	借：其他结余　323 000 贷：其他支出——利息支出　62 000 ——对外捐赠现金支出　200 000 ——接受捐赠税费支出　1 000 ——罚没支出　60 000

本章小结

本章主要讲解了行政事业单位的费用和预算支出的概念、特点和分类、会计核算基础和确认计量方法，以及各自的功能和作用。费用是指行政事业单位在履行职责或开展业务活动中耗费的经济资源。由行政事业单位控制的、供社会公众使用的公共基础设施、政府储备物资、文物文化资产、保障性住房等经济资源的耗费，也属于行政事业单位的费用，行政事业单位的费用按照不同的资源耗费目的和内容包括业务活动费用、单位管理费用、经营费用、资产处置费用、上缴上级费用、对附属单位补助费用、所得税费用和其他费用等种类。费用应当按照权责发生制基础进行确认和计量。费用和收入两个财务会计要素构筑行政事业单位的收入费用表。预算支出是指行政事业单位在履行职责或开展业务活动中实际发生的纳入部门预算管理的现金流出。行政事业单位的预算支出按照不同的资金用途包括行政支出、事业支出、经营支出、上缴上级支出、对附属单位补助支出、投资支出、债务还本支出和其他支出等种类。预算支出应当按照收付实现制基础进行确认和计量。预算支出和预算收入两个预算会计要素构筑行政事业单位的预算收入支出表。

期末，财务会计所确认收入与费用的本期发生额均结转至“本期盈余”科目。年末，只有“财政拨款预算收入”科目的本年发生额全部结转至“财政拨款结转”科目，而其他各预算收入和支出科目的本年发生额则应分别按财政拨款、非财政专项拨款或其他资金来源分别结转至“财政拨款结转”“非财政拨款结转”和“其他结余”科目。

课后习题

一、练习行政单位业务活动费用和行政支出的核算

某单位20×3年发生如下经济业务：

1. 通过财政直接支付方式向单位职工个人支付应付职工薪酬共计30 300元。

2. 通过财政直接支付方式购入一批库存物品，实际支付价款为6 500元。

3. 为履职领用一批库存物品，该批库存物品的账面余额为720元。

4. 为履职发生水费、电费等各项办公费用450元，款项通过财政授权支付方式支付。

5. 通过财政直接支付方式支付一项在建工程的建设款项95 800元。

6. 为履职所使用的固定资产计提折旧130 000元。

7. 年末，“业务活动费用”科目的本年发生额为335 000元。将其全数转入“本期盈余”科目。

8. 年末，“行政支出”科目的本年发生额为252 600元，其中，财政拨款支出252 000元，非财政专项资金支出480元，其他资金支出120元。分别将其转入“财政拨款结转——本年收支结转”“非财政拨款结转本年收支结转”和“其他结余”等科目。

根据以上经济业务，为该单位编制有关的会计分录。

二、练习事业单位业务活动费用、单位管理费用和事业支出的核算

某单位20×3年发生如下经济业务：

1. 为管理活动人员计提当月职工薪酬共计150 000元。

2. 通过财政直接支付的方式向单位开展专业业务活动以及从事行政及后勤管理的职工个人支付薪酬共计118 000元。

3. 通过银行存款账户为专业业务活动及其辅助活动支付外部人员的劳务费8 500元。

4. 在开展专业业务活动及其辅助活动过程中购买一项固定资产，发生预付账款8 000元，款项通过财政授权支付方式支付。固定资产尚未收到。

5. 为开展管理活动发生差旅费、因公出国费、会议费等费用62 500元，款项通过财政直接支付方式支付。

6. 开展专业业务活动的部门领用一批库存物品，该批库存物品的账面余额为830元；开展行政管理活动的部门领用一批库存物品，该批库存物品的账面余额为720元。本次库存物品共领出1 550元（830元+720元）。

7. 为开展专业业务活动所使用的固定资产计提折旧202 000元；为开展行政及后勤管理活动所使用的固定资产计提折旧56 000元。本次共计提固定资产折旧255 000元（202 000元+53 000元）。

8. 年末，“业务活动费用”科目的本年发生额为505 000元，“单位管理费用”科目的本年发生额为210 000元。将其全数转入“本期盈余”科目。

（11）年末，“事业支出”科目的本年发生额为562 000元，其中，财政拨款支出285 000元，非财政专项资金支出136 000元，其他资金支出141 000元。分别将其转入“财政拨款结转本年收支结转”“非财政拨款结转——本年收支结转”和“其他结余”等科目。

根据以上经济业务，为该单位编制有关的会计分录。

三、练习事业单位经营费用、所得税费用、经营支出的核算

某单位20×3年发生如下经济业务：

1. 为经营活动人员计提当月职工薪酬共计22 200元。

2. 为开展经营活动发出一批库存物品，该批库存物品的实际成本为3 100元。

3. 为开展经营活动发出一批库存物品，该批库存物品的实际成本为34 600元。

4. 为开展经营活动发生城市维护建设税500元，教育费附加300元，企业所得税280元，三项税费合计1 080元（500元+300元+280元）。

5. 为经营活动所使用的固定资产计提折旧70 000元。

6. 年末，“经营费用”科目的本年发生额为142 000元，将其全数转入“本期盈余”科目。

7. 年末，“经营支出”科目的本年发生额为168 000元，将其全额转入“经营结余”科目。

根据以上经济业务，为该单位编制有关的会计分录。

四、练习行政事业单位资产处置费用的核算

某单位20×3年发生如下经济业务：

1. 按照规定报经批准报废一项固定资产。该项固定资产的账面余额为68 000元，已计提折旧60 000元，账面价值为8 000元（68 000元－60 000元）。

2. 处理报废固定资产时发生相关费用500元，款项以银行存款支付。

3. 年末，“资产处置费用”科目的本年发生额为35 000元，将其全数转入“本期盈余”科目。

根据以上经济业务，为该单位编制有关的会计分录。

五、练习事业单位上缴上级费用和上缴上级支出的核算

某单位20×3年发生如下经济业务：

1. 按照财政部门和主管部门的规定上缴上级单位款项35 000元，款项以银行存款支付。

2. 年末，“上缴上级费用”科目的本年发生额为30 000元，将其全数转入“本期盈余”科目。

3. 年末，“上缴上级支出”科目的本年发生额为30 000元，将其全额转入“其他结余”科目。

根据以上经济业务，为该单位编制有关的会计分录。

六、练习事业单位对附属单位补助费用和对附属单位补助支出的核算

某单位20×3年发生如下经济业务：

1. 按照规定计算出应对附属单位的补助金额为150 000元，款项尚未支付。

2. 通过银行存款账户支付上一会计期间记入“其他应付款”科目的对附属单位补助款项158 000元。

3. 年末，“对附属单位补助费用”科目的本年发生额为315 000元，将其全数转入“本期盈余”科目。

4. 年末，“对附属单位补助支出”科目的本年发生额为338 000元，将其全额转入“其他结余”科目。

根据以上经济业务，为该单位编制有关的会计分录。

七、练习事业单位投资支出业务的核算

某单位20×3年发生如下经济业务：

1. 某事业单位利用闲散资金购买一批国债作为短期投资，实际投资成本为12 000元，款项以银行存款支付。次年，该事业单位出售该项短期投资，出售价款为12 800元，实际收到款项12 000元，按照规定，取得的相应投资收益800元（12 800元－12 000元）直接上缴财政。

2. 年末，某事业单位“投资支出”科目的本年发生额为85 000元。该事业单位将其全额转入“其他结余”科目。

根据以上经济业务，为该单位编制有关的会计分录。

八、练习练习事业单位债务还本支出业务的核算

某单位20×3年发生如下经济业务：

为购买一项固定资产经主管部门批准向银行借入一笔款项1 000 000元，借款期限为5年，每年支付借款利息50 000元，本金到期一次偿还。固定资产已购入并投入使用。5年后，如期偿还借款本金1 000 000元。以上相应借款的本息均通过银行存款支付。

根据以上经济业务，为该单位编制有关的会计分录。

九、练习行政事业单位其他费用和其他支出的核算

某单位20×3年发生如下经济业务：

1. 现金账款核对中发现库存现金短缺12元。

2. 经核实，现金账款核对中短缺的12元库存现金属于无法查明原因，报经批准后予以核销。

3. 接受其他单位无偿调入一项公共基础设施，该项公共基础设施的成本无法可靠取得，调入过程中，该行政单位发生相关费用 1 800 元，款项通过财政授权支付方式支付。

4. 报经批准无偿调出一项固定资产，调出过程中，该行政单位发生相关费用 650 元，款项通过财政授权支付方式支付。

5. 年末，“其他费用”科目的本年发生额为 8 200 元，将其全数转入“本期盈余”科目。

6. 年末，“其他支出”科目的本年发生额为 8 600 元，其中，财政拨款支出 8 300 元，非财政专项资金支出 200 元，其他资金支出 100 元，分别将其转入“财政拨款结转本年收支结转”“非财政拨款结转本年收支结转”和“其他结余”等科目。

根据以上经济业务，为该单位编制有关的会计分录。

第十三章　行政事业单位会计的净资产与预算结余

学习目标

通过本章的学习，要求学生了解行政事业单位各类净资产和预算结余的概念、特点，熟悉资产类会计科目，能够运用会计科目进行会计核算。

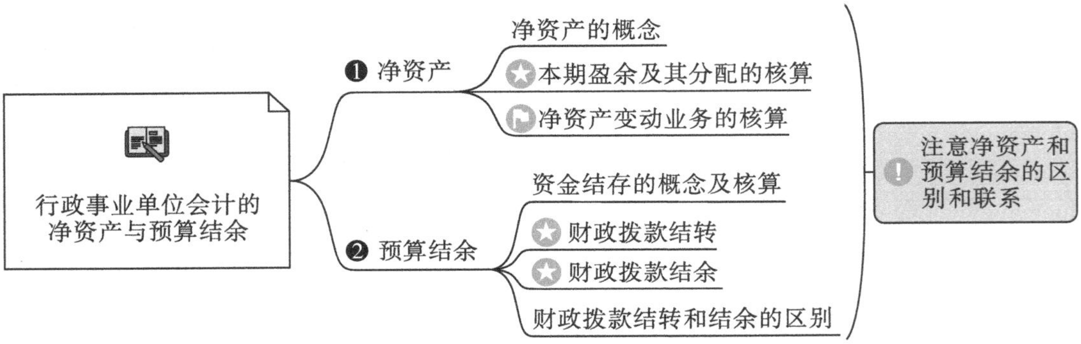

注：为学习重点　为学习难点　为学习提示

课前案例与思政

《省级部门财政结转结余资金管理办法》政策解读

2022 年 6 月 30 日，甘肃省财政厅印发了《省级部门财政结转结余资金管理办法》（以下简称《办法》），对结转资金和结余资金管理做了具体规定，明确了交回存量资金重新申请和安排的范围及程序，提出了减少结转结余资金的措施。《办法》的出台，对加强省级部门财政结转结余资金管理，优化财政资源配置，提高财政资金的使用效益起到了积极作用。现就有关事项解读如下：

一、制定背景

2021 年 3 月、7 月，国务院和省政府分别印发了进一步深化预算管理制度的意见，明确要求“盘活财政存量资金，完善结余资金收回使用机制”。2022 年 2 月，财政部组织开展地方财经秩序专项整治，将未及时收回和统筹安排结转结余资金作为问题整治。2022年5月，国务院印发的扎实稳住经济一揽子政策措施中明确提出，“加大盘活存量资金力度，对结余资金和连续两年未用完的结转资金按规定收回统筹使用，对不足两年的结转资金中不需按原用途使用的资金收回统筹用于经济社会发展急需支持的领域”。

为此，甘肃省财政厅在认真总结了近年来省级结转结余资金管理实践经验的基础上，根据《中华人民共和国预算法》及其实施条例，行政单位和事业单位财务规则，省委、省政府进一步深化预算管理要求和清理盘活财政存量资金有关规定，研究制定了《省级部门财政结转结余资金管理办法》。

二、基本框架和内容

《办法》共分七章三十八条，主要有以下内容：

第一章“总则”，共六条，主要明确了本办法的管理范围、结转资金和结余资金的定义以及应遵循的原则。

第二章“结转资金管理”，共九条，主要对基本支出和项目支出结转资金预算编制及批复、结转资金预算执行和结转统筹与调剂等事项做了具体规定。

第三章“结余资金管理”，共四条，主要对结余资金清理收回以及部门交回程序等事项作了具体规定。

第四章“交回资金的申请和安排”，共七条，主要针对交回的结转结余资金中，明确了可按原项目重新申请和安排的4种情形和不予安排的7种情形，并对按原项目重新安排资金的使用提出了具体要求。

第五章“减少结转结余资金的措施”，共七条，主要从预算安排环节、预算执行环节、绩效考核等方面提出了一些减少结转结余资金的措施。

第六章“结转结余资金的监督管理”，共三条，主要包括监督职责责任、问题处理等内容。

第七章“附则”，共两条，明确了部门（单位）内部结转结余资金管理要求以及办法的实施期限。

（资料来源：甘肃省财政厅，2022年7月8日）

第一节　行政事业单位的净资产

行政事业单位有两种不同口径确认的净资产和预算结余：一种是以权责发生制为基础的财务会计净资产，包括累计盈余、本期盈余、本年盈余分配、无偿调拨净资产和以前年度盈余调整；另一种以是收付实现制为基础的预算结余，包括资金结存、财政拨款结转结余、非财政拨款结转结余和其他结余。行政单位既应按权责发生制核算财务会计的净资产，也应按收付实现制核算预算会计的结余。

一、本期盈余

单位应设置“本期盈余”科目核算单位本期各项收入、费用相抵后的余额。科目期末贷方余额，反映单位自年初至当期期末累计实现的盈余。科目期末借方余额，反映单位自年初至当期期末累计发生的亏损。年末结转后，科目应无余额。

1. 期末需将各类收入科目的本期发生额转入本期盈余

【例 13－1】20×3 年 12 月 31 日，某行政单位全部财务会计收入科目 12 月贷方发生额合计：“财政拨款收入”为 2 000 000 元，“非同级财政拨款收入”为 400 000 元，“捐赠收入”为 20 000 元，“利息收入”为 10 000 元，“租金收入”为 30 000 元，“其他收入”为 550 000 元。账务处理如下：

表 13－1

财务会计		预算会计
借：财政拨款收入	2 000 000	不做账务处理
非同级财政拨款收入	400 000	
捐赠收入	20 000	
利息收入	10 000	
租金收入	30 000	
其他收入	550 000	
贷：本期盈余	3 010 000	

2. 将各类费用科目本期发生额转入本期盈余

【例 13－2】20×3 年 12 月 31 日，某行政单位全部财务会计费用科目 12 月借方发生额合计：“业务活动费用”为 195 000 元，“资产处置费用”为 56 000 元，“其他费用”为 54 000 元。账务处理如下：

表 13－2

财务会计		预算会计
借：本期盈余	305 000	不做账务处理
贷：业务活动费用	195 000	
资产处置费用	56 000	
其他费用	54 000	

二、本年盈余分配

单位应设置“本年盈余分配”科目核算单位本年度盈余分配的情况和结果。年末结转后，本科目应无余额。

年末，将“本期盈余”科目余额转入“本年盈余分配”科目，同时，将“本年盈余分配”科目余额转入累计盈余。

【例 13－3】续【例 13－1】及【例 13－2】所给本期盈余资料外，20×3 年 1—11 月“本期盈余”科目贷方发生额合计金额为 500 000 元。账务处理如下：

表 13－3

财务会计	预算会计
借：本期盈余　3 205 000 　贷：本年盈余分配　3 205 000	不做账务处理

三、以前年度盈余调整

单位应设置“以前年度盈余调整”科目核算单位本年度发生的调整以前年度盈余的事项，包括本年度发生的重要前期差错更正涉及调整以前年度盈余的事项。科目结转后应无余额。

表 13－4

财务会计	预算会计
（1）调整增加以前年度收入时	
按照调整增加的金额， 借：有关资产或负债科目 　贷：以前年度盈余调整	按实际收到的金额， 借：资金结存 　贷：财政拨款结转——年初余额调整 　　财政拨款结余——年初余额调整 　　非财政拨款结转——年初余额调整 　　非财政拨款结余——年初余额调整
调整减少的，财务会计与预算会计均做相反会计分录	
（2）调整增加以前年度费用时	
按照调整增加的金额， 借：以前年度盈余调整 　贷：有关资产或负债科目	按实际支付的金额， 借：财政拨款结转——年初余额调整 　财政拨款结余——年初余额调整 　非财政拨款结转——年初余额调整 　非财政拨款结余——年初余额调整 　贷：资金结存
调整减少的，财务会计与预算会计均做相反会计分录	
（3）盘盈的各种非流动资产，报经批准后处理时	
借：待处理财产损溢 　贷：以前年度盈余调整	—
（4）经上述调整后，应将“以前年度盈余调整”科目的余额转入累计盈余	
借或贷：累计盈余 　贷或借：以前年度盈余调整	—

【例 13－4】某行政单位20×3 年5 月18 日发现单位20×2 年11 月10 日为开展业务活动领用的库存物品成本共计5 000 元，20×2 年11 月10 日记账时登记为500 元，业务活动费用和存货均少记了4 500 元。账务处理如下：

表 13－5

财务会计		预算会计
借：以前年度盈余调整	4 500	不做账务处理
贷：库存物品	4 500	

四、无偿调拨净资产

单位应设置“无偿调拨净资产”科目核算单位无偿调入或调出非现金资产所引起的净资产变动金额。

按照规定取得无偿调入的存货、固定资产、无形资产、公共基础设施、政府储备物资、文物文化资产、保障性住房等，账务处理参见第八章相应内容。

按照规定经批准无偿调出存货、固定资产、无形资产、公共基础设施、政府储备物资、文物文化资产、保障性住房等，账务处理参见第八章相应内容。

年末，将科目余额转入累计盈余，只做财务会计分录。

五、累计盈余

单位应设置“累计盈余”科目核算单位历年实现的盈余扣除盈余分配后滚存的金额，以及因无偿调入调出资产产生的净资产变动额。科目期末余额，反映单位未分配盈余（或未弥补亏损）以及无偿调拨净资产变动的累计数。按照规定上缴、缴回、单位间调剂结转结余资金产生的净资产变动额，以及对以前年度盈余的调整金额，也通过该科目核算。

年末，将“本年盈余分配”“无偿调拨净资产”“以前年度盈余调整”等科目的余额转入累计盈余，只做财务会计分录。

【例 13－5】续【例 13－3】和【例 13－4】所给“本年盈余分配”及“以前年度盈余调整”金额，此外，该单位“无偿调拨净资产”本年贷方发生额为12 000 元。账务处理如下：

表 13－6

财务会计		预算会计
借：本年盈余分配	3 205 000	不做账务处理
无偿调拨净资产	12 000	
贷：累计盈余	3 212 500	
以前年度盈余调整	4 500	

按照规定上缴财政拨款结转结余、缴回非财政拨款结转资金、向其他单位调出财政拨款结转资金时，应编制如下会计分录。

表 13－7

财务会计	预算会计
按照实际上缴、缴回、调出金额	
借：累计盈余 　贷：财政应返还额度 　　零余额账户用款额度 　　银行存款	参照“财政拨款结转”“财政拨款结余”“非财政拨款结转”等科目进行账务处理
按照规定从其他单位调入财政拨款结转资金时，按照实际调入金额，应编制如下会计分录	
借：零余额账户用款额度 　银行存款 　贷：累计盈余	借：资金结存——零余额账户用款额度 　　　　——货币资金 　贷：财政拨款结转——归集调入

【例 13－6】某行政单位按规定通过单位零余额账户上缴完工项目结余资金170 000 元。

表 13－8

财务会计	预算会计
借：累计盈余　170 000 　贷：零余额账户用款额度　170 000	不做账务处理

第二节　行政事业单位的预算结余

预算结余是指政府会计主体预算年度内预算收入扣除预算支出后的资金余额，以及历年滚存的资金余额。预算结余包括结余资金和结转资金。结余资金是指年度预算执行终了，预算收入实际完成数扣除预算支出和结转资金后剩余的资金。结转资金是指预算安排项目的支出年终尚未执行完毕或者因故未执行，且下年需要按原用途继续使用的资金。

预算结余包括资金结存、财政拨款结转、财政拨款结余、非财政拨款结转、非财政拨款结余、专用结余、经营结余和其他结余。符合预算结余定义及其确认条件的项目应当列入政府决算报表。

一、资金结存

单位应设置“资金结存”科目核算单位纳入部门预算管理的资金的流入、流出、调整和滚存等情况。“资金结存”科目应当设置“零余额账户用款额度”“货币资金”“财政应返还额度”三个明细科目。

【例 13－7】某事业单位 20×3 年有授权支付预算指标 600 000 元，已下达额度 500 000 元，实际使用 470 000 元额度支付所购物品价款。年终财政收回额度，并于 20×4 年1 月恢复全部额度。20×4 年 1 月实际授权支付 30 000 元用于日常活动费用。账务处理如下：

表 13－9

财务会计	预算会计
（1）财政下达授权支付额度 600 000 元时	
借：零余额账户用款额度 600 000 　贷：财政拨款收入 600 000	借：资金结存——零余额账户用款额度 600 000 　贷：财政拨款预算收入 600 000
（2）单位实际使用授权额度时	
借：库存物品 470 000 　贷：零余额账户用款额度 470 000	借：行政支出 470 000 　贷：资金结存——零余额账户用款额度 470 000
（3）年终时，注销已下达的未用额度 30 000 元，确认未下达的额度 100 000 元	
借：财政应返还额度——财政授权支付 130 000 　贷：财政拨款收入——财政授权支付 100 000 　　零余额账户用款额度 30 000	借：资金结存——财政应返还额度 130 000 　贷：财政拨款预算收入 100 000 　　资金结存——零余额账户用款额度 30 000
（4）20×4 年恢复上年已注销未用额度 30 000 元时	
借：零余额账户用款额度 30 000 　贷：财政应返还额度——财政授权支付 30 000	借：资金结存——零余额账户用款额度 30 000 　贷：资金结存——财政应返还额度 30 000
（5）单位收到财政部门批复的上年未下达零余额账户用款额度 100 000 元时	
借：零余额账户用款额度 100 000 　贷：财政应返还额度——财政授权支付 100 000	借：资金结存——零余额账户用款额度 100 000 　贷：资金结存——财政应返还额度 100 000
（6）20×4 年实际授权支付	
借：业务活动费用 30 000 　贷：零余额账户用款额度 30 000	借：行政支出 30 000 　贷：资金结存——零余额账户用款额度 30 000

【例 13－8】某行政单位20×3年8月26日发现单位20×3年7月20日为开展业务活动所举办的会议费用多付了3 000元，按规定应予以收回。8月28日，退回的会议费已收存单位银行存款账户。账务处理如下：

表 13－10

财务会计		预算会计	
借：银行存款	3 000	借：资金结存——货币资金	3 000
贷：业务活动费用	3 000	贷：行政支出	3 000

二、财政拨款结转

单位应设置“财政拨款结转”科目核算单位取得的同级财政拨款结转资金的调整、结转和滚存情况。科目年末贷方余额，反映单位滚存的财政拨款结转资金数额。

该科目应当设置三类二级明细科目，如表 13－11 所示。

表 13－11 “财政拨款结转”科目应设置的二级明细科目

二级明细科目	核算内容	年末结账后有无余额
会计差错更正、以前年度支出收回相关的二级明细科目		
年初余额调整	因发生会计差错更正、以前年度支出收回等原因，需要调整财政拨款结转的金额	无
与财政拨款调拨业务相关的二级明细科目		
归集调入	按照规定从其他单位调入财政拨款结转资金时，实际调增的额度数额或调入的资金数额	无
归集调出	按照规定向其他单位调出财政拨款结转资金时，实际调减的额度数额或调出的资金数额	无
归集上缴	按照规定上缴财政拨款结转资金时，实际核销的额度数额或上缴的资金数额	无
单位内部调剂	经财政部门批准对财政拨款结余资金改变用途，调整用于本单位其他未完成项目等的调整金额	无
与年末财政拨款结转业务相关的二级明细科目		
本年收支结转	单位本年度财政拨款收支相抵后的余额	无
累计结转	单位滚存的财政拨款结转资金	年末贷方余额，反映单位滚存的财政拨款结转资金数额

续上表

二级明细科目	核算内容	年末结账后有无余额
"累计结转"的明细科目		
累计结转——基本支出结转——人员经费 ——日常公用经费 ——项目支出结转——××项目 同时，还应按《政府收支分类科目》中"支出功能分类科目"的相关科目进行明细核算。有一般公共预算财政拨款、政府性基金预算财政拨款等两种或两种以上财政拨款的，还应当在本科目下按照财政拨款的种类进行明细核算		

因会计差错更正、购货退回、预付款项收回等发生以前年度调整事项。

【例13－9】某行政单位20×3年3月20日发现单位20×2年10月20日为开展业务活动所举办的会议费用少付了23 000元，按规定应予以补付。3月28日，补付的会议费已通过单位零余额账户支付。账务处理如下：

表13－12

财务会计	预算会计
借：以前年度盈余调整　23 000 　贷：零余额账户用款额度　23 000	借：财政拨款结转——年初余额调整　23 000 　贷：资金结存——零余额账户用款额度　23 000

从其他单位调入财政拨款结转资金，按照实际调增的额度数额或调入、调出以及按照规定上缴财政拨款结转资金或注销财政拨款结转资金额度的事项。

【例13－10】某行政单位经批准增加日常办公经费，增加经费按规定从其他单位的财政拨款结余资金调入，月末财政向单位下达新增的授权支付用款额度320 000元。账务处理如下：

表13－13

财务会计	预算会计
借：零余额账户用款额度　320 000 　贷：财政拨款收入　320 000	借：资金结存——财政应返还额度　320 000 　贷：财政拨款结转——归集调入　320 000

【例13－11】某行政单位20×3年12月31日按规定削减本年某项目经费，削减的项目经费按照规定将项目结转资金上缴财政，行政单位通过零余额账户上缴了534 000元。账务处理如下：

表13－14

财务会计	预算会计
借：财政拨款收入　534 000 　贷：零余额账户用款额度　534 000	借：财政拨款结转——归集上缴　534 000 　贷：资金结存——零余额账户用款额度　534 000

经财政部门批准对财政拨款结余资金改变用途，调整用于本单位基本支出或其他未完成项目支出的，按照批准调剂的金额，只做预算会计分录。

【例 13－12】某行政单位经财政部门批准，将财政拨款结余转为财政拨款结转，用于其他未完成项目，调整金额为 340 000 元。账务处理如下：

表 13－15

财务会计	预算会计	
不做账务处理	借：财政拨款结余——单位内部调剂	340 000
	贷：财政拨款结转——单位内部调剂	340 000

与年末财政拨款结转和结余业务相关的账务处理。年末，将财政拨款预算收入本年发生额转入“财政拨款结转”科目，只做预算会计分录。将各项支出中财政拨款支出本年发生额转入“财政拨款结转”科目，只做预算会计分录。

【例 13－13】年终，行政单位有关预算收支科目结转前余额如表 13－16 所示（单位：元）。

表 13－16

科目	借方余额	贷方余额
财政拨款预算收入——基本支出拨款——人员经费		41 000 000
——公用经费		40 000 000
——项目支出拨款——A 项目		1 200 000
行政支出——财政拨款支出——基本支出——人员经费	41 000 000	
——公用经费支出	35 000 000	
——项目支出——A 项目	590 000	
其他支出——财政拨款支出	500 000	

账务处理如下：

表 13－17

财务会计	预算会计	
不做账务处理	借：财政拨款预算收入——人员经费	41 000 000
	——公用经费	40 000 000
	——项目支出拨款	1 200 000
	贷：财政拨款结转——本年收支结转	82 200 000
	借：财政拨款结转——本年收支结转	77 090 000
	贷：行政支出——人员经费	41 000 000
	——公用经费支出	35 000 000
	——项目支出	590 000
	其他支出	500 000

年末冲销“财政拨款结转”的有关明细科目余额。结转后，科目除“累计结转”明细科目外，其他明细科目应无余额，只做预算会计分录。

【例 13－14】结清【例 13－9】至【例 13－13】中财政拨款结转各明细科目发生额。账务处理如下：

表 13－18

财务会计	预算会计
不做账务处理	借：财政拨款结转——归集调入　470 000 ——单位内部调剂　440 000 ——累计结转　4 856 000 贷：财政拨款结转——年初余额调整　23 000 ——归集上缴　633 000 ——本年收支结转　5 110 000

年末完成上述结转后，应当对财政拨款结转各明细项目执行情况进行分析，按照有关规定将符合财政拨款结余性质的项目余额转入财政拨款结余，只做预算会计分录。

三、财政拨款结余

单位应设置“财政拨款结余”科目核算单位取得的同级财政拨款项目支出结余资金的调整、结转和滚存情况。科目年末贷方余额，反映单位滚存的财政拨款结余资金数额。

该科目应当设置三类二级明细科目，如表 13－19 所示。

表 13－19　“财政拨款结余”科目应设置的二级明细科目

二级明细科目	核算内容	年末结账后有无余额
会计差错更正、以前年度支出收回相关的二级明细科目		
年初余额调整	因发生会计差错更正、以前年度支出收回等原因，需要调整财政拨款结余的金额	无
与财政拨款调拨业务相关的二级明细科目		
归集上缴	按照规定上缴财政拨款结余资金时，实际核销的额度数额或上缴的资金数额	无
单位内部调剂	经财政部门批准对财政拨款结余资金改变用途，调整用于本单位其他未完成项目等的调整金额	无

续上表

二级明细科目	核算内容	年末结账后有无余额
与年末财政拨款结余业务相关的二级明细科目		
结转转入	单位按规定转入财政拨款结余的财政拨款结转资金	无
累计结余	单位滚存的财政拨款结余资金	年末贷方余额，反映单位滚存的财政拨款结余资金数额
	同时，还应按《政府收支分类科目》中“支出功能分类科目”的相关科目进行明细核算。有一般公共预算财政拨款、政府性基金预算财政拨款等两种或两种以上财政拨款的，还应当在本科目下按照财政拨款的种类进行明细核算	

因购货退回、会计差错更正等发生以前年度调整事项。

【例 13－15】某行政单位内部审计发现，上年度 A 项目结余资金 50 000 元误按 30 000 元上缴，差错的 20 000 元已通过单位零余额账户上缴并更正。账务处理如下：

表 13－20

财务会计	预算会计
借：以前年度盈余调整 20 000 贷：零余额账户用款额度 20 000	借：财政拨款结余——年初余额调整 20 000 贷：资金结存——零余额账户用款额度 20 000

单位内部调剂财政拨款结余资金，经财政部门批准对财政拨款结余资金改变用途，调整用于本单位基本支出或其他未完成项目支出的，按照批准调剂的金额，只做预算会计分录。

【例 13－16】某行政单位批准将本单位完成甲项目结余资金 770 000 元调整用于未完成的乙项目支出。账务处理如下：

表 13－21

财务会计	预算会计
不做账务处理	借：财政拨款结余——单位内部调剂 770 000 贷：财政拨款结转——单位内部调剂 770 000

按照规定上缴财政拨款结余资金或注销财政拨款结余资金额度的，以实际上缴资金数额或注销的资金额度数额进行核算处理。

【例 13－17】某行政单位按规定削减办公经费，削减的办公经费按照规定将核销未使用的零余额账户用款额度 45 000 元。账务处理如下：

表 13－22

财务会计		预算会计	
借：零余额账户用款额度	45 000	借：财政拨款结余——归集上缴	45 000
贷：财政应返回额度	45 000	贷：资金结存——财政应返回额度	45 000

年末，对财政拨款结余各明细项目执行情况进行分析，按照有关规定将符合财政拨款结余性质的项目余额转入财政拨款结余。此处只做预算会计分录，无须做财务会计分录。

【例 13－18】年终，某行政单位参照有关规定对财政拨款结转的丙项目执行情况进行分析后，确认其贷方余额 99 000 元符合财政拨款结余资金性质。账务处理如下：

表 13－23

财务会计	预算会计	
不做账务处理	借：财政拨款结转——累计结转	99 000
	贷：财政拨款结余——结转转入	99 000

年末冲销有关明细科目余额，将"财政拨款结余"的明细科目结转后，科目除"累计结余"明细科目外，其他明细科目应无余额，只做预算会计分录。

【例 13－19】年终，结清【例 13－15】至【例 13－18】中财政拨款结余各明细科目的发生额。账务处理如下：

表 13－24

财务会计	预算会计	
不做账务处理	借：财政拨款结余——结转转入	99 000
	——累计结余	736 000
	贷：财政拨款结余——归集上缴	45 000
	——单位内部调剂	770 000
	——年初余额调整	20 000

四、非财政拨款结转

单位应设置"非财政拨款结转"科目核算单位除财政拨款收支以外各非同级财政拨款专项资金的调整、结转和滚存情况。科目年末贷方余额，反映单位滚存的非同级财政拨款专项结转资金数额。

"非财政拨款结转"科目应当设置下列明细科目：

（1）"年初余额调整"科目：核算因发生会计差错更正、以前年度支出收回等原因，需要调整非财政拨款结转的资金。年末结转后，明细科目应无余额。

（2）"缴回资金"科目：核算按照规定缴回非财政拨款结转资金时，实际缴回的资金数额。年末结转后，明细科目应无余额。

（3）“项目间接费用或管理费”科目：核算单位取得的科研项目预算收入中，按照规定计提项目间接费用或管理费的数额。年末结转后，明细科目应无余额。

（4）“本年收支结转”科目：核算单位本年度非同级财政拨款专项收支相抵后的余额。年末结转后，明细科目应无余额。

（5）“累计结转”科目：核算单位滚存的非同级财政拨款专项结转资金。科目年末贷方余额，反映单位滚存的非同级财政拨款专项结转资金数额。

（6）还应当按照具体项目和《政府收支分类科目》中“支出功能分类科目”的相关科目等进行明细核算。

年末，将非同级财政拨款预算收入、其他预算收入本年发生额中的专项资金收入转入“非财政拨款结转”科目，只做预算会计分录。将行政支出和其他支出本年发生额中的非财政拨款专项资金支出转入“非财政拨款结转”科目，只做预算会计分录。

【例 13－20】年终，行政单位有关预算收支科目结转前余额如表 13－25 所示（单位：元）。

表 13－25

科目	借方余额	贷方余额
非同级财政拨款预算收入——专项资金收入		500 000
其他预算收入——专项资金收入		600 000
行政支出——非财政专项资金支出	300 000	
其他支出——非财政专项资金支出	280 000	

账务处理如下：

表 13－26

财务会计	预算会计
不做账务处理	借：非同级财政拨款预算收入——专项资金收入 500 000 其他预算收入——专项资金收入 600 000 贷：非财政拨款结转——本年收支结转 1 100 000
不做账务处理	借：非财政拨款结转——本年收支结转 580 000 贷：行政支出——非财政专项资金支出 300 000 其他支出——非财政专项资金支出 280 000

年末冲销非财政拨款结转有关明细科目余额，结转后，除“累计结转”明细科目外，其他明细科目应无余额，只做预算会计分录。

【例 13－21】年终，结清“非财政拨款结转”科目的“本年收支结转”明细科目贷方发生额530 000元，“缴回资金”明细科目借方发生额80 000元，“年初余额调整”明细科目贷方发生额320 000元。账务处理如下：

财务会计	预算会计
不做账务处理	借：非财政拨款结转——本年收支结转 530 000 ——年初余额调整 320 000 贷：非财政拨款结转——缴回资金 80 000 ——累计结转 770 000

年末完成上述结转后，应当对非财政拨款专项结转资金各项目情况进行分析，将留归本单位使用的非财政拨款专项（项目已完成）剩余资金转入非财政拨款结余，只做预算会计分录。

五、非财政拨款结余

行政事业单位应设置“非财政拨款结余”科目核算单位历年滚存的非限定用途的非同级财政拨款结余资金，主要为非财政拨款结余扣除结余分配后滚存的金额。科目年末贷方余额，反映单位非同级财政拨款结余资金的累计滚存数额。

“非财政拨款结余”科目应当设置“年初余额调整”“项目间接费用或管理费”“结转转入”“累计结余”等明细科目，还应当按照《政府收支分类科目》中“支出功能分类科目”的相关科目进行明细核算。

（1）因会计差错更正收到或支出非同级财政拨款货币资金，属于非财政拨款结余资金的，按照收到或支出的金额，编制相关会计分录。

（2）年末，将留归本单位使用的非财政拨款专项（项目已完成）剩余资金转入，只编预算会计分录。

（3）年末冲销非财政拨款结余有关明细科目余额，结转后，除“累计结余”明细科目外，其他明细科目应无余额，只做预算会计分录。

（4）年末，行政单位将“其他结余”科目余额转入非财政拨款结余，只编制预算会计分录。

上述（1）~（4）的账务处理虽然所用科目与前述非财政拨款结转不同，但方法相似，此处不再举例说明。

六、其他结余

单位应设置“其他结余”科目核算单位本年度除财政拨款收支和非同级财政专项资金收支以外各项收支相抵后的余额。年末结转后，科目应无余额。

下列情况只做预算会计分录。

（1）年末，将非同级财政拨款预算收入和其他预算收入本年发生额中的非专项资金收入本年发生额转入“其他结余”科目。

（2）将行政支出和其他支出本年发生额中的非同级财政、非专项资金支出的本年发生额转入“其他结余”科目。

年末，完成上述（1）~（2）结转后，行政单位将“其他结余”科目余额转入“非财政拨款结余——累计结余”科目。

本章小结

行政事业单位的净资产以权责发生制为基础，预算结余以收付实现制为基础。行政事业单位应按权责发生制核算净资产，同时，按收付实现制核算预算结余。

期末，行政事业单位应将所有的财务会计收入科目和费用科目本期发生额转入“本期盈余”科目，年末，再将“本期盈余”转入“本年盈余分配”科目，最后把“本年盈余分配”“无偿调拨净资产”“以前年度盈余调整”等科目的余额转入“累计盈余”科目。

年末，把“财政拨款预算收入”科目发生额全部转入“财政拨款结转”科目，其余的预算收入与支出科目的本年发生额则按照资金来源，如财政拨款、非财政专项资金、非财政非专项资金分别结转到“财政拨款结转”“非财政拨款结转”和“其他结余”科目。然后，对结转资金进行分析，符合结余性质的则转入“财政拨款结余”和“非财政拨款结余”科目，并将“其他结余”科目余额也转入“非财政拨款结余”科目余额。

课后习题

一、选择题

1. 行政事业单位非流动资产不包括（　　）。

A. 政府储备资产

B. 文物文化资产

C. 存货

D. 公共基础设施

2. 下列说法错误的是（　　）。

A. 行政事业单位收到受托代理、代管的现金，按照实际收到的金额，借记“库存现金——受托代理资产”科目，贷记“受托代理负债”科目

B. 行政事业单位为自制物品领用材料等，按照材料成本，借记“加工物品——自制物品（直接材料）”科目，贷记“库存物品”科目

C. 行政事业单位应当设置库存现金日记账，对于现金溢余，应当按照实际溢余的金额，借记“待处理财产损溢”科目，贷记“库存现金”科目

D. 行政事业单位在年末注销单位零余额账户用款额度后，该科目可能会有余额

3. 行政事业单位其他各项收入包括（　　）。

A. 行政事业单位在专业业务活动及其辅助活动之外开展独立核算经营活动取得的收入

B. 行政事业单位股权投资和债券投资实现的收益

C. 行政事业单位接受其他单位或者个人捐赠取得的收入

D. 行政事业单位未经批准利用国有资产出租取得，纳入本单位预算管理的租金收入

4. 行政事业单位为履职或开展业务活动人员计提的薪酬，按照计算确定的金额，应做如下分录（　　）。

A. 借：业务活动费用　贷：应付职工薪酬

B. 借：单位管理费用　贷：应付职工薪酬

C. 借：应付职工薪酬　贷：业务活动费用

D. 借：经营费用　贷：应付职工薪酬

二、综合会计分录题

1. 某行政单位收到代理银行转来的“财政授权支付到账通知书”，收到用款额度100 000元。

2. 某事业单位为增值税一般纳税人，某月通过财政直接支付购入一批业务用材料，材料不含税价款为300 000元，增值税进项税额为42 000元，材料已入库。

3. 年末，某事业单位确认未使用的财政直接支付用款额度20 000元。次年，该事业单位使用上年财政直接支付额度为业务部门购买电脑3台，价款合计24 000元。

4. 某行政单位接受某社会组织捐赠的卫生物资成本为500 000元，以零余额账户用款额度支付相关税费和运输费37 000元，物资已验收入库，作为政府储备物资。

5. 某事业单位职工工资实行财政统发制度。当月计算应发管理部门职工工资250 000元（以基本工资为例）。按照税法规定代扣职工个人所得税14 532元，从应付职工薪酬中代扣社会保险费24 326元，代扣住房公积金25 367元。通过财政直接支付职工工资，同时缴纳上述代扣款项。

6. 某事业单位开展专业业务活动取得收入30 000元，在非独立核算经营活动中取得服务收入10 000元，上述款项已存入银行。

7. 某事业单位对附属单位补助支出60 000元，以银行存款支付。

第十四章　行政事业单位的财务报表与预算执行情况表

学习目标

通过本章的学习，要求学生了解行政事业单位报告的概念、分类、编制原理，理解报告的构成内容，掌握财务报告和预算执行情况报告的编制。

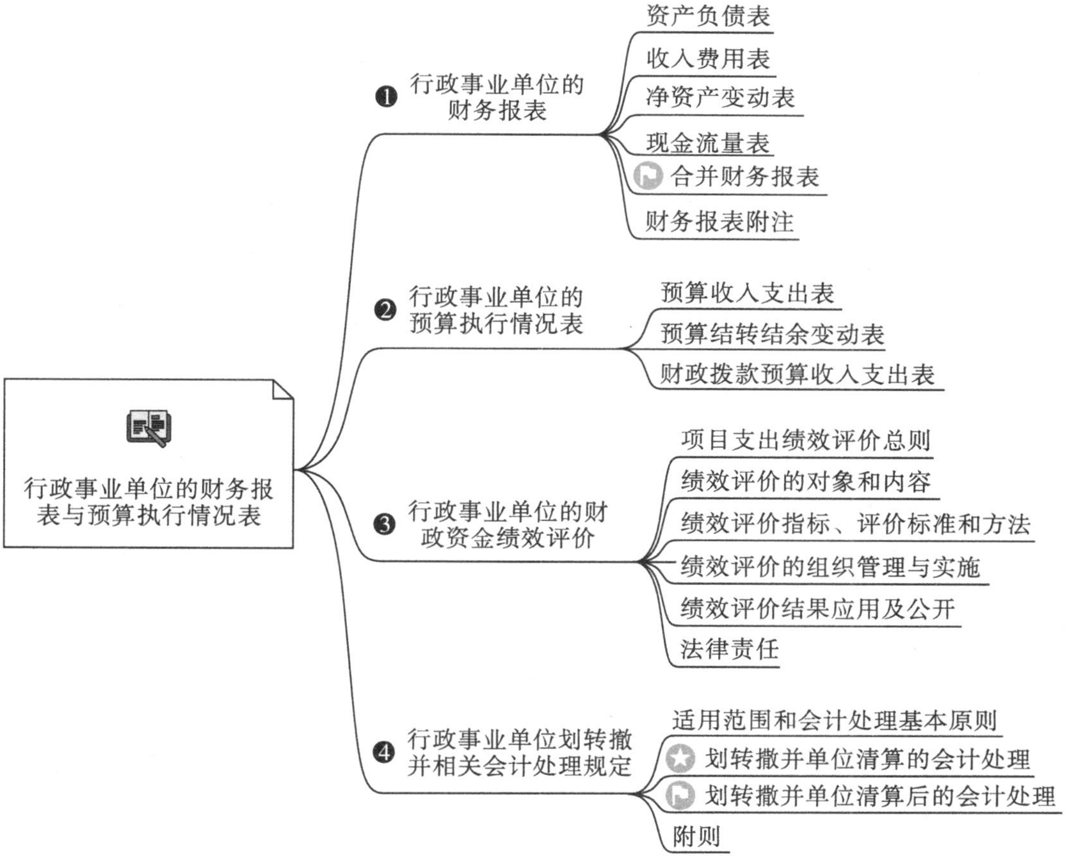

注：为学习重点　为学习难点　为学习提示

课前案例与思政

花钱更问效——102家中央部门公开2022年度部门决算

近日，随着财政部、中国地质调查局等部门公布2022年度部门决算，一年一度的中央部门决算公开拉开序幕。据统计，共有102个中央部门同日“晒”出年度收支“账本”。

记者查阅各部门决算“账本”发现，中央部门决算公开内容包括部门概况、部门决算表、部门决算情况说明、名词解释4个部分。各部门均公开了收入支出决算总表、财政拨款收入支出决算总表等9张报表，涵盖部门收支总体情况以及财政拨款收支情况。

“三公”经费信息公开进一步完善。财政部国库司相关负责人介绍，今年将“一般公共预算财政拨款‘三公’经费支出决算表”修改为“财政拨款‘三公’经费支出决算表”，包括一般公共预算财政拨款和政府性基金预算财政拨款。部门公开的说明中，“三公”经费支出既与全年预算数对比，还与上年决算数作对比。

“这些变化可以更加全面地反映‘三公’经费支出的资金来源。”中国财政科学研究院研究员白景明说。

与此同时，中央部门继续加大绩效信息公开力度，增加了项目绩效自评结果公开数量。数据显示，今年随同中央决算向全国人大常委会报送的项目绩效自评表的数量增长到699个，比上年增加113个。业内人士表示，这将更加充分展示预算资金的产出和效果，有利于促使各部门重视财政资金使用绩效。

在部门评价方面，财政部持续推动改进部门评价工作，督促部门加大对重点民生支出和体现核心职责的事业发展类项目评价力度，逐步实现部门评价重点项目全覆盖。

在财政评价方面，今年，财政部共确定52个项目开展财政重点评价；选择40个重点项目绩效评价报告，随同2022年度中央决算报告提交全国人大常委会参阅，报告数量比上年增加4个，涉及资金500多亿元。

中国社会科学院财经战略研究院财政审计研究室主任汪德华表示，持续加大部门绩效信息公开力度，一方面，向老百姓交出“明白账”，是打造阳光财政的必要之举；另一方面，也推动相关部门及其下属单位，更加重视提升工作绩效。

近年来，从“要我公开”到“我要公开”，中央部门“账本”晒得越来越细，查阅也更加便捷。中央部门公开的决算信息除了发布在各部门官方网站外，公众还可以通过登录财政部网站“中央预决算公开平台”专栏集中查阅。

根据预算法实施条例相关规定，中央部门在公开决算后，还将督促、指导所属单位认真履行主体责任，依法依规公开单位决算。

“今年是中央部门连续13年向社会公开部门决算，已形成了较成熟规范的做法，积累了大量丰富的信息。”汪德华说，下一步，要通过社会各界努力，进一步用好公开的信息，进一步推动打造阳光财政。

（资料来源：新华网，2023年7月26日）

第一节 行政事业单位的财务报表

行政事业单位财务会计报表是反映单位财务状况、运行情况和现金流量的书面报告，包括会计报表和附注等。会计报表至少包括资产负债表、收入费用表和现金流量表。财务会计报表的编制主要以权责发生制为基础，以财务会计核算生成的数据为准。行政事业单位可根据实际情况，以收付实现制为基础，自行选择编制现金流量表。另外，行政事业单位会计主体应当根据相关规定编制合并财务报表。

一、资产负债表

（一）资产负债表的格式

资产负债表是反映行政事业单位在某一特定日期全部资产、负债和净资产的情况的报表。资产负债表应当按照资产、负债和净资产分类分项列示，其格式如表 14－1 所示。

表 14－1 资产负债表

编制单位： ____年____月____日 单位：元

资产	年初余额	期末余额	负债和净资产	年初余额	期末余额
流动资产：			流动负债：		
货币资金			短期借款		
短期投资			应交增值税		
财政应返还额度			其他应交税费		
应收票据			应缴财政款		
应收账款净额			应付职工薪酬		
预付账款			应付票据		
应收股利			应付账款		
应收利息			应付政府补贴款		
其他应收款净额			应付利息		
存货			预收账款		
待摊费用			其他应付款		
一年内到期的非流动资产			预提费用		
其他流动资产			一年内到期的非流动负债		
流动资产合计			其他流动负债		
非流动资产：			流动负债合计		
长期股权投资			非流动负债：		

续上表

资产	年初余额	期末余额	负债和净资产	年初余额	期末余额
长期债券投资			长期借款		
固定资产原值			长期应付款		
减：固定资产累计折旧			预计负债		
固定资产净值			其他非流动负债		
工程物资			非流动负债合计		
在建工程			受托代理负债		
无形资产原值			负债合计		
减：无形资产累计摊销					
无形资产净值					
研发支出					
公共基础设施原值					
减：公共基础设施累计折旧（摊销）					
公共基础设施净值					
政府储备物资					
文物文化资产					
保障性住房原值					
减：保障性住房累计折旧			净资产：		
保障性住房净值			累计盈余		
长期待摊费用			专用基金		
待处理财产损溢			权益法调整		
其他非流动资产			无偿调拨净资产*		
非流动资产合计			本期盈余*		
受托代理资产			净资产合计		
资产总计			负债和净资产总计		

注：“*”标识项目为月报项目，年报中不需列示。

（二）资产负债表的具体内容

1. 资产类项目的具体内容

（1）“货币资金”项目，反映单位期末库存现金、银行存款、零余额账户用款额度、其他货币资金的合计数。

（2）“短期投资”项目，反映事业单位期末持有的短期投资账面余额。

（3）“财政应返还额度”项目，反映单位期末财政应返还额度的金额。

（4）“应收票据”项目，反映事业单位期末持有的应收票据的票面金额。

（5）“应收账款净额”项目，反映单位期末尚未收回的应收账款减去已计提的坏账准备后的净额。

（6）“预付账款”项目，反映单位期末预付给商品或者劳务供应单位的款项。

（7）“应收股利”项目，反映事业单位期末因股权投资而应收取的现金股利或应当分得的利润。

（8）“应收利息”项目，反映事业单位期末因债券投资等而应收取的利息。事业单位购入的到期一次还本付息的长期债券投资持有期间应收的利息，不包括在本项目内。

（9）“其他应收款净额”项目，反映单位期末尚未收回的其他应收款减去已计提的坏账准备后的净额。

（10）“存货”项目，反映单位期末存储的存货的实际成本。

（11）“待摊费用”项目，反映单位期末已经支出，但应当由本期和以后各期负担的分摊期在 1 年以内（含 1 年）的各项费用。

（12）“一年内到期的非流动资产”项目，反映单位期末非流动资产项目中将在 1 年内（含 1 年）到期的金额，如事业单位将在 1 年内（含 1 年）到期的长期债券投资金额。

（13）“其他流动资产”项目，反映单位期末除资产负债表中上述各项之外的其他流动资产的合计金额。

（14）“流动资产合计”项目，反映单位期末流动资产的合计数。

（15）“长期股权投资”项目，反映事业单位期末持有的长期股权投资的账面余额。

（16）“长期债券投资”项目，反映事业单位期末持有的长期债券投资的账面余额。

（17）“固定资产原值”项目，反映单位期末固定资产的原值。“固定资产累计折旧”项目，反映单位期末固定资产已计提的累计折旧金额。“固定资产净值”项目，反映单位期末固定资产的账面价值。

（18）“工程物资”项目，反映单位期末为在建工程准备的各种物资的实际成本。

（19）“在建工程”项目，反映单位期末所有的建设项目工程的实际成本。

（20）“无形资产原值”项目，反映单位期末无形资产的原值。“无形资产累计摊销”项目，反映单位期末无形资产已计提的累计摊销金额。“无形资产净值”项目，反映单位期末无形资产的账面价值。

（21）“研发支出”项目，反映单位期末正在进行的无形资产开发项目开发阶段发生的累计支出数。

（22）“公共基础设施原值”项目，反映单位期末控制的公共基础设施的原值。“公共基础设施累计折旧（摊销）”项目，反映单位期末控制的公共基础设施已计提的累计折旧和累计摊销金额。“公共基础设施净值”项目，反映单位期末控制的公共基础设施的账面价值。

（23）“政府储备物资”项目，反映单位期末控制的政府储备物资的实际成本。

（24）“文物文化资产”项目，反映单位期末控制的文物文化资产的成本。

（25）“保障性住房原值”项目，反映单位期末控制的保障性住房的原值。“保障性住房累计折旧”项目，反映单位期末控制的保障性住房已计提的累计折旧金额。“保障性住房净值”项目，反映单位期末控制的保障性住房的账面价值。

（26）“长期待摊费用”项目，反映单位期末已经支出，但应由本期和以后各期负担的分摊期限在1年以上（不含1年）的各项费用。

（27）“待处理财产损溢”项目，反映单位期末尚未处理完毕的各种资产的净损失或净溢余。

（28）“其他非流动资产”项目，反映单位期末除本表中上述（1）～（27）项之外的其他非流动资产的合计数。

（29）“非流动资产合计”项目，反映单位期末非流动资产的合计数。

（30）“受托代理资产”项目，反映单位期末受托代理资产的价值。

（31）“资产总计”项目，反映单位期末资产的合计数。

2. 负债类项目的具体内容

（1）“短期借款”项目，反映事业单位期末短期借款的余额。

（2）“应交增值税”项目，反映单位期末应缴未缴的增值税税额。

（3）“其他应交税费”项目，反映单位期末应缴未缴的除增值税以外的税费金额。

（4）“应缴财政款”项目，反映单位期末应当上缴财政但尚未缴纳的款项。

（5）“应付职工薪酬”项目，反映单位期末按有关规定应付给职工及为职工支付的各种薪酬。

（6）“应付票据”项目，反映事业单位期末应付票据的金额。

（7）“应付账款”项目，反映单位期末应当支付但尚未支付的偿还期限在1年以内（含1年）的应付账款的金额。

（8）“应付政府补贴款”项目，反映负责发放政府补贴的行政单位期末按照规定应当支付给政府补贴接受者的各种政府补贴款余额。

（9）“应付利息”项目，反映事业单位期末按照合同约定应支付的借款利息。事业单位到期一次还本付息的长期借款利息不包括在本项目内。

（10）“预收账款”项目，反映事业单位期末预先收取但尚未确认收入和实际结算的款项余额。

（11）“其他应付款”项目，反映单位期末其他各项偿还期限在1年内（含1年）的应付及暂收款项余额。

（12）“预提费用”项目，反映单位期末已预先提取的已经发生但尚未支付的各项费用。

（13）“一年内到期的非流动负债”项目，反映单位期末将于1年内（含1年）偿还的非流动负债的余额。

（14）“其他流动负债”项目，反映单位期末除资产负债表中上述各项之外的其他流动负债的合计数。

（15）“流动负债合计”项目，反映单位期末流动负债合计数。

（16）“长期借款”项目，反映事业单位期末长期借款的余额。

（17）“长期应付款”项目，反映单位期末长期应付款的余额。

（18）“预计负债”项目，反映单位期末已确认但尚未偿付的预计负债的余额。

（19）“其他非流动负债”项目，反映单位期末除上述（1）～（18）项之外的其他非流动负债的合计数。

（20）“非流动负债合计”项目，反映单位期末非流动负债合计数。

（21）“受托代理负债”项目，反映单位期末受托代理负债的金额。

（22）“负债合计”项目，反映单位期末负债的合计数。

3. 净资产类项目的具体内容

（1）“累计盈余”项目，反映单位期末未分配盈余（或未弥补亏损）以及无偿调拨净资产变动的累计数。

（2）“专用基金”项目，反映事业单位期末累计提取或设置但尚未使用的专用基金余额。

（3）“权益法调整”项目，反映事业单位期末在被投资单位除净损益和利润分配以外的所有者权益变动中累积享有的份额。

（4）“无偿调拨净资产”项目，反映单位本年度截至报告期期末无偿调入的非现金资产价值扣减无偿调出的非现金资产价值后的净值。

（5）“本期盈余”项目，反映单位本年度截至报告期期末实现的累计盈余或亏损。

（6）“净资产合计”项目，反映单位期末净资产合计数。

（7）“负债和净资产总计”项目，反映单位期末负债与净资产的合计数。

4. 资产负债表的填列

（1）“年初余额”栏内各项目的填列资产负债表“年初余额”栏内各项数字，应当根据上年年末资产负债表“期末余额”栏内数字填列。

如果本年度资产负债表规定的项目的名称和内容同上年度不一致，应当对上年年末资产负债表项目的名称和数字按照本年度的规定进行调整，将调整后数字填入本表“年初余额”栏内。

如果本年度单位发生了因前期差错更正、会计政策变更等原因而调整以前年度盈余的事项，还应当对“年初余额”栏中的有关项目金额进行相应调整。

（2）“期末余额”栏内各项目的填列资产负债表“期末余额”各项目的填列方法可归纳为如下几种情况。

①根据相关总账科目的期末余额直接填列。直接填列的资产项目：短期投资、财政应返还额度、应收票据、预付账款、应收股利、应收利息、待摊费用、长期股权投资、固定资产原值、固定资产累计折旧、工程物资、在建工程、无形资产原值、无形资产累计摊销、研发支出、公共基础设施原值、公共基础设施累计折旧（摊销）、政府储备物资、文物文化资产、保障性住房原值、保障性住房累计折旧、长期待摊费用、待处理财产损溢（贷方余额，以“－”号填列）。

直接填列的负债项目：短期借款、应交增值税（借方余额，以“－”号填列）、其他应交税费（借方余额，以“－”号填列）、应缴财政款、应付职工薪酬、应付票据、应付账款、应付政府补贴款、应付利息、预收账款、其他应付款、预提费用、预计负债、受托代理负债。

直接填列的净资产项目：累计盈余、专用基金、权益法调整（借方余额，以“－”号填列）、无偿调拨净资产（借方余额，则以“－”号填列）、本期盈余（借方余额，则以“－”号填列）。

②根据相关科目的期末余额合计填列。“货币资金”项目，应当根据“库存现金”“银行存款”“零余额账户用款额度”“其他货币资金”科目的期末余额的合计数填列；若单位存在通过“库存现金”“银行存款”科目核算的受托代理资产，还应当按照前述合计数扣减“库存现金”“银行存款”科目下“受托代理资产”明细科目的期末余额后的金额填列。

“存货”项目，应当根据“在途物品”“库存物品”“加工物品”科目的期末余额的合计数填列。

“其他流动资产”项目，应当根据有关科目期末余额的合计数填列。

“其他非流动资产”项目，应当根据有关科目的期末余额的合计数填列。

“受托代理资产”项目，应当根据“受托代理资产”科目的期末余额与“库存现金”“银行存款”科目下“受托代理资产”明细科目的期末余额的合计数填列。

“其他流动负债”项目，应当根据有关科目的期末余额的合计数填列。

“其他非流动负债”项目，应当根据有关科目的期末余额的合计数填列。

③根据相关科目的期末余额之差填列。“应收账款净额”项目，应当根据“应收账款”科目的期末余额，减去“坏账准备”科目中对应收账款计提的坏账准备的期末余额后的金额填列。

“其他应收款净额”项目，应当根据“其他应收款”科目的期末余额减去“坏账准备”科目中对其他应收款计提的坏账准备的期末余额后的金额填列。

“固定资产净值”项目，应当根据“固定资产”科目期末余额减去“固定资产累计折旧”科目期末余额后的金额填列。

“无形资产净值”项目，应当根据“无形资产”科目期末余额减去“无形资产累计摊销”科目期末余额后的金额填列。

“公共基础设施净值”项目，应当根据“公共基础设施”科目期末余额减去“公共基础设施累计折旧（摊销）”科目期末余额后的金额填列。

“保障性住房净值”项目，应当根据“保障性住房”科目期末余额减去“保障性住房累计折旧”科目期末余额后的金额填列。

“长期债券投资”项目，应当根据“长期债券投资”科目的期末余额减去其中将于1年内（含1年）到期的长期债券投资余额后的金额填列。

“长期借款”项目，应当根据“长期借款”科目的期末余额减去其中将于1年内（含1年）到期的长期借款余额后的金额填列。

“长期应付款”项目，应当根据“长期应付款”科目的期末余额减去其中将于1年内（含1年）到期的长期应付款余额后的金额填列。

④根据明细科目余额分析填列。“一年内到期的非流动资产”项目，应当根据“长期债券投资”等科目的明细科目的期末余额分析填列。

“一年内到期的非流动负债”项目，应当根据“长期应付款”“长期借款”等科目的明细科目的期末余额分析填列。

⑤根据报表项目合计填列。“流动资产合计”项目，应当根据资产负债表中“货币资金”“短期投资”“财政应返还额度”“应收票据”“应收账款净额”“预付账款”“应收股利”“应收利息”“其他应收款净额”“存货”“待摊费用”“一年内到期的非流动资产”“其他流动资产”项目金额的合计数填列。

“非流动资产合计”项目应当根据资产负债表中“长期股权投资”“长期债券投资”“固定资产净值”“工程物资”“在建工程”“无形资产净值”“研发支出”“公共基础设施净值”“政府储备物资”“文物文化资产”“保障性住房净值”“长期待摊费用”“待处理财产损溢”“其他非流动资产”项目金额的合计数填列。

“资产总计”项目，应当根据资产负债表中“流动资产合计”“非流动资产合计”“受托代理资产”项目金额的合计数填列。

“流动负债合计”项目，应当根据资产负债表中“短期借款”“应交增值税”“其他应交税费”“应缴财政款”“应付职工薪酬”“应付票据”“应付账款”“应付政府补贴款”“应付利息”“预收账款”“其他应付款”“预提费用”“一年内到期的非流动负债”“其他流动负债”项目金额的合计数填列。

“非流动负债合计”项目，应当根据资产负债表中“长期借款”“长期应付款”“预计负债”“其他非流动负债”项目金额的合计数填列。

“负债合计”项目，应当根据资产负债表中“流动负债合计”“非流动负债合计”“受托代理负债”项目金额的合计数填列。

“净资产合计”项目，应当根据资产负债表中“累计盈余”、“专用基金”、“权益法调整”、“无偿调拨净资产”（月度报表）、“本期盈余”（月度报表）项目金额的合计数填列。

“负债和净资产总计”项目，应当按照资产负债表中“负债合计”“净资产合计”项目金额的合计数填列。

二、收入费用表

（一）收入费用表的格式

收入费用表是反映行政事业单位在某一会计期间全部收入、费用及当期盈余情况的报表。

收入费用表应当按照收入、费用的构成情况分项列示，其格式如表14-2所示。

表 14－2　收入费用表

编制单位：　　　　　　　　　　____年____月____日　　　　　　　　　　单位：元

项目	本月数	本年累计数
一、本期收入		
财政拨款收入		
其中：政府性基金收入		
事业收入		
上级补助收入		
附属单位上缴收入		
经营收入		
非同级财政拨款收入		
投资收益		
捐赠收入		
利息收入		
租金收入		
其他收入		
二、本期费用		
业务活动费用		
单位管理费用		
经营费用		
资产处置费用		
上缴上级费用		
对附属单位补助费用		
所得税费用		
其他费用		
三、本期盈余		

（二）收入费用表的具体内容

月报中的“本月数”栏及“本年累计数”的具体内容。“本月数”栏反映各项目的本月实际发生数。“本年累计数”栏反映各项目自年初至报告期期末的累计实际发生数。

年报中的“本年数”栏及“上年数”栏的具体内容。编制年度收入费用表时，应当将“本月数”栏改为“本年数”栏，反映本年度各项目的实际发生数。

编制年度收入费用表时，应当将“本年累计数”栏改为“上年数”栏，反映上年度各项目的实际发生数。

1. 各项目的具体内容

（1）本期收入。

“本期收入”项目，反映单位本期收入总额。

“财政拨款收入”项目，反映单位本期从同级政府财政部门取得的各类财政拨款。

“政府性基金收入”项目，反映单位本期取得的财政拨款收入中属于政府性基金预算拨款的金额。

“事业收入”项目，反映事业单位本期开展专业业务活动及其辅助活动实现的收入。

“上级补助收入”项目，反映事业单位本期从主管部门和上级单位收到或应收的非财政拨款收入。

“附属单位上缴收入”项目，反映事业单位本期收到或应收的独立核算的附属单位按照有关规定上缴的收入。

“经营收入”项目，反映事业单位本期在专业业务活动及其辅助活动之外开展非独立核算经营活动实现的收入。

“非同级财政拨款收入”项目，反映单位本期从非同级政府财政部门取得的财政拨款，不包括事业单位因开展科研及其辅助活动从非同级财政部门取得的经费拨款。

“投资收益”项目，反映事业单位本期股权投资和债券投资所实现的收益或发生的损失。

“捐赠收入”项目，反映单位本期接受捐赠取得的收入。“利息收入”项目，反映单位本期取得的银行存款利息收入。“租金收入”项目，反映单位本期经批准利用国有资产出租取得并按规定纳入本单位预算管理的租金收入。

“其他收入”项目，反映单位本期取得的除以上收入项目外的其他收入的总额。

（2）本期费用。

“本期费用”项目，反映单位本期费用总额。

“业务活动费用”项目，反映单位本期为实现其职能目标，依法履职或开展专业业务活动及其辅助活动所发生的各项费用。

“单位管理费用”项目，反映事业单位本期本级行政及后勤管理部门开展管理活动发生的各项费用，以及由单位统一负担的离退休人员经费、工会经费、诉讼费、中介费等。

“经营费用”项目，反映事业单位本期在专业业务活动及其辅助活动之外开展非独立核算经营活动发生的各项费用。

“资产处置费用”项目，反映单位本期经批准处置资产时转销的资产价值以及在处置过程中发生的相关费用或者处置收入小于处置费用形成的净支出。

“上缴上级费用”项目，反映事业单位按照规定上缴上级单位款项发生的费用。

“对附属单位补助费用”项目，反映事业单位用财政拨款收入之外的收入对附属单位补助发生的费用。

"所得税费用"项目，反映有企业所得税缴纳义务的事业单位本期计算应缴纳的企业所得税。

"其他费用"项目，反映单位本期发生的除以上费用项目外的其他费用的总额。

（3）本期盈余。

"本期盈余"项目，反映单位本期收入扣除本期费用后的净额。

2. 收入费用表的填列

（1）"上年数"栏的填列。

"上年数"栏应当根据上年年度收入费用表中"本年数"栏内所列数字填列。

如果本年度收入费用表规定的项目的名称和内容同上年度不一致，应当对上年度收入费用表项目的名称和数字按照本年度的规定进行调整，将调整后的金额填入本年度收入费用表的"上年数"栏内。

如果本年度单位发生了因前期差错更正、会计政策变更等原因而调整以前年度盈余的事项，还应当对年度收入费用表中"上年数"栏中的有关项目金额进行相应调整。

（2）各项目的填列方法。

收入费用表中各项目的填列可归纳为以下3种方法：

①根据项目金额的合计数填列。这类项目有：本期收入和本期费用。

"本期收入"项目应当根据收入费用表中"财政拨款收入""事业收入""上级补助收入""附属单位上缴收入""经营收入""非同级财政拨款收入""投资收益""捐赠收入""利息收入""租金收入""其他收入"项目金额的合计数填列。

"本期费用"项目应当根据收入费用表中"业务活动费用""单位管理费用""经营费用""资产处置费用""上缴上级费用""对附属单位补助费用""所得税费用"和"其他费用"项目金额的合计数填列。

②根据相关科目的本期发生额填列。这类收入项目有：财政拨款收入、事业收入、上级补助收入、附属单位上缴收入、经营收入、非同级财政拨款收入、投资收益（如为投资净损失，以"－"号填列）、捐赠收入、利息收入、租金收入、其他收入。

这类费用项目有：业务活动费用、单位管理费用、经营费用、资产处置费用、上缴上级费用、对附属单位补助费用、所得税费用、其他费用。

③根据明细科目发生额填列。"政府性基金收入"项目，应当根据"财政拨款收入"相关明细科目的本期发生额填列。

④根据项目金额的差额填列。这类项目主要为"本期盈余"项目，应当根据本表中"本期收入"项目金额减去"本期费用"项目金额后的金额填列；如为负数，以"－"号填列。

三、净资产变动表

（一）净资产变动表的格式

净资产变动表是反映单位在某一会计年度内净资产项目的变动情况的报表。

净资产变动表按影响净资产变动的因素列示，格式如表 14－3 所示。

表 14－3 净资产变动表

编制单位： ____年____月____日 单位：元

项目	本年数				上年数			
	累计盈余	专用基金	权益法调整	净资产合计	累计盈余	专用基金	权益法调整	净资产合计
一、上年年末余额								
二、以前年度盈余调整（减少以“－”号填列）		—	—			—	—	
三、本年年初余额								
四、本年变动金额（减少以“－”号填列）								
（一）本年盈余		—	—			—	—	
（二）无偿调拨净资产		—	—			—	—	
（三）归集调整预算结转结余		—	—			—	—	
（四）提取或设置专用基金			—				—	
其中：从预算收入中提取	—		—		—		—	
从预算结余中提取			—				—	
设置的专用基金	—		—		—		—	
（五）使用专用基金			—				—	
（六）权益法调整	—	—			—	—		
五、本年年末余额								

注：“—”标识单元格不需填列。

（二）净资产变动表的具体内容

“本年数”栏和“上年数”栏的具体内容：“本年数”栏反映本年度各项目的实际变动数。“上年数”栏反映上年度各项目的实际变动数。

1. “本年数”栏各项目的具体内容

（1）“上年年末余额”行，反映单位净资产各项目上年年末的余额。

（2）“以前年度盈余调整”行，反映单位本年度调整以前年度盈余的事项对累计盈余进行调整的金额。

（3）“本年年初余额”行，反映经过以前年度盈余调整后，单位净资产各项目的本年年初余额。

（4）“本年变动金额”行，反映单位净资产各项目本年变动总金额。

（5）“本年盈余”行，反映单位本年发生的收入、费用对净资产的影响。

（6）“无偿调拨净资产”行，反映单位本年无偿调入、调出非现金资产事项对净资产的影响。

（7）“归集调整预算结转结余”行，反映单位本年财政拨款结转结余资金归集调入、归集上缴或调出，以及非财政拨款结转资金缴回对净资产的影响。

（8）“提取或设置专用基金”行，反映单位本年提取或设置专用基金对净资产的影响。

“从预算收入中提取”行，反映单位本年从预算收入中提取专用基金对净资产的影响。

“从预算结余中提取”行，反映单位本年根据有关规定从本年度非财政拨款结余或经营结余中提取专用基金对净资产的影响。

“设置的专用基金”行，反映单位本年根据有关规定设置的其他专用基金对净资产的影响。

（9）“使用专用基金”行，反映单位本年按规定使用专用基金对净资产的影响。

（10）“权益法调整”行，反映单位本年按照被投资单位除净损益和利润分配以外的所有者权益变动份额而调整长期股权投资账面余额对净资产的影响。

（11）“本年年末余额”行，反映单位本年各净资产项目的年末余额。

2. 净资产变动表的填列

（1）“上年数”栏的填列。

“上年数”栏反映上年度各项目的实际变动数，应当根据上年度净资产变动表中“本年数”栏内所列数字填列。

如果上年度净资产变动表规定的项目的名称和内容与本年度不一致，应对上年度净资产变动表项目的名称和数字按照本年度的规定进行调整，将调整后金额填入本年度净资产变动表“上年数”栏内。

（2）“本年数”栏各项目的填列方法。

①“上年年末余额”行，应当根据“累计盈余”“专用基金”和“权益法调整”科目上年年末余额填列。

②“以前年度盈余调整”行，应当根据本年度“以前年度盈余调整”科目转入“累计盈余”科目的金额填列；如调整减少累计盈余，以“－”号填列。

③“本年年初余额”行的“累计盈余”“专用基金”和“权益法调整”项目应当根据其各自在“上年年末余额”和“以前年度盈余调整”行对应项目金额的合计数填列。

④“本年变动金额”行的“累计盈余”“专用基金”和“权益法调整”项目应当根据其各自在“本年盈余”“无偿调拨净资产”“归集调整预算结转结余”“提取或设置专用基金”“使用专用基金”和“权益法调整”行对应项目金额的合计数填列。

⑤“本年盈余”行的“累计盈余”项目应当根据年末由“本期盈余”科目转入“本年盈余分配”科目的金额填列；如转入时借记“本年盈余分配”科目，则以“－”号填列。

⑥“无偿调拨净资产”行的“累计盈余”项目应当根据年末由“无偿调拨净资产”科目转入“累计盈余”科目的金额填列；如转入时借记“累计盈余”科目，则以“－”号填列。

⑦“归集调整预算结转结余”行的“累计盈余”项目应当根据“累计盈余”科目明细账记录分析填列；如归集调整减少预算结转结余，则以“－”号填列。

⑧“提取或设置专用基金”行的“累计盈余”项目应当根据“从预算结余中提取”行“累计盈余”项目的金额填列。“专用基金”项目应当根据“从预算收入中提取”“从预算结余中提取”和“设置的专用基金”行的“专用基金”项目金额的合计数填列。

“从预算收入中提取”行的“专用基金”项目应当通过对“专用基金”科目明细账记录的分析，根据本年按有关规定从预算收入中提取基金的金额填列。

“从预算结余中提取”行的“累计盈余”和“专用基金”项目应当通过对“专用基金”科目明细账记录的分析，根据本年按有关规定从本年度非财政拨款结余或经营结余中提取专用基金的金额填列；本行“累计盈余”项目以“－”号填列。

“设置的专用基金”行的“专用基金”项目应当通过对“专用基金”科目明细账记录的分析，根据本年按有关规定设置的其他专用基金的金额填列。

⑨“使用专用基金”行的“累计盈余”“专用基金”项目应当通过对“专用基金”科目明细账记录的分析，根据本年按规定使用专用基金的金额填列；本行“专用基金”项目以“－”号填列。

⑩“权益法调整”行的“权益法调整”项目应当根据“权益法调整”科目本年发生额填列；若本年净发生额为借方，则以“－”号填列。

⑪“本年年末余额”行的“累计盈余”“专用基金”和“权益法调整”项目应当根据其各自在“本年年初余额”和“本年变动金额”行对应项目金额的合计数填列。

⑫各行“净资产合计”项目，应当根据所在行“累计盈余”“专用基金”和“权益法调整”项目金额的合计数填列。

【例 14－1】某行政单位 20×3 年 12 月 31 日“累计盈余”贷方余额为 263 000 元，20×3 年度“以前年度盈余调整”科目转入“累计盈余”科目借方的金额为 40 000 元。

该行政单位应填列的净资产变动表项目为：

“上年年末余额”行的“累计盈余”项目：263 000

“以前年度盈余调整”行的“累计盈余”项目：－40 000

“本年年初余额”行的“累计盈余”项目：223 000

【例 14－2】某事业单位 20×3 年 12 月 31 日“本期盈余”科目转入“本年盈余分

配”科目的金额为1 458 000元，由“无偿调拨净资产”科目转入“累计盈余”科目的金额为748 000元，“累计盈余”科目中按照规定上缴财政拨款结转结余资金为300 000元，缴回非财政拨款结转资金为55 000元。从预算收入中提取的专用基金为613 000元，从预算结余中提取的专用基金为724 000元，设置的专用基金为200 000元，使用的专用基金为471 000元。

该事业单位应填列的净资产变动表如表14－4所示：

表14－4

项目	本年数			
	累计盈余	专用基金	权益法调整	净资产合计
……	……	……		
四、本年变动金额（减少以“－”号填列）	2 104 000	1 066 000		
（一）本年盈余	1 458 000	—	—	
（二）无偿调拨净资产	748 000	—	—	
（三）归集调整预算结转结余	－355 000	—	—	
（四）提取或设置专用基金	724 000	1 537 000	—	
其中：从预算收入中提取	—	613 000	—	
从预算结余中提取	724 000	724 000	—	
设置的专用基金	—	200 000	—	
（五）使用专用基金	－471 000	－471 000	—	
（六）权益法调整	—	—		
……	……	……		

四、现金流量表

（一）现金流量表的格式

现金流量表是反映单位在某一会计年度内现金流入和流出的信息的报表。现金流量表中的现金，是指行政事业单位的库存现金以及其他可以随时用于支付的款项，包括库存现金、可以随时用于支付的银行存款、其他货币资金、零余额账户用款额度、财政应返还额度，以及通过财政直接支付方式支付的款项。现金流量，是指上述现金的流入和流出。现金流量表应当按照日常活动、投资活动、筹资活动的现金流量分别反映，格式如表14－5所示。

表 14－5 现金流量表

编制单位：　　　　　　　　　　＿＿年＿＿月＿＿日　　　　　　　　　　单位：元

项目	本年金额	上年金额
一、日常活动产生的现金流量		
财政基本支出拨款收到的现金		
财政非资本性项目拨款收到的现金		
事业活动收到的除财政拨款以外的现金		
收到的其他与日常活动有关的现金		
日常活动的现金流入小计		
购买商品、接受劳务支付的现金		
支付给职工以及为职工支付的现金		
支付的各项税费		
支付的其他与日常活动有关的现金		
日常活动的现金流出小计		
日常活动产生的现金流量净额		
二、投资活动产生的现金流量		
收回投资收到的现金		
取得投资收益收到的现金		
处置固定资产、无形资产、公共基础设施等收回的现金净额		
收到的其他与投资活动有关的现金		
投资活动的现金流入小计		
购建固定资产、无形资产、公共基础设施等支付的现金		
对外投资支付的现金		
上缴处置固定资产、无形资产、公共基础设施等净收入支付的现金		
支付的其他与投资活动有关的现金		
投资活动的现金流出小计		
投资活动产生的现金流量净额		
三、筹资活动产生的现金流量		
财政资本性项目拨款收到的现金		
取得借款收到的现金		

续上表

项目	本年金额	上年金额
收到的其他与筹资活动有关的现金		
筹资活动的现金流入小计		
偿还借款支付的现金		
偿还利息支付的现金		
支付的其他与筹资活动有关的现金		
筹资活动的现金流出小计		
筹资活动产生的现金流量净额		
四、汇率变动对现金的影响额		
五、现金净增加额		

（二）现金流量表的具体内容

“本年金额”栏与“上年金额”栏的具体内容。“本年金额”栏反映各项目的本年实际发生数。“上年金额”栏反映各项目的上年实际发生数。

1.“本年金额”栏各项目的具体内容

（1）日常活动产生的现金流量。

“财政基本支出拨款收到的现金”项目，反映单位本年接受财政基本支出拨款取得的现金。

“财政非资本性项目拨款收到的现金”项目，反映单位本年接受除用于购建固定资产、无形资产、公共基础设施等资本性项目以外的财政项目拨款取得的现金。

“事业活动收到的除财政拨款以外的现金”项目，反映事业单位本年开展专业业务活动及其辅助活动取得的除财政拨款以外的现金。

“收到的其他与日常活动有关的现金”项目，反映单位本年收到的除以上项目之外的与日常活动有关的现金。

“日常活动的现金流入小计”项目，反映单位本年日常活动产生的现金流入的合计数。

“购买商品、接受劳务支付的现金”项目，反映单位本年在日常活动中用于购买商品、接受劳务支付的现金。

“支付给职工以及为职工支付的现金”项目，反映单位本年支付给职工以及为职工支付的现金。

“支付的各项税费”项目，反映单位本年用于缴纳日常活动相关税费而支付的现金。

“支付的其他与日常活动有关的现金”项目，反映单位本年支付的除上述项目之外与日常活动有关的现金。

“日常活动的现金流出小计”项目，反映单位本年日常活动产生的现金流出的合计数。

“日常活动产生的现金流量净额”项目，反映单位本年日常活动产生的现金净流入或净流出。

（2）投资活动产生的现金流量。

“收回投资收到的现金”项目，反映单位本年出售、转让或者收回投资收到的现金。

“取得投资收益收到的现金”项目，反映单位本年因对外投资而收到被投资单位分配的股利或利润，以及收到投资利息而取得的现金。

“处置固定资产、无形资产、公共基础设施等收回的现金净额”项目，反映单位本年处置固定资产、无形资产、公共基础设施等非流动资产所取得的现金，减去为处置这些资产而支付的有关费用之后的净额。由于自然灾害所造成的固定资产等长期资产损失而收到的保险赔款收入，也在本项目反映。

“收到的其他与投资活动有关的现金”项目，反映单位本年收到的除上述项目之外与投资活动有关的现金。对于金额较大的现金流入，应当单列项目反映。

“投资活动的现金流入小计”项目，反映单位本年投资活动产生的现金流入的合计数。

“购建固定资产、无形资产、公共基础设施等支付的现金”项目，反映单位本年购买和建造固定资产、无形资产、公共基础设施等非流动资产所支付的现金；融资租入固定资产支付的租赁费不在本项目反映，在筹资活动的现金流量中反映。

“对外投资支付的现金”项目，反映单位本年为取得短期投资、长期股权投资、长期债券投资而支付的现金。

“上缴处置固定资产、无形资产、公共基础设施等净收入支付的现金”项目，反映本年单位将处置固定资产、无形资产、公共基础设施等非流动资产所收回的现金净额予以上缴财政所支付的现金。

“支付的其他与投资活动有关的现金”项目，反映单位本年支付的除上述项目之外与投资活动有关的现金。对于金额较大的现金流出，应当单列项目反映。

“投资活动的现金流出小计”项目，反映单位本年投资活动产生的现金流出的合计数。

“投资活动产生的现金流量净额”项目，反映单位本年投资活动产生的现金净流入或净流出。

（3）筹资活动产生的现金流量。

“财政资本性项目拨款收到的现金”项目，反映单位本年接受用于购建固定资产、无形资产、公共基础设施等资本性项目的财政项目拨款取得的现金。

“取得借款收到的现金”项目，反映事业单位本年举借短期、长期借款所收到的现金。

“收到的其他与筹资活动有关的现金”项目，反映单位本年收到的除上述项目之外与筹资活动有关的现金。对于金额较大的现金流入，应当单列项目反映。

“筹资活动的现金流入小计”项目，反映单位本年筹资活动产生的现金流入的合计数。

“偿还借款支付的现金”项目，反映事业单位本年偿还借款本金所支付的现金。

“偿付利息支付的现金”项目，反映事业单位本年支付的借款利息等。

“支付的其他与筹资活动有关的现金”项目，反映单位本年支付的除上述项目之外与筹资活动有关的现金，如融资租入固定资产所支付的租赁费。

“筹资活动的现金流出小计”项目，反映单位本年筹资活动产生的现金流出的合计数。

“筹资活动产生的现金流量净额”项目，反映单位本年筹资活动产生的现金净流入或净流出。

（4）汇率变动对现金的影响额。

反映单位本年外币现金流量折算为人民币时，所采用的现金流量发生日的汇率折算的人民币金额与外币现金流量净额按期末汇率折算的人民币金额之间的差额。

（5）现金净增加额。

反映单位本年现金变动的净额。

2. 现金流量表的编制方法与项目填列

编制方法：单位可根据实际情况自行选择是否编制现金流量表。单位应当采用直接法编制现金流量表。

（1）“上年金额”栏的填列方法。

“上年金额”栏应当根据上年现金流量表中“本年金额”栏内所列数字填列。

（2）“本年金额”栏各项目填列方法。

“本年金额”栏各项目的填列方法可归纳为以下 3 种方法。

①根据科目及其所属明细科目的记录分析填列。日常活动产生的现金流量包括：“财政基本支出拨款收到的现金”项目，应当根据“零余额账户用款额度”“财政拨款收入”“银行存款”等科目及其所属明细科目的记录分析填列。

“财政非资本性项目拨款收到的现金”项目，应当根据“银行存款”“零余额账户用款额度”“财政拨款收入”等科目及其所属明细科目的记录分析填列。

“事业活动收到的除财政拨款以外的现金”项目，应当根据“库存现金”“银行存款”“其他货币资金”“应收账款”“应收票据”“预收账款”“事业收入”等科目及其所属明细科目的记录分析填列。

“收到的其他与日常活动有关的现金”项目，应当根据“库存现金”“银行存款”“其他货币资金”“上级补助收入”“附属单位上缴收入”“经营收入”“非同级财政拨款收入”“捐赠收入”“利息收入”“租金收入”“其他收入”等科目及其所属明细科目的记录分析填列。

“购买商品、接受劳务支付的现金”项目，应当根据“库存现金”“银行存款”“财政拨款收入”“零余额账户用款额度”“预付账款”“在途物品”“库存物品”“应付账款”“应付票据”“业务活动费用”“单位管理费用”“经营费用”等科目及其所属明细科目的记录分析填列。

“支付给职工以及为职工支付的现金”项目，应当根据“库存现金”“银行存款”“零余额账户用款额度”“财政拨款收入”“应付职工薪酬”“业务活动费用”“单位管理费用”“经营费用”等科目及其所属明细科目的记录分析填列。

“支付的各项税费”项目，应当根据“库存现金”“银行存款”“零余额账户用款额度”“应交增值税”“其他应交税费”“业务活动费用”“单位管理费用”“经营费用”“所得税费用”等科目及其所属明细科目的记录分析填列。

“支付的其他与日常活动有关的现金”项目，应当根据“库存现金”“银行存款”“零余额账户用款额度”“财政拨款收入”“其他应付款”“业务活动费用”“单位管理费用”“经营费用”“其他费用”等科目及其所属明细科目的记录分析填列。

投资活动产生的现金流量包括：

“收回投资收到的现金”项目，应该根据“库存现金”“银行存款”“短期投资”“长期股权投资”“长期债券投资”等科目的记录分析填列。

“取得投资收益收到的现金”项目，应当根据“库存现金”“银行存款”“应收股利”“应收利息”“投资收益”等科目的记录分析填列。

“处置固定资产、无形资产、公共基础设施等收回的现金净额”项目，应当根据“库存现金”“银行存款”“待处理财产损溢”等科目的记录分析填列。

“收到的其他与投资活动有关的现金”项目，应当根据“库存现金”“银行存款”等有关科目的记录分析填列。

“购建固定资产、无形资产、公共基础设施等支付的现金”项目，应当根据“库存现金”“银行存款”“固定资产”“工程物资”“在建工程”“无形资产”“研发支出”“公共基础设施”“保障性住房”等科目的记录分析填列。

“对外投资支付的现金”项目，应当根据“库存现金”“银行存款”“短期投资”“长期股权投资”“长期债券投资”等科目的记录分析填列。

“上缴处置固定资产、无形资产、公共基础设施等净收入支付的现金”项目，应当根据“库存现金”“银行存款”“应缴财政款”等科目的记录分析填列。

“支付的其他与投资活动有关的现金”项目，应当根据“库存现金”“银行存款”等有关科目的记录分析填列。

筹资活动产生的现金流量包括：

“财政资本性项目拨款收到的现金”项目，应当根据“银行存款”“零余额账户用款额度”“财政拨款收入”等科目及其所属明细科目的记录分析填列。

“取得借款收到的现金”项目，应当根据“库存现金”“银行存款”“短期借款”“长期借款”等科目记录分析填列。

“收到的其他与筹资活动有关的现金”项目，应当根据“库存现金”“银行存款”等有关科目的记录分析填列。

“偿还借款支付的现金”项目，应当根据“库存现金”“银行存款”“短期借款”

“长期借款”等科目的记录分析填列。

“偿付利息支付的现金”项目，应当根据“库存现金”“银行存款”“应付利息”“长期借款”等科目的记录分析填列。

“支付的其他与筹资活动有关的现金”项目，应当根据“库存现金”“银行存款”“长期应付款”等科目的记录分析填列。

“汇率变动对现金的影响额”项目，应根据外币现金的账户分析填列。

②根据现金流量表中相关项目合计填列。

“日常活动的现金流入小计”项目，应当根据现金流量表中“财政基本支出拨款收到的现金”“财政非资本性项目拨款收到的现金”“事业活动收到的除财政拨款以外的现金”“收到的其他与日常活动有关的现金”项目金额的合计数填列。

“日常活动的现金流出小计”项目，应当根据现金流量表中“购买商品、接受劳务支付的现金”“支付给职工以及为职工支付的现金”“支付的各项税费”“支付的其他与日常活动有关的现金”项目金额的合计数填列。

“投资活动的现金流入小计”项目，应当根据现金流量表中“收回投资收到的现金”“取得投资收益收到的现金”“处置固定资产、无形资产、公共基础设施等收回的现金净额”“收到的其他与投资活动有关的现金”项目金额的合计数填列。

“投资活动的现金流出小计”项目，应当根据现金流量表中“购建固定资产、无形资产、公共基础设施等支付的现金”“对外投资支付的现金”“上缴处置固定资产、无形资产、公共基础设施等净收入支付的现金”“支付的其他与投资活动有关的现金”项目金额的合计数填列。

“筹资活动的现金流入小计”项目，应当根据现金流量表中“财政资本性项目拨款收到的现金”“取得借款收到的现金”“收到的其他与筹资活动有关的现金”项目金额的合计数填列。

“筹资活动的现金流出小计”项目，应当根据现金流量表中“偿还借款支付的现金”“偿付利息支付的现金”“支付的其他与筹资活动有关的现金”项目金额的合计数填列。

“现金净增加额”项目，应当根据现金流量表中“日常活动产生的现金流量净额”“投资活动产生的现金流量净额”“筹资活动产生的现金流量净额”和“汇率变动对现金的影响额”项目金额的合计数填列；如为负数，以“-”号填列。

③根据表中相关项目之差填列。

“日常活动产生的现金流量净额”项目，应当按照现金流量表中“日常活动的现金流入小计”项目金额减去“日常活动的现金流出小计”项目金额后的金额填列；如为负数，以“-”号填列。

“投资活动产生的现金流量净额”项目，应当按照“投资活动的现金流入小计”项目金额减去“投资活动的现金流出小计”项目金额后的金额填列；如为负数，以“-”号填列。

“筹资活动产生的现金流量净额”项目，应当按照“筹资活动的现金流入小计”项目金额减去“筹资活动的现金流出小计”项目金额后的金额填列；如为负数，以“-”号填列。

五、合并财务报表

按《政府会计准则第 9 号——财务报表编制和列报》，行政事业单位会计主体应编制合并财务报表。

合并财务报表是反映合并主体和其全部被合并主体形成的报告主体的整体财务状况与运行情况的报表。合并主体，是指有一个或一个以上被合并主体的行政事业单位会计主体。合并主体通常也是合并财务报表的编制主体。被合并主体，是指符合规定的纳入合并主体合并范围的会计主体。合并财务报表至少包括合并资产负债表、合并收入费用表以及报表附注。

合并财务报表按照合并级次分为部门（单位）合并财务报表、本级政府合并财务报表和行政区政府合并财务报表。

部门（单位）合并财务报表，是指以政府部门（单位）本级作为合并主体，将部门（单位）本级及其合并范围内全部被合并主体的财务报表进行合并后形成的，反映部门（单位）整体财务状况与运行情况的财务报表。部门（单位）合并财务报表是政府部门财务报告的主要组成部分。本级政府合并财务报表，是指以本级政府财政作为合并主体，将本级政府财政及其合并范围内全部被合并主体的财务报表进行合并后形成的，反映本级政府整体财务状况与运行情况的财务报表。本级政府合并财务报表是本级政府综合财务报告的主要组成部分。行政区政府合并财务报表，是指以行政区本级政府作为合并主体，将本行政区内各级政府的财务报表进行合并后形成的，反映本行政区政府整体财务状况与运行情况的财务报表。行政区政府合并财务报表是行政区政府财务报告的主要组成部分。部门（单位）合并财务报表由部门（单位）负责编制；本级政府合并财务报表由本级政府财政部门负责编制。各级政府财政部门既负责编制本级政府合并财务报表，也负责编制本级政府所辖行政区政府合并财务报表。

合并财务报表的格式以部门（单位）合并收入费用表为例，见表 14－6。

表 14－6 合并收入费用表

编制单位：　　　　____年____月____日　　　　单位：元

项目	本年数	上年数
一、本期收入		
（一）财政拨款收入		
（二）事业收入		
其中：非同级财政拨款收入		
（三）上级补助收入		
（四）附属单位上缴收入		

续上表

项目	本年数	上年数
（五）经营收入		
（六）非同级财政拨款收入		
（七）投资收益		
（八）捐赠收入		
（九）利息收入		
（十）租金收入		
（十一）其他收入		
二、本期费用		
（一）工资福利费用		
（二）商品和服务费用		
（三）对个人和家庭补助费用		
（四）对企事业单位补贴费用		
（五）固定资产折旧费用		
（六）无形资产摊销费用		
（七）公共基础设施折旧（摊销）费用		
（八）保障性住房折旧费用		
（九）计提专用基金		
（十）所得税费用		
（十一）资产处置费用		
（十二）上缴上级费用*		
（十三）对附属单位补助费用*		
（十四）其他费用		
三、本期盈余		

注：1. 本表中“本期费用”各项目应当根据个别财务报表附注中“本期费用按经济分类的披露格式”所提供的信息合并填列。

2. 编制部门（单位）合并收入费用表时，标*的项目原则上应抵销完毕，金额为零。

六、财务报表附注

财务报表附注是对在会计报表中列示的项目所做的进一步说明，以及对未能在会计报表中列示项目的说明，是财务报表的重要组成部分。

凡对报表使用者的决策有重要影响的会计信息，不论本制度是否有明确规定，单位均应当充分披露。

财务报表附注主要内容包括下列内容：

1. 单位的基本情况

单位应当简要披露其基本情况，包括单位的主要职能、主要业务活动、所在地、预算管理关系等。

2. 会计报表编制基础

3. 遵循政府会计准则、制度的声明

4. 重要会计政策和会计估计

单位应当采用与其业务特点相适应的具体会计政策，并充分披露报告期内采用的重要会计政策和会计估计，主要包括以下内容：

（1）会计期间。

（2）记账本位币，外币折算汇率。

（3）坏账准备的计提方法。

（4）存货类别、发出存货的计价方法、存货的盘存制度，以及低值易耗品和包装物的摊销方法。

（5）长期股权投资的核算方法。

（6）固定资产分类、折旧方法、折旧年限和年折旧率；融资租入固定资产的计价和折旧方法。

（7）无形资产的计价方法；使用寿命有限的无形资产，其使用寿命估计情况；使用寿命不确定的无形资产，其使用寿命不确定的判断依据；单位内部研究开发项目划分研究阶段和开发阶段的具体标准。

（8）公共基础设施的分类、折旧（摊销）方法、折旧（摊销）年限，以及其确定依据。

（9）政府储备物资分类，以及确定其发出成本所采用的方法。

（10）保障性住房的分类、折旧方法、折旧年限。

（11）其他重要的会计政策和会计估计。

（12）本期发生重要会计政策和会计估计变更的，变更的内容和原因、受其重要影响的报表项目名称和金额、相关审批程序，以及会计估计变更开始适用的时点。

上述 12 项具有规定格式，如固定资产的披露格式，如表 14－7 所示。

表 14-7 固定资产的信息披露格式

项目	年初余额	本期增加额	本期减少额	期末余额
一、原值合计				
其中：房屋及构筑物				
通用设备				
专用设备				
文物和陈列品				
图书、档案				
家具、用具、装具及动植物				
二、累计折旧合计				
其中：房屋及构筑物				
通用设备				
专用设备				
家具、用具、装具				
三、账面价值合计				
其中：房屋及构筑物				
通用设备				
专用设备				
文物和陈列品				
图书、档案				
家具、用具、装具及动植物				

5. 会计报表重要项目说明

单位应当按照资产负债表和收入费用表项目列示顺序，采用文字和数据描述相结合的方式披露重要项目的明细信息。报表重要项目的明细金额合计，应当与报表项目金额相衔接。报表重要项目说明应包括但不限于下列内容：货币资金、应收账款、固定资产、在建工程、无形资产、公共基础设施、政府储备物资、受托代理资产、应付账款、其他流动负债、长期借款、事业收入、非同级财政拨款收入、其他收入、业务活动费用、其他费用、本期费用按照经济分类等项目。

6. 本年盈余与预算结余的差异情况说明

单位应当按照重要性原则，对本年度发生的各类影响收入（预算收入）和费用（预算支出）的业务进行适度归并和分析，披露将年度预算收入支出表中“本年预算收支差额”调节为年度收入费用表中“本期盈余”的信息。

有关披露格式如下：

表 14－8 有关披露格式

项目	金额
一、本年预算结余（本年预算收支差额）	
二、差异调节	
（一）重要事项的差异	
加：1. 当期确认为收入但没有确认为预算收入	
（1）应收款项、预收账款确认的收入	
（2）接受非货币性资产捐赠确认的收入	
2. 当期确认为预算支出但没有确认为费用	
（1）支付应付款项、预付账款的支出	
（2）为取得存货、政府储备物资等计入物资成本的支出	
（3）为购建固定资产等的资本性支出	
（4）偿还借款本息支出	
减：1. 当期确认为预算收入但没有确认为收入	
（1）收到应收款项、预收账款确认的预算收入	
（2）取得借款确认的预算收入	
2. 当期确认为费用但没有确认为预算支出	
（1）发出存货、政府储备物资等确认的费用	
（2）计提的折旧费用和摊销费用	
（3）确认的资产处置费用（外置资产价值）	
（4）应付款项、预付账款确认的费用	
（二）其他事项差异	
三、本年盈余（本年收入与费用的差额）	

7. 其他重要事项说明

（1）资产负债表日存在的重要或有事项说明。没有重要或有事项的，也应说明。

（2）以名义金额计量的资产名称、数量等情况，以及以名义金额计量理由的说明。

（3）通过债务资金形成的固定资产、公共基础设施、保障性住房等资产的账面价值、使用情况、收益情况及与此相关的债务偿还情况等的说明。

（4）重要资产置换、无偿调入（出）、捐入（出）、报废、重大毁损等情况的说明。

（5）事业单位将单位内部独立核算单位的会计信息纳入本单位财务报表情况的说明。

（6）政府会计具体准则中要求附注披露的其他内容。

（7）有助于理解和分析单位财务报表需要说明的其他事项。

第二节　行政事业单位的预算执行情况表

一、预算收入支出表

（一）预算收入支出表的格式

预算收入支出表反映单位在某一会计年度内各项预算收入、预算支出和预算收支差额的情况。其格式如表14－9所示。

表14－9　预算收入支出表

编制单位：　　　　　　　　＿＿年＿＿月＿＿日　　　　　　　　单位：元

项目	本年数	上年数
一、本年预算收入		
（一）财政拨款预算收入		
其中：政府性基金收入		
（二）事业预算收入		
（三）上级补助预算收入		
（四）附属单位上缴预算收入		
（五）经营预算收入		
（六）债务预算收入		
（七）非同级财政拨款预算收入		
（八）投资预算收益		
（九）其他预算收入		
其中：利息收入		
捐赠收入		
租金收入		
二、本年预算支出		
（一）行政支出		
（二）事业支出		
（三）经营支出		
（四）上缴上级支出		
（五）对附属单位补助支出		

续上表

项目	本年数	上年数
（六）投资支出		
（七）债务还本支出		
（八）其他支出		
其中：利息支出		
捐赠支出		
三、本年预算收支差额		

（二）预算收入支出表的具体内容

“本年数”栏与“上年数”栏的具体内容：“本年数”栏反映各项目的本年实际发生数。“上年数”栏反映各项目上年度的实际发生数。“本年数”栏各项目的具体内容如下所示：

1．本年预算收入

“本年预算收入”项目，反映单位本年预算收入总额。

（1）“财政拨款预算收入”项目，反映单位本年从同级政府财政部门取得的各类财政拨款。

（2）“政府性基金收入”项目，反映单位本年取得的财政拨款收入中属于政府性基金预算拨款的金额。

（3）“事业预算收入”项目，反映事业单位本年开展专业业务活动及其辅助活动取得的预算收入。

（4）“上级补助预算收入”项目，反映事业单位本年从主管部门和上级单位取得的非财政补助预算收入。

（5）“附属单位上缴预算收入”项目，反映事业单位本年收到的独立核算的附属单位按照有关规定上缴的预算收入。

（6）“经营预算收入”项目，反映事业单位本年在专业业务活动及其辅助活动之外开展非独立核算经营活动取得的预算收入。

（7）“债务预算收入”项目，反映事业单位本年按照规定从金融机构等借入的、纳入部门预算管理的债务预算收入。

（8）“非同级财政拨款预算收入”项目，反映单位本年从非同级政府财政部门取得的财政拨款。

（9）“投资预算收益”项目，反映事业单位本年取得的按规定纳入单位预算管理的投资收益。

（10）“其他预算收入”项目，反映单位本年取得的除上述收入以外的纳入单位预算管理的各项预算收入。“利息收入”项目，反映单位本年取得的利息预算收入。“捐赠收入”项目，反映单位本年取得的捐赠预算收入。“租金收入”项目，反映单位本年取得的租金预算收入。

2. 本年预算支出

“本年预算支出”项目，反映单位本年预算支出总额。

（1）“行政支出”项目，反映行政单位本年履行职责实际发生的支出。

（2）“事业支出”项目，反映事业单位本年开展专业业务活动及其辅助活动发生的支出。

（3）“经营支出”项目，反映事业单位本年在专业业务活动及其辅助活动之外开展非独立核算经营活动发生的支出。

（4）“上缴上级支出”项目，反映事业单位本年按照财政部门和主管部门的规定上缴上级单位的支出。

（5）“对附属单位补助支出”项目，反映事业单位本年用财政拨款收入之外的收入对附属单位补助发生的支出。

（6）“投资支出”项目，反映事业单位本年以货币资金对外投资发生的支出。

（7）“债务还本支出”项目，反映事业单位本年偿还自身承担的纳入预算管理的从金融机构举借的债务本金的支出。

（8）“其他支出”项目，反映单位本年除以上支出以外的各项支出。“利息支出”项目，反映单位本年发生的利息支出。“捐赠支出”项目，反映单位本年发生的捐赠支出。

3. 本年预算收支差额

“本年预算收支差额”项目，反映单位本年各项预算收支相抵后的差额。

（三）预算收入支出表的填列

1. “上年数”栏的填列

应当根据上年度预算收入支出表中“本年数”栏内所列数字填列。

如果本年度预算收入支出表规定的项目的名称和内容同上年度不一致，应当对上年度预算收入支出表项目的名称和数字按照本年度的规定进行调整，将调整后金额填入本年度预算收入支出表的“上年数”栏。

2. “本年数”栏各项目的填列方法

预算收入支出表“本年数”栏各项目的填列方法可归纳为如下 4 种。

（1）根据对应科目的本年发生额填列。这类收入项目包括：财政拨款预算收入、事业预算收入、上级补助预算收入、附属单位上缴预算收入、经营预算收入、债务预算收入、非同级财政拨款预算收入、投资预算收益、其他预算收入、捐赠预算收入、租金预算收入。这类支出项目包括：行政支出、事业支出、经营支出、上缴上级支出、对附属单位补助支出、投资支出、债务还本支出、其他支出、利息支出（单设“利息支出”科目的）、捐赠支出（单设“捐赠支出”科目的）。

（2）根据相关明细科目的本年发生额填列。“政府性基金收入”项目，应当根据“财政拨款预算收入”相关明细科目的本年发生额填列。“利息支出”项目（未单设“利息支出”科目的)，应当根据“其他支出”科目明细账记录分析填列。“利息支出”项目(未单设“捐赠支出”科目的)，应当根据“其他支出”科目明细账记录分析填列。

(3) 根据表中相关项目金额的合计数填列。“本年预算收入”项目，应当根据预算收入支出表中“财政拨款预算收入”“事业预算收入”“上级补助预算收入”“附属单位上缴预算收入”“经营预算收入”“债务预算收入”“非同级财政拨款预算收入”“投资预算收益”“其他预算收入”项目金额的合计数填列。“本年预算支出”项目，应当根据预算收入支出表中“行政支出”“事业支出”“经营支出”“上缴上级支出”“对附属单位补助支出”“投资支出”“债务还本支出”和“其他支出”项目金额的合计数填列。

(4) 根据表中相关项目金额的差额填列。“本年预算收支差额”项目，应当根据表中“本期预算收入”项目金额减去“本期预算支出”项目金额后的金额填列；如相减后金额为负数，以“－”号填列。

【例 14－2】某事业单位 20×3 年度全部预算收支科目“财政拨款预算收入——一般公共预算财政拨款”“财政拨款预算收入——政府性基金预算财政拨款”“事业预算收入”“上级补助预算收入”“经营预算收入”“其他预算收入——利息收入”的本年发生额分别为 4 596 295 元、755 000 元、531 951 元、2 660 000 元、123 943 元、523 309 元；“事业支出”“对附属单位补助支出”“经营支出”“债务还本支出”和“其他支出——利息支出”本年发生额分别为 4 589 300 元，32 000 元、541 907 元、3 000 000 元和 43 735 元。

表 14－10　预算收入支出表

编制单位：　　　　____年____月____日　　　　单位：元

项目	本年数	上年数
一、本年预算收入	9 190 498	
（一）财政拨款预算收入	5 351 295	
其中：政府性基金收入	755 000	
（二）事业预算收入	531 951	
（三）上级补助预算收入	2 660 000	
（四）附属单位上缴预算收入	—	
（五）经营预算收入	123 943	
（六）债务预算收入	—	
（七）非同级财政拨款预算收入	—	
（八）投资预算收益	—	
（九）其他预算收入	523 309	
其中：利息收入	523 309	
捐赠收入	—	
租金收入	—	

续上表

项目	本年数	上年数
二、本年预算支出	8 206 942	
（一）行政支出	—	
（二）事业支出	4 589 300	
（三）经营支出	541 907	
（四）上缴上级支出	—	
（五）对附属单位补助支出	32 000	
（六）投资支出	—	
（七）债务还本支出	3 000 000	
（八）其他支出	43 735	
其中：利息支出	43 735	
捐赠支出	0	
三、本年预算收支差额	983 556	

二、预算结转结余变动表

（一）预算结转结余变动表的格式

预算结转结余变动表反映单位在某一会计年度内预算结转结余的变动情况，其格式如表 14－11 所示。

表 14－11　预算结转结余变动表

编制单位：　　　　____年____月____日　　　　单位：元

项目	本年数	上年数
一、年初预算结转结余		
（一）财政拨款结转结余		
（二）其他资金结转结余		
二、年初余额调整（减少以“－”号填列）		
（一）财政拨款结转结余		
（二）其他资金结转结余		
三、本年变动金额（减少以“－”号填列）		
（一）财政拨款结转结余		
1. 本年收支差额		
2. 归集调入		
3. 归集上缴或调出		

续上表

项目	本年数	上年数
（二）其他资金结转结余		
1. 本年收支差额		
2. 缴回资金		
3. 使用专用结余		
4. 支付所得税		
四、年末预算结转结余		
（一）财政拨款结转结余		
1. 财政拨款结转		
2. 财政拨款结余		
（二）其他资金结转结余		
1. 非财政拨款结转		
2. 非财政拨款结余		
3. 专用结余		
4. 经营结余（如有余额，以“－”号填列）		

（二）预算结转结余变动表的具体内容

“本年数”栏与“上年数”栏的具体内容：“本年数”栏反映各项目的本年实际发生数。“上年数”栏反映各项目的上年实际发生数。

（1）“年初预算结转结余”项目，反映单位本年预算结转结余的年初余额。其中：“财政拨款结转结余”项目，反映单位本年财政拨款结转结余资金的年初余额。“其他资金结转结余”项目，反映单位本年其他资金结转结余的年初余额。

（2）“年初余额调整”项目，反映单位本年预算结转结余年初余额调整的金额。其中：“财政拨款结转结余”项目，反映单位本年财政拨款结转结余资金的年初余额调整金额。“其他资金结转结余”项目，反映单位本年其他资金结转结余的年初余额调整金额。

（3）“本年变动金额”项目，反映单位本年预算结转结余变动的金额。“财政拨款结转结余”项目，反映单位本年财政拨款结转结余资金的变动。其中：“本年收支差额”项目，反映单位本年财政拨款资金收支相抵后的差额；“归集调入”项目，反映单位本年按照规定从其他单位归集调入的财政拨款结转资金；“归集上缴或调出”项目，反映单位本年按照规定上缴的财政拨款结转结余资金及按照规定向其他单位调出的财政拨款结转资金。“其他资金结转结余”项目，反映单位本年其他资金结转结余的变动。其中：“本年收支差额”项目，反映单位本年除财政拨款外的其他资金收支相抵后的差额；“缴回资金”项目，反映单位本年按照规定缴回的非财政拨款结转资金；“使用专用结余”

项目，反映本年事业单位根据规定使用从非财政拨款结余或经营结余中提取的专用基金的金额；“支付所得税”项目，反映有企业所得税缴纳义务的事业单位本年实际缴纳的企业所得税金额。

（4）“年末预算结转结余”项目，反映单位本年预算结转结余的年末余额。“财政拨款结转结余”项目，反映单位本年财政拨款结转结余的年末余额，包括“财政拨款结转”和“财政拨款结余”。“其他资金结转结余”项目，反映单位本年其他资金结转结余的年末余额，包括“非财政拨款结转”“非财政拨款结余”“专用结余”和“经营结余”。

（三）预算结转结余变动表的填列

1. “本年数”栏与“上年数”栏的填列

“上年数”栏应当根据上年度预算结转结余变动表中“本年数”栏内所列数字填列。如果本年度预算结转结余变动表规定的项目的名称和内容同上年度不一致，应当对上年度预算结转结余变动表项目的名称和数字按照本年度的规定进行调整，将调整后金额填入本年度预算结转结余变动表的“上年数”栏。

2. “本年数”栏各项目的填列方法

（1）“年初预算结转结余”项目，应当根据本项目下“财政拨款结转结余”“其他资金结转结余”项目金额的合计数填列。其中：“财政拨款结转结余”项目，应当根据“财政拨款结转”和“财政拨款结余”科目本年年初余额合计数填列。“其他资金结转结余”项目，应当根据“非财政拨款结转”“非财政拨款结余”“专用结余”和“经营结余”科目本年年初余额的合计数填列。

（2）“年初余额调整”项目，应当根据本项目下“财政拨款结转结余”和“其他资金结转结余”项目金额的合计数填列。其中：“财政拨款结转结余”项目，应当根据“财政拨款结转”“财政拨款结余”科目下“年初余额调整”明细科目的本年发生额的合计数填列；如调整减少年初财政拨款结转结余，以“－”号填列。“其他资金结转结余”项目，应当根据“非财政拨款结转”和“非财政拨款结余”科目下“年初余额调整”明细科目的本年发生额的合计数填列；如调整减少年初其他资金结转结余，以“－”号填列。

（3）“本年变动金额”项目，应当根据本项目下“财政拨款结转结余”和“其他资金结转结余”项目金额的合计数填列。其中：“财政拨款结转结余”项目，应当根据本项目下“本年收支差额”“归集调入”和“归集上缴或调出”项目金额的合计数填列，包括：“本年收支差额”项目，应当根据“财政拨款结转”科目下“本年收支结转”明细科目本年转入的预算收入与预算支出的差额填列；差额为负数的，以“－”号填列。“归集调入”项目，应当根据“财政拨款结转”科目下“归集调入”明细科目的本年发生额填列。“归集上缴或调出”项目，应当根据“财政拨款结转”“财政拨款结余”科目下“归集上缴”明细科目，以及“财政拨款结转”科目下“归集调出”明细科目本年发生额的合计数填列，以“－”号填列。“其他资金结转结余”项目，应当根据本项目下

"本年收支差额""缴回资金""使用专用结余"和"支付所得税"项目金额的合计数填列，包括："本年收支差额"项目，应当根据"非财政拨款结转"科目下"本年收支结转"明细科目、"其他结余"科目、"经营结余"科目本年转入的预算收入与预算支出的差额的合计数填列；如为负数，以"－"号填列。"缴回资金"项目，应当根据"非财政拨款结转"科目下"缴回资金"明细科目本年发生额的合计数填列，以"－"号填列。"使用专用结余"项目，应当根据"专用结余"科目明细账中本年使用专用结余业务的发生额填列，以"－"号填列。

"支付所得税"项目，应当根据"非财政拨款结余"明细账中本年实际缴纳企业所得税业务的发生额填列，以"－"号填列。

（4）"年末预算结转结余"项目，应当根据本项目下"财政拨款结转结余"和"其他资金结转结余"项目金额的合计数填列。其中："财政拨款结转结余"项目，应当根据本项目下"财政拨款结转"和"财政拨款结余"项目金额的合计数填列。

该项目下"财政拨款结转"和"财政拨款结余"项目，应当分别根据"财政拨款结转"和"财政拨款结余"科目的本年年末余额填列。"其他资金结转结余"项目，应当根据本项目下"非财政拨款结转""非财政拨款结余""专用结余"和"经营结余"项目金额的合计数填列。该项目下"非财政拨款结转""非财政拨款结余""专用结余"和"经营结余"项目，应当分别根据"非财政拨款结转""非财政拨款结余""专用结余"和"经营结余"科目的本年年末余额填列。

【例 14－3】某事业单位20×3 年 12 月 31 日部分科目金额如表 14－12 所示：

表 14－12　某事业单位部分科目金额明细表

总账科目	明细科目	年初余额	借方贷方余额	贷方发生额合计
财政拨款结转	年初余额调整			35 000
	归集调入			33 000
	归集调出		18 000	
	归集上缴		42 000	
	本年收支结转		1 000 000	1 200 000
	累计结转	2 000 000		
财政拨款结余	年初余额调整		15 000	
	归集上缴		11 000	
	累计结余	37 000		
非财政拨款结转	年初余额调整		27 000	
	缴回资金		37 000	
	本年收支结转		800 000	355 000
	累计结转	130 000		
非财政拨款结余	年初余额调整			25 000
	累计结余	40 000		

续上表

总账科目	明细科目	年初余额	借方贷方余额	贷方发生额合计
其他结余			71 000	60 000
经营结余		13 000	50 000	63 000
专用结余		50 000	70 000	

另外，专用结余借方发生额中，20×2 年使用金额为 58 000 元，实际缴纳企业所得税金额为 31 600 元。

该事业单位应编制预算结转结余变动表本年数栏各项目为：

表 14－13　某事业单位预算结转结余变动表

编制单位：　　　　____年____月____日　　　　单位：元

项目	本年数	上年数
一、年初预算结转结余	470 000	
（一）财政拨款结转结余	237 000	
（二）其他资金结转结余	233 000	
二、年初余额调整（减少以“－”号填列）	18 000	
（一）财政拨款结转结余	20 000	
（二）其他资金结转结余	－2 000	
三、本年变动金额（减少以“－”号填列）	4 824 000	
（一）财政拨款结转结余	162 000	
1. 本年收支差额	200 000	
2. 归集调入	33 000	
3. 归集上缴或调出	－71 000	
（二）其他资金结转结余	320 400	
1. 本年收支差额	447 000	
2. 缴回资金	－37 000	
3. 使用专用结余	－58 000	
4. 支付所得税	－31 600	

三、财政拨款预算收入支出表

（一）财政拨款预算收入支出表的格式

财政拨款预算收入支出表是反映单位本年财政拨款预算资金收入、支出及相关变动的具体情况的报表，其格式如表 14－14 所示。

表 14－14 财政拨款预算收入支出表

编制单位： ____年____月____日 单位：元

项目	年初财政拨款结转结余		调整年初财政拨款结转结余	本年归集调入	本年归集上缴或调出	单位内部调剂		本年财政拨款收入	本年财政拨款支出	年末财政拨款结转结余	
	结转	结余				结转	结余			结转	结余
一、一般公共预算财政拨款											
（一）基本支出											
1. 人员经费											
2. 公用经费											
（二）项目支出											
1. ××项目											
2. ××项目											
……											
二、政府性基金预算财政拨款											
（一）基本支出											
1. 人员经费											
2. 公用经费											
（二）项目支出											
1. ××项目											
2. ××项目											
……											
总计											

（二）财政拨款预算收入支出表的具体内容

“项目”栏的具体内容：财政拨款预算收入支出表的“项目”栏反映单位用于基本支出和项目支出的不同种类的财政拨款。

（1）“年初财政拨款结转结余”栏中各项目，反映单位年初各项财政拨款结转结余的金额。

（2）“调整年初财政拨款结转结余”栏中各项目，反映单位对年初财政拨款结转结余的调整金额。

（3）“本年归集调入”栏中各项目，反映单位本年按规定从其他单位调入的财政拨款结转资金金额。

（4）“本年归集上缴或调出”栏中各项目，反映单位本年按规定实际上缴的财政拨款结转结余资金，及按照规定向其他单位调出的财政拨款结转资金金额。

（5）“单位内部调剂”栏中各项目，反映单位本年财政拨款结转结余资金在单位内部不同项目等之间的调剂金额。

（6）“本年财政拨款收入”栏中各项目，反映单位本年从同级财政部门取得的各类财政预算拨款金额。

（7）“本年财政拨款支出”栏中各项目，反映单位本年发生的财政拨款支出金额。

（8）“年末财政拨款结转结余”栏中各项目，反映单位年末各项财政拨款结转结余的金额。

（三）财政拨款预算收入支出表的填列

1. “项目”栏内各项目的设置方法

“项目”栏内各项目，应当根据单位取得的财政拨款种类分项设置。其中“项目支出”项目下，根据每个项目设置；单位取得除一般公共财政预算拨款和政府性基金预算拨款以外的其他财政拨款的，应当按照财政拨款种类增加相应的资金项目及其明细项目。

2. 各栏及其对应项目的填列方法

（1）“年初财政拨款结转结余”栏中各项目，应当根据“财政拨款结转”“财政拨款结余”及其明细科目的年初余额填列。本栏中各项目的数额应当与上年度财政拨款预算收入支出表中“年末财政拨款结转结余”栏中各项目的数额相等。

（2）“调整年初财政拨款结转结余”栏中各项目，应当根据“财政拨款结转”“财政拨款结余”科目下“年初余额调整”明细科目及其所属明细科目的本年发生额填列；如调整减少年初财政拨款结转结余，以“－”号填列。

（3）“本年归集调入”栏中各项目，应当根据“财政拨款结转”科目下“归集调入”明细科目及其所属明细科目的本年发生额填列。

（4）“本年归集上缴或调出”栏中各项目，应当根据“财政拨款结转”“财政拨款结余”科目下“归集上缴”明细科目和“财政拨款结转”科目下“归集调出”明细科目，及其所属明细科目的本年发生额填列，以“－”号填列。

（5）“单位内部调剂”栏中各项目，应当根据“财政拨款结转”和“财政拨款结余”科目下的“单位内部调剂”明细科目及其所属明细科目的本年发生额填列；对单位内部调剂减少的财政拨款结余金额，以“－”号填列。

（6）“本年财政拨款收入”栏中各项目，应当根据“财政拨款预算收入”科目及其所属明细科目的本年发生额填列。

（7）“本年财政拨款支出”栏中各项目，应当根据“行政支出”“事业支出”等科目及其所属明细科目本年发生额中的财政拨款支出数的合计数填列。

（8）“年末财政拨款结转结余”栏中各项目，应当根据“财政拨款结转”“财政拨款结余”科目及其所属明细科目的年末余额填列。

（四）财政拨款预算收入支出表的作用

财政拨款预算收入支出表可以提供某一会计年度内财政拨款预算资金增减变动具体情况的信息。例如，可以提供某一会计年度内基本支出、各项目支出的年初财政拨款结转结余、本年归集调入、本年归集上缴或调出、单位内部调剂、本年财政拨款收入、本年财政拨款支出、年末财政拨款结转结余等信息。相对于预算结转结余变动表，财政拨款预算收入支出表专门针对财政拨款预算资金及其增减变动情况进行详细具体的反映。财政拨款预算收入支出表是一个重要的财政管理工具，对于政府部门和组织的决策过程有着重要意义，充分发挥了决策、监督、管理和调差距等职能。其作用可以体现在以下四个方面。

第一，财政拨款预算收入支出表作为决策支持工具帮助政府制定策略和计划。政府根据这份报告，可以提前分析各个部门的预算使用情况，根据需要进行财政分配，安排各项工作，有效分配有限的资源。

第二，对于政府部门的财政收支情况，通过对数据的精确掌控，这份报告可以及时发现存在的问题，例如滥用公共资源、不合理的资金分配等，防止问题进一步恶化，并及时治理，提升资金使用的效率。

第三，财政拨款预算收入支出表也是对政府部门工作绩效评估的重要依据。通过查看预算和实际支出之间的差距，可以评估项目或政策实施的效果，反馈是否达成预期的目标。如果预算执行得良好，它可能会成为增加其财政拨款的理由；反之，如果预算执行得不好，那么可能会导致预算被削减。

第四，财政拨款预算收入支出表是提高政府工作透明度、增强公众信任的有效途径。公开透明的预算支出情况，能够使公众了解政府的财政情况，从而增加对政府的信任度。实施这种开放的预算模式还有助于防止腐败，因为它可以防止政府财政资源被滥用。

总的来说，财政拨款预算收入支出表不仅可以提供决策者需要的信息，而且可以对财政环境做出准确的评估。它帮助维护公共资源的合理分配，保障财政工作的顺利进行，同时也有利于增强公众对政府的信任，促进社会的和谐稳定。

第三节　行政事业单位的财政资金绩效评价

为全面实施预算绩效管理，建立科学、合理的项目支出绩效评价管理体系，提高财政资源配置效率和使用效益，根据《中华人民共和国预算法》和《中共中央 国务院关于全面实施预算绩效管理的意见》等有关规定，财政部于 2020 年 2 月 25 日发布了《项目支出绩效评价管理办法》（财预〔2020〕10 号），为行政事业单位开展绩效评价工作提供了指南。

一、项目支出绩效评价总则

项目支出绩效评价（以下简称“绩效评价”）是指财政部门、预算部门和单位，依据设定的绩效目标，对项目支出的经济性、效率性、效益性和公平性进行客观、公正的测量、分析和评判。

一般公共预算、政府性基金预算、国有资本经营预算项目支出的绩效评价适用本办法。涉及预算资金及相关管理活动，如政府投资基金、主权财富基金、政府和社会资本合作（PPP）、政府购买服务、政府债务项目等绩效评价可参照本办法执行。

绩效评价分为单位自评、部门评价和财政评价三种方式。单位自评是指预算部门组织部门本级和所属单位对预算批复的项目绩效目标完成情况进行自我评价。部门评价是指预算部门根据相关要求，运用科学、合理的绩效评价指标、评价标准和方法，对本部门的项目组织开展的绩效评价。财政评价是财政部门对预算部门的项目组织开展的绩效评价。

（一）绩效评价应当遵循以下基本原则

（1）科学公正。绩效评价应当运用科学合理的方法，按照规范的程序，对项目绩效进行客观、公正的反映。

（2）统筹兼顾。单位自评、部门评价和财政评价应职责明确，各有侧重，相互衔接。单位自评应由项目单位自主实施，即“谁支出、谁自评”。部门评价和财政评价应在单位自评的基础上开展，必要时可委托第三方机构实施。

（3）激励约束。绩效评价结果应与预算安排、政策调整、改进管理实质性挂钩，体现奖优罚劣和激励相容导向，做到有效要安排、低效要压减、无效要问责。

（4）公开透明。绩效评价结果应依法依规公开，并自觉接受社会监督。

（二）绩效评价的主要依据

（1）国家相关法律法规和规章制度。

（2）党中央、国务院重大决策部署，经济社会发展目标，地方各级党委和政府重点任务要求。

（3）部门职责相关规定。

（4）相关行业政策、行业标准及专业技术规范。

（5）预算管理制度及办法，项目及资金管理办法、财务和会计资料。

（6）项目设立的政策依据和目标，预算执行情况，年度决算报告、项目决算或验收报告等相关材料。

（7）本级人大审查结果报告、审计报告及决定，财政监督稽核报告等。

（8）其他相关资料。

绩效评价期限包括年度、中期及项目实施期结束后；对于实施期 5 年及以上的项目，应适时开展中期和实施期后绩效评价。

二、绩效评价的对象和内容

单位自评的对象包括纳入政府预算管理的所有项目支出。

部门评价对象应根据工作需要，优先选择部门履职的重大改革发展项目，随机选择一般性项目。原则上应以 5 年为周期，实现部门评价重点项目全覆盖。

财政评价对象应根据工作需要，优先选择贯彻落实党中央、国务院重大方针政策和决策部署的项目，覆盖面广、影响力大、社会关注度高、实施期长的项目。对重点项目应周期性组织开展绩效评价。

单位自评的内容主要包括项目总体绩效目标、各项绩效指标完成情况以及预算执行情况。对未完成绩效目标或偏离绩效目标较大的项目要分析并说明原因，研究提出改进措施。

财政和部门评价的内容主要包括：

（1）决策情况；

（2）资金管理和使用情况；

（3）相关管理制度办法的健全性及执行情况；

（4）实现的产出情况；

（5）取得的效益情况；

（6）其他相关内容。

三、绩效评价指标、 评价标准和方法

单位自评指标是指预算批复时确定的绩效指标，包括项目的产出数量、质量、时效、成本，以及经济效益、社会效益、生态效益、可持续影响、服务对象满意度等。

单位自评指标的权重由各单位根据项目实际情况确定。原则上预算执行率和一级指标权重统一设置为：预算执行率10%、产出指标50%、效益指标30%、服务对象满意度指标10%。如有特殊情况，一级指标权重可做适当调整。二、三级指标应当根据指标重要程度、项目实施阶段等因素综合确定，准确反映项目的产出和效益。

财政和部门绩效评价指标的确定应当符合以下要求：与评价对象密切相关，全面反映项目决策、项目和资金管理、产出和效益；优先选取最具代表性、最能直接反映产出和效益的核心指标，精简实用；指标内涵应当明确、具体、可衡量，数据及佐证资料应当可采集、可获得；同类项目绩效评价指标和标准应具有一致性，便于评价结果相互比较。

财政和部门评价指标的权重根据各项指标在评价体系中的重要程度确定，应当突出结果导向，原则上产出、效益指标权重不低于60%。同一评价对象处于不同实施阶段时，指标权重应体现差异性，其中，实施期间的评价更加注重决策、过程和产出，实施期结束后的评价更加注重产出和效益。

绩效评价标准通常包括计划标准、行业标准、历史标准等，用于对绩效指标完成情况进行比较。

（1）计划标准。指以预先制定的目标、计划、预算、定额等作为评价标准。

（2）行业标准。指参照国家公布的行业指标数据制定的评价标准。

（3）历史标准。指参照历史数据制定的评价标准，为体现绩效改进的原则，在可实现的条件下应当确定相对较高的评价标准。

（4）财政部门和预算部门确认或认可的其他标准。

单位自评采用定量与定性评价相结合的比较法，总分由各项指标得分汇总形成。

定量指标得分按照以下方法评定：与年初指标值相比，完成指标值的，记该指标所赋全部分值；对完成值高于指标值较多的，要分析原因，如果是由于年初指标值设定明显偏低造成的，要按照偏离度适度调减分值；未完成指标值的，按照完成值与指标值的比例记分。

定性指标得分按照以下方法评定：根据指标完成情况分为达成年度指标、部分达成年度指标并具有一定效果、未达成年度指标且效果较差三档，分别按照该指标对应分值区间 80%～100%（含）、60%～80%（含）、0%～60%合理确定分值。

财政和部门评价的方法主要包括成本效益分析法、比较法、因素分析法、最低成本法、公众评判法、标杆管理法等。根据评价对象的具体情况，可采用一种或多种方法。

（1）成本效益分析法。是指将投入与产出、效益进行关联性分析的方法。

（2）比较法。是指将实施情况与绩效目标、历史情况、不同部门和地区同类支出情况进行比较的方法。

（3）因素分析法。是指综合分析影响绩效目标实现、实施效果的内外部因素的方法。

（4）最低成本法。是指在绩效目标确定的前提下，成本最小者为优的方法。

（5）公众评判法。是指通过专家评估、公众问卷及抽样调查等方式进行评判的方法。

（6）标杆管理法。是指以国内外同行业中较高的绩效水平为标杆进行评判的方法。

（7）其他评价方法。

绩效评价结果采取评分和评级相结合的方式，具体分值和等级可根据不同评价内容设定。总分一般设置为 100 分，等级一般划分为四档：90～100 分为优、80～89 分为良、60～79 分为中、60 分以下为差。

表 14－15　项目支出绩效自评表

（　　年度）

<table>
<tr><td>项目名称</td><td colspan="7"></td></tr>
<tr><td>主管部门</td><td colspan="3"></td><td>实施单位</td><td colspan="3"></td></tr>
<tr><td rowspan="5">项目资金（万元）</td><td></td><td>年初预算数</td><td>全年预算数</td><td>全年执行数</td><td>分值</td><td>执行率</td><td>得分</td></tr>
<tr><td>年度资金总额</td><td></td><td></td><td></td><td>10</td><td></td><td></td></tr>
<tr><td>其中：当年财政拨款</td><td></td><td></td><td></td><td>—</td><td></td><td>—</td></tr>
<tr><td>上年结转资金</td><td></td><td></td><td></td><td>—</td><td></td><td>—</td></tr>
<tr><td>其他资金</td><td></td><td></td><td></td><td>—</td><td></td><td>—</td></tr>
<tr><td rowspan="2">年度总体目标</td><td colspan="4">预期目标</td><td colspan="3">实际完成情况</td></tr>
<tr><td colspan="4"></td><td colspan="3"></td></tr>
</table>

续上表

	一级指标	二级指标	三级指标	年度指标值	实际完成值	分值	得分	偏差原因分析及改进措施
绩效指标	产出指标	数量指标	指标 1：					
			指标 2：					
			……					
		质量指标	指标 1：					
			指标 2：					
			……					
		时效指标	指标 1：					
			指标 2：					
			……					
		成本指标	指标 1：					
			指标 2：					
			……					
	效益指标	经济效益指标	指标 1：					
			指标 2：					
			……					
		社会效益指标	指标 1：					
			指标 2：					
			……					
		生态效益指标	指标 1：					
			指标 2：					
			……					
		可持续影响指标	指标 1：					
			指标 2：					
			……					
	满意度指标	服务对象满意度指标	指标 1：					
			指标 2：					
			……					
总分						100		

表 14-16　项目支出绩效评价指标体系框架

一级指标	二级指标	三级指标	指标解释	指标说明
决策	项目立项	立项依据充分性	项目立项是否符合法律法规、相关政策、发展规划以及部门职责，用以反映和考核项目立项依据情况	评价要点： ①项目立项是否符合国家法律法规、国民经济发展规划和相关政策； ②项目立项是否符合行业发展规划和政策要求； ③项目立项是否与部门职责范围相符，属于部门履职所需； ④项目是否属于公共财政支持范围，是否符合中央、地方事权支出责任划分原则； ⑤项目是否与相关部门同类项目或部门内部相关项目重复
		立项程序规范性	项目申请、设立过程是否符合相关要求，用以反映和考核项目立项的规范情况	评价要点： ①项目是否按照规定的程序申请设立； ②审批文件、材料是否符合相关要求； ③事前是否已经过必要的可行性研究、专家论证、风险评估、绩效评估、集体决策
	绩效目标	绩效目标合理性	项目所设定的绩效目标是否依据充分，是否符合客观实际，用以反映和考核项目绩效目标与项目实施的相符情况	评价要点： （如未设定预算绩效目标，也可考核其他工作任务目标） ①项目是否有绩效目标； ②项目绩效目标与实际工作内容是否具有相关性； ③项目预期产出效益和效果是否符合正常的业绩水平； ④是否与预算确定的项目投资额或资金量相匹配
		绩效指标明确性	依据绩效目标设定的绩效指标是否清晰、细化、可衡量等，用以反映和考核项目绩效目标的明细化情况	评价要点： ①是否将项目绩效目标细化分解为具体的绩效指标； ②是否通过清晰、可衡量的指标值予以体现； ③是否与项目目标任务数或计划数相对应

续上表

一级指标	二级指标	三级指标	指标解释	指标说明
决策	资金投入	预算编制科学性	项目预算编制是否经过科学论证、有明确标准，资金额度与年度目标是否相适应，用以反映和考核项目预算编制的科学性、合理性情况	评价要点： ①预算编制是否经过科学论证； ②预算内容与项目内容是否匹配； ③预算额度测算依据是否充分，是否按照标准编制； ④预算确定的项目投资额或资金量是否与工作任务相匹配
		资金分配合理性	项目预算资金分配是否有测算依据，与补助单位或地方实际是否相适应，用以反映和考核项目预算资金分配的科学性、合理性情况	评价要点： ①预算资金分配依据是否充分； ②资金分配额度是否合理，与项目单位或地方实际是否相适应
过程	资金管理	资金到位率	实际到位资金与预算资金的比率，用以反映和考核资金落实情况对项目实施的总体保障程度	资金到位率=(实际到位资金÷预算资金)×100% 实际到位资金：一定时期内（本年度或项目期）落实到具体项目的资金。 预算资金：一定时期内（本年度或项目期）预算安排到具体项目的资金
		预算执行率	项目预算资金是否按照计划执行，用以反映或考核项目预算执行情况	预算执行率=（实际支出资金÷实际到位资金）×100% 实际支出资金：一定时期内（本年度或项目期）项目实际拨付的资金
		资金使用合规性	项目资金使用是否符合相关的财务管理制度规定，用以反映和考核项目资金的规范运行情况	评价要点： ①是否符合国家财经法规和财务管理制度以及有关专项资金管理办法的规定； ②资金的拨付是否有完整的审批程序和手续； ③是否符合项目预算批复或合同规定的用途； ④是否存在截留、挤占、挪用、虚列支出等情况

续上表

一级指标	二级指标	三级指标	指标解释	指标说明
过程	组织实施	管理制度健全性	项目实施单位的财务和业务管理制度是否健全，用以反映和考核财务和业务管理制度对项目顺利实施的保障情况	评价要点： ①是否已制定或具有相应的财务和业务管理制度； ②财务和业务管理制度是否合法、合规、完整
		制度执行有效性	项目实施是否符合相关管理规定，用以反映和考核相关管理制度的有效执行情况	评价要点： ①是否遵守相关法律法规和相关管理规定； ②项目调整及支出调整手续是否完备； ③项目合同书、验收报告、技术鉴定等资料是否齐全并及时归档； ④项目实施的人员条件、场地设备、信息支撑等是否落实到位
产出	产出数量	实际完成率	项目实施的实际产出数与计划产出数的比率，用以反映和考核项目产出数量目标的实现程度	实际完成率 =（实际产出数 ÷ 计划产出数）×100% 实际产出数：一定时期内（本年度或项目期）项目实际产出的产品或提供的服务数量。 计划产出数：项目绩效目标确定的在一定时期内（本年度或项目期）计划产出的产品或提供的服务数量
	产出质量	质量达标率	项目完成的质量达标产出数与实际产出数的比率，用以反映和考核项目产出质量目标的实现程度	质量达标率 =（质量达标产出数 ÷ 实际产出数）×100% 质量达标产出数：一定时期内（本年度或项目期）实际达到既定质量标准的产品或服务数量。既定质量标准是指项目实施单位设立绩效目标时依据计划标准、行业标准、历史标准或其他标准而设定的绩效指标值
	产出时效	完成及时性	项目实际完成时间与计划完成时间的比较，用以反映和考核项目产出时效目标的实现程度	实际完成时间：项目实施单位完成该项目实际所耗用的时间。 计划完成时间：按照项目实施计划或相关规定完成该项目所需的时间
	产出成本	成本节约率	完成项目计划工作目标的实际节约成本与计划成本的比率，用以反映和考核项目的成本节约程度	成本节约率 =［（计划成本 − 实际成本）÷ 计划成本］×100% 实际成本：项目实施单位如期、保质、保量完成既定工作目标实际所耗费的支出。 计划成本：项目实施单位为完成工作目标计划安排的支出，一般以项目预算为参考

续上表

一级指标	二级指标	三级指标	指标解释	指标说明
效益	项目效益	实施效益	项目实施所产生的效益	项目实施所产生的社会效益、经济效益、生态效益、可持续影响等。可根据项目实际情况有选择地设置和细化
		满意度	社会公众或服务对象对项目实施效果的满意程度	社会公众或服务对象是指因该项目实施而受到影响的部门（单位）、群体或个人。一般采取社会调查的方式

四、绩效评价的组织管理与实施

财政部门负责拟定绩效评价制度办法，指导本级各部门和下级财政部门开展绩效评价工作；会同有关部门对单位自评和部门评价结果进行抽查复核，督促部门充分应用自评和评价结果；根据需要组织实施绩效评价，加强评价结果反馈和应用。

各部门负责制定本部门绩效评价办法，组织部门本级和所属单位开展自评工作，汇总自评结果，加强自评结果审核和应用；具体组织实施部门评价工作，加强评价结果反馈和应用。积极配合财政评价工作，落实评价整改意见。

部门本级和所属单位按照要求具体负责自评工作，对自评结果的真实性和准确性负责，自评中发现的问题要及时进行整改。

财政和部门评价工作主要包括以下环节：

（1）确定绩效评价对象和范围；

（2）下达绩效评价通知；

（3）研究制订绩效评价工作方案；

（4）收集绩效评价相关数据资料，并进行现场调研、座谈；

（5）核实有关情况，分析形成初步结论；

（6）与被评价部门（单位）交换意见；

（7）综合分析并形成最终结论；

（8）提交绩效评价报告；

（9）建立绩效评价档案。

财政和部门评价根据需要可委托第三方机构或相关领域专家（以下简称“第三方”，主要是指与资金使用单位没有直接利益关系的单位和个人）参与，并加强对第三方的指导，对第三方工作质量进行监督管理，推动提高评价的客观性和公正性。

部门委托第三方开展绩效评价的，要体现委托人与项目实施主体相分离的原则，一般由主管财务的机构委托，确保绩效评价的独立、客观、公正。

五、绩效评价结果应用及公开

单位自评结果主要通过项目支出绩效自评表的形式反映，做到内容完整、权重合理、数据真实、结果客观。财政和部门评价结果主要以绩效评价报告的形式体现，绩效评价报告应当依据充分、分析透彻、逻辑清晰、客观公正。绩效评价工作和结果应依法自觉接受审计监督。

各部门应当按照要求随同部门决算向本级财政部门报送绩效自评结果。部门和单位应切实加强自评结果的整理、分析，将自评结果作为本部门、本单位完善政策和改进管理的重要依据。对预算执行率偏低、自评结果较差的项目，要单独说明原因，提出整改措施。

财政部门和预算部门应在绩效评价工作完成后，及时将评价结果反馈被评价部门（单位），并明确整改时限；被评价部门（单位）应当按要求向财政部门或主管部门报送整改落实情况。

各部门应按要求将部门评价结果报送本级财政部门，评价结果作为本部门安排预算、完善政策和改进管理的重要依据；财政评价结果作为安排政府预算、完善政策和改进管理的重要依据。原则上，对评价等级为优、良的，根据情况予以支持；对评价等级为中、差的，要完善政策、改进管理，根据情况核减预算；对不进行整改或整改不到位的，根据情况相应调减预算或整改到位后再予安排。

各级财政部门、预算部门应当按照要求将绩效评价结果分别编入政府决算和本部门决算，报送本级人民代表大会常务委员会，并依法予以公开。

六、法律责任

对使用财政资金严重低效无效并造成重大损失的责任人，要按照相关规定追责问责。对绩效评价过程中发现的资金使用单位和个人的财政违法行为，依照《中华人民共和国预算法》《财政违法行为处罚处分条例》等有关规定追究责任；发现违纪违法问题线索的，应当及时移送纪检监察机关。

各级财政部门、预算部门和单位及其工作人员在绩效评价管理工作中存在违反本办法的行为，以及其他滥用职权、玩忽职守、徇私舞弊等违法违纪行为的，依照《中华人民共和国预算法》《中华人民共和国公务员法》《中华人民共和国监察法》《财政违法行为处罚处分条例》等国家有关规定追究相应责任；涉嫌犯罪的，依法移送司法机关处理。

第四节 行政事业单位划转撤并相关会计处理规定

“十三五”时期，政府会计准则制度体系基本建成并全面有效实施。在系统梳理政府会计准则制度体系和收集准则制度执行问题的过程中发现，目前政府会计准则制度仅对单项资产划转的账务处理和单位撤销时的财务报表编制进行了规范，尚未对单位划转撤并过程中清算业务及资产和负债移交和划转的会计处理做出系统规范。因此，为健全完善政府会计准则制度体系，持续深入推进政府会计改革，财政部研究制定了以下相关规定，填补现有政府会计准则制度在单位划转撤并方面的空白。

一、适用范围和会计处理基本原则

（一）适用范围

适用于发生划转撤并情形，且执行政府会计准则制度的单位。划转撤并，包括划转、合并、分立、撤销和改制五种情形。

（1）划转，是指单位隶属关系改变，成建制划归相关单位。

（2）合并，是指两个或两个以上单位重组为一个单位。

（3）分立，是指一个单位分为两个或两个以上单位。

（4）撤销，是指单位被宣布解散或终止，不含合并、分立情形中被合并或被分立单位注销法人资格的情形。

（5）改制，是指单位性质发生变化，具体包括以下两种情形：一是单位转为企业（以下简称“转企改制”）；二是单位由行政单位转为事业单位或由事业单位转为行政单位（以下简称“非转企改制”）。

其中，单位划转、合并、分立涉及单位性质发生变化的，除按照关于划转、合并、分立情形进行会计处理外，还应当遵循关于改制情形的相关会计处理规定。单位性质没有发生变化，但执行的财务管理制度发生变化的，参照关于改制的情形进行会计处理。

（二）会计处理基本原则

单位发生划转撤并情形的，应当按照财务、资产等有关管理规定进行清算，在清算期间全面开展资产清查核实、清理债权债务、开展资产评估等工作，并在清算基础上做好资产和负债的移交和划转工作。单位应当根据相关划转撤并批复文件或方案等确定清算日、清算结束日、合并日和分立日等关键时间节点。划转撤并单位应当按照相关规定对划转撤并过程中的相关业务和事项进行会计处理，并编制相关报表。相关规定尚未做出规定的，单位应当按照政府会计准则制度的相关规定执行。单位划转、合并、分立和非转企改制情形下的会计核算应当以持续运行为前提。单位撤销和转企改制情形下的会计核算应当以非持续运行为前提。

二、划转撤并单位清算的会计处理

（一）持续运行前提下单位清算的会计处理

1. 主要业务和事项的会计处理

（1）单位在清算期间的会计处理。单位应当按照政府会计准则制度规定对清算相关的业务和事项进行会计处理。其中，单位按规定开展资产评估、涉及资产价值变动的，应当根据报经批准或备案的资产评估价值调整评估基准日资产的账面价值，并确认其他收入或其他费用。

（2）单位在清算结束日的会计处理。单位在清算结束后因合并或分立原因，其全部资产和负债移交其他单位的，应当在清算结束日及时结账。结账后，在财务会计下，收入类、费用类科目应无余额，除“累计盈余”“专用基金”“权益法调整”等科目外，其他净资产类科目应无余额；在预算会计下，预算收入类、预算支出类科目应无余额，“其他结余”“非财政拨款结余分配”等科目应无余额。

2. 清算财务报表等有关报表及编制说明

单位应当编制清算财务报表，至少包括清算资产负债表。

（1）关于清算资产负债表。单位清算资产负债表应当反映清算当年年初、清算日和清算结束日的财务状况，清算资产负债表各项目应当按照政府会计准则制度规定进行填列。清算资产负债表格式见表 14－17。

（2）关于其他报表。单位在清算结束后因合并或分立原因，其全部资产和负债移交其他单位的，应当按照政府会计准则制度规定编制收入费用表和预算会计报表，反映单位年初至清算结束日的运行情况和预算执行情况。单位清算跨年度进行的，应当按照政府会计准则制度规定按年度编制会计报表。

（二）非持续运行前提下单位清算的会计处理

1. 会计科目设置及使用说明

单位应当在《政府会计制度——行政事业单位会计科目和报表》所规定的财务会计科目基础上，做如下调整：①在收入类科目中增设“清算收入”科目，核算单位在清算期间因资产价值变动、资产盘盈、债务豁免等产生的各项收入。②在费用类科目中增设“清算费用”科目，核算单位为开展清算而发生的评估费、审计费和相关税费，以及因资产价值变动、资产盘亏、债权核销等产生的各项费用。③在净资产类科目中增设“清算净损益”科目，核算单位清算期间各项清算收入、清算费用相抵后的余额。单位可根据清算工作实际需要，结合清算业务类别（如评估增值、减值，资产盘盈、盘亏、毁损、报废等），在上述会计科目下进一步设置明细科目。

2. 主要业务和事项的会计处理

（1）单位在清算日的会计处理。

单位在清算日应当进行结账。结账后，在财务会计下，收入类、费用类科目应无余额，除“累计盈余”“专用基金”“权益法调整”等科目外，其他净资产类科目应无余额；在预算会计下，预算收入类、预算支出类科目应无余额，“其他结余”“非财政拨款结余分配”等科目应无余额。

（2）单位盘盈或盘亏、毁损、报废资产的会计处理。

单位在清算期间发生资产盘盈的，应当按照政府会计准则制度规定确定的成本及时入账，并确认清算收入。对于盘盈的资产，单位在报经批准或备案前，在财务会计下按照确定的资产入账成本，借记相关资产科目，贷记“待处理财产损溢——待处理财产价值”科目；单位在报经批准或备案后，在财务会计下借记“待处理财产损溢——待处理财产价值”科目，贷记“清算收入”科目。单位在清算期间发生资产盘亏、毁损或报废的，应当按规定核销相关资产，并确认清算费用。对于盘亏、毁损或报废的资产，单位在报经批准或备案前，在财务会计下按照资产的账面价值，借记“待处理财产损溢——待处理财产价值”科目，按照相关资产已计提的折旧或摊销金额，借记“固定资产累计折旧”“无形资产累计摊销”等科目，按照相关资产的账面余额，贷记相关资产科目；单位在报经批准或备案后，在财务会计下借记“清算费用”科目，贷记“待处理财产损溢——待处理财产价值”科目。单位处理毁损、报废实物资产过程中，应当将处理收入（如取得的残值或残值变价收入、保险理赔和过失人赔偿等）和相关费用计入待处理财产损溢（处理净收入），在处理收支结清时按照差额确认清算费用（处理收入小于相关费用时）或应缴财政款等（处理收入大于相关费用时）。单位在清算期间进行资产清查核实，涉及现金溢余或短缺的，其预算会计按照政府会计准则制度规定进行处理。

（3）单位清理债权债务的会计处理。

单位在清算期间进行相关债权清理的，对于确实无法收回的相关债权，应当按规定报经批准或备案后予以核销，并确认清算费用。单位报经批准或备案后核销相关债权时，应当按照其账面余额，借记“清算费用”科目，贷记“应收账款”“其他应收款”等科目。其中，事业单位已计提坏账准备的，还应同时将相应的坏账准备金额予以核销，借记“坏账准备”科目，贷记“清算费用”科目。单位在清算期间进行相关债务清理的，对于无法偿付或债权人豁免偿还的相关债务，应当按规定报经批准或备案后予以核销，并确认清算收入。单位核销无法偿付或债权人豁免偿还的债务时，按照其金额，借记“应付账款”“其他应付款”等科目，贷记“清算收入”科目。

（4）单位因资产评估调整资产账面价值的会计处理。

单位在清算期间按规定开展资产评估、涉及资产价值变动的，应当根据报经批准或备案的资产评估价值对评估基准日资产的账面价值进行调整，并确认清算收入或清算费用。单位应当在资产评估结果报经批准或备案后，按照资产评估价值与评估基准日账面价值的差额，借记或贷记相关资产科目，贷记“清算收入”科目或借记“清算费用”科目。

（5）单位发生相关清算费用的会计处理。

单位在清算期间发生评估费、审计费、相关税费等费用的，应当按照实际发生额确认清算费用。单位在发生评估费、审计费、相关税费等费用时，在财务会计下按照实际支付或应支付的金额，借记“清算费用”科目，贷记“银行存款”“应付账款”“其他应交税费”等科目；在预算会计下按照实际支付的金额，借记“其他支出”科目，贷记“资金结存”科目。

（6）单位在清算结束日的会计处理。

单位在清算结束日应当及时结账，将清算收入、清算费用的发生额转入清算净损益。完成上述结转后，将清算净损益转入累计盈余。结账后，在财务会计下，收入类、费用类科目应无余额，除“累计盈余”“专用基金”“权益法调整”等科目外，其他净资产类科目应无余额；在预算会计下，预算收入类、预算支出类科目应无余额，“其他结余”“非财政拨款结余分配”等科目应无余额。

3. 清算财务报表等有关报表及编制说明

单位应当编制清算财务报表，至少包括清算资产负债表和清算损益表。

（1）关于清算资产负债表。单位清算资产负债表应当反映清算当年年初、清算日和清算结束日的财务状况。清算资产负债表各项目应当按照政府会计准则制度规定进行填列。清算资产负债表格式见表14－17。

（2）关于清算损益表。单位清算损益表应当反映清算期间的各项清算收入、清算费用及清算净损益。本期数反映单位本年度清算期间有关项目的发生额，清算期间累计数反映单位从清算日至本年末或清算结束日期间有关项目的发生额。清算损益表各项目应当按照“清算收入”“清算费用”和“清算净损益”等科目及其明细科目的发生额填列。上级预算单位在单位清算当年编制部门（单位）合并财务报表时，应当将“清算收入”科目的本期发生额合并填入合并收入费用表的“其他收入”项目，将“清算费用”科目的本期发生额合并填入合并收入费用表的“其他费用”项目。清算损益表的格式见表14－18。

（3）关于其他报表。单位应当按照政府会计准则制度规定编制收入费用表和预算会计报表，反映单位年初至清算日的运行情况，以及单位年初至清算结束日的预算执行情况。单位清算跨年度进行的，应当根据需要按照政府会计准则制度规定编制年度资产负债表和预算会计报表等相关会计报表。

三、划转撤并单位清算后的会计处理

（一）划转情形下的会计处理

单位成建制划转的，在划转后仍然按照政府会计准则制度规定进行会计处理。

（二）合并、分立情形下的会计处理

1. 清算结束日至合并、分立日的会计处理

单位在清算结束后因合并或分立原因，其全部资产和负债移交其他单位的，在清算结束日至合并、分立日发生的相关业务和事项的会计处理，应当遵循政府会计准则制度规定，并在合并、分立日资产和负债划转前进行结账，结账后无须进行会计处理。

2. 合并、分立日的会计处理

（1）资产和负债划出单位的会计处理。

在分立情形下，原单位划出部分相关资产和负债后仍然存续的，应当按规定转销划出的相关资产和负债，并调整净资产和相关结转结余的账面余额。单位划出部分相关资产和负债时，在财务会计下按照分立日相关资产和负债的账面价值，借记相关负债科目，贷记相关资产科目，按照借贷方差额，借记或贷记“累计盈余”科目，其中，事业单位划出的货币资金和长期股权投资涉及专用基金和权益法调整的，应当同时转销相关净资产的账面余额，借记“专用基金”科目，借记或贷记“权益法调整”科目，借记或贷记“累计盈余”科目；在预算会计下按照划转的相关货币资金金额，借记相关结转结余科目，贷记“资金结存”科目。

（2）资产和负债划入单位的会计处理。

资产和负债划入单位应当按照政府会计准则制度规定，对划入的资产和负债进行确认、计量，并调整净资产和相关结转结余的账面余额。单位在划入资产和负债时，在财务会计下按照划出方在合并、分立日相关资产和负债的账面价值，借记相关资产科目，贷记相关负债科目，按照借贷方差额贷记或借记“累计盈余”科目，其中，事业单位划入的货币资金涉及专用基金划转的，应当同时确认专用基金，按照划入的专用基金金额，借记“累计盈余”科目，贷记“专用基金”科目；在预算会计下按照划入的货币资金金额，借记“资金结存”科目，贷记相关结转结余科目。在合并情形下，资产和负债划入单位应当及时清理、核销合并前各单位之间的内部债权债务，并按照差额调整净资产的账面余额。单位应当按照相关资产、负债科目余额借记“应付账款”“其他应付款”等科目，贷记“应收账款”“其他应收款”等科目，按照借贷方差额，借记或贷记“累计盈余”科目。其中，涉及事业单位已计提坏账准备的，应当同时予以核销，借记“坏账准备”科目，贷记“累计盈余”科目。

3. 合并、分立当年编制的相关报表及说明

（1）关于资产负债表。单位在清算结束后因合并或分立原因，其全部资产和负债移交其他单位的，应当编制合并或分立日资产负债表，反映单位在合并、分立日资产和负债划转前的财务状况。合并、分立后的单位（包括合并日新组建单位、接收资产和负债的原单位，以及分立日新组建单位、划出资产和负债后仍存续的原单位，下同）应当编制合并或分立日资产负债表，反映合并、分立日资产和负债划转后的财务状况。单位在合并、分立前后均存续的，在编制合并、分立当年期末资产负债表时，年初余额无须进行调整；合并、分立日新组建单位在编制合并、分立当年期末资产负债表时，无须填列年初余额。

（2）关于收入费用表和预算会计报表。单位在清算结束后因合并或分立原因，其全部资产和负债移交其他单位的，应当编制收入费用表和预算会计报表，反映单位清算结束日至合并、分立日的运行情况和预算执行情况。合并、分立日新组建的单位在编制合并、分立当年收入费用表和预算会计报表时，应当根据合并、分立日至期末所发生的收

入、费用编制收入费用表，根据合并、分立日至期末所发生的预算收入、预算支出编制预算会计报表，无须填列上年数。合并前后均存续的单位在编制合并当年收入费用表和预算会计报表时，其收入费用表不包括被合并单位年初至合并日所发生的收入和费用，其预算会计报表不包括被合并单位年初至合并日所发生的预算收入和预算支出。

（3）关于净资产变动表。合并、分立后的单位在编制合并、分立当年净资产变动表时，需在《政府会计制度——行政事业单位会计科目和报表》中净资产变动表的“（六）权益法调整”项目后增加“（七）划转撤并调整”项目，反映单位本年因划转撤并划入或划出资产和负债对净资产的直接影响。本行“累计盈余”项目应当通过对“累计盈余”科目明细账记录的分析，根据本年发生划转撤并时直接计入“累计盈余”的金额填列。本行“权益法调整”“专用基金”项目应当通过对“权益法调整”“专用基金”等科目明细账记录的分析，根据本年发生划转撤并时“权益法调整”“专用基金”的变动金额填列。净资产变动表的格式见表 14－19。

（三）撤销情形下的会计处理

单位被撤销的，其全部资产和负债按规定由主管部门、本级财政部门或授权的单位处理。

（四）改制情形下相关单位的会计处理

单位转企改制后成立的企业应当设立新账，按照企业会计准则制度的规定进行会计处理。单位非转企改制后仍然按照政府会计准则制度规定进行会计处理，单位改制前后因所适用的会计科目不一致的，应当结合单位业务特点对相关会计科目及余额进行调整。事业单位对改制为企业的单位行使出资人职责的，应当确认相关投资，并相应调增净资产的账面余额。单位应当按照报经批准确定的企业净资产金额和出资比例，确定应享有的企业净资产份额，借记“长期股权投资——成本”科目，贷记“累计盈余”科目。此外，行使出资人职责的事业单位在编制改制当年净资产变动表时，应当按照关于合并、分立后的单位编制净资产变动表的有关规定执行。单位改制为国家出资企业的，应当由本级财政部门按照报经批准确定的企业净资产金额和出资比例，根据财政总会计制度的有关规定对相关股权投资进行会计处理。

四、附则

（一）会计凭证和会计档案管理

划转撤并单位应当将资产清查报告、资产评估报告、划转撤并方案及相关批复文件等作为原始凭证。单位划转撤并前和清算过程中形成的会计档案，应当按照《会计档案管理办法》等有关规定处理。

（二）生效日期

以上相关自 2022 年 10 月 9 日起施行。于施行之日前已经完成划转撤并的单位无须追溯调整。截至 2022 年 10 月 9 日尚未完成划转撤并的单位，应当按照相关规定执行。

附表：

表 14－17 清算资产负债表

编制单位： ____年____月____日 单位：元

资产	清算结束日余额	清算日余额	年初余额	负债和净资产	清算结束日余额	清算日余额	年初余额
流动资产：				流动负债：			
货币资金				短期借款			
短期投资				应交增值税			
财政应返还额度				其他应交税费			
应收票据				应缴财政款			
应收账款净额				应付职工薪酬			
预付账款				应付票据			
应收股利				应付账款			
应收利息				应付政府补贴款			
其他应收款净额				应付利息			
存货				预收账款			
待摊费用				其他应付款			
一年内到期的非流动资产				预提费用			
其他流动资产				一年内到期的非流动负债			
流动资产合计				其他流动负债			
非流动资产：				流动负债合计			
长期股权投资				非流动负债：			
长期债券投资				长期借款			
固定资产原值				长期应付款			
减：固定资产累计折旧				预计负债			
固定资产净值				其他非流动负债			
工程物资				非流动负债合计			
在建工程				受托代理负债			

续上表

资产	清算结束日余额	清算日余额	年初余额	负债和净资产	清算结束日余额	清算日余额	年初余额
无形资产原值				负债合计			
减：无形资产累计摊销							
无形资产净值							
研发支出							
公共基础设施原值							
减：公共基础设施累计折旧（摊销）							
公共基础设施净值							
政府储备物资							
文物文化资产							
保障性住房原值							
减：保障性住房累计折旧							
保障性住房净值							
PPP 项目资产							
减：PPP 项目资产累计折旧（摊销）							
PPP 项目资产净值							
长期待摊费用				净资产：			
待处理财产损溢				累计盈余			
其他非流动资产				专用基金			
非流动资产合计				权益法调整			
受托代理资产				净资产合计			
资产总计				负债和净资产总计			

表 14－18 清算损益表

编制单位： 年 月 日至 年 月 日 单位：元

项目	本期数	清算期间累计数
一、清算收入		
（一）资产盘盈		
（二）债务核销		
（三）评估增值		
（四）其他清算收入		
二、清算费用		
（一）资产盘亏、毁损或报废		
（二）债权核销		
（三）评估减值		
（四）评估、审计费用		
（五）其他清算费用		
三、清算净损益		

表 14－19　净资产变动表

编制单位：　　　　　　　　______年____月____日　　　　　　　　　　单位：元

项目	累计盈余	专用基金	权益法调整	净资产合计
一、上年年末余额		—	—	
二、以前年度盈余调整（减少以“－”号填列）				
三、本年年初余额				
四、本年变动金额（减少以“－”号填列）				
（一）本年盈余		—	—	
（二）无偿调拨净资产		—	—	
（三）归集调整预算结转结余		—	—	
（四）提取或设置专用基金			—	
其中：从预算收入中提取	—		—	
从预算结余中提取			—	
设置的专用基金	—		—	
（五）使用专用基金			—	
（六）权益法调整	—	—		
（七）划转撤并调整				
五、本年年末余额				

注：“—”标识单元格无须填列，其中新组建单位无须填列“一”“二”“三”行。

本章小结

行政事业单位的会计报表是反映行政事业单位一定时期财务状况和预算执行结果的总结性书面文件，包括财务报表和预算会计报表。财务报表由财务会计报表及其附注构成。财务会计报表一般包括资产负债表、收入费用表和净资产变动表。预算会计报表至少包括预算收入支出表、预算结转结余变动表和财政拨款预算收入支出表。资产负债表和收入费用表可按月编制，但至少应按年编制。净资产变动表、现金流量表、预算收入支出表、预算结转结余变动表和财政拨款预算收入支出表按年编制。单位可根据实际情况自行选择是否编制现金流量表。编制的财务会计报表主要以权责发生制为基础，预算会计报表以收付实现制为基础。编制的会计报表应做到数字真实、计算准确、内容完整、编报及时，由单位负责人和主管会计工作的负责人、会计机构负责人（会计主管人员）签名并盖章。

课后习题

一、选择题

1. 下面关于行政事业单位财务会计报表的编制要求说法错误的是（　　）。

A. 行政事业单位会计应当以持续运行为前提，根据实际发生的经济业务或事项，按照政府会计准则制度的规定对相关会计要素进行确认和计量，在此基础上编制财务报表

B. 除现金流量表以收付实现制为基础编制外，行政事业单位会计应当以权责发生制为基础编制财务报表

C. 重要性应当根据行政事业单位所处的具体环境，从项目的性质和金额两方面予以判断。关于各项目重要性的判断标准一经确定，不得随意变更

D. 财务报表项目的列报应当在各个会计期间保持一致，不能变更

2. 下列属于净资产变动表项目的是（　　）。

A. 业务活动费用　　B. 以前年度盈余调整

C. 文物文化资产　　D. 保障性住房原值

3. 行政事业单位非流动资产不包括（　　）。

A. 政府储备资产　　B. 文物文化资产

C. 存货　　D. 公共基础设施

4. 确认预算收入时可能用到的记账基础有（　　）。

A. 收付实现制　　B. 权责发生制

C. 实地盘点制　　D. 永续盘存制

5. 行政事业单位上级补助预算收入属于（　　）。

A. 财政拨款预算收入　　B. 非财政拨款预算收入

C. 经营预算收入　　D. 基本支出收入

6. 行政事业单位年末确认应返还的财政直接或授权支付额度时，进行会计处理，不会用到的科目是（　　）。

A. “资金结存——财政应返还额度（财政直接支付）”

B. “资金结存——财政应返还额度（财政授权支付）”

C. “财政拨款预算收入”

D. “事业预算收入”

7. 预算收入支出表反映行政事业单位年度（　　）。

A. 预算收入　　B. 预算支出　　C. 预算收支差额　　D. 预算补助

8. 反映事业单位本年从主管部门和上级单位取得的非财政补助预算收入的科目是（　　）。

A. 上级补助预算收入

B. 附属单位上缴预算收入

C. 非同级财政拨款预算收入

D. 财政拨款预算收入

9．反映行政事业单位年度一般公共预算财政拨款收入和支出的情况的报表是（　　）。

A．预算收入支出表

B．财政拨款预算收入支出表

C．预算结转结余变动表

D．现金流量表

二、综合会计分录题

1．某事业单位收到同级财政部门从财政专户返还的事业预算收入 5 500 000 元，款项已存入银行。

2．年末，某事业单位取得事业预算收入，累计为 7 200 000 元，其中专项资金收入 4 400 000 元，非专项资金收入 2 800 000 元，现全数结转上述事业预算收入。

3．某行政单位购买一批办公用品，价款为 16 500 元，以零余额账户用款额度支付。

4．年末，某行政单位对“行政支出”账户进行结转，其中财政拨款支出 480 000 元，非财政专项资金支出 68 700 元，其他资金支出 44 600 元。

5．年末，某事业单位按规定从其他单位调入授权支付用款额度 400 000 元。按规定上缴财政结转资金 200 000 元，以财政应返还额度冲抵。经批准将财政拨款结余资金 300 000 元调整用于某项未完成项目。

第四篇
民间非营利组织会计

第十五章　民间非营利组织会计概述

学习目标

通过本章的学习，要求学生了解民间非营利组织会计的概念和特点，掌握民间非营利组会计要素内容，熟悉对应的会计科目设置情况。

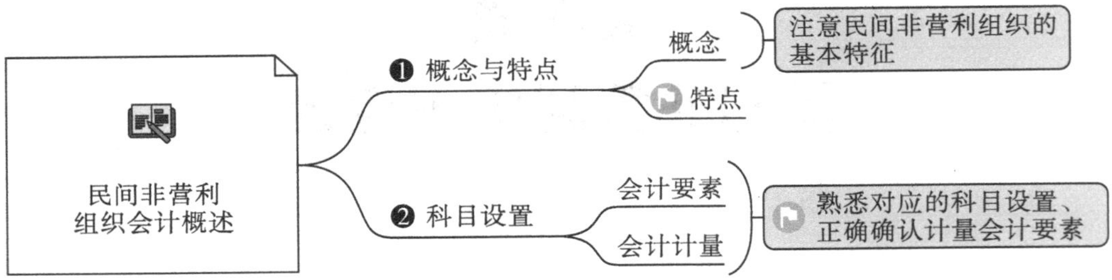

注：为学习重点　为学习难点　为学习提示

课前案例与思政

关于印发《〈民间非营利组织会计制度〉若干问题的解释》的通知（节选）

根据《民间非营利组织会计制度》（财会〔2004〕7号，以下简称《民非制度》）第二条规定，同时具备《民非制度》第二条第二款所列三项特征的非营利性民办学校、医疗机构等社会服务机构，境外非政府组织在中国境内依法登记设立的代表机构应当按照《民非制度》进行会计核算。

一、关于接受非现金资产捐赠

（一）对于民间非营利组织接受捐赠的存货、固定资产等非现金资产，应当按照《民非制度》第十六条的规定确定其入账价值。

（二）对于以公允价值作为其入账价值的非现金资产，民间非营利组织应当按照《民非制度》第十七条所规定的顺序确定公允价值。

《民非制度》第十七条第一款第（一）项规定的“市场价格”，一般指取得资产当日捐赠方自产物资的出厂价、捐赠方所销售物资的销售价、政府指导价、知名大型电商平台同类或者类似商品价格等。

《民非制度》第十七条第一款第（二）项规定的“合理的计价方法”，包括由第三方机构进行估价等。

（三）对于民间非营利组织接受非现金资产捐赠时发生的应归属于其自身的相关税费、运输费等，应当计入当期费用，借记“筹资费用”科目，贷记“银行存款”等科目。

（四）民间非营利组织接受捐赠资产的有关凭据或公允价值以外币计量的，应当按照取得资产当日的市场汇率将外币金额折算为人民币金额记账。当汇率波动较小时，也可以采用当期期初的汇率进行折算。

二、关于受托代理业务

（一）《民非制度》第四十八条规定的“受托代理业务”是指有明确的转赠或者转交协议，或者虽然无协议但同时满足以下条件的业务：

1. 民间非营利组织在取得资产的同时即产生了向具体受益人转赠或转交资产的现时义务，不会导致自身净资产的增加。

2. 民间非营利组织仅起到中介而非主导发起作用，帮助委托人将资产转赠或转交给指定的受益人，并且没有权利改变受益人，也没有权利改变资产的用途。

3. 委托人已明确指出了具体受益人个人的姓名或受益单位的名称，包括从民间非营利组织提供的名单中指定一个或若干个受益人。

（二）民间非营利组织从事受托代理业务时发生的应归属于其自身的相关税费、运输费等，应当计入当期费用，借记“其他费用”科目，贷记“银行存款”等科目。

三、关于长期股权投资

（一）对于因接受股权捐赠形成的表决权、分红权与股权比例不一致的长期股权投资，民间非营利组织应当根据《民非制度》第二十七条的规定，并结合经济业务实质判断是否对被投资单位具有控制、共同控制或重大影响关系。

（二）民间非营利组织因对外投资对被投资单位具有控制权的，应当按照《民非制度》第二十七条的规定采用权益法进行核算，并在会计报表附注中披露投资净损益和被投资单位财务状况、经营成果等信息。

四、关于注册资金

（一）执行《民非制度》的社会团体、基金会、社会服务机构设立时取得的注册资金，应当直接计入净资产。注册资金的使用受到时间限制或用途限制的，在取得时直接计入限定性净资产；其使用没有受到时间限制和用途限制的，在取得时直接计入非限定性净资产。

前款规定的注册资金，应当在现金流量表“收到的其他与业务活动有关的现金”项目中填列。

（二）社会团体、基金会、社会服务机构变更登记注册资金属于自愿采取的登记事项变更，并不引起资产和净资产的变动，无须进行会计处理。

五、关于承接政府购买服务取得的收入

按照《民非制度》第五十九条的规定，民间非营利组织承接政府购买服务属于交换交易，取得的相关收入应当记入“提供服务收入”等收入类科目，不应当记入“政府补助收入”科目。

（资料来源：中国财政部官网，财会〔2020〕9号，2020年6月15日）

第一节　民间非营利组织会计概念与特点

一、民间非营利组织会计的概念

民间非营利组织会计是对民间非营利组织的财务收支活动进行连续、系统、综合的记录、计量和报告，以价值指标客观地反映业务活动过程，从而为业务管理和其他相关的监督提供信息的经济信息系统。

民间非营利组织是指按照财政部2004年8月颁布的《民间非营利组织会计制度》的界定，依照国家法律、行政法规登记的社会团体、基金会、民办非企业单位和寺院、宫观、清真寺、教堂等。这些民间非营利组织一般具有三个方面的基本特征：一是该组织不以营利为宗旨和目的；二是资源提供者向该组织投入资源不以取得经济回报为目标；三是资源提供者不享有该组织的所有权。

二、民间非营利组织会计的特点

（1）以权责发生制为会计核算基础。

（2）在采用历史成本计价的基础上，引入公允价值计价基础。

（3）由于民间非营利组织资源提供者既不享有组织的所有权，也不取得经济回报，因此其会计要素不包括所有者权益和利润，以净资产代替。

（4）由于民间非营利组织采取权责发生制作为会计核算基础，因而设置了费用会计要素，而没有使用行政、事业单位的支出要素。

第二节　民间非营利组织会计科目设置

一、民间非营利组织会计科目设置

民间非营利组织会计将民间非营利组织的交易或者事项按照经济特征确定会计要素。民间非营利组织的会计要素分为资产、负债、净资产、收入和费用五个种类。各要素进行进一步的科学分类，下设相应的会计科目。根据现行《民间非营利组织会计制度》的规定，各类民间非营利组织统一适用的会计科目表如表15－1所示。

表 15－1 民间非营利组织会计科目表

序号	科目编号	会计科目名称
一、资产类		
1	1001	现金
2	1002	银行存款
3	1009	其他货币资金
4	1101	短期投资
5	1102	短期投资跌价准备
6	1111	应收票据
7	1121	应收账款
8	1122	其他应收款
9	1131	坏账准备
10	1141	预付账款
11	1201	存货
12	1202	存货跌价准备
13	1301	待摊费用
14	1401	长期股权投资
15	1402	长期债券投资
16	1421	长期投资减值准备
17	1501	固定资产
18	1502	累计折旧
19	1505	在建工程
20	1506	文物文化资产
21	1509	固定资产清理
22	1601	无形资产
23	1701	受托代理资产
二、负债类		
24	2101	短期借款
25	2201	应付票据
26	2202	应付账款
27	2203	预收账款

续上表

序号	科目编号	会计科目名称
28	2204	应付工资
29	2206	应交税金
30	2209	其他应付款
31	2301	预提费用
32	2401	预计负债
33	2501	长期借款
34	2502	长期应付款
35	2601	受托代理负债
三、净资产类		
36	3101	非限定性净资产
37	3102	限定性净资产
四、收入费用类		
38	4101	捐赠收入
39	4201	会费收入
40	4301	提供服务收入
41	4401	政府补助收入
42	4501	商品销售收入
43	4601	投资收益
44	4901	其他收入
45	5101	业务活动成本
46	5201	管理费用
47	5301	筹资费用
48	5401	其他费用

二、民间非营利组织会计的会计科目说明

（1）本制度统一规定会计科目的编号，以便于编制会计凭证，登记账簿，查阅账目，实行会计电算化。民间非营利组织不得随意打乱重编。某些会计科目之间留有空号，供增设会计科目之用。

（2）民间非营利组织应当按照本制度的规定，设置和使用会计科目。在不影响会计

核算要求和会计报表指标汇总，以及对外提供统一的财务会计报告的前提下，可以根据实际情况自行增设、减少或合并某些会计科目。明细科目的设置，除本制度已有规定者外，在不违反统一会计核算要求的前提下，民间非营利组织可以根据需要自行确定。

（3）对于会计科目名称，民间非营利组织可以根据本组织的具体情况，在不违背会计科目使用原则的基础上，确定适合于本组织的会计科目名称。

（4）民间非营利组织在填制会计凭证、登记会计账簿时，应当填列会计科目的名称，或者同时填列会计科目的名称和编号，不得只填科目编号，不填列科目名称。

（5）民间非营利组织应当根据本制度有关财务会计报告的编制基础、编制依据、编制原则和方法的要求，对外提供真实、完整的财务会计报告。民间非营利组织不得违反规定，随意改变财务会计报告的编制基础、编制依据、编制原则和方法，不得随意改变本制度规定的财务会计报告有关数据的会计口径。

（6）民间非营利组织的年度和中期财务会计报告，至少应当反映两个年度或两个相关会计期间的比较数据。

本章小结

本章主要讲解了民间非营利组织会计的概念、分类和特点，以及会计科目设置。民间非营利组织主要包括依照国家法律、行政法规登记的社会团体、基金会、民办非企业单位和寺院、宫观、清真寺、教堂等。民间非营利组织不以营利为宗旨和目的，资源提供者向该组织投入资源不取得经济回报，资源提供者不享有该组织的所有权。非营利组织要以持续经营为假设前提，会计核算应当以民间非营利组织的交易或者事项为对象，记录和反映该组织本身的各项业务活动，以人民币作为记账本位币。业务收支以人民币以外的货币为主的民间非营利组织，可以选定其中一种货币作为记账本位币，但是编制的财务会计报告应当折算为人民币。民间非营利组织填制会计凭证、登记会计账簿、管理会计档案等，按照《中华人民共和国会计法》《会计基础工作规范》和《会计档案管理办法》等规定执行。民间非营利组织应当根据国家有关法律、行政法规和内部会计控制规范，结合本单位的业务活动特点，制定相适应的内部会计控制制度，以加强内部会计监督，提高会计信息质量和管理水平。

第十六章　民间非营利组织的资产和负债

学习目标

通过本章的学习，要求学生了解民间非营利组织资产和负债的概念、特点，熟悉资产类和负债类会计科目，能够运用会计科目进行会计核算。

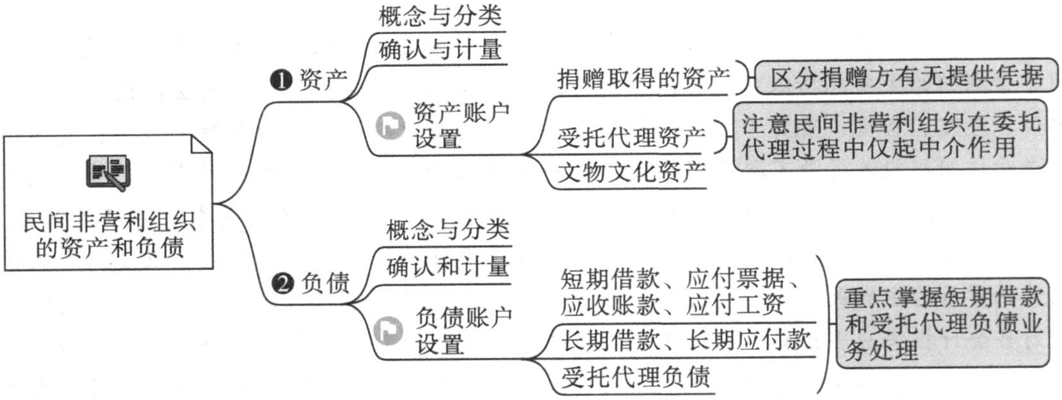

注：为学习重点　为学习难点　为学习提示

课前案例与思政

金锦萍评　“吴花燕事件”　慈善组织为何须恪守“公益性”？

2020年，一则涉及慈善组织网络募捐的新闻报道再次引发舆情，让人们痛心和不解的是，在读的贫困女大学生吴花燕因病去世，而中华少年儿童慈善救助基金会（以下简称“儿慈会”）的9958儿童紧急救助项目（以下简称“9958”）以为吴花燕筹款的名义分别在新浪微公益和水滴公益上募集了总额超过100万元的善款，但是截至吴花燕去世，9958向其拨款仅为2万元（根据公开报道，“9958”分别在新浪微公益和水滴公益上发起总额100万元的筹款，其中水滴公益平台筹款60万元，新浪微公益筹款一期20万元、二期20万元，两家平台总计获得捐款1 004 977.28元。——财新网：《百万善款为何仅

支出两万　吴花燕捐助组织回应质疑》)。

这一事件首先证明我国民众并不缺乏善心，在获悉吴花燕的困境之后纷纷伸出援助之手，而且在得知吴花燕逝世的消息之后，痛惜和无奈的情绪充斥着网络空间。同时弥漫着的是公众的不解和愤怒，他们的疑问在于：慈善募捐或者个人求助是否需要获得求助人的事先授权？款项如何确保专款专用？若求助人获得救助之后痊愈或者不幸死亡的，剩余款项又该何去何从？本文却想与大家探讨一个更为本质的问题：公开募捐的慈善组织是否适宜为特定个体开展募捐活动？因为之所以会出现众多争议和纠纷，与此问题密不可分。

慈善无疑是利他的，但是利他却不见得是慈善的，如果法律上的慈善是以公益为构成要件的话。公益须是不特定多数人的利益。这里的“不特定”恰恰是公益所具备的本质特征：公益并不指向任何具体的特定目标，也并非达到的特定结果的总和，而是抽象性的秩序供给。公益性的判断并不简单取决于受益人数的多寡，多人的私益加起来也并非公益（例如将大量个人求助打包在一起的项目也不见得具备公益性），而获益人数少也不见得就是私益（例如以救助“罕见病”患者为己任的组织也可以被认定为具有公益性的慈善组织）。因为个人求助归根结底是私益性质的，不管将多少个私益性质的个人求助打包在一起的所谓的“大病救助项目”，也因为其受益人的确定，而不具备公益性；反之，某一类别的“罕见病”患者尽管人数不多，但是如果罹患该种罕见病的患者都能够公平地获得救助的话，依然不失公益性（尽管因为慈善资源匮乏，并非所有患者都能同时获得救助，那么也需要有公平的规则来确定先后顺序和救助标准)。

《中华人民共和国慈善法》(以下简称《慈善法》)关于慈善活动和慈善组织的规定，均强调“公益活动”和“面向社会公众”的特征。例如《慈善法》第三条在界定慈善活动时均强调“公益活动”，而在界定慈善组织时又要求将“以面向社会开展慈善活动为宗旨”作为条件之一（《慈善法》第八条)。同理，慈善募捐是指慈善组织基于慈善宗旨募集财产的活动。而《慈善法》上的慈善宗旨依然需要满足“面向社会开展”的公益性特征。而在确定受益人方面，《慈善法》明确规定，慈善组织应当坚持公开、公平、公正的原则，在另一侧面也反映了不得以特定个体作为受益人。

所以，作为慈善组织（法律意义上的术语)，须以公益性为必备条件，也就意味着其从慈善宗旨、项目研发和实施、募捐目的确定、募捐活动开展、善款拨付和使用（包括但是不限于确定受益人）均得以“不特定的受益人”为考量要件。

社会中的慈善组织承担着启迪心灵、保有希望、维护安全和追求正义的使命，而这些都得以“公益性”为前提。法律上区分个人求助和慈善募捐，意在重点规范慈善募捐，同时为个人求助留下必要空间。我们并不否认和抹杀个人求助模式为众多困境中所带来的爱和希望，但是却从未料到慈善组织进行了反向操作——为个人求助提供慈善募捐的通道。这让以法律赋予慈善组织以慈善募捐特殊权利的立法者情何以堪？

重申“公益性”，意味着慈善组织得有解决社会问题系统性思维和整体逻辑，权衡眼前利益与长远利益的关系；重申“公益性”，意味着慈善组织须从片面追求募捐数额的奔跑中慢下来，重新梳理和反思身为慈善组织的宗旨和使命；重申“公益性”，意味着慈善组织得懂得所有捐赠给慈善组织的财产，尽管法律上归其所有，实质上慈善组织却是真实意义上的受托人，须恪尽受托人的信义义务；重申"公益性"，意味着慈善组织须重新审视公益项目的目的和路径，审慎对待公益绩效的量化指标，反而要深思其所秉承的理念与价值；重申"公益性"，意味着慈善组织须尊重受助人的权利和尊严，意识到后者的宝贵堪比生命本身；重申"公益性"，意味着慈善组织得慎用法律赋予的慈善募捐和税收优惠的特殊权利，懂得与这些权利匹配的义务和责任；重申"公益性"，意味着慈善组织必须得有取舍，得有"无我"的格局和气度，得懂得最大的成功是组织自身随着社会问题的解决而消亡。

希望身处舆情漩涡中的儿慈会能够坦诚面对公众和捐赠人的质疑，在深刻汲取教训的同时，反思目前的运行模式，并进行实质上的调整和改变。

（资料来源：凤凰公益网，2020 年 1 月 15 日）

第一节　民间非营利组织的资产

一、资产的概念和分类

民间非营利组织的资产是指过去的经济业务形成的并由民间非营利组织拥有或者控制的资源，该资源预期会给民间非营利组织带来经济利益或者服务潜力。

民间非营利组织的资产包括流动资产、长期投资、固定资产、无形资产和其他资产。

流动资产是指可以在 1 年内（含 1 年）变现或耗用的资产。民间非营利组织的流动资产主要包括现金、银行存款、其他货币资金、短期投资、应收及预付款项、存货、待摊费用等。

长期投资是指除短期投资以外的投资，包括持有时间预计超过 1 年（不含 1 年）的各种股权性质的投资、不能变现或不准备随时变现的债券投资、其他债权投资和其他长期投资。

固定资产是指民间非营利组织为开展业务活动或出租而持有的，单位价值在规定标准以上，使用期限超过 1 年的有形资产。单位价值虽未达到规定标准，但使用期限超过 1 年的大批同类物资，如馆藏图书等，也可作为固定资产核算。民间非营利组织的固定资产一般分为以下几类：房屋和建筑物、一般设备、专用设备、交通工具、陈列品、图书、其他固定资产。

无形资产是指为提供劳务、出租给他人，或为管理目的而持有的，没有实物形态的非货币性长期资产。民间非营利组织的无形资产包括专利权、非专利技术、著作权、土地使用权等。

其他资产主要是指受托代理资产，是指民间非营利组织接受委托方委托从事受托代理业务而收到的资产。民间非营利组织的资产种类与营利性企业资产极为相似。

二、资产的确认和计量

根据财政部印发的《民间非营利组织会计制度》规定，民间非营利组织的资产在取得时应当按照实际成本计量。民间非营利组织应当定期或者至少每年终了，对短期投资、应收账款、存货、长期投资等资产是否发生减值进行测试。如果发生减值了，应当计提减值准备，确认减值损失，并将减值损失计入当期费用。对发生重大减值的固定资产、无形资产，也应计提减值准备，计入当期费用。已经计提减值准备的资产价值以后发生回升，则应当在已经计提的减值准备的金额范围内予以转回，冲减当期费用。民间非营利组织在接受捐赠时，如果捐赠人提供了有关发票等凭证，应当按照凭证上注明的金额作为资产的入账价值；如果捐赠人没有提供发票等有关凭证，应当以公允价值作为受捐资产的入账价值。对于接受的受托代理资产比照捐献资产的计价原则确认和计量。

三、资产账户的设置

民间非营利组织大部分资产与企业资产的核算相同，本部分仅重点介绍存在明显差异的资产会计处理。

（一）捐献取得的资产

对于民间非营利组织接受捐赠的现金资产，应当按照实际收到的金额入账。对于民间非营利组织接受捐赠的非现金资产，如接受捐赠的短期投资、存货、长期投资、固定资产和无形资产等，应当按照以下方法确定其入账价值。

（1）如果捐赠方提供了有关凭据（如发票、报关单、有关协议等）的，应当按照凭据上标明的金额作为入账价值。如果凭据上标明的金额与受赠资产公允价值相差较大，受赠资产应当以其公允价值作为其入账价值。

（2）如果捐赠方没有提供有关凭据的，受赠资产应当以其公允价值作为入账价值。对于民间非营利组织接受的劳务捐赠，不予确认，但应当在会计报表附注中做相关披露。

其中，公允价值是指在公平交易中，熟悉情况的交易双方自愿进行资产交换或者债务清偿的金额。公允价值的确定顺序如下。

（1）如果同类或者类似资产存在活跃市场的，应当按照同类或者类似资产的市场价格确定公允价值。

（2）如果同类或者类似资产不存在活跃市场，或者无法找到同类或者类似资产的，应当采用合理的计价方法确定资产的公允价值。

如果有确凿的证据表明资产的公允价值确实无法可靠计量，则民间非营利组织应当设置辅助账，单独登记所取得资产的名称、数量、来源、用途等情况，并在会计报表附注中做相关披露。在以后会计期间，如果该资产的公允价值能够可靠计量，民间非营利组织应当在其能够可靠计量的会计期间予以确认，并以公允价值计量。

【例 16－1】某民办医院接受捐赠的设备一台，其目前的市场价值为 20 000 元，运费 900 元，用银行存款支付。

该民办医院应做会计分录如下：

借：固定资产　　20 900

　贷：捐款收入　　20 000

　　　银行存款　　900

（二）受托代理资产

受托代理资产是指民间非营利组织接受委托方委托从事受托代理业务而收到的资产。

在受托代理过程中，民间非营利组织本身只是在委托代理过程中起中介作用，无权改变受托代理资产的用途或者变更受益人。

对于受托代理取得的资产，民间非营利组织应当比照接受捐赠原则确认和计量受托代理资产，同时应按照其金额确认相应的受托代理负债。

民间非营利组织在收到受托代理资产时，应当按照应确认的受托代理资产的入账金额，借方为受托代理资产，贷方为受托代理负债；转赠或者转出受托代理资产时，做相反的会计处理。民间非营利组织收到的受托代理资产如果为现金、银行存款或其他货币资金，可以不通过“受托代理资产”科目核算，而在“现金”“银行存款”“其他货币资金”科目下设置“受托代理资产”明细科目进行核算。民间非营利组织应当设置受托代理资产登记簿，加强受托代理资产的管理，同时应当在“受托代理资产”科目下，按照指定的受赠组织或个人设置明细账，进行明细核算。“受托代理资产”科目的期末借方余额，反映民间非营利组织期末尚未转出的受托代理资产价值。

【例16－2】20×2年12月10日，甲、乙民间非营利组织与丙企业共同签订了一份捐赠协议，协议规定：丙将通过甲向乙下属的10家儿童福利院（附有具体的受赠福利院名单）捐赠全新的电子钢琴60台，每家福利院6台，每台电子钢琴价值2 000元。丙应当在协议签订后的10日内将电子钢琴运至甲。甲应当在电子钢琴运抵后的20日内派志愿者将电子钢琴送至各福利院，并负责安装与调试。20×2年12月18日，丙按照协议规定将电子钢琴运至甲。20×3年1月21日，甲将电子钢琴送至各福利院，不考虑其他因素和税费。此外，甲从事的业务活动中，20×2年12月发生应交增值税40 000元。假设甲为小规模纳税人。

甲应做会计分录如下：首先根据协议规定可判断，此项交易对甲民间非营利组织而言属于受托代理交易。

（1）20×2年12月18日，收到电子钢琴时。

借：受托代理资产——电子钢琴　　120 000

　贷：受托代理负债　　120 000

借：业务活动成本　　40 000

　贷：应交税金——应交增值税　　40 000

（2）20×3年1月21日，将电子钢琴运出时。

借：受托代理负债　　70 000

　贷：银行存款——受托代理资产　　70 000

（三）文物文化资产

文物文化资产，是指用于展览、教育或研究等的历史文物、艺术品以及其他具有文化或历史价值并长期或者永久保存的典藏等。

1. 文物文化资产计价

文物文化资产在取得时，应当按照取得时的实际成本入账。取得时的实际成本包括买价、包装费、运输费、缴纳的有关税金等相关费用，以及为使文物文化资产达到可使用状态前所必要的支出。不同来源渠道取得的文物文化资产，其实际成本按如下方法确定。

（1）外购的文物文化资产。

外购的文物文化资产实际成本按照买价、相关税费以及为使文物文化资产达到可使用状态前发生的可直接归属于该文物文化资产的其他支出，包括运输费、安装费、装卸费等。

如果以一笔款项购入多项没有单独标价的文物文化资产，按照各项文物文化资产公允价值的比例对总成本进行分配，分别确定各项文物文化资产的入账价值。

（2）接受捐赠的文物文化资产。

接受捐赠的文物文化资产的成本，如果捐赠者能够提供凭证的，按照凭证上注明的金额入账，但是如果注明的金额与其公允价值相差较大，应按公允价值入账；如果捐赠者没有提供政府与非营利组织会计凭证的，按照该文物文化资产的公允价值入账。

2. 文物文化资产的账务处理

民间非营利组织为了反映文物文化资产的价值变动情况，应设置“文物文化资产”科目，借方登记收到的各种文物文化资产的价值，贷方登记处置的文物文化资产的价值，期末借方余额表示民间非营利组织的文物文化资产的价值。

民间非营利组织应当设置文物文化资产登记簿和文物文化资产卡片，按文物文化资产类别设置明细账户，进行明细核算。

（1）取得文物文化资产。

外购的文物文化资产按照所确定的实际成本，借记“文物文化资产”科目，贷记“银行存款”“应付账款”科目。

【例 16－3】某文物展览馆外购一批历史文物，买价 60 万元，运输费 4 800 元，复原费 3 500 元，运输费、复原费以银行存款支付，买价尚未支付。账务处理如下：

借：文物文化资产——陶器类	608 300	
贷：银行存款		8 300
应付账款——某文物展览馆		600 000

【例 16－4】某文物点购进一批历史文物，包括古陶器、古字画、编钟。共计付款 480 万元，以银行转账支付。账务处理如下：

由于一次购入文物多项，应按照各项文物的公允价值分摊总成本。陶器类的公允价值 45 万元，古字画类文物的公允价值 240 万元，编钟类文物的公允价值 150 万元。则

陶器文物的成本：45×480÷（45+240+150）=49.66（万元）

古字画的成本：240×480÷（45+240+150）=264.83（万元）

编钟的成本：150×480÷（45+240+150）=165.51（万元）

借：文物文化资产——陶器　　496 600

　　　　　　　　——字画　　2 648 300

　　　　　　　　——编钟　　1 655 100

　贷：银行存款　　4 800 000

接受捐赠的文物文化资产，按照捐赠者提供的凭证上的金额入账；捐赠者没有提供凭证的，按照其公允价值入账。

【例16-5】某个人向文物展览馆捐赠一件青铜器。捐赠者没有提供凭证。其同类市场公允价值30万元。账务处理如下：

借：文物文化资产——青铜器　　300 000

　贷：捐赠收入　　300 000

（2）处置文物文化资产。

文物文化资产的处置是指出售、拍卖或者毁损而减少的文物文化资产。当民间非营利组织出售文物文化资产，或者毁损或者以其他方式处置文物文化资产时，按照所处置文物文化资产的账面余额，借记“固定资产清理”科目，贷记“文物文化资产”科目。

【例16-6】某历史文物单位出售一件文物陶器，其账面余额15万元，出售收入25万元，交纳有关费用1万元，净收入24万元。根据有关凭证，账务处理如下：

借：固定资产清理　　150 000

　贷：文物文化资产——陶器　　150 000

借：银行存款　　240 000

　贷：固定资产清理　　240 000

借：固定资产清理　　10 000

　贷：应交税金　　10 000

借：固定资产清理　　100 000

　贷：其他收入　　100 000

借：应交税金　　10 000

　贷：银行存款　　10 000

（3）文物文化资产盘点。

民间非营利组织对于文物文化资产应当定期或者至少每年实地盘点一次。对于盘盈、盘亏的文物文化资产，应当及时查明原因，并根据管理权限报经批准后，在期末前结账处理完毕。盘点盈余的文物文化资产，应按照其公允价值，借记“文物文化资产”科目，贷记“其他收入”科目。

盘亏的文物文化资产，按照其账面余额扣除可以收回的保险赔偿和过失人的赔偿等后的金额，借记“管理费用”科目；按照可以收回的保险赔偿和过失人赔偿等，借记“现金”“银行存款”“其他应收款”等科目；按照文物文化资产的账面余额，贷记“文物文化资产”科目。

【例16－7】某历史文物展览馆，年末盘点发现丢失一件经卷，价值40万元。经保险公司确认赔偿28万元。应由本单位责任人赔偿2万元。根据有关凭证，账务处理如下：

借：其他应收款——保险赔偿	280 000	
——责任人	20 000	
管理费用	100 000	
贷：文物文化资产——经卷		400 000

第二节 民间非营利组织的负债

一、负债的概念和分类

负债是由于过去的交易或事项形成的现时义务，履行该义务预期会导致含有经济利益或者服务潜能的资源流出民间非营利组织。

（一）流动负债

流动负债是指将在1年内（含1年）偿还的债务，包括短期借款、应付及预收款项、预提费用等。短期借款是指民间非营利组织向银行或其他金融机构借入的期限在1年以内（含1年）的各种借款。短期借款应按实际借入金额入账，并按借款本金和确定的利率按期计提利息，计入当期筹资费用。应付及预收款项是指民间非营利组织在日常业务活动过程中发生的各项债务，包括应付款项（含应付账款、应付工资、应付福利费、应交税金、其他应付款）和预收款项。应付及预收款项应当按照实际发生额入账，并按往来户名设置明细账，进行明细核算。民间非营利组织接受的指定受益人的捐赠，应作为应付款项单独核算。预提费用是指民间非营利组织按照规定从成本费用中预先提取但尚未支付的费用，如预提的租金、保险费、借款利息等。预提费用应按实际发生额入账。

（二）长期负债

长期负债是指偿还期限在1年以上（不含1年）的债务，包括长期借款、长期应付款、专项应付款和其他长期负债。长期借款是指民间非营利组织向银行或其他金融机构借入的期限在1年以上（不含1年）的各种借款。长期借款应按实际借入金额入账，并按借款本金和确定的利率按期计提利息，计入当期其他支出。长期应付款主要是指民间非营利组织融资租赁租入固定资产发生的应付租赁款。长期应付款应按实际发生额入账。专项应付款是指民间非营利组织接受政府或其他单位拨入的专项设施建设拨款而形成的负债。专项应付款应按实际发生额入账，并于专项设施建设完工后予以转销。其他长期负债是指受托代理负债等，应按实际发生额入账。

二、负债的确认和计量

各项负债都应按实际发生额确认和计量。受托代理负债应当按照与其相对应的受托代理资产的金额确认和计量。

三、负债的核算举例

（一）负债账户的设置

为了核算各项负债，民间非营利组织应设置各负债总账科目。设置反映流动负债的短期借款、应付票据、应付账款、预收账款、应付工资、应交税金、其他应付款、预提费用、预计负债等账户；设置反映长期负债的长期借款、长期应付款等账户；设置反映受托代理负债的受托代理负债账户。以上负债科目，有的已经在前面的收入、费用的核算中涉及了，有的与营利性的企业会计基本一致，在本节就不再赘述。所以，本节主要只对民间非营利组织中比较重要的负债科目的核算内容和方法做一介绍，如短期借款、受托代理负债等。

（二）短期借款

短期借款是指民间非营利组织向银行或其他金融机构借入的期限在 1 年以下（含 1 年）的各种借款。

短期借款一般是为了维持正常业务活动或为抵偿某项债务而借入的。为了核算短期借款，民间非营利组织应当设置“短期借款”科目，借入短期借款时，按照实际借得的金额，借记“银行存款”科目，贷记本科目。归还短期借款时，借记本科目，贷记“银行存款”等科目，本科目余额反映民间非营利组织累计借入的短期借款的金额。短期借款利息，应按月预提计入筹资费用。

【例 16－8】民间非营利组织因开展业务活动需要，向银行借款 40 000 元。账务处理如下：

借：银行存款	40 000	
贷：短期借款		40 000

假定，到期偿还向银行的借款本金和利息 160 元时，账务处理如下：

借：短期借款	40 000	
筹资费用	160	
贷：银行存款		40 160

（三）受托代理负债

受托代理负债是指民间非营利组织因从事受托代理业务，接受受托代理资产而产生的负债。“受托代理负债”科目应当按照指定的受赠组织或个人，或指定的应转交的组织或个人设置明细账，进行明细核算。受托代理负债应当按照相对应的受托代理资产的金额予以确认和计量。

当民间非营利组织收到受托代理资产时，按照应确认的入账金额，借记“受托代理资产”科目，贷记“受托代理负债”科目。转赠或者转出受托代理资产，按照转出受托代理资产的账面余额，借记“受托代理负债”科目，贷记“受托代理资产”科目。

期末，“受托代理负债”科目为贷方余额，反映民间非营利组织尚未清偿的受托代理负债。

本章小结

本章主要讲解了民间非营利组织的资产和负债，以及相应的会计科目设置。民间非营利组织的资产按照流动性可以区分为流动资产、长期投资、固定资产、无形资产和受托代理资产等。其中，流动资产是指预期可以在一年内变现或者耗用的资产，主要包括现金、银行存款、短期投资、应收款项、预付账款、存货、待摊费用等。长期投资是指除短期投资以外的投资，包括长期股权投资和长期债券投资等。民间非营利组织的资产在取得时应当按照实际成本计量。民间非营利组织应当定期或者至少于每年年度终了，对短期投资、应收款项、存货、长期投资等资产是否发生了减值进行检查。民间非营利组织的负债是指由过去的交易或事项形成的现时义务，履行该义务预期会导致含有经济利益或者服务潜力的资源流出民间非营利组织。民间非营利组织的负债应当按照其流动性分为流动负债、长期负债和受托代理负债等种类。其中，流动负债是指民间非营利组织在一年内需要偿还的负债，包括短期借款、应付票据、应付账款、预收账款、应付工资、应交税金、预提费用和预计负债等。长期负债是指民间非营利组织偿还期限在一年以上的负债，包括长期借款、长期应付款和其他长期负债。受托代理负债是指民间非营利组织因从事受托代理业务、接受受托代理资产而产生的负债。流动负债和长期负债应该按照实际发生额予以确认和计量，受托代理负债应该按照相对应的受托代理资产的金额予以确认和计量。

第十七章　民间非营利组织的收入、费用和净资产

学习目标

通过本章的学习，要求学生了解民间非营利组织收入、费用和净资产的概念与分类，熟悉相应的会计科目，能够运用会计科目进行会计核算。

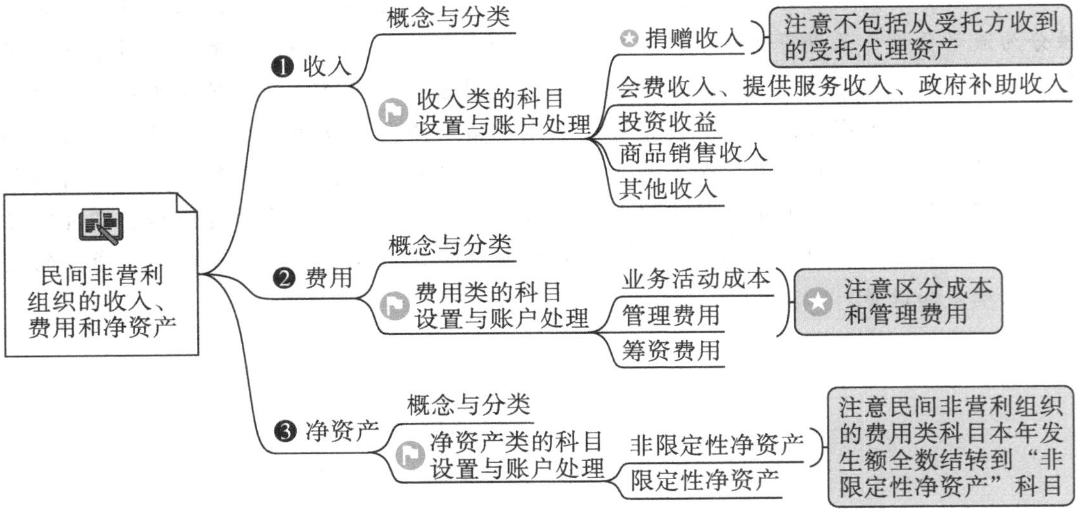

注：为学习重点　为学习难点　为学习提示

课前案例与思政

中华慈善总会第五届会员代表大会二次会议财务工作报告（节选）

2020 年年初，全国发生了重大的新冠疫情，总会全面贯彻落实党中央、国务院决策部署，积极参与疫情防控救助工作。截至 2020 年 6 月 1 日，总会共接收新冠疫情捐赠款物 11.28 亿元。其中，货币资金 3.64 亿元，捐赠物资折合人民币 7.57 亿元。同期发放社会捐赠款物 11.04 亿元。其中，发放货币资金 3.4 亿元，捐赠物资全部发放完毕，回

收手续齐全。总会抗击疫情救助工作，严格落实民政部出台的规定，全程接受国家审计署跟踪审计，坚持疫情捐赠款物快进快出，受到了地方政府、受助群众及捐赠方普遍好评。

2019年，总会财务工作在总会领导班子的坚强领导下，在各会员单位的大力支持下，全面贯彻落实《慈善法》及国家配套政策法规和总会各项财务规章制度，扎实做好财务管理，稳妥组织保值增值，主动接受审计监督，全面加强内部建设，奠定了坚实的财务基础，有力保障了财务工作的健康运行，圆满完成了各项工作任务。

一、坚持迎难面上、开拓进取，在募集货币资金上取得新突破

2019年受到经济下行和国家医保政策等各种因素影响，总会款物募捐工作面临巨大压力。在新一届领导班子的带领下，坚定信心，迎难而上，实现了在困境中坚守、在坚守中创新，全年筹集货币资金大幅上升，为总会更好地发挥慈善组织在社会建设中的积极作用，奠定了坚实的物质基础。

（一）社会善款、捐赠物资的总收支情况

2019年，总会共接收社会捐赠款物89.19亿元。其中，货币资金6.32亿元，比去年同期增长28.46%；捐赠物资折合人民币82.87亿元，比去年同期减少17.81%。同期发放社会捐赠款物101.76亿元。其中，发放货币资金5.75亿元，比去年同期增长15.93%；发放物资折合人民币96.01亿元，比去年同期减少36.94%。现有库存物资折合人民币24.8亿元。捐赠款物严格按照“统筹安排、尊重意愿、定向使用、公开透明”的原则落实到位，全年款物总支出占款物总收入的114.09%，取得了很好的社会效果，赢得了社会公众的赞誉。

（二）行政管理经费总收支情况

2019年，总会行政管理经费总收入3 123万元。其中，理财收入1 962万元，提取管理费收入834万元，会长基金收入260万元，发展基金收入40万元，会费收入27万元。总会行政管理经费总支出1 265万元。其中，会长基金支出48万元，各项工作经费支出1 217万元。同期，总会行政管理经费总支出占全年货币捐款总支出的2.12%，占全年款物捐赠总支出的0.12%，远低于《慈善法》关于“年度管理费用不得超过当年总支出的10%”的规定。

……

（资料来源：中华慈善总会官网，2020年7月9日）

第一节 民间非营利组织的收入

一、收入的概念和分类

收入是指民间非营利组织开展业务活动取得的，导致本期净资产增加的经济利益或者服务潜力的流入。

民间非营利组织收入按来源可分为捐赠收入、会费收入、提供服务收入、政府补助收入、投资收益、商品销售收入和其他收入等。

民间非营利组织收入按业务的主次分为主要业务收入和其他收入。捐赠收入、会费收入、提供服务收入、政府补助收入、投资收益、商品销售收入属于主要业务收入。

民间非营利组织收入按收入是否受到限制分为限定性收入和非限定性收入。

民间非营利组织收入按收入是否为交换交易形成的分为交换交易形成的收入和非交换交易形成的收入。商品销售收入、提供服务收入和投资收益属于交换交易形成的收入，捐赠收入和政府补助收入等属于非交换交易形成的收入。

需要注意的是，对收入的各种分类是相互交叉的。比如，商品销售收入、提供服务收入、投资收益、其他收入通常属于交换交易收入，捐赠收入、政府补助收入、会费收入属于非交换交易收入。又如，一般情况下，商品销售收入、提供服务收入、投资收益、会费收入、其他收入属于非限定性收入，但如果相关资产提供者对资产的使用设置了限制，相关收入则属于限定性收入。

二、收入的种类

（一）捐赠收入

捐赠收入是指民间非营利组织接受其他单位或者个人捐赠取得的收入，不包括民间非营利组织因受托代理业务而从委托方收到的受托代理资产。捐赠收入按资产提供者对资产的使用是否设置了时间限制或者（和）用途限制，区分为限定性捐赠收入和非限定性捐赠收入。

为了核算捐赠收入，民间非营利组织应设置“捐赠收入”科目，同时设置“限定性收入”和“非限定性收入”明细科目。

1. 捐赠收入的主要账务处理

（1）接受的捐赠，按照应确认的金额，借记“现金”“银行存款”“短期投资”“存货”“长期股权投资”“长期债券投资”“固定资产”“无形资产”等科目，贷记本科目“限定性收入”或“非限定性收入”明细科目。对于接受的附条件捐赠，如果存在需要偿还全部或部分捐赠资产或者相应金额的现时义务时（比如因无法满足捐赠所附条件而必须将部分捐赠款退还给捐赠人时），按照需要偿还的金额，借记“管理费用”科目，贷记“其他应付款”科目。

（2）如果限定性捐赠收入的限制在确认收入的当期得以解除，应当将其转为非限定性捐赠收入，借记本科目“限定性收入”明细科目，贷记本科目“非限定性收入”明细科目。

（3）期末，将本科目各明细科目的余额分别转入限定性净资产和非限定性净资产，借记本科目“限定性收入”明细科目，贷记“限定性净资产”科目，借记本科目“非限定性收入”明细科目，贷记“非限定性净资产”科目。

【例 17－1】某基金会收到某华侨捐赠的汽车一辆，发票价值为 120 000 元，其他费用为4 000元，用银行存款支付。接受某归国华侨一笔捐赠款300 000元，注明只能用来救助留守儿童，并且使用年限为1年，余额应退还。该慈善机构有关人员根据所在区域估计在1年内可能使用的款项为250 000元。

该基金会应做会计分录如下：

借：固定资产　　124 000

　贷：捐款收入——非限定性收入　　120 000

　　银行存款　　4 000

借：银行存款　　300 000

　贷：捐款收入——限定性收入　　300 000

借：管理费用　　50 000

　贷：其他应付款　　50 000

（二）会费收入、提供服务收入和政府补助收入

1. 会费收入

（1）概念。

会费收入是指民间非营利组织根据章程等的规定向会员收取的会费。一般情况下，民间非营利组织的会费收入为非限定性收入，除非相关资产提供者对资产的使用设置了限制。民间非营利组织应当在满足规定的收入确认条件时确认会费收入。

（2）会费收入的主要账务处理。

向会员收取会费，在满足收入确认条件时，借记“现金”“银行存款”“应收账款”等科目，贷记本科目“非限定性收入”明细科目。如果存在限定性会费收入，应当贷记本科目“限定性收入”明细科目。

期末，将本科目的余额转入非限定性净资产，借记本科目“非限定性收入”明细科目，贷记“非限定性净资产”科目。如果存在限定性会费收入，则将其金额转入限定性净资产，借记本科目“限定性收入”明细科目，贷记“限定性净资产”科目。

本科目应当按照会费种类（如团体会费、个人会费等）设置明细账，进行明细核算。期末结转后，本科目应无余额。

2. 提供服务收入

（1）概念。

提供服务收入是指民间非营利组织根据章程等的规定向其服务对象提供服务取得的收入，包括学杂费收入、医疗费收入、培训收入等。一般情况下，民间非营利组织的提供服务收入为非限定性收入，除非相关资产提供者对资产的使用设置了限制。民间非营利组织应当在满足规定的收入确认条件时确认提供服务收入。

（2）提供服务收入的主要账务处理。

提供服务取得收入时，按照实际收到或应当收取的价款，借记“现金”“银行存款”“应收账款”等科目，按照应当确认的提供服务收入金额，贷记本科目，按照预收的价

款，贷记“预收账款”科目。本科目应当按照提供服务的种类设置明细账，进行明细核算。在以后期间确认提供服务收入时，借记“预收账款”科目，贷记本科目“非限定性收入”明细科目。如果存在限定性提供服务收入，应当贷记本科目“限定性收入”明细科目。

期末，将本科目的余额转入非限定性净资产，借记本科目“非限定性收入”明细科目，贷记“非限定性净资产”科目。如果存在限定性提供服务收入，则将其金额转入限定性净资产，借记本科目“限定性收入”明细科目，贷记“限定性净资产”科目。期末结转后，本科目应无余额。

【例 17－2】某民间医疗组织本月收到医疗费收入 8 000 元，存入银行。年末将提供劳务收入中的医疗费收入 40 000 元，转入非限定性净资产。上年收到的政府补助 9 000 元，现可以动用。

该民间医疗组织应做会计分录如下：

借：银行存款　　8 000

　贷：提供服务收入——非限定性收入——医疗费收入　　8 000

借：提供劳务收入——非限定性收入——医疗费收入　　40 000

　贷：非限定性净资产　　40 000

借：政府补助收入——限定性收入　　9 000

　贷：政府补助收入——非限定性收入　　9 000

3. 政府补助收入

（1）概念。

政府补助收入是指民间非营利组织因为政府拨款或者政府机构给予的补助而取得的收入。民间非营利组织的政府补助收入应当按照是否存在限定区分为非限定性收入和限定性收入设置明细科目，进行明细核算。如果资产提供者对资产的使用设置了时间限制或者（和）用途限制，则所确认的相关收入为限定性收入；除此之外的其他所有收入，为非限定性收入。民间非营利组织应当在满足规定的收入确认条件时确认政府补助收入。

（2）政府补助收入的主要账务处理。

接受的政府补助，按照应确认的金额，借记“现金”“银行存款”等科目，贷记本科目“限定性收入”或“非限定性收入”明细科目。

对于接受的附条件政府补助，如果民间非营利组织存在需要偿还全部或部分政府补助资产或者相应金额的现时义务时（比如因无法满足政府补助所附条件而必须退还部分政府补助时），按照需要偿还的金额，借记“管理费用”科目，贷记“其他应付款”等科目。

如果限定性政府补助收入的限制在确认收入的当期得以解除，应当将其转为非限定性捐赠收入，借记本科目“限定性收入”明细科目，贷记本科目“非限定性收入”明细科目。

期末，将本科目各明细科目的余额分别转入限定性净资产和非限定性净资产，借记本科目“限定性收入”明细科目，贷记“限定性净资产”科目，或者借记本科目“非限定性收入”明细科目，贷记“非限定性净资产”科目。

（三）投资收益、商品销售收入和其他收入

1. 投资收益

投资收益是指民间非营利组织因对外投资取得的投资净损益。民间非营利组织应当在满足规定的收入确认条件时确认投资收益，为了核算投资收益的发生情况，民间非营利组织应设置“投资收益”科目。

确认实现的收入时，借记“银行存款”“短期投资跌价准备”等科目，贷记“相关资产”科目，借记或贷记“投资收益”科目。

【例 17－3】某民间非营利组织将三个月前购入的账面余额为 54 000 元，已提跌价准备 2 000 元的短期债券投资出售，收到价款 55 000 元已存入银行。

该民间非营利组织应做会计分录如下：

借：银行存款	54 000	
短期投资跌价准备	2 000	
贷：短期投资——债券投资		55 000
投资收益——非限定性收入		1 000

2. 商品销售收入

（1）概念。

商品销售收入是指民间非营利组织销售商品（如出版物、药品等）等所形成的收入。一般情况下，民间非营利组织的商品销售收入为非限定性收入，除非相关资产提供者对资产的使用设置了限制。民间非营利组织应当在满足规定的收入确认条件时确认商品销售收入。为了核算商品销售收入的实现和业务活动成本的发生情况，民间非营利组织应设置“商品销售收入”和“业务活动成本”科目。这两个科目应当按照商品的种类设置明细账，进行明细核算。

（2）商品销售收入的主要账务处理。

销售商品取得收入时，按照实际收到或应当收取的价款，借记“现金”“银行存款”“应收票据”“应收账款”等科目，按照应当确认的商品销售收入金额，贷记本科目“非限定性收入”明细科目（如果存在限定性商品销售收入，应当贷记本科目“限定性收入”明细科目），按照预收的价款，贷记“预收账款”科目。在以后期间确认商品销售收入时，借记“预收账款”科目，贷记本科目“非限定性收入”明细科目。如果存在限定性商品销售收入，应当贷记本科目“限定性收入”明细科目。

销售退回，是指民间非营利组织售出的商品，由于质量、品种不符合要求等原因而发生的退货。销售退回应当分别按照以下情况处理：

未确认收入的已发出商品的退回，不需要进行会计处理。

已确认收入的销售商品退回，一般情况下直接冲减退回当月的商品销售收入、商品

销售成本等：按照应当冲减的商品销售收入，借记本科目，按照已收或应收的金额，贷记“银行存款”“应收账款”“应收票据”等科目，按照退回商品的成本，借记“存货”科目，贷记“业务活动成本”科目。如果该项销售发生现金折扣，应当在退回当月一并处理。

报告期间资产负债表日至财务报告批准报出日之间发生的报告期间或以前期间的销售退回，应当作为资产负债表日后事项的调整事项处理，调整报告期间会计报表的相关项目：按照应冲减的商品销售收入，借记“非限定性净资产”科目（如果所调整收入属于限定性收入，应当借记“限定性净资产”科目），按照已收或应收的金额，贷记“银行存款”“应收账款”“应收票据”等科目；按照退回商品的成本，借记“存货”科目，贷记“非限定性净资产”科目。如果该项销售已发生现金折扣，应当一并处理。

现金折扣，是指民间非营利组织为了尽快回笼资金而发生的理财费用。现金折扣在实际发生时直接计入当期筹资费用：按照实际收到的金额，借记“银行存款”等科目，按照应给予的现金折扣，借记“筹资费用”科目，按照应收的账款，贷记“应收账款”“应收票据”等科目。

购买方实际获得的现金折扣，冲减取得当期的筹资费用：按照应付的账款，借记“应付账款”“应付票据”等科目，按照实际获得的现金折扣，贷记“筹资费用”科目，按照实际支付的价款，贷记“银行存款”等科目。

销售折让，是指在商品销售时直接给予购买方的折让。销售折让应当在实际发生时直接从当期实现的销售收入中抵减。

期末，将本科目的余额转入非限定性净资产，借记本科目，贷记“非限定性净资产”科目。如果存在限定性商品销售收入，则将其金额转入限定性净资产，借记本科目，贷记“限定性净资产”科目。

【例 17－4】某民间非营利组织 20×3 年 4 月 1 日销售商品一批，发票注明价款 70 000 元，成本为 50 000 元。为了尽早收回货款，合同规定全部款项现金折扣条件为 2/10，1/20，*n*/30。购货方于 4 月 20 日付款。20×3 年 5 月 5 日发现其中 20% 存在质量问题需退货。20×3 年 5 月 15 日退回问题货物，并收到退货款。

该民间非营利组织应做会计分录如下：

20×3 年 4 月 1 日

借：应收账款	70 000	
贷：商品销售收入		70 000
借：业务活动成本	50 000	
贷：存货		50 000

20×3 年 4 月 20 日

借：银行存款	63 000	
筹资费用	700	
贷：应收账款		70 000

20×3 年 4 月 15 日，应冲减现金折扣 = 70 000 × 1% × 20% = 140（元）

借：商品销售收入　　14 000
　贷：筹资费用　　140
　　　银行存款　　13 860
借：存货　　10 000
　贷：业务活动成本　　10 000

3．其他收入

其他收入是指民间非营利组织除捐赠收入、会费收入、提供服务收入、商品销售收入、政府补助收入、投资收益等主要业务活动收入以外的其他收入，如确实无法支付的应付款项、存货盘盈、固定资产盘盈、固定资产处置净收入、无形资产处置净收入、在非货币性交易中收到补价情况下应确认的损益等。

一般情况下，民间非营利组织的商品销售收入为非限定性收入，除非相关资产提供者对资产的使用设置了限制。

为了核算其他收入，应设置“其他收入”科目，同时设置“限定性收入”和“非限定性收入”明细科目，还应当按照其他收入种类设置明细账，进行明细核算。其他收入增加时，借记“现金”“文物文化资产”等科目，贷记“其他收入”科目。资产等盘盈，根据管理权限报经批准后，借记“文物文化资产”科目，贷记“其他收入”科目。对于固定资产处置净收入，借记“固定资产清理”科目，贷记“其他收入”科目。对于无形资产处置净收入，按照实际取得的价款，借记“银行存款”等科目，按照该项无形资产的账面余额，贷记“无形资产”科目，按照其差额，贷记本科目。

确认无法支付的应付款项确认为其他收入。期末将“其他收入”科目的余额转入非限定性净资产，借记“其他收入——限定性收入”“其他收入——非限定性收入”等科目，贷记“非限定性净资产”“限定性净资产”等科目。

【例 17－5】某慈善机构处置一项固定资产原值 250 000 元，累计折旧 50 000 元，出售收入 230 000 元，存入银行。某基金会期末存货盘盈，同类存货的公允价值为 5 000 元，按照有关管理权限批准作为非限定性收入。

该慈善机构应做如下会计分录：

借：固定资产清理　　200 000
　　累计折旧　　50 000
　贷：固定资产　　250 000
借：银行存款　　230 000
　贷：固定资产清理　　230 000
借：固定资产清理　　30 000
　贷：其他收入——非限定性收入（固定资产处置净收入）　　30 000
借：存货　　5 000
　贷：其他收入——非限定性收入（存货盘盈）　　5 000

第二节　民间非营利组织的费用

一、费用的概念

费用是指民间非营利组织为开展业务活动所发生的、导致本期净资产减少的经济利益或者服务潜力的流出。民间非营利组织费用按照其功能分为业务活动成本、管理费用、筹资费用和其他费用等。费用有广义和狭义之分。广义的费用泛指民间非营利组织在业务活动中所发生的各种耗费。狭义的费用，仅指按配比性原则确认的与本期收入配比的耗费。民间非营利组织会计核算上所讲的费用是指狭义的费用。费用的确认应按照权责发生制原则确认，凡是本期应该发生的费用，不管款项是否支付，都应列入本期费用；凡是不属于本期应发生的费用，即使是支付了的款项，也不能确认为本期费用。民间非营利组织的费用，应当在实际发生时按其发生额计入当期费用。

二、业务活动成本的核算

业务活动成本是指民间非营利组织为了实现其业务活动目标、开展其项目活动或者提供服务所发生的费用。

民间非营利组织发生的业务活动成本，应当按照其发生额计入当期费用。为了核算业务活动成本，民间非营利组织应当设置“业务活动成本”科目，并在“业务活动成本”科目下按照项目、服务或者业务大类进行明细核算。发生时，借记本科目，贷记“现金”“银行存款”“存货”“应付账款”等科目。期末将本科目的余额转入非限定性净资产，借记“非限定性净资产”科目，贷记“业务活动成本”科目。期末结转后，本科目应无余额。

【例 17－7】某基金会 20×3 年 1 月，按照捐赠人的要求将上一年收到的一笔金额为 80 000 元的款项，用于购买学生教材。20×3 年 2 月将这批教材赠送给希望小学的学生。账务处理如下：

（1）购买教材时。

借：存货	80 000	
贷：银行存款		80 000
借：限定性净资产	80 000	
贷：非限定性净资产		80 000

（2）捐赠书籍。

借：业务活动成本	80 000	
贷：存货		80 000

三、管理费用

1．概念

管理费用是指民间非营利组织为组织和管理自己的业务活动所发生的各种费用，包括民间非营利组织董事会（或者理事会或者类似权力机构）经费和行政管理人员的工资、奖金、津贴、福利费、住房公积金、住房补贴、社会保障费、离退休人员工资与补助以及办公费、水电费、邮电费、物业管理费、差旅费、折旧费、修理费、无形资产摊销费、存货盘亏损失、资产减值损失、因预计负债所产生的损失、聘请中介机构和应偿还的受赠资产等。

2．管理费用的主要账务处理

民间非营利组织发生的管理费用，应当在发生时按其发生额计入当期费用。为了核算民间非营利组织为组织和管理组织的业务活动所发生的各种费用，应设置“管理费用”科目，并按照费用项目设置明细账进行明细核算。发生各种费用时，借记本科目，贷记“现金”“银行存款”“存货”“应付账款”等科目。期末，将本科目的余额转入非限定性净资产，借记“非限定性净资产”科目，贷记本科目，结转后无余额。

民间非营利组织的现金、存货、固定资产等盘亏，根据管理权限报经批准后，按照相关资产账面价值扣除可以收回的保险赔偿和过失人的赔偿等，借记“现金”“管理费用”“其他应收款”等科目，按照相关资产的账面余额，贷记相关资产科目。按照已提取的累计折旧，借记“累计折旧”科目，按照相关资产的账面余额，贷记相关资产科目。

对于因提取资产减值准备而确认的资产减值损失，借记“管理费用”科目，贷记相关资产减值准备科目。冲减或转回资产减值准备，借记相关资产减值准备科目，贷记“管理费用”科目。

无形资产摊销时，借记“管理费用”科目，贷记“无形资产”科目。

发生的应归属于本期的应付工资、应交税金等，借记“管理费用”科目，贷记“应付工资”“应交税金”等科目。

对于因确认预计负债而确认的损失，借记“管理费用”科目，贷记“预计负债”科目。

发生的其他管理费用，借记“管理费用”科目，贷记“现金”“银行存款”等科目。

【例 17－8】某慈善机构 20×3 年 12 月发生如下经济业务：

（1）本月计提固定资产折旧 4 000 元，购买办公用品 2 000 元，用银行存款支付；（2）当月固定资产维修费 4 000 元，用银行存款支付；（3）因担保，很可能要负担 120 000 元的赔款；（4）期末将上项管理费用转入净资产。

账务处理如下：

（1）借：管理费用	6 000	
贷：累计折旧		4 000
银行存款		2 000

(2) 借：管理费用　　4 000
　　贷：银行存款　　4 000
(3) 借：管理费用　　120 000
　　贷：预计负债　　120 000
(4) 借：非限定性净资产　　130 000
　　贷：管理费用　　130 000

四、筹资费用

筹资费用是指民间非营利组织为筹集业务活动所需资金等而发生的费用，包括民间非营利组织获得捐赠资产而发生的费用以及应当计入当期费用的借款费用、汇兑损失（减汇兑收益）等。

民间非营利组织为了获得捐赠资产而发生的费用是指举办募款活动费，准备、印刷和发放募款宣传资料费以及其他与募款和争取捐赠有关的费用。

民间非营利组织发生的筹资费用，应当在发生时按其发生额计入当期费用。为了核算民间非营利组织的筹资费用，设置“筹资费用”科目，还应当按照筹资费用种类设置明细账，进行明细核算。

发生的筹资费用，借记本科目，贷记“预提费用”“银行存款”“长期借款”等科目。发生的应冲减筹资费用的利息收入、汇兑收益，借记“银行存款”“长期借款”等科目，贷记本科目。期末，将本科目的余额转入非限定性净资产，借记“非限定性净资产”科目，贷记本科目。结转后，本科目应无余额。

【例 17－9】某慈善机构 20×3 年 12 月发生如下经济业务：

(1) 发生了一笔为取得捐赠收入的费用 3 000 元，用银行存款支付；

(2) 应计提当月的利息费用为 1 500 元；

(3) 期末将筹资费用 7 500 元转入净资产。

账务处理如下：

(1) 借：筹资费用　　3 000
　　贷：银行存款　　3 000
(2) 借：筹资费用　　1 500
　　贷：预提费用　　1 500
(3) 借：非限定性净资产　　7 500
　　贷：筹资费用　　7 500

第三节 民间非营利组织的净资产

民间非营利组织的净资产是指民间非营利组织资产减去负债后的余额。民间非营利组织的净资产应当按照其是否受到条件限制，区分为限定性净资产和非限定性净资产两个种类。

一、非限定性净资产

为核算没有时间限制、用途限制等限制性条款的净资产，民间非营利组织应设置"非限定性净资产"科目。期末，将各收入类科目所属"非限定性收入"明细科目的余额转入该科目，借记"捐赠收入——非限定性收入""会费收入——非限定性收入""提供服务收入——非限定性收入""政府补助收入——非限定性收入""商品销售收入——非限定性收入""投资收益——非限定性收入""其他收入——非限定性收入"等科目，贷记"非限定性净资产"科目。同时，将各费用类科目的余额转入该科目，借记"非限定性净资产"科目，贷记"业务活动成本""管理费用""筹资费用""其他费用"等科目。如果限定性净资产的限制已经解除，应当对净资产进行重新分类，将限定性净资产转为非限定性净资产，借记"限定性净资产"科目，贷记"非限定性净资产"科目。如果因调整以前期间收入、费用项目而涉及调整非限定性净资产的，应当按需要调整的金额，借记或贷记有关科目，贷记或借记"非限定性净资产"科目。该科目期末为贷方余额，反映民间非营利组织历年积存的非限定性净资产。

【例 17－10】某民间非营利组织有关收入和费用的年度累计数见表 17－1。现结转各项收入与费用到相关净资产科目。

表 17－1 收入、费用年度累计数表

收入	累计数	费用	累计数
捐赠收入	1 000 000	业务活动成本	650 000
其中：限定性收入	200 000	管理费用	800 000
非限定性收入	800 000	筹资费用	80 000
政府补助收入	370 000	其他费用	90 000
其中：限定性收入	160 000		
非限定性收入	210 000		
提供服务收入（非限定性收入）	600 000		
其他收入（非限定性收入）	100 000		
合计	2 070 000	合计	1 620 000

（1）结转非限定性收入：

借：捐赠收入——非限定性收入　　800 000
　　政府补助收入——非限定性收入　　210 000
　　提供服务收入　　600 000
　　其他收入　　100 000
　贷：非限定性净资产　　1 710 000

（2）结转各项费用：

借：非限定性净资产　　1 620 000
　贷：业务活动成本　　650 000
　　　管理费用　　800 000
　　　筹资费用　　80 000
　　　其他费用　　90 000

二、限定性净资产

为核算有时间限制、用途限制等限制性条款的净资产，民间非营利组织应设置“限定性净资产”科目。民间非营利组织的董事会、理事会或类似机构对净资产的使用所做的限定性决策、决议或拨款限额等，属于民间非营利组织内部管理上对资产使用所做的限制，不属于限定性净资产。民间非营利组织应当在期末将当期限定性收入的实际发生额转为限定性净资产。

期末，将各收入类科目所属“限定性收入”明细科目的余额转入“限定性净资产”科目，借记“捐赠收入——限定性收入”“政府补助收入——限定性收入”等科目，贷记“限定性净资产”科目。如果限定性净资产的限制已经解除，应当对净资产进行重新分类，将限定性净资产转为非限定性净资产，借记“限定性净资产”科目，贷记“非限定性净资产”科目。如果资产提供者或者国家有关法律、行政法规要求民间非营利组织在特定时期之内或特定日期之后将限定性净资产或者相关资产用于特定用途，该限定性净资产应当在相应期间之内或相应日期之后按照实际使用的相关资产金额或者实际发生的相关费用金额转为非限定性净资产。

如果因调整以前期间收入、费用项目而涉及调整限定性净资产的，应当按需要调整的金额，借记或贷记有关科目，贷记或借记“限定性净资产”科目。该科目期末为贷方余额，反映民间非营利组织历年积存的限定性净资产。

应注意的是，民间非营利组织的费用类科目本年发生额全数结转到“非限定性净资产”科目，不结转到“限定性净资产”科目。

【例 17－11】接上例。根据该民间非营利组织“收入、费用年度累计数表”，现结转各项限定性收入，其会计处理如下：

借：捐赠收入——限定性收入　　200 000
　　政府补助收入——限定性收入　　160 000
　贷：限定性净资产　　360 000

本章小结

本章主要讲解了民间非营利组织收入、费用和净资产的有关概念和特点，以及会计核算基础和原则。民间非营利组织是由社会公众自愿组成的，以追求公共利益为目标，不以营利为主要为目的的组织。其收入来源多样化，这些收入通常被用于资助组织的运营和项目实施。比较常见的收入类别包括捐赠收入、会费收入、提供服务收入、政府补助收入、商品销售收入、投资收益和其他收入等。对于费用类别，主要包括了业务活动成本、管理费用、筹资费用和其他费用等。净资产是指民间非营利组织在减去负债后剩余的资产，代表组织的净值和财务状况，主要通过非限定性净资产和限定性净资产进行会计核算，净资产的增长与损益表上的收入和费用直接相关，也是组织运营和发展的重要指标之一。

第十八章　民间非营利组织会计报告

学习目标

通过本章的学习，要求学生了解民间非营利组织会计报告的编制原理，熟悉报告的构成内容，掌握民间非营利组织会计报告的编制。

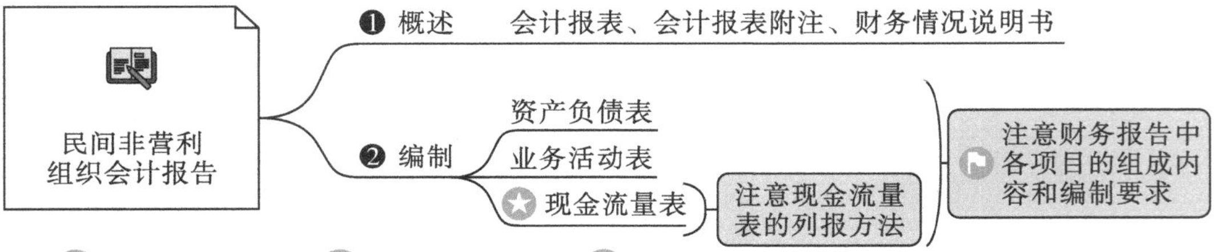

注：为学习重点　为学习难点　为学习提示

课前案例与思政

中国红十字基金会累计公益支出突破100亿元
——中国红十字基金会召开五届四次理事会

12月29日，中国红十字基金会第五届理事会第四次会议以线上和线下相结合的方式在北京召开。中国红十字会党组成员、副会长孙硕鹏出席会议并讲话。中国红十字基金会理事长贝晓超主持会议。中国红十字基金会副理事长兼秘书长王铁凡，副秘书长周魁庆、郭阳以及18名理事（含理事代表1名）出席会议。中国红十字基金会监事、部门负责人列席会议。

王铁凡代表秘书处作题为《守正创新　勇毅前行　谱写人道公益高质量发展新篇章》的工作报告，全面总结回顾中国红十字基金会2022年工作情况并提出明年工作计划。报告指出，在中国红十字会党组的坚强领导下，中国红十字基金会深入贯彻落实习近平新时代中国特色社会主义思想，牢固树立人民至上、生命至上理念，恪守“守护生命与健康，红十字救在身边”的使命，经受新冠疫情冲击、国内经济下行等多重考验，各项工作稳中求进，年度公益总收入11.13亿元，再创常态化年份历史新高，年度公益总支出11.9亿元，累计公益支出突破100亿元，实现了理事会换届后的良好开局。

一是人道救助项目扎实推进，全年救助白血病、先心病患儿11 473人，立项援建博爱卫生站、健康e站共432所，培训乡村医生、儿科医生和基层医生4.5万名，培训医务社工3 600人，立项援建博爱校医室、未来教室、“黄房子”教室、英雄能量站等共183所，向298个器官捐献者子女或家庭提供人道救助，爱眼护眼工程累计受益青少年达11万人次。累计募集1.13亿元款物支持上海、香港、北京、新疆等地新冠疫情防控，动员16支社会救援队开展防疫消杀。按照中国红十字会总会统一部署，积极参与尼加拉瓜、阿富汗、斯里兰卡等抗疫国际援助，为保护生命健康作出积极贡献。

二是应急救援能力显著提升，依托国家级红十字备灾库，加快构建人道物流网络，区域备灾库达到6个，全年参与四川雅安、泸定地震，湖南、江西、广东洪涝等自然灾害救援，发放10 770只赈济家庭箱，4万余名群众受益。泸定地震发生后，12小时内首批救灾物资运抵灾区，48小时内首个红十字安置点搭建启用。开拓红十字助力乡村振兴新局面，立项援建博爱家园148个，投入402万元支持湖北英山县乡村振兴，结对帮扶贵州省毕节市织金县，将55个国家乡村振兴重点帮扶县纳入支持范围。

三是“红十字救在身边”项目全面铺开，开发应急救护公众服务系统“急救宝”，在全国布设2 700余套应急救护一体机，日均保障覆盖100余万人，向国际关系学院捐赠的应急救护一体机成功施救一名学生，新闻登上微博热搜榜第一，单个话题阅读量超过2.5亿。建设“红十字应急救护学习e站”，开展应急救护培训和生命教育活动，培训持证救护员14 119人，开展“校园健康守护”“安心社区”等活动50余场，发放22万只出行便携急救包，首次由地方红十字会申办的“红气球”挑战赛在贵州举办，80支队伍参赛，应急救护主题赛事影响力进一步扩大。

四是人道资源动员取得新突破，全年互联网筹款6 662.15万元，占捐赠资金总额的21%，创历史新高。在中国红十字会总会指导下，联合腾讯开展首届全国红十字系统“5·8人道公益日”活动，发动全国30个省级红会超过1 000个红十字组织参与，累计322万人次捐赠，募款合计超过2.3亿元，活动全网曝光量累计超过12亿。打造“数字红基会”，上线“社会应急力量数字救援平台”，加强无形资产管理，已立项知识产权46项，注册商标22个。品牌传播持续深入，先后荣获中国慈善榜“年度榜样基金会”称号，清华大学和微博联合发布的“公募基金会公众影响力榜”第一名，界面新闻“2022年度透明慈善公益基金会榜单”第二名，南方周末“2022中国公益品牌榜基金会”第二名。持续推进红十字理论研究工作，红十字交叉学科建设，开展人道教育培训，推出《红十字研究动态》《国际人道事务通讯》。

（资料来源：中国红十字会官网，2022年12月30日）

第一节　民间非营利组织会计报告概述

财务会计报告是概括地反映民间非营利组织某一特定日期财务状况和某一会计期间业务活动情况和现金流量的报告式文件。包括会计报表、会计报表附注和财务情况说明书。会计报表又分为资产负债表、业务活动情况表和现金流量表。

第二节　民间非营利组织会计报表编制

一、资产负债表

（一）资产负债表的概念和格式

资产负债表是用来反映民间非营利组织某一会计期末全部资产、负债和净资产的情况的报表。通过资产负债表，我们可以了解民间非营利组织的财务实力、组织的资金配置结构与筹资结构，了解民间非营利组织的资产变现能力及发展能力。其格式如表 18－1 所示。

（二）资产负债表的作用

民间非营利组织资产负债表是会计报告中的重要组成部分，其作用主要有以下几个方面。

1. 反映财务状况

资产负债表提供了组织在特定日期的财务状况信息。它列出了组织的资产、负债和净资产（或净资产减值）的余额，这样可以了解组织的财务健康程度。

2. 提供资金来源信息

资产负债表不仅展示了组织的财务状况，还提供了组织的资金来源信息。通过对资产和负债的分析，可以明确组织的融资方式和资金运作情况，对组织的财务稳定性和可持续性进行评估。

3. 判断组织的偿债能力

通过资产负债表可以计算组织的偿债能力指标，如流动比率、速动比率等。这些指标可以评估组织偿付债务的能力，帮助决策者、捐助者和贷款机构评估组织的经济实力和信用风险。

4. 辅助决策和规划

资产负债表提供了组织财务数据的整体概况，供管理层和决策者了解组织当前的财务状况。通过对资产、负债和净资产的具体分析，可以辅助决策和规划，如制定预算、确定资金运作策略等。

5. 审计和监管

资产负债表是审计和监管机构评估组织财务状况和合规性的重要依据。通过对资产负债表的审查，监管机构可以确保组织遵守相关法规和规定。

综上所述，民间非营利组织资产负债表的作用包括反映财务状况、提供资金来源信息、判断偿债能力、辅助决策和规划以及用于审计和监管。这些作用有助于保持组织财务稳定、制定合理的经营策略和确保合规性。

表 18－1 资产负债表

编制单位：某民间非营利组织 ______年____月____日 单位：元

资产	年初数	期末数	负债和净资产	年初数	期末数
流动资产：			流动负债：		
货币资金			短期借款		
短期投资			应付款项		
应收款项			应付工资		
预付账款			应交税金		
存货			预收账款		
待摊费用			预提费用		
一年内到期的长期债券投资			预计负债		
其他流动资产			一年内到期的长期负债		
流动资产合计			其他流动负债		
长期投资			流动负债合计		
长期股权投资			长期负债：		
长期债券投资			长期借款		
长期投资合计			长期应付款		
固定资产			其他长期负债		
固定资产原值			长期负债合计		
减：累计折旧			受托代理负债		
固定资产净值			负债合计		
在建工程			净资产：		
文物文化资产			非限定性净资产		
固定资产清理			限定性净资产		
固定资产合计			净资产合计		

续上表

资产	年初数	期末数	负债和净资产	年初数	期末数
无形资产					
无形资产					
受托代理资产					
资产合计			负债和净资产合计		

(三) 资产负债表“期末数”各项目的内容和填列方法

1.“货币资金”项目

该项目反映民间非营利组织期末库存现金、存放银行的各类款项以及其他货币资金的合计数。本项目应当根据“现金”“银行存款”“其他货币资金”等科目的期末余额合计填列。如果民间非营利组织的受托代理资产为现金、银行存款或其他货币资金且通过“现金”“银行存款”“其他货币资金”等科目核算，还应当扣减“现金”“银行存款”“其他货币资金”等科目中“受托代理资产”明细科目的期末余额。

2.“短期投资”项目

该项目反映民间非营利组织持有的各种能够随时变现、并准备随时变现的、持有时间不超过一年（含一年）的投资，包括短期股票、债券投资和短期委托贷款、委托投资等。本项目应根据“短期投资”科目的期末余额，减去“短期投资跌价准备”科目的期末余额后的金额填列。

3.“应收款项”项目

该项目反映民间非营利组织期末应收票据、应收账款和其他应收款等应收未收款项。本项目应根据“应收票据”“应收账款”“其他应收款”等科目的期末余额合计，减去“坏账准备”科目期末余额后的金额填列。

4.“存货”项目

该项目反映民间非营利组织在日常业务活动中持有以备出售或捐赠的，或者为了出售或捐赠仍处在生产过程中的，或者将在生产、提供服务或日常管理过程中耗用的材料、物资、商品等。本项目应当根据“存货”科目的余额，减去“存货跌价准备”科目期末余额后的金额填列。

5.“一年内到期的长期债券投资”项目

该项目反映民间非营利组织将在一年内（含一年）到期的长期债券投资。本项目应当根据“长期债券投资”科目的期末余额中将在一年内（含一年）到期的长期债券投资余额减去“民期投资减值准备”科目的期末余额中“一年内（含一年）到期的长期债券投资减值准备”余额后的金额填列。

6.“其他流动资产”项目

该项目反映民间非营利组织除了以上流动资产以外的其他流动资产。该项目应根据有关科目的期末余额填列。如果其他流动资产价值较大的，应当在会计报表附注中单独披露其内容和金额。

7. “长期股权投资”项目

该项目反映民间非营利组织不准备在一年内（含一年）变现的各种股权投资性质的可收回金额。项目应根据“长期股权投资”科目期末余额，减去“长期投资减值准备”科目的期末余额中“长期股权投资减值准备”余额后的金额填列。

8. “长期债券投资”项目

该项目反映民间非营利组织不准备在一年内（含一年）变现的各种债券性质投资的可收回金额。应当根据“长期债券投资”科目的期末余额，减去“长期投资减值准备”科目的期末余额中“长期债券投资减值准备”余额，减去本表“一年内到期的长期债券投资”项目金额填列。

9. “受托代理资产”项目

该项目反映民间非营利组织接受委托从事受托代理业务而收到的资产。本项目应当根据“受托代理资产”科目的期末余额填列。如果民间非营利组织的受托代理资产为现金、银行存款或其他货币资金且通过“现金”“银行存款”“其他货币资金”科目核算，还应当加上“现金”“银行存款”“其他货币资金”中“受托代理资产”明细科目的期末余额。

10. “应付款项”项目

该项目反映民间非营利组织期末应付票据、应付账款和其他应付款等应付未付款项。本项目应当根据“应付票据”“应付账款”“其他应付款”等科目的期末余额合计填列。

11. “应付工资”项目

该项目反映民间非营利组织应付未付的职工工资。该项目应根据“应付工资”科目期末贷方余额填列。如“应付工资”科目期末为借方余额，以“-”号填列。

12. “应交税金”项目

该项目反映民间非营利组织应交但未交的各种税费。该项目应根据“应交税金”科目的期末贷方余额填列。如“应交税金”科目期末为借方余额，以“-”号填列。

13. “一年内到期的长期负债”项目

该项目反映民间非营利组织承担的将于一年内（含一年）偿还的长期负债。本项目应当根据“预计负债”科目的期末余额填列。

14. “其他流动负债”项目

该项目反映民间非营利组织除以上流动负债之外的其他流动负债。本项目应当根据有关科目的期末余额填列。如果其他流动负债金额较大的，应当在会计报表附注中单独披露其内容和金额。

15. “长期借款”项目

该项目反映民间非营利组织向银行或其他金融机构等借入的期限在一年以上（不含一年）的各种借款本息。本项目应当根据“长期借款”科目的期末余额减去其中将于一年内（含一年）到期的长期借款余额后的金额填列。

16. “长期应付款”项目

该项目反映民间非营利组织承担的各种长期应付款，如融资租人固定资产发生的应付租赁款。本项目应当根据“长期应付款”科目的期末余额减去其中将于一年内（含一年）到期的长期应付款余额后的金额填列。

17. “其他长期负债”项目

该项目反映民间非营利组织除以上长期负债项目之外的其他长期负债。本项目应当根据有关科目的期末余额减去其中将于一年内（含一年）到期的其他长期负债余额后的金额分析填列。如果其他长期负债金额较大的，应当在会计报表附注中单独披露其内容和金额。

二、业务活动表

（一）业务活动表的概念和格式

业务活动表是反映民间非营利组织在某一会计期间内开展业务活动实际情况的书面报告文件，是一定期间的民间非营利组织收入与同一会计期间相关的成本费用进行配比的结果。业务活动表的格式见表 18－2。

表 18－2　业务活动表

编制单位：某民间非营利组织　　　　______年____月____日　　　　单位：元

项目	行次	本月数			本年累计		
		非限定性	限定性	合计	非限定性	限定性	合计
一、收入							
其中：捐赠收入	1						
会费收入	2						
提供服务收入	3						
商品销售收入	4						
政府补助收入	5						
投资收益	6						
其他收入	9						
收入合计	10						
二、费用							
（一）业务活动成本	11						
其中：	12						
（二）管理费用	13						

续上表

项目	行次	本月数			本年累计		
		非限定性	限定性	合计	非限定性	限定性	合计
（三）筹资费用	14						
（四）其他费用	15						
费用合计	16						
三、限定性净资产转为非限定性净资产	17						
四、净资产变动额（若为净资产减少额，以“－”号填列）	18						

（二）业务活动表各项目的内容

（1）“捐赠收入”项目，反映民间非营利组织接受其他单位或者个人捐赠所取得的收入总额。

（2）“会费收入”项目，反映民间非营利组织根据章程等的规定向会员收取的会费总额。

（3）“提供服务收入”项目，反映民间非营利组织根据章程等的规定向其服务对象提供服务取得的收入总额。

（4）“商品销售收入”项目，反映民间非营利组织销售商品等所形成的收入总额。

（5）“政府补助收入”项目，反映民间非营利组织接受政府拨款或者政府机构给予的补助而取得的收入总额。

（6）“投资收益”项目，反映民间非营利组织以各种方式对外投资所取得的投资净损益。

（7）“其他收入”项目，反映民间非营利组织除上述收入项目之外所取得的其他收入总额。

（8）“业务活动成本”项目，反映民间非营利组织为了实现其业务活动目标，开展其项目活动或者提供服务所发生的费用。

（9）民间非营利组织应当根据其所从事的项目、提供的服务或者开展的业务等具体情况，按照“业务活动成本”科目中各明细科目的发生额，在本表第 11 行至第 13 行之间填列业务活动成本的各组成部分。

（10）“管理费用”项目，反映民间非营利组织为组织和管理其业务活动所发生的各项费用总额。

（11）“筹资费用”项目，反映民间非营利组织为筹集业务活动所需资金而发生的各项费用总额，包括利息支出（减利息收入）、汇兑损失（减汇兑收益）以及相关手续费等。

（12）“其他费用”项目，反映民间非营利组织除以上费用项目之外发生的其他费用额。

（13）“限定性净资产转为非限定性净资产”项目，反映民间非营利组织当期从限定性净资产转入非限定性净资产的金额。

（14）“净资产变动额”项目，反映民间非营利组织当期净资产变动的金额。

（三）业务活动表各项目的填列方法

业务活动表各项目的填列：业务活动表项目除了“限定性净资产转为非限定性净资产”和“净资产变动额”以外的各项目均应按各科目本期发生额填列。

“限定性净资产转为非限定性净资产”项目应当根据“限定性净资产”“非限定性净资产”科目的发生额分析填列。

“净资产变动额”项目应当根据本表“收入合计”项目的金额，减去“费用合计”项目的金额，再加上“限定性净资产转为非限定性净资产”项目的金额后填列。

三、现金流量表

（一）现金流量表的概念和格式

现金流量表是反映民间非营利组织一定会计期间内有关现金和现金等价物的流入和流出情况的报表。

现金流量表的现金流量分为业务活动产生的现金流量、投资活动产生的现金流量和筹资活动产生的现金流量，其基本结构见表 18－3。

表 18－3　现金流量表

编制单位：某民间非营利组织　　______年____月____日　　单位：元

项目	行次	金额
一、业务活动产生的现金流量		
接受捐赠收到的现金		
收取会费收到的现金	1	
提供服务收到的现金	2	
销售商品收到的现金	3	
政府补助收到的现金	4	
收到的其他与业务活动有关的现金	5	
现金流入小计	8	
提供捐赠或者资助支付的现金	13	

续上表

项目	行次	金额
支付给员工以及为员工支付的现金	14	
购买商品、接受服务支付的现金	15	
支付的其他与业务活动有关的现金	16	
现金流出小计	19	
业务活动产生的现金流量净额	23	
二、投资活动产生的现金流量	24	
收回投资所收到的现金		
取得投资收益所收到的现金	25	
处置固定资产和无形资产所收回的现金	26	
收到的其他与投资活动有关的现金	27	
现金流入小计	30	
购建固定资产和无形资产所支付的现金	34	
对外投资所支付的现金	35	
支付的其他与投资活动有关的现金	36	
现金流出小计	39	
投资活动产生的现金流量净额	43	
三、筹资活动产生的现金流量	44	
借款所收到的现金		
收到的其他与筹资活动有关的现金	45	
现金流入小计	48	
偿还借款所支付的现金	50	
偿付利息所支付的现金	51	
支付的其他与筹资活动有关的现金	52	
现金流出小计	55	
筹资活动产生的现金流量净额	58	
四、汇率变动对现金的影响额	59	
五、现金及现金等价物净增加额	60	

（二）现金流量表的内容与填列

民间非营利组织现金流量表部分项目的内容与填列方法与企业现金流量表项目的内容与填列方法相同，本书不再赘述。本部分重点介绍与企业现金流量表存在差异的项目。

（1）“接受捐赠收到的现金”项目，反映民间非营利组织接受其他单位或者个人捐赠取得的现金。该项目可以根据“现金”“银行存款”“捐赠收入”等科目的记录分析填列。

（2）“收取会费收到的现金”项目，反映民间非营利组织根据章程等的规定向会员收取会费取得的现金。该项目可以根据“现金”“银行存款”“应收账款”“会费收入”等科目的记录分析填列。

（3）“提供服务收到的现金”项目，反映民间非营利组织根据章程等的规定向其服务对象提供服务取得的现金。该项目可以根据“现金”“银行存款”“应收账款”“应收票据”“预收账款”“提供服务收入”等科目的记录分析填列。

（4）“销售商品收到的现金”项目，反映民间非营利组织销售商品取得的现金。该项目可以根据“现金”“银行存款”“应收账款”“应收票据”“预收账款”“商品销售收入”等科目的记录分析填列。

（5）“政府补助收到的现金”项目，反映民间非营利组织接受政府拨款或者政府机构给予的补助而取得的现金。该项目可以根据“现金”“银行存款”“政府补助收入”等科目的记录分析填列。

（6）“收到的其他与业务活动有关的现金”项目，反映民间非营利组织收到的除以上业务之外的现金。该项目可以根据“现金”“银行存款”“其他应收款”“其他收入”等科目的记录分析填列。

（7）“提供捐赠或者资助支付的现金”项目，反映民间非营利组织向其他单位和个人提供捐赠或者资助支出的现金。该项目可以根据“现金”“银行存款”“业务活动成本”等科目的记录分析填列。

（8）“支付给员工以及为员工支付的现金”项目，反映民间非营利组织开展业务活动支付给员工以及为员工支付的现金。本项目可以根据“现金”“银行存款”“应付工资”等科目的记录分析填列。

民间非营利组织支付的在建工程人员的工资等，在本表“购建固定资产和无形资产所支付的现金”项目中反映。

（9）“购买商品、接受服务支付的现金”项目，反映民间非营利组织购买商品、接受服务而支付的现金。本项目可以根据“现金”“银行存款”“应付账款”“应付票据”“预付账款”“业务活动成本”等科目的记录分析填列。

（10）“支付的其他与业务活动有关的现金”项目，反映民间非营利组织除上述项目之外支付的其他与业务活动有关的现金。本项目可以根据“现金”“银行存款”“其他应付款”“管理费用”“其他费用”等科目的记录分析填列。

（11）“收回投资所收到的现金”项目，反映民间非营利组织出售、转让或者到期的股利、利息，以及收回的非现金资产。本项目可以根据“现金”“银行存款”“短期投资”“长期股权投资”“长期债券投资”等账户的记录分析填列。

（12）“取得投资收益所收到的现金”项目，反映民间非营利组织因对外投资而取得的现金股利、利息，以及从被投资单位分回利润收到的现金；不包括股票股利。本项目可以根据“现金”“银行存款”“投资收益”等科目的记录分析填列。

（13）“处置固定资产和无形资产所收回的现金”项目，反映民间非营利组织处置固定资产和无形资产所取得的现金，减去为处置这些资产而支付的有关费用之后的净额。由于自然灾害所造成的固定资产等长期资产损失而收到的保险赔款收入，也在本项目反映。本项目可以根据“现金”“银行存款”“固定资产清理”等科目的记录分析填列。

（14）“收到的其他与投资活动有关的现金”项目，反映民间非营利组织除上述各项之外收到的其他与投资活动有关的现金。其他现金流入如果金额较大的，应当单列项目反映。本项目可以根据“现金”“银行存款”等有关科目的记录分析填列。

（15）“购建固定资产和无形资产所支付的现金”项目，反映民间非营利组织购买和建造固定资产，取得无形资产和其他长期资产所支付的现金。不包括为购建固定资产而发生的借款利息资本化的部分，以及融资租入固定资产支付的租赁费。借款利息和融资租入固定资产支付的租赁费，在筹资活动产生的现金流量中反映。本项目可以根据“现金”“银行存款”“固定资产”“无形资产”“在建工程”等科目的记录分析填列。

（16）“对外投资所支付的现金”项目，反映民间非营利组织进行对外投资所支付的现金，包括取得除现金等价物之外的短期投资、长期投资所支付的现金，以及支付的佣金、手续费等附加费用。本项目可以根据“现金”“银行存款”“短期投资”“长期股权投资”“长期债券投资”等科目的记录分析填列。

（17）“支付的其他与投资活动有关的现金”项目，反映民间非营利组织除上述各项之外，支付的其他与投资活动有关的现金。如果其他现金流出金额较大的，应当单列项目反映。本项目可以根据“现金”“银行存款”等有关科目的记录分析填列。

（18）“借款所收到的现金”项目，反映民间非营利组织举借各种短期、长期借款所收到的现金。本项目可以根据“现金”“银行存款”“短期借款”“长期借款”等科目的记录分析填列。

（19）“收到的其他与筹资活动有关的现金”项目，反映民间非营利组织除上述项目之外，收到的其他与筹资活动有关的现金。如果其他现金流入金额较大的，应当单列项目反映。本项目可以根据“现金”“银行存款”等有关科目的记录分析填列。

（20）“偿还借款所支付的现金”项目，反映民间非营利组织以现金偿还债务本金所支付的现金。本项目可以根据“现金”“银行存款”“短期借款”“长期借款”“筹资费用”等科目的记录分析填列。

（21）“偿付利息所支付的现金”项目，反映民间非营利组织实际支付的借款利息、债券利息等。本项目可以根据“现金”“银行存款”“长期借款”“筹资费用”等科目的记录分析填列。

（22）“支付的其他与筹资活动有关的现金”项目，反映民间非营利组织除上述项目之外，支付的其他与筹资活动有关的现金，如融资租入固定资产所支付的租赁费。本项目可以根据“现金”“银行存款”“长期应付款”等有关科目的记录分析填列。

（23）“汇率变动对现金的影响额”项目，反映民间非营利组织外币现金流量及境外所属分支机构的现金流量折算为人民币时，所采用的现金流量发生日的汇率或期初汇率折算的人民币金额与本表“现金及现金等价物净增加额”中外币现金净增加额按期末汇率折算的人民币金额之间的差额。

（24）“现金及现金等价物净增加额”项目，反映民间非营利组织本年度现金及现金等价物变动的金额。本项目应当根据本表“业务活动产生的现金流量净额”“投资活动产生的现金流量净额”“筹资活动产生的现金流量净额”和“汇率变动对现金的影响额”项目的金额合计填列。

本章小结

相对于行政事业单位来说，我国民间非营利组织的运营经费主要来自私人捐赠而非公共财政拨款。民间非营利组织会计核算、反映和监督民间非营利组织经济活动过程及其结果，民间非营利组织的会计要素主要包括收入、费用、资产、负债和净资产五个。

收入是指民间非营利组织开展业务活动取得的、导致本期净资产增加的经济利益或者服务潜力的流入，主要包括：捐赠收入、会费收入、提供服务收入、政府补助收入、投资收益、商品销售收入和其他收入等种类。民间非营利组织的收入需要区分“限定性收入”和“非限定性收入”。费用是指民间非营利组织为开展业务活动所发生的、导致本期净资产减少的经济利益或者服务潜力的流出，按照其功能分为业务活动成本、管理费用、筹资费用、资产减值损失和其他费用等。民间非营利组织的费用一般不需要区分“限定性费用”和“非限定性费用”。资产是指过去的交易或者事项形成并由民间非营利组织拥有或者控制的资源，该资源预期会给民间非营利组织带来经济利益或者服务潜力，主要包括流动资产和非流动资产，此外还包括受托代理资产。负债是指过去的交易或者事项形成的现时义务，履行该义务预期会导致含有经济利益或者服务潜力的资源流出民间非营利组织，主要包括流动负债和长期负债，此外还有受托代理负债。净资产是指民间非营利组织资产减去负债后的余额，是民间非营利组织拥有的资产净值。民间非营利组织的净资产按照其是否受到条件限制，区分为限定性净资产和非限定性净资产两类。

会计报表是反映民间非营利组织财务状况、业务活动情况和现金流量情况等的书面文件，民间非营利组织的会计报表至少包括资产负债表、业务活动表和现金流量表三张基本报表，同时民间非营利组织还应当编制会计报表附注。

参考文献

[1] 财政部. 政府会计准则. 中国财政部会计司网站.

[2] 财政部. 政府会计制度. 中国财政部会计司网站.

[3] 财政部. 政府会计准则制度解释. 中国财政部会计司网站.

[4] 财政部. 非营利组织及基金类会计制度. 中国财政部会计司网站.

[5] 赵建勇. 政府与非营利组织会计 [M]. 5 版. 北京: 中国人民大学出版社, 2021.

[6] 初宜红. 政府与非营利组织会计 [M]. 北京: 经济科学出版社, 2019.

[7] 崔英波. 政府与非营利组织会计 [M]. 北京: 经济科学出版社, 2020.

[8] 常丽, 何东平. 政府与非营利组织会计 [M]. 6 版. 大连: 东北财经大学出版社, 2021.

[9] 王彦, 王建英. 政府与非营利组织会计 [M]. 7 版. 北京: 中国人民大学出版社, 2021.

[10] 陈文军. 政府与非营利组织会计: 理论、实务与案例 [M]. 北京: 北京大学出版社, 2019.